근대를
다시
읽는다

2

근대를 다시 읽는다 ❷

1판 1쇄 인쇄 2006년 11월 8일
1판 1쇄 발행 2006년 11월 15일

이 책을 만든 사람들
엮은이 · 윤해동 천정환 허수 황병주 이용기 윤대석
책임기획편집 · 조원식
편집 · 진용주 김정한
디자인 · 이파얼

펴낸이 · 김백일
기획편집 · 조원식 김수영 최세정 정윤경
디자인 · 이파얼
마케팅 · 정순구 황주영

출력 · ING
용지 · 한서지업사
인쇄 · 한영문화사
제본 · 우진제책

펴낸곳 · 역사비평사 출판등록 제1-669호(1988. 2. 22)
주소 · 110-260 서울시 종로구 가회동 175-2
전화 · 02-741-6123~5 팩스 · 02-741-6126
홈페이지 · www.yukbi.com
전자우편 · yukbi@chol.com
ISBN 89-7696-524-8 94910
      89-7696-525-6 94910(세트)

이 도서의 국립중앙도서관 출판시도서목록(CIP)은 e-CIP 홈페이지(http://www.nl.go.kr/cip.php)에서
이용하실 수 있습니다.(CIP제어번호:CIP2006002383)

책값은 표지 뒷면에 표시되어 있습니다.
잘못 만들어진 책은 구입하신 서점에서 바꾸어 드립니다.

근대를 다시 읽는다

:: 한국 근대 인식의 새로운 패러다임을 위하여 ::

윤해동·천정환·허 수·황병주·이용기·윤대석 엮음

2

역사비평사

| 차례 |

근대를 다시 읽는다 ❷

근대를 다시 읽는다 ❶

일러두기

1. 주석 가운데 '설명주'는 각주에, '출전주'는 미주로 각각 나누어 실었다.
2. 〈표〉는 뒷부분의 〈자료실〉에 따로 모았다. 대신 본문과 표에는 서로 실려 있는 쪽수를 밝혀두었다.
3. 이 책에 실린 일부 논문에는 원래 사진자료가 있었으나, 전체 편집상의 통일을 위해 생략했다.
4. 일부 논문의 제목이 바뀐 경우가 있는데, 모두 필자의 동의를 얻어 수정했다. 〈논문이 처음 실린 곳〉을 참조하기 바란다.

근대성과 새로운 문화
—개인적인 것이 정치적인 것이다

4부를 묶으며

천정환

한국 근·현대사 연구의 새로운 축 하나는 문학의 '문화연구로의 전환'과 역사학의 '언어로의 전환'이라는 두 가지 새로운 흐름이 조우하는 지점에서 생겨났다. '문화연구'는 기본적으로 후기산업사회에서의 계급투쟁에 대한 관심에서 탄생한 '시각'으로서, 대중과 엘리트, 문화와 정치, 이데올로기와 생활양식 등에 대한 전통적인 비판이론의 시야를 갱신하는 효과를 지닌다. 그리하여 이는 노동자계급 대중과 여성 등의 하위주체, 그리고 그 문화적 정체성에 대한 새로운 관점으로 인해 젠더 연구와 포스트콜로니얼리즘에도 영향을 줄 수 있었다. 또한 '언어로의 전환'은 역사가 서술된 것일 뿐이라는 역사학의 기본적인 관점 이동을 바탕으로, 의사소통과 표상체계, 서사와 담론 자체에 관심을 두는 역사학의 '탈근대'를 반영하는 것이다.

한국의 인문학에서 만난 두 조류는 식민지 시기의 '문화사'를 대상으로 하는 새 연구 흐름을 형성하게 되었다. 특히 문화사 연구의 신경향을 이끄는 연구들은, 1990년대 이후 대중문화·풍속·일상·문화제도·표상체계·수용자·젠더 등에 대한 논의를 자신의 과제로 삼아

문학에서의 근대성을 다시 해명하고자 한 한국문학 연구와 관련된 것이 많다. 이들 연구는 작품론과 작가론에 한정된 전통적인 의미의 '문학연구'와 의식적으로 절연하고, 문화사나 문화연구(cultural study)의 방법론적 태도를 수용했다는 점에서 다분히 학제적인 연구들이다. 또한 이 연구들은 원래의 출발점을 초월하여 근대성과 식민지 시대에 대한 다른 각도에서의 조망을 가능하게 했으며, 출판과 독서계에 새로운 조류를 만들어내기도 했다.

천정환의 『근대의 책 읽기』(푸른역사, 2003)는 문화론적 연구의 문제의식이 투영된 연구로서, 책의 서문에서 저자가 밝힌 것처럼, 한국 근대 '문학'을 '문학성'을 지닌 자명하고 고결한 해석학적 대상으로 다루지 않고, 문학과 문학성을 시장과 제도·미디어 속에서 구성된 문화현상으로 다뤘다. 이 책은 그런 문화현상 중에서 가장 중요하지만 다뤄지지 않았던 독자 문제를 통해, 근대적인 독서문화가 성립하는 과정과 대중 독자의 탄생, 그리고 근대문학과 독서문화의 관계를 논한 거의 최초의 종합적 연구 성과이다. 또한 적극적으로 '지금-여기'의 문화적 상황에 대한 환기를 시도하고, '문학' 영역 바깥의 독자에게 말 걸기를 시도하여 주목받기도 했다. 수록된 장은 1920~30년대 독서문화의 구체적인 실상을 설명하고 있는 부분이다.

식민지 시기 여성과 여성 주체의 문화·정치적 행위에 대한 연구는 90년대 이후 가장 활발한 분야이다. 남성의 역사(his+story)를 다시 읽고 쓰려는 이런 시도는 인문·사회과학 전체에 걸쳐 나타나는데, 한국문학을 연구하는 분야에서도 두드러진 업적을 낳았다. 이런 연구는 기존의 역사에 대한 우리의 기본적 상像에 가장 급진적으로 도전하는 연구가 아닐 수 없다. 왜냐하면 이는 '민족'이나 '계급'과 같은 대문자의 세계 대신 우리가 '사적私的' 세계나 '탈정치'화된 것에 불과하다고 믿어온 여성·욕망·육체·연애·유행·개인 등을 대상으로 한 것이기 때문이다. 그래서 '개인적인 것이야말로 정치적인 것이다'라든지, '미시적인 것과 거시적인 것의 통일'과 같은 명제들이 이런 연구에 잘 들어맞는다.

그 대표적 예가 될 만한 권보드래의 『연애의 시대』(현실문화연구, 2003)의 일부분을 실었다. 이 책은 문화사·사회사·젠더 / 섹슈얼리티·여성사 연구의 교차점에 있는 연구 성과로서, 발표된 이래 역사학·문학·사회학 등 여러 분야에서 많이 인용되고 있다. 이 책은 '젠더'의 시각을 표가 나게 내세우지는 않았지만, 그것을 배면에 깔고 '연애'라는 사적 관계를 관통하는 근대적 인간학과 '사회'를 탐구한 연구로서 가치 있다. 이 책에는 실리지 않았지만, 식민지 시기의 여학생·신여성·기생 등 여성 주체들에 대한 연구도 여러 편 발표되었다.

오늘날 영화가 문화 전반에서 차지하는 막강한 영향력을 배경으로, 영화(사) 연구는 인문·사회과학과 예술 전반에서 중요한 영역으로 부상하고 있다. 영화는 가장 대중적이고 자본집약적인 예술로서, 당대의 지배 이데올로기와 정책(영화법과 검열), 그리고 민족/계급/젠더의 축으로 각축하는 이데올로기와 욕망을 드러내는 핵심적인 매개가 될 수 있기 때문이다. 식민지 시기의 영화사에 대한 연구도 마찬가지다. 초기 영화사에 대한 연구가 포괄하는 범위는 식민지 근대성 전체를 다시 해명하는 데 기여할 수 있을 것이다. 대중문화의 형성과 분화, 아메리카니즘의 도래, 시각적 현대성의 형성 등 현대 한국문화의 한 원류가 바로 '영화'에 있기 때문이다.

유선영은 한국 대중문화사를 연구해온 선도적 연구자의 한 사람으로서, 이 책에 수록된 논문 「초기 영화의 문화적 수용과 관객성」은 1900~1920년대 초까지의 영화 수용 및 '관객성(spectatorship)'에 대한 분석을 통해, 영화라는 '외국에서 들어온[舶來]' 근대적 테크놀로지가 전통사회 내부에 어떤 문화변동을 일으켰는가를 해명하고 있다. 또한 영화가 도입된 최초의 시기부터 '무성영화에서 유성영화로의 전환기'에 이르는 '사회사적' 영화사의 대강을 알 수 있으며, 전 세계적으로 거의 동시에 전개된 '영화의 시대'가 만들어낸 차이들에 대한 시사점도 받을 수 있다. 이 논문에는 1920~30년대에 대한 논의는 거의 다뤄지지 않고 있는데, 필자의 다른 논문이나 주훈, 백문임, 이화진 등의 논문과 단행본을 통해 초기 문화사에 대한 더 많은 지식을 얻을 수 있다.

1990년대 말 이후에 일군의 연구자들에 의해 주창된 '문화제도사'에 대한 연구도 문학연구에서 가지를 뻗어 나온 것이라 할 수 있다. 이들 연구에서 문화제도는 애초에 근대문학의 장場과 규범을 형성한 초기의 힘과 주체의 인식을 다루는 데서 시작하여 식민지의 문화 전반에 걸친 문화정책, 게이트 키핑(gate keeping), 미디어에 대한 연구로 나아갔다.

그 가운데서 특히 잡지와 신문을 중심으로 한 미디어 연구가 먼저 크게 부각되었다. 미디어가 기본적으로 근대 국민어를 매개로 다양한 방식의 국가건설 방향을 토론한 소통의 장이자, 근대화 과정에 수반되는 제반의 사회변화가 표상적으로 구성되는 장이라는 인식이 확산되었기 때문이다. 표상과 경험을 바탕으로 근대에 대한 새로운 접근이 시도되고, 탈근대적 인식론도 급속히 확산되고 있는 현실에서 미디어가 가장 중요한 사료이자 텍스트로 부각된 것이다. 실제로 식민지 시기의 다양한 미디어는 지식인·청년·여성·어린이·노동자·농민 등 새로운 근대 주체를 형성하는 데 결정적인 역할을 했다.

『개벽』 등의 주요 잡지를 비롯한 식민지 시기의 매체 자체에 대한 연구가 문학연구자들에 의해 수행되어, 최수일·조영복·박헌호·차혜영 등이 중요한 성과를 남긴 바 있으며, 미디어를 둘러싼 현실이 의미하는 바에 천착하여 식민지 시대의 문화·정치를 재해석하려는 시도도 계속 이어지고 있다. 식민지 시기의 '검열'이라는 새로운 주제는 바로 이 후자에 관련된다.

즉 한기형의 「문화정치기 검열정책과 식민지 미디어」(『대동문화연구』 51집, 2005년 9월)를 비롯한 검열 연구는 문화제도에 대한 연구의 한 결절점이자, 식민지 시기의 문화–정치의 주체들의 행위를 다시 규명하는 데 매우 적실한 주제가 아닐 수 없다. 왜냐하면 '검열(탄압)당했기 때문에 한국의 근대(문화)사가 왜곡됐다'라는 상식적이고 민족주의적인 사실(!)을 다시 진짜 '실증'하는 데로부터, 자발적 검열(식민권력의 헤게모니와 '협력') 혹은 '검열받았다는 흔적 남기기'(다양한 저항에 대한 민족주의적 전유)에 이르는 식민지 상황이 의미하는 복합적인 의미를 보여줄 수 있기 때문이다.

향후에 이 경향의 연구는 식민지 시기를 대상으로 해서, (1) 지성사의 갱신, 즉 새로운 방법으로 지식과 문화의 역사를 재기술하는 것, (2) 표상과 관념의 형태, 언어체계와 수사학 및 시각적 이미지의 역사를 서술하는 일, (3) 정서와 심성구조(망탈리테)의 역사에 대한 연구 등으로 확대되어 나갈 것이다. 여기서 거론된 논저들 이외에 김경일·김수진·서지영(여성), 백승종(평민, 지식인), 전봉관(범죄), 장유정(대중가요), 박천홍(철도), 이승원(학교), 김태수(광고), 김백영(도시) 등

의 연구 업적들도 각각의 '작은' 주제들을 통해 식민지 시기의 '문화'
와 사회를 새로이 조망한 바 있다.

:: 천정환

서울대학교 국문학과를 졸업하고, 같은 학교 대학원에서 석사 및 박사학위를 받았다. 서울대·성공회대·홍
익대 강사 등을 거쳐 현재 성균관대학교 국문학과 조교수로 재직 중이다. 문화론 및 소설론을 담당하고
있다.

주로 문화론의 시각에서 근대 문화사를 탐사하고 한국문학사를 재구성하는 데 관심이 있다. 이를 위해 지식
과 이데올로기, 표상과 문화의 관계에 대해 공부하고 있다. 또한 대중이라는 새로운 근대적 주체의 출현과
그 주체성의 변용과정을 계속 탐구하여, 오늘날의 문화-정치를 해명하는 작업도 병행할 예정이다.

저서로는 『근대의 책 읽기』(2003), 『끝나지 않는 신드롬』(2005), 『혁명과 웃음』(공저, 2005) 등이 있다.
주요 논문으로는 「새로운 문학연구와 글쓰기를 위한 시론」(2004), 「한국소설에서의 감각의 문제」(2005)
등이 있다.

1920~30년대의 책 읽기와 문화의 변화

천정환

1. 들어가면서[*]

근대 초기 독자의 모습과 책 읽기의 양상은 어떠했을까? 그것은 '지금, 여기'의 삶을 규정하는 앎의 구조와, 문학을 둘러싼 문화의 존재방식과 어떤 관련이 있을까? 이에 대한 생각의 폭을 넓히기 위해 탐색하고자 하는 책 읽기의 시공간은, 현재와 미래에 이어진 기원의 시공간이다. 그 가운데서도 이 글에서는 1920~30년대에 집중하여 책 읽기의 근대사를 다루고자 한다. 다른 연대보다 이때를 중요하게 다루는 이유는 무엇보다도 1920년대를 거치면서 근대적인 의미의 책 읽기 문화가 확고하게 자리잡고 제도화되었기 때문이다.

물론 그 이전 19세기의 방각본이나 1910년대 구활자본 출판물을 매개

---

[*] 이 논문은 『근대의 책 읽기─독자의 탄생과 한국 근대문학』의 3장 「1920~30년대의 책 읽기와 문화의 변화」에서 따온 것이다. 여기 실은 '1. 들어가면서'는 서론 격인 도입부가 필요하다는 판단에서, 위의 책 1장인 「서설─근대의 책 읽기와 소설 독자」에서 일부를 발췌한 것이다. 위의 책, 29~30쪽 참조.

로 근대적 출판산업이 빠르게 발전하고 독자가 크게 늘어났지만,[1] 이때의 변화는 아직 전초전에 불과했다. 근대적 교육이 확산되고 자본주의적 사회관계가 번져나가 말뜻 그대로의 '대중'이 나타나고 일반적인 책 읽기 양상이 변화하는 추세를 고려할 때, 현재까지 연결된 근본적인 변화는 1920년대에 나타나기 시작했다.

도대체 1920년대 조선에서는 어떤 일이 일어난 것일까?

우선 첫째 1919년 3·1운동 이후 근대적 학교교육이 확실하게 대중을 장악하여 문맹률이 크게 낮아지고, 출판산업의 규모가 비약적으로 커지며 신문·잡지 구독이 일반화된다. 근대의 대중 독자는 대다수 사회 구성원이 읽고 쓰는 일을 일상적으로 행하게 되었을 때 나타났다.

둘째, 1920년대 중반 이후에는 책 읽기가 사람들의 '취미'의 하나로 확고히 자리잡고, '오락'으로서의 읽을거리가 쏟아져 나왔다. 이런 현상은 매스미디어의 발전과 더불어 도시에 기반한 대중문화 영역과 영향력이 1920년대 이후에 크게 확장된 결과의 하나이다. 이때의 대중문화는 19세기 이래 생산되고 향유된 서민문화를 계승하면서도, 서구적인 외래 요소와 자본주의적 생산·소비의 질서에 의해 질과 양 면에서 완전히 재편된 성격의 것이다.

셋째, 새롭게 출현한 '신문학'이 본격적으로 독자를 확보하는 시기가 1920년이다. 1910년대까지 '신문학'은 일부 신소설과 최남선·이광수의 창작물의 범위를 크게 벗어나지 못했으며, 독자의 범위도 '작가들이 곧 소설의 유일한 독자인 상태'를 넘어서지 못했다.[2] 그러다 1920년에 이르러『동아일보』·『조선일보』가 창간되고 『개벽』(1920)과 『조선문단』(1924) 등 '신문학' 확산에 결정적으로 기여한 잡지가 출현함으로써, 비로소 '신문학' 독자는 논의의 대상이 될 만큼 성장할 수 있었다.

그런데 왜 '신문학' 독자의 출현을 중요한 변수로 고려해야 하는 것일까? 그것은 '신문학'이 새로운 매스미디어에 의해 파급되고 그 자체가 교육의 대상이 됨으로써 전래의 독자층을 재구성하는 축이 되기 때문이다. 즉 1920년대 '신문학'의 비평적 기준과 문화적 역량에 의해 독자층의 취향이 달라지며, 새로운 차별화의 메커니즘에 따라 독자층이 재생산된다. 서구로부터 들어온 새로운 지식을 습득한 층이 소설 독자로 편입되고, '구' 소설과 '신' 소설을 읽는 것에 비해 '신문학' 영역에 포함된 작품을 읽는 것이 더 고급스럽고 교양 있다는 인식이 통념으로 굳어진다.

요컨대 1920~30년대의 책 읽기와 문학 독자의 존재방식은 지금까지 계승된 '산 과거'를 보여준다. 물론 논의의 범위는 필요에 따라 1920~30년대의 앞뒤로 확장될 것이다. 그리고 1920~30년대를 하나의 시대로 간주한 것은, 어떤 일관성 있는 경향이 1920년대 초반에 본격적으로 생겨나 1930년대를 관통하며 안정화된다고 보았기 때문이지만, 그 속에는 많은 미시적인 변화와 거시적인 규모의 차이가 함께 존재한다.

2. 1920~30년대 책 발간 추세

책을 대해서는 하품을 하지 말고, 기지개를 켜지도 말고, 졸지도 말아야 하며, 만약 기침이 날 때에는 머리를 돌려 책을 피해야 하며, 책장을 뒤집되 침을 묻혀서 하지 말고, 표지를 할 때 손톱으로 해서는 안 된다. 서산(글을 읽은 횟수를 세는 데 쓰는 물건 : 서수書數)을 하면서 번수를 기록할 때에는 뜻이 들어가면 헤아리고, 뜻이 들어가지 않으면 헤아리지 말아야 한다. 그리고 책을 베고 자서는 안 되며, 책으로 그릇을 덮지 말고, 권질을 어지럽게 두지도 말고, 먼지를 털고 좀벌레를 쫓으며, 맑은 날에는 햇빛을 쬐고, 남에게서 빌려온 서적의 글자가 잘못되었으면 교정을 봐서 쪽지를 붙이고, 종이가 떨어졌으면 붙이고, 꿰맨실이 끊어졌으면 새로 꿰매어서 돌려줘야 한다.

— 박지원, 「원토原土」, 『연암집』 권 10.

책을 대하는 박지원의 태도는 자못 감동스럽다. 글자가 잘못 되었으면 직접 교정을 봐주고, 실이나 종이가 떨어지면 직접 수선해야 한다는 것은 흔해빠진 공산품을 대하는 태도는 아니다. 책을 읽는 사람이 급격하게 늘어나고 그만큼 책의 수와 종류도 많아지면서, 책이 흔한 물건이 된 것이 1920년대부터였다.

독서인구의 급격한 증가

1920~1925년부터 독자층이 말 그대로 남녀노소로 확장되었다. 조선 후기 이래로 흔들리던 유교 신분제가 20세기 초 결정적인 타격을 받으면서 상민과 여성들이 교육받을 기회를 갖게 되었고, 학교에 보내면 '왜놈이 된다'고 생각한 많은 보통 조선인들이 1919년 3·1운동 이후에 태도를 바꾸어 일제의 공교육기관에 자식들을 보내기 시작했다.

한편 이른바 문화정치의 영향으로 1920년대 조선인 출판업의 규모는 1910년대와 비교할 수 없이 커졌다. 또한 조선은 좀 더 근대화되고 큰 서적시장을 거느린 일본 출판자본의 영향 아래 들어가게 되었다. 늘어난 수요를 감당할 만한 인프라가 구축된 것이다.

읽힌 책의 종류도 헤아릴 수 없이 다양해지고, 새로운 독서인구의 능력에 어울리게끔 책이 좀 더 읽기 편하게 만들어지기 시작했다. 책 만드는 기술이 나아져 값이 싸지고 읽기 쉽게 편집·장정됨으로써 책에 대한 접근성이 높아진 것과, 독자들의 수용능력이 향상되는 현상은 거의 동시에 진행되면서 서로 상승작용을 한다. 그리고 이는 책 읽는 방법 자체를 변화시킨다. 먼저 이전 시대처럼 소리 내어 외우며 읽는 '음독'에서 혼자 조용히

눈으로만 읽는 '묵독'이 광범위하게 보급된다. 또한 백 번 읽으면 저절로
뜻이 통한다는 '독서백편의자현讀書百編義自見'과 같은 전통적인 암기 위주
의 반복적인 독서* 대신, 점차 넓고 얇은 소비적인 독서법이 생겨난다.
책이 많아짐에 따라 어떤 책을 선택할 것인가 하는 새로운 문제가 나타났
으며** 전래의 눈으로 보면 남독濫讀이라 여길 만한, 이전에는 보지 못했던
상황이 벌어지게 된다.

> 4~5년 이래로 평양 청년 간에는 독서열이 팽창하여……서적점까지 4~5처 일
> 어나 한때는 방향 없는 서적을 수없이 매입 진열하였으며 독서자들도 방향 없
> 는 남독濫讀의 기분이 많았고 특히 어린학생들 사이에 동화집 『사랑의 선물』
> 을 선두로 『사랑의 불꽃』, 『영원의 몽상』 등 조선문 서적과 일본문 서적, 신조
> 사 출판의 『웰텔총서』 등의 연애서적을 애독하며 감상적 연애에 심취해 덤비
> 는 경향이 많던 중……적이 주목되는 바는 일반 청년의 독서경향이 주의主義서
> 적으로 몰리는 것이라더라.
>
> ― 「평양의 독서 경향 : 연애보다는 주의서적에 관심」,
> 『조선일보』, 1925년 12월 24일.

1920년대 조선문 출판물 허가 건수 추세

식민지시대 책 발간의 흐름을 살펴보는 데 있어 꼭 참고해야 할 중요
한 자료가 하나 있다. 1929년 조선 총독부 경무국이 조사 발표한 「연도별·
종별 조선문 출판물 허가 건수」가 그것이다. 이제까지 식민지시대 출판사

---

* 전근대인들의 반복적인 독서 방법에 대해서는 김영, 『조선후기 한문학의 사회적 의미』, 집문당, 1993;
 정민, 『책 읽는 소리』, 마음산책, 2002, 56~60쪽의 논의를 참조하라.
** 당시에도 가을철이 '독서의 계절'이었고, 신문들은 '독서 특집'과 같은 기사를 마련하여 책 선택과 관련
 된 기사를 실었다. 「가을철과 읽을 책의 선택」, 『조선일보』, 1927. 9. 7. 참조.

연구의 기초자료 역할을 해왔던 이 자료는 다른 공식적인 통계가 별로 남아 있지 않고 새로운 자료를 발굴하기 어려운 상황에서 절대적인 위치를 차지하였다. 그러나 〈표 1-1920년대 연도별·종별 조선문 출판물 허가 건수〉〔615쪽〕에 나타난 출판물 발간추세는* 그야말로 '허가 건수'를 관료적인 통계로 처리한 것이라 이를 통해 책 읽기의 실제 양상에 접근하기란 매우 어렵다. 더구나 '당국'의 책 분류 기준과 그 구체적인 실례가 밝혀져 있지 않고, 출판 추세의 변화에 대한 설명도 없다.

그럼에도 이 자료는 중요하다. 이 자료를 통해서 얻을 수 있는 것은 두 가지이다. 하나는 1920년대와 1930년대 전체를 관통하는 출판경향에 대한 대체적인 밑그림이며, 다른 하나는 식민지 조선인에 의한 출판물 발간을 바라보는 사법적 감시자, 혹은 식민 지배자의 시선이다. 특히 후자는 일본과 조선의 지적 정황의 차이와 유사성, 그리고 식민지 지배자와 피지배자의 인식의 원근遠近을 보여준다는 점에서 흥미롭다.

특히 경무국 당국자가 붙여놓은 '조선인의 출판물 발행상황(第四節 朝鮮人の出版物發行狀況)'이라는 해제를 살펴볼 필요가 있다.

그 내용을 보면 우선 식민지 시기 가장 많이 허가받고 발간된 종류의 책은 '족보'이다. 경무국 당국자는 조선인이 발간하는 신문·잡지가 주로 정치·경제·사상 문제 등을 취급하는 데 반하여, 단행본 중에는 이 분야의 책이 거의 없고 족보·소설·유묵遺墨문집 등의 발행이 많은 것이 특이하다고 했다. 그리고 단행본 출판물 허가 건수에서 비중이 가장 높은 족보·소설·유묵문집 등의 발간 추세에 대해 다음과 같이 해석하고 있다.**

---

* 이 논문집에 쓰인 모든 〈표〉는 책 뒷부분의 자료실(615~627쪽)에 따로 묶었습니다.
** 『조선의 출판물 개요』의 해제는 일본인 관료 近藤常上이 1927년에 쓴 「출판물로 본 조선(出版物より見たる朝鮮)」(『朝鮮』 140호, 1927년 1월)과 거의 내용이 비슷하여 글 자체가 近藤에 의해 씌어졌거나, 近藤이 쓴 글을 기초로 쓰인 것으로 보인다.

첫째, 족보에 대해서는 "일본에서 찾아볼 수 없는 조선 특유의 출판물로서 1920년대 이후 출판 건수가 급격히 증가하는 추세"라고 했다. 비용이 많이 들고 그 배포 범위가 친족 내부에 불과한 데도, "조선인들이 족보를 가보로 여기는 까닭에 이런 문제에 대해서는 신경을 쓰지 않는다" 했다. 그리고 조선인들은 "동성同姓 집단에서 족보 계보의 '정부正否'를 다투어 자신의 위치를 족보에 좀 더 유리하게 표시하기 위해 어떤 수단이든 동원하는 누습陋習이 있고, 그로 인해 각종 폐해가 생기니 '취급'에 부단한 주의가 요구된다" 했다.[3]

둘째, 경무국 당국자는 '신구新舊소설'이 대체로 '내지內地'의 강담본講談本과 비슷하게 그 제재의 대부분을 중국으로부터 얻어 충효, 무용武勇, 정절 등을 골자로 하거나 동양윤리적인 연애담을 소재로 한다고 했다. 그 중 『조웅전』·『춘향전』·『심청전』 등을 대표적인 작품으로 꼽고 이 소설 독자들의 다수는 농민과 부녀자들로서, 농한기가 되면 이 소설들을 돌려 읽고* 가정 오락물로 이용하여 출판허가 건수가 크게 늘어난다고 했다. 경무국 자료에 의하면 신소설과 구소설을 합칠 경우에는 소설이 족보보다 더 많이 출판되었다. 그런데 자료에서는 '신소설, 구소설, 문예, 시가' 서적을 구분하였으나 구분기준이 무엇인지 밝히고 있지 않다.

한편 '유묵문집'**은 스승이나 조상의 유묵을 후대에 전하기 위해 만든 출판물이다. 주로 유생[古老儒生]들 사이에서 반포되는 순한문 출판물인 까닭에 근래 청년들이 보기에는 난해하고 시세에 점차 떨어져 그 부수가 늘어나지 않고 있다 했다.

마지막으로 경무국 당국자는 정치·법률과 기타 과학 관련 조선어 출판물이 극히 적은 이유를 다음과 같이 풀었다. 이들 분야의 연구자는 '국

---

* '전독轉讀'이라 표현하고 있다.
** '유고'와 '문집'을 합쳐서 '유묵문집'이라 불렀다.

어'와 그 외 외국어로 된 원서로 직접 정확히 읽어야 하기 때문에 '언문諺文'으로 된 번역서가 필요없다는 것이다. 또는 '조선에는 이들 방면의 독창적인 연구자가 없기 때문에 이런 종류의 책이 발간되지 않는다'라고 하였는데, 이런 해석은 일제 관료의 시각을 여실히 드러낸 것이라 하겠다.

경무국 당국자의 해설은 '조선인들의 교육기회가 점차 확대됨에 따라 장래에는 조선인들이 자체 출판물에 만족하지 못하고 체제와 내용이 보다 충실한 내지內地 출판물을 선호할 시기가 도래할 것'이라는 예측으로 끝맺고 있다.[4] 이런 예상은 여러 복합적인 이유에 의해 실제로 실현된다.

검열과 출판의 자유

일제하의 모든 출판물은 '출판법'상의 허가제에 의해 발간되었다. 융희 2년(1908) 구한국법령 6호로 제정된 이 법은 수많은 개정 노력에도 일제시기 내내 유지되었고 심지어 해방 후까지 잔존했다. 이 법은 출판의 자유를 심각하게 저해하였다. 법에 의하면, 문서·도서를 출판하려는 자는 고본稿本을 첨부하여 지방장관을 경유하여 허가를 얻어야 한다. 만약 허가를 얻지 않고, '(1)국교國交를 저해하고 정체政體를 변괴變壞하든가 국헌을 문란紊亂하는 문서·도서를 출판했을 때는 3년 이하의 징역, (2)외교 및 군사기밀에 관한 문서·도서를 출판했을 때는 2년 이하의 징역, (3)전 이항二項의 경우 이외에 안녕질서를 방해하든가 또는 풍속을 괴란하는 문서·도서를 출판했을 때는 10개월 이하의 금고, (4)기타 문서·도서를 출판했을 때에는 100원 이하의 벌금'이 부과된다.

여기에 1925년부터 사회주의 민족해방운동의 확산을 막기 위해 발효된 치안유지법도 조선인의 언론·출판활동을 통제하는 데 활용되었다. 이런 법령과 더불어 총독부는 경무국 아래 도서과를 설치하여 상시적인 사전·사후 감시체제를 만들었다. 그리고 1930년대에는 '치안방해' '풍속괴란' 등의 세부항목을 포함한 '검열표준檢閱標準'(1930년, 1937년 개정)을 정하였다.

검열표준은 감시를 실제로 적용하는 데 필요한 세부지침이었는데, 여기에는 '一. 황실의 존엄을 모독할 우려가 있는 사항' '二. 신궁·황릉·신사 등을 모독할 우려가 있는 사항' '五. 군주제를 부인하는 것 같은 사항' 등과 같이 일본 천황제를 부인하는 사항과 함께 사회주의·무정부주의를 금압하는 포괄적인 내용이 들어 있었다.

이와 같은 법적 체계에서 일제치하 내내, 사전검열과 압수·삭제·발행금지 등과 같은 파시즘적 출판정책이 시행되었다고 봐도 무방하다. 따라서 조선어로 된 출판물은 극한 탄압의 대상이 되었으며, 조선의 출판문화가 일제의 검열에 의해 크게 왜곡되었다는 것이 민족주의적 상식이다.*

그러나 법률의 적용은 시기와 정세에 따라 유동적이었으며 검열체제에 틈새가 있었다는 점이 더 중요하다. 잘 알려진 것처럼 조선어 출판물에 대한 일제의 탄압은 1910년대에 가장 극심했다. '애국계몽기'에 나온 역사 전기물과 조선인들이 발간한 교과서류가 주된 탄압의 대상이었다. 장지연의 『대한신지지大韓新地誌』, 신채호의 『을지문덕』, 안국선의 『금수회의록』, 현채玄采의 『유년필독幼年必讀』, 이상익의 『월남망국사』 등이 대표적이다. 그러나 1920년대 중·후반에는 사회주의 관련 서적도 상당히 많이 유통되었으며, 능히 풍속을 '괴란'할 만한 책들도 쏟아져 나왔다. 1930년대 후반이 되면 조선어 출판물 자체가 불온시되기도 했다.

그리고 총독부는 조선에 거주하는 일본인과 외국인에게는 별도의 법체계를 적용하여 조선인에 비해 많은 자유를 주었으며, 일본 '내지'에서

---

* 일제의 검열정책과 금서 목록은 다음의 연구를 참고하라. 김근수 편, 『일제치하 언론출판의 실태』, 영신한국학아카데미, 1974; 동아일보사 편, 『일정하의 금서 33권』, 동아일보사, 1976; 곽동철, 「일제 치하 도서검열과 도서관에서의 지적자유에 관한 연구」, 연세대 석사학위논문, 1986.

조선반도로 건너오는 출판물에 대해서도 상대적으로 약한 검열정책을 폈다. 이 점은 일제시기의 지적 풍토와 책 읽기를 이해하는 데 매우 중요한 요소의 하나다. 일본어를 배운 조선인들은 일본어로 된 책을 읽었고, 일본어 책을 읽을 수 있는 조선인은 점점 늘어갔다. 책 읽기의 '근대'는 탄압과 부자유에 대한 정면도전에 의해서만이 아니라, 우회하는 방법을 통해 이루어지기도 했던 것이다.

> 현재 조선사회의 추세로 말하면 조선 안에서 간행되는 신문잡지를 위시하여 일반도서는 검열제도가 엄중한 관계로 다소 표현에 미지근한 점이 있으나 그래도 일본서 나오는 도서는 그렇게 심하지 아니함으로 웬만한 인사들은 일문을 통하여 새로운 지식을 흡수하기에 노력하는 까닭이라 하겠다.
>
> ― 『조선일보』, 1929년 10월 23일.

1931년 조선인 출판업자들은 "제도 외의 규정을 철폐"하고 "불허가제 및〔及〕전문全文 삭제제도"와 "편집기술상 간섭"을 폐廢하라는 진정을 제출하기도 했다. 그러나 이런 진정은 받아들여지지 않았다. 장기간 지속된 사전검열과 언론·출판의 부자유는 식민지인들에 의해 '내면화'되었을 가능성도 있다. 탄압과 부자유의 결과물일 수 있는 열등함이 다시 열등함과 열등감을 재생산하는 원인이 되는 것이다. 검열은 일본과 조선의 문화적 역량 차이를 더 크게 만들고, 앎의 식민성을 강화하는 구실을 하였다. 이는 위에서처럼 '웬만한' 지식계급 인사들이 '읽을 만한' 조선어 책이 없어지게끔 하는 원인이 되었으며, 1920년대 후반 이후에는 모든 출판 영역에서 남녀노소가 '자발적으로' 일본어 책을 선택하는 상황에 이르게 한다.

3. 매뉴얼과 포르노그래피의 시대

　과외도, 학습지도 별로 없던 시절 '전과'는 대표적인 초등학생용 보조교재였다. 전과는 '모든 과목', '과목 전체'를 뜻하는 '전과全科'라는 말 그대로, 국어부터 산수·사회·자연은 물론 음악·미술·체육·실과까지 전 과목의 교과내용과 해설을 담은 아주 두꺼운 책이었다. 그런데 이 전과의 역사가 의외로 깊다. 일제시대 초등학생들도 전과를 보고 공부했다.『동아일보』책 광고면에는 당시 초등학생들을 위한 여러 종류의 전과가 등장하고있다. '이문당以文堂'에서 나온 『보통학교자습전과참고서』(1924)와 '박문서관'에서 나온『보통학교전과모범정해』(1925) 등이 많이 팔렸던 것 같다. 오늘날의 초등학생들이 그러하듯 일제시대 초등학생들도 공부를 열심히해야 했다. 입학난이 심해서 도시의 초등학교는 면접시험을 봐서 학생들을 뽑았으며 '좋은' 중학교에 가기 위한 경쟁도 치열했다. 우리나라에서독서의 근대는 교육열·입시경쟁과 함께 왔다.

기능적 독서의 시작 - 근대의 책은 실용서
　근대의 책 읽기가 갖는 가장 큰 특징은 기능성이다. 이전의 책 읽기는지고한 가치를 가진 지식과 사유思惟 그 자체였다. 책 읽는 계급은 절대다수의 민중이 갖지 못한 능력을 가진 별난 존재였기에 도저한 책무감과엘리트의식을 가지고 있었으며 선비들의 책 읽기는 숭고한 권리이자 책무였다.

　독서는 '비생산적 유한계층'인 선비의 유일한 기능이기도 했다. 하루종일 경전을 외는 것밖에는 할 일이 없던, 조선 '선비'의 책 읽기는 "지식의 환전가치나 정보의 효용가치를 기준으로 삼는" 오늘날의 기준으로 보면 이해하기 힘들다. 그러나 긍정적으로 보면 그것은 조금의 변화도 없이 되풀이되는 전근대의 물질적 삶과 일상 속에서, "나날이 경이로움과 지적 성취감으로 충만한 변화의 연속을 의미하는 정신의 삶 자체"였다. 그들이 독서를 통해 얻은 '앎'은 물질적 이익을 얻는 데 쓰일 것이 아니었다. 독서는 삶의 내적 충실과 대의의 길을 기하는 바탕이었다.[5]

그러나 근대로 접어들면서 책은 한편으로 상품이자 매체이면서, 또한 일종의 도구가 된다. 인간의 활동과 관련된 모든 일이 문자로 기록되고 책으로 인쇄된다. 가장 내밀한 사적 영역에 속하는 성性과 육체에 관련된 부분부터 자본주의적 공적 생활을 기술적으로 해나가는 방편인 '처세處世'에 이르기까지, 그리고 '천하지대본天下之大本'인 농사農事 짓는 일부터 가정요리에 이르기까지, 세상의 모든 일은 이제 읽어서 알아야 하고 써서 전습傳習해주어야 할 대상이 된다. 머릿속에 기억되고 귀를 통해 구전되는 것은 이제 지식이 아니다. 모든 '앎'은 가시적인 형태로 축적된 것, 즉 책 속에 활자로 고정된 것을 가리키게 된다.

따라서 근대의 모든 책은 사실상 '매뉴얼(manual)'의 의미를 지닌다. 책 속에 담긴 지식과 정보는 모두 무엇인가를 위한 기능적 가치를 지닌 것이다.

1896년 4월 창간된 『독립신문』 광고면에 등장한 최초의 책이 『한영자전』·『한영문법』과 『양계법촬요養鷄法撮要』라는 사실은 시사하는 바가 크다. 그리고 1890년대 말 『독립신문』과 『황성신문』 광고면에 가장 자주 등장한 책은 "서양 음식 만드는 법을 국문으로 번역하여 본사에서 백혀 파는데 영국과 미국에서 쓰는 각종 식물 이백칠십일 종류를 만드는 법을 다 자세히 번역하였는지라"라는 광고문과 함께 소개된 요리 매뉴얼이었다. 그리고 1920년대 전체를 보더라도 사상과 문학 영역의 서적보다 교재 수험서와 실용서의 비중이 훨씬 컸다.

교재·수험서와 처세·출세를 위한 책 읽기

1920~30년대 책 시장을 가장 넓게 점하였던 매뉴얼로서의 출판물 중에서 가장 대표적인 것은 수험준비서와 학습참고서이다. 중등학교 입시용 수험서, 보통학교와 중등학교 교과서 및 참고서가 그것이다. 지금까지 존속하고 있는 '전과'라는 이름의 학습보조서와 과목별로 된 중등용 교재 및 입시준비를 위한 각종 문제집과 답안집이 허다하게 팔렸다.

교육열은 높았고 학교문은 좁았다. 뜨거운 중등학교 진학열은 매년 치열한 입시경쟁을 빚어냈다. 이런 현상은 우선 일제가 허용한 교육기회가 식민지 민중의 교육열에 비해 턱없이 부족했던 데서 비롯하였다.

당대인들에게 '보통학교 졸업'과 '중학교(고등보통학교) 졸업'의 의미는 매우 큰 차이가 있었다. 1920년대 초·중반 『동아일보』 광고면에 가장 자주 등장한 조선어 책은 〈표 2-1920~1928년 『동아일보』 광고 빈도수가 높은 책〉〔616~618쪽〕에서 보이듯이, 김연배가 펴낸 『고등보통학교입학시험준비서』였다. 그리고 『상업실습강의商業實習講義』, 『농업실습강의農業實習講義』라는 책의 광고는 다음과 같은 자극적인 구절을 동원하였다.

소학교 졸업생 제군

무학은 남자의 치恥

— 『동아일보』, 1928년 10월 5일.

농촌사회에서는 소학교만 졸업해도 '면서기'를 할 정도로 대접을 받았다 했지만 기실 1928년 현재, 소학교 졸업 학력은 남자의 수치인 '무학無學'에 해당하였던 것이다.

근대사회의 개막은 곧 학벌사회의 개막이기도 하였다. 교재·수험서가 가장 큰 시장을 형성하게 된 직접적인 원인은 바로 학벌주의였다. 그런 가운데 중학교에 진학할 수 없었던 많은 사람들을 위한 보완재도 있었다. 중학 과정의 독학·통신강의록이 바로 그것이다.

일제시기 가장 대표적인 독학교재는 와세다대학의 통신강의록이었다. '와세다 7대 강의록早稻田七大講義錄'은 『중학강의中學講義』를 비롯하여 중등과정에 해당하는 『상업강의商業講義』·『여학강의女學講義』·『문학강의文學講義』, 고교(대학 예비과정) 이상 과정에 해당하는 『법률강의法律講義』·『정치경제강의政治經濟講義』·『전기공학강의電氣工學講義』 등으로 구성되어 있었다. 그 중 『중학강의』는 1920년대 전체 책 중에서 신문지면에 가장 빈번하게 광고가 실렸다. 이 통신강의 교재는 월정액(1원 : 1928년 현재)*을 내고 회원이 되면 매달 한 권씩 집에서 우송받아 읽게끔 되어 있었다. 『중학강의』의 광고 문안은 다음과 같이 일본어로 씌어 있었다.

これからの世の中は、 中學卒業位の學力がなければ渡れません。 この講義は 中學で教へる凡ての科目を網羅し一年半の短かい時日に中學全科卒業出來る最も信用ある早稻田の講義錄です。 中學校へ入學しない小學卒業生はゼヒ是れで勉强なさい.〔이제 세상은 중학 졸업의 학력이 없으면 살아갈 수 없습니다. 이 강의는 중학교에서 배우는 모든 과목을 망라하여 1년 반의 짧은 시일에 중학 전 과정을 졸업하는 가장 믿을 만한 와세다대학 강의록입니다. 중학교에 입학하지 못한 소학 졸업생은 꼭 이것으로 공부하세요.(번역-필자)〕

— 『동아일보』, 1928년 4월 19일.

조선어로 된 중학과정 독학교재도 있었고, 메이지시기 이후 일본에서도 허다한 중학강의가 발간되고 있었다. 그러나 이 모두를 누르고 와세다

---

* 정확하지는 않지만, 2006년 현재로는 약 1만 5천 원 정도에 해당되는 금액이다.

대학의 중학강의가 가장 권위를 인정받았던 것으로 보인다.

그런데 이런 수험·학습교재들 중에는 총독부의 보통문관시험·순사시험 응시자용으로 팔려나간 것이 상당하며, 1920년대 후반에는 고등문관시험·순사시험 응시자들을 위한 교재가 따로 만들어져 팔렸다는 점이 주목된다. 조선 청년들이 일제 통치기관의 관료인 고등문관과 순사가 되기 위해 열심히 공부하였던 것이다. 식민지 청년들에게도 안정된 직장과 사회적 인정은 중요한 욕망이었다.[6]

한편으로 이런 수험서들은 청년층을 대상으로 생산된 출세·처세술 관련 서적과 일종의 계열을 이루고 있다. 『교제의 비결交際の秘訣』·『청년사교 신사전靑年社交新辭典』과 같은 사교술에 관한 책들, 『조선관계의 진로朝鮮官界の進路』·『소학졸업 입신안내小學卒業立身案內』·『대동경 남녀 고학생 취직성공안내大東京男女苦學生就職成功案內』·『소자본운영 청년취직법』과 같은 취직에 관한 책들, 그리고 『20세기 청년독본二十世紀靑年讀本』·『현대청년 수양독본』과 같은 '수양'에 관한 책들이 그것이다.

근대는 모든 개인들에게 '입신立身'과 '출세'를 요구하였다. 농경사회에서는 입신과 출세가 선택된 특정 계층의 사람에게만 부과된 의무이자 권리였으나 근대가 되자 달라졌다. 모든 사람이 사회의 한 구성원으로서 권리와 기능을 가지게 되었다. 이에 따라 학교교육과 취업을 통해 타인들과 교통하고 나아가 타인들에게 영향력을 행사하려는 욕망이 모든 이의 욕망으로서 새롭게 계발되기 시작했다. 그러나 사회적 인정과 성공이라는 재화는 제한되어 있었으므로 남들보다 나은 학벌과 화법 그리고 사교술이 필요해지기 시작한 것이다.

또한 사회성원들의 욕망은 조절될 필요도 있었다. 자유롭게 추구하는 구성원들의 욕망이 부딪혀 거대한 사회혼란을 야기하지 않게끔, 각 개인들에게 새로운 윤리적 덕목이 요청되었다. 그것이 곧 '수양修養'이다. 치열한 경쟁 속에서 달성하지 못한 욕망을 다스리고, 경쟁의 룰을 내면화하게 끔 하는 것이 수양이다.

이처럼 진학·취업·처세 등을 위한 각종 교범들이 다량 팔리기 시작했던 1920년대의 독서경향은, 일제에 의해 이식된 근대적 제도가 일부 식민지 민중들을 실질적으로 포섭했음을 보여주는 증거이다. 진학·취업·처세와 같이 가치중립적인 외양을 가진 근대적인 삶의 원리가, 식민지 조선 청년들로 하여금 총독부의 관리나 순사가 되는 일을 꺼리지 않게 만들었다.

단순히 민족주의적 시각에서 보면 총독부 관리가 되고 출세하기 위해 노력하는 현상은 일제에 부역·협력하는 일, 즉 '친일파'가 되는 일이다. 그러나 식민지 일상인들이 처했던 삶의 실제는 '친일이냐, 저항이냐' 하는 이분법적 구도보다 훨씬 복잡하였을 것이다.

사회주의자였던 김기진은 조선인들이 앞 다투어 학교에 진학하고 제도 속에 들어가는 과정을 '부르주아 문화(부르주와 컬트)'가 '교화'력을 발휘하는 것으로 적절히 파악했다. 조선에서 지배계층에 속하는 사람들이 '먹고살기 위해' 또는 사람대접을 받기 위해 경쟁적으로 자녀들을 초등학교와 상급학교에 진학시키고 있다는 것이다.

> 어린이의 부형은 양반이고 상놈이고 간에, 초등학교라는 곳에 자기의 자질子姪을 여아女兒를 입학시키지 않으면 사람값에 못 가는 줄 알고—또 실상 말이지 초등학교를 안 보내더라도 자기네의 가정과 조선의 풍속(인습) 사정 속에서는 자연히 학교에서 교화敎化되는 이만큼 교화를 당할 것이요. 별 수 없겠지만— 또는, 초등학교라는 곳에를 입학시켜서 졸업시키고 그 위로 중학, 전문학專門學 혹은 대학까지 배우지 못하면 먹고살 수가 없으리라는 불안한 심정을 가지고서, 이 초등학교라는 곳에를 자녀를 물론勿論하고 입학하게 만들어버렸다.
>
> — 김기진, 「지배계급교화 피지배계급교화」, 『개벽』 43호, 1924년 1월.

오락과 '취미'로서의 책 읽기

자본제의 노동분업과 근대는 노동과 여가(오락), 정신노동과 육체노동, 전문지식과 상식을 전혀 만날 수 없는 양극兩極으로 만든다. 농경사회와 달리 노동하는 시간이 정해지고 시계가 근대인의 생활세계를 규율하면서 '여가'가 생겨난다. 이런 여가를 '즐기는' 여러 방법을 '취미'라 일컫는다. 취미는 '노동' 즉 먹고살기 위해 마지못해 하는 생업生業의 대립물이며 아비투스로서의 개인적 기호의 표현물이었다.

사실 여가는 노동시간의 극단적 연장에 따른 반대급부인 동시에 노동의 대립물로서 발생한 것이다. 노동시간이 하루 10~12시간으로 길어지면서 그 이외의 시간과 주말은 노동을 재생산하기 위해서라도 여가로 사용되어야 했다. 서구에서 여가문화는 통속적 독서문화와 스포츠의 개화를 낳았으며[7] 그 중에서 책 읽기는 주로 중간층의 취미 중 하나로 개발되었다. 책 읽기를 위해서는 적절한 교육과 시간과 공간이 필수적이기 때문이다. 노동계급의 읽을거리는 중간층이 읽는 것보다 간결하고 쉬울 뿐 아니라 값도 더 싸야 했다. 잡지와 신문 그리고 그 속의 연재물이 그에 적합한 요건을 갖추고 있었다. 이런 과정을 통해서 드디어 '독서가 취미'가 된다. 책 읽기의 다양한 기능에 '즐거움'과 '위안' '휴식'을 얻기 위한 기능이 본격적으로 추가된 것이라 볼 수 있다. 노동시간으로부터 겨우 분리된 짧은 휴식 동안 강제된 여가를 즐기기 위한 것이라는 점에서 이런 종류의 즐거움 또한 사실은 기능에 불과하다고 볼 수도 있다.*

근대의 다른 세계가 화해할 수 없게 양분된 것처럼, 책과 관련된 즐거움도 양극으로 나눠지는 경향이 있다. 한편에서는 책이 그야말로 노동 외의 여가시간을 활용하고 노동의 곤궁함을 잊기 위한 볼거리로서의 위상을

---

* 『계몽의 변증법』에 실린 아도르노(T. W. Adorno)의 유명한 「문화산업: 대중기만으로서의 계몽」은 자본주의 사회에서 '오락'이 가진 이런 고통에 대해 논파하고 있다.

갖는다. 오락과 말초적인 자극을 위한 통속적 읽을거리가 대량생산되는 것이다. 그리고 다른 한편에서는 그야말로 무목적적인(Disinterestedness) 예술적 향유의 대상과 그에 대한 취미판단으로서의 '책 읽기'가 나타난다. 문학과 관련시킬 때, 전자는 대중 독자와 통속소설이 융성하는 배경을 이루고 후자의 흐름은 이른바 '고급' 독자 형성에 관련된다.

조선에서 취미로서의 책 읽기가 어떻게 나타나는지 살펴보자. 벽타碧朶의 「빈취미증만성貧趣味症慢性의 조선인」(『별건곤』 1호, 1926년 11월)은 취미로서의 책 읽기가 나타나는 과정과 사회적 인식의 변모를 잘 보여준다. 이 글의 대의는 '인간 본성으로서의 취미'를 누릴 요건을 결여하고 있는 조선 민중의 현실을 비판하고, 새로운 취미의 대상으로서 '민중적 읽을거리'를 주창하는 데 있다.

우선 글은 근대화의 도시집중을 취미와 연관시켰다. 인간은 본능적으로 사교적인 동물이며 이 "이 사교심리를 만족시킴에는 「취미」가 만흔 군중생활이라야" 하므로, 도회로 사람이 몰리는 것이라는 이야기다. 과연 취미는 도시민의 연극·영화 관람을 통해 조선에서도 개화하여 '대중화'되기 시작했다.

그러나 대다수 조선인들은 '취미'로부터 소외되어 있었다. 취미생활을 할 물적 토대가 없었기 때문이다. 노동시간이 일정하지 않은 농업에 종사하면서 전통적 생활세계를 유지하던 조선의 대다수 농민에게 근대적 의미의 여가시간이 따로 있을 리 없었고, 무엇보다 다수의 농민은 절대 빈곤선상에 있었다.

> 취미 생활은 우에서 말한 바와 같이 그 범위가 구구불일區區不一하다. 그러나 일반적으로 보아 사교적 본능으로 우러나오는 것, 새 것을 보고 싶어 하고 새 것을 듣고 싶어 하는 것은 공통된 욕망인 것 같다. 도회 사람은 촌 소식을, 촌

사람은 도회 소식을 듣고 보고 싶어 하며 이 나라 사람은 저 나라 일을 서로 알고 싶어 한다. 그 중에도 진기한 소식을 더욱 알고 싶어 하는 것이 취미성의 욕구이다. 이 점에서 극, 활동사진 가튼 것이 근자에 대세력을 갖게 되었으나 우리 조선과 같이 교통이 다 불편하고 물질문명이 남보다 뒤떨어지고 그리고 일반적으로 무산화無産化된 처지에서는 그것으로써 공통된 만족을 줄 수 업다.

— 벽타, 「빈취미증만성의 조선인」

조선 농민들이 누리던 공동체적인 전통유희와 제의문화는, 일제와 개화된 지식인들로부터 협공을 받고 있었다. 근대적 경기장과 공연장 안으로 순치될 수 없었던 연날리기·제기차기·줄다리기·돌싸움·연희 등은 '야만'과 '불온'을 이유로 일제 경찰의 「경찰범 처벌규칙警察犯處罰規則」과 교육령 등에 의해 금지되었다.[8]

또한 도시의 유산계급이 '개인적' 취미로 만들고 있었던 일상적 유락과 등산, 여행, 악기 연주 등은 민중계급에게는 언감생심이었다.

화류계에 출입하며 가무고취歌舞鼓吹와 주지육림酒池肉林에 흥겨워 노는 것을 위안으로 하는 사람도 잇지만 돈 없는 사람은 천만부당한 일. 등산, 기차여행 등을 취미로 아는 사람도 있으나 그것을 싫어하는 사람도 잇고 그것이 못 되는 사람도 만타하면 민중적 취미는 못될 것이다. 온천, 약수도 또한 그러하다. 뻬이오린, 만또린, 오루간, 피어노를 갖춰놓고 사이사이 한 곡조 울리는 것을 유일한 취미로 아는 신사숙녀가 있지만 그는 더욱 유산계급의 향락소위享樂所爲이고 대중적 취미는 못될 것이다.

— 벽타, 「빈취미증만성의 조선인」

그래서 『별건곤』의 논자는 민중적 오락으로서의 '읽을거리'를 만들어낼 것을 주창하기에 이른다. "오직 값 헐한 인쇄물이 저급의 문체로 기록되어 아무리 심산유곡深山幽谷에라도 갈 수 잇게 된다 하면 그에 의하여 사진으로 기사로 한 자리 수백 수천의 대군중과 섞여 놓고 먹고 마시고 노래하고 말하고 춤추는 감感을 일으켜 인간적 취미에 어느 정도의 만족을 줄 것이"기 때문이다. 이것이 곧 『별건곤』의 창간정신이었다.

『개벽』 같은 정론지를 대체한 『별건곤』처럼, 명백하게 자본주의적 오락의 도구가 된 읽을거리, 즉 '취미독물趣味讀物'들이 나타나기 시작한 때가 1920년대 중반부터이다. 『동아일보』와 『조선일보』가 증면을 단행하고 영화와 스포츠 기사, 부인란을 독립시킨 것은 1925년이며, 우편주문을 통해 일본에서 수입된 포르노그래피 인쇄물들이 대량으로 소비되기 시작한 것도 이 시기이다.

특히 주목할 것은 포르노그래피 인쇄물로, 이들은 전체 출판물 시장에서 결코 무시할 수 없는 비중을 차지하였다. 이 상업적 출판물은 주로 일본에서 건너온 것인데 여기에는 춘화와 사진 등의 시각 인쇄물, 피임·임신·해부학 등의 '의학'과 성교육을 빙자한 서적, 서사적 요소가 있는 패설悖說류 따위가 포함된다.

'법률적' '예술적' 범주로서 포르노그래피의 탄생은 역사적으로 근대의 탄생과 관계있는 것으로 논의되어왔다. 서구의 경우 소설과 포르노그래피는 같은 사회적 배경 아래 상호 의존하며 성장해왔다고 간주되기도 했다. 즉 도시의 성장과 문자해독 층의 증가, 사생활의 존중과 같은 새로운 도시적 삶의 발전, 중산층이 지배하는 사회에서 공적 생활과 사적 생활의 엄격한 분리 등이 소설과 포르노그래피가 성장하는 데 공통적인 배경이 되었다는 것이다.[9]

1920년대 중·후반 조선사회에서 다량으로 팔린 포르노그래피 상품은 단지 성욕을 자극하는 성 보조기구 같은 것만은 아니었다. 또한 단지 사춘기 남성의 관심대상이거나 점잖은 이가 입에 올리기 어려운 저급 문화상품만도 아니었다.

확대된 개인주의는 몸과 성性에 대한 당대인의 관심을 이전과는 다른 차원의 것으로 만들었다. 사람들은 몸과 성을 스스로 통제해야 했다. 성을 위한 몸과 생식을 위한 몸 모두가 스스로 의식하고 통제하거나 부릴 대상이 된 것이다. 그래서 '첫날 밤'을 위한 지식과 남성·여성의 '생식기 도해', 성의 생리학 모두가 중요한 앎의 대상이 되었다.

그리고 '자유연애'로 상징되는 낭만적이고 개인적인 남녀관계는 필연적으로 육체적인 사랑과 결부되지 않을 수 없었다. 당시 사회에서 가장 구체적이며 핵심적인 문제는 여성의 정조貞操였다. 이 문제는 1920~30년대에 쉼 없이 토론되었다.

이는 두 가지 힘이 서로 맞부딪치고 있었기 때문이었다. 조선의 여학생, 기생, 까페 걸, 여배우 등의 '모던 걸(modern girl)'들은 혼전순결과 '일부종사一夫從事'를 공공연히 위배하고 가출과 이혼을 감행하였다. 여기에는 여러 가지 원인과 힘이 작동했다. 우선 자유연애론, 자유주의적인 여성해방론, 보다 급진적인 사회주의적 여성주의 등이 이념적인 배경을 이루고 있었다. 그리고 서구와 일본에서 유입된 성 개방 풍조, 확산된 식민지자본주의가 빚어낸 여성의 곤궁함이 사회적인 배경을 이루었다.

물론 그에 대한 반작용도 엄청나게 강했다. 아직 유교도덕과 남성권력이 매우 강했기 때문에, 실제로 여성의 혼전·혼외성교는 자유롭지 않았다. 그것을 어기는 여성은 법률 외적인 방법으로 갖은 처벌을 받았다. 모든 대중적 소설은 한편으로는 정조 파괴를 다루면서 다른 한편으로는 정조 파괴를 패악으로 규정했다. 소설 속에서 정조를 지키지 못한 여성들의 운명은 비참했다. 이는 자유연애론 자체의 모순이다. '자유롭게 연애하되, 섹스는 절대 안 된다'는 것이 이광수 소설을 비롯한 대중소설의 한결같은 메시지였다.

사랑과 성의 모순적 관계, 몸에 대한 새로운 인식은 전체 성원의 열렬한 탐구 거리였다. 그리하여 이를 다룬 책들이 『동아일보』 1면의 광고면을 버젓이 차지하기도 했으며, "옛날 같으면 꽃을 보고도 얼굴을 붉"혔던 "묘령의 부녀들이 대담하게도 성性에 대한 서적을 빌어내어다가 열심으로 탐독하고 있"었다.* 뿐만 아니라 양주동 같은 당대의 지식인도 "방간坊間에 유포하는 잡종 성서性書 5~6권"이나 "생리학의 생식기生殖器론 같은 것, 기타 성교육을 논한 서적"을 통해 성교육을 받았다고 했다.[10]

그럼에도 불구하고 이런 책들은 한편으로는 명백히 흥밋거리이자 포르노그래피였다. 이 흥밋거리 앞에 모인 사람들을 위하여 자본은 싸게 대량의 읽을거리를 생산해냈다. 마치 신문이 대충 한 번 눈길 주는 것으로 소비되고 곧 쓰레기가 되는 것처럼, 일부 책도 그런 상태에 이르게 된다. 6~8권에 1원씩 하거나, '나체사진 무대진정無代進呈'을 내세운 덤핑 상품들도 허다하게 수입되어 팔렸다. 이런 현상은 책에 대한 엄숙주의를 해체하며, 문자로 이루어진 지식의 탈신비화를 가속화한다. 그러나 한편으로 이에 대한 반발과 저항의 움직임도 커진다. 근대의 '기능적' 독서는 그와 정반대 경향의 독서 또한 확대시킨다. 즉 상품화한 활자매체 중의 일부는 신비하고 그 자체로 가치 있는 것으로 간주되며, 책은 '애장'하고 전문적으로 수집하는 물건이 되기도 한다.[11]

문학작품을 읽는 행위 역시 이런 무목적적 독서와 관련이 있다.[12] 그것은 직접 여행과 유락을 즐길 수 없는 사람들이 간접체험을 하거나 특정

---

* 「조선여성의 독서열 왕성—성서적을 탐독하고 남자는 사회과학 탐독」, 『조선일보』 1929. 4. 10. 이 기사에 따르면 남자들은 '대개 마르크스, 엥겔스를 위시하야 사회사상社會思想과 문학에 대한 서적이 만코' 여자들은 '수예手藝나 가뎡家庭이나 예술藝術과 주천백촌厨川白村의 근대련애관과 베벨의 부인론婦人論, 택뎐澤田의 량성해부兩性解剖 등이 만타'라고 했다.

한 기능을 획득하기 위한 수단이 아니라, 그 자체로 보다 고상한 취미의 대상이다. 이런 고상한 취미를 위해 더 문학적이고 예술적인 것을 추구하게 되고, 그 고상한 취미를 다루는 일 자체가 직업이 되기도 한다. 여기서 작가와 평론가가 탄생한다.

4. 책 읽기에 나타난 비동시적 근대

동서고금을 막론하고 세대 사이에 갈등이 없었던 시대는 없다. 아버지 세대와 아들 세대가 아무 문제없이 서로를 이해하며 조화롭게 협력해간다면, 아마 어느 한 쪽이 완전히 무능하거나 거세당한 탓일 것이다.

서로 다른 세대는 생각이 다르고 환경이 다르며, 따라서 서로 다른 책을 읽는다. 너무 당연한 말 같지만 그렇지 않았던 시대도 있었다. 조선의 선비들은 세대 사이에 생각이 달랐을지는 몰라도 세대를 막론하고 비슷한 책을 읽을 수밖에 없었다. 사서삼경을 비롯한 경전 급의 고전과 중국 역사서들은, '현재의 커리큘럼'으로 누백년 이상 계속 읽히고 암송되었다. 시대에 따라 유행도 있었겠지만 고전만큼 규정적인 힘을 갖지는 못했다. 그래서 조선사회의 변화는 느렸다.

그렇다면 근대 이후는 어떠한가? 근대 이후의 세대갈등은 좀 다른 듯하다. 세대 간의 의식과 문화 차이가 너무 커서 아버지와 아들 세대는 별로 소통할 것 없이 갈등뿐이고, 그 차이는 '절단'이라 할 정도로 크다.

그런 일들은 20세기에 들어서며 벌어지기 시작했다. 새 세대는 전 세대를 부정하는 것을 아예 자기 임무이자 깃발로 들고 나오기 시작했다. '낡은 것'과 전통적인 것에 대한 철저한 부정의식이야말로 세대를 건너 전달되는 이 시대의 전통이자 역사철학이다.

19세기 말 이래 조선사회가 처한 곤핍한 상황과 이에 대한 젊은이들의 깊은 자괴감이 세대단절에 시동을 걸었다. 그리고 사회변화의 속도가 빠른 만큼 세대교체에도 엄청난 가속이 붙기 시작하였다. 여기에는 식민지 사회를 규정했던 실력양성론과 사회주의가 관련되어 있다. 두 사상 다 철저히 발전사관에 기초해 있었기 때문이다.

반복되는 세대단절과 갈등은 한국의 근대화 자체, 결국 20세기 이래 한국사회를 규정하는 특징이 되었다.

식민지 시기에는 조선시대 내내 지속되어온 유교적 전통을 반영하는 책 읽기와 이전에는 결코 존재하지 않았던 의식을 드러내는 책 읽기가 충돌한다.

세대 절단 – 사회주의와 문학에 나타난 누벨바그

조선에서 사회주의사상이 빠르게 파급되기 시작한 것은 3·1운동 이후 민족주의의 무기력함이 드러나면서였다. 3·1운동 이후 민중의 정치의식이 크게 고양되고 민족적·계급적 모순이 첨예화됨에 따라 민족개량주의는 설득력을 잃었다. 여기에 더하여 러시아혁명과 국제적으로 고양된 사회주의 운동의 영향이 조선반도에 폭넓게 파급되면서 사회주의는 1920년대 초 국내 신문·잡지 등의 언론매체를 통해 폭발적으로 수용되었다.[13] 그 결과 최초의 전국적 노동조직인 '조선노동공제회'가 1921년에 결성되었고, 1924년에는 '조선노동총동맹'이, 1925년에는 '1차 조선공산당'이 결성되었다.

1920년대 초에는 사회주의를 지향하는 청년단체도 우후죽순 격으로 생겨나 각급 대중조직과 전위적 조직의 바탕이 되었다. 사회주의사상은 조선사회의 이데올로기와 사회풍조의 급격한 변화를 보여주는 바로미터이자 청년의 '누벨바그(신경향)'였다.

1923년 7월 『개벽』(37호)에 실린 「격변우격변激變又激變하는 최근의 조선 인심」은 1920년대 이후 격변해가는 사회심리를 논하면서, 그 중 제1항목으로 '문화파文化派의 비관과 사회주의적 기분의 신유행'을 꼽았다.

여기서 문화파란 다름 아닌 '현대문명의 기초되는 자본주의적 경제력의 발달을 주안主眼'으로 삼는 민족부르주아 실력양성론자들이었다. 이들의 운동이 실패에 실패를 거듭하자, 일반 민중들까지도 사회주의에서 '독립에의 신복음新福音'을 찾게 된 것이다.*

> 이[玆]에 한 가지 주의할 일은 조선 사람에게 가장 쉽게 이 사회주의적 기분이 돌게 된 것은 유일의 원인이 어디 있느냐 하면 독립심獨立心의 변태성變態性이라 할 만한 즉 조선독립의 희망에서 실망된 원기元氣를 새로이 사회주의상에 변태적變態的으로 그 희망을 펴게 된 것이라. 그들의 중中에는 당초부터 주의적主義的, 진리적眞理的 정신으로 사회주의를 주창하는 사람이 없지 아니할 것이나 그러나 일반 민중으로서의 대부분은 대개가 독립적 희망希望의 변태심變態心으로, 알고 하든지 모르고 하든지 실망의 여기餘氣를 스스로 사회주의적 신 이상에 부치게 된 것이라.
> ── 「논설 : 격변우격변하는 최근의 조선인심」, 『개벽』 37호, 1923년 7월.

그런데 문제는 1920년대 초 청년들이 품었던 사회주의에 대한 새로운 '희망'이 세대투쟁의 의미를 띠었다는 데 있다. 『개벽』의 필자가 꼽은 '격변하는 인심'의 네 번째 항목은 '선배의 배척과 청년 숭배의 기풍'이었다.** 당대의 청년들이 사회를 살펴보건대, 잘된 것은 도무지 하나도 없고

---

* 1920년경에는 문화주의에 입각한 실력양성론은 전체 조선사회를 풍미할 정도였다고 볼 수 있는데, 1921년부터 국제 정세가 변화하고 문화주의와 인도주의의 실현 가능성이 비관적인 것으로 보이자 1920년대의 문화운동은 이때부터 두 갈래의 길로 확연히 나뉜다. 하나는 계급운동의 방향을 확실히 한 것이고, 두 번째는 사회진화론에 입각한 실력양성운동의 방향으로 나가면서 '자본주의문명의 수립'을 지향한 운동이었다. 박찬승, 『한국근대정치사상사연구』, 역사비평사, 1991, 202~233쪽 참조.

모두 "허위 미탄迷誕 실패 실신失信 무지의 소치所致임"을 깨달았으며, 그와 더불어 "더욱이 조선사회의 최근 역사에 이르러는 말할 수 없는 원한과 비통"에 이르게 된 책임까지도, "일반 사회는 이제 비로소 새삼스럽게 그〔其〕죄를 선배에게 돌리게 되었"던 것이다.

> 우리보다 앞서 난 선배들의 잘못으로 크나 적으나 인류사회가 이 꼴이 되어간다 인정한 그들은, 결국 역사라 하는 것을 그렇게 귀중히 보지 않게 되었으며 (차 사상은 사회주의를 숭배하는 청년에게 가장 많이 있다) 역사를 귀중히 보지 않는다는 이면에는 적어도 선배의 인격을 유래由來와 같이 숭배치 않게 되었다.
> ── 「논설 : 격변우격변하는 최근의 조선인심」

이런 세대의식은 결국 1920년대 초반 사회를 청년의 시대, 즉 "만구일담萬口一談이 청년시대 청년시대라 하는 말은 소년행적少年行的 청년시대를 구가謳歌"하는 시대로 만들었다.

사실 '청년의 시대'는 1920년대 이전부터 열려 있었다. 1920년대 청년들의 선배격인 민족개량주의자들이 먼저 청년의 시대를 열어젖힌 것이다. 최남선·이광수의 활동과 사상에서 이를 볼 수 있다. 최남선은 '최초'의 근대적 월간잡지로 알려진 『소년』(1908년 창간)과 『청춘』(1914년 창간)을 발간하며 식민지시대의 문단과 사상계를 이끌 새 세대의 '진지陣地'를 구축했다.

'소년' '청춘'이라는 이들 잡지의 제호 자체가 상당히 상징적인데, 『소년』의 창간사는 "우리 대한大韓으로 하여금 소년의 나라로 하라, 그리하면

** 이 글에서 들고 있는 또다른 항목은 "(2) 민중적 권리심의 향상과 극기정신의 맹아 (3) 미신의 사상과 반종교적 사상 (5) 紳士풍의 배척과 勞動풍의 경향" 등이었다. 「논설: 激變又激變하는 最近의 朝鮮人心」, 『개벽』 37호, 1923년 7월.

능히 이 책임을 감당하도록 그를 교도矯導하라"고 외치고 있다. 그러했기에 약관 19세의 소년 최남선이 만든 『소년』은 단순한 소년잡지가 아니었던 것이다. 5년 뒤에 발간한 『청춘』도 그러했다. 『청춘』 창간호에는 「어린이 꿈」이라는 시가가 실려 있었는데, 이 시는 동시童詩가 아니었다. 『청춘』 창간호의 권두언 「아무라도 배워야」가 나타내고 있듯, 『청춘』은 소년에서 노년에 이르는 각계각층을 대상으로 좀 더 본격적인 실력양성론을 표방하는 잡지였다. 이런 사회개조의 전망은 『소년』 창간호에 실린 「해에게서 소년에게」가 전하는 메시지, 곧 전통적인 것과 구세대의 것을 모두 "짜린다 부슨다 문허바린다"면서 부정하는 것 이상이었다. 이 세대들에게는 '대한大韓' 자체가 '신생'이었으며, '소년'이자 '어린이'였다. 그리고 스스로 '소년'이나 '어린이'로서 그런 이미지를 지닌 새로운 국가에 자신들을 동일시하고자 했다.

조선 자체를 구세대와 기존 질서로부터 전면 부정하고 완전 개조하여 '소년' '어린이' 혹은 청년의 것으로 만들어야 한다는 생각의 순도純度는 이광수가 더 높다. 1910년에 발표한 「금일 아한청년我韓青年과 정육情育」(『대한흥학보』, 1910년 2월)에서 이광수는 조선의 청년은 "부로父老의 세대들로부터 아무것도 배울 수 없는 불행한 처지에 있다"고 주장하였다. 여기서 조선 500년을 이어온 아비·할아비의 세대는 '앎이 없는 인물'들이자 '함(실천)이 없는 인물'들로 간단히 폄하된다. 이런 부정은 곧 자기 세대에 대한 절대긍정으로 이어진다. 그래서 청년들은 "피교육자가 되는 동시에" 스스로를 가르치는 교육자가 되어야 하며, "학생 되는 동시에 사회의 일원이 되어야" 했다. 이같이 과격한 세대단절 의식과 부정의식은 '고아 의식'으로 진단되기도 하였다.[14] 아래는 유명한 「자녀중심론子女中心論」의 한 구절이다.

우리는 선조도 없는 사람, 부모도 없는 사람으로 금일 금시에 천상天上으로서
오토吾土에 강림한 신종족으로 자처하여야 한다.

— 「자녀중심론」, 『청춘』 15호, 1918년 9월.

스스로를 아비 어미 없이 '천상에서 강림한 신종족'으로 생각했던 이
런 의식이 「자녀중심론」을 이룬다. 자녀 중심주의는 부모 중심주의, 곧 유
교적 가부장제·대가족주의·족벌주의·조상 중심주의에 대한 부정이며 부
르주아 가족주의의 새로운 주창이기도 하다.

그러나 1920년대가 되면 불행하게도 이광수와 그 세대 자신들이 뒤이
은 세대들에 의해 저처럼 완전히 부정당하게 된다. '청년의 시대'에 걸맞
은 다양한 지향의 청년운동이 다시 개화하여 신사조로 청년들을 유도하고
있었던 것이다.* 이 신사조의 다른 이름이 곧 사회주의였으며, 전 세대에
대한 부정은 사회주의와 결합하면서 더 큰 폭발성을 지니게 되었다. 요컨
대 '사회주의' 혹은 '사회주의적 기분'은 1920년대 초반의 신세대와 청년
들이 선배 세대의 가치와 규범을 깡그리 무시하고, '내/네 멋대로 하는'
새로운 행동양식과 세대의식을 창출하는 이른바 '신경향'의 의미를 지니
고 있었던 것이다.

이광수는 1925년에 쓴 「문예쇄담文藝瑣談」(『동아일보』, 1925년 11월 2일~
12월 5일)에서 20년 전과 당시 사회의 놀라운 차이를 가장 잘 보여주는 것
으로 "양복, 맥주, 연애"와 더불어 "학교교육과 문예와 사회주의"를 꼽았
다. 그 중에서도 특히 "문예가 오늘날 조선에서는 수십만 청년남녀의 정신

---

* 1920년대 수양·농촌개량·풍속개량을 목표로 했던 개량주의적 청년회운동은 1921년 이후에는 침체상태에
빠져 겨우 그 명맥만을 유지하다가 1923년 이후 각 지역에서 '청년회 혁신운동'이 일어나고, 그들이 1923
년 3월 말 서울청년회 주도하에 열린 조선청년당대회의 깃발 아래 모이면서부터 다시 활기를 되찾았다.
이 청년당대회에 모인 청년회들이 사회주의적 색채를 가진 것은 말할 필요도 없다. 박찬승, 위의 책.

을 지배하는 무서운 세력"이라 했다.[15] 이 시기의 문학 또한 세대투쟁을 위한 하나의 준거나 수단으로써 젊은 세대들을 매혹하고 있었으며, 사회주의의 풍미風靡와 궤를 같이하고 있었다.

문학은 전통의 영향이 가장 많이 남아 있는 영역이었기에 세대간 의식의 편차도 그만큼 컸다고 볼 수 있다. 개화계몽시대와 이광수세대에 걸쳐 갱신된 文의 전통과 문학의 개념은, 1920년대에 또 한 번 달라졌던 것이다. 문학열에 감염된 1920년대 초의 새로운 세대는 예술가연하며 기성의 가치를 공공연히 무시했다. 그들은 학교 수업에 충실하지 않고, 기성세대가 싫어하는 패션을 즐기고, 술과 연애를 밝혔다. 경건주의자이자 계몽주의자였던 이광수는 이런 새로운 세대의 문학관을 싫어했고, 그들을 계도하고자 했다.

> 근래 우리나라에서 문사라 하면, 「학교를 졸업하지 말 것」, 「물은 술, 붉은 술에 탐닉할 것」, 「반드시 연애를 담談할 것」, 「두발과 의관을 야릇이 할 것」, 「신경쇠약성·빈혈성 용모를 가질 것」, 「불규칙·불합리한 생활을 할 것」 등의 속성을 가진 인물을 의미하게 되었습니다……금일의 문사들은 석일昔日 문사의 결점을 고대로 계승하고, 게다가 퇴폐기의 일본 문사의 결점을 가미……
> — 이광수, 「문사와 수양」, 『창조』 8호, 1921년 1월.

사실 1920년대 문학가들은 이광수의 영향을 받고 자랐다. 이광수는 그들에게 스승과 같았다. 하지만 1920년대의 문학가들은 적어도 이념면에서만큼은 이광수를 넘어설 수 있었다. 그것은 아래에서 김기진이 쓰고 있는 것처럼 이념 지향적인 청년단체가 속속 생겨나던 사회적 맥락을 공유했기에 가능했다.

1919년 이래로 신문예계는 정히 장관이었으니 신시新詩류 소설류의 다수한 발표는 각지에 청년단체가 족생하던 사회 현상과 동일한 현상이며 문예이상주의·자연주의·낭만주의……악마주의·상징주의 등의 조류가 잡연히 충일하여 ……1919년 이래로 사회운동(소부르주아운동)의 지도정신이 박약하여 사상의 혼란, 운동의 혼란을 보이던 사회현상의 반영…….

— 김기진, 「10년간 조선문예 변천과정」, 『조선일보』, 1929년 1월 9일.

이런 풍조를 반영하여 1920년대 중반 이후 사회주의 관계 서적과 문예 서적은 신교육을 받은 청년들이 주축을 이룬 서적시장에서 양 축을 형성하고 있었다.

동시에 조선동포의 사상은 격변에 격변을 더하여 작년 우리 청년계의 독서열을 들으면 참으로 놀랄 만하였다. 제일로 대판옥포서점大坂玉壺書店의 말을 듣건대 조선 청년의 사상이 돌변하야 재작년까지 소설책을 그 중 수다히 사가던 터이더니 작년에 이르러서는 소설책도 적지 않았으나 소설책보다는 사상가의 저술이 맹렬하게 팔리면 맑스 『경제론』이니 해방解放과 개조改造는 나오기가 무섭게 팔리며 언제든지 있는 때보다 절종絶種될 때가 많았었다.

—「사상계의 신추향新趣向」, 『조선일보』, 1923년 1월 1일.

위의 기사는 사회주의사상과 관련된 책의 호조가 가장 눈에 띄는 '사상계'의 신경향이었음을 보여준다. 사회주의 계열 사상이 처음 소개되던 1920~1923년 사이에는 무정부주의를 비롯한 범사회주의 계통 서적들과 사회주의를 대중적으로 해설한 서적이 많이 발간되고 팔린다.[16] 정연규의 『과격파운동과 반과격파운동』, 김명식의 『노국露國 혁명과 레닌』, 『사회주의 학설대요』 등이 이 시기에 많이 읽혔다.

그러다가 1920년대 중반 이후에는 본격적인 마르크스주의 저작들이 읽히기 시작하고 더 나아가 소비에트 러시아에서 일본을 거쳐 건너온 레닌·스탈린·부하린 등의 원전들이 수용되었다. 이런 현상은 코민테른이 조선 공산주의운동에 영향력을 갖게 되고, 조선의 운동 자체가 '목적의식성' 단계에 이를 만큼 성장한 것과 무관하지 않을 것이다.

1928~1929년경에는 사회주의 서적 수용이 절정에 이른다. 1928년『동아일보』광고면에는 '개조사改造社', '평범사平凡社', '암송당巖松堂' 등 동경에 소재한 일본 출판사가 펴낸 다양한 사회주의 관련 서적들이 소개되었다. 마르크스와 엥겔스의 저작전집을 비롯하여『인민의 벗이란 누구인가』『무엇을 할 것인가』등 레닌의 정치 팸플릿, 그리고『스탈린·부하린 전집』과 '자본주의문명의 붕괴'를 제1권으로 하는『사회사상전집社會思想全集』, 유럽과 일본 등의 프롤레타리아문학을 모은『신흥문학전집新興文學全集』등이 그것이다. 조선 청년의 사회주의사상 수용은 폭넓고 수준도 높았던 것으로 보인다. '신흥사조에 몰두한 조선 청년'은 영어와 러시아어 원서까지 탐독하여 식민지 경찰당국을 긴장시켰다.

> 책 이름만 들어도 그것은 어떤 사상에 젖은 사람들이 보는 것이구나 하고 판단할 수 있는『맑스 전집』·『맑스 엥겔스 전집』·『신흥문학전집』·『크로포토킨전집』·『경제학전집』등의 전집물과,『개조改造』·『스스메〔進め〕』·『문예전선文藝戰線』·『전기戰旗』등 서적잡지가 많이 구독되고 있는 고로 당국에서도 적이 놀라고 있는 터이라
> ─「신흥 사조에 몰두한 조선 청년의 독서열」,『조선일보』, 1929년 10월 3일.

심지어 1928년에는 일본에서 발간된『마르크스·엥겔스 전집マルクス·エンゲルス全集』의 두 간행 주체 중 하나인 '개조사'가, '암파서점岩波書店'과 '홍

문당弘文堂' 등이 망라된 '마르크스·엥겔스전집 간행연맹マルクス·エンゲルス全集刊行聯盟'을 상대로『동아일보』지면을 통해 조선 독자들을 앞에 두고 번역과 마르크스 해석의 권위에 대한 지상誌上 논전을 벌일 정도였다.*

조선에 '내지內地' 일본과 동일하게 치안유지법이 적용되기 시작하면서 1926년부터 사상관계범의 수가 급증한다. 그 중 상당수는 사회주의운동과 직·간접으로 관련된 청년학생들의 '독서회' 사건에 연루된 사람들이었다. 독서회에서 '함께' 읽음으로써 조선의 학생·노동자는 '주의자'가 되어갔다. 이제 독서는 기성세대와 그들의 가치체계, 나아가 국가기구에 대항하는 새로운 공동체와 개인들의 무기로 활용되기 시작했다.

덧붙여 이런 책 읽기를 통해 당시 조선인의 독서가 세계적인 동시대성을 구현하며 전개되었음도 알 수 있다. 세계의 유행사조, 즉 구미와 동구의 사상과 문학작품은 곧 조선에 번역·수입되어 청년과 소년들에게 읽혔던 것이다.

어린이의 발견과 어린이 책

총독부의「조선어 출판물 허가 건수」에 드러나 있는 것처럼, 1920년대 책 발간 추이에서 아동서의 폭증은 특기할 만하다. 총독부 통계에서 '동요' '동화' '아동독물'의 종수를 합치면 어린이 책은 신소설의 발간 종수에 육박한다. 단행본뿐 아니라 어린이 잡지도 1920년대 중반부터 크게 늘어났다. 그리하여 이미 1920년대 말, 1930년대 초가 되면 쏟아져 나온 많은

---

* 『동아일보』 1928. 6. 21. 1면에 '연맹' 측이 "一人의 힘은 數人의 協力에 不及합니다. 斯學의 最高權位가 스스로 역필을 짐하고, 협력하야 일행일구에 절대의 책임을 負합니다. 이 대 협동조직에 의하는 연맹판에 잇서서만, 세계에 자랑할 전집의 완성은 가능합니다. 더욱이 또, 진정한 맑시즘에 입각한 연맹판에 잇서서만, 진정한 맑스-엥겔스 전집은 가능합니다. 우선 사람을 보라. 그리고 미드라"라며 광고를 내자, 개조사는 『동아일보』 1928. 6. 23, 24, 26, 30일에 걸쳐 연속적으로 "세계 제일의 완벽한 전집", "迷惑치 마시고 본 전집으로 번역계의 전권위를 망라, 역자가 누구인가 보라!", "申翔하실 때는 반듯이 개조사판이라고 지정하시옵!"이라는 내용과 함께 山川均과 같은 권위자의 추천의 변을 실어 크게 광고했다.

어린이 책 가운데에서 적절한 책을 고르는 일이 부모들의 중요한 관심사가 된다.*(〈표 3-1920년대 아동물 출판 연도별 현황〉(619쪽) 참조)

물론 근대 이전에도 아동을 위한 『소학小學』・『동몽선습童蒙先習』 같은 책이 있었지만, 이는 어디까지나 더 높은 단계의 경전을 읽기 위한 준비단계의 윤리교과서였을 뿐, 근대의 '아동독물'처럼 독자성을 갖지는 못했다. 이 시기에 이르러 어린이 독서시장이 크게 팽창한 직접적인 원인은 우선 교육열이 높아지고 취학아동이 크게 늘었다는 데 있다. 그러나 그 근저에는 더욱 근본적인 변화가 있었다. 즉 '어린이'가 새롭게 '발견'되고 연령을 초월하여 동화가 대단한 위력을 발휘하였던 것이다.

조선의 어린이는 서구와 일본에서 발견된 '순진무구한 존재・인간성의 긍정적인 원형・근대시민의 씨앗'으로서의 '어린이'에 더하여, 위기에 처한 민족적 계몽의 대상으로 발견되었다. 특히 방정환을 비롯한 천도교 민족주의세력이 발견한 조선의 어린이는 '한울님'이자 '인내천의 천사'이기도 했다.17)

그러나 '발견'된 어린이의 범위는 아직 확정되지 않았고, 당시 동화의 독자 또한 굳이 '어린이'에 한정되지 않았다. 1924~1927년 사이 『어린이』지에는 '어린이' 독자들이 보내온 사진이 게재되었는데, 스스로를 '어린이'라 생각하는 독자들의 연령대는 오늘날과 상당히 달랐다. 오늘날의 초등학생에 해당하는 '진짜' 어린이(7~12세)는 8.8%에 불과하고 중학생(13~15세)과 고등학생(16~18세)에 해당하는 틴에이저가 80% 이상을 차지하였으며, 19세 이상의 성인 독자들도 상당수 있었던 것이다.18)(〈표 4-1924~1927년 『어린이』지 독자연령 분포〉(619쪽) 참조)

---

* 「사랑하는 자녀의 독서재료는 무엇」(『조선일보』, 1928. 10. 9~10)에서는 어린이 대상의 읽을거리가 쏟아져 나오고 있기에, 어머니들의 아동에 대한 독서지도가 필요하다고 했다. 「아동독서―연령에 따라서 경향이 다르다」(『조선일보』, 1933. 9. 12)도 비슷한 내용의 기사이다.

방정환의 번역 동화집 『사랑의 선물』은 어른과 아이들이 모두 읽는, 식민지시대 최대의 베스트셀러 중 하나였다. 방정환은 동경유학 중 알게 된 안데르센·페로·오스카 와일드 등의 동화를 모은 이 책 서문에서 "학대 받고, 짓밟히고, 차고, 어두운 속에서 우리처럼, 또, 자라는 불상한 어린 영靈들을 위하야 그윽히 동정하고 앗기는 사랑의 첫 선물로 나는 이 책을 썼습니다"라 이야기했다.

『사랑의 선물』은 1925년 4월에 6판 12,000부에 이어 7판 2,000부가 매진되어간다는 광고와,[19] 1925년 8판 총16,000부 판매, 1926년 7월에 10판이 발행되었다는 광고가 실린 것으로 보아 1920년대 중반까지 2만 부 가까이 팔린 듯하다.

이런 아동물의 폭발적 증가는 한편으로 신교육의 확대·식자율의 증가와 직접 관련이 있으며, 아동독자의 증가 자체가 대규모 독서대중의 출현을 예고하는 지표이기도 하다. 즉 계몽주의와 어린이의 존재는 떼어놓고 생각하기 어렵다. 1920년대 중반 이후 사회주의운동이 활발해지면서, 어린이운동이 분화하고 '어린이'의 이미지를 '노동하는 소년' '무산 소년'으로 생각하는 부류도 생겨났다.

'비'근대적 책 읽기 ─ 족보와 『정감록』 붐에 나타난 구세대의 불안

또 일제시기 출판물 발간추이에서 가장 눈에 띄는 것 중 하나가 족보, 유고문집 발간의 활발함과 지속성이다. 1930년대로 갈수록 족보나 유고문집은 발행허가 건수 자체가 줄어들고 전체 출판물에서 차지하는 비중도 줄어들었다. 하지만 1920년대에는 물론 1930년대에도 족보와 유고문집의 발간 종수는 '소설'이나 '사상' 영역의 출판물보다 더 많았다.

이들 '책'은 애초에 팔기 위해 찍은 것이 아니라서 시장에 나오지 않았으며, 따라서 소비자나 대중 독자도 갖지 못했다. 그런 점에서 이제까지 살펴본 책들과 다른 개념의 책이라 할 수 있는데 오히려 이 점이 중요하다. 족보·유고문집 등은 책 만들기·팔기와 책 읽기의 근대적 논리와는 무관한 세계로부터 나와서 근대적인 책의 세계에 공존하였기 때문이다.

1920~30년대에 '온존溫存'했던 봉건적 지주소작제와 마찬가지로 이들 출판물의 발간을 둘러싼 현상을 책과 관련된 사회사의 '봉건적 유제遺制'라고 간주할 수 있을까? 근대가 내포하는 '동시적인 것의 비동시성'이 바로 이 '책 아닌 책'들에 의해 구현되었다고 할 수 있다.

사실 조선왕조의 양반들은 족보를 찍는 데 그렇게 열성적이지 않았다. 족보출판 붐은 1900년대부터 시작되어 1920년대를 거쳐 1920년대 후반 절정에 달한, 새롭게 나타난 현상이었다.

총독부 관리가 이를 조선의 특이한 현상이라고 지적한 바 있지만, 조선의 일부 지식인들은 이런 현상을 강력히 비판했다. 이들은 족보발간 붐이 '구도덕'과 구 가족윤리의 엄연한 존재를 보여줄 뿐 아니라, '양반—상놈' 계급이 변형·재생산되고 있는 병리적 사회현상의 지표라고 인식했다.

『개벽』의 한 논자는 "가문에서 경쟁적으로 각기各其의 족보수집修輯에 급급汲汲한" 사람들은, 아직도 신교육을 불필요한 "유희遊戲"로 간주하고 세계의 대세에 눈을 감은 완고한 무리들이라 단정했다. 앞서 말했듯이, 조선의 신세대는 사회주의와 여성주의 같은 세계사의 동시대적 진보에 분명히 몸을 띄워놓고 있었는데, 이 '완고한 무리들'은 그야말로 여전했던 것이다. 그들의 머리를 지배하고 있는 것은 '자녀 중심주의'보다는 여전히 유교적인 '조상 중심주의'였다. 새로운 세대가 급진적인 자녀 중심주의를 주창했음에도 유교적 습속과 의식이 아직도 많이 남아 있었던 것이다.

우리 가정의 중심은 그 중심점을 자손에 두지 아니하고 조선祖先에 두었음에 큰 오류誤謬된 사상이었다. 다시 말하면 우리 가정의 중심은 미래를 표준치 아니하고 항상 과거를 표준하야 왔음이 경중輕重에 전도顚倒된 자라 함이다. 본래 동양인의 윤리적 사상은 유교로부터 왔음은 말할 것도 업지마는 유교의 윤리는 모든 것이 과거를 표준하고 건설된 것뿐이었다.

— 백두산인, 「동양식의 윤리사상 변천개관(속), 가정윤리의 일단」, 『개벽』 17호, 1921년 11월.

한편 배성룡과 같은 사회주의자는 족보발간 붐을 약간 다른 각도에서 비판했다. 그가 보기에 족보발간 열풍은 민족적 단결을 저해하고 민중적 전진을 가로막는 퇴행이라는 점에서 해악적이었다.

다수인이 족보 수선修繕에 열중함은 그 하何를 의미함인가. 그 단결심의 범위가 협착狹窄하야 그 민족공존의 이상을 결한 자이라. 동족간同族間의 편협한 단결은 그 비례로 타족他族의 배척을 의미하는 것이니 고로 각 족族의 사이에 구거溝渠를 착착着鑿하며 각 당파가 서로 오월吳越의 감感을 포포抱하는 것이다.

차此 일사一事를 원할지라도 그 동정봉사同情奉仕의 범위 찰취포옹撮取抱擁의 경계가 가족 향당鄕黨 이외에 탈출치 못하였음을 추찰推察할 수가 잇다. 이와 같은 생활의 의식에서 하등何等의 민족적 일치단결이 유有할 것이며 하등의 민중적 대운동이 기하리오. 가족 향당鄕黨의 생활의식이 민족사회의 생활의식에 지至하는 수단이요 게제階梯요 도정道程이니 그의 단결을 전연全然히 무용無用에 부付함이 아니건마는 고루한 당파의 의식으로 동포간에 배척을 감위敢爲함은 이 사회생활 공동생활에 대한 이해를 결缺한 소치로써 각자의 인격 발전에 대 지장이 되는 것이다.

— 배성룡, 「인격발전의 도정에 대한 사견私見」, 『개벽』 25호, 1922년 6월.

족보는 유교적 족당族黨에 근거한다. 그래서 족보발간 붐은 전근대적 파당의식 또는 종족의식의 발로이다. 그러나 근대적 민족과 개인의 형성은 족당의식에서 자유로울 때 가능하다. 각 개인은 우선 온전한 개인이어야 하고, 온전한 개인의 자격으로서 '국가'나 민족의 구성원이어야 하기 때문이다. 따라서 족보 열풍은 민족과 개인의 통일로 얻어질 "각자의 인격발전에"도 큰 지장이 되는 것이다. 실로 날카로운 비판이다.

그런데 족보발간 붐의 당사자들은 족보발간의 이유에 대해 좀 다른 이야기를 하고 있다.

> 그들이 그 족보에 열심하는 원인의 말을 들어보면 이르되「지금 세상은 아무리 보아도 혼란 시대가 앞으로 있을 것은 명약관화한 일이니까 이 시대에 있어 우리 부형父兄된 자가 조선祖先의 계통을 편집하여 후대 자손에게 그 가계를 알게 함이 우리의 금일 큰 의무라」
>
> — 배성룡, 「인격발전의 도정에 대한 사견」

> 그리고 큰 난리가 있은 뒤에는 인종人種이 반이나 감멸減할 것이요 인종이 멸멸한 뒤에는 이 세상 모든 일이 혼돈세계가 될 것이니까 우리 부형된 자가 이즈음에 조선의 명부를 수집修輯하야 대란의 후後, 남아있는 자손에게 유전하여줌이 무엇보다도 큰 일이라.
>
> — 「천지현황天地玄黃(속토분록續兎糞錄의 속續)」, 『개벽』 17호, 1921년 11월.

족보편찬에 여념이 없던 사람들은 당시 사회를 극히 혼란스럽다고 진단하고, 족보발간을 이런 혼란에 대한 나름의 대응으로 생각했던 것이다. 그 혼란이 국권상실과 계급구조의 급격한 변동을 말하는 것인지는 분명하지 않다. 그러나 "큰 난리가 있은 뒤 인종의 반이 멸망할 것"이라는 구절에서 이들이 혼란과 급격한 사회변동에 매우 민감하게 반응하였음을 엿볼 수 있다.

무엇이 '종말'을 예감하게 할 정도로 그렇게 혼란스러웠던 것일까? 실재하는 사회적 혼란의 거대함이 저러한 미망을 만들어냈을 것인데, 혼란의 본질은 가치체계의 변동과 교란이었다.

> 정치상, 경제상으로 안정을 얻지 못하여 불안과 공포로 세월을 보내고 있는 우리 민족은 사상思想상으로도 아직까지 귀착점을 발견하지 못하여 오리무중에 방황하며 있다. 옛 천년 동안 유교의 사상—삼강, 오륜—의 전제專制 밑에서 신음하던 우리 사상계는 신사조新思潮—자유, 평등사상—의 유입으로 갑자기 해방을 얻게 됨에 구舊는 파훼破毁되고 신新은 건설되지 못하여 정치상 혁명시대의 그것과 같이 무정부·무질서의 상태가 되고 만 것이다.
> 여기에—이 무질서 상태로 인하야—여러 가지 희극, 비극이 생기게 된다. 정감록을 이용하야 50만의 미신자를 모아서 자칭 천자노릇을 하는 차경석車京錫이 잇고, 오늘 민족주의 내일 사회주의—자칭 신사, 자칭 유지有志로 미래의 대사상가를 꿈꾸는 사회주의자—사상투기업자思想投機業者가 있다. 자기의 「이상과 현실의 세계가 너머도 차이가 많다」하여 비관의 눈물로 세월을 보내는 청년이 상가가 있고 「세상이 말세가 되어서 안민구국지책安民救國之策—삼강, 오륜, 도모지 실행되지 않는다」고 분분憤憤히 세월을 보내는 노년 유학선생이 있다.
> — 양명梁明, 「우리의 사상혁명과 과학적 태도」, 『개벽』 43호, 1924년 1월.

이 글에 의하면 낡은 '미신'과 '삼강오륜' 그리고 새로운 '계급해방' 담론이 사람들의 눈앞에 난마亂麻 같은 혼란상을 펼쳐놓고 있었다. 곧 혼란은 가치체계와 '주의主義'의 차이, 세대 간 소통불능의 상태에서 비롯된 인륜성의 위기였던 것이다.

이런 '혼란'은 매우 현실적인 일이기도 했다. 족보발간에 열을 올리는 이들 중에는 단지 삼강오륜이 무너졌다고 한탄하는 양반뿐만 아니라 '상놈'들도 있었다. 양반들은 "시골 동성同姓 모아서 / 족보한다 돈 뺏고", '상놈'들은 "양반본을 꼭 떠서 / 밑도 없는 족보를 / 천연天然 꾸며놓고서 / 제 조상의 자랑"에 허리가 부러질 지경이었던 것이다. 또한 이 풍자시는 양반이 돈을 모아 족보발간에 열심인 이유를 흥미롭게 설명하고 있다. 원래 양반이 하는 일이라는 게 "무릎 꿇고 앉아서" 가승세보家乘世譜 즉 족보나 외우는 것이었는데, "무슨 벼락 나려져" 일거에 세상이 바뀐 까닭에 갑작스럽게 "목구녁은 포도청 / 입에 풀칠 길업"게 되었다. 그러자 가승되는 물건들을 내팔아 "한끼 한끼 하다가"[20] 택한 수단이 바로 족보발간이라는 것이다. 그러니까 족보의 대량발간에는 '양반'의 현실적·정신적 불안과 '상놈'의 불안한 상승욕망이 합쳐 빚어낸 사회적 망탈리테*가 개재해 있는 것이다.

한편 족보발간에 열심인 사람들이 '인종의 반이 멸망'할 것이라는 종말론적 위기의식을 갖고 있다 하였는데, 1920년대 초·중반 대중들 사이에 많이 읽힌 책의 하나가 바로 종말과 후천개벽을 역설하는 『정감록鄭鑑錄』이다. 곧 족보열풍은 『정감록』 열풍과 사회적 맥락을 공유하고 있었다.

1920년대 초 총독부 당국이 '유사종교'와 '준準종교'에 대한 자유포교권을 허락하면서, 사회적 혼란을 토양으로 하여 '각종 신앙단체가 우후죽순처럼' 발흥하기 시작하였다. 신흥종교 붐은 몇 개월 내에 "삼천리 반도에서 졸연히 10여 수의 신종교가 출"할 정도였는데, 가장 큰 특징은 대부분의 신흥종교들이 동학의 수운 최제우를 교조로 삼았다는 점이다.[21]

1920년대 초반 조선의 상황도 많은 이들에게는 '난세亂世'였기에, 불안한 사람들은 동학이나 『정감록』과 관련된 비非근대적 유토피아니즘(=후천

---

* 멘탈리티(mentality) 즉, 사회심리적 구조 혹은 집단적 사회심리를 뜻한다.

개벽)에 의지했다. 이에 대해 근대적 인텔리들은 계몽주의적 입장에서 그런 사회현상의 배후를 비판하고 '과학적 태도'를 선양하였다.

근래에 소위 『정감록』이라는 허무황탄虛無荒誕의 글이 공연히 세世에 발포되며 그를 발행한 일선日鮮의 돈벌이꾼들은 연일 광고를 해가면서 야단법석을 하고 있도다. 개盖 『정감록』 등의 서류書類는 고석古昔의 특수계급에 속한 그 자들이 자가自家의 세력을 부지 확장하자는 술책으로써 그러한 운명적 관찰을 유포한 자者에 불과한 바라. 일본이 유신維新하고 중국이 혁명하는 그간에 있어 유독 조선의 대중이 그 따위 허황한 전설의 구수자拘囚者가 되어 자진자립自進自立하지 못한 그것을 생각하면 꿈에 생각하여도 기가 막히는 일이거늘 저 모리謀利의 종배徒輩가 이제 또 그것을 출판 경매競賣한단 말인가.

　　　— 「혹세무민의 정감록 발행에 대하야」, 『개벽』 34호, 1923년 4월.

현재 우리의 사상계에 무엇보다도 부족한 것은 亦—「과학적 태도」이다……우리의 출판계에서 제일 잘 팔리는 책은 무슨 문학이나 과학의 명저가 아니오 『정감록』이다. 갑자甲子년은 아직 되지 아니하였는데 천자天子는 벌써 둘(김천자金天子, 차천자車天子)이나 되고 「최제우 씨까지 부활이 되었다」 한다. 심지어 우리 사회의 유일한 지도자로 자임하는 일류의 언론기관에까지 소위 무슨 영학靈學이며 무엇이라는 제목하에 별별 기사가 기재된다. 그러면 이—미신적 사상을 소멸시키고 우리의 사상혁명을 완성케 할 유일한 수단은 「과학적 태도」일 것이다.

　　　— 양명, 「우리의 사상혁명과 과학적 태도」, 『개벽』, 43호, 1924년 1월.

그러나 과학의 힘이나 과학지식은 사회적 혼란을 걷어내지도, 인간들의 불안을 치유하지도 못한다. 일제시기 내내 백백교 같은 유사종교와 종말론이 사회 문제를 일으켰다. 근대적 외양을 걸친 점술 관련 서적이 지속적으로 발간되어 팔리고 있던 상황도 이와 무관하지 않을 것이다.

한편 족보와 마찬가지로 유고·문집 또한 시장에서 유통되지 않은 출판물이다. 유고·문집은 양반가의 남성이 죽은 후 그가 생전에 쓴 여러 종류의 글을 묶은 것이다. 총독부 경무국 당국자는 유고·문집이 "고로유생古老儒生들 사이에서 반포되는 순한문 출판물인 까닭에 근래 청년들이 보기에는 난해하고 시세에 점차 떨어"지고 있다 했다. 실제로 이런 책들은 애당초 '집안'의 범위를 넘어설 만큼의 부수를 제작할 의도도 없었으며, 대부분의 경우 활판인쇄가 아니라 전통방식을 따라 목판 혹은 목활자로 출간되었던 것으로 보인다. 그럼에도 유고·문집은 1930년대에도 전체 출판물 종수 순위에서 상위를 차지하였다.

책 읽기에 있어서 '봉건 유제'적 현상은 유교경전류의 출간에서도 보인다. 「구일舊日 독서자에 대하여」(『매일신보』, 1911년 5월 5일)라는 글을 보면, 아직 사서삼경에 매달려 있는 '독서자'들에게 세계 역사와 지리 등과 같은 새로운 지식을 섭취하라고 강력히 권고하고 있다. 그럼에도 불구하고 한문 경서는 1930년대의 도서목록에서 중요한 분야였고 꾸준히 책이 찍혀 나왔다. 이런 '경서'들은 19세기 이후로 인쇄술이 크게 개변될 때마다 소설과 더불어 가장 많이 새롭게 제작되는 출판 레퍼토리였다.

그리고 당대 일본어나 조선어 교과서(독본)에 『소학』과 『논어』를 포함한 유교경전 텍스트가 다수 포함되어 있었다는 점도 기억해야 한다. 사회주의나 여성주의처럼 인류사를 통틀어 가장 진보적인 사상이 1920년대 조선사회에 큰 충격을 주고 있었음에도, 교육된 공식적 이데올로기는 유교적 '충효'와 부덕婦德이었다. 국어·수신·윤리·역사·지리 등의 법정 교과를 통해 주입되었던 제국주의 국가이데올로기와 전래의 유교적 충효이데올로기가 어떻게 결합되었는지를 밝히는 것은 중요한 과제일 것이다.

영향력 면에서 소학교에 결코 뒤지지 않았던 서당에서도 『천자문』과 『소학』 그리고 사서삼경을 가르쳤다. 또한 민중들 사이에서 광범위하게 읽힌 『조웅전』과 『소대성전』 등 영웅소설에 담긴 세계상이나 표면적 주제 또한 유교적 충효사상에 근거한 것이었다.

경전 읽기에 나타난 유교는 과거의 유물이 아니라 현재하는 지배적 이데올로기의 일부였다. 습속習俗도 '장기지속'하지만 이데올로기와 관념 또한 일거에 바뀌지 않는다. 물론 1930년대에 들어서며 유고문집과 경서의 출간과 수용은 서서히 영향력을 상실해간다.

5. 일본어로 책 읽기

일제시기 조선 사람들이 일본어로 교육받고 일본어로 된 책을 일상적으로 읽었다는 사실은 이야기되지 않고 곧잘 무시된다. 그러나 이는 일제시기의 문화 전체를 이해하는 데 매우 중대한 문제일 뿐 아니라, 일제시기에 교육받고 자란 1900~30년대생들이 이끌어간 해방 이후의 정치와 문화를 이해하는 데도 중요한 고리가 될 수 있다.

한국문학을 대표하는 소설가의 한 사람인 박완서가 펴낸 산문집 『두부』(2002)의 「내 안의 언어사대주의 엿보기」라는 글을 보면, 민감한 언어 감각을 갖고 있었던 한 소녀가 일제 말기에 겪은 이중언어 상황이 잘 그려져 있다. 1931년생인 어린 박완서는 개성에서 서울로 전학 온 뒤 일본어에 익숙하지 않아 학교생활을 엉망으로 한다. 그러다 일본어를 잘하게 되어 성적은 올랐는데, 이제는 어머니가 일본어를 읽고 말하지 못한다는 사실을 부끄러워하게 된다. 책을 좋아하는 나이가 되어서는, 책이란 물건 자체가 응당 일본어로 된 것인 줄 알았다. 그래서 소학교 때는 일본어로 번역된 서양동화를, 사춘기 때인 중학생 시절에는 일본 귀족 자제들의 연애담을 소재로 엮은 일본 로맨스물을 탐독하며 문학적 소양을 길러갔다.

사실 이런 류의 회고담은 얼마든지 찾을 수 있다. 최일남, 최인훈, 김학철도 이와 유사한 회고담을 남겼다. 일본어 서적 독서경험이 그들의 소년기 경험세계에 지대한 영향을 미쳤던 것이다.

그런데 일본어에 의한 문화적 세례와 성장은 해방 후에도 중단되지 않는다. 박완서는 일본어로 된 문학서적들이 한국전쟁 후의 정신적 곤궁함을 메워주었다고 썼다. 한국보다 두어 발 앞서 있었던 일본 문화 또는 문학, 그리고 그 한국적 에피고넨(아류)들이 이미 성인이 된 박완서의 독서체험에도 깊이 영향을 미친 것이다. 그것도 '행복하게.' 이는 단지 문학 영역에서만 일어난 일은 아닐 것이다. 식민지시대에 이루어진 조선의 문화적 성취는 일본어의 영향을 빼고는 말하기 어렵기 때문이다.

그러나 모국어에 민감한 이 문학가는 자신의 문학적 체험과 언어감각 속에 들어와 있는 '일본'을 예민하게 인식하고 그것을 '청산'하거나 '극복'했을 것이다. 하지만 술 한 잔 들어가면 아무 거리낌 없이 일본 군가를 불러댔던 박정희와 그의 다양한 '꼬붕'들이 만들었던 3공화국과 4공화국의 담당자들, 그리고 '한글세대'가 완전히 장악하기 전까지 한국의 문화적 주류였던 학자·문학가들은 어떠할까.

이런 양상이 야기하는 문제는 1990년대 일본 문화가 수입 개방되어 한국의 신세대들이 일본 게임과 음악, 재패니메이션에 매혹당하면서 자라는 것과는 전혀 다른 차원에 있다.

일본어 책을 읽는 여러 이유

일본어 서적 수입은 1920년대부터 폭발적으로 증가하여 1930년경에 이르러서는 일본어 서적이 수입된 책의 99%를 차지하게 된다. "초등학생

으로부터 대학생에 이르기까지 읽고 배우는 책의 8~9할이 조선어 이외의
책"22)이었으니 당연한 일인지도 모르겠다.

『숫자조선연구數字朝鮮硏究』(1930)의 저자는 이런 현상이 "조선인이 스
스로 선택한 결과가 아니라"고 거리를 두고 말하였다. 그렇지만 점점 일본
어 책은 물 건너에서 '수입'되었다기보다 책을 읽고 문자생활을 하는 조선
인들의 삶 자체에 깊이 침투해갔다. 1920년대 중반 이후에는 정규 교육과
정에서뿐만 아니라 일상적인 책 읽기에서도 일본어 책이 압도적인 비중을
차지하였다.(〈표 5-1920년대 외국서적 수입액 증가 추이〉〔619쪽〕 참조)

1920년대 후반에는 일본어 책이 일간지의 책 광고면도 장악했다. 여기
에는 책 읽기 이상의 사정이 있었다. 조선인 광고주의 수는 적고 조선 민
간지의 광고단가는 일본 신문에 비해 훨씬 낮았으므로,『동아일보』를 비
롯한 언론사들은 회사의 명운을 걸고 일본에 가서 적극적으로 광고 유치
에 나섰다.*

그러나 이것이 일본어 서적에 대한 조선인들의 실제 수요와 무관한 현
상은 아니었다. 그 전에는 일본어 책이라 해도 제목과 목차·광고문안을 한
글로 게재했지만, 이 시기에는 광고문안 전체가 일본어로만 된 경우가 많
았다. 신문광고가 어떤 책이 팔리고 읽혔는지를 보여주는 하나의 시금석
이 된다 할 때,『동아일보』구독자들은 일본어로 된 책을 살 수 있는 구매
력과 함께 일본어 해독력을 갖추고 있었음을 알 수 있다. 식민지 초기에는
일본어 책을 마지못해 택해야 했지만, 식민지화가 심화됨에 따라 일본어
책을 스스로 선택하는 경향이 늘어갔다.

---

* "朝鮮의 각 신문이 取扱하고 잇는 大阪 東京 等地의 광고는 朝鮮의 그것보다 2배, 3배나 低廉하게 받고
잇스며 거기에 月定 혹은 年定이나 되면 朝鮮의 그것과 비하면 너무나 큰 差異가 잇다. 그리고 廣告料도
追後 計算을 한다 하니 놀내지 안홀 수 업스며 朝鮮人 광고 취급에 비하야 너무나 친절함에 驚異의 두
눈이 번쩍 뜨인다. 그러면 朝鮮안의 광고는 엇더케 취급하느냐 하면 그들은 2배, 3배나 더 빗싼 單價로서
꼭꼭 현금 요구를 하니 실로 기가 맥힌다."(「新聞과 廣告」,『개벽』신간 제4호, 1935년 3월.)

조선어 책이 일본어 책에 대해 가질 수 있는 경쟁력이란, 조선어로 씌어져 대상 독자층이 더 넓다는 점과 책의 내용이 조선인의 정서와 생활에 잘 맞는다는 것뿐일 테다. 이 기준에 잘 맞는 책은 한글로 된 문학서적이다. 그런데 1927~1928년경이 되면 한글로 된 문학서적의 광고도 자취를 감추다시피 한다. 신문광고를 보고 한글 문학서적을 택하는 독자들이 줄어들었다는 증거이다.

식민지시대 일본어로 된 책을 읽는다는 것은 어떤 의미가 있을까? 결론부터 말하면 일본어 출판물을 읽는다는 것이 곧 '일선동화日鮮同化'를 의미한다고 보기는 어렵다. 그러나 '일선동화'가 아닌 것이 곧 '저항'을 의미하지 않았다는 점도 중요하다. 1930년대는 조선인들이 충분한 일어 실력을 갖추지 못했던 1920년대와 상황이 달랐다. 1930년 18.5%에 불과했던 조선인 취학률은 빠르게 상승하여 1940년에는 45.7%에 이르렀고 남자의 경우는 60%를 상회했다. 또한 식민지 당국은 지속적으로 일본어 교육을 강화했다. 그래서 1920년대와 달리 1930년대가 되면 매우 대중적으로 팔릴 책이 아닌 경우, 일본어 서적은 더 이상 조선어로 번역하거나 번안할 필요가 없었다. 일본어 책을 읽는 사람들이 그만큼 이미 늘어났기 때문이다.

아래의 증언들은 1920년대 후반 이후, 적어도 문자를 통한 언어생활에서는 일본어의 헤게모니가 양적·질적으로 지식인사회와 일반 대중사회 양편에서 모두 거대해지고 있었음을 보여준다.

(1) 현재 조선사회의 추세로 말하면 조선 안에서 간행되는 신문잡지를 위시하여 일반도서는 검열제도檢閱制度가 엄중한 관계로 다소 표현表現에 미지근한 점이 있으나 그래도 일본서 나오는 도서는 그렇게 심하지 아니함으로 웬만한 인사들은 일문을 통하여 새로운 지식을 흡수하기에 노력하는 까닭이라 하겠다.
— 『조선일보』, 1929년 10월 23일.

(2) 일본 내지는 선진사회로서 그 발달된 지식과 기술로써 만든 무수한 서적과 간행물이 도도滔滔의 세勢로 이입되는데 조선 내의 교육 있는 지식분자는 거의 다 그것을 독파할 능력을 가졌으므로 한 걸음 앞선 사회의 진보된 학문과 지식과 문학을 원하게 된다.

— 김한용, 「조선문단 진흥책」, 『조광』 3호, 1936년 1월.

(1)과 (2)는 지식인사회의 풍조를 들어 일본어 출판물이 득세했던 이유를 보여준다. (1)에서 말하고 있는 것처럼 지식인들이 일본어 출판물을 볼 수밖에 없는 이유 중 하나는 검열이었다. 앞서 말한 대로 일제는 자국에서보다 식민지 조선의 언론 출판에 대해 훨씬 심한 검열과 억압 정책을 폈다.[23] 대신 총독부의 검열은 일본에서 수입되는 책들에 대해서는 비교적 느슨한 이중적 성격을 갖고 있었다. 일본에서 엄격한 검열정책이 시행된 것은 1937년 중일전쟁 발발과 국민정신 총동원 실시 요강 발표, 1938년 3월 국가총동원법 발효 이후이다.[24] 따라서 그 이전까지 일본인들은 상대적으로 출판의 자유를 누리고 있었던 것이다.

이에 비해 조선에서는 실질적인 출판의 자유가 없었기에, 일반인들이 접근할 수 있는 조선어 출판물은 아무리 급진적이라 할지라도 당국의 '허가' 범위 안에 속하는 체제내적 성격을 가진 것이었다. 그래서 민족해방의 이념을 알기 위해서라도 수입된 일본어 책을 봐야 하는 역설적 상황이 계속되고 있었다. 어느 체제에서나 국가기관의 감시는 사상과 성性에 관련된 분야에 집중된다. 조선어로 출판된 이 분야의 책은 바로 '판매 금지'의 표적이 되었기에, 조선인들은 일본어로 된 책을 택함으로써 약간의 자유를 누릴 수 있었다.

한편 (2)에서는 '지식분자들'이 일본어 책을 보는 이유가 "한 걸음 앞선 사회의 진보된 학문과 지식과 문학"을 얻기 위해서라 말한다. 이런 점은 지식분자들에게 일본어 책을 보는 매우 당연한 이유가 되었을 것이며, 그들 중 일부가 조선어 출판물에 대해 열등감을 갖게 된 이유가 되기도 했다.

(3) 방정환이 주간하는 월간잡지 『어린이』를 애독하는 것으로부터 독서에 눈을 뜨기 시작해 아귀처럼 탐식을 하다가 우리 글로 된 책을 더는 얻어 볼 수 없게 되자 이내 일본말 책으로 옮아붙어가지고 훨씬 더 넓어진 세계에서 글자 그대로의 섭렵을 해댔다.

일본 시인 사이조 야소四條八十·기타하라 하쿠슈北原白秋·노구치 우조野口雨情들의 동시는 내 마음을 완전히 사로잡았다.

한 번은 일어시간에 선생님이 흑판에다 '곡자曲者'라고 써놓고 "이걸 읽을 줄 아는 사람 손들라"고 하는데……다들 틀리게 읽는 바람에 선생님이 눈살을 찌푸리실 때 천천히 손을 들고 일어선 내가 "구세모노"라고 바로 읽자 선생님은 손뼉을 딱 치면서 "맞았다!"고 좋아하시는 것이었다. 그 바람에 나는 속으로 코가 좀 우뚝해질라 했다.

— 김학철, 『최후의 분대장』[25]

(4) 아동독물兒童讀物로는 요사이 퍽이나 쓸쓸하고 한적한 기분이 떠돌고 잇다. 몇 해 전까지는 『어린이』니 『신소년』이니 『별나라』이니 하며 여러 가지 좋은 아동독물이 많이 나오더니 요사이에 와서는 이 방면의 서적이라고는 『아이생활』 이외에는 이런 종류의 책들을 찾아볼 수조차 없는 현상이다. 그런 관계로 소년들은 서점에 들어오면 으레 현해탄을 건너온 그림책들을 뒤지는 현상으로 이 방면에 대한 일반의 관심이 너무 적은 듯하다.

그런 관계로 해서 소년독물이나 유년독물류는 모두, 남의 손으로 된 것이 잘

팔리는 현상이라고 하며, 그 외에도 『킹キング』·『주부지우主婦之友』·『강담구락부講談俱樂部』 등의 월간잡지가 잘 팔린다고 한다.

— 「서적시장 조사기 : 한도·이문·박문·영창 등 서시에 나타난」,
『삼천리』, 7권 9호, 1935년 10월.

(5) 기자 : 어떤 남자를 배인配人으로?

이난영 : 남자답게 크고 건강한 스포-츠 맨이면 좋겠어요. 제가 원체 넉넉한 공부를 못하였으니 중학교 마친 분도 좋겠지요. 그리고 한 가지 공상을 말씀하라면 시인이나 소설가가 그리워집니다.

기자 : 지금 독서는 무엇을 하세요.

이난영 : 춘원春園 선생의 「그 여자의 일생」을 눈물과 감격으로 보고 있습니다. 잡지로는 『삼천리』와 『중앙中央』을 보고요 『주부지우主婦之友』와 『킹キング』를 봅니다.

— 「인기가수의 예술·사생활·연애 : 화발풍다우의 이난영 양」,
『삼천리』, 1935년 8월.

(3)과 (4), (5)는 독서시장의 저변을 이룬 어린이와 여성이 일본어 출판물에 장악되어가고 있었음을 보여준다.

(3)은 1916년 원산 태생인 작가 김학철의 회고이다. 이 글은 1920년대 중·후반 한 똘똘한 어린이가 열렬한 일본어 서적의 독자가 되는 과정을 보여준다. 1920년대의 어린이들은 개벽사의 『어린이』를 읽으면서 독서의 세계에 들어가는데 어느 정도 읽고 난 뒤에는 조선어 서적 중에는 별로 읽을 것이 없어서 이내 더 넓고 풍부한 일본어 책의 세계로 들어갔다는 것이다. 그리고 그렇게 할 수 있었던 어린이의 일본어 실력이 어느 정도였는지 보여준다.

(4)의 상황은 또 다르다. 1930년대 중반에 이르자 1920년대 어린이들을 책의 세계로 이끌던 『어린이』·『신소년』·『별나라』 등 조선어 아동잡지가 모두 사라지고, 조선 어린이들이 "현해탄 건너온" 일본 그림책만 찾고 있다 했다. 그리고 이 글에서는 대중잡지 시장도 분야를 막론하고 일본 잡지가 장악해감을 보여준다.

이런 점은 (5)에서 더 잘 드러나 있다. (5)는 〈목포의 눈물〉로 유명한 가수 이난영이 19세 때 한 인터뷰 기사인데, 신교육을 받은 조선 여성들에게 『주부지우』와 『킹』 같은 일본 대중잡지의 영향력이 대단했음을 알 수 있다.

「여고 인테리 출신인 기생, 여우女優, 여급 좌담회」(『삼천리』, 1936년 4월)에 참석한 여성들도 『주부지우』와 『부인공론婦人公論』 그리고 『킹』과 『부사富士』 등의 종합 대중잡지를 읽고 있다고 하였다. 배우이자 카페 '매담'으로서 "서울에 딴스홀을 허하라"라는 선언으로 유명한 복혜숙(당시 29세)은 조선 잡지와 신문과 더불어 『부인공론』을 매달 구독한다고 했고, 문학을 좋아하는 '딴사(댄서)' 김운봉(24세)도 『개조』·『부인공론』·『주부지우』·『킹』 등의 일본 잡지를 본다고 했다. 수송동에서 끽다점 '은령銀鈴'을 운영하는 이광숙도 『부인공론』을 구독하였으며, 여고보를 졸업한 후 낙원 카페 여급이 되었다는 정정화(19세)도 『부사』의 독자였다.

『킹』·『주부지우』·『부인공론』·『강담구락부』는 모두 당시 일본에서도 가장 많이 읽히던 대중잡지였다. 1920~30년대는 일본 잡지사상 최고의 전성기이기도 했는데, '강담사'의 『부사』는 1929~1930년 사이에 무려 600만 부가 발행되었고 『주부지우』는 85만, 『킹』은 75만~100만, 『부인공론』은 20만(1931) 정도의 독자를 가지고 있었다.* 조선은 이와 같이 거대한

---

* 『婦人公論』은 일본사회 내에서 여성 문제에 대한 관심이 높아가던 대정 5년(1916년)에 창간된 당시의 가장 대표적인 여성 잡지였다. 『キング』는 1925년에 강담사에 의해 창간된 잡지로서 엔본円本과 함께

시장의 일부였다. 일본 잡지구독은 1930년대 중반 조선 '모던 걸'들의 자격이거나 유행이었을 수도 있다.(〈표 6-1933년 9월 대구지역 조선인 대상 잡지 판매현황〉〔619쪽〕 참조)

일본어 책의 문화적 헤게모니와 양적 우세는 1930년대 후반으로 갈수록 확고해진 것으로 보인다. 책을 읽는 부모 형제가 있는 가정에서 태어난 아이들은 부모 형제가 읽는 책을 보며 자란다. 집에 어떤 장서가 있었는지가 그들의 독서경험에 중대한 영향을 끼칠 것이다. 1900년대에 태어난 독서인들이 유년시절에 처음 접한 책들은 구활자본이나 한적 등이었다. 이에 비해 1930년대에 태어난 이들은 일본어로 된 동화와 동시, 잡지를 읽으면서 자랐다. 1932년생인 소설가 최일남은 다음과 같이 회고했다.

> 내 또래들은 마찬가지이겠으되 일본어 책을 선택의 여지없이 닥치는 대로 읽었다……국민학교 상급학년 무렵부터 빠진 독서삼매경의 대상이 하필이면 사무라이 소설이었으니…….
>
> 어쩌다 집안에 굴러다닌『강담구락부』라는 잡지가 최초로 눈에 띈 책이었으므로 밤낮없이 그걸 끼고 살았다……육당이나 춘원에 앞서 나쓰메 소세키, 아리시마 다케오를 먼저 만나고, 소월이나 지용보다 이시가와 다쿠보쿠, 기타하라 하쿠슈에게 대뜸 접근한 사연 역시 엇비슷하다. 그 다음 읽은 것이 일본 신조사판 세계문학전집이었는데, 단테의『신곡』이 이 전집의 첫째 권이라는 이유만으로 죽자 사자 달라붙은 기억이 새롭다.
>
> — 최일남,「이태준의 상허 문학독본」[26]

1920년대 일본 '독서 대중화의 기수'로 평가되는 잡지다. '국민 전체'를 대상 독자로 상정한 이 잡지는 이념적으로는 한편 모더니즘, 입신출세·수양修養주의를 섞고 한편 천황제 내셔널리즘을 대중화하는 데 기여하였다 한다. 高橋和子,「女性と讀書」, 長谷川泉·馬道憲三郎,『近代文學の讀者』, 國書刊行會, 1980, 219쪽; 山本文雄 外(김재홍 옮김),『日本 매스커뮤니케이션사』, 커뮤니케이션북스, 2000 참조.

최일남이 거론한 육당이나 춘원은 1910~20년대생들에게 가장 영향을 많이 끼친 책들의 저자이다. 그러나 1930년대생들은 나쓰메 소세키夏目漱石, 아리시마 다케오有島武郎 같은 일본 작가들과 유명한 '신조사新潮社'판 세계 문학전집을 통해 고급한 문학적 체험을 시작하게 되었다는 것이다. 거기에 더하여 사무라이 소설과 『강담구락부』가 평범한 조선인 가정에 굴러다니는 문화적 환경이 조성되었다고 전하고 있다. 이를 볼 때 1950~60년대 한국사회와 문화를 이해하는 데 있어 일본의 영향이나 식민지의 후과後果는 결코 무시할 수 없다.

한글과 조선어의 위기

1936년 6월 『삼천리』에서 연 좌담회는 조선어와 조선어문학의 위상에 대한 중요한 논의를 담고 있다. 이화전문 문과과장 김상용, 보성전문 교수 유진오, 연희전문 교수 정인섭, 보성전문 교수 손진태 등, 그리고 『동아일보』·『조선일보』·『조선중앙일보』 등 3대 신문의 학예부장인 서항석·홍기문·김복진 및 『삼천리』 주간 김동환이 참석한 「삼전문학교 교수·삼신문 학예부장 문예정책 회의」의 제1논제는 '문예운동의 모태인 한글 어학의 장래를 위한 대책 여하'였다.

좌담의 모두冒頭 발언에서 사회자인 김동환은 이 주제를 정하게 된 배경을 말한다. 그것은 아일랜드의 모어인 켈트어(Celtic)와 인도어가 식민지 상황에서 제국의 언어인 영어에 의해 잠식되어 사라지고 있다는데, 조선에서도 이와 비슷한 상황이 벌어지지 않을까 하는 우려였다. 즉 식민지의 피지배 언어인 조선어와 한글의 존립을 낙관할 수 있는가 하는 의문이 있으며, 이에 대해 낙관론과 비관론이 엇갈리고 있는 상황이었던 것이다.

참석자들은 우선 이 문제와 관련된 견해를 표명하였다. 첫 발언자인 김상용은 "주민의 전부가 한글 말을 용어로 하고 있고 문학의 전부가 한글로 되어 있는 오늘에 있어 이 문제를 토의함은 아직은 시기상조"라 답했다. 대부분의 참석자들이 이런 의견에 대체로 동감을 표한다. 아직은 걱정할 필요가 없다는 것이다. 그러나 다음과 같은 비관론도 있어 주목된다.

> 정인섭(연희전문학교 문과교수) : ……오늘날 현상을 말한다면 작가 측에서는 특별한 애착을 가지고 한글의 미화, 방언의 발굴 등에 정열을 퍼붓고 있지마는 한편 독자층을 생각하여보면 한글 어학물에 대한 흥미가 감퇴하여지고 있는 것이 사실이여요. 그 원인은 사회정세가 변하여짐에 따라 저절로 실용어, 공용어에 끌려가는 점, 또 한 가지는 학교교육이 그래서 이 추세는 조선 출판시장에 나타난 한글 출판물과 딴 곳 출판물과의 대비에서 분명하여집니다. 그러나 이 경향이 언제까지 갈 것이냐 하는 데 대한 예단은 할 수 없으나 한 개의 언어 맥言語脈이 그리 쉽사리 사라지는 예가 없습니다. 부득이해서 실용어로서 사라지는 한이 있을지라도 고전어古典語, 학술어學術語로서라도 명맥을 가지고 있지요. 현재 라틴어가 이것을 설명하고 있지 않습니까.
> ─「삼전문학교 교수·삼신문 학예부장 문예정책 회의」, 『삼천리』, 1936년 6월.

한글 출판물에 대한 일반 독자층의 흥미가 줄고, 실제 생활에서도 조선어가 실용어이며 공용어公用語인 일어에 밀리는 상황에서, 조선어가 라틴어처럼 문학과 고문헌 속에만 보존될 운명을 맞을지도 모른다는 우려이다. 그런데 이런 우려가 1930년대에 처음 제기된 것은 아니었다. 강도는 약했지만 이병기도 1929년에 다음과 같은 비관론을 말한 바 있다.

> 조선말 교육이 나쁘고 아이들이 일본말을 더 잘 배우는 고로 조선말로 된 서책의 독자가 비록 줄지는 않을망정, 교육 ㅣ 보급되는 것같이 그 비례로 늘지는 않으리라 생각합니다. 우선 신문독자로 말하더라도 조선서 발행되는 신문보다

일본 신문의 부수가 많으니까요. (딴은 조선 내에 사는 일본인의 읽는 부수도 가산된 것이지만) 조선문단의 장래는……퍽 비관이야요.

— 양주동, 「문예사상문답-이병기」, 『문예공론』 창간호, 1929년 5월.

1930년대부터 이런 위기가 시작되었음에도, 식민지 시기 문학과 국어학 연구에 의해 한글이 발전해왔고 민족문자로서의 권위를 획득한 것도 사실이었다. 개화계몽기 이전에는 '언문'이라 하여 2등 국민의 문자 취급을 받고, 다시 일제시기에 이르러 위기에 처했음에도 한글은 독자적인 지위를 만들어낸 것이다.

홍기문(조선일보 학예부장) : ……우리 「한글」은 몹시 그 동안에 신문화운동이 잇슨 뒤 약 2, 30년 간에 장족長足의 진보를 해와서 예전에는 문학상으로 한어漢語의 보조어격補助語格으로밖에 사용 못 되든 것이 근래는 완전한 주어主語로서 승격되었고 언어 자체로 보아도 퍽이나 순화되어왔습니다. 그래서 시조와 민요와 신화 전기류에밖에 극히 좁은 범위로 사용되던 「한글」이 이제는 이 땅 문사들의 노력의 결과로 예술용어로서 최선 최상의 문자가 되었습니다. 그래서 이제는 우리의 사상감정을 표백表白함에 있어 「한글」 이상 가는 어학語學이 없다 하게 되었지요……20년래 조선 문학자의 노력의 결과로 이제 「한글」을 가지고 시, 소설을 지을 수 있을까 하든 썩은 관념을 완전히 타파하고 났으니 이런 큰 승리가 어데 있습니까. 그런데 금후의 문제는 아까도 토의합다다만은 나는 ×자字 계급에서 「한글」을 호불호好不好하든 말든 어학으로서 길이길이 깃들 줄 알기 때문에 김상용 씨 관찰모양으로 나도 낙관하는 터임니다.

— 「삼전문학교 교수·삼신문 학예부장 문예정책 회의」

한글과 조선어가 국민어의 위상을 다지게 된 것은 문학과 문화운동에 의해서만은 아니었다. '조선 민중을 조선어로 교육할 것'은 부르주아민족주의자로부터 사회주의자에 이르는 민족운동 전 세력의 당위였다. 1928년 1월 「제3차 조선공산당 당대회 결의안」의 교육관련 강령에는 "一, 일어를 국어로 하는 것을 폐지하고, 그 대신 조선어를 사용할 것. 一, 소·중·대학교에서 조선어를 교수할 것. 一, 보통학교를 무료로 실시하고 노·농민의 자제에게 물질적 보조를 줄 것" 등이 포함되어 있었다. 이런 '강령'은 사회주의운동의 지향점, 즉 '반제반봉건' 논리와 그 표리가 일치한다.

그리고 1931년 12월 3일자 『동아일보』 사설 「초등교육과 용어문제—마땅히 조선어로 하라」는 그 내용이 강경해서 놀랍다. "당국의 소위 동화주의가 시대적 착오임은 당국도 이미 각성한 바 오랬을 것이다. 새삼스러이 노노 하랴 않지마는 아직도 초등학교의 공학을 부르짖고 조선어 무용론을 운운하는 자 그 뿌리를 뽑지 못한 금일 오인吾人의 이런 논평도 반드시 무용한 반복이 아닐 것이다"라 했다. 조선인 중에도 조선어 무용론자가 있었음이 암시되어 있는데, 1920년대 후반부터 1930년대 중반까지 『동아일보』와 『조선일보』는 전국적인 문자보급운동과 '민족문화 창달운동'을 벌였다. 이 운동을 두고 신문을 좀 더 팔아 사세를 확대해보겠다는 장삿속을 지적하는 의견도 있었으나, 그 운동의 의의는 전면 부정하기 어려운 '민족주의'를 내포하였으며 실질적인 성과를 거두기도 했다. 물론 그것은 실력양성론 혹은 자치론에 입각한 문화주의적 운동의 기본 한계를 갖고 있었다.

그러나 어렵게 이룬 국민어로서의 지위는 불안했다. 좌우의 '합의'나 문화운동 등을 통해 조선어와 조선어문학의 위상이 높아졌음에도 불구하고 현실은 달랐던 것이다. 정치권력에 의한 강제와 문화적 격차의 확대재생산 때문에 일어와 조선어는 각각 지배계급(민족)과 피지배계급(민족) 언어로서 다른 사회적 역할을 부여받게 되었다. 당위와 현실의 괴리, 일상과 공적 생활의 괴리가 분열적(schizophrenia) 상황을 빚고 있었다.

한글과 조선어는 일상적 언어생활을 장악하고 있는 민중과 민족의 언어이면서, 위에서 말한 것처럼 문학과 문헌에 보존되어야 할 언어였다. 그럼에도 조선어는 '고급' 언어는 아니었다. 홍기문의 말에서도 현실에서 한글을 천대한 계급은 역시 일본어로 된 제도에 편입된 식識자 계급*이었음이 나타나 있다. 조선어는 공용어가 아니었고 고급문화를 영위하기 위해서는 무조건 일본어를 잘해야 했기 때문이다.

이중언어, 이중구속 - 장혁주의 운명

조선문학은 이런 모순적인 상황 속에서 '민족문학'으로서 보존되어야 했다. 일제시기 조선어 민족문학이 순결하게 지켜졌다는 식의 거짓된 문학사적 상식과 무관하게, 조선 근대문학은 시기마다 '조선어'주의를 중심으로 불안하게 진동하며 발전했다. 작가들 스스로 조선어를 시기마다 다르게 대우했으며 '분열'적 상황에 처했다.

현실 자체가 모순적이고, 거대한 분열적 상태에 있었기 때문이다. 일제하에서 언어생활의 다중성은 식민지인의 이중적이고 분열된 자의식을 형성한 힘이자 그것을 보여주는 척도라고 할 수 있다. 식민지적 '이중구속(double bind)'**의 전형이라고 할 만한 상황이 일본어로 된 책 읽기를 둘러싸고 빚어졌다.

그런 분열은 아래에서처럼 '미친 짓'으로 불릴 정도의 것이었다. 다음은 이광수의 『흙』(1932)의 한 구절이다.

---

* X로 복자伏字 처리된 자를 識으로 간주했다.
** 원래 심리학에서 서로 상이한 언어적 소통과 비언어적 소통이 동시에 부과되는 상태를 말한다. 모순된 두 힘이 부과되는 상태에서 아이는 그 사이에서 이러지도 저러지도 못하다가 방황, 갈등, 불안하게 되고 결국 사회적 판별능력과 의사소통을 획득하지 못해 정신분열증 환자가 된다.

「자네 신문 잡지도 안 보네 그려?」하고 물었다.

「내가 신문을 왜 안 보아? 대판조일, 경성일보, 국가 학회잡지, 중앙공론, 개조, 다 보는 데 안 보아? 신문 잡지를 아니 보아서야 사람이 고루해서 쓰겠나.」하고 갑진은 뽐내었다.

「그런 신문만 보고 있으니까 조선 농민이 요새에 풀뿌리, 나무껍질 먹는 사정을 알 수가 있겠나? 자네는 조선 신문 잡지는 영 안보네 그려?」하고 숭은 기가 막혀 하였다. (중략)

「그 어디 조선 신문 잡지야 또 보기나 하겠던가. 요새에는 그 쑥들이 언문을 많이 쓴단 말야. 언문만으로 쓴 것은 도무지 희랍말 보기나 마찬가지니, 그걸 누가 본단 말인가. 도서관에 가면 일본문, 영문, 독일문의 신문 잡지 서적이 그득한데, 그까짓 조선문을 보고 있어? 그건 자네같이 어학 힘이 부족한 놈들이나, 옳지 옳지! 저기 저 모심는 시골 농부놈들이나 볼 게지, 으하하!」하고 갑진은 유쾌한 듯이 좌우를 바라보며 웃는다.

「왜 자네네 대학에도 조선문학과까지 있지 아니한가.」하고 숭은 아직도 갑진을 어떤 방향으로 끌어보려는 뜻을 버리지 아니하였다.

「응, 조선문학과 있지. 나 그놈들 대관절 무얼 배우는지 몰라. 원체 우리네 눈으로 보면 문학이란 것이 도대체 싱거운 것이지마는 게다가 조선문학을 배운다니, 좋은 대학에까지 들어와서 조선문학을 배운다니, 딱한 작자들야……춘향전이 어떻고, 시조가 어떻고, 산대도감이 어떻고 하데마는 참말 시조야. 미친놈들.」하고 갑진은 가장 분개한 빛을 보인다.

「미치기로 말하면.」하고 숭은 기가 막혀 몸을 흔들고 웃으면서,

「미치기로 말하면 자네가 단단히 미쳤네.」

— 이광수, 『흙』[27]

경성제대 법문학부를 졸업한 『흙』의 김갑진에게 '언문'은 희랍어처럼 낡은 것이며, '언문만으로 된 것'뿐 아니라 조선문 신문 역시 어학실력이 없는 시골 농투성이나 보는 것이다. 제대로 된 신문과 학문은 조선어를 취급하지 않으며, 조선어로 씌어져 있지도 않다. 또한 춘향전·시조·산대놀음 따위로 구성된 조선문학과 '대학'은 양립할 수 없다. 전자는 시대에 뒤떨어진 구시대의 유물이며 후자는 근대성의 거대한 상징이기 때문이다. '좋은 대학'까지 와서 왜 조선문학을 공부해야 하는지 알 수가 없다.

소설 속 이광수의 화신인 허숭이 김갑진을 '미쳤다'고 보는 것은 그가 민족적 현실에 대한 자기 의식을 전혀 갖고 있지 않아서이다. 일어와 영어·독일어의 세계에 사는 김갑진이 허숭이 그토록 목을 매는 '풀뿌리 뜯어먹는' 조선 농촌의 현실에 무감각한 것은 당연하다. 여기서 민족적인 것과 근대적인 것이 대립하며, 경성제대 법학과를 졸업한 변호사 김갑진에게는 후자만이 의의가 있다. 적어도 이광수는 이런 분열증적 상태를 치유하는 방법을 가지고 있지 않았다. 그래서 '미친' 김갑진이 갑자기 개과천선하는 『흙』의 결말은 더욱 분열증적이다.

조선 문학가들은 스스로 자기 모순에 처할 수밖에 없었다. 그들도 김갑진처럼 조선어로 된 우리 문학이 열등하며 문학가가 되기 위해서는 일본어 책을 비롯한 외국어 책을 읽어야 한다는 것을 알고 있었다. 하지만 그럼에도 '조선문학'이 있어야 하며, 그것이 순조선어로 이루어져야 한다는 민족주의적 강박관념도 갖고 있었다. 앞의 『조선문단』 합평회에서도 알 수 있듯이 그런 인식은 대부분의 작가에게 뿌리깊었다.

문학가들의 분열적 의식은, 조선문학의 외연이 어디까지인가에 대한 문학가들의 자문自問과 일본어 창작에 대한 태도에서도 드러난다. 『개조』를 통해 '동경 문단'*에 등단(1932)하고 창작집 『권이라는 남자權と云ふ男』(1934)를 상재하여 화려하게 일본문단의 중심부로 접근했던 장혁주는 일

본어로 소설을 썼다는 이유로 관심과 구설수의 대상이 된다. 더 정확한 이유는 장혁주의 일본어 소설이 조선 현실을 소재로 한 경우가 많았으며, 그가 동경에서 귀국해서는 조선어로 소설을 썼기 때문이었다. 장혁주는 질시와 동경의 대상이자, 조선문학의 외연과 내포를 둘러싼 논란의 중심 소재였다.

> (1) 본사 측 : 『개조』에 입선된 장혁주 씨 「아귀도」를 어떻게 보셨어요.
>
> 빙허 : 좌와! 그런데 광진화랑廣津和郎이 평한 것을 보았는데 이것은 소설로서 빛나기보다 「사실」이 더 힘 있다고 하였더군. 정말 사실의 힘이 너무 강했어.
>
> 서해 : 우리 보기에는 그리 찬성할 점도 없었지만 어쨌든 퍽이나 역작이었습니다. 묘사가 억세고 거칠면서 사람의 가슴을 싸리는 점, 제재가 남조선 농촌에서 이러난 눈물겨운 점, 조선문단의 수준에 달達하고 남은 작이지요. 다만 결말에 가서 너무 미약하게 맺은 것이 불만이더군.
>
> 본사 측 : 그 작품에 확실히 조선 현실상現實相 우又는 조선 정조情調가 드러났습니까.
>
> 성해 : 그런 것도 아니지요. 도리어 과장이 아닌가 하는 점도 많더군요.
>
> ─「문사좌담회」, 『삼천리』 4권 6호, 1932년 5월.

(1)은 장혁주가 등단과 함께 곧 조선문단 중진의 칭찬과 관심의 대상이 되었음을 보여준다. 과연 일본문단에 조선인 청년 작가가 조선의 현실과 정조를 어떻게 드러내보였는가가 관심거리였다. 그러나 여기서의 관심은 다분히 피상적인 수준이었다. 그러나 아래 (2)와 (3)은 이 문제가 치열하게 논쟁해야 하는 핵심 문제임을 보여준다.

---

* 식민지 시대 작가들은 일본의 문단이나 일본 문학을 '동경東京 문단', '동경 것'이라는 용어로 잘 표현했다.

(2) 김광섭 : 『개조』나 『중앙공론』에 자기의 작품이 한 편만 발표되면 곧 안

하무인眼下無人이 되는 것 같아요. 그래서 그 쪽으로 출발하려는 사람이 문단

인 중에서도 많은 것 같습니다.

정인섭 : 요전에 유진오 씨가 장혁주 씨의 국어로 쓴 작품을 문제삼았는데 장

씨의 작품은 조선문학 안에 들어가지 않습니다.

— 「조선문학 건설을 위한 조선문단 좌담회」, 『신동아』, 1935년 9월.

(3) 세계 인류의 일부분이라고 한다면, 인류의 근본 경향에는 동일한 저류라

하지 않을 수 없을 것이외다. 그러타면 조선인으로 영어로 혹 불어로 중어中語,

에스페란토, 기타 그 어느 것이나를 가지고 문학을 한다 할지라도 하등何等의

상관이 없을 것이오. 다만 우리는 그 작품의 우수성을 찬미하거나 증오하거나

할 뿐이면 좋을 것이외다. 다른 말로 표현했다고 시기하는 비열한卑劣漢들—다

른 말로 표현한 작품에 오히려 조선 생활이 더 잘 표현되어 있어서 그것을 꼭

조선어만을 아는 대중에게 읽히고 싶다고 느낀다면 그것을 번역해서 발표할

도리를 생각하는 것이 옳을 것이외다……나는 최후로 형에게 제弟의 충정衷情

을 드리나이다. 문학은 결코 시기와 증오에서는 일호一毫의 수확은 고사姑捨하

고 이 두 가지는 문학의 페스토균菌이라고 하지 않을 수 없습니다.

— 장혁주, 「문단의 페스토균」, 『삼천리』, 1935년 10월.

(2)에서는 '조선문학의 독자성'이라는 소주제를 토론하기 위한 화제로
장혁주를 거론했다. '안하무인'이며 '조선문학이 아니라'는 김광섭과 정인
섭의 발언에 대해 장혁주는 (3)과 같이 격하게 반응했다. 문단에서 장혁주
에 대한 비난은 이들이 처음은 아니었다. 문단의 중견급에 속하는 주요한
과 김동인에게도 비판적 언사를 들었음을 밝힌 장혁주는 "내가 동경문단
에 진출했다고 자랑하고 다닌 일도 없고 행 향간鄕間에 있어 숨어 있거늘

어찌 내가 남의 미움을 살 짓을 했을까"라며, 근거 없는 "매도 냉소 욕설"을 일삼는 인간들을 '문단의 페스트균'이라 칭했다.

한편 위 글들은 조선문학의 규정 문제를 담고 있다. 조선인이 쓴 일본어 소설이 조선문학일 수 있는가 하는 점이다. (3)에서 장혁주는 비非속문屬文주의를 주장하고 있다. '조선 생활'을 표현했다면 표기언어는 문제가 아니라는 주장인데, 일어로 소설을 썼던 그로서는 이런 입장을 취할 만했을 것이다.

『삼천리』의 「'조선문학'의 정의 이렇게 규정하려 한다!」(1936년 8월)는 문제를 발본화하고 장혁주 문제를 아예 설문에 포함시켰다. "A. 조선「글」로, B. 조선「사람」이, C. 조선 사람에게「읽히우기」" 등의 세 항목이 조선문학 규정 문제의 근본이라 하고, A에서는 한문으로 쓴 박지원의 『열하일기』, 일연의 『삼국유사』가 조선문학에 속할 수 있는가와 더불어 타고르나 예이츠가 영어로 쓴 작품이 각각 인도문학과 아일랜드문학에 귀속될 수 있는지를 물었다. 이는 표기법 문제, 속문주의에 관한 질문이다.

B는 작가의 국적 문제인데, "작가가「조선 사람」에게 꼭 한하여야 한다면 나카니시 이노스케中西伊之助가 조선인의 사상감정을 기조로 하여 쓴「汝等の背后より(너희들의 배후에서)」"는 어떻게 되는지 물었다.

마지막으로 C는 독자 대상이 누구인가 하는 지향성 문제로서, 장혁주가 동경문단에서 일본인을 대상으로 발표한 작품과 강용흘이 영미인 독자를 겨냥하여 쓴「초가집」등은 모두 조선문학이 아닌가를 물었다.

설문에 대해 이광수, 박영희, 김광섭, 이태준은 매우 강경한 속문주의를 주장했다. 이들은 일제히 '한글로 된 문학'만이 조선문학이라 답했다. 심지어 이태준은 "외국인이 썼더라도 조선말이면 그것은 훌륭히 조선문학이리라 생각"한다고 했다. 그러니까 장혁주의 일본어 소설은 결코 조선문학의 범주에 속할 수 없다는 것이다. 답변에서는 또한 강경하고 협애한 속문주의를 주장하기 위한 예로 한문학이 등장하였다. 이광수는 "박연암의 『열하일기』, 일연선사의 『삼국유사』 등은 말할 것도 없이 지나支那문학일 것"이라 단언하고 국민문학은 결코 작가의 국적에 의해서가 아니라, "오직 그 씌어진 국문을 따라 어느 국적에 속하는 것"이라 했다. 이와 같은 강경한 속문주의에서 조선문단 주류의 '순조선어 문학'에 대한 강박증을 엿볼 수 있다.

그러나 이와 같은 강경론만 있는 것은 아니었다. 임화는 '역사적인 국민문학의 구성'이라는 틀에서 문제를 파악하여 역사와 현실의 맥락을 고려할 것을 주장했고, 서항석·이병기·김억 등은 A·B·C의 조건을 재구성·재조합함으로써 조선문학의 성립범위를 융통성 있게 생각할 수 있다 하였다. 따라서 이들은 장혁주의 문학을 '광의의' 조선문학에 포함될 수 있다고 판정하였다. 이외에 염상섭은 독특하게 속인屬人주의를 주장했다. "제1조건이 조선 사람인 데에 있고 외국어로 표현하였다고 반드시 조선문학이 아니라고는 못할 듯합니다. 조선의 작품을 번역하였다고 금시今時로 외국문학이 되지 않음과 같이 외국어로 표현하였기로 조선 사람의 작품이 외국문학이 되리라고는 생각할 수 없습니다"라고 했다.

흥미로운 것은 장혁주 자신도 이 문제에 답해야 했다는 점이다. 그는 『삼천리』에서 제시한 세 가지 조건 외에 "「조선을 제재한 것」이라는 조건을 더 하나 넣고 싶"다고 하면서 만약 네 가지 조건이 모두 완비되어야 한다면 "박연암도 일연선사도, 나카니시 이노스케는 물론 강용흘이나 장혁주의 일부 소설도 조선문학에는 넣지 못할 것이라고 생각"한다고 간단히 썼다. 이런 주장은 기실 앞에서 본 「문단의 페스토균」의 강경한 논조에서 상당히 많이 후퇴한 것이다. '조선 민중의 정서와 사상이 조선문학의 성립조건이라는 주장'은 강경한 속문주의 앞에서 패퇴했다. 이런 패배는 한국소설사에서 이름이 지워진 장혁주의 운명을 느끼게 한다.

모윤숙 : 장혁주 씨의 작품에 대하여는 종래에 여러 가지로 비평의 대상이 되여 왔는데, 이번 나온 작품을 보면 작의 가불가佳不佳는 차치하고, 위선爲先 그 지문이 마치 외국작품을 직역하여놓은 것 같은 어색한 대목이 많습니다.

최정희 : 그러한 느낌을 누구나 받을 것이죠. 아직 조선글에 익숙지 못하고, 작作에 연소점燃燒点이 분명치 못해요. 한 개의 사상事象을 구체적으로 붙잡지 못하고, 그냥 서술적으로 평면묘사平面描寫만 하여버린 흠이 있습니다. 솔직하게 말하면 씨는 다시 향토적으로 고쳐 출발하여 주었으면…….

이선희 : 수법에 있어서 어색한 것만은 곧 느껴지겠더군요. 씨는 조선말 공부를 하고 조선의 정조를 이해하도록 힘씀이 좋을 것 같습니다.

— 「여류작가 좌담회」, 『삼천리』 8권 2호, 1936년 2월.

인용문에서 신랄한 비판을 서슴치 않는 여류작가들은 결코 장혁주의 선배도, 평론가도 아니며 당시로서는 눈에 띄는 성취를 이룬 소설가도 아니었다. 장혁주가 조선어보다 일본어에 더 능숙했던 것이 사실이라 해도, 그의 글에 나타난 조선어 문장과 '조선 정조'의 밀도가, 저처럼 문단의 신인급 작가들이 일제히 비판해도 좋을 만큼은 아니었다고 생각한다. 이를 통해 장혁주에 대한 기성 문단의 비우호적인 태도가 저렇게 비판할 수 있는 배경이 되었음을 알 수 있다. 그리고 위 인용문은 유독 장혁주가 다루는 '조선 정조와 조선어'가 그를 질투하는 다른 작가들에게 철저한 관찰과 비판적 검토의 대상이 되었음을 보여준다. 이는 장혁주가 '조선어로만 창작'을 모토로 하던 조선문단 내부의 타자가 되었음을 의미한다. "되지 못한 소설이라도 조선말로 써 보려고 할 마음이 도시 나지 아니한다. 그것은 동경문단에서 발표해서 호평을 받던 작品도 그와 같이 조선 문인들이 매도를 한다니 만약 조선말로 썼더라면 또 얼마나한 욕을 할까 하는 생각"[28]

을 했던 장혁주는『춘향전』각색(1938)과 일련의 대중소설 창작에 나서는 등 '조선 공부'에 힘쓰는 모습을 보이다 결국은 다시 일본어 소설 창작으로 귀결한다.

어떤 면에서 조선문학의 정체성 문제와 관련하여 '조선어' 외에 '조선 민중의 감정과 사상'을 포함시켜야 한다는 장혁주 주장은, 실제로 조선어가 피지배계급이 사용하는 2류 언어가 되고 있었다 해도 순진한 발상이었다. 적어도 표면적으로는, 조선문학의 언어적 정체성에 대한 문단 주류의 신념이 대단했기 때문이다. 일본어 창작 문제는 해방 직후 '문학자의 자기비판'이라는 주제로 다시 거론된다. 일제 말기에 장혁주만큼 일본에서 성공적인 작품활동을 펼친 김사량은 장혁주의 주장을 더 급진화·발본화시켜 일본어 창작을 변론했다.*

김사량 : 우리말로 쓰는 것보다도 좀 더 자유스러이 쓸 수 있지 않을까, 탄압이 덜 할까 생각하고 일어로 썼다느니보다 조선의 진상, 우리의 생활 감정, 이런 것을 '리얼'하게 던지고 호소한다는 높은 기개와 정열 밑에서 붓을 들었던 것이오만은 지금 와서 반성해볼 때 그 내용은 여하간에 역시 하나의 오류를 범하지 않았나 생각하고 있는 것을 솔직히 고백하는 바입니다.
— 「문학자의 자기비판」,『중성衆聲』 창간호, 1946년 2월.[29]

탄압을 피하려는 소극적인 이유에서가 아니라, 제국 한가운데서 조선의 진상과 생활을 알리겠다는 보다 적극적인 의도로 일본어 창작에 나섰다는 것이다. 그러나 해방 후 김사량은 그것조차 '오류'였다는 태도로 자세를 낮출 수밖에 없었다.

---

* 이 문제에 관해서는 김윤식,「'내선일체' 사상과 그 작품의 귀속 문제」,『한국근대문학사상사』, 한길사, 1984의 논의를 참조.

1946년 임화는 「조선 민족문학 건설의 기본과제에 대한 일반보고」에서 1930년대 말부터 시작된 일본의 노골적인 군국주의화 이후 조선문학의 대일 공동전선戰線 과제가 "첫째, 조선어를 지킬 것. 둘째, 예술성을 옹호할 것. 셋째, 합리정신을 주축으로 할 것"이었다고 했다. 그리고 조선어 수호가 첫 번째 과제였던 이유에 대해서는 "우리나라의 작가가 조선어로 자기의 사상, 감정을 표현할 자유가 위험에 빈瀕하고 있었던 것이 당시의 추세"였고, "모어의 수호를 통하여 민족문학 유지의 유일한 방편을 삼고 있었기 때문"이라고 했다.[30]

'순한글 창작'이라는 신화

임화의 '보고'는 과연 실체적 진실이었을까? 결과적으로 '모국어 수호가 민족문학 유지의 유일 방편'이었겠지만, 사실 문학가들 스스로 그 원칙을 배반했다.

장혁주와 정반대의 경우라 할 수 있는 일도 있었다. 당대의 식자층은 일상대화 중에 일어를 섞어 쓰는 경우가 많았다. 그것은 『흙』의 김갑진처럼 '구별 짓기' 위한 것일 수도 있고, 이미 그 계층에서 일본어를 섞어 쓰는 일이 일상화되었기 때문일 수도 있다. 당시 여러 소설작품의 대사 속에는 이런 상황이 반영되어 일본어 대사가 자주 등장한다.

그런데 대중소설가인 김말봉이 『밀림密林』(1936)에 쓴 일본어 대사 때문에 논쟁이 벌어진 일이 있다. 평론가 김문집은 『신가정』의 「김말봉론」을 통해 김말봉의 국어, 즉 일본어 실력 부족을 비판하였다. 그는 글의 첫머리부터 "말봉 씨에게 충고하고 싶은 것은 소설에 함부로 국어를 쓰지 말라는 것과 부득이 쓰는 경우일지라도 그것이 참말의 국어이려니 하는 생각만은 빼라는 것이다"라는 고압적인 언사를 동원했다. 김문집은 이런 충고 뒤에 무려 5페이지에 걸쳐 일본어 강의를 했다는데, 글의 말미에 "대담히도 조선 청년 가운데서 참으로 국어를 하는 사람은 한 사람도 보지 못하였다고 단언"했다. 김문집은 일본에서 중등학교와 대학을 다녀 남보다 일본어에 특히 자신감을 가지고 있었던 듯하다. 응당 가져야 할 일본어 실력을 조선 청년들이 충분히 갖고 있지 못한 것을 나무라는 태도가 깔려 있는 것이다.

이에 대한 김말봉의 반론이 더 흥미롭다. 김말봉은 자신과 같은 '무명'이 "모르는 것을 모른다고 나무라는 데는 일언의 변명이 있을 까닭이 없다"라고 한 후, 문제가 된 "さ お花を 差し上げませう そして お辭儀をしませう"*라는 대사가 여성이 쓴 '국어'로는 부적절한 듯해도, 소설 이야기의 맥락에서는 결코 그렇지 않을 수도 있다고 했다.

'일본어를 일본어답게' 구사해야 함을 비평의 근거로 삼고, 제대로 일본어를 구사하는 조선인은 한 명도 보지 못했노라고 호언하는 김문집과, 전개되는 서사의 상황에서는 그런 부적절한 일본어도 쓰일 수 있음을 방어의 근거로 삼은 김말봉의 태도는 솔직하다. 이를 통해 '순조선어주의'가 이들 세대의 조선인들 사이에서 어떻게 해체되고 있었는지 알 수 있다. 1930년대 후반 정확한 일본어 구사력은 조선 작가나 지식 청년 전체가 가져야 할 자질이 되어가고 있었던 것이다. 장혁주의 조선어 문장이 어색하다고 비판당하던 일과 비교될 만하다.

역사의 아이러니는 이뿐 아니었다. 장혁주의 소설뿐 아니라 박지원의 산문조차 '조선문학이 아니다'라고 단정했던 이광수나 이태준, 그리고 장혁주에게 조선어와 조선 정조를 더 공부하라고 충고했던 최정희·모윤숙 등은 모두 일본어로 소설을 썼다. 뿐만 아니라 이무영·유진오·한설야·이효석 등 좌·우파를 막론하고 거의 대부분의 조선 작가들이 중일전쟁 이후

---

* '저, 꽃을 드립니다. 그리고 인사를 드립니다' 정도의 뜻이다.

일제히 일본어로 작품을 쓰기 시작했다.*

일본어 창작행위 전체를 '친일'로 볼 수도 있고, 그 중에서 공공연히 일제의 '신체제'를 찬양하고 '내선일체'를 선동한 것만을 친일문학으로 볼 수도 있다.[31] 실제 일본어 창작은 강요된 경우가 적지 않았기 때문이다. 그러나 앞에서 살폈던 것과 같이 강경한 속문주의가 '민족문학파'와 조선 문단의 주류적 입장이었기에, 일본어 창작 자체는 조선문학의 심각한 자 기 부정이 아닐 수 없었다.

그래서 1930년대 말~1940년대에 걸쳐 조선어의 위상은 또 한 번 변화 를 겪게 된다. 조선인들이 처한 '이중언어적 상황'이 일본어 사용에 대한 일방적인 강요와, 일부의 '자발적' 참여로 인해 달라지고 있었던 것이다. 이전에는 조선어의 위상이 낮아지고 있는 가운데에도 문학이 분명 조선어 의 보루 역할을 하고 있었으나 이제는 아니었다.

이 시기 '조선어'의 문화적 위상 변화에 대해 『국민문학國民文學』의 편 집인이던 최재서는 "조선어는 최근 조선의 문화인으로서 문화의 유산이라 기보다는 차라리 고뇌의 종種이었다"라고 적실히 요약한 바 있다.[32] 이런 '고뇌'가 일본어 글쓰기에 나선 일부 작가들의 내면이었다. 그러나 막상 민족문학파를 대표하던 이광수 자신은 별다른 고뇌를 보이지 않고 쉽게 일본어 창작으로 나아갔다. 더하여 이광수는 일어와 조선어의 뿌리가 같 고, 조선어는 더 우월한 '국어'의 일부이기에 '없어질' 운명을 가진 '지방 어'라 주장하기도 했다. 이에 의하면 조선문학도 일본문학에 흡수될 한시 적인 운명을 지니고 있었다.[33] 이런 상황을 거쳤기 때문에 백철은 『조선

---

* 장혁주와 한국 작가의 일본어 창작에 대해서는 호테이 토시히로, 「일제말기 일본어 소설 연구」, 서울대 석사논문, 1996을 참조하라. 이 연구에 따르면 정연규를 비롯한 조선인 작가들의 일본어 창작물은 1923년 이후 이어지고 있다. 그러나 그것이 본격화된 것은 1937년 1월 12일 『매일신보』가 '국어면'을 열고 거기 에 조선인의 작품을 실으면서부터라고 한다.

신문학사조사』(1947)에서 1940년대를 일컬어 "수치에 찬 암흑기요 문학사적으로는 백지白紙"이기에 없었던 일, 즉 '부랑크(blank)'로 돌리자고 했다. 문단의 주류와 좌·우파가 모두 관련되었기에 그런 '은폐'가 가능했다.

조선 문단은 일제시기를 거치면서 한편으로는 제국주의의 탄압을 받고 이에 저항했지만, 한편으로는 탄압에 적응했다. 그리고 무엇보다도 스스로 제도로서 정립했다. 문단의 소속원으로서 검열을 받고 허가된 문학작품을 발표하는 것 외에 다른 문학은 없었다. 카프가 해산된 1930년대 중반 이후 문단의 좌우 전체는 스스로 '기성'과 '전통'이 되고자 했고, 문학에서 민족 문제를 오직 언어의 문제로만 국한된 것으로 호도했다. 그러나 그것마저 지키지 못하고 거의 모든 작가가 일본어로 문학작품을 썼다. 이를 합리화하기 위하여 일제 말기의 상황 자체가 도저히 저항이 불가능하였다는 상황논리가 반복적으로 동원된다.

그러나 저항의 가능성은 1930년대 중반 이후 저항주체에 의해 스스로 차단된 측면도 있다. 1930년대 중반 이후 조선 사회주의 운동가들이 일본 지식인들처럼 대규모로 전향한 것도 아니고, 사회주의운동 전체가 전멸한 것도 결코 아니었다. 중일전쟁 발발과 전시 계엄 선포가 조선 사회주의운동 전반에 일시적인 침체를 가져오기는 했지만, 1937~1939년 사이 침체 국면에 들었던 사회주의운동은 1941년을 기점으로 다시 활발해지는 양상을 띠었다. 군국 파시즘체제는 오히려 일군의 지식인과 노동계급을 체제 바깥으로 내몰았다.[34]

계급문학론의 민족문학

일제 말기의 정황 때문이 아니라도 '조선어냐 아니냐'라는 기준으로 '조선문학'과 민족문학의 개념을 정립하려는 문단 일각의 노력은 불완전한 것이었다. 물론 '조선어냐 아니냐'는 핵심 문제임에 틀림없다. 그러나 민족문학으로서 '조선문학' 작품이 온전한 정체성을 갖기 위해서는 민족 문제, 즉 식민지의 현실을 다루어야 한다. 민족문학파는 조선문학의 정체성 문제를 논하면서 '민족적인 것'을 정면으로 다루지 못했다. 언어 문제를 빼면 조선문학의 정체성이 '조선정조' '조선심'을 다루는 데 있다는 식의 모호하고도 내용 없는 논의에 머물렀을 뿐이다. 민족의 정체성이 '민족성'을 비롯한 정서적인 차원에 있다는 류의 논리는 민족개량주의 또는 문화민족주의* 자체의 큰 맹점이다. 정치와 권력의 문제를 결여한 '민족주의'나 정체성은 불구적이기 때문에, 이광수가 처했던 자기모순 즉 '민족개조론'과 같은 영역에 귀착될 가능성이 높았다. 문화민족주의는 '문화적으로 일본인에 비교될 만한 수준'(자치론) 이상을 결코 말하지 않는다.

다음의 좌담은 당시 문학가들이 이 문제를 애써 외면하려 했거나, 민족개량주의 관점의 근본적인 한계가 문학에서 '민족'의 문제를 소거했음을 보여준다.

> 이무영 : ……조선문학의 독자성—다시 말하면 본질적이나 현상적으로는 어떻게 외국문학과 다르며 지리적, 정치적, 민족적—이런 데서는 어떻게 다르다는 것을 말씀해주셨으면 합니다……
>
> 홍효민 : 조선말로 썼다면 거기에 벌써 독자성이 있지 않습니까.

---

* 이광수의 문화민족주의는 다음과 같은 논변에 그 뿌리가 있는 듯하다. "그러나 그러타고 반드시 문화는 정치의 종속적 산물이라고 할 수도 업고 따라서 엇던 민족의 가치를 논할 때에 반드시 정치사적 지위를 판단의 표준으로 할 것은 아닌가 합니다. 만일 져 로마 제국과 갓戀 정치적으로나 문화적으로나 다갓히 우월한 지위를 점할 수 잇다하면 게서 더 조흔 일이 업건마는, 그러치 못하고 만일 二者를 不可 兼得할 경우에는 나는 찰하리 문화를 취하려 합니다. 정치적 우월은 그때 일시는 매우 혁혁하다하더라도 그 세력이 쇠하는 동시에 朝露와 갓히 그 영광도 슬어지고 마는 것이로대 문화는 이와 반대로 그 당시에는 그다도록 영광스럽지 못한 듯하나 영원히 인류의 恩人이 되어 불멸하는 영광과 감사를 밧는 것이외다……이러케 정치, 경제, 과학, 문화, 예술, 사상 모든 것이 우리 압헤 노헛스니 우리는 실로 자유로 이것을 취할 수가 잇스며 이 중에 하나만 성공하더라도 조선 민족의 생존한 보람을 할 것이외다." 이광수, 「우리의 이상」, 『학지광』 14호, 1917. 12.

서항석 : 조선말로 쓴 것이라고 모두 조선문학의 독자성이 있지는 않겠지요·

정인섭 : 조선문학의 독자성이라면 민족적 요소라든가 지리적 요소 같은 것이
그 독자성이겠지요. 그러나 민족주의 문학은 아닙니다·

정지용 : 어떤 민족이 문학을 소유했다면 벌서 거기에 독자성이 생기는 것입니
다. 그러니까 우리 문학의 독자성이라면 과거 우리의 고대문학을 탐구함은
될지언정 카프에 일임한다는 것은 위험천만한 일이다·

서항석 : 지리적 관계가 크겠지요……

정인섭 : 우리 문학에는 역사상 생활상에 큰 불안이 늘 떠돌아서 대체로 보아
작품 속에 음울하고 멜랑코리한 데가 있습니다·

유진오 : ……그러나 지리적으로는 큰 변화가 있겠지마는 사회적, 정치적으로
금후의 조선이 변한다면 지금까지의 멜랑코리하던 그 독자성도 자연 변해가
리라고 생각합니다……로서아만 보더라도……혁명 후의 작품을 보면 명랑
하고 건전합니다. 그것을 본다면 문학은 정치적 영향을 받아서 변하는 것이
라고 봅니다.

정지용 : 그러난 나는 조선문학이 그렇게 음울하다고 생각지 않습니다. 춘향전
같은 것을 보더라도 그 안에는 풍자가 있고 명랑이 있습니다……그러나 이
것은 혁명 전 로서아의 멜랑코리와는 다르다고 봅니다.

정인섭 : 이데올로기의 독자성을 요구하는 겝니까·

이무영 : 그것은 어려울 것 같습니다. 다만 우리는 여기에서 조선문학의 독자
성이 어디 있느냐를 밝히어서 이후 작가들이 작품행동에 도움이 되게 하려
는 것이지오· 유치진 씨 말씀 좀 하시지요·

유치진 : 물론 한 입으로 이것이 우리 문학의 독자성이라고 내세울 수는 없을
겝니다. 그러나 식민지 백성들의 생활을 그리는 데 독자성이 있지 않을까요·

이무영 : 그러면 이렇듯 여러 가지 독자성 중에서 우리는 이의 취택을 어떻게
했으면 좋을까요……

엄흥섭 : 글쎄요. 조선문학의 독자성이라면 우울 불안의 기분인데 우리는 여기에서 명랑성을 조장시켰으면 합니다.

조선문학의 독자적 정체성을 '음울'이나 '멜랑콜리'한 정서에서 찾으려는 안일한 생각은 유진오나 정지용에 의해 쉽게 논파되고 있다. 조선문학에도 명랑한 요소가 얼마든지 있으며, '한'과 같은 어두운 정서 또한 역사적으로 형성된 것이므로 조선이 사회 정치적으로 변화하면 얼마든지 바뀌리라는 타당한 주장이다. 그리하여 좌담의 논의는 정서 문제를 정치 문제와 결부시킬 수 있다는 유진오의 제기나, 이 발언에 대한 정지용의 우파적 대응에 의해 핵심을 향해 나아간다. 정인섭이 "이데올로기의 독자성"이라 표현한 것이 핵심이다. 그러나 이는 곧바로 사회자 이무영에 의해 제지당한다. 그런 문제를 토론하는 것이 애초에 불가능하다는 사실을 아는 이무영이 침묵을 지키던 유치진에게 발언 순서를 넘겼는데, 유치진은 오히려 더 구체적으로 우리 문학의 독자성이란 "식민지 백성들의 생활을 그리는 데" 있다며 핵심을 짚어낸다. 그러자 사회자 이무영은 유치진의 발언을 무시하고 화제를 옮겨, 다시 내용 없는 민족성의 '음울성'과 '명랑성'의 문제로 넘어간다.

문제의 핵심 소재를 알고 있으면서 피해가는 사회자나, "우리 문학의 독자성이라면 과거 우리의 고대문학을 탐구함은 될지언정 카프에 일임한다는 것은 위험천만한 일"이라는 정지용의 태도는 정치성과 계급성을 몰각한 채 '조선어'와 '전통'만으로 민족문학이 충분하다고 믿었던 민족개량주의의 태도이다. 정지용의 발언은 좌담의 맥락에서 상당히 뜬금없게 들리는데, 카프의 정치성이 '민족문학'에 닿아 있음을 알고 지나치게 앞서나간 탓이다.

1935년 『삼천리』「조선문학의 주류론主流論, 우리가 장차 가저야 할 문학에 대한 제가답諸家答」에서는 민족문학·계급문학·해외문학 세 갈래 중 무엇이 장래 조선문학의 주류가 되어야 할지 작가들에게 물었다. '조선문학'의 정체성과 정통성이 어떻게 자리매김되어야 하는지 물은 것이다. 이에 대해 우선 대부분의 작가들은 '해외문학'(세계문학의 일원으로서의 조선문학)이 문제에 끼어들 수 없음을 지적하고, 박종화가 말한 것처럼 1920년대부터 제기되어온 '계급문학과 민족문학 사이의 문제만이 이 설문에 대한 답이 될 것'임을 말했다. 설문이 행해진 1935년은 카프가 공식 해산한 해이다. 논의는 1925년 당시 싹트고 있던 계급문학을 소재로 조선문학의 진로가 민족이냐 계급이냐의 문제를 놓고 전면 토의했던 「계급문학 시비론」(『개벽』, 1925년 2월)의 재연과 같아 보인다.

설문에 대해 김억·노자영 등은 "계급문학이란 문학 그대로의 계급적 의식을 목표삼는 것으로서" "문학품文學品을 선전수단으로 사용하자는 것(김억)"이라거나 "민족문학을 무시하고 계급문학만을 고창高唱하는 사람이 있다고 하면 그는 맑스나 엔겔스를 자기 할아버지로 아는 문학도일 것이니 조선은 그의 땅이 안이오. 이 민족은 그와 아무 관련이 없다(노자영)"는 정도로 낮은 수준의 민족주의적 인식을 드러냈다. 그리고 정지용은 "민족은 계급을 포괄한다. 그러나 계급이 민족을 해소치 못한다. 계급문학이 결국 민족문학에 포화飽和되고 마는 것도 자못 자연이다" 하여 민족문학의 우위를 확인하고자 했다.

흥미롭게도 설문에 대한 답에서 이효석과 유진오가 이제는 존재하지 않게 된 카프의 입장을 대변하였다. 먼저 이효석은 "현재의 조선문학이 반드시 말씀하신 삼三 유파에 나뉘어 각기 지배하에 놓여 있다고만도 볼 수는 없으나 주류가 계급적으로 흘러야 할 것은 마땅한 일이라고 하여야 할 것입니다"라고 전제한 후 당장의 계급문학이 침체를 면치 못하고 있지만, "도리어 이런 형세에 있어서는 일주一籌를 사양하여 사실주의의 길의 투철

透徹을 꾀하며 일층 문학수준과 표현기술의 고도화를 책策하는 것이 현명도 하고 자정自定된 길이라고 생각"한다는 진단을 내놓았다. 이효석이 말한 바는 1930년대 후반 카프 출신 작가들이 실제 모색한 길이기도 했다. 한편 유진오는 계급과 민족의 문제를 정면에서 거론했다.

> 민족문학파와 계급문학파의 두 가진데 물론 후자가 조선문학의 주류가 될 것이며 또 되어야 한다고 생각합니다. 이유는 「민족과 계급」이라는 대단히 거창한 문제를 밝혀야만 천명闡明될 것이므로 간단히 말할 수 없으나 오늘날 세계의 엇던 나라를 물론하고 특히 식민지 또는 반식민지의 지위에 잇는 약소민족은……업는 것입니다. 이것은 기분이나 정열이나 신념의 문제가 아니라 이성과 과학이 가리키는 바입니다……계급문학이라면……민족의 엄연한 현실적 존재를 무시하는 것이라고 생각하는 듯합니다만 이것은 대단히 큰 오해입니다. 계급문학은 민족이 현대에 있어서 여러 가지 요소로써 얽매어지고 또 그 자신의 특수한 성질을 충분히 구비하고 있는 한 통일체라는 것을 엄숙히 시인하되 그것의 우상화를 배척하며 그것의 역사성을 고조高調하여 역사의 추진력은 민족이 아니라 계급의 어깨에 있다고 주장하는 데 지나지 않습니다.
> ― 「조선문학의 주류론, 우리가 장차 가져야 할 문학에 대한 제가답」,
> 『삼천리』, 1935년 10월.

검열에 의해 생략된 부분이 있지만, 식민지 또는 반식민지 문학의 민족주의 문제를 해결하는 데 있어 계급문학이 유력한 고리임을 주장하는 문맥임을 알 수 있다. 유진오는 계급문학이 분리하고자 하는 것은 초계급적·초역사적인 민족주의임을 논리적으로 피력하면서, 계급문학이 가진 민족문학으로서의 정당성과 온전함을 인정하고 있다. 민족문학운동으로서 계급문학운동이 가진 성격과 정당성[35]은 당대에는 충분히 인정되지 않았다. 특히 1920년대의 '민족-계급문학 시비론'은 염상섭과 양주동의 절충론적 시각을 제외하면 민족-계급의 대립각을 뚜렷이 하는 데 훨씬 더 집중되었다.

초기 계급문학 주창자들이 펼친 논의는 우파 민족주의자들에게 '사회주의 조국이 있을 뿐 민족을 몰각한다'라는 식의 비난을 받을 만한 여지도 있었다. 여기에는 코민테른(commintern)과의 관계 때문에 민족주의자들과의 관계에서 분립과 연합 사이를 오갈 수밖에 없었던 조선 사회주의운동 전체의 고민이 내재되어 있다. 그러나 악명 높은 '12월 테제'와 '신간회' 해소 문제 등에서 나타난 좌익적 노선에도 불구하고, 전체적으로 보았을 때 민족주의 정치와 구분되는 독자 영역을 형성한 사회주의운동이 사회주의와 민족주의의 단절을 주장한 것은 아니었다.* 일제시기 사회주의자들은 일반적으로 '제국주의는 자본주의이며, 민족해방은 곧 계급해방'이라 사고하면서 계급 문제 해결을 강조했다. 그러나 우익으로 오해받는 게 싫어서 민족주의적 용어를 잘 사용하지 않았다는 주장도 있다.[36]

민족 문제와 계급 문제에 대한 변증법적 인식은 운동이 성숙함에 따라 가능했을 텐데, 유진오의 논의에서 보듯 카프 작가들은 민족과 계급 문제에 대해 다음과 같이 명징하고 유연한 인식을 갖고 있기는 하였다.

> 언어 그 생활양식에 있어 민족적 국민적이 아닌 계급은 아직 이 지상에 있을 수 없는 것이며 또 계급적 문화는 다 각자의 민족적인 표현형식 방법에 의존하고 있는 것은 지금에 있어서 진실이기 때문이다……
> 즉 형식 내용에 있어 다 국제주의적이고 또 공통한 언어를 사용하는 한 개의 공통한 문화로 융합되어가는 도정으로서 형식에 있어서는 민족적이고 내용에

---

* 이균영은 「12월 테제」가 민족문제에 대한 좌익적 방침을 결정하고 신간회로부터의 좌익진영의 철수를 지시한 것으로 이해된 것은 오해라 설명한다. 이균영, 『신간회 연구』, 역사비평사, 1996 참조.

있어서는 국제적인 문화의 번영 그것이 국제주의 문화의 민족적 정신인 것이다. 그럼으로 국제주의적 정신으로 관철된 문학은 능히 민족어에 유의할 뿐만 아니라 문학어로서 민족어의 완미한 개화를 위하여 의식적으로 노력해야 하고 또 한편으로 그 모든 이상을 실현케 하는 일체의 가능성이 객관적으로 존재하고 그것은 우리들의 문학에게만 부여된 귀중한 사명인 것이다.

— 임화, 「언어와 문학」, 『예술』 1, 1935년 1월.

윗글에서 '국제주의적 정신으로 관철된 문학'이란 곧 계급문학을 뜻하는데, 현 단계에서 계급문학은 민족적인 표현형식, 즉 민족어에 의존할 수밖에 없다. 그래서 계급문학은 '민족어의 완미한 개화'를 위해 노력해야 하는 사명을 지닌다. 한데 이렇게 설정된 계급문학의 민족문학적 과제는 사실상 민족문학파가 설정한 것과 별반 차이가 없다. 여기에 계급문학과 1930년대 후반 민족문학론 전체가 지닌 딜레마가 있다.

이런 논의와는 무관하게 실제 '작품 행동' 면에서 민족과 계급의 문제는 1930년대 후반 이후 완전히 잠적한다. 『만세전』(1922)처럼 식민지 상위계층 소속원으로서 모순적인 자기 정체성을 치열하게 탐색하는 소설을 민족주의 진영에서는 발견하기 어렵다. 또한 1930년대 중반까지 카프 작가들은 노동자·농민의 현실과 계급 문제에 의탁하여 민족 문제를 다루어 왔으나, 두 차례의 검거사건 이후 벌어진 전향과 탈이데올로기의 시대인 이른바 '전형기轉形期'에 처하면서 이런 소설들도 더 이상 나오지 않았다. 한마디로 민족 문제와 계급 문제가 함께 방향을 잃은 것이다.

김두용은 「전형기와 명일의 문학」(『동아일보』, 1935년 6월 7일)에서 이를 정확히 진단하고 있다. "최근에 와서 조선 프롤레타리아운동과 그 문학의 진영이 무너지게 됨을 따라 조선의 민족주의문학은 다시 진출하게 되었"으나, 그것은 민족문학으로서의 값을 갖지 못하고 있다. 조선에 현존하는

'민족문학'은 "조선 2천만 민중의 이익을 대표하는" 문학이기는커녕 "조선의 민족부르주아의 이익을 옹호하는" 문학도 되지 못한다. 단지 "조선의 위대한 현실에 대해 눈을 감고 그로부터 회피하고 인간성 문제에 몰입하여 작가의 심경을 그리고 연애를 탄미嘆美하고 로만스를 작성"할 뿐이다. 결국 민족의 문학으로서 "조선문학을 대표할 만한 문학은 조선 프로문학 뿐이다." 그러나 그 문학 역시 조선 프롤레타리아의 미약함과 정치적 조건의 불리함으로 말미암아 "성장키 곤란한 처지에 있다"라는 것이다.

김두용은 부르주아민족주의가 부후腐朽해짐에 따라, 그에 기반한 문학에서 건강성이나 '민족성'을 발견할 수 없다는 점을 지적하였다. 이런 견지에서 볼 때 1930년대 중반 불어닥친 복고와 전통의 바람은, 이런 부후성을 전통의 문제로 치환하여 활력을 얻고자 한 문화민족주의자들의 기획의 하나다. 임화는 이를 '조선적' '민족적'이라는 이름 아래 "온갖 '골동품'들을 부활시키"는 반동적인 흐름으로 평가했다. "시조에의 관심, 『춘향전』의 재평가, 문학고전의 발굴" 등을 넘어 "오늘날 이 조선이 가진 객관적 생활로부터 자유로 언어의 ○○와 주관적 인상의 감미한 몽환 가운데 소요하면서도 역시 조선어를 말한다는 단순한 이유로써" 골동품들을 부활시키고 있었기 때문이다.[37] 임화는 이런 행태를 1920년대 '신문학' 자체의 정신, 즉 "낡은 한문과 한문학적인 모든 것으로부터 해방되려는 문학적 의욕과 모든 구시대적(봉건적인) 생활에 대한 강한 반감"을 부인하려는 반동적인 흐름으로 보았다.

한데 이 흐름은 "일방 과거 프롤레타리아문학을 위하여 불소한 공헌을 한 소위 진보적인 연구자들"까지 휩쓸 정도로 강대했다. 여기서 임화는 반동적 복고가 아닌 과학적 문학사로 나아가야 함을 요청하고 있는데, 「역사적 반성에의 요망」에 담긴 비판이 기실 그 자신에게 향해 있어서 아이러니하다. 임화는 스스로 모순을 범하고 있다.

임화는 자신이 「언어와 민족」에서 보여준 인식이 사실 민족과 계급 문제에 대한 우파적 해결임을 자신의 글을 통해 증명한다. 곧 그가 「언어와 민족」에서 제시한 '민족어의 완미한 개화'라는 민족과 계급의 화해선은 너무 오른쪽으로 가 있다. 그것은 앞에서 살펴보았던 이광수나 이태준의 '조선어 절대주의' 이상의 내용도 갖지 못한 채, 부후해진 민족주의적 태도와 상통하기 때문이다. '민족어의 완미함'은 복고적이며 봉건적인 시조나 가사들을 모두 복권시킬 수도 있었다. 실제로 이태준·정지용은 고전문학과 내간체 등에서 조선어의 온전한 상태를 발견하고자 했다. 골동품 속에 남은 조선어의 '완미'를 발견하고자 한 것이 전통 부흥론의 시도였기 때문이다. 이와 같은 임화의 모순은 카프 문학의 역사적 소명이 종결되었음을 보여주는 것이기도 하다.

　읽기와 쓰기의 문제는 이어져 있다. 그나마 작가들 사이에서 '일본어로 쓰기'가 부분적으로 논의의 대상이 된 것은, 쓰기가 주체적 실천의 의미를 가졌다고 이해하는 경향 때문이다. 그러나 읽기도 주체의 실천이며 읽는 행위 또한 주체로서 호출되기 위한 중요한 기제이다.
　이런 점을 고려할 때, 소설 읽기는 그저 '문화적'인 소비행위가 아니다. 서로 다른 언어와 내용으로 이루어진 소설을 읽는 행위는, 단지 '구별되는' 취향의 차이에 의해서만이 아니라, 일본 제국주의가 설치한 근대적 공적 영역과 제도에 어떻게 적응할 것인가, 또는 '반도인半島人'으로서의 단일한 정체성이 아닌 식민지 자본주의체제 아래서 복잡하게 분화한 계급·계층적 정체성이 어떻게 실현되는가 하는 문제와 관련되어 있는 것이다. 계급·계층의 분화는 민족 문제와 착종하여 굴절된 채로 반영되고 의미를 생산해낸다.
　'조선어로만 된 것'이라는 원칙이 고수되던 상황에서 '일본어로만' 읽는『흙』의 김갑진과 '일본어로도' 글을 쓴 장혁주의 행위는 동일하게 '미친' 것으로 여겨질 수 있었다. 그러나 '신문학'이 개시된 이래 금과옥조였던 이 원칙이 쉽게 무너진 것은, '일본어로 읽기'가 강력하고도 광범위한 헤게모니를 가지고 있었기 때문이다. 1930년대 이후 조선의 '신문학' 독자가 일본어 문학책과 소설을 읽는 것은 전혀 이상한 일이 아니었다. 그리고 1930년대 중반 이후의 조선문학은 현실에서 나타나는 민족·계급 문제를 몰각한 채 고전문학의 '전통'을 복원해야 한다는 언어적 차원 이상의 정체성을 갖지 못하였다. '문단'은 당국의 인정을 받아야 할 '제도'였고, 작가들 스스로 '기성'이 되어갔던 것이다. 일제가 인정하지 않는 '민족'의 가치나 계급의식은 작품 속에 담길 수 없었다. 이처럼 이 시기의 조선문학은 민족과 계급의 '주의主義'로부터 멀리 이탈해 있었고, 그렇기에 조선 문학작품을 읽는다는 행위가 곧 '민족'이라는 대주체의 호출을 받는 것은 아니었다. 게다가 가치중립적인 외관을 가진 '진학'이나 '취업'을 위해 식민지 하급 관리 시험에 응시하고자 했던 1930년대 말 식민지 평균인들에게 조선어로 된 문학의 정체성이란 그리 중요한 문제가 아니었다. 1930년대 말 이후 민족의 언어적 정체성은 심각한 위기 상황에 처했던 것이다.

:: 권보드래

서울대학교 국어국문학과 및 동 대학원을 졸업했다. 현재 동국대학교 교양교육원 조교수로 근무 중이다.

주로 근대적인 신념, 관습, 행동 및 정서의 체계가 어떻게 형성되었는지에 관심이 많다. 박사논문을 쓰면서
는 근대문학의 형성에 초점을 맞추었고, 이후 다양한 개념 및 풍속의 형성 과정을 살펴보면서 특히 근대적
연애가 어떻게 단련되었는지를 자주 다루었다. 지금은 1910년대를 중심으로 우주, 역사, 인류 등의 관념이
형성되어 가는 과정을 공부하는 중이다. '3·1운동의 문화 ',''가 다음 작업이 되리라고 생각한다.

저서로 『한국 근대소설의 기원』(2000), 『연애의 시대』(2003)가 있다.

1920년대 초반의 사회와 연애

권보드래

1. 서론*

3·1운동 직후인 1920년대 초반은 어떤 시대였는가? 문화통치, 절망과 퇴폐, 사회주의운동의 태동 등 그 시대에 대해 기껏 떠올릴 수 있는 상식이란 참으로 박약하다. 1910년 일제강점 이후 1920년대 중반에 사회주의운동이 본격화되기까지 10여 년을 떠올리면, 이광수의 『무정』이나 동인지 『창조』·『백조』·『폐허』 등 문학사적으로 등장하는 단편적 사실 외에, 실제로 말할 수 있는 항목이 거의 없다. 더욱이 막상 신문과 잡지 같은 대중적 자료를 통해 접근해보면, 1920년대 초반의 상식이란 것도 그나마 통용되기 힘들다. 3·1운동 좌절 이후의 절망과 퇴폐? 그 반영으로서의 동인지 시대 문학? 한국 현대문학 전공자로서 쉽게 떠올릴 수 있는 상식이란 주로

---

* 이 논문은 『연애의 시대』 가운데 「육체와 사랑」, 「연애의 죽음과 생」과 결론에서 따온 것이다. 여기 실은 '1. 서론'은 서론 격인 도입부가 필요하다는 판단에서, 위의 책 「서론-연애라는 말」에서 일부를 발췌하여, 재구성한 것이다. 위의 책, 13~17쪽 참조.

그런 것이지만, 실상 자료를 보면 다른 면모들이 생생하게 드러난다. 제1차 세계대전이 끝난 후 새 시대를 기약하는 희망이 더욱 생생하게 나타나고, 구석구석 변화를 제창하는 활기찬 목소리가 더 또렷하게 들리며, 다른 한편으론 '연애와 문화'라는 구호에 취한 젊은이들의 모습이 도드라져 보인다. 그 중에서도 '연애'라는 현상은 1920년대 초반에 접근할 수 있는 새로운 통로로 보였다. 세계 개조의 목소리가 높던 시절 '연애'는 개조론의 대중적 변종이었고, 새로운 가치인 '행복'에 이르기 위한 중요한 통로였으며, 문화·예술·문학의 유행을 자극한 주요 원천이었다.

1920년대 중반에 이르러 김기진은 "연애라는 말은 근년에 비로소 쓰게 된 말"이라고 설명했다. 7~8년 전만 해도 연애라는 말이 없었으나 그후 자유연애라는 말의 약어로 널리 쓰게 되었다는 것이었다.[1] 김기진의 술회에 기대면 '연애'가 일반화된 것은 1910년대 말 이후였다는 말이 된다. 자생적인 창안은 아니고 중국과 일본의 중개를 거쳐서였다. 19세기 초 중국에 와 있던 서양 선교사들이 'Love'의 번역어로 '연애'를 택한 일이 몇 차례 있었다고 한다. 한국·중국·일본을 지배했던 전통적인 한문의 세계에서 남녀 사이의 열정을 가리킬 때 주로 쓰인 글자는 '연戀'이었는데, '애愛'라는 글자가 서양풍의 의미를 담고 쓰이기 시작하는 한편 '연애'라는 복합어도 등장했던 것이다. 등장이라는 정도를 넘어 '연애'라는 단어가 본격적으로 쓰이기 시작한 것은 19세기 말 일본에서이며, 특히 이와모토 요시하루巖本善治가 큰 역할을 한 것은 잘 알려져 있다.* '연애'라는 신어新語는 재래의 열정을 통속·불결 등으로 낙인찍으면서 제 자리를 찾기 시작했으므로, 이 이방의 폭력이 20세기를 지배하게 된 것을 치욕으로 기억하는 사람

---

* 柳父章,『愛』, 三省堂, 2001, 51~54쪽 참조. 다만 柳父章은 78~79쪽에서 일본의 '愛'와 중국의 '愛'를 비교하면서, 중국의 '愛'가 유학적 용법으로서의 역사를 갖고 있었던 반면, 일본의 '愛'에는 역사성 자체가 결여되어 있었다고 지적하고 있다.

도 적지 않다. 'Love'라든가 'Amour'니 'Liebe'가 '연애'의 배후였다는 사실을 상기한다면 더욱 그럴 터이다. 1921년『근대의 연애관』을 내 한국에도 큰 영향을 미친 구리야가와 하쿠손廚川白村은 "일본어에는 영어의 '러브'에 해당하는 말이 없다"라면서 "'I love you'라든가 'Je t'aime'에 이르면 어떻게 해도 일본어로 번역할 수 없다. 영어나 프랑스어에는 있는 그런 언어감정이 일본어에는 전혀 없는 것이다"라고 지적하지 않았던가.[2] '연애'란 이 이국의 언어감정을 번역하기 위해 개발된 단어였다.

'연애'라는 말은 'Love' 중에서도 남녀 사이의 사랑만을 번역한다. 신神에 대한, 인류에 대한, 부모에 대한, 친구에 대한 사랑은 모두 'Love'이지만 '연애'는 아니다.* 1920년경 한국에서 '연애'라는 말이 유행하기 시작할 때는 특히 이 점이 중요했다. 다양한 관계 가운데 남녀의 관계를 도드라지게 한다는 발상이 언어 자체에 배어 있었기 때문이다. 사랑'이라는 단어가 거침없이 발음되게 된 것도 오래된 일은 아니었다. 주지하다시피 한국어에서 '사랑하다'는 오래도록 '생각하다'라는 뜻이었고, 의미 변화가 이루어진 후에도 자주 쓰이는 단어는 아니었다. 기독교의 전래 이후에야 '사랑'은 신의 사랑이라는 뜻으로 널리 전파되었다. 1900년대에 이 단어는 국가론의 자장 안에서 발음되기도 했다. "사랑 중에 기중其中 높고 제일 변하지 않고 제일 의리상에 옳은 사랑은 나라를 사랑하는 마음이라"[3]고 설득하거나 "당신이 대한 대황제폐하를 사랑하는 마음이 당신의 목숨보다 더 사랑하오?"[4]라며 육박해올 때 말이다. '사랑'은 먼저 신과 나라를 배경으로 합법화되었다. "여러분은 하나님을 사랑할 것이올시다……또 다시 여러 형제를 사랑하고 동포를 사랑하여야 할 것이올시다"라고 할 때의 '사랑'은

---

* 유럽에서는 그리스어를 라틴어로 번역할 때 '아가페(Agape)'와 '에로스(Eros)'가 Amor·Dilectio·Caritas 등으로 뒤섞이면서 혼란이 개시되었다고 한다. 'Love'의 포괄성이란 혼란의 다른 이름이라는 것이다. H. Arendt, J.V.Scott & J.C.Stark ed., *Love and Saint Augustine*, Chicago: Chicago Univ. Press, 1996, pp. 38~39 참조.

바로 이런 '사랑'이었을 터이다.

그러나 1920년 탈고했다는 나도향의 중편 「청춘」에서 주인공은 이 '사랑'을 남녀의 사랑으로 바꾸어 놓는다. 신과 민족에 대한 사랑을 역설하면서 "사랑을 모르는 자와 사랑하지 않는 자는 죽은 사람이올시다"라고 결론지은 목사의 말을 "나는 사랑을 사랑하여야 할 것이다. 사랑을 사랑하는 자가 즉 하나님을 사랑하는 것이니까"라며 제멋대로 해석하는 것이다. "사랑은 하나님께 하였다 함보다도 그 처녀의 환상 앞에 고개를 숙"이는 이 불신자, 신과 민족보다 이성異性을 절대시하기 시작한 젊은이가 바로 1920년대 초반의 주인공이었다.

'연애'란 이 상황을 상징하는 단어였다. 1919년 3·1운동이 지나가고 난 후 곧, 교육열과 문화열이 팽창해 오르던 무렵 '연애'는 시대의 주인공이 되었다. 왜? 가장 중요한 것은 이 질문일지도 모르겠지만, 이제 보게 될 것은 '왜'라기보다 '어떻게'의 구석구석이다. 연애는 어떻게 세상을 지배하기 시작했는가. 어떻게 사람들을 변화시켰으며 어떻게 유행을 만들고 어떻게 스스로의 정당성을 주장했는가. 그리고 어떻게 소진해갔는가. 또는 이렇게 질문할 수도 있겠다. 1920년대 초반의 독한 유행은 지나갔지만 연애는 아직까지 세상을 지배하고 있지 않은가, 대체 어떻게? 라고.

2. 육체와 사랑

춘향의 첫날밤

꽤 알려져 있기는 하지만, 그래도 고전 『춘향전』에서 농탕한 희롱의 면면을 목격하는 일은 역시 당황스럽다. "춘향의 가는 허리를 후리쳐 담쑥 안고 기지개 아드득 떨며, 귓밥도 쪽쪽 빨며, 입술도 쪽쪽 빨면서, 주홍 같은 혀를 물고 오색단청 순금장 속의 쌍거쌍래雙去雙來 비둘기 같이, 꿍꿍 꿍꿍 으흥거려 뒤로 돌려 담쑥 안고, 젖을 쥐고 발발 떨며⋯⋯"[5] 이도령 이 춘향 그네 뛰는 모습을 보고 넋을 잃은 바로 그날 밤부터 "맛이 있게 잘 자"는 버릇은 붙었던 터이다. 첫날, 호사스런 술상을 치운 후 춘향 어미 는 원앙금침에 요강·대야까지 고루 갖춰 놓고 물러났고, 청춘 남녀는 "이 리 굼실 저리 굼실 동해의 푸른 용이 굽이를 치는 듯" 동침을 즐겼다. 열녀 춘향? 광한루에서의 첫 만남에서부터 "열녀불경이부절烈女不更二夫節"을 입 밖에 냈던 그 춘향인가? 아무리 첫눈에 반했다손쳐도 남녀가 처음 만난 날부터 잠자리를 함께 하다니?

춘향만이 아니다. 근대 이전의 소설에 등장하는 여주인공들은 놀랄 만 큼 대담하다. 춘향이야 퇴기退妓의 여식이라 그랬다 치자. 『조웅전』의 영 웅인 조웅의 짝, 번듯한 양반가 규수인 장씨 처녀 역시 조웅과 교감하자 동침을 거부하지 않았다. "문호門戶에 욕을 끼치오니 살아 쓸데없는지라" 며 탄식하기는 했지만 만난 바로 그날 조웅을 자기 방에 들이고 다음날 아침에는 기약 없이 떠나보냈던 것이다. 『운영전』의 운영은 또 어떤가. 궁 녀이기는 하지만 각별한 관리 속에 여염집 처녀보다 훨씬 순결하게 살았 던 이 여인 또한 별로 다르지 않다. "등불을 끄고 잠자리에 나아가니 그 즐거움은 가히 알 것입니다." 16세, 외간 남자라곤 면대한 일도 없는 처녀 운영은 14여 세의 청년 학사學士 김 진사와 처음 긴 만남을 갖던 날 밤을 이렇게 술회한다.

일단 남녀 사이의 인연이 결정된 이상 주저할 것은 아무것도 없다. 아 니, 어찌 보면 인연이 시작되었다는 사실 자체가 모든 것을 의미한다. 뒤 늦게 몸을 섞지는 않았노라고 항변해도 소용없다. 젊은 남녀가 감히 눈을 맞추고 말을 나누었다는 사실 자체가 스캔들인 까닭이다. 『심생전』의 처 녀가 한 말이 이 점을 적시摘視하고 있지 않은가. "만일 소문이 밖으로 퍼져서 동네 사람들이 알게 되면 밤에 들어왔다가는 새벽에 나가는데 자기 홀로 창벽 밖에 있는 줄을 누가 믿겠습니까. 사실과 다르게 누명을 뒤집어 쓰지요."6)

처녀, 목숨을 건 자격?

근대 이전의 주인공들과는 달리 신소설의 여주인공들에게 순결은 절대절명의 화두이다. 그리고 얼마 후 1910년대 중반이 되면 벌써 순결을 자기 존재의 명분으로 내세우는 인물이 등장하기 시작한다. 『개척자』의 성순은 극약을 마신 후 "저는 아직 처녀야요"라고 속삭였으며, 성순의 후예들도 흔히 자살 직전에 비슷한 문장을 읊조렸다. "妾し又處女なのよ."*라거나 "나는 비록 실연은 하였지만 육신상으로는 아주 처녀란다. 너만은 그것을 믿어주겠지, 응?"*** 하는 식으로.

이들은 순결이 죽음의 숭고미를 보장할 열쇠라고 믿는다. 죽음이 일체의 추문을 가려버렸던 강명화 사건이나 윤심덕 사건과 이들 사례는 반대의 짝을 이루고 있는 것처럼 보이지만, 실은 서로 잘 어울리는 짝이다. 죽음에까지 이르는 비극적인 사랑은 어떤 추문도 용납하지 않았다. 순결은 비극적인 파탄과 잘 어울렸으며, 역으로 비극적인 결말은 앞선 서사를 모두 순결의 서사로 바꾸어냈다. 사실, 별 장애 없는 사랑이 순결을 강조해야 할 까닭은 없다. 오늘날까지도 무탈한 사랑은 결혼으로 귀결되는 것이 통례이며, 결혼에서 육체를 추방해버릴 수는 없기 때문이다. 순결은 이루

---

* 「박정진娘 비련의 음독자살」, 『삼천리』 13호, 1931. 3, 41쪽. 시인 박팔양의 누이동생으로 도쿄 여자사범학교 재학 중이었던 박정진은 L이라는 남자와의 사랑이 좌절되자 음독자살하였다. 이 기사에서는 박정진이 마지막으로 남긴 일본어 시와 박팔양이 누이를 추도하며 역시 일본어로 쓴 시를 소개하고 있는데, 이와 더불어 "너는 어떤 여성이 남성을 열애하다가 배척을 받으면 どうするんだよ?", "나는 몹시 苦しんだ よだけれど 妾し 又 處女なのよ" 등의 기이한 혼종 문장을 직접 인용하고 있기도 하다.
** 「실락원: 여성의 염세자살」, 『삼천리』 15호, 1931. 5, 38쪽. 이 자살사건의 주인공 홍옥임은 이화여전 문학과 학생이었으며, 세브란스 전문에 재직하는 교수의 딸이었다.

어지지 않는 사랑의 장식품일 따름이다.

근대 이전과 비교하자면, 순결은 거리(distance) 혹은 지연(deference)의 산물이기도 하다. 『춘향전』의 세계, 혹은 『심생전』이나 『운영전』의 세계에서 남녀 사이의 '만남'은 그 자체로 모든 것을 의미했다. 차츰 마음을 빼앗기고, 수줍어하고, 살짝 말을 걸고, 어느 날 손을 잡았다가 다음 달쯤엔 입술을 나누고……. 차례차례 밟아 가야 할 이런 번거로운 절차란 운영이나 춘향에게는 아무 의미가 없었다. 그런 절차를 밟아갈 만한 적절한 장場도 없었거니와, 만남 자체가 추문인 상황에서 그렇게 공들여 거리를 두고 시간을 끌 이유가 없었다. 우리가 아는 한 그런 지연의 가능성은 근대 이후에야 개발된 것이다. 남녀가 "어디까지나 자유스"럽게 교제할 수 있고 입소문에 오르내리지 않고 버젓이 한 곳에 있을 수 있게 되면서,* 비로소 육체는 '저 멀리'에 위치하게 되었다. 남녀 공동의 공간이 확대되면서 만남 자체는 아무것도 의미하지 않는 사건으로 점차 밀려났고, 대신 만남에서 최종적인 결합에 이르는 다양한 단계가 고안되었다. 만남 자체가 모든 것을 의미했던 상황에서는 정신과 육체를 따로 생각해야 할 필요가 없었지만 새로 펼쳐진 상황은 전연 달랐다. 만남·교제·결혼이 분리되면서 정신과 육체는 이 각각의 단계에 세심하게 배분되었다. 육체는 일종의 최종심급, 관계를 돌이킬 수 없게 확정하는 기호가 되었다.

이광수가 '순결한 사랑'의 애호자였다는 사실은 잘 알려져 있다. 연애라는 상품의 개발과 보급에 지대한 공헌을 한 그는 오늘날까지 남아 있는 몇몇 중요한 선입견을 만드는 데도 크게 기여하였다. "육적으로 사람을 사랑함은 사회의 질서를 문란하는 것이매 마땅히 배척하려니와 정신적으로 사랑하기야 왜 못하리이까." 기혼자인데도 친구 누이를 사랑한 「어린 벗

---

* 김기전, 「남녀 간의 교제는 어떻게 할 것인가」, 『신여성』 1호, 1923. 10 등에서 남녀 간 자유교제의 필요를 역설한 면면을 엿볼 수 있다.

에게」의 '나'는 이렇게 항변하였고, 그로부터 20여 년 후 발표한 『사랑』의 주인공 순옥은 기혼남을 헌신적으로 사랑하되 결혼마저 "동물적"인 행위이며 "일종 음탕"이라는 극단적인 결벽성을 갖고 사랑을 했다. "저는 아직 처녀야요"라고 읊조렸던 『개척자』의 성순 역시 오빠의 친구이자 조혼한 아내가 있는 화가를 사랑한 처지였다. 순결한 사랑, 즉 육肉을 배제하고 영靈을 내세운 사랑은, 그렇지 않았다면 불륜이라는 굴레를 쓸 수밖에 없는 사랑이었다. 처음부터 추문이나 비극의 가능성을 내포하고 있는 사랑이기에 순결이 그토록 중요했던 것이다.

영靈의 일방적 우위는 전대의 남녀 결합과 새로운 시대의 그것이 판이하다는 사실을 역설하기 위해서도 유리했다. 육적 요구를 부정할 수야 없겠지만 문명사회라면 영적 욕구를 훨씬 근본적으로 취급해야 하며, 이 점에서 과거의 결혼 제도는 야만적이라는 것이 이광수의 주장이었다. "비문명적 연애는 오직 육肉의 쾌락을 갈구하는 데 반하여 문명적 연애는 이것 이외에……영적 요구가 있다 함이외다."[7] 부모가 상대를 정해주고 철모를 나이에 짝 지워 멋모른 채 자식부터 낳게 하는 결혼이란 "식색食色 중심의 야만적 인생관"에서 비롯된 폐해라는 것이다.[8] 육체는 동물과 야만에 할당되고 영혼은 인간과 문명에 할당되었다. 남녀 사이의 새로운 관계, 즉 자유연애는 인간의 특권과 문명의 가치에 의해 지지될 수 있었다. 새 시대의 연애는 이처럼 낡은 시대의 결혼과 이항대립의 관계를 설정하면서 자기 정당성을 주장하였다. 영靈 대 육肉, 인간 대 동물, 문명 대 야만. 그렇지만……오로지 영혼으로서, 인간으로서, 문명인으로서 그 표상의 틀 속에서 살 수 있는 존재가 있을까? 인간은 '이성적' 동물일 뿐 아니라 이성적 '동물'이기도 하다.[9] 아무리 스스로를 세계의 중심으로 생각하게 된 근대인이라 해도 말이다. 혼란은 당연한 일이었다. 이광수에 있어서조차 '저 멀리' 있는 육체라는 목표가 전면 부정될 수는 없었다. 『무정』의 형식은 "진정으로 영혼과 영혼이 마주 합하였는가?"를 따지기 전에 처녀의 달콤한 살 냄새에 굴복하였던 터이며,『사랑』의 순옥마저 한 번 결혼했던 후로는 현세적인 사랑의 꿈, 육체와 생활과 단란한 가정이 공존하는 사랑의 꿈을 꾸었던 터였다.

신성한 연애 혹은 영적靈的 사랑

김동인의 1920년 작「마음이 옅은 자여」는 주인공 K의 연애 행각과 그 이후의 혼란 및 개안開眼을 그리고 있다. 때로 일기나 편지를 통해 1인 칭 '나'로서 소설에 관여하는 K는 "매양 바라고 또 바라고" "바라다 못하여 그만 낙담하"던 연애의 경험을 학교를 졸업한 지 1년여 후에야 비로소 맛보게 된다. 상대는 K가 교사로 있는 학교 이웃에서 역시 교사로 재직하고 있는 Y. Y는 결코 미인은 아니지만, 기혼자인데다 외모나 성격이나 내세울 것 없는 K로서는 넘치는 상대다. 우연히 손끝이 닿고, 이어 단둘이 무릎을 맞대는 초보적인 단계를 거쳐 K와 Y는 점차 본격적인 육체의 유희에 빠져든다. 결혼한 지 5년이 지났고 자식까지 둔 K로서는 육肉의 사랑이야 새삼스러운 경험이 아니다. 결혼 초에는 사랑한다고 느꼈던 아내와 점차 소원해지면서 "육의 사랑은 이런 때는 소멸된다 한다"라고 탄식했던 그가 아닌가. 그러나 아내와의 관계를 단순한 '육의 사랑'으로 치부할 수 있었던 것과는 달리, Y와의 관계는 조금 복잡하다. 교육받은 신여성인 Y와의 사랑에 대해서는 "영적이라야 할 것인데 육적이 되어서 마음이 아프다"라는 생각이 한 켠에 있기 때문이다. K는 "맹목적이라야 할 사랑에 육적이니 영적이니 구별할 필요는 없다"라고 위안하기도 하고 "남녀의 사랑이란 그 근원은 육의 환락에서 비롯하였다"는 친우 C의 말을 떠올리기도 하나, 연애는 모름지기 신성한 영적 교섭이어야 한다는 생각을 떨치기는 쉽지 않다.

어디 「마음의 옅은 자여」의 K만 그런가. '연애 자유'니 '연애 신성'이
니 하는 말을 구두선口頭禪처럼 뇌던 1920년대의 청년들에게, 육체는 빠지
기 쉬운 함정이었다. 육체는 달지라도 뒤따르는 회오悔悟는 쓰디쓰다. 나도
향의 「젊은이의 시절」의 경애는 연인과 하룻밤을 보낸 후 제 처지를 서글
프게 되돌아보며 "육체의 쾌락은 모든 것의 죄악"이라고 자책하고, 방정환
의 「그날 밤」에 등장하는 주인공 영식은 본능에 정복되었던 하루를 "아아
무서운 죄악의 그날 밤!"으로 회상한다. 경애와 달리 영식은 애인을 향해
"제어치 못할 인간 본능의 불길"을 느끼면서도 연애의 신성을 존중하고
신뢰함으로써 위험을 피하고 있었던 처지이니 파계 후의 심경은 일층 참
담하다. 문제의 그날 밤, 영식은 순전히 본능에 정복되었다. "벌써 연애니
신성이니 인생이니 우주이니 알 바가 없었다." 연애를 떠받치고 있었던 정
당화의 기제, 이성理性의 합치니 신성의 서약이니 하는 명분을 모두 놓친
다음이므로 '그날 밤'은 오직 "불의의 행동"으로서 영식을 괴롭게 할 뿐이
다. "순결·신성, 그것이 모두 지금의 영식에게는 전혀 헛문자였다."

그렇지만 '연애'라는 달콤한 허울을 둘러쓰고 새로 경험하게 된 육체
는 달디 달다. 이 경험의 주체는 주로 남성이며 여성은 그저 무방비한 영
토로나 표상될 때가 허다하지만 말이다. 그래도 1920년대의 육체는 달디
달아서, 한 번 내디딘 발을 돌이키지 못하게 했다. 어차피 육체의 결합까
지 염두에 둘 수밖에 없지 않은가? 이광수 식의 금욕주의대로라면, 평생
용서받을 수 없는 사랑에 괴로워하면서 영혼의 교류에나 만족해야 한다는
뜻이니 말이다. 장기적이고 안정적인, 그리고 사회적으로 공인받는 관계를
추구한다면 육체를 염두에 두지 않을 수 없다. 이루어질 수 없는 사랑, 비
극적인 사랑만을 희구한다면 육체 따위는 밀쳐두어도 좋으리라. 결혼한
처지로, 혹은 결혼한 사람을 사랑하면서 그 상태를 깰 생각이 없다면 오히
려 육체를 가두어 두는 편이 안전하리라. 1920년대의 연애는 한편으로는

이런 상황 속에서 비극을 사랑하고 조혼의 문제와 씨름했지만, 다른 한편으로는 스위트홈에 대한 달콤한 기대를 안고 있었다. 비극을 사랑하면서 동시에 결혼, 그것도 어떤 결혼보다 안락한 결혼을 꿈꾸는 분열증적 상태에 있었던 것이다. 결혼 제도를 부정하지 않으며 나아가 결혼을 목표로 삼기까지 한다면 영혼만으로 살 수 없다는 건 자명한 일이다. 육체를 과거·동물·야만의 영역으로 추방하고 영혼을 현재·인간·문명의 것으로 추앙했던 연애는 머잖아 영육일치靈肉一致라는 새로운 표어를 내걸게 되었다.

1920년대의 연애가 처한 분열의 양 갈래를 선택 혹은 단계로 생각해도 좋을는지 모른다. 아름답고 비극적인 사랑을 향한 꿈과 오순도순 정다운 스위트홈을 향한 기대, 이 둘 사이의 선택이라거나 아니면 영靈의 사랑에서 영육靈肉의 사랑으로, 라는 단계 이동이라고. 그러나 문제가 단순치 않음은 물론이다. 여러 가지 가능성 중에서 하나를 선택했더라도, 혹은 과거의 어떤 상태를 지나 지금에 이르렀더라도, 다른 가능성과 다른 시간대를 완전히 망각하게 되지는 않는다. 여전히 '주체'라는 존재를 입 밖에 낼 수 있다면, 그 '주체'는 선택한 항목들로 구성될 뿐 아니라 택하지 못했던 가능성에 의해서도 역시 구성된다고 말해야 하지 않을까. 인간은 생각보다 복잡한 존재인 것이다. 더욱이 가능성에 가능성이 중첩되고 시간대에 시간대가 중첩되기 시작하면, 비극에의 동경과 스위트홈에의 꿈이 서로 섞인다거나, 1910년대와 1920년대, 나아가 앞뒤의 숱한 시간대가 포개지기 시작하면, 무엇이 '나'의 감각이고 욕망이며 가치인지를 판별하기 어렵게 되고 만다. 혼란. 1920년대를 보면서 무엇보다 기억해야 할 단어가 있다면 바로 이게 아닐는지.

신성한 연애 혹은 영육일치

'신성한 연애' 혹은 '연애 신성'이라는 말은, 대개의 유행어가 그렇듯,

함의가 정확히 규정되지 않은 채 쓰이던 말이다. '신성'이란 절로 불가침의 절대성을 떠올리게 했지만, 불가침의 대상이 연애의 상대방인지 아니면 연애 자체인지는 명확하지 않았다. 연애의 상대방이 '신성'이라는 말로 장식된다면 순결이야말로 최고의 찬사가 될 것이요, 연애 자체가 '신성'으로 옹호된다면 연애를 내세운 일체의 행위가 면죄부를 받을 수 있을 것이다. '신성한 연애'라는 말을 유행시킨 구리야가와 하쿠손에서부터 이 구분은 명확치 않았다. 구리야가와는 고대가 성적 본능에, 중세가 여인 숭배의 금욕주의에 편향되었다면 이제 영육합일의 새로운 시대가 시작되었다는 데 동의했지만, 연애의 최종 단계는 진정한 내적 연애여야 한다고 보았고 연애를 위해 어떤 희생이든 아끼지 않는 것이 "의무"라고 역설했다.[10] 사랑은 본래 성욕에서 비롯되었다고 언급하면서도, 가정에서 식食이 물질적 방면을 표시한다면 애愛는 정신적 방면을 대표한다고 진술함으로써 '연애'에 극단의 육체성과 정신성을 함께 부여하였다. "연애는 육肉이 영靈을 구하고 영靈이 육肉을 구하는 두 인격의 전적 결합이요 성적 도덕의 극치이다."[11] 영육일치의 주장은 분명해 보였지만, 기실 그 주장 뒤에 많은 혼란을 가려두고 있었다.

'신성한 연애'라는 표어를 '영육일치'와 더불어 실천하려 한 축은 "성적 사상에 깊은 인상을 가진 우리는 여하한 동침에 이를지라도 결코 정조에 범죄 될 우려는 없다"라고 주장하였다.[12] 육체의 정욕에 압도된 것이 아니라 영혼에 대한 갈망에서 출발한 것이므로 기왕의 정조관과는 기준 자체가 달라져야 한다고 믿었던 것이다. 그러나 막상 육체를 나누고 난 후 '신성한 연애'에 대한 믿음을 지키기는 쉽지 않았다. "연애의 신성을 주장하던 심리는 홀변忽變하여 관능적 추태가 되었다"면서 도리어 상대에게 등을 돌리게 되는 일도 다반사였다. 온 영혼과 육체로 균열 없이 사랑을 실천할 수 있는 것은 일순간에 불과했다. 육체는 그 자체로 자립적이었다.

사랑이 끝나면 육체의 기억 또한 스러진다고 믿기란 어려웠다. 오히려 육체야말로 어떤 경험보다 끈질기게 살아남았다. 다가가기 힘든 오처墺處에서, 최종심급이자 불회귀점으로서. 경험의 양상이 이렇게 되어 있는 한 육체는 결정적인 자력磁力을 숨기고 있는 셈이었다.

일본의 성욕학性慾學과 조선

1920년대 중반, 조선에 갑자기 일련의 '빨간 책'이 쏟아지기 시작한다. 『동아일보』 광고면을 기준으로 해서 보자면 '성학性學'* 운운하는 책 광고가 첫선을 보인 것은 1923년 하반기다. "성학性學 대가大家 사와다 순지로澤田順次郎의 최근저最近著"『처녀 및 처의 성적 생활』이 1원 70전이라는, 여느 책값의 서너 배가 되는 가격에 얼굴을 내민 이래, 1927년 상반기까지 『남녀생식기상해』・『남녀 성욕 및 성교의 신연구』・『남녀 성교와 임신피임법의 연구』・『성적性的 대학』 등 노골적인 제목을 내건 책이 속속 등장해 호기심을 자극했다. 『피임과 산아제한법 연구』나 『확실한 피임법』 등도 성 지침서와 뒤섞여 팔렸고, 6~8매를 1조로 한 "미인 나체 사진"이나 "이것 이것 하며 남녀 물론 보고 싶어 하는 비밀사진"도 여러 차례 광고되었다. 1925년 하반기부터 일부 출판사에서 이런 서적들을 권당 1원 미만의 할인 가격에 제시하면서 사진류는 사은품으로 증정되기도 했다.

이들 성 지침서는 모두 정문사・호문사・삼광사・동홍당 등 도쿄 소재 출판사에서 간행된 일본어 책이었다. 조선인 독자를 일차 대상으로 하여 나온 서적은 아니었다는 말이다. 그러니 1920년대 중반 성 관련 서적 광고

---

* 性學 또는 性慾學은 'Sexology'의 번역으로 생각된다. 유럽의 성욕학은 1800년 전후, 인간과 동물은 판이하게 다른 존재라는 사고가 무너지면서 생겨난 감성적 지각 변동과 맥락을 같이 한다고 한다. N. Luhmann, J. Gaines & D. L. Jones, *Love as Passion: The Codification of Intimacy*, Cambridge: Harvard Univ. Press, 1986, pp. 137~145 참조.

의 폭증을 조선 내부의 상황에만 기대어 설명하기는 어려울 것이다. 여러 해 동안 신문지상에 이들 광고가 끊이지 않았던 것을 보면 조선인 독자의 호응이 상당했으리라고 짐작할 수는 있겠지만, 이 무렵 국내 신문이 일본 광고 수주에 힘쓰기 시작했다든가 역으로 일본 쪽에서는 내수 시장의 한 계에 직면해 있었다든가 하는 변수가 훨씬 결정적이었을지 모르는 일이 다.* 광고를 그대로 믿는다면, 관동대지진 때 공장이 전소되는 바람에 대 대적 할인 판매에 나선 것이라고도 했다. 그러나 이 같은 외부 변수는 마 침 시의적절한 것이었다. 조선으로서도 성性이라는 주제는 다시 정립되어 야 할 필요가 있었기 때문이다. 성의 경험 자체야 새삼스러울 것 없었지만, 일종의 철학적 개념이었던 '성性'이 급선회하여 오늘날의 '성'이 되었을 정 도로, 성이라는 문제를 바라보는 당시의 시선이 격심하게 동요하고 있었 다. 특히 1920년대로 접어들면서 연애가 일세를 풍미하는 화젯거리가 된 이후 육체는 일층 복잡한 관심의 대상이 되고 있었다.

신문 광고에까지 등장한 성학性學류의 책이 성에 대한 인식에 실제로 얼마나 영향을 미쳤는지 정확히 가늠하기는 어렵다. 호기심을 잔뜩 돋우 었던 것만은 분명해 보이지만, 그 호기심조차 언제나 충족될 수 있었던 것 은 아니다. 일본 서적상의 판매 전략이란 사기에 가까운 면도 꽤 있어서, '비밀 사진'이니 '남녀 교유交遊 사진'이니 심지어 '벌거벗은 남녀 야사夜事 하는 사진' 광고를 믿고 돈을 보냈는데 엉뚱한 사진이 날아오는 일도 심심 찮았다고 한다. 2원 80전이라는 거금을 부치고 조마조마 기다렸는데 정작 도착한 것은 해수욕복 입은 남녀의 심상한 사진인 경우도 있었고, "구십

---

* 당시 신문에 일본 기업 광고가 많이 유치된 데 대해서는 이런 발언을 참고할 만하다. "조선 토착 상공업 자로는 아직 신문 광고계에 진출할 만한 대업자가 없고 일본과 조선은 경제상으로 일개 단위로 온 조선 사람이 東京·大阪서 나는 물건을 입고, 쓰고, 먹고, 바르고, 타고, 살고 하니 부득불 그리로 광고 모집을 갈 수밖에 없는 것이 아닌가." 無名居士,「조선신문계 종횡담」,『동광』 3권 12호, 1931. 12, 79쪽.

노인이라도 이것 보고 흥분하지 않을 수 없는 인생 지락至樂의 사진"이라 광고해 놓고 기껏 노동에 분주한 남녀 직공이 웃통 벗고 일하는 사진을 보내주는 경우도 있었다. 노동에 땀 흘리는 젊은 남녀의 모습이야말로 인생 지락을 보여주는 게 아니냐는 너스레까지 떨면서.[13] 일본의 눈에 '처녀지' 조선은 그만큼 만만하게 주머니를 털 수 있는 대상이었다.

그러나 일본 및 일본어에 보다 친숙했던 식자층이라면 훨씬 전부터 성 지침서를 접할 수 있었던 것 같다. 『동광』 1931년 12월호에는 '성에 관한 문제의 토론'이라는 제목으로 성 지식·성교육에 대한 경험 및 의견을 묻는 설문 조사가 실려 있는데, 응답자들은 대개 학교에서, 혹은 소설이나 영화를 통해서 성 지식을 접했다고 진술했지만 몇몇은 "생리학의 생식기론 같은 것, 기타 성교육을 논한 서적"이나 『성학性學』 등의 책을 성 지식을 얻은 경로로 꼽았다. 유독 솔직 대담하게 설문에 응한 양주동 같은 이는 "방간坊間에 유포하는 잡종 성서性書 5·6권"과 "엘리쓰의 성학전서性學全書", 그리고 "잡지로는 『변태성욕』"을 들었다.[14] 응답자들이 이들 각종 성 관련서나 잡지를 접한 시기 혹은 장소를 정확하게 알 수는 없지만, 사와다 류의 책이 신문에 요란하게 광고되기 전부터 이들 책에 익숙했으리라고 짐작할 수는 있다. 일본에서는 메이지 초기부터 성을 주제로 한 책이 드물잖게 나왔고 1900년대부터 1920년대 초까지 이른바 성욕학性慾學이 크게 유행했으니, 당시 일본 유학생들도 그 분위기와 무관할 수는 없었을 것이다. 영국의 성 연구자 엘리스(Henry Havelock Ellis)의 책 『성학』이나 잡지 『변태성욕』 등을 탐독했다는 사실로 보아서도, 성 관련서에 대한 관심은 1920년대 조선 신문에 광고된 범위보다 훨씬 넓었던 것 같다. 미리 일각에서 준비된 이 같은 관심을 바탕으로 1920년대 초·중반 일본 출판사들은 조선 시장을 성이라는 주제로 본격 공략할 수 있게 된 셈이다.

1920년대 조선에 소개된 '빨간 책'의 저자는 대개 사와다 순지로였다.

사와다는 일본 성性학회 창설자이자 잡지 『성性』의 주재자이며, 하네타 에이지羽太銳治와 더불어 일본 성욕학을 주도했던 인물이다. 이 둘은 1915년 『변태성욕론』이라는 책을 함께 낸 바 있었고 그밖에 사와다는 『처녀 및 처의 성적 생활』·『신비의 문: 성의 진상』·『성교론 및 성욕의 신연구』 등을, 하네타는 『성전性典』·『성욕에 대한 여자 번민의 해결』·『현대여성의 성욕생활』·『성욕연구와 초야初夜의 지식』 등을 각각 출판하였다. 남녀의 생리 구조에 대한 의학적 설명에서부터 임신·피임법, 성행위의 실제 기교에 이르기까지 이들의 주제는 성의 전 영역에 걸쳐 있었다. 이들은 한편으로는 『조화기론造化機論』·『회임피임자유자재懷妊避妊自由自在』 같은 메이지 시대의 성 과학서를 계승하고 있었으며, 20세기 초 서구 의학자들 사이에서 형성된 성 담론의 영향을 받았고, 잡지 『청탑靑鞜』의 발간(1912)으로 이목을 집중시킨 여성운동에 편승하기도 했다. 자유연애라는 유행에도 자극받았음은 물론이다. 성욕학 유행의 배경에는 과학·여성·연애 등 결코 간단치 않은 단어들이 기묘하게 얽힌 채 작용하고 있었다. 이 유행의 일부는 사회주의운동의 본격화와 함께 사그라졌고, 일부는 '연애의 지양' 혹은 '붉은 사랑'이나 '사회주의적 산아조절론'처럼 변형된 형태로 이어졌다.

불순혈설不純血說의 소설적 표현

사와다나 하네타 류의 성욕학은 과학의 권위를 빌었지만 성에 대한 통속적 견해와도 쉽게 결탁하였다. '불순혈설不純血說' 또는 '성교반응설'이라고 불린 악명 높은 학설이 이 사실을 잘 보여준다. 이 학설은 남성과의 성교 자체가 여성의 혈액에 변화를 일으킨다는 주장으로서, 사와다가 1920년 발간한 『성욕에 관하여 청년 남녀에게 답하는 책』을 통해 널리 유포되었다고 한다. 이 학설의 기원은 19세기 중반 이래 유럽에서 유행한 인종주의적 우생학에서 찾을 수 있겠지만, 일본이나 조선에서 이 학설이 대두된 것은 이른바 정조 논쟁을 배경으로 해서였다. 자유연애론이 성이라는 주제를 놓고 일종의 분열을 보였던 당시, 각각 금욕주의와 정조무용론이라고 불러도 좋을 두 가지 방향 중에서 후자는 정조에 대해 뜨거운 논란을 불러왔다. 특히 남녀 각각에 대해 정조에 대한 기준을 어떻게 적용해야 할 것이냐는 문제는 일종의 시금석처럼 작용하면서 갖가지 흥미로운 발언을 남겼다. 대부분의 논자들은 이중적 기준을 세울 수 없다는 데 동의하면서도 "그래도 정조는 여자에게 보다 중요한 문제"라는 입장을 포기하지 않았다. "일단 딴 남성을 접한 여자에게는 그 신체의 혈관 어느 군데엔가 그 남성의 피가 섞여 있지 않을 수 없"다는 성교반응설은 이런 입장을 정당화하는 데 꼭 들어맞는 논리였다.

> 남자는 생리적으로 성교의 영향이 없으나 여자는 반드시 정조를 엄수하여야 할 것이다. 왜 그러냐 하면 여자는 성교에 의하여 그 혈액에 일종 화학물질 즉 방어소防禦硫 효소를 생生하는 까닭이다……혹 남편 이외의 남자와 성교가 있으면 그 태아는 간부姦夫의 씨가 아니라 할지라도 혼혈混血이 태아에 영향하여 순전한 본부本夫의 씨가 아니라고 할 것이다.[15]

여자의 성 편력은 흔적을 남기기 마련이고 따라서 응분의 대가를 치러야 한다는 인식은 차라리 일반적이었다. 염상섭 작품 「제야」의 정인은 혼전 방탕으로 예기치 않은 임신을 해서 마침내 자살에까지 이르고, 『너희들은 무엇을 얻었느냐』에 등장하는 마리아 역시 일시 향락의 결과 임신하여 원치 않는 남자와 결혼한다. 정조무용론이니 이혼의 자유니 떠들면서 "정조? 그것은 무엇을 의미하느냐? 아마, 요사이 너희들의 주머니가 말랐는 게로구나. 정녕 기생집에서 푸대접이나 받았지? 이혼비를 내어 주겠다는 얼빠진 계집애도 하나 걸리지 못한 게로구나? 흥, 정조?" 하는 냉소를 날리던 신여성들은 결국 임신으로 '죗값'을 치러야 했다. 남자의 방탕이 아무 뒤탈도 없는 반면 여자의 방탕은 육체에 지울 수 없는 흔적을 남기는 것이었다. 여자의 무절제는 어떻게든 처벌받아야 했다. 연애의 금욕주의를 옹호했던 이광수의 경우 사태는 한층 극단적이었다. 이광수 소설의 여주인공은 단 한 차례의 탈선도 숨길 수 없다. 『재생』의 순영, 『흙』의 정선, 『그 여자의 일생』의 금봉 등이 다 그렇다. 이들은 모두 한 번의 탈선, 꼭 하룻밤의 일탈만으로 아이를 갖고 남편을 속이며 살다가 파국을 맞는다.

성욕性慾과 자연과 병病

"오늘날 빵과 성욕을 거의 동등하게 큰 문제로 취급하는 터."[16] 김동환은 연애 문제를 짚으면서 이렇게 진단했다. "성욕이라 하는 것은 식욕과 같이 인생 최대의 욕망이며 타고난 본능"[17]이라는 지적도 비슷한 맥락이었다. 1920년대를 거치면서 성은 일종의 자연, 마치 식욕과도 같이 불가피한 현실이 되었다. 연애가 꽃이라면 성욕은 뿌리라는 표현도 여러 차례 등장했는데, 이처럼 남녀 불문하고 성욕을 근본적 욕구로 인정하게 된 것이야말로 크나큰 변화였다.

그래도 아직은 요지부동의 보수성이 더 보편적이었을 것이다. 한편에서는 정조무용론이 나오고 자유성애론이 등장했지만 기존의 성 도덕에 충실한 축이 더 많았다. 약혼 기간의 순결 여부를 묻는 질문에는 응답자 8인 중 꼭 1인만이 "순결은 지키지 못하였소"라고 했고,[18] 산아제한의 방법을 아느냐는 질문에 대해서는 여자고보생 가운데 절반이 질문의 의미조차 해득解得치 못했으며 나머지에서 절반 이상이 얼굴을 붉힐 뿐이었다.[19]

『성애』라는 잡지까지 기획·출판되었던 반면,* 남녀에 따라 달리 할

---

* 『동아일보』 1924. 2. 8. 참조. 이 광고에서는 "『性愛』는 性的 혁명과 愛的 혁명의 첫 불꽃을……올리었다"라고 하면서 2년 만에 겨우 출판 허가를 얻었으니 "난산 중에 대난산"이라고 했다. "낳고 나니 이리 찢고

당된 성 윤리는 부동의 권위를 자랑하고 있었다. 그렇다면 "청년 학생 중에 자유연애라는 표방하에 무서운 죄악을 범하는 일도 없지 아니하다"라는 진술은 얼마나 타당한 것이었을까? 연극장이며 유곽·기생집을 다니다가 "종말에는 흉악하고 무서운 화류병에 걸리"는 청년이 날로 늘어났다는 진술은? 연애에서 나누는 육체도 이런 상황과 연결되어 있었을 터, 이 기사에서는 병원 환자 중 10% 넘는 숫자가 매독·임질 환자라는 충격적인 통계를 인용하였다.[20] 심지어 병원 환자의 절반이 성병 환자라는 증언까지 있었다.[21]

단언하긴 어렵다. 1920년대의 육체는 대개 행간에 숨겨져 있었다. "백우영은 다시 혜숙의 등 뒤로 두 손을 쥐고 나지막한 목소리로 / "혜숙 씨" / 하였다"라는 문장 바로 뒤에 "황망히 백우영의 집을 뛰어나오는 혜숙은 자기가 무슨 보배를 잃어버린 듯하였다"라는 문장이 나올 때 그 사이에서 처녀의 첫 성경험을 읽어낼 수 있어야 했다(『환희』). 『성학』이나 『생식기 도해』 등은 남몰래 읽어야 할 책이었고, 거기서 얻은 지식도 자랑거리는 되지 못했다.

실시 여부가 논란거리가 되었지만 끝내 성교육은 실현되지 않았고, 산아제한 문제에 대한 토론이 벌어졌지만 육체에 대한 자기 결정권이 일반적 공감을 얻지는 못했다. 산아제한론자로 유명한 마가렛 생어(Margaret Sanger) 여사가 일본·중국을 방문한 1922년에는 그의 입국 금지 여부를 둘러싸고 논쟁이 일 정도였다. 미술에서는 서구의 영향이 본격화되면서 여성의 나체가 미적 대상으로 격상되었지만, 육체가 공개된 사례는 그것으로 그쳤다. 1920년대 중반 이후 '붉은 사랑'이 영육의 분리 및 성욕의 전면 긍정이라는 의미로 해석되기도 했지만 육체는 끝끝내 투명해지지 않았다.

저리 찢어 기형아 중에 尤 기형아!"라고 했으니 이념·사상에 대해서 뿐 아니라 성애에 대해서도 검열은 심각했던 듯하다.

육체의 지형이 크게 달라졌고 성에 대한 관심과 지식이 함께 높아졌지만, '빨간 책'이 던진 문제는 여전히 담론의 주변부에 머물러 있었다.

3. 연애의 죽음과 생

외래 풍조로서의 정사情死

정사情死란 사랑과 죽음을 직결시킨 사건이다. 사랑은 죽음과 맺어질 때 가장 강렬한 순도로 타오른다는 발상, 아직까지 호소력을 갖고 있는 이 발상을 가장 극적으로 체현한 사건인 셈이다. 정사라는 단어가 생겨난 것은 일본에서도 메이지明治 이후의 일이지만, 신쥬心中라 하여 사랑하는 남녀가 함께 자살하는 일은 17세기부터 유행했다고 한다. 정사란 '죠오시'라고 읽어야 할 새로운 단어였지만 '신쥬'라 훈독訓讀하기도 했고, 새로운 사건이었지만 몇 세기 동안의 역사를 연상시켰다.[22]

그러나 한국에서 정사란 전적으로 낯선 사건이었다. 1910년대 이후 정사라는 말이 쓰이기 시작한 것도 처음에는 일본인의 사건을 통해서였다. 1917년에는 전 통감 소네 아라스케曾彌荒助의 며느리가 자가용 운전기사와 정사를 기도했다 하여 떠들썩한 일이 있었고[23] 낭만적인 죽음의 장소를 찾는 일본인 남녀가 한국까지 건너와 정사를 감행했으며, 무엇보다 신마찌新町의 창기들이 자주 정사의 주인공이 되었다. 진지하게 사랑을 맹세했는데도 몸값에 매여 연인과 함께할 수 없다는 사연 때문이었다. 아직 신여성·신남성이 출현하지도 않았고 세계 개조라는 거창한 전망도 없었던 터이라 이때의 정사는 서먹하면서도 흥미로운 사건에 불과했다. 다만 관객과 논평자로서라면 벌써 새로운 인물군이 대두하고 있기는 했다. 번안 소설 『장한몽』에 묘사된 정사를 둘러싸고서가 바로 그러하였다.

억천만 인 중으로서 다만 한 사람을 바라고 있는 이상에는 물론 그 사람을 위하여서는 목숨이라도 아끼지 아니할 마음이 있어야지……잠시간으로 사랑이니 정이니 하는 것은 도리어 없는 것이 낫소. 소박을 하는 사람이든지 소박을 맞는 사람이든지 다 같이 나중은 좋지 못하외다. 나는 그런 일을 당장에 지금 당하고 있소. 당하고 있는 사람으로 지금 그대네가 이와 같이 서로 일시에 죽을지언정 헤어지지는 아니하겠다 하는 것을 보니까 내 마음까지라도 얼마나 기껍고 반가우며 또 그대네의 장래의 행복이 어떠하겠소.

『장한몽』의 수일, 즉 원작 『금색야차金色夜叉』의 강이치間貫一는 젊은 청년과 기생이 함께 극약 자살하려는 장면을 보고 감격에 겨워한다. 순애에게 배신당하고 나락을 맛보았던 수일로서는 죽을지언정 사랑을 지키겠다는 결의가 부럽기 짝이 없는 것이다. 여기서 정사의 주인공은 기생이지만, 그 비교 대상이 되는 인물은 여학생 출신 귀부인인 순애이다. 정사는 기생의 사건이지만 벌써 신여성·신남성의 주목을 받고 있다. 일본 원작의 번안이니만큼 『장한몽』의 이 장면은 조금 섣부른 것이었겠지만, 정사라는 말이 처음 등장한 1910년대 초·중반부터 "서로 일시에 죽을지언정 헤어지지는 아니하겠다"라는 발상은 조금씩 호소력을 높여갔다. '연애'와 '정사'는 외래의 유행이었지만, 벌써 이때 '정사'의 덫에 걸린 한국인도 없지 않았다.*

정사情死의 소설 또는 현실

한국 소설사에서 최초로 근대적 연애의 형식을 완성한 『개척자』에서, 주인공 성순은 사랑하는 남자를 두고 다른 남자와 결혼하라는 집안의 강

---

* 일찍이 1914년 7월 29일, 『매일신보』는 고용살이하던 청년 조창식과 창기 월색月色이 바다에 뛰어들어 정사했다는 소식을 보도하고 있다. 「청춘남녀情死怨鬼」, 『매일신보』, 1914. 7. 29. 참조.

요에 죽음으로써 항거하면서 "자기의 골육이 온통 다 타버리고 만다 하더라도 무엇이나 타지지 않고 남을 것……사랑"을 지키고자 했다. "저는 사랑으로 타서 죽습니다. 저는 제 몸이 불길이 되어 올라가기를 바랍니다"라는 것이 성순의 마지막 독백이었고, "입에서 걸쭉한 핏덩이를" 토하면서 스러져간 것이 성순의 마지막 모습이었다. 강렬한 사랑의 이미지, 즉 불과 피가 죽음 속에서 결합되었던 것이다. 『환희』에서 기생 설화가 애인의 전도前途를 막고 있다는 자책 때문에 목매 죽을 때도, 사랑을 배신한 후 신산한 삶을 견뎌야 했던 여학생 혜숙이 낙화암에서 몸을 던졌을 때도, 그 근저에는 이런 강렬한 사랑의 이미지가 작동하고 있었다.

더욱이 소설은 소설로 끝나지 않았다. 정사를 실천한 남녀가 끊이지 않고 등장했기 때문이다. 당시 유행했던 외국 소설인 『사死의 승리』나 「선언」에, 또한 국내의 『개척자』·『환희』·「무한애의 금상」에 화답하듯 자살 풍조는 곧 일종의 유행流行이 되었다. 1921년 기생과 이발사의 정사 미수를 보도한 신문이 "신정新町에서 정사가 나기는 그리 드문 일은 아니나 조선 남녀의 정사는 별로 없던 일"[24]이라 논평하고 있는 것을 보면 이때까지도 정사는 일본인의 사건이었던 모양이지만, 유행이 한국인에게 번지기까지는 그리 오래 걸리지 않았다. 「연애 자살도 일풍조一風潮」라는 신문기사 제목이 이 사실을 웅변하고 있거니와[25] 『동아일보』의 예를 보면 1921년에는 연애 자살이나 정사를 보도하는 기사가 거의 보이지 않다가 1922년부터 늘어나기 시작, 점차 폭발적인 증가세를 기록했음을 확인할 수 있다. 하루에 서너 건씩 관련 기사가 실리는 일도 드물지 않았다.

통계 자료 또한 자살의 증가라는 일반적 경향을 보여주고 있다. 1910년에는 391명에 그쳤던 자살자 수가 1915년까지 7백~8백을 헤아리다가 1916년 처음으로 1천 명을 돌파한 후 19□5년에는 1천 5백여 명에 이르렀던 것이다.[26] 자살 원인을 통계화하기는 쉽지 않은 일이지만, 연애 관련

자살이 제일 많다든가[27) 생활 곤란에 이어 남녀 관계가 중요한 원인이라는[28) 지적을 참고하면 자살율의 일반적 증가가 연애 자살의 증가와 밀접하게 관련되어 있었다고 말해도 좋을 듯하다.

자살이나 정사의 양상 또한 문제적이었다. 『동아일보』 1922년 6월 16일자에는 변심한 여자를 결박해 놓고 그 앞에서 목매 자살한 사건이 게재되었는데, 피학과 가학의 복잡한 결합이라 해야 할 이런 양태는 그리 드문 것이 아니었다. 노자영이 「무한애의 금상」에서 보여주었듯 애인 앞에서 약을 먹고 죽어가는 여인의 모습은 거의 전형적이기까지 했다. 자살의 방법으로는 음독이 애호되었다. 통계를 참조하면 목을 매달거나 양잿물을 마시는 자살 방법이 가장 많았지만[29) 소설에서, 그리고 현실에서도 젊은 연인이 이런 방법을 택한 경우는 찾기 어려웠다. "자리에 꿇어 엎디어 두 손으로 가슴을 쥐어뜯으며 입으로 주먹 같은 피를 토하고 있다"(노자영, 「무한애의 금상」)는 것이 비련의 주인공들이 맞는 전형적인 최후였다. 처음에 소설에서 자주 제시되었던 이 같은 최후는 오래지 않아 현실에서도 나타나게 되었다. 특히 1923년 벌어졌던 강명화의 자살은 세간의 이목을 집중시킨 충격적인 사건이었다.

강명화와 윤심덕

지난 6일 밤에 그는 장병천을 보고 몸이 불편하니 온양 온천에나 가자고 간청을 하였었다. 그리하여 그 이튿날 아침 특별 급행으로 떠나게 되었는데 그는 평생에 입을 벌리지 않던 전례를 깨치고 장병천에게 옷감과 구두를 사달라고 하였었다. 평생 돈 드는 이야기는 들어보지 못하는 장병천이는 즉시 옥양목 의복 일곱 벌과 흰 구두를 사주었는데 그것이 그의 수의가 될 줄은 강명화 자기 밖에는 아무도 몰랐다……온천에 이른 강명화는 늘 자살할 기회만 타다가 마침내 10일 하오 11시경에 몰래 사 두었던 '쥐 잡는 약'을 마시었다. 약을 마시고 난 강명화는 즉시 장병천의 품에 안기어 "나는 벌써 독약을 마신 사람이니 마지막으로 안아나 주시오" 하였었다. 놀라운 소리를 들은 장병천과 마침 함께 있는 모씨는 일변 의사를 불러 약을 토하게 하며 일변 경성으로 전보를 놓아 그 모친을 데려 내려갔으나 그는 드디어 11일 하오 여섯 시 반에 애인의 무릎을 베이고 이 세상을 떠났는데 그가 이 세상을 떠나는 마지막 순간에 장병천이가

"내가 누구인지 알겠나……"

물으며 그는 눈물에 젖은 야위인 낯에 웃음을 싣고

"세상사람 중에 가장 사랑하는 '파건'……"

이라고 일렀다 한다. '파건'은 곧 장병천의 별호이니 그의 마지막 일념은 오직 '파'·'건' 두 자에 맺히었던 것이다.[30]

기생 신분이었던 강명화는 부호의 아들과 사랑에 빠졌으나 격렬한 반대에 부딪히고는 애인을 위해 자신을 희생하기로 결심, 애인 앞에서 '쥐 잡는 약' 네꼬라이즈를 먹고 죽어갔다고 한다. "혹은 손가락도 잘라보고 혹은 구름 같은 머리도 잘랐으며 혹은 살을 깎기도 하여" 여러 차례 화제를 불러일으켰던 강명화였기 때문에 죽음의 여파는 컸다. 신문에서는 '애화哀話'라는 표제를 내걸고 죽음에 이르기까지의 사연을 극적으로 포장하였고, 강명화는 순결하고 헌신적인 사랑의 상징으로 부각되었다. 『강명화실기』(1924), 『강명화전』(1925), 『강명화의 설움』(1925), 『(절세미인) 강명화전』(1935) 등 지금까지 확인된 종류로만 총 네 가지에 이르는 강명화 사건의 소설화는 이 같은 신문의 전략을 확장한 데 지나지 않았다.

'사실'의 진위 여부를 따지는 것이 가능하다면, 소설화된 강명화나 장병천의 모습은 실제의 모습에서 크게 벗어났다고 말할 수 있을 것이다. 이

들 남녀는 일본에 머무르고 있을 무렵 조선인의 명예를 더럽히는 부랑아
요 매음녀라고 해서 유학생들의 집단 폭행을 당한 일이 있었고, 심지어는
암살 대상으로 거론되기까지 했으며, 강명화가 죽은 지 1년여 후 역시 자
살이라는 길을 택하기까지 장병천의 생활은 자못 문란했다고 알려져 있다.
순결한 희생자의 이미지에서는 여러 모로 벗어나 있다고 해야 할 터이지
만, 신문이나 소설의 관심은 여기 있지 않았다. '애화', '꽃 같은 몸' 등의
표현이 그 죽음을 수식하는 가운데 강명화는 비극적 사랑의 주인공으로
성화聖化되었다. 광고 문구에 등장했듯 "신성한 연애에 희생된 절대 가인佳
人"이라는 것이 강명화의 대중적 이미지였고[31] 장병천의 자살 역시 "명화
는 죽었다. 무정한 사회가 그를 죽였다", "아! 죽어야 한다. 명화를 따라가
자!"라는 고뇌 어린 독백 속에서 이루어진 것으로 포장되었다.[32] 강명화가
소설 속의 비극적 죽음을 실천했다면 신문이나 소설은 이를 다시 대중적
텍스트로 각색해냄으로써 소설과 현실 사이에 일종의 순환 관계를 구축하
고 있었다.

　　문기화·강춘홍·이화련 등 기생들의 비련이 속속 소설화되고[『(같은 사
랑에 영원히 잠자는) 문기화』·『강명화 실기』 부록], 정사 미수에 그친 배우 신일
선의 일화까지 소설로 출판되었으며(『신일선의 눈물』), 최초의 단발랑斷髮娘
으로 유명한 강향란이 자살 미수 사건으로 다시 신문 지면을 장식하는 가
운데, 연애 자살과 정사는 사회 전체의 문제로 파급되어 나갔다.

　　자살이 포즈의 일종으로 자리 잡았다는 사실 또한 분명해 보인다. 1928
년 『동아일보』에는 오산고보생의 자살이 사진까지 곁들여 보도되었는데,
이 사진은 자살 직전에 사진관에서 새로 찍어 친우들에게 유서와 함께 보
낸 것이었다. 한 손에 유서를 들고 제법 멋스럽게 찍은 사진과 함께, 자살
자는 특별히 신문 기자들을 위해 준비한 유서도 남겼다. 자살의 원인을 끝
까지 파헤치지 말고 정신병자의 소행으로 몰아달라는 내용이었다.[33] 자기

비석의 비문을 쓰고 신문에 보도될 내용에까지 관여하려 한 이 사건 정도에 이르면 자살은 현실적인 사건이라기보다 수사학적인 사건이 된다. 이런 점에서 1920년대의 숱한 자살과 정사는 '연애'의 대중적 기호였다.

강명화의 죽음을 다룬 소설은 종로 야시장에서 팔려 나가기도 했지만[34] "○○여학교 학생이 경의선 차중에서 『강명화 실기』 읽는 것"을 보았다는 증언처럼 남녀 학생들 사이에서도 널리 읽혔다. 신채호는 이런 현상을 두고 "환고낭자紈袴浪子의 육노肉奴가 되려는 자살귀自殺鬼의 강명화도 열녀 되는 문예가 무슨 예술이냐"라며 신랄하게 비난하였고,[35] 나혜석 역시 강명화의 죽음을 동정하면서도 "신여론을 기起함으로 자기의 연애를 일체 신선화하려는 허영심일다. 즉 신식에 유행하는 신사상에 물들었다고 하는 비난은 면할 수 없을 것일다"[36]라고 하여 비판의 태도를 잃지 않았지만, 이런 비판은 일부의 목소리에 그쳤다. 새로 개발된 '연애'라는 화제는 이미 자가발전을 시작하고 있었다. 소수 시식인과 구분되는 대중의 욕망이 명백한 윤곽을 드러낸 다음이었던 것이다. 그러나 1920년대 중반에 이르면 상황은 크게 변화한다. 식민지 시대를 통해 또 하나의 유명한 정사 사건이었던 윤심덕·김우진 사건을 보면 이 사정을 분명하게 알아챌 수 있다. 지금으로서는 강명화는 거의 잊혀진 이름이요 윤심덕·김우진이 비극적 사랑의 표상처럼 기억되고 있지만, 1926년 8월 현해탄에 몸을 던진 윤심덕·김우진의 죽음은 당대에는 가차없이 매도되었다. 기생인 강명화의 죽음에 공명하면서 부가 가치를 창출하는 데 열심이었던 신문부터 이들의 죽음에는 등을 돌렸다.

> 들으니 남녀가 다 일본 유학생이라 한다. '부둥켜안고 정사한다'는 것이 분명히 종잇장 같은 성격을 가진 섬사람의 풍속을 배워 온 것인가 보다. 그들의 머리에서는 조선혼이란 다 빠져버린 것이다……유도무랑有島武郎 같은 천박한 인간

을 낸 일본의 땅은 그들을 환영하였으리라……조선의 청년 남녀야 신여성과
신남성들아 다 와서 윤 김 두 사람의 죽음에 채찍질하자. 조선 사람의 명부에
서 영원히 그들의 이름을 말살해버리자.[37]

하나는 극작가요 하나는 성악가……그런데도 그네들은 그런 값은 값을 생각도
아니하고 전 허물을 덮을 줄도 모르고 자기 개인의 허영만을 도모코자 하다가
성공 못할 줄을 알고서 일본의 유도무랑有島武郎을 숭배하느니 어쩌니 하더니
기어이 유도무랑有島武郎 격이 되니 그 행위도 괘씸하지만 조선의 핏덩어리가
일본의 혼을 따라가는 것은 썩 분한 일이다.[38]

　강명화·장병천이 생전에 매음녀·부랑아라는 모욕적인 평판을 받았던
데 비한다면 윤심덕·김우진은 문화의 첨단을 달리는 명사名士였다. 3년여
전 강명화의 죽음을 두고 일었던 것 같은 동정과 비탄이 그대로 이어졌다
면 윤심덕의 몇몇 염문쯤이야 문제되지도 않았을 터이다. 그럼에도 강명
화가 '신성한 연애'의 주인공으로 숭배되었던 반면 윤심덕의 정사는 개인
적 허영으로 매도되었다. 정사란 본래 일본의 풍습이라는 지적이 새삼스
럽게 추가되기도 했다. 윤심덕·김우진이 유럽에 버젓이 생존해 있다는 등
두 사람을 둘러싼 소문이 몇 년 후까지 끊이지 않았던 것으로 보아 대중적
관심은 적지 않았던 듯싶지만[39] 사건을 바라보는 지배적인 시각은 이미
바뀌고 있었던 것이다. 1920년대 초반에 숭모의 대상이다시피 했던 아리
시마 다케오有島武郎가 "천박한 인간"으로 비난받게 될 정도로 변화의 진폭
은 컸다. 그 사이에 아리시마 자신의 정사라는 사건이 있었다는 변수도 작
용했을 터이다. 「선언」, 「살아가는 괴로움」, 『어떤 여인』의 작자이며 사
유 재산을 부정하는 신생활 운동의 기수이기도 했던 아리시마는 1924년
"연애와 죽음의 견고한 결혼"을 제창하는 유서를 남기고는 애인과 함께

자살을 택했다.[40] 1890년을 전후해 외국인의 정사나 정사 미수가 충격을 안긴 후에 줄을 잇던 일본의 정사 사건은 그를 마지막으로 관심의 전면에서 사라지는 듯 보이는데, 다이쇼大正 시대의 종말과 쇼와昭和 시대의 개시를 알린 이런 전환이 비슷한 시기 한국에서도 이루어졌다고 할 수 있겠다. 이후에도 자살과 정사는 끊이지 않았고 각 지방마다 이른바 '사死의 장소'가 유명해지기도 했지만, 강명화의 자살이 남겼던 것 같은 공공연하고도 폭넓은 대중적 공감은 다시는 형성되지 않았다. 새로운 정신이 사회를 선도하기 시작했기 때문이다.

1923년, 변화의 기미

1907년 『애국부인전』을 통해 소개되면서 '국민으로서의 여성'이라는 명제를 인상깊게 아로새겼던 잔 다르크, 1900년대에 그는 국가를 위해 모든 것을 다 바치는 구국 영웅의 전형이었다. 그러나 1910년대에 이르면 잔 다르크는 '영웅'이 아니라 '자아'를 자각한 참인간으로, "그 천성을 충분히 발전케 하며 그 본능을 완전히 개전開展"[41]시킨 개인으로 찬양받게 된다. 개인의 발견, 내면의 발견과 함께 이루어진 이 변화는 1920년대에 이르러 일층 통속화되었다. 이상수의 소설 『잔 다르크의 사랑』에서 잔 다르크는 구국 영웅도 아니요 자기 내면의 요구에 귀 기울인 참인간도 아닌, 사랑의 비극에 우는 히로인이었다. "불행히 그 어린 가슴을 태우는 연애의 상대자는 적국 장수이었었다. 중심에서 솟아오르는 애국심과 간장을 태우는 애정은 서로 극단으로 배치되었다"[42]라는 광고 문구에 등장한 잔 다르크는 1920년대에 접어들면서 비로소 등장한 대중의 관심이 어디로 향하고 있었는지를 잘 보여주고 있다.

'자아'와 '내면'의 발견을 저마다 다른 정情의 요구를 발양시켜야 한다는 결론으로 끌고 간 청년들은 1920년대 들어 "감정은 청춘의 그 가장 위

대한 문화"임을 선언하기 시작했고 연애를 "청춘의 감정의 오좌奧座에 재在한 일개의 '산 신神'으로" 승격시켰으며, 연애에 일종의 종교성을 부여하여 '신성한 연애'를 발명하였다.[43] 이것은 현실로 경험되기 이전에 먼저 책으로 경험되었지만, 독서 경험을 그대로 실천하는 사례 또한 속속 등장하였고, 나아가 현실 속의 사건은 다시 텍스트로 수렴되어 널리 전파되었다. 이런 점에서 1920년대의 연애열은 독서에 기반해 있는 동시에 독서로 수렴되는 것이었다.

이 순환 구조 속에 일상의 현실적인 감각이 개입하기 어려웠음은 당연한 일이다. 유명한 노자영의 『사랑의 불꽃』에서 편지 화자 중 하나는 "나는 가정 살림하기가 퍽 싫어요! 우리 결혼한 후에도 방랑의 생활을 합시다. 손에 손을 잡고 이곳저곳으로 돌아다니도록 하여요! 그리하여, '시베리아'의 눈도 구경하고, '베니스'의 달도 구경하며, 양자강의 푸른 물도 마셔보고, '나이아가라'의 폭포수도 구경하사이다. 그리하다가, 함께 눈 감고, 함께 죽도록 하여요!"[44]라고 열렬하게 부르짖고 있거니와, 연애에의 열정은 생활과 절연한 쪽에 가까웠다. 따라서 연애 이후의 '생활'이 시야에 들어오는 순간 연애에 대한 추상적 열정은 반성의 대상이 될 수밖에 없었다. 연애로 맺어진 부부가 파탄에 직면하는 경우가 적지 않으니 이로써 자유연애·자유 결혼의 모순이 폭로되는 것이 아니겠느냐는 질문이 던져졌고[45] 연애는 마치 밭 갈고 농사짓듯 힘써 가꾸어야 할 현실이라는 충고가 등장하기도 했다.[46] 이 위에 계급 운동의 열기가 날로 확대되면서, 결정적으로 기존의 연애관은 부르주아적인 태도로 비판을 받게 되었다.

1923년은 변화의 해였다. 신년 벽두부터 '사회혁명 만세'를 제창하는 불온 유인물이 뿌려지더니 신생활사 사건에 자유노동자조합 사건이 잇달았고, 김상옥이 종로경찰서에 폭탄을 던졌다. 물산장려운동이 조직되고 형평사운동이 일어나기도 했다. 9월에는 관동대지진이 일본을 휩쓸었다. 강명화 자살 사건이 있었던 것은 바로 이 한복판, 1923년 6월이었다. 어쩌면 강명화가 불러일으켰던 크나큰 파문은 곧 스러질 운명에 있었는지도 모른다. 모든 존재가 절정에 달하는 순간 쇠미衰微를 바라보듯이, 연애라는 현상 또한 그러했다. 1920년대가 중반을 지나 후반에 접어들고, 1930년대가 지나고, 심지어 세기世紀가 바뀌기까지 연애라는 화제가 사라지지는 않았지만, 이견이 없을 정도의 강력한 힘을 발휘한 것은 강명화 사건을 통해서가 유일했다. 그리고 곧 관동대지진이 닥쳤고, 6천여 명 조선인이 학살당했으며, 세계는 돌이킬 수 없이 변해버렸다. '사랑' 대신 '힘'이 유행하기 시작했다.[47]

『근대의 연애관』의 저자 구리야가와 역시 관동대지진으로 죽었다. 이후 연애란 "시대 뒤진 말"이 되었다.[48] 상애相愛와 상보相保의 새 시대가 열렸다는 순진한 개조론이 쇠퇴하고, 대신 투쟁과 혁명이 당면과제로 부상한 탓이었을까? 개조론의 대중적 변종이기도 했던 연애는 점차 비판의 표적이 되었다. 뒤늦게 연애를 실천하려고 나서는 이도 있었지만, 눈치 빠른 이들은 "구리야가와가 지진통에 죽은 지가 벌써 한 달이 넘었네"라는 핀잔을 주고받기 시작했다. 그렇다면 다음은? 연애 감정 일체를 부르주아적 행태로 배척하는 금욕주의의 길도 있었고, 실제로 몇몇은 이 길을 택했다. "계급적 운동자에게는 연애라는 정서적 행동은 금물"이라면서 빵의 문제가 근본적인 반면 애욕이란 부차적 문제밖에 되지 않는다고 주장하는 식이었다. 이들은 막 유행하기 시작한 '붉은 사랑'에 대해서도 "아무리 바시리사가 되더라도 콜론타이가 되더라도 애욕 문제는 이 같이 계급전선을 착란시키는 것"이라고 비판하였다.[49] '빵'이나 '식욕'과 같은 자연으로까지 승격했던 성과 연애의 문제를 다시 부차화하려 시도한 것이었다. 그러나 한 번 눈뜬 욕망이 쉽게 꺼지지는 않았다. 그렇다면, 욕망을 지속시키되 방향을 비트는 길도 있었다. 보다 많은 이들이 택한 길은 이쪽이었다.

'붉은 사랑'의 대중

한국에서 사회주의 사상이 최초의 성장을 보인 것은 3·1운동 직후였다. 그러나 초기의 사회주의 사상은 대중의 일상적 담론을 파고들지 못했다. 사회주의운동이 소수에 의한 선구적 운동이었을 당시, 외래 취향과 애상 취미로 무장한 연애열은 의연히 대중의 지지를 받을 수 있었다. 마치 김동인·염상섭 등이 꾸준히 자유연애 비판의 목소리를 높였는데도 대중적 현상으로서의 연애가 그 기세를 누그러뜨리지 않았던 것처럼.

사회주의 사상이 갖는 대중적 설득력은 미약한 듯 보였다. 그러나 사회주의 사상 및 운동이 다양한 각도에서 계발되고 나름의 대중적 언어가 고안되면서 '연애'의 상황에도 일대 변화가 일었다. 『여공애사女工哀史』와 『붉은 사랑』이 필독서로 추천되면서, 또한 로자 룩셈부르크·클라라 채트킨·알렉산드라 콜론타이 등의 이름이 자주 입에 오르내리면서 "연애는 우리들 인간성을 높이며 우리들의 새로운 사회를 위하여 싸우는 능률을 증가하는 것이 아니면 아니된다"[50]라는 명제가 점차 설득력을 높여갔던 것이다. 연애만이 유일한 인생 문제인 양 행동하는 연애지상주의는 부르주아의 구도덕에 구속된 것, 새로운 시대의 새로운 사랑은 "부르주아적 위선과 싸우면서 선량한 도덕적 양심을 잊지 않고 인류 전체에 대한 모든 의무를 수행하는" 면모를 갖추어야 한다는 것이 새로운 연애론의 주장이었다. "세상 여성이 모두 『적련赤戀』에 나오는 바시리사 같이 되어주었으면"[51]이라는 것이었다.

『적련』 즉 『붉은 사랑』이란 러시아 혁명가 콜론타이가 발표한 소설이다. 이 소설은 세계 최초로 여성 외교관이 된 저자의 명성에 힘입어 큰 영향을 미쳤으며, '붉은 사랑'이라는 말 자체를 보통명사로 만들기도 했다. 『붉은 사랑』의 주인공 바시리사와 더불어 『삼대三代의 사랑』에 등장하는 처녀 게니아 같은 이가 '붉은 사랑'의 모델이었다. 평범한 처녀가 어떻게 열렬한 투사가 되고 성과 사랑에 있어서의 자유를 개척하게 되는지를 『붉은 사랑』이 보여주었다면, 『삼대의 사랑』은 그 종착점을 한결 논쟁적으로 제시하였다. 『삼대의 사랑』의 게니아는 어머니의 애인과 관계 하고도 전혀 갈등을 느끼지 않는 인물로, 당시의 요약에 따르자면 "너무도 당 활동에 분주하므로……다소라도 자기가 호감을 가진 남성이라면 즉시로 성관계를 맺었다 한다."52) 좀 더 진지한 요약자에 의하면 콜론타이는 당 활동은 공公, 연애는 사私라는 구분에 입각해 최소한의 에너지로 사사私事를 해결할 방안을 모색했다는 것이다. 영육일치라는 기왕의 연애관 대신 영육분리와 육肉의 기계적 만족을 고안하게 된 것은 그 때문이라 했다.53)

이처럼 극단적인 주장은 오해받기 안성맞춤이었다. 영육일치 대신 영육분리, 연애 대신 성애性愛. 이런 전환은 지나치리만큼 논쟁적이었다. "저 콜론타이 할미" 운운하면서 "수적獸的 일면을 취하면서도 어디까지든지 공동생활의 기계가 되라는 것"54)이라고 매도한 예가 등장한 것도 무리는 아니었다. 육체를 즐기기 위한 명분으로 콜론타이가 활용된 일도 없지 않았다. "저 콜론타이는 처녀가 아닌 대신 일국의 외교관이 아닌가?"라고 막 첫 경험을 치른 『구원의 여상女像』의 여학생은 자신을 타일렀으니 말이다. "지극히 순결하나 사회에 대한 무위無爲한 여성과 다소 불순하나마 사회에 대한 유위有爲의 여성"55)라는 기이한 이분법이 제시되기도 했다. 사회 활동을 하는 이상 다소의 성적 문란과 방탕은 피할 수 없는 양 선전하기도 했다. 문란과 방탕이라는 기호 자체를 지울 수 있는 새로운 표준을 만들 수도 있었으련만, 오히려 눈앞의 방탕을 합리화하기 위해 '붉은 사랑'이라는 명분이 동원될 때가 잦았다. 사유 재산제의 타파며 가족제와 일부일처제의 소멸, 성性의 근본적 평등 등 사회주의의 전망은 그저 가끔씩 상기될 뿐이었다. 설혹 분명한 전망 아래 주체적인 선택을 한 경우라 해도 저널리즘은 그 사실을 존중하려 하지 않았다. 허정숙·고명자·주세죽 등 붉은 사

랑의 주인공들은 오로지 남성 편력에 의해 재단되기 일쑤였다.* 연애라는
해석의 권위는 좀처럼 포기되지 않았다. 연애가 낳은 대중, 연애를 만든
대중 역시 하루아침에 사라지지 않았다. 그렇지만 사회주의운동은 점차
대중의 분열을 강제했다. 한편에는 각성된 무산계급이, 다른 한편에는 후
진적 의식의 대중이 있다는 이분법 속에서 1920년대 초반의 대중은 새롭
게 배치될 것이었다. 연애 또한 다른 삶을 시작해야만 했다.

4. 연애의 시대 또는 개조의 시대

1919년 3·1운동이 어떤 경험이었는지, 알려져 있는 사실은 뜻밖에 적
다. 숫자 자체야 생생하다. 3월부터 5월, 북으로 함경북도 북단北端에서 남
으로는 제주에 이르기까지, 총 1천2백 회 이상의 시위가 벌어졌고 1백만
명 이상이 참가하였다. 사망자 7천여 명에 부상자 1만5천 여 명, 일본 경찰
의 통계를 빌더라도 5백 명 이상의 생명이 희생되었다. 이토록 압도적인
숫자 앞에서 새삼스레 사실을 확인하려 들다니, 부질없고 불경스럽게 느
껴질 정도이다. 그렇지만, 조직적인 지도가 없었는데도 이처럼 많은 사람
이 거리거리에서 독립을 외쳤던 것은 정말이지 무엇 때문이었을까? 1910
년대 내내 조용하던 한반도가 일시에 들끓게 된 배경은 무엇일까? 식민
통치의 폭압성이며 민족자결주의의 고무적 효과를 지적하지만, 이 거대한
운동의 구체적 동력이 그것만으로 선명해지진 않는다.

---

* 예컨대 「붉은 연애의 주인공들」, 『삼천리』 3권 7호, 1931. 7, 13쪽에서는 "이 여러 사상가들을 정면으로
당당히 그 사상 그 지조를 소개하지 못하고 겨우 행랑 뒷골로 돌아가서 연애의 프로필을 통하여 묘사하
려는 이 부자유한 붓끝"을 빙자하여 여성 사회주의 운동가들의 연애담 및 성 편력을 소개하는 데 시종하
고 있다.

3·1운동 이후의 상황을 생각하면 궁금증은 더 커진다. 일본 정부 내부의 알력과 맞물려 이른바 문화 통치가 시행된 이후, 식민지 조선은 10년간 눌려왔던 활력을 일시에 분출시켰다. 독립 선언이 무위無爲로 돌아가고 많은 생명이 희생되었는데도 좌절의 소리는 거의 들리지 않았다. 폭력과 유혈流血의 경험을 상기한다 해도 결론은 희망적이었다. "아 – 총창銃創! 아 – 살도殺倒!! / 머리가 떨어지며 다리가 끊어지도다 / 이놈도 거꾸러지고 저놈도 자빠지도다", 그런데도 "이것이 번복飜覆이 아닌가?" 반문하면서 "온 세계는 찬란한 광光의 세계로다 / 평화의 소리가 높도다 개조를 부르짖도다 / 온 인류는 신선한 자유의 인류로다"라며 희망에 뛰놀았다.56) 아니, 여기 스며 있는 것은 3·1운동의 경험이라기보다 제1차 세계대전의 경험이라고 해야 할는지? 세계대전 이후의 국제적 변화에 여전히 고무되어 있었던 것일까? 태평양회의며 국제연맹이며 하는 움직임이 평화와 자유의 조짐으로 해석되었던 것 같기는 하다. 마치 세계대전 발발 당시의 충격은 잊어버렸다는 듯이.

1914년, 선진先進의 빛으로 바라보고 있던 유럽에서 일어난 세계대전은 자못 충격적이었다. 전쟁의 참상이 전해지면서 세계 자체에 대한 비관까지 떠돌았다. 갓 발견한 '자아'도 도도한 자부심보다 고독한 소외감의 원천으로 해석될 때가 많았다. 낙관과 비관 사이에서 요동치기는 했지만, 자아·민족·세계는 절망적이기 때문에 분투를 요구하는 상황에 있다고 상상되었다. "반도에 충일充溢한 것은 사死뿐"57)이라는 진단이 나왔고 "타파하라 우리 세계는 악마의 굴이로다……타파하라 우리의 나라는 암탁暗濁의 정井이로다"라는 절규가 등장하였다.58) 종전終戰 때까지 상황은 별로 바뀌지 않았다.

급전急轉이 이루어진 것은 3·1운동 이후였던 것으로 보인다. 절망적이었기에 더욱 절실했던 개혁의 과제는 3·1운동 이후 낙관적 전망 속에 재배치되었다. 세계적으로도 이미 세계대전 전에 문명 비판을 개진했던 카펜터·러셀 등의 사상가가 새삼 주목을 받던 때였다. 근대 산업사회는 파산을 선고받았고, 생활과 산업의 예술화가 주창되었다. 피비린내 나는 전장戰場 대신 따스한 사랑의 터전에서 살 수 있게 되었다고 했다. 1917년 러시아 혁명이 성공하고 사회주의운동이 급성장하고 있었지만, 일반적으로는 신생新生 소비에트를 막연한 동경으로 바라볼 때였다. 한국의 연애는 이 짧은 시기, 인류의 태반이 '사랑'과 '평화'를 믿었던 기이한 시대에 탄생했다.

이 시대는 고작 2~3년 동안 유지된 후 사라지고 말았지만, 이때 번져 간 연애에의 열망은 지금껏 뜨거운 듯하다. 삶이 달라졌는데도, 감정과 사상이 달라졌는데도, 1920년대 초반을 지배했던 '연애'를 대치할 만한 사랑의 새로운 담론은 등장하지 않았다. 그러나 우리는 더 이상 '사랑'과 '평화'의 전망을 믿지 않는다. 그렇지 않은가? 그렇다면, 아전인수我田引水 격으로나마 그 전망에 기대고 있었던 1920년대의 연애를 웃어댈 만한 자격이 우리에게 있을지. '우리', 이 방자한 대명사 속에 갇혀 있는 '우리' 중 누군가가 혹 그 자격을 개척해가고 있을는지도.

:: 유선영

이화여자대학교 신문방송학과를 졸업하고, 고려대학교 대학원에서 석사 및 박사학위를 받았다. 고려대, 서강대, 이화여대, 강원대 강사를 역임하였으며, 현재 한국언론재단 연구위원으로 재직 중이다.

식민지 상황에서 근대의 상업화된 시각문화가 충격적으로 도입됨으로써 시작되는 한국 근대 대중문화사의 역사적 특수성을 규명하는 것이 주요 관심사이다. 이를 위해 식민지를 상상적으로 그리고 실질적으로 경험한 근대적 주체들의 일상생활, 시대와 세계에 대한 감각과 감수성, 정서구조, 인식의 에피스테메, 무의식 등과 문화실천이 어떻게 결합하며 현실효과를 내는지를 분석하고 있다.

주요 논문으로는 「황색식민지의 서양영화 관람과 소비실천, 1934~1942: 제국에 대한 '문화적 부인'의 실천성과 정상화과정」(2005), 「극장구경과 활동사진보기: 충격의 근대 그리고 즐거움의 훈육」(2003), 「식민지 대중가요의 잡종화: 민족주의 기획의 탈식민성과 식민성」(2002), 「육체의 근대화: 아메리칸 모더니티의 육화」(2001), "Embodiment of American modernity in colonial Korea"(2001) 등이 있다.

초기 영화의 문화적 수용과 관객성
― 근대적 시각문화의 변조와 재배치

유선영

1. 식민지 초기 영화수용과 관객성의 문제

초기 영화의 경험과 수용에 대한 논의가 중요한 이유는 다음과 같이 네 가지로 정리할 수 있다. 첫째는 영화가 한국이 근대로 들어가는 초기 길목에서 맞닥뜨린 가장 강력한 과학문명의 경이였으며 대중적으로 소비된 완제품 근대였다는 점이다. 둘째, 영화는 전前산업화, 전근대적, 구두적인 사회에서 신문·잡지에 이어 20세기 전후의 근대화 초기에 도입된 시각성(visuality)의 기술이었고 가장 대중화된 매체였다는 점이다. 구두문화에서 시각문화로의 전환은 곧 주체(subjectivity)의 변화를 수반한다는 점에서 초기 근대의 영화경험은 중요한 문제틀이 된다. 셋째, 영화는 특히 비서구 국가에서 그 자체로 근대적 과학기술이었을 뿐만 아니라 근대의 도시인 관객층을 형성하고 이들을 근대라는 세계와 관점으로 결집시키고 공고화했다는 점에서 중요하다.[1] 넷째, 초기 영화의 근대성은 과학이나 진보로서보다는 오락으로 수용되었는데, 영화과학과 기술이 처음부터 상업적 오락으로, 스펙터클로 대중에게 다가간 것은 영화를 개발한 유럽과 미국에서도 마찬가지였다. 그러나 근대과학기술의 상징이었던 영화가 상업적으로 소비되는 완제품의 형태로 수입되었다는 것은 식민지가 글로벌체제 안에 주변부 소비시장으로 편입됨과 동시에 제국의 시선 아래 현시적인 소비문화(과잉소비)에 포박되는 과정을 이해하는 데 주요한 단초가 된다.

한국에서 이런 문제틀, 즉 시각문화, 시각성의 기술, 식민지 근대성, 소비문화, 근대주체, 글로벌리제이션, 근대적 도시대중의 형성이라는 문제틀에 입각한 초기 영화사에 대한 연구는 1960년대 이후의 영화연구가 서사, 미학, 장르, 텍스트에 경도되었음을 감안하더라도 매우 드물다. 영화사에 대한 연구일지라도 일제하의 검열, 통제, 정책연구가 주를 이루었고 초기 영화사 연구는 1990년대에 들어와서야 주목되기 시작했다. 그 중에서 대표적인 것이 '영화 도입과정'에 관한 것이다. 도입과정은 신문·잡지기사를 통해 영화라는 새로운 매체가 어떻게 대중의 일상에 도입되고 수용되었는가를 본다는 점에서 수용연구라고 할 수도 있다. 전형적인 것으로 조희문의 「초창기 한국영화사 연구: 영화의 전래와 수용(1896~1923)」,[2] 식민도시의 영화관객 및 관객성을 이론적 개념으로 아우르면서 촘촘히 재구성한 여선정의 「무성영화시대 식민도시 서울의 영화 관람성 연구」가 있다.[3]

이들 연구는 거의 동일한 시기를 다루고 있고 참고문헌도 겹치지만 초점은 조금씩 다른데, 조희문은 1890년대 이후부터 조선영화가 제작되기 이전인 1923년까지의 영화 관련 신문·잡지기사를 망라적으로 재구성하여 당대의 영화를 둘러싼 시대정경을 충실히 재현해내고 있다. 그러나 본인도 인정하듯이 당대의 자료구성에 의존하다보니 '자료가 말하는 역사'가 되었고 초기 근대 및 식민지의 사회문화적 맥락을 고려한 저자의 해석은 결여되어 있다.

여선정의 연구는 1920~1930년대 영화관객의 반응과 수용에 초점을 맞춘 말 그대로 수용연구로 분류될 수 있는 연구이다. 역시 신문·잡지기사와 광고에 의존해서 당대 관객들에 관한 일화(에피소드)와 비평가들의 간접적 관찰·경험담에 의존하고 있다는 점에서 조희문과 동일한 접근을 하고 있지만, 관객성에 보다 초점을 맞춰서 이론적 설명을 시도하고 있다는 점이 다르다.

초기 영화 도입과정을 극장, 수입된 영화, 관객의 반응, 영화담론 등에 관한 신문·잡지기사를 통해 재구성하면서 당대의 영화 관람상황을 재구성한 이들 연구에서 조금 더 진전했다고 평가할 수 있는 것이 김소희의 「일제시대 영화의 수용과 전개과정」이다.[4] 기술적인 역사의 재구성에서 한 걸음 더 나아가, 영화계에 종사했거나 영화에 관해 논평한 지식인 사회의 영화론·비평론을 통해 초기 영화가 영화관계자들의 이념 및 이론적 기획의 산물이었다는 주장을 한다는 점에서 앞선 연구들과 다르다. 그러나 영화에 종사한 지식인(감독, 작가, 배우 등)들의 실천을 탈민족주의적 시각에서 재평가했다는 의미는 있으나, 이념·이론을 특정 현상을 규정하는 요인으로 간주하는 연구들의 한계인 엘리트주의를 되풀이하고 있다. 일례로 이 논문에서 실패한 리얼리스트로 규정된 나운규의 〈아리랑〉(1926)이 일본인 제작자의 투자와 보호하에 제작됨으로써 일제 검열을 피해 나갈 수 있었던 식민사회의 독특한 문화장(cultural field)에 대한 논의[5] 없이, 자본주의와 근대화에 따른 시민대중의 성장에서 원인을 찾는 식의 설명은 조희문이 자료에 끌려간 것처럼 이론에 끌려가는 편향을 빚게 되는 것이다.

이렇게 전체를 아우르는 기술적인 연구와는 달리 주제별로 천착한 연구로는 조희문의 「영화의 대중화와 변사연구」를 우선 꼽을 수 있다.[6] 그는 변사가 일본의 인형극 분라쿠文樂와 가부키歌舞伎의 변사에서 유래한 것이며, 이를 무성영화에 차용한 일본 변사가 조선의 영화계에도 그대로 도입된 것이라고 주장하였다. 최영철의 일제 영화정책 연구는 당시 영화법

(영화령)의 변천사를 통해 검열 위주의 영화정책을 개관하고 있는 통사적 연구이다.[7] 그 외에 석사논문에서 일제하 한국영화의 신파성에 내재된 식민주의적 세계관을 분석한 박준이 있는데,[8] 신파성의 패배주의적 현실순응주의를 식민지 현실과의 타협으로 규정하는 해석은 연극사, 음악사 연구의 그것과 별로 다르지 않다.

이들 초기 영화 수용과정에 대한 연구들에서 (식민지) 근대성의 문제는 아직 논의되고 있지 않으며, 20세기 초 이후 신문·잡지 같은 근대적 인쇄매체와 함께 형성되어가는 시각성의 기술, 시각문화에 대한 논의도 아직은 미답未踏으로 남아있다. 주형일이 초기 사진 도입과정을 근대적 시각체제의 내면화와 제국주의적 시선의 수용이라는 관점에서 다룬 의미 있는 연구가 있지만,[9] 사진 자체가 대중화되지 않은 19세기 말의 짧은 기간 동안 발생한 몇 개의 일화와 텍스트를 통해 시각체제로의 전환을 단정하고 해석한다는 한계가 있다. 일제시대 영화는 개인 테크놀로지인 사진에 비해 다양한 경로로 대중화된 시각매체이지만, 1990년대 중반 이후에야 포스트모더니즘의 도입과 함께 시각성·근대성·탈식민성의 문제틀이 논의된 것을 염두에 두면 이런 연구관심의 지체는 이해될 수 있다.

이 글은 초기 영화의 수용과 경험에 대한 논의에서 아직은 미답으로 남아있는 문제들, 즉 서구에서 (그리고 다른 지역에서도) 도시적 근대성의 한 축이었던 영화를 완제 외래품으로 도입하는 과정에서 발현된 식민지적 근대성의 한 양상, 구두적 전통문화의 지형 안에 갑자기 수용하게 된 상업화된 시각매체를 통해 시각문화로의 전환이 시작되었다는 역사성의 문제, 초기 영화에서 제시하고 있는 외래적인 이미지들의 수용이 기존의 전통문화적 문화관습과 (무)의식의 매개를 통해 어떻게 독특한 변이적 양태를 발생시키고 있는지 하는 문제를 고찰하고자 한다. 이를 위해 이 연구는 위의 연구문제들을 가로지르며 연관 짓는 결절점結節点이라고 간주될 수 있는 초기 영화의 '관객성'에 초점을 맞추고자 한다.

관객성에 대한 고찰은 당시 영화관람이 일어나는 맥락 안에 영화와 관객을 위치시키고, 관람공간과 상황·영화·관객의 3자 관계에서 발생하는 관객성의 제반 현상들과 요인들에 관한 논의를 요구한다. 한 시대, 사회의 관객성의 구성에 관여하는 요인들로는 영화관람과 소비가 일어나는 사회의 정치적·사회적 맥락, 관람이 이뤄지는 장소·극장의 공간적 요인, 영화텍스트의 특징, 관객의 영화매체에 대한 태도와 관습, 전통적인 문화관습과 양식, 영화관람을 규제하는 공적이고 외부적인 힘들, 영화상영 프로그램을 들 수 있다. 일례로 일제가 관객과 극장을 통제하기 위해 일상 배치한 임검경찰의 감시와 훈육의 시선도 관객성 구성에 관여하며, 식민체제에서 극장이라는 집합공간이 갖는 심리적이고 상징적인 의미, 즉 유흥공간이자 근대성의 공간이며 동시에 동족의 집합공간으로서의 의미 또한 '극장가기'라는 문화실천을 구성하는 데 중요했음을 간과할 수 없다.[10] 이런 복수의 요인들이 다중적으로 겹쳐지면서 관객성을 규정하기 때문에 초기 관객성에 대한 연구는 시각문화의 도입, 수용과 전환이라는 중심문제에 접근하는 데 유용한 열쇠가 된다.

정리하면 이 연구는 초기 영화의 관객성 분석을 통해 식민적 근대화과정에서 외래의 시각문화가 어떻게 경험되고 수용되었는가를 탐구하는 것이다. 그리고 이 논의가 '식민지의 (시각적) 근대주체의 형성과정은 어떠했는가'라는 추가적 질문에 시사적인 함의를 갖기를 기대하고 있다. 전산업적 식민지의 근대성·시각성·근대주체의 구성과정은 비식민지, 산업사회 그리고 중심부 국가의 근대성을 비교 준거로 삼아 차이를 드러내는 식으로 접근할 필요가 있는데, 이를 위해 서구·남미·중국과 일본의 영화, 관객성, 사회문화적 맥락, 시네마기술의 생산과 수용과정에 대한 논의도 다룰 것이다. 이어 한국에서 1910년대까지 초기 영화의 도입과정, 극장의 영

화 상영방식, 영화와 관객에 대한 식민지적 규율의 행사, 극장공간의 사회
문화적 함의, 외래 영화를 수용하는 데 작용한 전통적 문화관습, 영화에
대한 관객의 반응과 이해양상을 분석, 고찰할 것이다.

2. 초기 영화의 도입과정
─ 활동사진 관람을 부추기는 식민지 사회

한국에서 영화는 1890년대에 전기와 전차가 근대의 물적 표상으로 돌
출하던 무렵에 사진 환등회(magic lantern slide)를 통해서 소개되기 시작했
다. 1899년 일반인 상대는 아니지만 고종황제 및 황실인사들을 대상으로
미국인 여행가 E. 버튼 홈스가 영화를 상영했다는 기록이 있다.[11] 그리고
다소 시차는 있으나 1903년 외국계 기업이 홍보를 위해 일반인 상대로 활
동사진을 상영하면서부터 영화 역사가 시작되었다.* 외국계 기업들이 상
품선전을 목적으로 회사 창고나 마당에 포장(막)을 치고 짧은 단편영화들
을 상영한 것이 한국영화 역사의 시작인 것이다. 극장상영으로는 '원각사'

---

* 1904년에 구리개(황금정) 영미연초회사 창고에서 동경의 '길택상회'에서 빌려온 영사기로 담뱃갑 10개
를 받고 영화를 돌렸다는 설이 있다(박누월, 「한국영화 20년: 1904년 활동사진수입부터 39년 9월까지」,
『영화』109호, 1986년 11월호, 120~129쪽). 그러나 정종화는 1898년 10월 영국인 이스트하우스가 남대
문 거리에서 중국인의 창고를 빌려 프랑스 파데(Pathe)사의 단편영화를 백동전 1푼 혹은 빈 담뱃갑을
받고 영사했으며, 1897년~1903년 사이 영미연초회사가 자사 창고에서 빈 담뱃갑(처음 1개 차츰 10개로
인상)을 받고 활동사진을 틀어주었다는 주장도 한다(정종화, 『자료로 본 한국영화사1(1905~1954)』, 열
화당, 1997, 11쪽).
  초기 영화의 도입, 극장 및 영화관, 관람행태, 지식사회의 담론 등에 대해서는 다음의 문헌들을 참고
할 필요가 있다. 조희문, 「초창기 한국영화사 연구: 영화의 전래와 수용(1896~1923)」, 중앙대 연극영화
학과 박사학위논문, 1992; 박누월, 앞의 글, 120~129쪽; 여선정, 「무성영화시대 식민도시 서울의 영화관
람성 연구」, 중앙대 영화학과 석사학위논문, 1998; 이중서, 「일제시대 우리 영화─흥행과 제작의 난제」,
『한국학』29, 1983, 19~27쪽; 정종화, 앞의 책, 11쪽; 강소천, 「조선영화가 걸어온 길」, 『영화시대』창간
호, 1946, 50~53쪽; 최영철, 「일본 식민치하의 영화정책」, 『한양대한국학논집』11, 1987, 246~264쪽.

에서 프랑스 파데사(Pathe)사의 단편영화를 유료관람시킨 것이 처음이라는 주장이 있다.[12] 여하간 공식적인 기록을 간추리면 1903년 이전까지 영화는 외교관, 선교사, 서양 기업가와 상인, 일본인 상인들에 의해 특정계층의 소수 관람객을 상대로 간헐적·단편적으로 소개되었다.

1904년에 일본활동사진회가 소광통교 부근에 흥행장을 개설하여 영화를 상영했고, 1906~1907년경에 프랑스인 마텡馬田이 벽돌 양옥집에서 활동사진을 영사한다는 광고기사가 『황성신문』이나 『대한매일신보』에 실렸는데,* 이는 서구의 가정극장(family house) 형태와 유사하다. 또 1906~1907년간 경성 사동과 필동에 각기 일본인이 세웠다는 활동사진소, 일본인 연극장이나 가부키자歌舞伎座에서도 영화를 상영했다는 기록이 있다.[13] 1906년 들어 미국계 기업인 '한미전기회사'**의 마당에 설치된 가설극장은 '동대문 활동사진소'라는 명칭을 얻게 되며, 하루에 천 명의 관객을 동원하고 수입도 100원대에 이르렀다는 보도에서 보듯 영화에 대한 일반의 호응이 매우 뜨거웠고 지속적이었음을 짐작케 한다. 물론 하루 천 명이라는 수치는 당시의 신문 보도기사 작성 관행에 비추어 볼 때 매우 과장된 것이다. 왜냐하면 그만한 인원을 수용할 수 있는 공간도 문제지만 1906~1907년 '한미전기회사'의 연간 동원 관객이 4,000~8,000명 정도였다는 추정치를 고려하면,[14] 흥행이 정기적이었다기보다 새로운 필름이 입수되면 개설

---

* 『황성신문』, 1906. 4. 19; 『대한매일신보』, 1907. 9. 24, 3면. 1906년 『황성신문』 광고에는 입장료가 상등 新貨 30전, 하등 15전인데 1907년 광고에는 상등 40전, 하등 10전으로 인상되었다. 장소는 '西門外 동편 (벽돌)양옥'으로 같다.

** 여기서 1900년대 초에 영화사에서 '한성전기회사'와 '한미전기회사'라는 두 가지 명칭이 나오는데, 이것이 다른 두 업체를 각기 가리키는 것인지 동일업체를 가리키는 것인지는 분명하지 않다. 그러나 동대문이라는 장소가 동일한 것으로 보아 한 업체를 가리키는 것이라면 1900년대 경성에서 전차, 전기사업을 하면서 책도 팔았던 American Korean Electric Company의 번역, 즉 '한미전기회사'라고 한 강소천의 기억이 더 정확하다고 볼 수 있다. 그러나 강소천도 1907년 무렵의 동대문 활동사진 관람소를 '한성전기회사'가 운영했다고 하는데, 이 무렵 경성에서 '한미전기회사'가 여전히 운영되고 있었음을 감안하면 '한미전기회사'가 바른 표기로 보인다.

하는 식이었다고 해도 하루 천 명은 설명이 안 되기 때문이다.

1907년 '한미전기회사' 활동사진소 자리에 구파연극(창극이나 판소리, 기생 소리와 무도, 만담공연)을 공연하는 목제극장 '광무대'가 세워졌다. 그리고 비슷한 시기에 전통 연희종목을 앞세운 '원각사'('협률사'의 전신), 민간인이 세운 '연흥사', '단성사', '장안사'가 생겨났다. 이곳에서는 활동사진도 간간이 상영했는데 다른 연희종목 사이에 끼워넣는 식이었고, 이들은 연극관이었지 전용영화관은 아니었다. 조선 최초의 상설 영화관은 1910년 일본인이 세운 '경성고등연예관'이다. 1912년에는 '원각사'와 '장안사'가 각기 '유광관有光館', '지만관志滿館'이라는 명칭의 영화 전담조직을 산하에 두고 영화를 상영하기 시작하며,* 일본인 변사를 고용하고 일본의 시대극과 실사 영화를 주로 상영했던 '경성고등연예관'에 대적하여 서양영화에 주력한 조선인 전용의 '우미관'도 생겨난다. 1913년에는 '황금유원黃金遊園'(일종의 놀이공원) 내에 설립된 '황금관'이 일본·서양영화를 상영했다.[15]

다시 말해 1910년대 초, 조야한 신파연극 및 전통연희가 주도하던 연예계에 영화가 중요한 흥행종목으로 부상하는 변화가 일어났다. 또 일본 상업자본이 극장산업을 주도하는 가운데, 조선인 관객을 위한 조선영화관들이 만들어지기 시작했다. 1918년 연극 전용이던 '단성사'가 조선인 전용 영화상설관으로 개축되면서 조선의 영화계는 일본계의 '대정제1관', '대정제2관'(조선인전용), '황금관', '세계관', 조선계의 '우미관', '단성사'로 양분화된다. 즉 일본영화, 일본인 변사, 일본인 관객과 조선의 중·상류층 청년들을 주관객으로 한 일본계 영화관과 그보다 저렴한 입장료에 시설도 조야하고 일본계 영화관에서 상영이 끝난 필름을 가져다 영사했던 조선계

---

* 일제시대는 이런 형태의 흥행이 일반적이었다. 가령 연극 전문 원각사에서 영화를 상영하는 단체 혹은 부서나 조직을 '유광관'이라고 칭하고 이들이 영화관련 프로그램을 구성·운영했는데, 이 경우 원각사 건물에서 영화를 상영하지만 대외적으로는 '유광관'에서 영화를 상영하는 것으로 공개되는 것이다.

영화관으로 구분된 것이다.

그러나 영화가 극장을 통해서만 보급된 것은 아니다. 총독부가 주관하는 뉴스·실사(actualities) 및 위생영화, 일본계 기업들의 홍보를 위한 무료 상영회, 신문사·잡지사, 기독청년회 등 사회단체, 병원, 교회 등 기관이 주관한 이동영사 및 순회영사야말로 극장은 물론 별다른 유흥시설이 없는 지방과 농어촌의 대중이 영화를 경험하는 주요한 계기였다. 일례로 총독부 기관지 『매일신보』는 경성 본사와 평양, 대구 등 지국에서 구독자 위안 우대권을 발부하고 무료 활동사진회를 개최하는 한편 일반 상영관의 우대할인권을 배부하는 식으로 수시로 영화를 자사 홍보에 적극 활용했다. 자체 주관인 경우에도 경성, 평양 등 영화관이 있는 도시에서는 영화관을 빌려 행사를 했고, 일반 상영관의 반액할인권을 배부하는 경우에는 보도를 통해 영화를 적극 홍보해주는 협찬형식이 많았다.[16]

일례로 기업이 상품홍보 목적으로 '사진회'를 개최하는 경우는 1913년 '라이온치마齒磨 애용자'를 위한 사진회를 들 수 있다. '라이온치마회사' 일본 본점에서 '활동사진대'를 파견하여 '우미관'을 대여하고 3일간 열린 이 사진회는 조선인 변사를 고용하고는 20여 편이 넘는 단편들을 오후 7시부터 시간이 허용하는 한도 내에서 상영하였다.[17] 잡지 『새동무』를 발행하는 '활문사活文社'가 서북지방 순회강연을 위하여 '순회 이야기 활동사진회'를 개최했을 때는 평양, 장연, 사리원, 영변, 북진, 운산, 진남포, 재령, 안악, 평산 등지를 순회한 후 삼남지방으로 이동했는데, 영화는 그리스도의 행적을 담은 것[아마 1900년대 중반 이후 서구에서 활발히 제작된 수난극(passion play)이었을 것으로 추정된다]이었다.[18]

종교·사회단체에서도 영화를 근대화 교육의 수단으로 간주하고 '활동사진대'를 조직하여 순회영사를 하곤 했는데, 이 경우에는 오히려 입장료를 받았다. 당시 연극장에서 교육, 의료, 사회단체 후원 목적으로 공연을 한 것처럼 영화도 아동, 고아, 여성교육, 여성복지 기금을 모으는 수단으로 이용되었다. 일례로 1918년 '경성종로중앙기독교청년회관'에서 개최한 "歐洲대전에 관한 적십자회대활동사진",[19] 1921년 '통영청년단'에서 문화개발과 교육기관 확장을 위해 조직한 활동사진대를 들 수 있는데, 『매일신보』임원들이 경성역에서 이들 활동사진대를 환영하는 기사가 큰 사진과 함께 실려있는 것으로 봐서 총독부가 제작지원하거나 추천한 계몽 / 실사 / 뉴스 영화를 주로 영사했을 것으로 짐작되며, 이 경우 총독부가 이동영사 활동을 적극 지원한 것으로 보인다.[20]

한편 공터에 막(screen)만 설치하고 영사하는 무료관람이야말로 일반 대중이 영화를 처음 접하는 중요한 통로였다. 앞에서 예로 든 총독부, 사회단체, 종교단체뿐 아니라 병원이나 관청에서도 지역유지, 각 학교 임원, 생도 등을 초청해 환등회를 열기도 했고, 교회부흥회나 사경회에서도 예수 및 성인들의 사적과 동서양의 경치사진을 환등하는 프로그램을 넣곤 했다.[21] 소설가 최정희(1912년 출생)는 평안도 시골이 고향이어서 영화가 별로 들어오지 않았는데 보통학교 입학 전, 그러니까 1910년대 말경에 여관 앞마당에서 스크린을 놓고 외국 사람이 나오는 질병예방법 홍보영화를 본 기억이 있다고 회고하고 있다.[22] 언론인 선우휘(1922~1983)도 어릴 적 고향(평안도 정주) 공터에서 밤에 포장을 쳐놓고 '아프리카 토인들이 영화 구경하다가 기차가 달려오니까 도망치는 장면'과 맹수들이 나오는 영화를 기억하는 것으로 봐서 1920년대 말~1930년대 초에도 초기의 단편 희활극 喜活劇(코믹액션물) 및 볼거리 활동사진들이 지방에서 무료 이동 영사되고 있었고, 이를 통해 영화에 입문하는 대중이 많았음을 추정할 수 있다.[23] 참고로 1922년도 통계를 보면 활동사진 흥행일수는 2,566일, 관객 수 96만 1,532명을 기록했는데, 경성 인구를 26만으로 잡으면 경성 주민 1인당 약 4일 꼴로 영화를 본 셈이다.[24] 이로써 1910년대 말에 이르러 영화관객이

연 100만 명에 육박했음을 추산할 수 있다. 이 숫자에는 이보다 많았을 학교, 여관, 병원마당에서 무료로 영화를 관람했던 지방과 농어촌 관객은 빠져 있다.

3. 식민지 영화수용과 경험 그리고 관객성

초기 영화 – 도시적 근대성의 사실적 재현물로서의 서구 영화

20세기 초에 상업화된 '싸구려 오락물'들 중 하나로서 1898~1910년까지 제작된 초기 영화의 대부분은 대도시 거리를 오가는 보통사람들의 일상을 주로 담았으며, 이 중 1/3이 코미디 영화였다. 코미디는 남녀간 이성교제를 주요 소재로 다룬 보드빌(vaudeville) 공연물의 전통 즉, 노동계급이 즐기던 버라이어티쇼의 특징인 외설스러운 성적 상상력과 우스개 음담패설을 묘사했다.[25] 근대화되어 가는 도시의 번잡한 거리, 아케이드, 상업유흥지구, 놀이공원 코니아일랜드(Coney Island, 1895년 개장)의 롤러코스터나 코끼리 올라타기, 그리고 이런 대도시 상업유흥 지구에 늘어선 중산층을 겨냥한 보드빌 극장의 서커스, 곡예, 슬랩스틱(slapstick) 코미디, 삼류극장의 누드쇼, 잡탕 연극, 저속한 희극 등을 그대로 기록한 실사영화들이 주를 이룬 것이다. 여기에 베니스, 파리 등의 풍광을 담은 풍경영화, 스튜디오에서 재현한 스페인전쟁 등 역사적 사건을 다룬 볼거리 영화들이 가세하였다.[26]

한센의 말한 대로 이들 초기 영화의 스타일은 재현적(representation)이기보다는 제시적(presentational)이었으며, 고전영화처럼 폐쇄적인 이야기 구조 안에 관객을 빨아들여 간접적으로 말하는 것이 아니라 직접적으로 무엇인가를 설명하는 방식이었다. 초기 관객성은 이런 제시적 스타일에 대한 관객의 반응, 극장, 상영패턴에 의해서 구성되므로 1920년대 고전 서사영화(재현적) 시대의 관객성과 구분하는 것이 타당하다.[27]

거닝은 이런 제시적 스타일에 충실한 초기 영화들을 볼거리영화(cinema of attraction)로 규정하고, 극영화들이 관음적 시선에 소구하는 것에 반해 볼거리영화는 유원지의 놀이기구들처럼 전시에 치중하는 영화들이라고 했다. 초기 영화의 전시주의는 에로틱 영화들에서 진면목을 보여 주었는데 완전누드를 담은 것도 있었다. 그리고 클로즈업, 슬로 모션, 거꾸로 동작, 대체, 다중노출의 기법 등 영화연출의 새로운 기술들 역시 볼거리영화의 신기성을 이루는 요소였다.[28] 이런 초기 영화에서 시각적으로 제시된 영상들은 주로 실사였고 당시 서구 대도시의 빌딩, 차와 마차가 오고가는 복잡한 거리, 여기저기 배치된 스펙태큘러(spectacular)와 이미지 기호들, 아케이드와 그 아케이드를 오가는 중·상층의 소비와 패션, 쇼윈도에 진열된 세련되고 매혹적인 근대적 상품들, 현란한 간판들로 번쩍이는 유흥가와 그곳을 오가는 여인들(매춘부)과 산보자들, 극장의 프로그램과 그것에 탐닉하는 대중들의 모습을 묘사했다.

그러나 초기 영화들은 단순히 근대 대도시의 여러 정경들을 상업적 볼거리로, 선정적으로 상품화한 데 그치지 않고, 근대의 문명과 기술이 새롭게 인간의 삶을 규정하는 양상을 충격적인 자극 또는 경악의 볼거리들로 재구성하기도 했다. 자동차 충돌, 기차 충돌, 추락, 살인과 범죄, 절도와 강도(대열차강도), 전쟁, 비행기와 기차의 추격전, 홍수 등의 재난이 초기 영화의 단골 소재였으며, 거닝은 이런 영화들을 '경악의 미학에 충실한 볼거리들'로 규정했다.[29] 릴(reel) 하나짜리 영화들이 대부분이었던 1910년대 초반까지의 프랑스 파테사 영화들, 혹은 일부 미국영화들은 이런 비자연적인이고 인공적인 놀라움을 슬랩스틱 추격물, 코믹한 몽상, 경이적인 모험이나 역사적인 재앙물의 형식에 담아 무엇을 배우기 위해서가 아니라 단

지 영화관에 가는 것이 중요했던 초기 영화시대의 관객들을 잡아끌었던 것이다.[30]

　그러나 주목할 것은 이런 자극적 볼거리들이 단순한 허구로 제시된 것이 아니고 근대화되어 가는 도시민의 일상 변화를 재현하면서 동시에 그 변화에 기인하는 불안감을 표현했다는 사실이다. 19세기를 지나 20세기 초의 대도시는 트롤리와 자동차, 기차로 인한 인명상해, 살인과 절도, 폭력 등 범죄의 증가, 공포를 자아내는 도시의 뒷골목에서 일어남직한 사건들, 소음, 물밀듯 이동하는 군중에 대한 묘사로 근대도시적 삶에 대한 긴장감과 불안감을 자아냈다. 19세기 중반 이후 상업적 신문·잡지도 그랬지만, 초기 영화도 대도시와 그 대도시의 위험하고 예측불가능한 위협요소들을 오히려 더 극적으로 포장하여 볼거리로 재구성했다. 그럼으로써 '삶의 불연속성과 불안전함'을 강조하는 비관적인 도시 담론들에 가담한 것이다. 20세기 전반 근대도시는 미디어에 의해 '신경학적 외상'을 수반하는 선정적 초자극(hyperstimulus)이 대중을 포위한 위험한 공간으로 자리매김되었고, 초기 영화는 이 시대의 비관주의에 편승했다.[31]

　근대 도시공간의 불안감을 상업화하는 전열에 있었던 초기 영화에 담긴 도시의 모습은 바로 벤야민이 프로이트를 빌려 신경증적 쇼크와 불안 감정을 야기하는 대도시, 빠르게 스쳐 지나가는 파편적이며 유동적이고 단속적으로 미끄러져 가는 이미지의 세계로 묘사한 아케이드와 동질적이다.[32] 그래서 벤야민은 대도시의 자극과 영화의 자극이 일으키는 심리적 메커니즘을 동일한 것으로 규정하고, 영화가 근대도시 환경이 야기하는 충격과 자극들로부터 사람들을 준비시키고 적응시키면서 무의식에 가라앉은 18세기 모더니즘의 유토피아적 기획을 다시 촉발할 것이라고 주장했던 것이다.[33] 그러나 이제부터 살펴볼 20세기 초 한국에서의 초기 영화경험은 신경증적 불안을 야기하는 도시적 근대성의 경험과는 거리가 있었다.

영화에 대한 충격과 시각적 오인

1896년, 9살 때 처음으로 일본인 사진사와 갑작스레 맞닥뜨리게 된 한 지식인의 회고는 19세기 끝 무렵 한국인들이 사진에 대해 가졌던 공포감과 무의식의 한 켜를 읽게 해준다. 시골 출신인 그는 동리사람들이 카메라를 대포의 일종인 회선포廻旋砲로, 삼각대는 땅의 혈을 자르는 데 쓰는 위험한 도구로 오인하고 몽둥이와 작대기를 들고 일본인 사진사를 위협하다가 우여곡절 끝에 사진기라는 설명을 듣고는 안도했다는 이야기를 들려준다. 당시 시골에서는 "사진을 백히면 그 사람의 정신이 다 빠져서 다시는 아무것도 못한다",[34] "아이를 삶아 사진약을 만들고 눈알을 빼서 카메라 렌즈를 만든다"는 말이 퍼져 있었고, 그 연장선상에서 임오군란 때 사진관이 피습, 파손되는 상황이 발생한 것이다.[35] 움직이는 그림인 활동사진은 이런 문화적 무의식이 지배적이었던 곳에 갑자기 도입된 것이다. 1900년대 '한미전기회사' 마당에서, 간간이 '원각사'와 '광무대'에서, 또 그 이후 '연흥사', '장안사' 등에서 상영한 영화들은 때로는 사진이라고도 불리고 대개는 활동사진이라고 불렸던 짧은 단편들로서 주로 프랑스 파데사의 단편들이었다. 1906년 '한미전기회사'에서의 관람소감을 회고하고 있는 다음의 일화는 초기 영화 수용 국면에서 한국인 관객이 가졌던 당혹감과 소외 그리고 초기 영화경험의 다양한 함의를 시사하기 때문에 다소 길지만 인용하기로 한다.[36]

무대에는 미국기와 조선기를 그린 휘장이 쳐있고 그 앞에서 소녀광대의 줄타기, 조선여인의 승무 등 춤 공연이 있은 후 불이 꺼지고 한참이나 캄캄한 대로 있다가 '시커먼 외투를 입은 서양사람 한 떼가 웃둑웃둑 서있는 것이 환하게 비취었다⋯⋯'나와 논다더니 어데 노나', '밤낮 고대로 섯기만 하네 그려' 이렇게 수군수군하는 중에 아는 체하는 한분이 '아니야 저 허연 것은 눈이 와서

싸힌 것이고 추어서 어러죽은 사람들이라오' 하엿다. '올치 그럿킬네 저럿케 꼼짝도 못하고 섯지' 누구던지 이것은 환등이라고 설명해 주엇드면 조왓슬 것을 설명도 안하고 환등을 비치니가 나오는 것마다 어러죽은 사람이라고만 보고 잇섯다 몃 번이나 어러죽은 사람이 밧귀여나오고 나서 통지도 업시 광고도 업시 그냥 환등 뒤 끝에 활동사진이 나왓다. 자막도 업시 댓자곳자로 서양부인 하나가 방 속에서 빨래를 하는데 강아지가 들어와서 빨래를 더럽혀 놋는 고로 부인이 강아지를 내여 쫓으니가 어떤 키 큰 남자 하나가 길다란 산양총(사냥총: 저자주)을 들고 들어와서 총을 노닛가 부인이 이리저리 쫓겨다니느라고 발광을 하다가 호각소리가 후두룩 나고 불이 다시 켜지고 그만 그뿐이엇다. 그나마 사진기사가 조선사람이엇는데 기계를 들고 작란을 하는지 사진이 이구텅이로 달아낫다가 저 끗으로 쏠려갓다가 야단법석이엇다. 다만 그뿐이엇다. 설명도 업시 소개도 업시 음악도 업시. 지금 생각하면 어느 희극사진이 못쓰게 되야 내여버린 것을 한 토막 끊어가지고 나왓든 것이엇다.

1890년대 말과 1900년대 초에 뤼미에르 형제는 주로 일상의 순간을 희화화하되 활극요소를 가미해서 연출한 단편영화들을 만들었다. 이것들은 20~50초 남짓한 단편영화들이었으며, 1900년대 후반 이후 1910년대에는 총 15~20분짜리, 간혹 45분짜리 단편들, 그리고 이런 단편들의 연작 시리즈물이 제작되었다. 따라서 유료 관객을 만족시키기 위해 환등과 곡예, 무용을 섞은 연예프로그램의 한 부분으로 영화를 넣었고, 수차례 반복영사를 하는 것이 서구 및 다른 나라에서도 일반화된 관행이었지만 관객의 불평은 없었다.[37] 한국의 이 관객은 조선인 영사기사의 솜씨가 서툴러서 화면이 이리저리 흔들렸다고 했는데, 이는 1900년대 초까지도 영사기나 촬영카메라의 기술적인 문제 때문에 화면이 깜박거리고 흔들리는 것이 예사였기 때문에 기사의 미숙한 솜씨 때문인지는 확실하지 않다. 그러나 슬라이드를 보고는 '얼어 죽은 사람들'이라고 수군대는 것은 주목할 필요가 있는데(사진의 하얗게 처리된 여백을 눈밭으로 오인했을 것으로 추정), 아무런 사전지식이나 경험 없이 갑자기 맞닥뜨리게 된 '정지 사진(still picture)'에 대해 오독이 일어나고 있음을 보여준다.

실제로 영화에 대한 경험이 전혀 없던 전前산업사회 주민들은 2차원의 사진보다 움직이는 영화 이미지를 더 잘 받아들이는 경향이 있다는 것이 정설이다. 사진은 피사체의 3차원적 깊이를 결여하고 있기 때문에 더 이해하기 어렵다는 것이다.[38] 1920년대 아프리카 나이지리아 영국 총독부 의학관이었던 셀러즈(Sellers)는 나름대로의 관찰결과를 토대로 아프리카인의 인지습성에 맞게 영화를 제작하여 위생, 건강 메시지를 전달한 바 있다. 그는 환등을 통한 건강 강의가 움직이는 그림 이미지(영화)를 통한 것보다 더 어려웠다고 결론내리면서, 나이지리아 주민이 2차원의 그림을 인식하지 못한다고 했다. 대신 움직이는 그림 이미지는 정지그림보다는 이해도가 높았지만, 장면들을 연결해서 하나의 이야기로 만드는 능력은 없다고 했다. 그의 관찰은 유럽인과는 다른 지적 이해능력과 선지식이 없는 아프리카인들에게 영화를 이해시키려면 아프리카인의 인지능력과 인식습관, 지각방식에 맞도록 영화를 제작해야 한다는 제국주의적 차이담론으로 귀결된다. 여하간 시각문화의 훈련이 없는 전前산업사회 주민에게 정지사진이 영화보다 더 이해하기 힘들다는 것은 '얼어 죽은 사람들'이라는 수군거림을 통해서도 확인할 수 있다.

기억과 다른 사람의 영화 경험담을 소개하는 문헌을 종합하면, 1910년대까지 영화경험은 기차, 경치, 해수욕 등을 담은 실사가 주를 이루었다. 그 중에는 "기차가 스크린에서 정면으로 관객을 향하고 돌진해 오는 바람에 미개한 관객들 가운데는 깜짝 놀라 자빠진 사람도 있었다든가 호랑이가 정면에서 튀어나오기도 해서 임산부가 경동驚動한 일도 있어 일반이 마음 놓고 활동사진을 즐기지 못했다"라는 언급도 있다.[39] 실제로 1890년대와 1900년대 초에 제작된 영화는 관객을 향해 돌진하는 기차, 거센 파도, 코끼리, 호랑이 등의 맹수를 담은 것들이 많이 제작되었는데, 뤼미에르 기차영화로 알려진 초기 기차영화에 대한 공포반응(panicky reaction)을 '기차효과'로 총칭하는 것은 그런 이유에서이다. 1900년대 극장업자들은 관객의 흥분을 고조시켜 절정으로 치닫게 하기 위해 기차영화들을 일부러 맨 마지막 프로그램으로 남겨두곤 했지만, 패닉반응은 매우 예외적이거나 다른 조건들이 갖춰진 경우에 한정되었다. 일례로 가로세로 2m×2m짜리 뤼미에르 시네마토그래프(cinematograph) 스크린이 아닌 2m×5m짜리 미국 바이오그래프(Biograph)사 대형스크린인 경우, 패닉반응은 맨 앞줄에 앉은 소수의 심리적인 소인을 가진 사람에 한해서 일어나는데, 극장과 영화관계자들이 관객을 유치하기 위해 과장홍보를 한 때문에 기차효과가 곧바로 패닉반응을 일으키는 것으로 잘못 알려진 것이다. 당시 문헌을 보건대 관객의 반응은 패닉보다는 열광에 가까운데, 그 순간이 지나면 이내 환희에 찬 박수소리와 걷잡을 수 없는 열광의 도가니가 연출되곤 했다고 한다.[40]

강소천의 회고담을 믿는다면 한국에서도 일부 패닉반응이 있었다고 해야 할 것이지만, 스크린의 크기나 화질에 대한 다른 정보가 없는 상태에서 어떤 판단을 하기는 어렵다. 그러나 이런 기차효과, 즉 달려드는 기차를 보면서 '뒤로 몸을 젖히거나 소리를 지르는' 식의 반응은 기차의 위험성을 이미 현실에서 경험하고 있는 산업화·도시화된 사회에서보다 비서구, 전산업사회에서 더 자주 목격되었다는 논의가 있다. 1899~1900년 무렵 영화를 생전 처음 보는 미국 남서부의 호피(Hopi) 인디언들에게 처음 기차가 도착하는 장면과 소방대의 활동상을 담은 영화를 상영했을 때, 앞과 중간에 앉은 관객들이 스크린에서 떨어지기 위해 난리를 피웠지만, 이내 두려움이 가시고 영사가 계속되었다는 실례가 있다. 또 1911년 페루의

한 마을의 거리에서 가게의 흰 벽면에 영화를 영사했을 때 경이감에 빠진 관객들이 시종 걸으면서 움직이는 이미지를 두드려댔는데, 이는 벽에 비친 이미지들이 악마의 것이라고 믿었기 때문이다. 이와 유사한 반응은 아프리카, 필리핀, 인도 등지에서도 두루 목격된 것으로 보고되었다. 거닝도 전산업화된 사회의 초기 영화관객들이 보여주는 놀람과 소란의 신체적 반응은 그들이 이미지를 실재로 믿어서라기보다는 귀신, 마술 등에 대한 전통적인 신념에서 비롯하는 것으로 봐야 한다고 해석하는데, 이는 스크린이 악귀나 조상신을 불러들이는 것으로 생각했기 때문이라는 것이다.[41]

시각화된 이미지에 대한 공포와 충격의 반응 외에도 이질적 이미지와 시각기술에 대한 오인도 예상할 수 있다. 맥루한은 영국령 아프리카 원주민들에게 5분짜리 위생영화를 보여주었을 때, 아프리카인 관객 모두가 '본 것'은 단 1초간 화면 오른쪽 바닥에서 푸드덕 했던 닭뿐이었다는 일화를 소개한 적이 있다. 그는 구두문화에서 시각문화로의 전환이 감각의 비례와 구조의 변화를 수반 — 구텐버그 은하계의 일원이 됨으로써 어떻게 해서 눈이 관점(perspective)을 갖게 되는 대신에 촉각적 사물관계를 잃게 되는지 — 하는 것임을 말하기 위해 이 일화를 예증으로 사용했다.[42] 관점을 가진 시선은 보이는 사물·대상으로부터 일정 거리를 유지하는 관찰자의 입장에서 자신의 시선과 기준에 따라 이해가능한 상태로 배치하고 구성하는 것이 가능하다. 그에 비해 촉각적 사물관계에서는 보는 주체가 보이는 사물을 자신과 별개로 떼어놓는 것이 아니라 관여하고 자신의 내면으로 통합하기 때문에, 자신에게 중요하고 의미있고 익숙한 개별 대상에 더 주의를 기울임으로써 그렇지 않은 대상들은 시선 안에 넣지 못한다. 이것은 옹(Ong)이 구두문화의 사람들이 자신의 신체, 즉 배꼽을 세계의 중심으로 간주하고 자신의 소리가 닿는 범위 내의 사물들, 대상들을 자기 내면으로 통합하는 식으로 세상과 관계를 맺는다고 한 것과 같은 의미이다.[43] 위생이라는 추상적 개념은 서구인의 관점에 따라 나름의 논리로 (아주 쉽게) 시각화되었지만 그와 같은 관점이 부재한 아프리카인은 보이는 이미지들에 '위생개념'으로 접근하기보다는 구체적이고 익숙한 (단편적인) 대상에 반응을 보였다고 할 수 있는 것이다.

이 위생영화는 앞에서 말한 셀러즈가 만든 것으로서, 1960년대까지도 서구인들이 아프리카인과 유럽인에게 존재하는 서로 다른 지각방식을 설명하기 위해 자주 사례로 들곤 했던 일화이다. 한편 이에 대해 셀러즈가 영화를 이해하기 힘든 아프리카인들을 위해 영화의 메시지를 매우 점진적으로 그리고 움직임을 느린 동작으로 연기한 탓에, 전체 화면에서 닭의 움직임만 빨라져서 눈에 뜨였기 때문이라는 해석도 있다.[44] 아프리카인의 첫 영화경험을 아직 구두문화 단계에 있던 많은 조선인 관객들에 적용해도 된다면 그들은 '움직이는 그림'인 활동사진의 프레임 하나하나를 논리적으로 연결시키면서 (질병과 위생에 대한) 관점을 가지고 보았다고 확신할 수 없다.

전통적 유흥감수성에 의한 시각이미지의 포획 - '노는 사진'과 굿

앞의 인용문에서 사람들이 호적과 장구소리에 끌려 "'사진이 나와 논다지', '사진이 나와 논대' 하고 떠드는 틈에 끼여 담뱃갑 열장을 들고……" 부분은 움직이는 활동사진이라는 전혀 새로운 문화양식을 사람들이 나름의 방식으로 규정하고, 이해하려 했음을 시사한다.[45] '사진이 나와 논다'는 말은 사물인 사진을 움직이고 놀고 공연하는 주체로 설정한 것이며, 이는 '움직이는 사진'을 가능케 한 이면의 근대 과학기술을 수수께끼나 마술로, 이해 및 접근불가능한 차원의 문제로 치부해버리고 대신 보이는 현상에 몰입하는 인식의 분절화를 낳는다. 활동사진보다 조금 먼저 도입된 사진은 그들에게 익숙한 광대, 사당패, 무당, 소리꾼, 기생들로 등치되고,

활동사진은 그 전통적 연희자들이 움직이는 것, 즉 '나와 노는 것'으로 환원되는 것이다. '나와 논다'는 말은 영화를 과학기술 차원, 예술 차원에서 접근하기 이전에 즉각적이며 이해가능한 범주 안에서 일상의 오락과 유흥 차원에서 우선 접근했음을 의미한다.

화가 천경자(1924년 출생)는 1930년대 초 고향인 전남 고흥읍 사람들이 신파, 곡마단, 활동사진을 통틀어 '굿'으로 칭했으며 해설자(변사 역할)도 굿쟁이로 부르곤 했다고 기억한다.[46] 초기 영화의 수용 국면에서 '노는 것'에 대한 우리 전래의 독특한 의미망·무의식은 동시에 굿에 대한 의미망·무의식과 깊이 연관되어 있으며, 이 두 가지 의미체계는 이질적이고 외래적인 그리고 심지어는 철저하게 소외된 서구 초기 영화 관객성을 이해하는 데 중요한 단초가 된다.

중국에서도 대중을 상대로 영화가 처음 영사된 곳은 경극이나 인형극, 또는 그림자극이 행해지던 전통적 연희공간인 '찻집(teahouse)'이었고, 호칭도 '서양 그림자극'〔서양영사西洋影寫(foreign shadowplay)이었다가 후에는 전영電影(electric shadowplay)〕이라고 불렀다. 영화사가들은 이 중국 전통의 그림자극이 중국인의 영화적 무의식(cinematic unconscious)의 근간이었다고 해석한다. 즉 찻집에서 탁자를 가운데 두고 일행과 둘러앉아 차를 마시고 담배를 피우며 이야기도 하면서 영화를 관람했는데, 실제에 있어서 중국의 그림자극은 하얀 스크린을 사이에 두고 연희자와 관객이 분리되어 있었으며 해설자가 있었고 악기와 노래가 수반되는 형식으로 공연되었다는 점에서 초기 무성영화의 상영방식과 유사했고 그래서 그림자극의 논리로 영화를 수용하고 이해하는 것이 자연스러웠다는 것이다.[47]

초기 영화에 대한 이런 접근은 새로운 문화양식이 기존 문화양식의 세계관, 수용미학, 관람습성에 의해 절합, 전유되는 과정을 통해 어떻게 지역화되는지를 탐구하는 데 중요한 실마리를 제공한다. 러시아 초기 영화의 텍스트와 테크놀로지, 관객성(영사공간과 수용태도)이 러시아의 상징주의 예술론과 감수성을 통해 이해, 수용되다가 이후 점차 상징주의 예술관과 세계관에 영향을 미친 과정을 분석한 치비앵(Tsivian)의 문화적 수용론은 그 대표적 실례이다.[48] 일본의 경우도 영화가 들어오면서 가부키歌舞技, 분락쿠文樂, 노熊에서 중심역할을 하던 해설자가 일본적 독특함으로 평가되는 변사의 도입을 자연스럽게 했다. 또 변사가 영화의 흥행효과를 좌우하는 결정적이고 중요한 역할을 하게 된 것도 해설자의 권위와 진정성을 인정하는 일본 전래의 문화관습에서 기인한다는 해석은 그런 맥락에서 이해할 수 있다.[49]

한국의 경우 영화수용에 작용한 문화적 관습과 무의식은 '굿'에 대한 개념, 그리고 노는 것에 대한 관념이라고 할 수 있다. 굿은 근대 이전의 대중에게 일상의 의례와 제의(혼사, 장례, 기원, 주술, 절기에 따른 공동의례 등)의 중심에 있었으며, 단지 주술적인 의례기능만 했던 것이 아니라 전후 사이 사이에 배치된 다양한 공연들이 굿의 전 과정을 하나의 구경거리로 만들었다. 굿판은 남사당패의 춤과 노래, 사설공연, 무당의 춤, 판소리 등의 연주가 포함된 하나의 프로그램으로 운영되었기 때문에 접신接神의 공간인 동시에 유흥의 공간이었다. 연주자와 공연자, 무당까지도 '노는 것'에 속했고, 이 '노는 것'은 굿의 비현실성, 전복성, 축제성, 제의성을 과장된 해학과 외설성, 유흥으로 표현했다.

한국에서 다수 민중의 초기 영화경험의 양상은 지역에 따라 달랐다. 경성 같은 도시의 경우 주로 근대적 건물의 외양을 한 목조 연극장에서 영화체험이 이루어졌다면, 다수의 지방 농어촌 주민은 대개 이동·순회영사가 이뤄진 학교운동장, 여관마당, 외국기업의 창고나 마당, 마을의 공터(논밭)같은 열린 공간에서 무료로 밤에 상영한 영화이기 쉽다. 영화를 굿판의 아비투스로 수용할 수 있는 공간적·물리적 조건이 되는 것이다. 한편

극장은 영화라는 신기한 환상의 세계와 극장 바깥의 식민지적 현실 사이에 놓인, 식민지적 현실도 환상적 유토피아도 아닌 독자적인 중간영역으로서 현실에서 허용되지 않는 행위들이─군중의 집합, 놀이, 소란과 비명까지도─허용되는 시공간이기도 했다. 굿판이 현실과 초월적 세계 사이의 이행적 시공간인 것과 같은 메커니즘으로 식민지 극장에서도 비현실적이고 일시적인 영화의 장면, 서사, 인물, 볼거리, 이미지들에 대한 관람이 일어났을 수 있는 것이다.

이런 맥락에서 초기 영화에 대해 보여준 관객들의 '예상치 못한 반응'을 해석해 볼 여지가 있다. 식민지 조선에서 총독부는 식민통치기간 내내 위생·질병 관련 계몽영화를 상영했는데, 1920년 경기도[京畿府]와 경찰서의 협조로 3일간 '우미관'에서 상영한 '위생사상'을 고취하는 활동사진에 대한 관객의 반응을 『매일신보』는 이렇게 묘사하고 있다.

> 경찰서장의 개회사, 총독부 관리의 위생 강연, 이어 환등과 활동사진, 여흥이 이어졌다. 처음 환등한 후에 활동사진은 장질부사의 발생과 환자의 참혹한 정상, 환자집 소독 등의 '자미있는' 사진 두 가지를 보여주었다. 군중은 '**때때로 자미있는 곳을 만나면 집이 무너질 듯이 박수갈채를 하얏다**.'(필자 강조) 위생에 관한 것만 하면 실증을 낼까하여 여흥으로 "대정권번" 기생 8명이 아름다운 장식을 하고 서양무도를 공연했으며, 다음에 호열자(천연두)에 관한 활동, 관악대의 바이올린합주, 호열자예방 활동사진, 요절한 희극 서양사진을 영사한 후 폐회했다.[50]

위 기사를 보면 1920년에도 초기와 별 다름없이 다양한 연희 프로그램들과 함께 극장에서 영화가 상영되었음을 알 수 있다. 이 사례에서 주목되는 것은 장티푸스 환자와 가족의 비참한 정상情狀과 질병의 전염과정을 다룬 영화를 '자미있는 사진'이라고 표현하는가 하면 재미있는 대목에서 '무너질 듯 박수갈채'를 보냈다는 점이다. 환자의 비참한 정상을 보고 웃으며 박수를 보내는 식의 반응은 당시 신파극장에서 슬픈 장면을 보면서 박장대소하고 떠들어대던 관객성과 다르지 않다. 1914년 일본인 여성이 '연흥사'에서 신파연극을 보고 나서 쓴 관람기에도 슬픈 장면에서 웃고 떠드는 조선인들의 무지와 야만성을 탓하는 내용이 있다. 여자들은 계속 참새처럼 떠들었고, 조선어를 잘 모르는 자신도 눈물이 나는 두어 장면에서 매번 사람들이 여전히 지껄이며 웃기까지 해서 분이 났다는 것이다.[51] 또 다른 신파비극물 〈불여귀〉(1912)* 관람기도 마찬가지다. 연극 중에도 "비참한 구절이며 인정의리에 대하야 가히 동정의 눈물을 흘릴만한 것이 있으되 관람자 다수는 도리어 웃고 드디어 장내가 소요하게 되는데 이것은 배우가 잘못해서가 아니라 관람자가 볼 줄을 모르는 까닭이므로 누구든지 설명 잘하는 이가 다음 막에서 씹어 삼키는 것 같이 설명해주어야 한다"라고 조언하고 있다.[52]

이와 유사한 사례를 나이지리아 원주민들의 질병방지 영화관람의 경우에서도 찾을 수 있다. 1940년 나이지리아에서 셀러즈가 만든 위생영화를 관람한 아프리카인들의 반응을 목격한 한 영국 기자는 아프리카인들이 병에 걸린 가족의 비참한 정경을 보면서 박장대소한 것을 셀러즈와는 다르게 해석했다. 셀러즈는 아프리카인 특유의 심리적인 속성들이 (환자에 대한) 동정을 그런 식으로 표현하게 했으며 시각화된 장면들을 연결시키거나 틈새를 메울 수 있는 상상력의 결여 때문이라고 설명했다. 이에 비해

* 德富蘆花 원작인 〈불여귀〉는 가정 비극으로 자기 딸을 원하던 사윗감에게 시집보내지 못하자 남주인공이 군에 간 사이 다른 남자를 시켜 여주인공(딸 대신 결혼한 부인)을 모함하자 여주인공이 자살한다는 내용이다. 그후 전쟁터에서 모함했던 제3의 남자가 남주인공을 만나 마지막 죽음을 앞두고 개과천선하여 사실을 밝힌다는 전형적인 신파 가정 비극이다.

그 기자는 전혀 슬퍼하거나 침울해하지 않고 매우 즐거워한 관객의 반응이 놀랍기는 하지만 이해할 수 있다고 했다. 병에 걸려 약해진 노인이 힘없이 막대기를 휘두르는데 헛되이 바닥만 긁어대는 장면이나, 다리를 쓸수 없게 된 사람이 옆으로 누운 채 앞으로 나아가려고 하지만 잘 안 되는 것을 묘사한 장면 등에서 폭소가 터져 나왔는데, 그는 이것이 원주민의 심리에서 비롯하는 문제가 아니라 생명체에 대한 원주민의 운명주의적 관념에서 기인한다고 보았다. 아프리카 모하메드인들은 질병과 죽음은 피할 수 없는 것이고 자연스러운 사건으로 받아들이기 때문에 다소 우스꽝스러운 장면에서 말 그대로 웃었을 것이라는 것이다. 또 기자는 그들이 영화의 진정성을 거부했기 때문에 웃을 수 있었다고 해석하면서, 그렇게 비참한 마을은 자기들이 아는 한에서는 없다고 생각했을 것이라고 이야기한다.[53] 한편 당시는 1초당 16프레임의 시대(1894~1920)였으니, 영화 속에 나오는 동작의 부자연스러운 움직임도 웃음을 촉발하는 한 요인이었을 것이다.

앞에서 인용했던 연극관람기를 쓴 필자들도 관객들의 이해할 수 없는 '소란과 웃음'을 조선인 원래의 관람태도에서 기인하는 것일 수 있다는 '느낌'을 피력하는데 사실 이는 근거 없는 말은 아니다. 근대적 연극, 영화, 가요(트로트) 형식들이 도입되기 이전인 19세기말까지 조선시대의 궁중연희를 포함한 전통연희의 일반적인 특성은 유흥성과 해학성으로 압축할 수 있다.[54] 해학적 유흥전통은 1920년대까지도 유지되었다고 볼 수 있는데, 이 시기 극장주들이 관객의 취향과 반응이 좋은 민속·궁중예술 종목으로 공연프로그램을 선별·구성한 점, 당시 최고 인기인이 고종의 어전광대였던 만담가 박춘재였고 극장의 주요 흥행 종목이 대체로 희극성이 강한 것들이었다는 사실에서도 짐작할 수 있다.[55] 1920년대 초에도 관객들은 극장에서 공연내용이 만족스럽지 않으면 이내 '익살을 떨어라', '능청이나 피워라', '웃음이나 웃어라'라고 큰소리로 주문하기 일쑤였다.[56] 그래서 극장 공연이 전통극보다는 기생의 잡가, 민요, 민속무용, 평양 날탕패 잡기 등 유랑 연예집단(사당·남사당)의 주요 연희 종목에다 박춘재 식의 재담, 만담이 주류를 이루었기 때문에 비속하고 야비하며 음란하다는 당시 지식 계급의 집중적인 비난의 대상이 되었던 것이다.[57]

실제로 근대적 극장연희가 도입되기 이전에 민속연희의 중심에 있었고 가장 광범위하게 퍼져 있던 사당패는 혼사, 장례, 동제 등의 통과의례에서 필수적 요소였는데, 이들 공연의 핵심은 유흥성, 외설성, 해학성으로 특징지어진다. 곡예, 춤, 소리에서 여흥餘興을 위해 과장된 해학과 상황묘사가 중심이었던 것이다. 이들은 익살과 음담패설로 청중을 웃기는 데 주력하였는데, 장례식에서도 남녀의 성행위나 출산상황, 나아가서 윤간행위, 동성애 등 노골적인 성희묘사를 주요 레퍼토리로 연행했고, 이는 죽음에 의한 상실감을 성희가 상징하는 '생명'의 탄생으로 승화하는 세계관의 표출이었다.[58]

또 전통민요의 특성도 외설성, 향락성으로 일컬어지는데 이를 주장하는 논자들은 그 같은 미학의 뿌리를 도교 또는 불교적 세계관에서 찾는다. 가사〔詩想〕면에서 보면 민요의 "내맥內脈은 오락적이며 남녀정사와 희롱을 소재로 한 재담 등이 차재두량車載斗量이라 언뜻 짐작하면 음탕방일淫蕩放逸의 민풍이 있는 것으로 보인다. 그러나 기실은 그와 딴판으로 아무 이욕利慾없이 자연생활의 여가를 승乘하여 자연적 안위를 구함에서 발생한 구기口氣"라는 것이다. 민요의 이런 향락주의가 도교적 도피사상과 표리관계에 있다고 파악한 것은 식민시대 민요연구자들의 일반적인 결론이다.[59] 그래서 1930년대 중반 유행가요였던 신민요가 그 선율과 장단의 흥겨움, 가사의 해학성, 비현실적 퇴행성, 현실도피성 때문에 오히려 식민적 순응주의로 비난받았지만,[60] 댄스곡적인 명랑성과 유흥성이 기실은 그 이전의 민요와 잡가, 그리고 전통연희에서 지속되어 온 빠른 템포, 직접적이고 노골적인 일상감정의 표현, 명랑성과 유흥성 및 해학성과 일맥상통하기 때문이라는 해석이 더 설득력이 있다.[61]

1900~1910년대 수입된 영화들이 주로 코미디, 유흥물, 기차영화, 쫓고 쫓기는 희활극을 주제로 했다는 사실은 한국인의 전통적 유흥 감수성에 비추어 볼 때 영화의 흡인력을 높이는 한 요인이었다고 할 수 있다. 다시 말해 전통적 유흥과 해학의 감수성이 직접적으로 투사될 수 있었다. 활동사진 굿판에서의 외설적 유흥, 해학과 제의성에 대한 관람습성과 (무)의식은 명멸하는 마술적 영화이미지들의 수용에도 전이되어 병에 걸린 환자의 비참한 행색과 동작에도 박장대소하는 관객성으로 표출된다. 이때 검은 정복차림에 표검表劍을 허리에 찬 임검순사의 감시적이고 억압적 시선은 식민지 현실성을 상기시키지만,* 굿이 시작되면 그것 또한 현실의 일부가 되어 의식의 전경前景에서 사라진다. 그들에게 굿판에 끼어드는 이방인, 권력자, 감시자, 심지어는 훼방꾼마저도 그다지 의미 있는 인식소가 되지 못하는 것이다. 굿판에선, 축제에선 '지금 진행 중인 제의(연희)'가 그 모든 것을 하나의 통과의례로 규정하고 현실감의 무게를 덜어내기 때문이다. 죽음마저도 유흥과 해학, 음담패설의 의례로 통과시키는 삶의 양식(modus vivendi)에서 빈부귀천, 지배와 피지배 관계는 일시적이며 무상하고 부질없는 것이므로 한바탕의 웃음과 소란으로 승화되면서 의미·현실성을 잃고 만다. 현실성의 의미(significance of reality)를 규정하는 세계관과 문화 생산물을 수용하는 아비투스는 서로 분리될 수 없는 것이다.

---

* 1921년 평양 상품전람회에서 관람객을 통제하는 일본인 경관에 대해 『매일신보』 평남지국 조선인 기자의 묘사에 의하면 경관들이 무기인 표검을 휴대하고 출입하는 사람들을 취체했으며, 반말과 험담을 일삼으며 조선인 남녀노소 관람객을 "유치장의 수인을 감시하는 태도"로 대했다고 한다. 「전람회 잡관」, 『매일신보』, 1921. 10. 5.

프로그램의 이접과 청각적 봉합

1900~1910년대 활동사진은 상설관에서조차 다른 연희양식들과 함께, 혹은 연희프로그램 전체의 일부로 영사되었다. 기생의 가무, 기악연주, 마술, 만담, 곡예, 그리고 환등이 중간 중간에 끼어들었는데, 이는 필름교체 시간을 메우기 위한 것이기도 했고, 또 영사할 만한 영화 편수가 적었거나 영화 자체가 짧아 온전히 유료관객을 끌기 어려웠기 때문이기도 했다.[62] 영화가 하나의 서사구조를 갖춘 텍스트로서 관객을 흡수하지 못하고 부단히 단절, 중단, 이접離接*을 반복하는 프로그램의 일부로 제공되었던 것이다. 따라서 영화는 감정적 몰입보다는 시각적 충격 또는 경악, 호기심을 일으키는 탐색의 대상으로 향수되었다. 이런 활동사진 관람 자체의 이접적 양상과 교차하는 또 다른 변수는 영화 텍스트에 대한 설명, 해설의 존재이다. 조선 영화계 변사의 존재는 일본의 인형극 해설자에서 유래한다는 주장도 있는데,[63] 서구에서도 1900년대에 해설자가 있었고 이후 자막이나 중간 제목(subtitle)으로 외부 매개자의 역할을 제거해갔지만, 한국·일본에서 변사의 역할과 비중은 영화관객의 선택에 영향을 미칠 만큼 컸기 때문에 변사의 역할에 관한 한 서구의 해설자보다는 일본의 변사에 더 가까운 형태였다고 보는 것이 옳다.

그러나 무엇보다도 한국에서 변사의 필요성은 전통연희에서 각기 역할을 맡은 등장인물들이 출연하여 스토리를 구성해가는 극 양식에 대한 경험이 부재한 데다 서양의 외래적 이미지(alien images)들 자체도 생소했기 때문에 화면과 관객 간의 거리와 몰이해의 상황을 통제하는 변사의 해설 비중이 더 커질 수밖에 없었다. 판소리와 같은 1인극, 탈춤, 구소설의 이야기 양식을 통해서 드라마적 서사의 전개를 이해해온 조선인은 여러

---

* 이접離接(disjunction)이란 서로 연관성이 없는 주제나 장르의 프로그램이 연속적으로 제시되는 상태를 가리킨다.

등장인물이 각각의 역할을 맡아 연기하는 것, 시간의 비약과 공간의 이동, 설명 없는 장면전환, 등장인물의 대사에 의존한 서사의 전개, 미숙한 연기자의 연기와 조악한 무대장치의 코드를 이해하지 못했다. 때문에 매우 단순한 가정비극을 다룬 신파 멜로도 시작 전에 전체 줄거리에 대한 해설[前說]이 있고 다시 막간마다 다음 막의 이야기 진행을 상세히 설명해야 했다. 이런 상황은 1930년대 연극에서도 계속되었다. 연극의 경우 무표정한 배우들의 연기 미숙, 조악한 무대장치 및 소품에도 큰 원인이 있었지만, 근대적 대중문화 양식들은 그 자체로 낯설고 새로운 것이었기에 관객들이 극의 흐름을 이해하거나 몰입하기에 힘들었을 것이다.

무성영화 시대 영화관람은 영화텍스트와 별도로 변사가 만들어내는 해설텍스트라는 2개 텍스트를 동시에 수용해야 함을 의미했으며, 화면을 통해 보이는 낯선 시각적 코드와 청각적으로 들어오는 익숙한 구두적 코드를 결합시키는 관람습성을 낳았다. 그러나 실제에 있어서 관객들은 낯설고 이질적이고 새로운 코드들을 익숙하고 전통적이며 구두적인 코드로 해석했으며, 그 과정에서 영화텍스트는 시각적 충격으로 남고 내용에 대한 이해와 이미지의 해독은 익숙한 코드로 재구성되었다. 조선인 활동사진 변사는 1910년 전후 무렵에 생겼고 이후 서상호, 김덕경, 김영환, 리한경 등의 유명변사들이 배출되었는데, 이들 초기 변사들은 해설을 '창작'으로 간주하고 자신들의 역할을 '한 장면[一畵]의 윤곽을 발견하여 중심사상을 포착'한 후 이를 구체적으로 '표현'하는 일로 간주했다.[64] 윤곽 내지는 중심사상을 주관적으로 포착한 후 이를 관객에게 전달하는 작업은 온전히 그들의 어휘력, 인생관, 가치관, 경험, 지식, 기분에 좌우되었고, 이 때문에 초기부터 변사들의 부적절하고 불경한 언행과 무지에 대한 비판이 끊이지 않았다.

일례로 초기 유명 변사이며 일본말에도 능한 서상호는 일본에서 중학을 다니고 귀국한 후 경찰서, 헌병대 통역, 순사, 신파배우를 거쳐 일본인 전용 '경성고등연예관'에서 변사 생활을 시작했는데, 말은 유창하나 관객에게 불경하다든가, 여자관객을 희롱한다든가 하는 비난을 받곤 했다.[65] 1914년 무렵 24세였던 김덕경도 중학 학력자로 "유창한 어조로 혹은 놉핫다 나젓다 연약한 아녀자의 음성도 지으며 혹은 웅장한 대장부의 호통도 농非하야 보는 사람으로 하야금 비록 그림이 빗쵸이지만은 실지의 연극을 보는 듯 또는 현장에서 그 광경을 직접으로 당한 것갓치 감념感念이 되니 ……"라는 높은 평가를 받았다.[66] 변사들도 신파에 강한 변사, 사회극이나 활극에 강한 변사로 특징과 장점이 구분되고 있었는데, 이는 그들의 목소리, 발성, 연기, 지식에 의해 장르 구분이 일어난 것으로 볼 수 있다. 일제 초기에 중학 학력을 가졌다는 사실은 그들이 해설 중에 (무지한) 조선인 관객을 의식하지 않고 임의로 창작하고 내용을 비틀고 생략하는 등의 임기응변과 즉흥변주를 일삼게 했다. 실제로 1913년 '우미관'의 활동사진 감상기를 보면 가장 큰 실책으로 변사 문제를 거론하고 있다. "조선인 변사의 언사의 공손치 못함과 어조의 온당치 못함이 문제이다 ……활동사진 자막에 비치는 대로 사실을 설명함이 온당하거늘 비추는 그림에 대해 설명이 열에 팔구는 항상 사실이 상반되고 다만 주제넘게 일반 동포의 단처를 들어 조롱으로 타매하기만 장기를 삼으니……"라고 했다.[67]

1920년대 중반에도 변사의 자격미달은 자주 지적되곤 하는데 "한창 긴장한 장면에서 농담을 터뜨리는가 하면 희극에서는 더 우는 청승스러운 조로 해서 천하게 들리기도 한다. 어떤 변사는 자기도취에 빠져 '자연의 의지와 우주의 이성이 아 슬프다' 하니 이게 무슨 의미인가?"라는 비난도 있다.[68] 1928년 소설가이자 배우였던 심훈의 변사에 대한 불만을 보면, 변사가 어떻게 영화텍스트를 무시하고 자신의 색깔을 입혔는지를 알 수 있다.[69]

변사의 무식한 말과 쌍소리 때문에 가족과 함께 영화관에 가지 못한다는 말을 요즘도 듣는다. 예전에 비해 외설이나 잡탕스런 말은 안한다고 하지만 일본말로 된 대본을 대강만 어름어름 보고 원문인 자막을 읽지 못하기 때문에 가끔이 아니라 작품마다 생딴전을 부쳐놓을 때가 많다……해설자도 간단한 회화자막쯤은 알아 볼 만큼 공부를 해야 한다. 제목이나 배우이름을 얼토당토않게 부르는 것은 고사하고……유식하다는 변사는 쓸데없는 문자를 늘어노코 미문낭독식이나 신파배우 본을 떠서 억지로 우는 음색을 써가며 저 홀로 흥분하는 것으로 능사를 삼는 사람도 있고 남의 작품을 자못 자기 일개인의 취미에 맞는 내용으로 만들어 보이는 대담한 사람도 있다……

변사에 의한 이런 식의 청각적 봉합은 화면의 이미지나 서사의 진정성(authenticity)을 훼손하는 한편 전통적 문화관습과 정서구조 또는 일본의 신파적 감수성에 의한 즉흥적이고 자의적인 해석, 오독, 전유를 부추겼다. 그러나 위의 변사에 대한 비판에서 보듯 변사의 해설자로서의 권위는 공고하지 못했고, 오히려 연희자로서의 역할이 대중에게 어필했던 것으로 보인다. 관객은 변사의 해설을 반신반의하거나 무시한 상태에서 때로는 변사가 창조하는 영화서사에 몰입하기도 하지만 때로는 스스로 영화의 이미지, 메시지를 변조하면서 독자적인 해석과 예측불허의 반응을 하게 된다. 한센은 초기 영화-관객의 관계를 특징짓는 이접성, 산만성, 비통합성이 오히려 관객들로 하여금 자신들의 영화경험을 독자적으로 해석하고 즉흥적으로 변조하게 함으로써 생산자로부터 독립적이고 자족적인 제3의 공공영역을 창조할 여지를 제공한다면서, 초기 영화관객과 포스트모던 관객의 유사성을 논의한다.[70] 그러나 다른 한편에서 보면 기표記標와 기의記意의 관계가 임의적으로 기호화(signification)되는 상태에서 영화는 온전한 시각매체로 수용되는 것을 방해받는다. 이런 종류의 방해가 시각기술에 대한 충격적인 경험을 완화시키거나 무력화하는 효과를 냈을지는 더 고찰할 필요가 있다. 이 말은 영화의 시네마적 근대성을 청각적 봉합이, 그리고 자의적인 해독과 변조가 어떤 형태로건 변질시키거나 비틀었을 수 있다는 의미이기도 한다.

식민지 극장구경 – 감시와 인종차별

전통적인 문화관습과 세계관이 초기 영화수용에서 중요한 매개 또는 촉매역할을 하고 있지만, 식민체제 아래에서는 극장운영과 관람상황을 조건짓는 식민지적 감시와 훈육체제가 관객성을 규정해가는 양상 또한 중요하게 고려되어야 한다. 조선인 전용의 극장은 피식민지 주민에게 합법적으로 허용된 유일한 집합공간(place of collectivity)인 동시에 인종차별의 식민상황에서는 일종의 종족공간(space of ethnicity)으로 존재했다. 즉 극장은 어느 면에서는 물리적으로 제한된 공공영역으로 기능한 점이 있는 것이다. 이는 식민지 조선인들이 극장에 가는 이유가 오락(여흥)이 첫째요, 둘째가 서양의 구락부(클럽)처럼 사람들을 만나 사교하는 데 있다는 지적*에서 확인된다. 일제의 극장에 대한 감시체제의 발동과 훈육장치는 이런 식민지적 조건 속에서 '극장가기'에 부여한 대중의 기대와 무관하지 않다.

1906년 통감부가 설치되면서 일본인 고문관들이 경무청의 경찰 권력을 장악하고, 1910년대에는 전국적으로 경찰법규의 영향력이 미치게 된다. 1905년 무렵 일본 도쿄에서는 순사 1명이 600명을 담당하는 데 비해 경성

---

* "밤9시경 극장에 가보면 남녀노소가 아래 우층에 충만한데 이들은 학생, 노동자, 회사원, 기생, 부랑자, 교원, 부자, 가난뱅이 등 온갖 계급의 사람들이 모여 있다. 이들이 극장에 오는 이유는 순전히 오락을 목적으로 하는 것이 첫째지만, 둘째는 서양 사람들의 소위 '구락부' 모양으로 사교적 재미로 누구를 만나러 가는 사람들이고, 셋째는 사막 같은 건조무미한 생활에 권태를 느끼고 위안을 찾으려는 사람들 그 외에 좋지 못한 야심을 가지고 밤마다 모여드는 모보모걸들의 소위 '불량'이 없지 않다." 「극장에 밤이 들면」, 『매일신보』, 1930. 4. 4, 2면.

에서는 순검 1명당 129명밖에 되지 않을 정도로 과다한 경찰력이 배치되지만, 범죄건수가 많지 않자 조선인 순사의 수를 줄이면서 점차 잘 훈련된 일본인 경관으로 대체하게 된다.[71] 1920년 문화통치기 이전 무단통치시기 경찰제도의 특징은 보통경찰제가 아닌 헌병경찰제였는데, 헌병경찰은 원래 의병진압을 목적으로 만든 조직이었기 때문에,[72] 1900~1910년 동안의 임검제도는 결국 통감부-무단통치시기의 고압적이고 무력적인 헌병경찰에 의해 집행된 셈이다. 이런 상황에서 1909년에 반포된 「범죄즉결령」은 경범죄의 경우 재판절차 없이 경찰이 직접 처벌하도록 했고, 이를 모태로 식민화 이후 일상에 대한 가장 대표적인 제재 법규로 일컬어지는 「경찰범처벌규칙」(조선총독부령 제45호, 1912년 3월)이 만들어졌다.[73] 1910년 12월 경찰서에서 순사 및 순사보에 대해 훈시한 15가지 세밀(연말) 취체방법 중 12번째 흥행장 및 흥행물에 대한 내용을 보면, "일반흥행장(연극장 및 기타 음악장을 가리킴 - 인용자)에서 밤 12시를 넘도록 흥행을 하거나, 공안에 방해되는 연극을 하거나, 장내의 취체가 불정리하야 훤조잡답喧噪雜踏(떠들고 소란함)함이 무無케 취체할 것이며, 불이 있는 곳을 주의하며, 변소의 소제소독 등을 부태不怠케 하며 주의할 사"라고 되어 있다.[74] 또 다음해인 1911년에는 내무장관의 훈시로 각 지방장관에게 "근년에 활동사진이 심히 유행하는데 특히 풍속을 괴란하고 공안을 방해하는 자가 많으므로 괴풍壞風 활동을 취체"하도록 훈시했다.[75]

합병 직후 활동사진과 극장에 대한 취체를 시작하면서 '풍속괴란風俗壞亂'을 명분으로 내세운 것이다. 아울러 합법적 취체의 명분으로 위생, 장내질서, 공공안전(공안) 개념이 중요하게 부상하는 것을 볼 수 있다. 이렇게 영화상설관, 극장의 임검경찰제도는 영화 내용에 대한 검열보다 흥행장소의 질서와 분위기 단속에 더 주안을 두고 시행되었다.[76] 그리고 풍기문란, 음란폐풍 혐의는 지속적으로 극장, 관람객 그리고 영화에 대한 검열과 감시를 정당화하는 키워드였다. 남녀 관객, 무대배우, 기생, 소리꾼이나 변사와 여성관객 간에 일어나는 유혹 또는 욕망의 시선, 가벼운 희롱, 연애, 교제는 늘 감시되고 비난받았다.[77] 활동사진관의 풍기문란이 심하다는 논의가 분분해지면서 1915년엔 관객석을 남녀구분하고 엄중 취체한다는 방침이 시달되기에 이른다.[78]

식민지 극장에서 임검경찰이 수행하는 업무는 매우 포괄적이었다. 관리와 신문기자를 사칭하는 등의 방법으로 입장권 없이 입장하려는 다수의 무표 입장자 단속에서부터,[79] 영화상영 중 검열기준에 저촉되는 사항을 임의로 판정하고 상영을 중단시키며 절도범을 잡는 등 광범위했다. 이 중에서도 일상적인 위생검사가 가장 역점사항이었는데, 특히 매년 하절기에는 극장을 전염병 발병의 주요 온상으로 지목하고 위생검사를 독려하는 경찰서 훈시 내용이 시달되곤 했다.[80] 1910년대 활동사진관에서 임검경찰(순사 및 순사보)이 어떤 취체업무를 수행했는지는 동경에서 1918년에 집계한 '활동사진으로 인한 범죄' 관련 통계를 통해 유추할 수 있다. 도쿄에서 시행하는 경찰규칙 같은 것들이 대개 수년 내에 조선에서도 몇 개 항목을 가감하는 식으로 시행되었으므로 기본 취체요령은 동일했다고 볼 수 있기 때문이다. 1918년 1월에서 11월까지 도쿄의 활동사진관에서 일어난 '범죄'를 보면 절도 등 형사사건 외에도 악희惡戱(악의적 장난), 소란, 음주, 잡담도 단속대상이었다.[81]

1922년 3월 새로이 경무국 보안과에서 주도하여 입안 중이던 「활동사진 취체규칙안」을 보면, 임검경찰에 대해서는 "간단한 범칙에 대해서는 문화경찰의 묘미를 잇는 대신에 위반자가 발생하는 경우는 근무의 해태함으로 인한 것으로 간주하고 해임한다"라는 단서가 붙어있다. 극장에서 위반사건이 발생하는 경우 기강해이로 알고 해임하겠다는 경고이므로[82] 임검경찰은 사후처리보다는 사전예방을 위해서 월권이라는 비난을 들을망정 단속·검열·수색 등 위임된 권한 내에서 매우 강압적으로 극장을 통제하지 않을 수 없었을 것이다.

이런 일제 임검의 감시와 훈육에서 간과해서 안 될 것은 식민 지배자의 대리인으로서 이들 임검들이 한국인 관객에 대해 인종차별적 멸시와 모욕을 일삼았다는 점이다. 일제 식민체제는 본질적으로 천황제로 표상되는 인종주의에 기반해 있었다.[83] 그래서 조선인들이 극장에서 일본인 경찰의 통제하에 놓인다는 것은 곧 자신의 인종적 정체성에 균열을 내고 피식민자의 낙인을 찍는 상황에 놓이는 것을 의미한다. 1921년 평양 상품전람회에서 관람객을 통제하는 일본인 경관에 대해 쓴 『매일신보』 평남지국 기자는 경관들이 무기인 표검을 휴대하고 출입하는 사람들을 취체했으며, 조선인 남녀노소 관람객을 "유치장의 수인을 감시하는 태도"로 대했다고 묘사했다.[84]

극장에서도 임검경찰은 임의로 언제든지 영사를 중단시킬 수 있었고, 관객의 소지품·신체를 수색했으며 변소, 좌석 등 어느 곳이고 고압적으로 단속했다. 경찰뿐 아니라 일본인 극장사무원도 관객에 대해 오만하고 하대하는 태도로 대했는데, 『매일신보』 1913년의 "우미관 사무원의 악행"이라는 표제 기사에 따르면, 상등석인 2층을 담당하는 짙은 화장을 한 여사무원 4~5명이 거만한데다 관람객이 경대하지 않는다는 이유로 욕을 했다고 비난하고 있다. 2층 상등석 관객이면 조선의 지식층이나 중·상층은 되는데도 욕을 할 정도였다면 하층의 관람객에게는 더 말할 나위도 없다. 실제로 당시 극장사무원은 일본인을 고용하는 경우가 많았는데, 이는 조선인 관람객이 일본인을 어려워해서 말을 잘 듣기 때문이었다. 일본인 사무원들은 "극히 포학하여 사소한 일로 관람자를 무단히 구타하는 악행을 하고 만원이 되어도 사람을 계속 들인다"라는 비판을 받기도 했다.[85] 조선인 관객은 영화를 보기 위해 표값을 지불하고 들어온 극장에서 일본인 경찰과 사무원들에게 욕설, 구타, 불시검색, 신체수색, 심문조사 등의 모멸적 취급을 받았던 것이다.

이런 식민권력에 의한 지속적인 감시, 불시의 개입과 중단은 결국 굿판의 무질서, 소란, 신체적인 반응에 대한 감시와 규율체제의 작동이며, 이로써 굿판은 점차 현실의 권력에 의해 근대적 영화관람 행위로 재구성되며, 이는 근대적 영화관객의 형성으로 이어진다. 정숙, 침묵, 타자에 대한 무관심, 청결, 질서의 근대적 관람습성을 익히고 순응하게 되는 것이다. 이런 과정은 스크린에 대한 응시, 개인적이고 사적인 내면으로의 침잠, 개별적이고 주관적인 해독, 스크린 속 이미지들로부터 거리두기와 같은 근대의 시각주의적·주객분리적 인식주체로의 전환이기도 하다. 식민지에서는 이런 주체의 전환이 기습적 충격, 처벌과 훈육, 해명되지 않은 수많은 의문들로 인한 혼란과 긴장, 불안전하고 불안정한 현실성 등과 함께 개연적으로 작용함으로써, 근대의 분열적 주체(schizophrenic)와는 또 다른 경계적 주체(subject on boundaries)가 형성된다. 즉 근대적 시각문화로의 이행이 점진적이지 않은 역사적 조건 안에서 근대적 주체형성과정이 진행된 것이다.

4. 식민지의 시네마 근대성
   – 초기 영화시대의 지연과 지체 그리고 변조

이상으로 1903~1920년대 초까지의 영화수용과 관객성의 전개 국면들을 살펴보았다. 이 시기는 한국영화사로 보면 그 이후의 영화텍스트 및 관객성과 구분되는 면이 있는데, 그것은 다음의 세 가지 단서들을 통해 가늠할 수 있다.

하나는 『매일신보』 1918년 9월 5일자 「 '광무대' 10주년 기념 '단성사'

대중축」을 알리는 보도기사이다. 조선 연예계의 실질적인 패자였던 박승필이 1907년 '광무대'를 인수한 후 간간이 활동사진을 영사하다가 드디어 1917년에 '단성사'를 인수·개축하고 "구미 문명제국에 유명한 활동배우의 경천동지하는 기술예술적 활동사진을 수입하여 일반에 보히고져……영화전용 상설관으로 개축한다"라는 내용이다. 이로써 조선인 대상 영화관으로 '우미관' 독주시대를 지나 '단성사'와 쌍두체제로 들어서는데, 이는 1910년대 말에 이르러 영화가 대중적 흥행물로서의 가능성을 보여주기 시작했음을 의미한다. 그러나 이 두 활동사진관은 다양한 전통연희를 공연하던 목제 연극장 시대의 연장선상에 있다. 순수한 영화 전용 극장은 1922년 인사동에 건립된 3층 건물 '조선극장'이 처음이라고 할 수 있는데, 승강기, 식당, 실내오락장, 넓은 무대, 전기조명, 팔걸이 의자, 칸막이를 설치하고는 1920년대 이후 미국 고전영화 시대를 열어간 것이다.[86]

두 번째 단서는 1923년 1월 27일자 『매일신보』 기사로 "근래 들어 문예의 가치를 깨닫고 활동사진도 활극보다 문예극을 환영하게 되었는데 이를 위해 '단성사'에서 '문예극대회'를 열어 파라마운트사의 〈우자愚者의 낙원〉이라는 조선에서 처음 보는 고급영화를 상영"할 것이라고 알리는 내용이다. '처음 보는'이라는 표현은 이 무렵 드라마적 서사를 가진 장편영화들이 흥행되기 시작했음을 의미한다. 영화평론가이자 감독이었던 이구영에 의하면, 1924년은 기억할 만한 해인데 '명화가 이 해처럼 수입된 적이 없고 흥행업자간의 치열한 경쟁이 벌어졌기' 때문이라고 했다.[87] 1923∼1925년 사이에 조선 영화시장이 할리우드 서사영화의 시장으로 재편되어 갔음을 알 수 있는 것이다.

세 번째 단서는 당시의 10년간에 관한 시대변천사를 개관하는 『동아일보』 1930년 4월 6일자 영화 특집기사이다. 기사는 10년 전 무렵까지 주종을 이룬 톰 믹스(Tom Mix)의 서부극 같은 대활극류, 도적극, 저급예술의 활극이 인기 있었으나,* 그것으로는 도저히 관객의 환심을 살 수 없음을 깨닫고 '유나이티드 아티스트', '폭스'사의 정극正劇, 명작을 영화화한 것이나, 적어도 근대사상을 가미한 연애물을 상영하고 고객의 만족을 주게 되었다고 했다. 또 관객층의 변화도 1920년대 초에 가시화되었는데, "과거 10년 전만 해도 활극을 좋아하는 유치한 학생들이 주 고객이었으나, 그 이후 영화예술에 관심을 가진 상당한 교양을 받은 중등 이상의 학생과 일반 신진계급으로 영화팬들이 바뀌었다"고 지적했다. 이는 앞의 두 번째 단서와 연결될 수 있다.

1920년대 초에 보이는 이런 변화는 1922~1924년간 일제 총독부 경무국에서 영화취체규칙을 새로 정비하고 통일하는 데 박차를 가한 시기와도 겹치고 있어, 한국 영화관람 또는 시장의 성장 측면에서 이 시기 이전을 초기 영화시대로 규정해도 무리가 없을 것이다. 요약하면 1920년대 들어서서야 장편 드라마들이 본격적으로 선을 보였으며 그 이전까지는 서사보다는 자극적이거나 신기한 볼거리가 강한 활동사진이 주류를 이뤘음을 짐작할 수 있다. 그리고 이 무렵 일반인들도 활동사진이라는 말 대신에 영화라는 호칭을 쓰기 시작했다.[88] 또 한국에서 제작한 최초의 극영화가 1923년 총독부가 제작한 저축 장려 영화 〈월하의 맹서〉이며, 그후에도 연간 평균 4~5편 정도밖에 영화를 만들지 못했다는 사실도 보완 단서로 제시할 수 있다.

그런 이유로 1920년대 초까지를 초기 영화시대로 규정하는 것이 크게

---

* 1910년대의 인기장르였던 서부극, 활극, 희극영화들은 할리우드에서 저예산으로 만든 영화들인데 톰 믹스는 로데오쇼 출신으로 빠른 액션과 승마, 스턴트연기가 뛰어난 인기배우였다. 1917년에 '폭스'로 옮겨오기 전에 1900년대와 1910년대 액션활극물을 만들어낸 주요 제작사였던 '셀리그'(Selig: 시카고, LA)에서 활동했다. 따라서 여기서 말하는 톰 믹스 서부 활극류란 1900~1910년대 할리우드 이전의 작품들을 가리키는 것으로 볼 수 있다. 톰슨 외(주진숙·이용관·변재란 외 옮김), 『세계영화사: 영화의 발명에서 무성영화시대까지 1880~1929』, 시각과언어사, 1999, 92, 97, 104쪽 참조.

틀린 말은 아니라 할지라도 다소 논쟁의 여지가 있다. 왜냐하면 그 시기 안에서 일어난 세부적인 변화들을 간과하거나 평가절하할 소지가 있기 때문이다. 무엇보다 서구에서 1907~1908년간을 전후로 초기 영화시대와 서사영화시대를 가르는 것에 비추어 보면, 이런 구분은 많은 시간적 지체가 있다.[89] 초기 영화에서 볼거리들이 지배적이었던 시기는 1903년까지로 국한되며, 그 이후에는 관객의 관심을 끌기 위해 서사적인 연속성과 인과성에 주력하는 영화들이 주요하게 등장했다. 이런 점에 주목해서 서구의 초기 영화시대를 더욱 앞당겨야 한다는 주장도 있음을 감안하면 더욱 논쟁적일 수 있다.[90]

그러나 초기 영화시대를 서사성과 더불어 관객성도 염두에 두고 보면, 초기 영화와 그 이후의 시기를 구분하는 데 보다 실질을 기할 수가 있다. 이런 시각을 보여주는 대표적인 연구자가 한센(M. Hansen)이다. 한센은 영화가 1906년대 이전까지의 지배적인 관람공간이었던 보드빌이나 이동영사를 통해 상업적 연예오락물로 발전했다면서, 초기 영화에서 유지된 두 가지 원칙을 첫째, 프로그램의 이접적(disjunctive) 스타일, 즉 버라이어티 포맷으로서 짧은 단편영화들이 라이브 공연(동물쇼, 곡예, 마술, 노래 등)과 함께 보여진 점, 둘째, 개별 영화들이 극장에서 연사, 음향효과 전문가, 음악 연주자들에 의해 매개된 점을 거론한다. 관객성을 기준으로 삼아 시대구분을 하는 것의 타당성은 관객의 입장에서 극장이라는 시공간과 화면에 펼쳐지는 환상세계가 별도로 분리되기보다는 지각적으로 연속된 시공간으로 경험되는 방식과 서사 중심의 고전영화들이 침묵, 수동성, 지각적 고립을 통해 화면과 극장공간을 분리하는 방식이 본질적으로 대비된다고 보기 때문이다.[91]

이렇게 보면 서양에서 초기 영화시대는 1906년 또는 1908년 이전의 보드빌 시기에 해당되며, 니켈레디온 시대로 넘어가면서 영화가 뚜렷이 상

업적 대중문화로 발전해가는 시기와 구분된다. 즉 1900년대 말 이후 1910
년대까지는 초기 영화와 고전적 서사영화(1920~1940)의 과도기적 상태로
적어도 초기 영화라는 구분에서는 제외되는 셈이다. 그런 점에서 서양의
기준으로 초기 영화시대도 서사영화시대도 아닌 과도기적 상태인 1910년
대가 한국에서는 초기 영화시대로 포함된 것이고, 이는 한센이 말한 두 가
지 초기 관객성의 요건이 그대로 지속되었다는 것뿐만 아니라 영화의 서
사면에서도 초기적인 특성이 지속되었음을 뜻한다. 어느 면에서는 1920년
대 말에도 초기 영화 스타일과 장르에 대한 요구와 취향이 유지되었다고
짐작되는 단서도 있다. 1929년의 한 영화평론가가 "영화관에서 처음부터
7~8권짜리 '머리싸울'(장편)영화를 보여주지 말고 실사와 짧은 희극을 먼
저 보여주라면서 불란서 광경이 나오고, 영국의 산수가 비치고, 양상洋上의
고래사냥이 나오고 알프스의 백설이 보이고 러시아[露國]의 청년들이 우리
들보고 이야기를 걸고 구미의 귀眞여운 여배우들이 해수욕복만 입고 우리
를 웃겨주는 등의 실사사진은 고달픈 혼넋을 고히 어루만져주며 '로이드
나 채플린이 아니어도 별별 희극배우가 재조를 다하야 우리의 넋을 웃겨
주는' 희극이 조선관객에는 필요하다"라고 요구하고 있는 것이다.[92]

　이런 초기 관객성을 초기 영화시대의 지연과 지체로 해석하기 위해서
우리가 우선적으로 고려해야 할 것은 영화가 어떠한 문화적 지형 안에 도
입되고 배치되었는가 하는 점이다. 이는 영화가 전무후무하게 근대문화를
관통하면서 빠르게 성공한 요인을 그것의 독창성이나 혁신적 기술에서 찾
기보다 19세기를 관통하면서 발전해온 상업화된 '시네마적 문화(cinematic
culture)'를 물질화한 방식에서 찾는 관점과 궤를 같이 한다.[93] 유럽(파리)
에서 영화는 그보다 앞서서 상업적 오락으로 도시민의 눈길을 잡은 대중
신문, 시체공시소(morgue), 밀랍인형 전시장(wax museum) 그리고 환등기
를 활용한 파노라마(panorama)와 같은 사실주의에 기반한 시각문화를 내

부적으로 통합하는 한편 당대의 도시적이고 근대적인 감수성을 확장, 변형함으로써 근대성의 매체로 전무후무한 성공을 거둘 수 있었다.[94] 초기 영화들이 제시적 스타일을 강조한 실사영화로 흐른 것은 그 이전 시각문화의 사실주의적 재현방식을 움직이는 동작으로 확장한 것이며, 대중도 기존 상업화된 시각문화의 연장선상에서 영화를 근대성의 기술로 받아들였던 것이다.

17세기 이후 유럽의 많은 가정에서는 광학적 놀이기구들을 보유하고 있었고, 흥행업자와 교육자들은 유리 슬라이드를 영사하는 환등기를 사용해왔다.[95] 18세기에 슬라이드 환등은 이동전시자들을 통해 더욱 확산되는데, 주로 옛날이야기나 성경의 일화 등을 담은 그림들을 보여주다가 18세기 말에는 판타스마고리아(phantasmagoria)로 불린 환등, 즉 움직임과 특수효과를 표현하기에 이르렀다. 사진은 1839년 처리과정(현상·인화)이 알려진 이후 사실적인 구경거리를 피사체로 삼았는데, 이는 기술—근대성이 구경거리를 통해서 대중에게 홍보되는 전형적인 경우이다. '사실적 환영(illusion)'을 만들어내는 사진기술은 그 자체가 기술을 신비화하면서 두 종류의 경이감을 촉발했는데, 하나는 비현실적인 세계가 완전히 현실화되는 것을 경험하는 경이이고, 다른 하나는 그 모든 것을 가능하게 하는 이해할 수 없는 기술에 대한 경이였다.[96]

그러다 1880년대 말에 이르면 미국에서는 두 개의 영사기로 10평방 피트의 이미지를 만들 수 있게 되는데, 여기에 연속적으로 촬영한 슬라이드들을 디졸빙 기법으로 영사함으로써 주제와 메시지가 있는 환등이 상용화되었다. 이때 해설자가 무대에서 조명을 받으며 환등되는 사진들을 설명하였고, 채색한 광고사진을 곁들이기도 했으며, 배경음악도 연주될 정도로 환등은 '세련되고 재미있는 거실 오락'으로 자리잡아갔다. 이를테면 주제가 있는 사진을 연속적으로 배치한 드라마 형식의 환등으로 발전했고 인기를 모았다.[97) 19세기의 한 세기에 걸친 이런 시각문화의 연속적 흐름 속에 영화가 등장하는 것이다. 거닝이 초기 영화의 테러에 가까운 경악의 미학을 말하면서도, 관중이 정면으로 돌진해오는 기차의 속력에 테러를 느낀 것이 아니라, 다시 말해 화면의 이미지가 사실이라고 오인해서가 아니라 영사된 움직임이 눈앞에서 마술처럼 변형되면서 전혀 새로운 형태의 환영을 만들어내고 있다는 사실 자체에 경악을 느낀 것이라고 설명하고 있는 것도[98) 이런 시각문화에 대한 서구 도시대중의 경험과 훈련을 전제로 했기에 가능했다.

그러나 유럽은 20세기 초 한국이 비교의 준거로 삼기에는 너무 거리가 먼 제국주의 타자이다. 어쩌면 문호개방의 시기가 비슷하고, 문화적 동질성이 있으며 전산업적 체제가 지배적이었던 중국과 일본의 사례에 견주는 것이 초기 영화시대의 지연 및 지체의 성격을 이해하는 데 도움이 될 수 있다. 일본의 경우 처음 활동사진이 대중을 상대로 상영된 것은 1897년이지만, 그 이전 18세기부터 서구에서 수입한 시각 기계장치를 통해 빛으로 영상을 만들어내는 시각문화가 형성되고 있었다. 이야기가 담긴 연속된 그림사진[寫之繪]을 무대에 설치된 유리에 환등하는 방식이 인기를 끌면서 시작된 환등문화는 1880년대에 이미 대중적 인기를 확보하고 있었고, 이런 상황에서 활동사진이 들어온 것이다.[99) 그래서 처음부터 환등은 영화로 불리기도 했는데, 이는 '슬라이드'를 하나의 그림판(영화)으로 간주했기 때문이다. 반면 영화는 연속된 움직이는 동작을 가능하게 하는 필름에 강조점을 두어 활동사진으로 불렸다가 1920년대 들어서 다시 활동사진을 영화로 지칭하게 되었다.[100) 다시 말해 일본에도 중국, 한국과 마찬가지로 영화는 1890년대 말에 동시적으로 도입되었지만, 일본은 환등문화와의 연장선상에서 영화를 받아들인 것이기 때문에 환등과 활동사진이 거의 동시에 들어온 한국과는 상황이 다르다.

한국에서는 활동사진이 도입된 이후에도 환등회가 계속되었다. 하지만 왕실, 외교관, 관청, 병원 등 주요 시설에서만 제한적으로 영사되었고, 일본처럼 하나의 볼거리로서 대중화되지는 못했다. 한국에서도 17세기 이래 북경에서 만난 서양인과 서적들을 통해 일부 실학자들 사이에 '카메라 옵스큐라'에 대한 이해는 있었지만, 사진기로 찍는 사진이 전래된 것은 1870년대 개항 전후 무렵으로 북경이나 일본에 파견된 사절단들이 개인적으로 사진을 경험한 것이 전부였다.[101] 사진설비를 갖춘 사진관이 생긴 것은 1885년경으로 일본에서 사진술과 기기를 도입했다. 청일전쟁(1894~1895) 이후 일본인들이 사진관을 차리기 시작하면서 사진이라는 개념이 확산되기 시작한다. 사진이라는 용어 역시 일본어를 차용한 것이다.[102] 그리고 환등도 1880년대 말경에 활동사진과 거의 동시에 도입되었다. 즉 영화 이전의 시각문화의 전사前史는 없었다고 해도 틀린 말은 아니다.

그러나 일본에서는 처음 1897년 뤼미에르 시네마토그래프가 오사카에서 상영되는 시점과 거의 동시에 에디슨의 비타스코프(vitascope)와 영화촬영용 카메라가 도입되었다. 그리고 이내 1900년대에는 가부키 등 전통연극, 도쿄의 거리, 게이샤 공연 등 전통극장 공연물, 시사뉴스 등이 영화에 담겼는데, 이는 서구 초기 영화들이 유원지, 놀이공원, 보드빌극장 공연, 곡예 등을 찍었던 것과 유사한 패턴이다. 한편 점차 사무라이 활극류의 저예산 시대극들이 양산되었고, 1910년대에 들어서면 신파극과 신극 같은 근대극의 서사에 기반한 극영화들이 붐을 이루게 된다. 그리고 1908년 무렵에 이미 영화가 이윤을 남길 수 있는 사업으로 간주되었고, 1910년대에 들어서면 영화산업의 기반을 갖추게 된다. 물론 서구영화의 인기가 지배적이었지만 1945년까지 시대극만 6천여 편이 제작된 것을 보면 근대화 초기의 아시아 국가에서 영화산업이 어떻게 정착되어 가는가를 보여주는 점이 있다. 그러나 일본에서도 시나리오 극본에 따른 영화제작은 1920년대

초에나 가능했다.[103]

중국에서도 초기 활동영화식의 '경악의 볼거리'에서 장편 서사영화의 즐거움을 탐하는 시대로의 이행은 1920년대에 이루어졌다. 그러고 보면 초기 영화시대의 연장 내지 지체는 동아시아 후발 근대화국가, 반식민국가, 식민국가에서 일반적인 현상이었다고 볼 여지가 있는데, 중국의 경우 1920년대 들어 국내 영화산업이 급속히 팽창하면서 1925년에는 175개의 크고 작은 영화사가 생기고 비록 슬랩스틱 코미디가 주를 이뤘지만, 1920년대에 대략 500여 편의 영화를 제작했다는 점에 주목해야 한다. 1920년대 초에 일본과 중국에서도 나름대로 초기 영화시대의 잔재를 털어내는 변화가 보이지만, 그런 와중에도 1900년대 초부터 꾸준히 서구의 초기 영화와 같은 스타일의 영화제작이 이루어진 것은 부인할 수 없다. 장(Zhang)은 국산영화 제작이 활발했던 이 1920년대를 중국의 초기 영화시대로 규정하는데,[104] 이는 국산영화 제작 이전의 영화에 대한 경험과 기술적·문화적 훈련의 역사를 간과한다는 점에서 문제가 되고, 또 국산영화 제작이 아닌 관객성을 기준으로 하여 '초기시대'를 구분하고자 하는 본고의 관점과는 거리가 있다.

한편 아시아 국가는 아니지만 20세기 초 비서구, 주변부, 전산업사회였다는 공통점을 가진 남미의 경우도 우리에게 함축하는 바가 있다. 남미 여러 나라의 초기 영화시대의 흐름을 추적한 로페즈(Lopez)에 의하면, 남미는 이미 1890년대에 영화의 수입과 거의 동시에 영화를 제작했다. 1900년대까지 다큐멘터리 형식의 실사영화를 주로 제작했으며 맹아적 형태의 극영화도 제작했다. 초기에 수입된 기차영화들은 기차를 문명·근대의 상징으로 각인시키는 계기가 되었고, 이내 자신들의 근대성이 진전되고 있음을 확인하는 상징으로서 기차나 기차역을 소재로 한 영화들을 제작하는 데 열중했다. 또한 다른 한편으로 미디어와 새로운 유흥장(놀이동산), 도시의 발전상들을 담아냄으로써 영화를 근대적 감수성의 남미적·지역적 형식으로 전유했다고 평가한다. 그리고 1910년대로 들어가면 제국주의의 타자로서 남미의 정체성과 차이를 인식하게 되는 사회분위기에 부응하여 영화에 국민성(nationness) 메시지를 담기 시작하며, 이를 통해 남미의 지역성과 자아의 의미를 문제로서 새롭게 보게 된다. 영화가 20세기 초 세계질서 안에서 민족성과 국가적 정체성의 담론을 만들고 전파하는 근대적 기술로 확장된 것이다.[105]

이상의 논의는 한국의 초기 영화시대의 지연과 지체 그리고 관객성의 양상들이 식민지적 현실조건에서 기인한다고 주장하기 위함이 아니다. 물론 1920년대 후반에도 2~3년, 3~4년, 5~6년, 심지어는 10년 전에 제작된 낡고 훼손된 필름으로 영화를 봐야 했고,[106] 1930년대도 연간 4~5편의 영화제작밖에 이뤄지지 않은 현실은 식민지적 조건과 무관하다고 할 수 없다. 그러나 영화를 시각매체, 시각기술, 시각장치로 규정한다면 한국 초기 영화의 경험과 관객성 그리고 수용과정에서 발현되는 '지체' 양상에 대한 논의는, 본질적으로 시각문화의 배경에 대한 논의에서부터 시작할 필요가 있다. 1930년대까지도 연극관람에서 해설자(극장주나 극단장)가 극의 전체를 설명하고, 막간에 또 다음 막의 내용을 설명해야 했던 상황은 근대적 인간관계를 비롯하여 무대에서 극화되는 근대적 서사체계, 무대장치의 의미, 배역의 역할, 장면전환, 시공간의 도약, 배역간의 대사를 통한 사건전개, 조야한 음향효과의 의미 등의 연극양식을 이해하기 힘들었기 때문이라고 할 수 있다. 따라서 낯설고 이질적인 외래 요소들을 익숙한 문화관습과 체화體化된 아비투스, 구경의 무의식 안에서 통합하고 변조變調(modulation)하는 것은 초기 도입단계에서는 매우 자연스러운 반응이다.

그러나 지역성(locality)에 의한 변조의 과정은 그대로 심화되거나 유지되지 않는다. 어느 시기에 이르면 도입된 문화양식의 본래적인 기술적·문화적 속성들이 어떤 계기를 통해 발현되며, 이때 해당 사회의 필요와 집합적 욕망에 따라 재구성되는데 이 과정에서 식민지 현실은 중요한 모티브로 작용한다. 1910년대부터 남미의 근대성에 대한 반문, 일본의 시대극과 국민영화 그리고 1920년대 중국의 국민영화는 영화적 속성이 지역성과 결합한 경우들이다. 영화가 서구에서 처음부터 근대성의 문화로 등장했고, 상업화된 시각기술 장치의 한 정점으로 자리하면서 20세기 시각체제, 도시적 욕망과 소비하는 대중을 공고하게 구축해갔다면, 중국과 일본, 남미에서는 영화가 도시적 근대성의 일단을 제시하고 모방하는 계기를 주는 한편 자국의 현실적 필요에 맞추어 새롭게 활용되는 초기 과정을 거쳐갔다. 이에 비해 식민지 한국에서 영화는 도시적 근대성, 중심제국과의 차이, 타자로서의 자의식보다는 일본 신파영화 및 신파극의 서사를 차용하면서 가정 비극류의 '이야기'에 편중되는 특수성을 노정한다. 중국, 일본, 남미의 경우 초기 영화는 경악과 경이 단계를 지나 이런 차이를 제국의 문명에 대한 비판적 성찰로 진전시키면서 영화를 통해 근대적 국민, 민족담론을 생성하였지만, 한국에서 초기 영화는 그 모든 가능성이 봉쇄된 식민조건 하에서 유흥과 오락의 대상으로, 근대성의 상징이자 소비의 대상으로 지체되었다. 국민과 민족의 모티브, 제국과 타자의 모티브, 차이의 모티브, 중심과 주변의 모티브를 결여한 영화의 수용은 상업화된 시각문화의 상업성, 스펙태큘러, 환상, 유동하는 이미지 소비에 집중하는 관객성을 형성한다. 이런 결론은 심중은 가지만 잠정적이다. 앞으로의 과제는 초기 시대의 기반 위에서 전개된 1920년대 이후의 식민지 영화수용과 관객성에 대한 분석을 통해 논증되어야 하는 것이다.

:: 한기형

성균관대학교 국어국문학과를 졸업하고, 같은 학교 대학원에서 석사 및 박사학위를 받았다. 성균관대학교 대동문화연구원 선임연구원, 한국학술진흥재단 전문위원을 거쳐, 현재 성균관대학교 동아시아학술원 부교수로 재직 중이다.

최근의 연구방향은 식민지 검열체제의 성격, 근대잡지의 매체적 특질과 근대문화의 상관성, 근대지식과 근대문학의 관계 등 다양한 문제를 포괄적으로 다루는 것이다. 이런 연구의 장기적 목표는 근대 한국 문화제도의 특수성을 해명하는 데 있다. 문화제도에 대한 문제의식은 박사학위 논문을 쓰면서 근대문학 형성의 외연을 탐사했던 경험에서 비롯되었다. 이때의 고민은 「1910년대 신소설에 미친 출판유통 환경의 영향」(1994), 「무단통치기 문화정책의 성격-잡지 『신문계』를 통한 사례 분석」(1997)에 들어있다.

저서로 『한국근대소설사의 시각』(1999)가 있다. 주요 논문으로는 「최남선의 잡지 발간과 초기 근대문학의 재편」(2004), 「근대잡지와 근대문학 형성의 제도적 연관」(2004), 「근대어의 형성과 매체의 언어전략」(2005), 「『개벽』의 종교적 이상주의와 근대문학의 사상화」(2006), 「식민지 검열체제와 사회주의 관련 잡지의 정치 역학(2006) 등이 있다.

문화정치기 검열정책과 식민지 미디어

한기형

訃告

詩集 『機關車』君 七月四日 藥石無效 玆以訃告 七月八日

이것은 동무 김창술 군이 나에게 보내준 엽서이다……

—— 김병호, 「죽어진 시집」, 『조선지광』 92호, 1930. 8.

1. 문화정치의 미디어 허용 – 식민지 효율성의 제고*

총독부에 의해 시행된 식민지 검열은 근대 한국인의 지적 활동과 문화 전반을 통제하고 장악하기 위해 행해진 일종의 국가폭력이었다. 한국의 근대 검열체제는** 일본의 한국지배 초기인 통감정치 시기에 구체화되었

---

* 이 논문의 초고는 2004년 12월 17일 열린 성균관대 동아시아학술원 연례 학술회의 「식민지 검열체제의 역사적 성격」을 통해 발표되었다. 학술회의를 함께 준비하는 과정에서 이루어진 정근식, 한만수, 최경희, 박헌호 선생님과의 유익한 토론과 학술회의에 토론자로 참여한 유선영, 이철우, 임경석, 주명철, 황종연 등 여러 선생님들의 비판과 조언은 이 논문의 작성에 큰 도움이 되었다. 이 논문은 『대동문화연구』 51집, 성균관대 대동문화연구원, 2005에 게재되었고, 이번 역사비평사의 기획에 참여하는 과정에서 약간의 수정이 이루어졌다.

** '검열체제'는 검열을 수행하는 식민통치기구, 검열 과정, 검열 과정의 참여자를 하나의 체계로 파악하려는 의도에서 구성된 자의적 개념이다. 이런 개념화가 필요했던 이유는 식민지 검열이 텍스트 검사, 삭제·발행정(금)지 등 행정처분, 즉결처분·정식재판 등 사법처분의 결합으로 완결되기 때문이다. 앞으로 식민지 검열체제의 시계열적 전체상에 대한 실증적 연구가 활성화되면 이 개념의 보다 섬세한 구조화가 가능할 것이다. 최근 이루어진 아래의 논문은 식민지 검열체제의 성격 규명을 위한 구체적 성과의 중요한 사례이다. 정근식, 「일제하 검열기구와 검열관의 변동」, 『대동문화연구』 51, 2005 ; 「도서과의 설치와 일

다.「신문지법」(1907)과「출판법」(1909)의 반포는 식민지 검열체제에 법률적 기초를 마련해주었다. 이런 법률들은 일본의 법체계에 근거해 만들어졌지만 그 내용이 상이한 이른바 이중법적 성격을 특징으로 하고 있었다. 이를 통해 법률 차원의 식민지 차별이 엄존했음을 알 수 있다.[1]

무단통치와 연계된 초기 검열정책의 특징은 검열의 대상이 만들어지는 것 자체를 가급적 봉쇄하는 것이었다. 그 결과 1910년대 전 기간 동안 신문지법에 의한 미디어 간행은 엄격히 금지되었다.『경성일보』와『매일신보』가 발행되었지만 그 미디어적 기능에 대해서는 일본 내부에서조차 심각한 의문이 제기되고 있었다. 예를 들어 나카노 세이코中野正剛는 "이들 어용신문은 중앙 정부의 자랑 이야기를 엮은 논설 기사를 가지고 지면을 채우고 있다"라며[2] 그 편협성을 우회적으로 비판했다. 출판법에 의해 허가된『청춘』·『천도교회월보』등 잡지는 시사와 정치 문제를 다룰 수 없었으므로 그들 잡지가 한국의 사회현실에 접근하는 것은 원천적으로 불가능했다.『청춘』이 문학과 교육에 집중했던 것은 따라서 강요된 것이었다.[3]

그런데 사회현실을 반영하는 미디어의 부재는 10년간의 식민지 정책이 추구한 조선사회의 근대적 변화 — 그것은 물론 일본에로의 한국사회의 예속화 과정이었지만 — 를 표상할 수 있는 제도적 방법의 동시적 부재를 강제했다. 이것이 의도하지 않은 식민정책 내부의 모순을 만들어냈다. 미디어가 존재하지 않는다는 것은 사회 구성원들이 자기 사회의 근대성을 인식할 수 없다는 것을 의미했다. 미디어는 근대를 구성하고 표상하는 제도로서 근대의 진전과 확산에 없어서는 안 될 요소였기 때문이다. 국가행정제도, 군사제도, 교육제도, 문화제도 등의 상호연관성 속에서 근대가 구성된다고 할 때, 미디어는 여타 근대제도를 비추는 창인 문화제도의 핵심

제 식민지 출판경찰의 체계화, 1926~1929」,『한국문학연구』, 동국대 한국문화연구소, 2006.

으로서 다른 제도의 성장에 필수적인 보완 기능을 가지고 있었다. 따라서 '미디어의 폐쇄와 추방'이라는 정책은 그 시효성이 한시적일 수밖에 없었다. 근대를 표상할 수 있는 제도의 부재 속에서 일제가 한국인들을 설득하거나 복속할 수 있는 가능성이 점점 작아지기 시작한 것이다.

제국 일본은 한국인들을 식민지적 근대의 주체로 전화시켜 궁극적으로 일본 국력의 팽창에 필요한 자원으로 삼으려 했다. 그런데 미디어의 폐쇄는 한국인들 스스로 근대를 인식하게끔 하는 제도를 박탈함으로써 제국 일본이 '추구하는 정책'과 식민지에서 '시행되는 정책' 사이의 모순을 만들었다. 이것이 무단통치라는 정책방향의 '전략적 효율성'을 의심하게 하는 요인이 되었다.

일본의 식민지 정책기조는 기본적으로 동화주의에 있었다. 동화정책은 식민지를 통해 일본의 한계를 보완하려는 것이었다. 따라서 식민지인은 수탈과 지배의 대상이면서 동시에 일본의 조력자이자 제국의 지배정책에 대한 능동적 참여자로서의 역할도 요구받고 있었다. 이것이 이른바 '내지연장주의'의 정치적 함의라고 할 수 있다. 일본이 '내지연장주의'라는 슬로건에 근거해 한국에 식민지 근대화를 추진한 것은 일본의 장기적 아시아전략 혹은 세계전략의 구도 속에서 이루어진 일이었다. 하지만 초기 식민지 근대화 정책은 문화·언론 부문의 억압을 전제한 상황 속에서 추진되었다. 이는 지적·문화적 주체로서 '자율적 근대인'의 존재를 부정하는 것이었고, '동화'를 통해 얻고자 하는 일본 국력의 총량적 강화에 역행하는 결과를 낳았다. 여기서 일본의 국가적 잠재력을 극대화할 수 없게 되었다는 판단이 생겨났다. 무단통치가 동화주의와 모순되는 상황이 발생한 것이다.

이 문제에 대해 강력한 의문을 던진 사람은 흥미롭게도 1910년대 조선에서 잡지를 통해 식민지 근대화의 방향을 선도하던 다케우치 로쿠노스케

竹内錄之助였다.[4] 그는 3·1운동이 임박한 시점인 1919년 1월 무단통치와 동화주의의 전략적 모순을 다음과 같이 지적했다.

> 금일 제국의 대세로 논하면 제국의 정략에 급히 개선할 바는 조선문제라. 조선을 제국 식민지에 편입하여 식민지 정책을 행하는 것이 득책得策이 될까. 오인은 결코 此는 득책이 아니라 단언하노라. 조선은 소위 삼천리 강토에 이천만 인민이 유한 반도라. 此 반도의 위치는 정히 제국이 대륙발전상 喉舌의 任을 당할 만하니 如此히 重地에 在한 조선과 心服的 同化를 不得하면 反히 심복적 疾病이 될 것은 正則이니 조선민족에 대하야 식민정책을 행하고 철저적 동화를 得할가 하면 此는 도저히 불가능한 事이라. 조선이 비록 弊邦이나 누천년의 역사적 관념이 유하고 또는 舊代의 문명족이라. 其 現用的 상식으로는 물론 내지인에게 양보를 아니치 못할 바이나 고유의 지식력으로는 亦 내지인이 不及할 점이 多하니 如此한 인민으로 동일한 헌법 하에 置하면 기 발전과 心服이 어찌 可量할 바이리오.[5]

그의 주장은 한마디로 무단정치가 제국의 이익에 배치된다는 것이었다. 그는 중국 경략 등 일본의 장기 전략을 위해서는 한국의 동화가 필수적인 바 무단적인 방식으로는 더 이상 한국인을 '심복'시킬 수 없다고 주장했다.

1918년 하라 다카시原敬가 내각의 수반이 되고 1919년 사이토 마코토齋藤實가 조선의 새로운 총독으로 부임하면서 이런 모순의 해결점들이 모색되게 되었다. 사이토 마코토의 등장은 식민지 미디어 정책사에서 '정책 부재'의 상태에서 '정교한 정책'으로의 전환을 의미하는 것이었다. 문화정치기 미디어 개방은 기본적으로 이런 환경의 산물이었다. 여기서 문화정치기 미디어가 3·1운동에 대한 배상금만은 아니었다는 점이 뚜렷해진다.

일제는 미디어 부재라는 반근대적 상황 속에 한국을 묶어놓는 것이 현실적으로 불가능하다고 판단했다.* 그런데 일제의 고민은 어떻게 하면 한국인에 대한 미디어 허용과 제국의 한국에 대한 지배력이 대립하지 않도록 할 것인가에 놓여 있었다. 그 책임을 새삼스럽게 떠맡게 된 것이 식민지 검열체제였다. 이제 검열정책의 방향은 미디어를 '폐쇄'하거나 '추방'하는 것이 아니라 미디어를 '관리'하는 것으로 바뀌게 되었다. 미디어 허용은 일본에 의한 근대의 성장을 한국인이 인식하도록 하는 것에 초점을 맞추고 있었다. 이는 한국의 동화를 추진하기 위해 일본이 선택한 하나의 모험이었고, 그 모험은 1920년 전후 시기 제국 일본이 지녔던 '여유'에 기초해 진행되었다.** 일본 국력의 극대화를 목표로 한국(인)의 일본(인)화를 위한 장기 정책이 시작된 것이다. 그 결과로 신문지법에 의해 『조선일보』, 『동아일보』, 『개벽』이 1920년에 간행되었다.

메이지와 다이쇼 시대를 지나며 일본은 미디어의 중립성에 대해 충분한 경험을 가지게 되었다. 그 과정에서 미디어가 국가권력에 적대적인 존재가 아니라 활용과 관리의 대상이라는 점을 인식했다. 총독부는 미디어를 통한 민족 갈등의 '가상적 대립'을 허용하고 검열체제가 그 게임을 관리하도록 했다. 동화의 과정적 진화를 위해 미디어를 통한 중립지대를 조성한 것이다. 식민지 미디어에 부여된 이런 '의도된 중립성'에 대해 한 논객은 '신문정부'라는 개념을 부여하고 그 의미를 다음과 같이 분석했다.

---

* 이런 판단이 문화정치기 미디어 개방에 미친 3·1운동의 역할을 과소평가하려는 의도에서 이루어진 것은 아니다. 언론 허용의 결정적 요인은 역시 3·1운동에서 폭발된 한국 민중의 분노를 위무하려는 것에 있었다. 하지만 그 배경에는 설명한 것과 같은 정책적 고려가 동시에 작용했다고 생각한다.

** 특히 하라 내각의 언론자유 확대, 그리고 전후 경제의 호황 여파로 1918년, 1919년 무렵부터 급격히 발달한 출판 저널리즘(신문-1917년 666종, 1918년 798종, 1920년 840종 / 잡지-1915년 1140종, 1918년 1442종, 1919년 1751종, 1920년 1862종)의 존재는 식민지 미디어 정책을 보다 전향적으로 사고하게 된 간접적 배경이라고 할 수 있다. 三谷太一郎, 「대정 데모크라시의 전개와 논리」, 차기벽·박충석 편, 『일본 현대사의 구조』, 한길사, 1980 참조.

신문정부는 내각 총리대신을 걸어 욕설을 부쳐도 질책당할 걱정은 없는 것이오, 조선 통치의 수뇌자 총독을 향하야 공박을 할 수 없는 것도 아니오, 귀족이나 부호나 사장과 같은 그 지위로부터 흔들어 떨어트리며 쌈을 걸며 다소의 사감을 부려도 그리 큰 상관이 없으며, 절대의 총검의 권력을 다 발휘하는 관헌의 횡포를 공격하여 어느 범위까지 언론의 위엄을 드러나게 되는 일도 있다……그리하여 신문이나 잡지는 사회생활상에 큰 힘이 되는 보도와 여론 지도의 이대 중임을 가지고서 그로부터 生하는 힘을 지배적 권력으로 발휘한다. 그럼으로 모든 면에서 정치의 거세를 당한 조선 사람들은 이 지배적 권력을 신문정부의 문전에 몰려와서 찾게 된다.[6)]

이 글은 일제가 식민지 인민으로부터 거두어들인 권력을 인민들에게 돌려주는 대신 그 일부를 한국인 미디어에게 나누어주고 미디어에 의해 한국인들의 권력의지가 대리행사 되도록 한 상황을 '신문정부'의 의미로 설명했다. 적어도 문화정치기 검열체제는 이런 대리전이 경기장 밖으로 비화되는 것을 차단하는 데 총력을 기울였다. 현실이 아닌 경기장 속에서 분노와 욕망을 배출하는 것은 궁극적으로 제국의 식민지 지배에 도움이 된다고 판단했기 때문이다. 그리고 그 과정이 지나면 제국의 위력이 한국인에게 내면화될 것으로 기대했다.

그러나 그런 '정교한 정책'이 곧 '결점 없는 정책'의 한국적 적용을 뜻하는 것은 아니었다. 미디어 허용의 궁극적 목표는 근대 미디어가 야기할 수 있는 부정적 효과를 차단하면서, 식민지적 근대의 확대와 완성에 미디어가 적극적으로 기여할 수 있는 방향을 모색하는 것이었다. 따라서 총독부가 이런 정책을 시행하기 위해서는 상당한 시간과 인내를 가지고 예상되는 돌발적 위험상황을 대비해야 했다. 미디어의 특성상 그 사회적 영향이 어떻게 나타날지 미지수였기 때문이다. 하지만 문화정치기 검열체제는 이 점에 대한 충분한 경험과 여유를 갖고 있지 못했다. 문화정치기 내내 이어졌던 신문과 잡지에 대한 다양한 형태의 지속적 탄압은 미디어 허용 정책에 대한 총독부의 신경과민적 불안 상태를 반영하는 것이었다.[7]

2. 문화정치기 검열정책의 혼란
   – 미디어를 둘러싼 공방의 여파

   문화정치기 이전 일제의 식민지 검열정책 목표는 한국인에 의한 미디어 공론장의 성립 자체를 부정하는 것에 있었다. 일제의 한국 점령 이후 3·1운동 이전까지 일제가 신문지법에 의한 한국인 미디어의 간행을 허가하지 않은 것은 그런 정책 기조에 의한 것이었다. 따라서 이 10년간 이루어진 검열체제와 한국인 미디어의 상호 관계를 살펴볼 수 있는 구체적 사례는 매우 부족하다. 검열의 대상 자체가 생산되는 것이 봉쇄되어 있던 탓이다. 하지만 그 가운데에서도 흥미로운 자료가 하나 있다. 일제의 한국병합과 함께 취해진 4개월간의 발행정지 끝에 간행된 『소년』 19호(1910. 12)는 책머리에 발행정지에 관련된 총독부의 행정처분 문서를 공개함으로써 검열당국에 대한 편집자 최남선의 불편한 감정을 노골적으로 표현했다.

> 愛讀列位에게 謹告함
> 잡지나 新聞界의 통례라고 할 것을 보건대 발행정지 같은 것을 당하였다가 해제가 되던지 하면 거기 대하여 무슨 말이던지 합듸다. 그러나 나는 이일로써 그리 끔직한 일같이 생각하지 아니하오. 죄 있어 벌 당하고 限되여 풀님이 당연한 일이 아니오리까. 여기 대하여 무슨 딴 말이 있겠소. 다만 이에 관한 官文書를 등재하여 역사거리나 만드오.

〈警機高發第二六號〉　　　　　　　　　　　　　　少年　發行人　崔昌善

明治四十三年八月二十五日發行少年第三年第八卷ハ治安ヲ妨害スルモノト認

ムルニ付韓國光武十一年法律第五號新聞紙法第二十一條ニ依リ該雜誌ノ發賣

頒布ヲ禁止シ之ヲ押收シ其發行ヲ停止ス

　　　　　明治四十三年八月二十八日　　　　　統監府　警務總長　明石元二郞　印

〈高圖秘發第二百六十五號ノ二〉　　　　　　　　　少年　發行人　崔昌善

明治四十三年八月二十六日附命令シタル少年發行停止ナ解ク

　　　　　明治四十三年十二月七日　　　　　朝鮮總督府　警務總長　明石元二郞　印

이것이 곧 우리가 여러분으로 더불어 여러 달 캄캄한 '턴넬'을 지나게 한 동기요 겸 사실이외다. 심히 간단하오나 주의하여 보아주시오.

　검열의 객체가 스스로 검열 관련 행정문서를 공개한 것은 식민지 미디어 역사에서 극히 예외적인 경우였다. 이런 유례없는 상황이 발생한 것은 초기 검열정책의 방향이 미디어 자체를 소거하는 데 주안을 둔 결과 발간을 허용한 잡지들에 대한 섬세한 점검을 제대로 하지 못한, 말하자면 검열 과정의 미숙성이 야기한 결과였다. 하지만 행정문서의 공개와 같은 직접적인 불만 표출은 이후 더 이상 용인되지 않았다. 1910년대 전체를 통해서도 출판검열과 관련해 심각한 사회문제가 야기된 적은 거의 없었다.*
　그러나 문화정치기로 접어들면서 상황은 급변했다. 김근수의 조사에 의하면 무단통치기 10년간 간행된 잡지는 모두 46종이었다. 그런데 1920

---

* 무단통치기 상황에서 『소년』, 『청춘』과 같은 한국인 잡지들이 발행될 수 있었던 역사적 조건에 대해서는 한기형, 「근대어의 형성과 매체의 언어전략—언어, 매체, 식민체제, 근대문학의 상관성」, 『역사비평』, 2005년 여름호 참조.

년에서 1922년 3년간 새로 간행된 잡지만 44종으로 이전 10년간 발행된 잡지 총수에 육박했다. 1920년대 전체로 하면 168종으로 1910년대의 3배가 넘는다.[8] 규모와 질의 차원에서는 이보다 훨씬 더 많은 변화가 있었다. 여기에 한국인의 입장을 대변하는 일간지 2종도 동시에 간행되었다. 일간신문은 잡지와는 다른 형태의 강력한 사회적 영향력을 창출했다. 이런 미디어의 허용은 곧바로 검열 수요를 폭발적으로 증가시켰다. 미디어 허용은 식민체제 내부모순의 해결을 위한 것이었지만 그 결과로 검열의 강화라는 새로운 식민정책이 필요하게 된 것이다.

미디어 허용과 검열의 강화는 동시에 추진되었다. 『개벽』 창간호(1920. 6)는 2회의 압수 소동과 5건 이상의 삭제를 통과하고서야 겨우 합법적으로 간행될 수 있었다. 비슷한 시기 『동아일보』는 108일에 걸친 1차 발행정지(1920. 9. 25~1921. 1. 10)를 당했고 『조선일보』는 2번에 걸친 발행정지(1920. 8. 7~1920. 9. 2 / 1920. 9. 5~1920. 11. 5)를 겪었다.[9] 문화정치의 시행과 검열의 강화는 논리적으로는 모순된 현상이었으나, 실제로는 매우 깊은 정책적 연관을 갖고 있었다. 일제는 미디어를 통한 식민지인의 근대적 자기 확인, 그리고 미디어에 의한 지나친 현실 자각의 억제라는 모순된 이중의 목표를 동시에 달성해야 했기 때문이었다.

그런데 총독부의 미디어 관리체제는 문화정치 초기부터 적지 않은 난관에 봉착했다. 스스로 허용한 미디어에 의해 다차원의 공격을 받았기 때문이다. 특히 검열당국을 당혹하게 한 것은 미디어들이 구사했던 반검열 논리의 '합리성'이었다.

⑦ 그들은 吾人의 소견과 반대로 일한합병은 '대세 순응의 自然'이라 하며 '민의에 합치라'하여 이를 聖化하려 하였으며, 조선 민중은 총독정치에 '悅服'이라 하여 면장 등으로 하여금 혹 인민에게 송덕문을 강제하였으며 혹 국기 게양을

강요하였으니 (가소롭다. 如此한 모순이 어데 있스랴.) 만일 당국자로 그 소견과 소신에 충실하였다 하면 어찌 언론 압박에 이와 같이 用意하며 언론 자유에 이와 같이 恐怖하엿는고? 悅服이면 언론 자유로 말미암아 오히려 당국 찬미의 詩와 노래를 들을 것이 아닌가? 事不出於此함은 그 心中에 스스로 憂하는 바 있으니 何오 하면 언론 자유를 許하면 인심에 울적한 불평은 화산같이 폭발하리라 함이로다.[10]

ⓒ 鮮人에게 신문 발행을 許하고 언론 자유를 부여함은 문명정치의 간판 중의 金線이라……然則 당국은 若是히 귀중한 간판, 若是히 긴요한 언론을 스스로 옹호 보장할 필요가 有하나니 苟히 당국자가 治者의 사명에 顧하야 鮮土의 개발을 圖할 성의가 有할진댄, 鮮土의 민의를 존중하고, 民論에 聽하야 施政 개선에 供하고 민심 완화에 資함이 固 당연한 方途어늘 今也에 당국은 反히 次에 압수, 정간 등 威奪, 압박을 가하야 自家의 聲明을 무시하고 간판을 汚損하려 하니, 此 어찌 당국의 조치가 현명하다 할까? 若是할진댄 당초에 당국이 鮮人의 신문을 허가하고 언론을 용인한 本義가 鮮人에게 자유를 與함이 아니라 압박을 가하려 함이며, 민의 창달을 구함이 아니라 阿諛를 구하랴 함이런가? 果然할진댄 당국의 소위 문화정치는 또한 奇怪치 아니한가?[11]

ⓐ은 소위 '일한합병'이 정당한 일이라면 왜 일본은 식민지 언론탄압에 그토록 매진하는가를 풍자적으로 묻고 있다. ⓒ은 문화정치의 언론자유가 민의를 존중하고 민심을 달래려는 것임에도 압수, 정간으로 언론을 탄압하는 것은 이해할 수 없는 '기괴'한 것이라고 표현했다. 두 논설은 문화정치의 정책 모순을 날카롭게 파고 들어가며 총독부를 야유적으로 비판한 공통점을 지니고 있었다.

하지만 이런 비판은 즉각적인 반격의 빌미가 되었다. 특히 1차 정간을 비판한 ⓒ의 논설은 『조선일보』 2차 정간의 직접적인 원인이 되었다. 『매일신보』는 『동아일보』 1차 발행정지의 원인이 '반어反語와 음어陰語를 사용한 독립사상의 선전'에 있다고 했는데 이는 미디어의 파상공세에 대한 총독부의 예민한 상태를 대변하는 기사였다.[12] 이런 한국인 미디어에 대한 민감한 대응은 문화정치 초기 검열당국의 긴장도를 극명하게 드러냈다.

검열당국에 대한 한국인 미디어의 공격은 논리적 차원에만 머무르지 않고 법률적 차원으로 발전하였다. 『개벽』 발행인 이두성은 『개벽』에 발표된 유진희의* 「순연한 민중의 단결이 되라」(1920. 12)의 내용 때문에 자신이 벌금형에 처해지자 이에 불복, 정식재판을 청구했다. 그러자 개벽사의 요청이 없었음에도 장도, 김찬영, 박승빈, 이승우, 이기찬 변호사 등이 합동변론을 자청하였고 이 재판은 삽시간에 문화정치 초기 반검열운동의 상징적 구심이 되었다.

당시 『조선일보』 기사는 그 재판 과정을 치밀하고 상세하게 묘사했다.** 기사에 의하면 이 재판의 쟁점은 "일체의 재벌의 발호에서, 일체의 官閥의 위압에서, 일체의 소유와 전통에서, 일체의 가정적 정조에서, 일체의 향토적 애착에서, 단연 분리"라는 문구의 의미 해석과 유진희의 글이 '시사'인가, 아닌가를 둘러싸고 벌어졌다.

---

* 유진희는 1920년대 초에 상해과 고려공산당 중앙간부진의 일원이었으며, 김명식金明植과 함께 『신생활』 중심으로 사회주의 운동을 전개한 인물이었다. 그는 1922년 말에 『신생활』 필화사건에도 연루되었다. 유진희에 대해서는 임경석, 『한국 사회주의의 기원』, 역사비평사, 2003; 이현주, 『한국사회주의 세력의 형성』, 일조각, 2003 참조.

** 「근년에 처음 있는 언론 옹호의 변론」, 『조선일보』 1921. 2. 9; 이렇듯 신문을 통해 검열 재판이 상세하게 묘사되고 있는 것에 우리는 주목해야 한다. 이는 신문이 검열을 둘러싼 쌍방의 공방을 중계함으로써 자신의 운명에 대한 관심을 제도화한 것인데, 그것은 미디어 스스로 주체성을 가지고 자기 존립을 강화하기 위한 표상 체계를 갖추기 시작했다는 것을 의미한다. 이런 기사는 『개벽』 재판뿐 아니라 문화정치기 필화사건 보도에서 여러 차례 계속되었다. 하지만 문화정치기를 지나며 이런 형태의 주관적 신문 문체는 급속히 사라지기 시작한다. 여기서 표면적 객관성을 중시하는 신문 문체의 형성 과정에 개입되어 있는 사회사적 의미 분석의 필요성이 요청된다.

김찬영은 '일체 재벌의 발호에서 분리'는 '빈부평균주의'가 아닌 '재력에 끌려가지 말자'라는 뜻이며, '일체의 관벌의 위압에서 분리'는 '무정부주의'가 아니라 '관민이 혼동되지 않고 백성의 직책을 지킨다'라는 의미로 해석했다. 또한 '일체의 소유와 전통에서 분리'하자는 것이 '국가 주권을 부정'한다는 주장을 비판하며 이는 '구사상을 벗어나 신사상으로 가자'라는 의도라고 변호했다. 끝으로 김찬영은 '일체의 가정적 정조에서 분리'라는 표현이 '동양의 고유한 도덕과 가족주의를 파괴'한다는 판단에 이의를 제기하고 그것은 '완고한 구가정의 고루한 습관을 인종해서는 안 된다'라는 뜻으로 이해해야 한다고 말했다. 김찬영 변호사는 유진희 글에 대한 해석의 오류를 지적함으로써 검열당국의 판단 자체를 무의미한 것으로 만들어버렸다.

한편 박승빈은 유진희의 글이 결코 '시사'가 아니며 하나의 '정신적 교훈'에 불과하다고 변론했다. 그런데 박승빈이 유진희의 글이 '시사'의 범주에 들어가지 않음을 입증하려 했던 것은 그것이 『개벽』의 법률적 허가 사항과 긴밀히 연관된 문제라는 점에서 특별한 주목이 필요한 부분이다. 이 기사에 근거해 볼 때, 『개벽』은 신문지법 제5조 "학술 기예 혹 물가 보고에 관하는 기사만 기재하는 신문지에 재在하여는 보증금을 납부함을 불요함"이라는 조항에 의해 발행이 허가되었다. 따라서 우리가 통상적으로 알고 있는 것처럼 신문지법에 의한 출판물은 '시사 정치'를 다룰 수 있다는 일반적 상식과 『개벽』의 허가 조건은 상당한 차이가 있었다. 『개벽』은 신문지법에 의해 발행되었지만 5조의 제한 규정 때문에 일반 신문과는 달리 내용 구성에서 근본적 제약이 있었던 것이다. 신문지법 30조는 "제5조의 사항 이외 기사를 게재한 경우에는 발행인을 오십 환 이상 백환 이하 벌금에 처함"이라는 규정을 두었고 이두성이 벌금형을 받은 것은 바로 이 규정에 의한 것이었다. 이 때문에 유진희의 글이 신문지법 제5조의 '학술

기예'라는 허가 조건을 벗어났는가, 벗어나지 않았는가가 핵심적인 법적 다툼의 대상이 되었던 것이다. 하지만 재판부는 동대문 경찰서의 즉결처분 결과를 번복하지 않았고 결국 정식재판에 의해 벌금형이 확정되었다.[13]

벌금형에 대해 정식재판을 청구했다는 것이 말해주듯 이 재판은 식민지 검열체제에 대한 한국인들의 능동적 대응을 보여준 사례였다. 그런데 더욱 문제적인 것은 검열 결과를 법정으로 끌고 감으로써 검열을 둘러싼 법리 논쟁이 시작되었다는 점이다. 식민지 검열체제가 법률적 근거를 통해 그 형식적 정당성을 확보하고 있었던 점을 역이용해 그 법률 자체의 허점과 불합리함을 공격함으로써 검열체제의 제도적 기반 자체를 정면으로 부정하려 한 것이다. 그 결과 이 재판은 검열기구가 관련 법률 해석에 있어 포괄적 자의성을 개입시켜 법률을 단지 정책수행의 도구로 전락시키는 관행에 대한 제동, 그리고 제국 일본의 법치주의가 안고 있는 근본적 한계의 폭로라는 이중의 의미를 갖게 되었다.

3. 미디어 정책에 대한 검열당국의 회의
   – 필화사건의 원인과 그 파장

1922년 9월 15일 『개벽』, 『신천지』, 『신생활』, 『조신지광』 등 네 잡지에 대해 신문지법에 의한 발행이 허가되었다. 이로써 이들 잡지는 이른바 '시사 정치'를 다룰 수 있는 권리를 얻게 되었다. 『개벽』의 경우, 이 조치로 인해 신문지법 5조의 제한에서 벗어나게 되었다. 당시 『개벽』의 편집진은 그런 상황의 변화에 대해 다음과 같이 말했다.

독자 여러분이나 우리가 한가지로 유감의 유감될 일이라 할 것은 이른바 정치

시사라 하는 것이었나이다. 당시(발간 초기-인용자)로 말하면 이런 잡지에는 어느 것이나 다 같이 정치시사를 금하여 온 바이지마는 소위 신문조례에 의하여 솔선하여 특히 허가된 이『개벽』잡지에까지도 이것을 禁物로 보게 됨에 이르러는 누구나 다 억울한 일로 알지 아니치 못하게 되었나이다. 萬種의 사상을 계발하기로 목적한『개벽』의 기사 중에 이와 가른 일대 禁物이 此間에 伏在하엿는지라 이로 인하여 生하는 경영자의 책임은 얼마나 옹색되었을 것이며 자유의 필봉은 얼마나 鈍鋏하였을 것이며 압수, 삭제, 주의, 경계의 모든 고통은 얼마나 되었겠나이까. 그러나 이것은 이미 과거의 事이오,『개벽』은 이제부터 정치 시사를 해금케 되어 래월 호로부터는 금상첨화로 새로운 기사와 새로운 면목으로 독자의 앞에 신운명을 말하게 되었나이다. 우리들은 이것으로써 스스로『개벽』의 신기원이라 하여 모든 것을 신기원답게 활동하려 하나이다.[14]

이런 변화는 표면적으로 2년간 이루어진 한국인 미디어의 공세에 대한 총독부의 결정적 양보를 의미한 것처럼 보였다. 하지만 네 잡지에 대한 '시사 정치'의 게재 허용은 곧바로 하나의 의혹을 만들어냈다. 의혹의 본질은 이 정책의 의도가 무엇인가 하는 점에 있었다. '시사 정치'의 허용은 곧 미디어에 의한 공격에 식민체제가 무방비로 노출되는 것을 의미했기 때문이다. 그런 우려는 신문지법에 의한 잡지 허가가 이루어진 직후부터 언론지상에 오르내렸다. 당시 신문기사는 마루야마 쓰루요시丸山鶴吉 경무국장의 취임 이후 행정처분에서 사법처분으로 한층 강화된 언론정책의 변화를 지적하고, 그 상황에서 신문지법에 의한 잡지 허가가 혹 탄압의 전조가 아닌지를 의심했다.[15] 세간의 의혹은 얼마 지나지 않아 현실로 나타났다. 2개월 뒤인 1922년 11월 하순부터『신천지』와『신생활』두 잡지를 중심으로 대규모 필화사건이 시작되었다. 이 두 사건의 관련자들에게는 가혹한 탄압이 가해졌다.『신생활』주필이었던 김명식은 위중한 상태로 사

경을 헤맸고,[16] 2차『신천지』사건의 관계자였던 박제호는 복역 중 얻은 병으로 사망했다.[17]

『신천지』필화의 표면적 계기는 1922년 11월호에 주간 백대진이 기고한 「일본 위정자에게 여與하노라」의 특정 표현을 어떻게 이해할 것인가에 있었다. 검열당국은 "조선인은 참정권 이상의 그 무엇을 요구하며 갈망한다"에서의 '그 무엇'과 다른 문장 가운데 들어있는 '조선은 조선인의 조선'이라는 표현이 조선독립을 의미한다고 보았다. 1922년 12월 22일 열린 2차 공판에서 오하라大原 검사는 "피고가 조선독립을 희망한 것이 분명"하다는 전제 하에 '제령 제7호'와 '신문지법'을 위반한 것으로 결론짓고 징역 1년을 구형했다.

이에 대해 변호인단은 ㉠ '그 무엇'이 반드시 조선독립을 의미한다고 할 수 없다. ㉡ 설혹 '그 무엇'이 조선독립을 의미한다 할지라도 표현되지 않았으므로 법률에 저촉되지 않는다. ㉢ '조선은 조선인의 조선'이라는 표현은 '경성은 경성인의 경성'이라는 표현과 같아서 경성인 자체만 독립하자는 것이 아니라 경성의 일은 경성인이 하자는 뜻이다. ㉣ 조선 문제 게재에 대한 일본인 잡지와 조선인 잡지의 상반된 처분이 갖는 부당성 등을 거론했다. 그러나 하나무라花村 판사는 이를 받아들이지 않았다.[18]

『신천지』필화가 백대진 개인의 소박한 발언이 문제가 된 것에 비해 『신생활』사건은 보다 복잡한 역사적 내포를 지니고 있었다. 이 사건의 발단은『신생활』11호가 '러시아 혁명기념호'로 간행된 것 때문이었다. '한국 초유의 사회주의 재판'이라는[19] 표현에서도 드러나듯, 이 사건은 사회주의자들의 잡지 발간에 대한 검열당국의 제동에 그 본질이 있었다. 판결내용에서도 그런 정황이 잘 드러난다. 이 사건의 관련자 가운데 박희도와 김명식은 특집호 건으로, 이시우는 자유노동조합 취지서의 인쇄 배포로 인한 출판법 및 제령 위반으로, 김사민은 자유노동조합의 설립과 그 취지서 기초 및 『신생활』을 통한 취지서 공개 등의 이유로 기소되었다. 신일용은 서명한 기사 때문에 제령과 신문지법에 위반되었고, 유진희는 제령 위반이 문제가 되었다. 판결 결과 박희도, 이시우는 2년 6월, 김명식, 김사민은 2년, 신일용, 유진희는 1년의 징역을 각각 언도받았다.[20] 이 사건을 계기로 결국 『신생활』은 폐간되었는데, 김송은이란 인물은 『신생활』 폐간을 "자본주의의 참혹한 만행"[21]으로까지 규정했다.

그런데 흥미로운 것은 이처럼 성격과 내용이 판이한 두 잡지가 비슷한 시기에 신문지법에 의해 간행이 허가되고 또 비슷한 시기에 필화사건의 주역이 되었다는 점이다. 『신생활』의 탄압은 사회주의 운동과 관련되어 있었던 탓에 기자 이성태의 "금번의 사실이 우리의 의외로 아는 바가 아니라는 말 뿐이외다"[22]라는 표현에서도 느껴지듯 어느 정도 예견된 일이었다. 그러나 『신천지』 사건은 사실 이렇다 할 내용이 없었다. 더구나 백대진은 『신문계』와 『반도시론』 기자, 『매일신보』 사회부장 출신으로 반일적인 사회운동과는 일정한 거리가 있었던 인물이다.[23] 그럼에도 다소의 민족적 입장을 드러낸 발언 때문에 『신생활』과 함께 집중적인 타격을 받았다.

이 사건의 과정을 추적해보면 검열당국이 필화를 기획한 것이 아닌가 하는 느낌을 받게 된다. 신문지법에 의한 잡지 4종의 동시 발행허가, 그리고 그 가운데 성격이 판이한 2종의 잡지가 같은 시기에 필화의 희생이 되었던 것은 잡지의 통제를 위한 모종의 사전 정책 결정이 있었다는 의심을 갖게 한다. 잡지가 민족운동과 사회주의운동 확산의 매개로 부상하고, 잡지의 기획기사가 식민지 현실에 대한 심도있는 분석을 가하는 것은 검열당국의 우려를 불러일으키기에 충분한 일이었다. 따라서 잡지의 영향력 확대를 견제하는 것은 시급한 일이 아닐 수 없었다. 중요 잡지의 법률적 허가 조건을 조정한 것은 이런 판단과 깊이 관련되어 있는 사항이다.

출판법에 의한 간행물은 사전검열을, 신문지법에 의한 간행물은 사후검열을 받았다. 일반적으로 사전검열이 사후검열보다 더 가혹한 것으로 여겨지지만, 실제로 꼭 그렇다고만은 할 수 없었다. 사전검열은 미디어의 내용을 검열당국이 먼저 확인하고 허가한 것이므로 이후 새로운 문제가 야기되었을 때 처벌하기가 쉽지 않았다. 동시에 지나친 언론 통제라는 비판도 만만치 않았다. 이에 비해 사후검열은 사전검열보다 검열 강도가 낮아 보이지만 경우에 따라 검열체제의 자의적 구속력이 미디어 간행 이후까지 지속적으로 미칠 수 있는 방식이었다. 사후검열에 의해 검열체제는 언제든지 행정처분과 사법처분을 시행할 수 있었다. 특히 사후적인 압수나 발행정지는 매체 발행사에 상당한 경제적인 타격을 주었다. 따라서 사후검열은 활용하기에 따라 검열의 수위와 강도를 보다 고도화시킬 수 있는 방식이었다. 검열체제는 문화정치 2년간의 경험을 통해 이런 사후검열의 잠재적 가치를 발견했을 가능성이 높다. 신문지법에 의해 사후검열을 실시함으로써 한편으로는 검열 완화라는 명분을 얻고, 다른 한편으로는 잡지 발간 이후 언제라도 행정적·법률적 처분을 할 수 있으며, 동시에 그 처분의 원인과 책임을 미디어 주체들에게 전가할 수 있다는 것은 매력적인 가능성이었다.

이런 의도는 곧바로 정책에 반영되어 4개 잡지의 신문지법 허용 2개월 후 실제화되었다. 대상의 선택도 정교하게 이루어졌다. 『신생활』은 사회주의 억압이라는 현실적 이유 때문이었을 것이고, 『신천지』는 독립을 암시하는 모든 매체 내용에 대한 광범한 경고라는 측면에서 선택되었다. 이를 통해 잡지 발간과 반일운동을 결합하려는 다양한 세력들에 대한 강력한 경고가 내려졌다.* 그리고 그 경고의 궁극적 대상은 『개벽』에 있었다

---

* 이 논문의 초고가 발표되고 난 직후, 『신천지』 필화사건을 집중 분석한 장신의 「1922년 신천지 필화사건 연구」가 『역사문제연구』 13호(2004. 12)에 게재되었다. 이 글에서 장신은 『신생활』, 『신천지』 필화사건

고 추정된다. 민족운동 및 사회주의운동과의 다양한 연계, 조직적으로 연결된 광범한 독자망, 천도교라는 배후세력 등을 토대로 구축된 『개벽』의 '미디어적 중심성'을 해체하거나 무력화시키지 않고서는 검열당국의 정책 목표는 항상 위협을 받을 가능성이 있었기 때문이다.[24]

신문지법에 의해 '정치 시사'를 자유롭게 게재할 수 있다는 검열당국의 잡지 발간 완화책의 정치적 의도는 여기에 있었다. 말하자면 문화정치 초기의 예상치 않은 미디어의 공세에 대한 적극적 대응의 한 양상이었던 셈이다. 이 사건으로 인해 『신생활』은 1923년 1월 8일 신문지법에 의한 허가를 받은 지 4개월 만에 사회주의를 선전했다는 이유로 발행금지를 당했다. 강제 폐간된 것이다.[25] 『신생활』이 폐간된 후 신생활사는 출판법에 의해 『신생활』의 후속지 『신사회』를 간행하려고 했으나 지속된 원고 압수로 그 시도는 결국 좌절되었다.[26] 『동아일보』는 일제의 태도를 "조선인에 대한 사상적 발전에 대한 억지抑止"(1923. 6. 6)로 규정했다. 그리고 이런 "기괴한 편견"에 의한 가혹한 처사는 곧 "불평자의 감정을 과격"하게 하는 것이며 언론계로 하여금 "직접 행동"에 나서게 하는 "위험한 정책"이라고 비판했다. 그러나 문제가 시정되지는 않았다.

『신천지』, 『신생활』 필화사건은 검열당국의 잡지 매체에 대한 공세 수위의 강화를 의미했는데, 이것은 문화정치기 미디어 정책의 내적 위기를 알리는 하나의 징후였다. 문화정치기 미디어 정책의 당초 방향은 제국의 식민정책과 식민지 미디어의 공존을 통해 식민정책의 안정성을 확보하는 것이었다. 그런데 필화사건과 특정 잡지의 강제 폐간은 그런 공존의 가능성에 대해 어두운 그림자를 던졌기 때문이다.

검열당국은 필화사건을 겪으면서 미디어라는 근대 문화제도의 허용을

이 "독립운동의 다양한 변용과 공산주의의 광범한 확산 우려라는 이대과제를 일거에 해결"(345쪽)하려는 의도에서 '기획'된 것으로 판단, 필자의 견해와 같은 맥락의 결론을 제시했다.

통해 얻을 수 있는 것과 잃을 수 있는 것이 무엇인지에 대해서 많은 경험을 축적했다. 그리고 이 과정에서 검열당국도 상당한 손실을 감수해야 했다. 그 희생의 본질은 다른 무엇보다 식민권력의 정치적 정당성을 심각하게 훼손시킬 수 있는 새로운 형태의 논리적 모순이었다. 즉 스스로 허용한 미디어에 대한 가장 적대적인 세력이 결국 식민권력 자신이 되었다는 점이다.

『신천지』, 『신생활』 필화사건은 새로운 언론계 연대의 계기가 되었다. 조선지광사, 개벽사, 동명사, 시사평론사, 조선일보사, 동아일보사의 관계자들은 1922년 11월 25일에 견지동 청년연합회에서 모임을 갖고 필화사건에 대한 공동대응과 언론자유 확대 요구를 결의했다.[27] 이틀 후인 11월 27일에는 언론계와 법조계 인사들이 합동 모임을 갖고 필화사건에 공동 대응할 것을 발표했다.[28] 이 회의에는 박승빈, 최진, 허헌, 김찬영, 변영만(이상 변호사)과 염상섭, 이재현, 최국현, 남태희, 김원벽, 오상은, 송진우(이상 언론계) 등이 참석했다.[29]

1922년 11월 30일 『동아일보』 기사는 ㉠ 이번 필화사건이 진시황의 분서갱유처럼 결국 국가의 재난을 촉진하며 문화의 침체를 초래할 것이다. ㉡ 데라우치 총독의 실패 원인도 언론 압박에 있었다. ㉢ 따라서 법률을 통한 언론탄압이 결코 성공할 수 없다. ㉣ 특히 신체를 구속하여 사회불안을 야기하는 근거와 이유는 무엇인가? ㉤ 같은 필화사건이면서 모리토森戶의 '조헌 문란사건'*, 아오키靑木의 '불경사건'과 법률 처분 내용이 다르니 이는 조선인을 차별하는 것이 아닌가? ㉥ 무력으로 언론자유를 파괴하는 것과 법률로 언론자유의 범위를 제한하는 것의 차이는 무엇인가? 등의 문

---

* 동경제국대학 경제학과 조교수였던 모리토 다츠오森戶辰男가 학부 논문집인 『경제학연구』 창간호에 기고한 「크로포트킨 사회사상연구」가 신문지법 朝憲紊亂罪 위반으로 1920년 1월에 기소되어 금고 2개월, 벌금 70엔에 처해졌던 필화사건을 말한다.

제를 격렬한 어조로 제기했다.

1922년 12월 17일 『동아일보』는 「언론과 생활의 관계를 논하여 사이토 총독에게 고하노라」라는 제목의 직설적인 논설을 게재했다. 이 논설은 다음과 같은 내용으로 끝을 맺었다.

> 각하, 각하는 조선이 赤化할가 염려하며 적화하기를 방지하려 하는가. 적화는 무산자가 정권을 執하고 사회 조직을 무산자적 기초 우에 立하는 것이라. 조선 실사회에 무산자가 日增月加함을 奈何오. 각하, 民論을 察하여 정치의 是非를 辨하고 실생활을 察하야 民論의 선악을 判하여야 하나니 바라건대 각하는 末인 언론 취체에 급하지 말고 그 本인 사회의 실생활에 대하여 深思明察을 加하라. 각하, 조선인의 생활 산업을 보장하는 도리가 何에 在한가. 원컨대 그 도를 示하고 또 此를 實地에 施하라.

위와 같은 정면 공격으로 인해 긴장의 정도는 더욱 높아졌다. 검열당국이 필화사건을 통해 의도한 것은 식민정책에 위협이 예상되는 사회운동과 미디어의 결합을 차단하고 잠재적인 반일세력을 대중과 분리하려는 것이었다. 그러나 위의 논설을 통해 볼 수 있는 것처럼 그런 목표는 충분한 성공을 거두지 못했다. 오히려 '언론 자유'라는 슬로건 아래 다양한 세력이 집결하고 정서적 대응의 강도 또한 이전보다 더욱 강력해졌다. 미디어를 둘러싼 갈등의 수위가 점점 고조되어 간 것이다.

이 과정에서 검열당국의 고민도 깊어졌다. 미디어에 대한 통제가 강해질수록 한국인들의 반대논리도 정교해지고 구체화되어 검열체제가 '논리적으로' 밀리는 현상이 발생했기 때문이다. 이 때문에 식민지 미디어의 상대적 자율성을 어느 정도 보장하여 조선의 제도적 근대의 성장을 안팎에 선전하고, 동시에 조선인의 능동적 동의를 얻으려고 했던 제국의 정책 목표는 점점 미궁에 빠져들게 되었다.

이후 총독부의 언론정책은 강공으로 일관했으며 탄압의 강도는 더욱 거세졌다. 이 강경의 악순환을 총독부가 지닌 미디어 장악 시나리오의 한 과정으로 파악할 수도 있겠다. 그러나 필자는 그런 '음모설'은 설득력이 약하다고 판단한다. 왜냐하면 한국인 미디어의 완전한 장악은 곧 문화정치 미디어 허용의 근본취지인 제국에 대한 심리적 복속이란 정책목표와 어긋나기 때문이다. 한국인 미디어나 미디어를 둘러싼 반일세력이 어느 정도 위협이 되었는지 분명치 않지만 검열당국은 그들에 대해 지나칠 정도로 민감하게 반응했다. 한 가지 분명한 것은 그 민감성이 상황을 악화시켰다는 점이다. '관리'를 목표로 한 문화정치기 총독부 미디어 정책이 '관리'의 범위를 벗어나게 되는 현상이 서서히 벌어지게 되었던 것이다. 이것은 명백한 총독부의 전술적 오류였다.

1923년부터 1925년까지 3년간은 그런 '선'을 사이에 두고 아슬아슬한 공방이 지속된 시기였다. 검열당국의 입장에서 볼 때 그 '선'을 벗어나는 것은 미디어를 통해 한국인들의 정신을 제국의 영역 안에 묶어두려는 문화정치기 동화전략의 약화 혹은 포기로 가는 길이었다. 물론 한국인 미디어 주체들 가운데 강경세력은 그런 '선'을 근본적으로 인정하지 않았고 그 '선'의 관리와 유지는 전적으로 검열체제의 책임이었다. 그런데 『신천지』, 『신생활』 사건을 기점으로 그 균형이 흔들리기 시작했고 그 이후 혼돈은 더욱 심각해졌다.

1923년에서 1925년 사이에 한국인 미디어와 식민체제 사이의 갈등을 보여주는 몇 건의 대표적 사건들이 발생했다. 1923년 3월 언론계와 법조계가 합동으로 '신문지법, 출판법 개정 기성회'를 결성하고 건의서를 제출했다. 이 건의서는 출판법에 있어 일본인과 조선인 사이의 차별 시정, 조선인에 대한 예약출판법제의 적용, 신문지법 개정 등을 요구했다. 1924년 6

월 20일에는 급격히 고조되는 언론탄압에 대응하기 위해 31개 사회단체와 언론단체가 광범하게 참여한 '언론집회압박탄핵대회'가 계획되었다. 그러나 이 대회는 천여 명의 군중이 운집한 상태에서 집회금지로 무산되었다. 다나카 다케오田中武雄 고등경찰과장은 이 집회가 "제국의 기반羈絆을 벗어나려는 불온한 행동"[30]이라고 평가했다. 1924년 8월에는 언론인 모임인 무명회가 재건되었고, 1924년 11월에는 사회부 기자들의 모임인 철필구락부가 결성되었다. 그 결과로 1925년 4월 15일에는 철필구락부와 무명회가 주관한 '전조선기자대회'가 개최되었다. 준비위원장 이종린, 의장 이상재, 부의장 안재홍 등 참여인물을 통해 알 수 있듯이 이 대회에는 언론계뿐만 아니라 광범한 사회단체 인사들이 참여했다.[31]

이 과정에서 한국인 언론의 내용은 점점 과격해졌다. "압박이 항거를 이기는 것은 일시오, 항거가 압박을 이기는 것은 종국이다"[32], "이 압박이 문화정치란 간판 하에서 감행할 일이냐! 당국자여 문화정치의 간판을 떼이라"[33], "기휘忌諱를 저촉할수록 한편으로는 받는 이의 명예가 될 것이다" 등의 단계를 지나 "타인이 고통에 신음하는 것을 보고 쾌락을 느끼는 성적 변태심리의 소유자와 같이 어느 정신상 이상이 발생한 결과인지 오인吾人은 추단할 수 없다"[34]에 와서는 검열체제를 변태성욕자 혹은 정신이상자로 비유하는 상황에까지 이르렀다. 그리고 나서 '문화정치의 미디어 탄압'이라는 형용 모순이 몰고 올 흥미로운 미래가 제시되었다.

> 극단으로 억압 禁渴한 결과 과격이 과격을 生하며 직접 행동으로 변하며 비밀 운동으로 化하여 분화구 상의 사회가 되며 是日 害喪의 人心이 되면 파탄이 不遠한지라.[35]

한국인 미디어와 식민체제는 운명공동체라는 것이 이 글의 핵심적 논리이다. 식민체제가 한국인 미디어를 억압하는 것은 따라서 자기 자신을 스스로 부정하는 행동이라는 것이다. 동시에 조선에서 미디어의 존재를 부정하려는 행동은 종국에 식민체제와 한국인 사이의 중립지대를 제거하고 여론의 중심을 비제도권으로 옮겨가게 할 것이라는 경고를 하고 있다. 이것은 향후 제국 일본의 미디어 정책 방향과 식민지 미디어의 성격 변화의 큰 방향을 예견했다는 점에서 의미심장한 논의였다. 식민체제가 한국인 미디어와의 공생관계를 거부할 때 더 큰 위기에 직면할 것이라는 발언은 문화정치기 언론정책의 본질을 정확히 꿰뚫어본 것이고 식민체제의 자기 모순성에 대한 날카로운 분석이었다. 하지만 식민체제가 스스로 그런 문제를 해결할 수 있는 유연성의 진폭은 점점 작아지고 있었다.

4. 『개벽』의 폐간과 문화정치의 종언
   – 잡지 미디어의 분화 계기

이런 전선의 팽팽함이 문화정치기의 상황이었다. 물리적 강약은 분명했으나 총독부의 입장에서는 미디어 자체를 부정할 수 없다는 것이 최대의 약점이었고 따라서 미디어의 존재를 인정하면서 반체제 세력의 약화를 어떻게 추진할 것인가를 고민하게 되었다. 미디어는 궁극적으로 어느 한쪽이 배타적으로 소유할 수 있는 것이 아니기 때문이다.*

---

* 이런 미디어의 중립성에 근거해 검열을 둘러싼 쌍방의 심리전을 살필 수 있는 사례로 '삭제'의 문제를 들 수 있다. 삭제는 기본적으로 매우 가학적인 억압방식이었다. 난도질된 삭제 장면은 독자에게 현실에 대한 공포를 갖게 만든다. 독자는 참혹하게 해체된 텍스트를 재구성하며 심각한 정신적 고통을 당해야 했기 때문이다. 이것이 '삭제'의 주체가 의도하는 정치심리학이다. 하지만 검열의 객체들은 그것을 교묘하게 이용하기도 했다. 특정 문맥의 구성을 투식화하고 앞뒤 문맥에 의지해 복자伏字를 누구나 상상할 수 있도록 만들어 이를 정치적 선전에 활용했다. 이는 검열주체로 하여금 삭제를 유도했다는 뜻이기도 한데 이를 통해 검열주체의 야만성과 반문명성을 폭로했다. 동시에 삭제장면을 특별한 심리전의 공방현

이 전선의 형성을 통해 한국인들은 상당한 수준에서 합법 공간 속의 반일 대응력을 실험했고 또 현실적인 경험을 축적했다. 이것은 식민체제와의 당대적 대결의 의미도 있었지만 한편으로는 그런 시공간을 넘어서는 경험이기도 했다. 식민체제 이후 지속된 반민주적인 국가권력과 미디어의 장구한 대결은 이 시기를 통해 그 기원적 역량을 얻었다. 식민체제 또한 보다 정교한(물론 그 정교성은 지배의 상대적 고도화를 의미하는 것이지만) 지배시스템을 확보할 수 있었다. 검열체제의 중심기구인 경무국 도서과가 문화정치 말기인 1926년 4월에 세워지고 이후 보다 강력하고 체계적인 검열체제를 작동할 수 있었던 것은 확실히 문화정치기를 통해 얻어진 훈련 경험의 결과였다.* 미디어 검열을 계기로 조성된 전선 구축은 분명 의도된 것은 아니지만 총독부와 한국의 저항세력 모두에게 유익한 기회를 준 셈이다. 이점에서 "1920년부터 1925년에 이르기까지, 한국인들은 허용의 한계가 어디까지인가를 실험하고 식민지 관리들은 관용의 한계를 숙고하는, 실험실의 분위기가 식민지를 지배했다"[36]라고 본 마이클 로빈슨 교수의 언급은 문화정치기 한국사회 성격의 한 측면을 날카롭게 포착한 것이라 할 수 있다.

1925년 8월, 파국의 전조가 찾아왔다. 총독부는 1925년 8월 1일에 『개벽』 8월호를 압수하는 동시에 『개벽』에 대한 발행정지 처분을 내렸다. 발행정지를 예상하지 못했던 개벽사에서는 압수된 기사를 삭제하고 호외 발행을 위해 인쇄를 새로 하였으나 발행정지 명령에 의해 그것마저 다시 압

장으로 전화시켰다. 이 과정에서 독자는 검열주체에 의해 의도된 공포에서 벗어나 쌍방의 격전을 지켜볼 수 있는 마음의 여유를 갖게 되었다.

* 박용규는 도서과 설치의 의미를 "사상통제의 강화라는 맥락에서 검열 등의 업무를 보다 강력하게 추진하기 위한 경무국내의 업무분담 차원에서 이루어진 것 뿐"이라고 평가했다. 따라서 도서과 설치에 의해 "이전보다 더욱 철저한 검열이 실시되고 언론에 대한 강력한 제재가 행해졌다"라고 파악한다. 박용규, 『일제하 민간지 기자집단의 사회적 특성의 변화과정에 대한 연구』, 62~63쪽 참조.

수되었다. 뿐만 아니라 『개벽』 8월호의 광고를 게재한 『동아일보』 8월 1일자 조간까지 함께 발매금지를 당했다.[37]

『개벽』은 1920년 6월부터 1926년 8월까지 72호를 간행하는 동안에, 통틀어 34회의 발매금지(압수)와 1회의 발행정지(정간) 처분을 당했다. 따라서 1925년 8월의 정간은 간행 후 5년 만에 처음 있는 일이었다. 정기적인 간행을 생명으로 하는 근대 미디어의 입장에서 무기한 발행정지 처분은 치명적인 타격이었다. 광고 및 판매 수입의 중단으로 경영 수지가 심각하게 악화되기 때문이다. 동시에 발행정지가 해제되더라도 광고주와 구독자를 다시 이전 상태로 회복시킬 수 있는지 여부 또한 불투명한 일이었다. 이점에서 발행정지는 발매금지와는 전혀 다른 차원의 압박이었다. 발행인 이돈화도 『동아일보』 기자와의 인터뷰에서 발행정지로 인한 경영 위기를 심각하게 우려했다.[38] 『신천지』, 『신생활』 필화가 일어난 지 1년 반이 지나 『개벽』에 대한 검열체제의 치명적 공격이 시작된 것이다.

하지만 이것이 『개벽』만의 일은 아니었다. 1925년 9월 8일에는 『조선일보』의 3차 발행정지(38일간 지속)가 행해졌다. 총독부는 『조선일보』 정간을 해제하는 조건으로 사회주의적 경향을 가진 기자의 추방을 요구했고 결국 17명이 해직을 당했다.[39] 1926년 3월 7일에는 『동아일보』에 2차 발행정지(44일간 지속됨) 처분이 내려졌다. 『개벽』의 발행정지는 이런 일련의 상황과 궤를 같이하는 일이었다. 신문기사 압수처분은 1923년에 34건이던 것이 1924년 153건, 1925년 151건, 1926년 115건, 1927년 139건으로 늘어났다가 1928년 76건, 1929년 78건으로 줄어들었다. 이 통계를 통해 1924~27년 사이에 신문기사 압수가 최고조로 높아졌다는 사실이 드러난다.[40] 신문사설 압수처분도 1923년 8건, 1925년 41건, 1927년 32건, 1929년 11건으로 25~27년 사이에 급격히 증가했다.[41] 1924년에서 1927년까지 3년간은 말하자면 격돌의 시기였던 것이다.

주목할 만한 사실은 『신천지』, 『신생활』 필화가 한창이던 시기에 『개벽』은 오히려 별다른 상처를 입지 않았다는 점이다. 개벽은 27호(1922. 9)에 압수를 당한 뒤 필화사건이 진행되는 동안 아무런 제재를 받지 않다가 34호(1923. 4)와 39호(1923. 9)에서 각각 압수를 당했다. 이는 1년간 3번의 압수를 당한 것으로 그 이전과 이후에 비해 오히려 압수 건수가 현저히 줄어든 것이다. 이것은 『개벽』에 대한 명시적 우대를 뜻했다. 두 잡지의 필화와 극명하게 대립되는 『개벽』에 대한 검열체제의 호의는 잡지 미디어 내부의 분열을 유도하는 정책의 결과로 이해된다. 그러나 24년 10월 이후에 『개벽』에 대한 그런 회유와 유보 조치는 중단되었다. 40호(1923. 10)부터 폐간호인 72호(1926. 8)까지 『개벽』은 32회의 발행 중 총 21회의 압수를 당해 66%의 압수율을 기록했다.

발행정지 이후 다나카 다케오田中武雄 고등경찰과장은 『개벽』에 대한 총독부의 입장을 숨김없이 드러냈다.

> 『개벽』 잡지가 발행정지를 당함에 대하여 田中 고등과장은 말하되 "『개벽』 잡지에 발행정지까지 하게 된 것은 팔월 호에 관련한 것뿐 아니라 원래 『개벽』 잡지로 말하면 종교잡지로 출현 되었으나 점차 정치를 언론하게 되어 논조가 항상 불온함으로 주의도 여러 번 시키고 발매금지도 여러 번 시켰으며, 금년에 이르러서는 그 불온한 정도가 너무 심한 고로 곧 발행정지를 시키려고까지 하였으나 삼월 달에 특히 개벽사 책임자에게 엄중히 주의하고 다시 그의 태도를 살펴 오던 중, 그 이후에도 겨우 한번만 무사하고 기타는 다달이 발매금지를 아니 할 수 없게 되었다. 금번 팔월 호로 말하면 만일 금번만 같으면 발매금지에 그치고 말았을는지도 알 수 없으나 아모리 하여도 그대로 가서는 고칠 희망이 없음으로 단연 금지 시킨 것이다. 장래 방침으로 말하면 이런 신문 잡지는 단연 처분할 것이오, 『개벽』은 아마 다시 발행하기 어려우리라. 그러나 지금

태도를 고친다는 것을 인정하면 어찌 될는지 나중 일이니 지금 단언하기가 어려움다."[42]

『개벽』에 대한 이런 총독부 관리의 강경 발언은 다소 이례적인 것이었다. 그리고 한편으로 보면 감정적인 태도이기도 했다. "『개벽』은 아마 다시 발행하기 어려우리라"라는 다나카의 발언에는 『개벽』을 식민체제 안으로 순치시키려고 오랫동안 노력했던 식민관리의 감정이 짙게 배어있다. 검열체제는 다나카의 발언 속에서도 감지되는 것처럼 문화정치기 최대의 잡지이자 강력한 여론동원력을 지녔던 『개벽』을 '관리'하기 위해 나름대로 노력했다. 즉 검열체제는 다양한 방식으로 회유와 경고를 동시에 구사하면서 『개벽』을 식민지적 순치의 상태로 유지시키려고 했던 것이다. 하지만 그런 총독부의 인내는 임계점에 다다랐고 1925년의 발행정지는 최후통첩의 성격을 갖는 마지막 메시지였다. 그렇다면 무엇이 그토록 상황을 악화시켰던 것일까?

아직 이 문제에 대해 종합적인 판단은 내리지 못했다. 그런데 최근 발표된 최수일의 논문은 『개벽』 폐간을 둘러싼 총독부 정책변화의 원인 분석에 중요한 단서를 제공한다. 최수일은 후반기(31호~72호) 『개벽』의 특성으로 유통망(본사-지사-분사 시스템)의 전국 조직화, 그런 지분사의 전국화와 연결된 사회주의, 민족주의를 아우르는 지역 청년운동가 및 운동단체와의 결합, 『개벽』 논조의 급격한 사회주의화 등을 지적했다.* 총독부의 입장에서 본다면 문화정치를 상징하는 미디어인 『개벽』의 영향력이 더 이상 참을 수 없는 상태로까지 성장해버린 것이다.

---

* 최수일, 「『개벽』 유통망의 현황과 담당층」, 『대동문화연구』 49, 2005. 이 논문은 부록으로 『개벽』의 전국적 유통망과 관련 인물에 대한 방대한 자료를 수록했다. 이 자료를 통해 우리는 『개벽』이 지녔던 사회적 영향력의 수준을 짐작할 수 있다.

다나카의 발언이 있은 후 정확히 1년 후인 1926년 8월 『개벽』은 발행 금지 처분을 받았다. 『개벽』의 폐간에 대해 『동아일보』는 「언론계 일대 참극」(1926. 8. 3), 『조선일보』는 「조개벽지弔開闢誌」(1926. 8. 3)라는 제목을 뽑았다. 식민지 검열체제의 주역인 곤도 쓰네히사近藤商尙 도서과장은 기자와의 인터뷰에서 "처음에는 학술 종교에 관한 기사를 게재함으로써 목적을 삼는다 하여 보증금도 받지 아니하였음에도 불구하고 창간 당초부터 정치시사 문제 등, 제한 외에 관한 기사를 써서 차압이 빈번하였습니다. 그 다음에 대정 십일 년에 이르러 정치, 경제 일반에 대한 기사 게재를 허락하였으나 논조는 의연 불온하여 당국으로부터 경고와 설유 받은 것이 일, 이차가 아니외다. 이리하야 칠십 이회 발행 중 삼십 이회가 압수를 당하였고 금 팔월 호에는 과격한 혁명사상 선전에 관한 기사를 만재하였음으로 경무국장, 정무총감, 총독부와 상의하여 단연한 처치를 한 것이외다"[43]라고 의례적이고 행적정인 어조로 『개벽』 발행금지의 전말을 설명했다.

곤도의 이런 담담함은 1년 전 다나카의 그것과는 구별되는 태도였다. 다나카의 긴장된 발언 속에는 문화정치의 정책방향을 포기할지도 모를 상황에 대한 정책담당자의 불안과 고뇌가 숨어있었던 반면 곤도의 발언은 문화정치의 기조를 폐기하고 난 이후의 담담함의 소산이라고 한다면 지나친 비약일까. 그런데 한 가지 분명한 것은 『개벽』의 폐간이 총독부 핵심 권력자들의 결정에 의한 것이었다는 점이다. 『개벽』의 폐간을 알리는 『매일신보』 기사(1926. 8. 3)도 "당국에서도 조선 문예지는 가급적 최후 수단을 피하여 선도코자 고심하나 도저히 제도키 난함으로 금회 局은 총감, 총독 등 상사에 의하여 단호한 조치를 한 것이다"라고 곤도의 진술을 재확인했다.

하지만 『개벽』의 폐간이 식민지 검열체제의 일방적 결정에 의한 것만은 아니었다. 여기에는 보다 복잡한 역사적 복선이 영향을 미치고 있었다. 그것은 『개벽』 폐간 전후 시기의 국내외에서 벌어진 사건과 미디어 탄압상을 종합해볼 때 보다 선명히 드러난다. 1926년 4월 19일부터 44일간 있었던 『동아일보』 무기정간, 6.10만세운동, 일본군의 산동 출병과 제남사건 (1927~1928), 「제남사건의 벽상관壁上觀」이란 기사로 인한 『조선일보』의 무기정간(1928. 5. 9~1928. 9. 19, 133일간), 세계공황의 여파로 인한 일본의 경제위기, 『동아일보』 무기정간(1930. 4. 17~1930. 9. 1, 138일간), 만주사변 (1931)까지의 역사변화는 미디어 탄압 강화와 제국의 대륙 진출이 밀접하게 교직되어 있음을 보여준다. 『개벽』의 폐간은 '제국의 여유'가 없어지기 시작한 시점에서 이루어진 일이었다.

제국 일본의 팽창정책과 문화정치의 종언은 이 점에서 표리관계를 이루고 있었다. 문화정치는 일본과 한국의 실질적 연합을 의도한 정책이었고 일본은 그것에서 아시아와 세계를 향한 동력을 얻으려고 했다. 하지만 앞에서 살펴본 것처럼 일본은 목표를 향한 과정이 필요로 하는 시간을 기다리지 못했다. 일본은 지나치게 성급했던 것인데 그 조급함이 결과적으로 제국 일본의 비극을 만드는 계기가 되었다.[44]

이런 상황을 정리하며 필자는 일본 제국주의의 확대 과정과 검열체제의 경직화가 왜 연계될 수밖에 없었는가, 그리고 왜 양자는 상호 독립적으로 자기 목표의 효율성을 추구할 수 없었는가라는 의문을 가지게 되었다. 현상적으로 볼 때 제국 일본의 팽창정책과 식민지 검열정책은 일종의 제로섬 게임의 형국이었다. 제국의 팽창(+)이 검열정책의 경직화(−)를 강제하고 있는 것이다. 이 점을 해명하기 위해서는 앞으로도 다양한 측면의 조사와 연구가 필요할 것이다. 이 글에서는 다만 자료를 읽으며 느꼈던 소회 ─ 신경과민과 긴장상태에 빠져있던 문화정치기 검열체제 ─ 를 통해 얻어진 하나의 잠정적 추론을 제시해본다. 그것은 제국 일본이 실제로는 매우 유약했을지 모른다는 것이다.

돌이켜보면 제국 일본은 동화를 위한 '심복'의 정치적 전제로 여겨진 한국인에 대한 참정권과 자치조차 허용하지 못했다. 다케우치 로쿠노스케나 나카노 세이코 등이 제시한 '실질적 동화전략'을 총독부는 매우 부분적으로만 접수했다. 제국 일본은 북해도, 유구, 대만을 거쳐 한국의 지배자가 되었다. 표면적으로는 식민지 경영에 대한 많은 경험을 축적했다고도 할 수 있지만 현실적으로는 그것이 여유롭게 표현되지 못했다. 일본은 식민지의 실질적 동화가 제국의 이념에 부합되며 일본 국력의 강화에도 이익이 된다고 생각했지만 이를 끝내 장기적 실천으로 연결시키지 못했다. 문화정치기가 그 짧은 실험의 유일한 계기였지만 그 실험조차 예민한 신경의 곤두섬 속에서 마감되었다. 제국의 국량은 끝내 표현되지 못했다. 그러나 이것이 제국 일본만의 특질인지 근대역사상 존재했던 모든 제국의 한계인지 아직 판단할 수 없다.

끝으로 『개벽』의 폐간과 문화정치의 종식이 식민지 미디어의 운명에 어떠한 영향을 미쳤는가에 대한 몇 가지 가설을 제시한다. 첫째, 식민지 조선의 중심 미디어였던 『개벽』의 폐간으로 합법 미디어의 사회적 중심성이 급격히 약화되었다. 그 결과라고 단정할 수만은 없지만 1930년대에 들어와 비합법 출판물의 사회적 비중이 이전보다 증대되었다. 이런 사실은 적색 출판을 엄중 검색하기 위해 "남북 주요 관문에 검열망을 일대 확충" 한다는 『조선중앙일보』 기사(1934. 7. 15)나 "이수입移輸入 신문 잡지 허가 제도의 실시를 계획"하는 도서과의 검열 강화책(『조선일보』, 1934. 10. 31), "괴문서 금압을 목적"으로 일본 현행법과 동일하게 실시된 '불온문서 취체령'(1936. 8. 9) 등의 사례를 통해 확인된다.

둘째, 총독부의 미디어 정책이 잡지에 대한 탄압과 신문에 대한 회유에 있었다는 점이 분명해졌다. 실제 『조선일보』와 『동아일보』는 1920년대 여러 번의 압수와 정간을 거듭하면서도 폐간되지 않았고, 오히려 1930년대에 이르러 상당한 외형적 발전을* 이루었다. 반면 1920년대 신문지법으로 간행된 중요잡지들은 『신생활』, 『신천지』, 『개벽』, 『조선지광』 순으로 강제 폐간되거나 자진 폐간이 유도되었다. 잡지가 탄압의 대상이 된 것은 지식의 생산과 유통을 통해 반식민의 사상을 유포하거나 다양한 반일세력을 매개하는 네트워크가 되고 있었기 때문이다. 동시에 잡지가 신문에 비해 사회적 파급력이 상대적으로 작았던 점도 중요한 요인 가운데 하나였다.

셋째, 『개벽』의 폐간은 식민지 잡지 성격의 분화 계기가 되었다. 『개벽』의 '종합성'이 해체되면서 식민지 잡지는 크게 '일상성'·'운동성'·'전문성'이라는 세 가지의 고립된 방향으로 분화되었다. 『개벽』의 후속지라고 규정되었던 『별건곤』은 식민지적 일상성의 사례로, 『조선지광』, 『신계단』, 『비판』은 운동성의 경우로, 『개벽』과 병존했던 『조선문단』, 그리고 1930년대의 『문장』 등은 전문적 분화의 예로 논의할 수 있을 것이다.

『개벽』의 퇴장 이후 어떤 잡지도 『개벽』이 지녔던 '미디어적 중심성'을 회복하지 못했다. 문화정치 이후 식민지 사회는 대개 탈정치화된 미디어가 주도했다. 식민체제는 미디어의 탈정치화 혹은 고립화를 위해 검열체제의 강화에 주력했는데 이 때문에 이전보다 훨씬 많은 관리비용을 지불해야 했다. 그 이유는 『개벽』과 같은 중심적 구심력을 지녔던 미디어의 폐쇄와 여타 미디어의 탈정치화, 고립화가 식민체제의 기대처럼 한국인의 제국에 대한 순응으로 연결되지 않았기 때문이다. 정치적 구심력을 지닌 미디어의 존재소멸은 대중의 기존 미디어에 대한 신뢰를 '회수'시켰고, 대

---

* 박용규에 의하면 1930년 이후 안정된 경영 상태에 기반한 신문들의 현저한 기업화와 급격한 논조의 변화, 그리고 일제 언론 통제의 강화는 하나의 맥락에서 상호 연결되어 있는 현상이었다. 박용규, 앞의 논문, 105~106쪽.

중의 정치적 관심은 만주 무장투쟁, 지하운동, 해외 독립운동 등으로 분산되어 퍼져나갔다. 『개벽』과 같은 중심미디어의 해체가 오히려 상황통제의 어려움을 가중시켰던 것이다. 이런 비이성적 선택이 진행되는 과정에서 식민체제의 내부적 합리성은 점차 축소되었다.

문화정치의 포기는 궁극적으로 일본이 한국인의 동화를 위한 진정한 노력을 더 이상 하지 않게 된 것을 의미했다. 따라서 일제 말기에 시행된 강력한 동화정책은 진정한 동화를 위한 것이라기보다 극단적 억압의 한 표현에 불과했다. 그것이 동화일 수 없었던 것은 동의의 과정과 노력이 생략되었기 때문이다. 일제 말기의 총동원 체제는 제국 일본이 자기의 근대성을 스스로 부정한 사례인데, 한국 미디어의 입장에서 본다면 무단통치기의 미디어 부재상태로 환원된 것이었다. 이 점에서 일본의 한국 지배는 적어도 근대 미디어사의 관점에서 볼 때 '비효율'에서 시작해 '비효율'로 종결되었다.

근대인식과 담론분석
—언어는 권력이다

5부를 묶으며

| 허 수 |

'담론'은 본래 언어로 매개되는 진리의 형성과정을 가리키는 개념으로서, 진리를 직접 파악하는 '직관'과 대립하는 것으로 이해되었다. 20세기 후반이 되어 이런 담론 이해에 패러다임의 전환이 일어나, 담론을 구성하는 일련의 규칙을 분석하여 그 배후에 작용하는 권력관계를 밝히려는 시도가 나타났다. 푸코 등으로 대표되는 이런 시도는, 근대의 '주체' 및 '의식' 중심주의를 비판하고 '주체'·'의식'에 의해 역사서술에서 억압되고 배제되는 것을 규명하는 데 관심을 기울였다. 이런 문제의식 위에서 담론분석이라는 새로운 기법이 발달했다.

담론분석은 크게 두 가지로 나눌 수 있다. 첫째, 담론과정을 중시하는 연구로서, 담론을 전체적인 맥락(context)에서 살펴보면서 언어 사용자들이 자신의 의도를 관철하고 의미를 창출하며 목적을 달성해가는 과정을 분석적으로 탐구하는 시도이다. 둘째, 지표성(indexicality)을 중시하는 연구로서, 담론 및 텍스트를 분석하여 그 속에서 사회적, 문화적, 이념적 또는 심리적으로 축조된 현실을 찾아내는 시도이다. 물론 이 두 유형은 실제 연구에서 혼용되기도 한다.

여기에 소개되는 다섯 편의 글에는 담론분석 기법이 활용되고 있다. 다루는 주제와 연구방법에서는 각기 차이가 나지만, 개념·텍스트와 '정치'의 상관관계에 주목함으로써 일제 식민지기의 시대상에 접근하고 있다는 점은 같다.

차승기의 「동양적 세계와 '조선'의 시간」은 일제 말 조선 문인들이 처한 딜레마적 상황을 문예지 『문장』을 중심으로 고찰하고 있다. 『문장』이 해결해야 할 과제는, 조선적 고유성에 대한 강조를 통해 서구적 근대의 가치를 극복하면서도 '일본을 중심으로 한 동양의 부활'이라는 새로운 통합 이데올로기에 흡수되지 않고 민족적 정체성을 유지하는 일이었다. 『문장』의 대표자들은 '난', '시조'와 같은 미적 형식을 반복하거나 '옛 공예품'에 대해 관조함으로써 '조선적인 것·과거적인 것'의 아름다움이 자기의 눈앞에 드러나게 했으나, 이런 '만남'·'참여'가 자신들이 처한 고통스러운 식민지 현실과 단절된 채 가상적인 방식으로 이루어짐으로써, 결과적으로 '조선적 고유성'이 '동양문화'라는 더 큰 범주로 통합되는 것을 방조했다는 것이 핵심 논지이다. 이 글에서는 '전통과 근대'의 관계설정 문제가 중요시되는데, 전통이 갖는 근대 비판적 함의와 한계를 지적하는 데에서 나아가, 전통의 부활, 특히 억압된 과거의 부활이 초래하는 '전율'의 감정을 당시 그들이 취했어야 할 대안으로 내세우는 점이 인상적이다. 그의 글을 읽고 우리는 오늘날 포스트모더니즘의 탈정치적·미학적 경향이 가진 의의와 한계에 대해서도 논의해볼 수 있을 것이다.

이기훈의 「청년의 시대―1920년대 민족주의 청년담론 연구」는 한국사학계에서 '담론' 분석을 표방한 첫 연구자에 해당할 것이다. 그의 글은 '청년' 담론 속에 존재하는 정치·사회적 힘 관계의 변화를

1920년대 사회운동 상황과 관련시켜 규명하는 데 집중하고 있다. 『동아일보』, 『개벽』이 주도한 민족주의 청년담론에서 '청년'은 문화운동을 이끌어갈 계몽적 주체이자 민족 통합의 상징으로 자리매김 되었는데, 1920년대 중후반으로 가면서 민족주의 청년담론이 가진 남성중심성과 부르주아적 계급성은 각각 신여성과의 마찰 및 사회주의의 도전에 직면하게 되며, 1930년대에 들어서면서는 총독부의 청년정책으로 인해 민족주의 청년담론의 독자성이 유지되기 어려워졌다는 것이 주요 내용이다. 청년담론은 그 내용이 고정불변하는 것이 아니며, 여타 정치세력의 청년담론과 상호작용하면서 형성되고 변화한다는 점을 이 글은 잘 보여준다. '젊은이'에 해당하는 전통적인 용례나 일본 청년담론과의 비교, 그리고 청년담론의 수용과 변용 등의 문제를 모두 고려하는 폭넓은 시야 또한 이 글의 장점이다.

김현주는 「논쟁의 정치와 '민족개조론'의 글쓰기」에서 이광수의 「민족개조론」을 분석하여 당시 형성된 '논쟁의 정치'에 그가 어떻게 대응하고자 했는가를 보여준다. 필자가 이미 이광수의 문화론에 관한 연구로 단행본을 출간했음에 비추어 볼 때, 이 글은 이광수의 문화론에 관한 담론연구를 텍스트분석 기법으로써 심화시키려는 시도로 볼 수 있다. 표면적으로 볼 때 「민족개조론」은 높은 판단력을 가진 검토자를 전제한 제안서였으나, 실제로는 독자들의 판단력을 불신하고 검토자·토론자를 예상하지 않은, 일종의 '선전문'이었다는 것이 핵심 논지이다. 무엇보다 이 글의 장점은 꼼꼼한 텍스트 분석에 있다. 「민족개조론」 분석을 마치면서 이광수를 '합리적 계몽가로 보이고 싶어 하는 선전가'라는 역설적 이미지로 묘사하고, 이것을 1920년대 전반기의 조선이 대중의 시대에 접어들었다는 평가와 연결시키는 대목은

이 글의 백미라 할 수 있다. 김현주는 이광수의 텍스트에 존재하는 내적 균열을 잘 보여주고 있는데, 수사학적 분석 등이 주요 기법으로 활용되는 점도 주목할 만한 대목이다.

허 수의 「1920년 전후 이돈화李敦化의 현실인식과 근대철학 수용」은 1920년대를 전후한 시기의 이돈화 논설을 '사회' 및 '종교'라는 키워드를 중심으로 파악함으로써, 이 시기를 '민족' 및 '계급'적 관점 위주로만 파악해왔던 기존 한국사학계의 관행에 비판적으로 개입하고자 했다. 이 글은 식민지 조선에서 1920년대에 들어와 사회의 근대적 분화가 현저히 나타나고 있었음을 전제로 하고 있다. 당시 이돈화는 세계개조, 사회개조의 시대적 흐름에 부응하여 식민지 조선사회를 천도교의 인내천주의라는 종교적 원리로 개조하고자 했고, 이를 위해 일본의 주요 철학과 사상을 받아들여 종교적 교리를 세속화했다는 것이 핵심 논지이다. 이 글에서 주목하는 '종교적 개조'에는 당시 다른 사회세력과 더불어 문화담론 혹은 문화계몽운동을 선도하면서도 자신들이 믿고 있는 종교적 입장을 특권화하고자 했던 천도교 청년층의 자의식이 반영되어 있다. 난해한 이돈화의 논설을 치밀하게 비교 검토할 뿐만 아니라, 일본사상이 끼친 영향을 텍스트의 비교 분석을 통해 구체적으로 드러내고 있는 점이 이 글의 가장 큰 매력이다. 또한 이를 통해 『개벽』 등의 매체 공간에 담긴 정보·지식의 트랜스내셔널한 성격을 잘 드러내고 있음도 이 글의 장점이라 할 수 있다.

유시현의 「일제하 최남선의 불교인식과 '조선불교'의 탐구」는 인도 서발턴 연구의 주요 논자인 채터지의 입론에 근거해서 최남선의 불교인식을 분석한 것이다. 최남선은 불교에 주목해서 조선이 일본보다 문화적으로 우월했음을 강조했고, '조선불교'를 고유하고 독창적인 것으로 이미지화함으로써 식민지기 '정신적' 영역에서 일제와 대결해 나갔다는 것이 핵심 논지이다.

이 글에서 주목할 점은 일제 말 최남선의 '친일' 논리를 1920년대 최남선의 입장과 연계시켜 설명하는 대목이다. 즉, 1920년대 최남선의 입장에서는 조선적인 특수성을 강조하는 한편, 이와 모순되게도 문화를 전 세계적 차원에서 공유·전파되는 보편적인 것으로 보는 인식이 있었다. 그런데 조선적 특수성을 찾는 노력이 사라지는 1930년대 후반부터 최남선은 근대의 힘과 논리에 굴복하게 되었고, 이에 따라 동북아 문화권 구상 또한 조선민족 중심으로부터 일본 중심으로 전환되었다는 것이다. 핵심자료인 「조선불교」의 서지사항을 꼼꼼하게 정리하는 등 저자의 성실함이 도처에서 묻어난다. 동북아 문화권 논의와 조선적 특수성의 상호관계 문제는 21세기 동아시아에서도 여전히 화두라는 점에서 섬세하면서도 현재적인 관심을 놓치지 않는 읽기가 요구된다.

이상에서 담론분석을 활용한 다섯 편의 글을 살펴보았다. 이 중에는 텍스트 분석에 충실하면서 이로부터 역사적 상황을 도출하는 글이 있는 반면, 특정 개인의 행적과 사상을 분석함으로써 기존의 사상사 연구와 별로 다르지 않는 구성을 가진 글도 있다. 어떤 글이 '담론분석'에 해당하는가를 엄밀히 판정하는 일은 여기서의 주요 관심사가 아니다. 그러나 다섯 편의 글은 각자의 주제에 관해 '언어가 가진 정치성'의 문제를 크게 고려하면서도 사료분석에서의 기본적인 성실함을 갖추고 있다고 생각한다. 또한 이 글들이 대상으로 삼고 있는 '담론'은 대체로 서구 문명론에 대한 비판적 함의를 담고 있는데, 여기서 담론분석이라는 새로운 접근법이 근대성 비판이라는 새로운 관점과 연결될 수 있다. 양자를 밀접히 관련시키면서 더욱 풍부하고 개성적인 시도를 해나가는 일이 이들 앞에 열려져 있는 지평이라고 할 수 있다.

:: 차승기

단국대학교 국문과와 동 대학원을 졸업하고, 연세대학교 대학원 국문과에서 박사학위를 받았다. 연세대학교 국학연구원 연구교수를 거쳐, 현재 일본 도쿄외국어대학 외국인 연구자로 활동 중이다.

주로 근대적인 시간─공간 의식이 개인 및 공동체의 기억과 세계를 구성하고 재생산하는 방식에 주목하면서, 식민지 시기 문학과 문화의 시간─공간 정치학을 탐구하는 데 관심을 두고 연구를 진행하고 있다. 현재는 이 관심의 연장선 위에서, 제국주의 시대의 일본 문학·문화에서 나타난 시간─공간 정치학의 실천을 식민지 조선의 것과 비교하며 제국/식민지 체제의 동력학을 역사─지정학적으로 연구하고자 한다.

대표 저서로는 『문학 속의 파시즘』(공저, 2001) 등이 있다. 주요 논문으로는 「1930년대 후반 전통론 연구」(2003), 「'근대의 위기'와 시간─공간 정치학」(2003) 등이 있다.

동양적 세계와 '조선'의 시간

차승기

1. 근대의 '위기'와 문화적 특수주의의 대두*

  한국 근대문학사에서 1930년대 후반의 시기는 흔히 '전환기'로 지칭된다. 물론 급속한 변화가 일상화된 근대에서 '전환기를 살고 있다'는 의식은 늘 있어왔을 것이다. 그러나 1930년대 후반, 즉 '카프KAPF' 해체(1935년)와 중일전쟁 발발(1937년) 이후의 전환기 의식은 이전까지 근대적 변화를 겪던 시절의 그것과는 근본적으로 다른 '세계상태'**에서 나타났다.

  '카프' 해체는 단지 식민지 지배권력의 사상통제라는 외부적인 탄압의 결과물일 뿐만 아니라 근대적인 가치·규범·신념들에 기초한 미래기획들의 문화적 헤게모니가 쇠퇴했음을 징후적으로 보여주는 사건이기도 했다.[1] 이 사건의 징후적 의미는 중일전쟁 발발 이후 현실 질서의 거대한

---

* 이 글은 "Oriental World and the Time of 'Joseon'(Korea)"라는 제목으로 *The Review of Korean Studies*, Vol.8, No.2, 2005. 6에 실렸던 논문을 수정한 것이다.

** '세계상태'라는 표현은 단지 '인식'이 아니라 인식을 압도하는 듯이 나타난 세계를 표현하기 위해 쓴 것이다. 이 말은 헤겔의 개념을 염두에 두고 사용한 것인데, '조건과 그에 대한 인식'보다 세계를 의식적으로 대상화하기 전에 압도해오는 객체로서의 측면을 강조하는 것이 1930년대에 더 어울린다고 판단했다.

재편으로 나타났다. 물론 그 재편의 주체는 일본이었다. 당시 일본은 동아시아의 서로 다른 민족과 국가를 일본 중심의 하나의 세력권으로 묶는 거대한 실험을 행하고 있었다. 더욱이 이 실험은 이전까지 동아시아에서, 아니 비서구 지역 전체에서 갈등 속에 지속되어 왔던 서구적 근대화의 기획에 대한 완강한 거부를 표명하면서 진행되었다. 이 과정에서 유포된 '서양적 근대의 몰락과 동양의 대두'라는 담론*은 당시 유럽에서 전개되고 있던 위기의 징후들과 결부되면서 단순한 체제 이데올로기 이상의 파급력을 지니게 되었다.

일제 말기 문학에서 나타난 전통주의 또는 전통지향성은 이런 세계상태의 변동과 결코 무관하지 않았으며, 오히려 이 시기 '(근대의) 위기'에 대한 적극적인 대응의 한 방식이었다고 해야 할 것이다. 이 글에서는 '동양'이라는 기표에 새로운 기의들이 덧씌워지던 시기 '조선적인 것'이 어떻게 의미화되었는지를 전통주의적 문예지인 『문장』을 중심으로 살펴보고자 한다.

1930년대 중반 이후 식민지 조선에서는 민족주의적 학술운동으로서 '조선학운동'이 활발히 전개되었다. 이 운동은 근대 전환기와 식민지 시기 전체에 걸쳐 줄곧 전개되었던 민족주의 운동의 일환이었으며, 특히 그 시기 일제에 대한 비타협적 정치운동이 불가능하다는 판단 아래 문화적인

---

* '동양적인 것(아시아적인 것)', '일본적인 것', '조선적인 것' 등의 정체를 묻거나 확증하고자 하는 일이 중요한 문화적 프로젝트의 일부분이었다는 점에서 1930년대는 문화적 특수주의의 시대였다고 해도 과언이 아닐 것이다. 그러나 이런 문화적 현상은 현실 속에서 '동양의 통일'을 구현하고자 했던 일본의 군사·경제적 프로젝트('동아협동체'에서 '대동아공영권'까지)의 반영이었다. 일본은 무한武漢 함락 이후 중일전쟁이 교착상태에 빠지자 중국과의 제휴를 바탕으로 동아시아에 민족·국가 간 협동체를 만들고자 하였으며, 이 과정에서 '동양'의 문화적 동질성 문제를 둘러싼 논의들이 전개되었다. '동아협동체' 논의에 대해서는 米谷匡史,「戰時期日本の社會思想」,『思想』, 1997. 12; 백영서·최원식 엮음, 『동아시아인의 '동양'인식』, 문학과지성사, 1997 참조. 그리고 '동양'의 동일성과 차이에 대한 당대의 논의에 대해서는 三木淸,「現代日本における世界史の意義」,『改造』, 1938. 6;「東亞思想の根據」,『改造』, 1938. 12; 高山岩男, 『世界史の哲學』, 岩波書店, 1942 등을 참조.

측면에서 민족적 정체성의 정립과 보존을 목표로 한 운동이었다.* 그러나 중일전쟁 발발을 전후로 서양적 근대의 몰락과 동양의 대두라는 내러티브가 공적인 담론장에 유행하게 되면서 '조선적인 것'에 대한 관심과 탐구는 이전과는 다른 맥락에 놓이게 되었다. 특히 '조선적인 것'이 심미적 대상이 되거나 특정한 재현물로 표상될 때 그 의미는 단순히 민족주의적 문화운동의 맥락만으로 환원될 수는 없었다.

이전까지의 식민지 조선의 문학적·문화적 프로젝트에서도 조선적 특수성에 대한 고민은 늘 찾아볼 수 있던 것이지만, 적어도 '카프'가 해체되기 전까지의 '국제주의적' 분위기 속에서 계급적인 것의 보편적 규정성이 그 근본부터 의심된 적은 없었다. 그러나 중일전쟁 시기 '동양적인 것'이 새롭게 평가되면서 '조선적인 것' 역시 보다 특권적인 가치를 지니는 것으로 여겨지게 되었다. 이제까지 근대적 가치와 규범들에 대한 강조 속에서 '봉건적인 것'으로, 또는 '낡은 관습 및 사상'으로 여겨지며 억압되었던 '조선적인 것'이, '억압되었던 과거의 재생'이 담론화되는 과정에서 새롭게 출현한 것이다. 이에 따라 고유성 담론 또는 문화적 특수주의가 문학과 문화의 영역에서 주요한 흐름의 하나로 형성되었다.**

이 무렵 중등학교에서의 조선어 교육의 폐지(1938년) 및 미나미 총독의 '내선일체' 슬로건은 '조선민족'의 정체성을 위태롭게 하는 심각한 위협으로 받아들여졌다. 그리고 그에 따라 하나 둘 사라져 가는 '조선적인 것'의 구제는 그만큼 강한 사명감에 의해 추구되어야 할 중요한 문화적 과제로 여겨졌다. 한편으로는 서양적 근대에 대한 비판과 함께 '동양적 가

---

* '조선학운동'을 비롯해, 근대 전환기부터 식민지 시기까지 민족주의자들에 의해 전개된 민족문화운동에 대해서는 이지원, 「일제하 민족문화 인식의 전개와 민족문화운동」, 서울대 박사학위논문, 2004 참조.
** 한편 당시 일본문단에서 '일본낭만파'에 의해 주도되던 '일본적인 것'에 대한 탐구경향이 민족주의 계열의 문학인들에게 적잖은 자극을 주기도 하였다. 김윤식, 『한국 근대문학사상 비판』, 일지사, 1978 참조.

치'의 우월성이 주창됨으로써 '조선적인 것' 역시 특권적 가치를 주장할 수 있는 조건이 마련되었지만, 다른 한편으로는 일본 중심의 '동양적 세계'에서 민족적 정체성을 위협당하고 있었던 것이다. 이렇게 볼 때 조선의 문화적 고유성에 특권적 가치를 부여하고 그것으로부터 공동체의 문화적 정체성의 자원을 끌어내고자 했던 시도는 난처한 상황에 처해 있었던 듯하다. 과거로부터 '조선적인 것'의 문화적 특수성을 발굴하려는 시도는 동시에 '동양적인 것'의 실체를 확증하는 결과를 낳을 수도 있기 때문이다.

2. '자연＝과거＝동양(조선)적 전통'의 세계

동양의 특수성을 구제하고자 하는 중일전쟁기의 문화적 분위기에서 등장한 문예지가 바로 『문장』이다.* 『문장』은 전통지향성과 창작중심이라는 문예지로서의 성격을 가장 뚜렷한 특징으로 지니고 있다**. 무엇보다도 『문장』은 근대적인 일상의 삶에 대해 반감을 가지고 있다. 『문장』의 대표자들인 이병기, 정지용, 이태준은 저마다 상이한 이력과 개성을 가지고 있음에도 불구하고 근대적인 삶에 대해 부정적이었다는 점에서는 일치하는 바가 있다. 이들이 근대적인 것을 비판하는 방식이나 입장의 차이에도 불구하고 '근대 비판'에서 서로 일치할 수 있었던 것은, 이 시기에 '서

---

* 이곳에서 『문장』이라고 말할 때는 1939년 2월에 창간하여 1941년 4월에 "국책에 순응하여" 폐간할 때까지 2년 2개월간 간행된 동명의 잡지뿐만 아니라, 그 잡지의 발간과 편집을 주도했던 대표자들을 함께 지칭한다. 하지만 전통지향성과 창작중심주의에 바탕을 두고 있는 그 대표자들의 미의식이 내적으로 완전히 동일하다고 볼 수는 없다. 지금까지의 연구에서는 대체로 『문장』을 하나의 통일된 지향성을 지닌 단체로 취급해왔다. 하지만, 다음 절에서 살피듯이, 흔히 『문장』의 대표자로 인정되는 이병기, 정지용, 이태준 사이의 차이는 사소한 것이 아니다. 무엇보다 그들 사이의 차이가 『문장』을 하나의 지향성으로 묶어준다고 하는 '전통'에 대한 태도에서 발생하고 있다는 점은 중요하다.

** 『문장』의 '전통지향성'은 잡지 편집의 주조에서나 그 대표자들의 의식의 측면에서나 재론할 여지없이 뚜렷하다. 김용직, 「『문장』과 문장파의 의식성향 고찰」, 『선청어문』 23집, 1995 참조.

양(근대)의 위기'와 '동양의 대두'가 근대적 가치들을 전도시키는 특정한 담론장을 형성하고 있었기 때문인 것으로 보인다.

근대는 이미 그 출발 단계에서부터 '반근대적'인 요소와의 관계 속에서 규정되어 왔다. 근대적 사유가 지니고 있는 가장 주요한 형식적 특징 중의 하나가 "근본적으로 새로운 시작의 열정"[2]이라면, 그것은 과거와의 급격한 단절을 전제로 한다. 물론 여기서 발생하는 단절은 단순히 '새롭게 시작하는 자'를 정당화하기 위한 목적으로 환원되는 것이 아니라, 모든 것을 '새로운 것'의 척도로 견주어 보기 위해 요구되는 것이다. 말하자면, '새로운 것'의 눈으로 '낡은 것'을 재평가하기 위한 단절인 것이다.

이런 단절과 더불어, '새로운 것=서양=미래'의 계열체가 특권적인 가치척도로서 '낡은 것=동양(조선)=과거'의 계열체를 측정하는 근대적인 가치의 위계구조가 성립하게 된다. 이 양 계열이 상호규정의 관계에 놓여 있다는 것은 두말할 필요가 없지만, 근대화의 이데올로기에서 이 두 계열은 규정자(인식자)와 피규정자(피인식자)로 구별된다.

이런 일방적인 규정-피규정 관계가 전도되기 시작한 것은 1930년대 중반부터였지만, 특히 중일전쟁 발발 이후 '낡은 것=동양(조선)=과거'가 새로운 척도로서의 지위에 오르게 되면서 더욱 뚜렷하게 나타난다.

지금 이 글을 쓰는 것도 만년필이요 앞으로도 만년필의 신세를 죽을 때까지 질지 모르나 '만년필'이란, 그 이름은 아무리 불러도 정들지 않는다……墨汁이나 染水를 따로 준비하는 거치장스러움이 없이 隨時隨處에서 뚜껑만 뽑으면 써낼 수 있는, 말하자면, 그의 功利는 壽보다도 먼저 單便한 점에 있을 것이다……이 만년필이 현대 선비들에게서 빼앗은 것이 있다. 그것은 무엇보다 먹〔墨〕이었다. 가장 韻致있고, 가장 정성스러운 文房友였다. 종이 위에 먹 같이 향기로운 것이 무엇인가 먹처럼 참되고, 潤澤한 빛이 무엇인가 종이가 恒久히

살 수 있는, 그의 피가 되는 먹이 종이와 우리에게서 이 만년필 때문에 사라져
가는 것이다……

붓, 毛筆이란 가히 翫賞할 도구라 여긴다……〔筆工이 - 인용자〕붓촉을 이루
어 대에 꽂아가지고는 입술로 잘근잘근 빨아 좁은 손톱 위에 패임을 그어보고
그어보고하는 모양은 至誠이기도 하였다. 그가 훌쩍 떠나 어디로인지 산너머로
사라진 뒤에는, 그가 매어주고간 붓은 슬프게까지 보이는 것이었다.[3]

이 글에서 이태준은 편리한 필기도구 만년필이 빼앗아간 먹과 붓을 그
리워하고 있다. 이태준이 '고완품古翫品'에 비상한 애착을 지니고 있었음은
익히 알려진 사실이지만, 이 글에서 그런 애착은 '만년필/먹, 붓' 사이의
뚜렷한 대비를 통해 드러난다. '만년' 동안이나 필기도구로서의 기능을 상
실하지 않는다는 듯이 지속성과 편리함을 자랑하는 만년필이지만, 그럼에
도 불구하고 이태준에게는 정이 가지 않는 사물이다. 만년필의 편리함이
과거 "문방우"의 소중함을 빼앗아갔기 때문이다. 서양에서 온 새로운 도구
가 빼앗아간 소중한 것이란 무엇인가? 그것은 운치, 정성스러움, 향기, 참
되고 윤택한 빛이며, 종이에 생명을 불어넣어주는 원천("그의 피가 되는 먹")
이다. 또한 붓 하나를 만들기 위해 필공이 쏟아 부었던 시간과 정성, 즉
필공의 입술과 손과 지성至誠으로 빚어진 붓의 유일무이성이다.

근대적인 기술문명의 산물들이 '효율성'을 선사해주고 그 대가로 빼앗
아간 것은 바로 이 '유일무이성'이다. 먹과 붓이 이렇듯 유일무이한 것으
로 이해되는 이유는 그것들이 과거의 삶의 흔적을 수반하기 때문이다. 먹
은 정성스럽게 가는 행위를 통해 완성되며, 붓은 필공의 손과 입술과 만났
을 때 탄생한다. 그리고 먹을 가는 행위, 필공이 정성스레 만들어낸 붓은
그 자체 결코 반복될 수 없다는 의미에서 유일무이하다. 먹과 붓은 눈앞에
놓인 사물적 상태 그대로 인식되는 것이 아니라, 사람들의 삶과의 연관성

속에서 이해되는 것이다.

근대적인 기술문명의 산물들이 지니고 있는 최고의 미덕을 낯선("정들지 않는") 것으로 만드는 것은 그와는 전혀 다른 친숙함의 울타리 내부에 있을 때뿐이다. 이 친숙함이 '과거적인 것=조선적인 것'과 동류의 것임은 물론이다. 그러나 단순히 친숙함에 기대는 것만으로는 근대적 가치의 실질적인 전도가 발생하기 어렵다. '과거적인 것=조선적인 것'은 친숙함뿐만 아니라 '탁월함'을 지니고 있어야 한다. 이런 의미에서 '과거적인 것=조선적인 것'은 마땅히 모방해야 할 고귀한 양식(style)과 같은 지위에 놓인다.

> 나는 처음에 도급으로 맡기려 했다. 예산도 빠듯하지만 看役할 틈이 없다. 그런데 목수들은 도급이면 일할 재미가 없노라 하였다. 밑질까봐 염려, 품값이상 남기려는 궁리, 그래서 일재미가 나지 않고 일재미가 나지 않으면 일이 솜씨대로 되지 않는다는 것이다. 이런 솔직한 말에 나는 感服하였고 내가 조선집을 지음은 李朝 건축의 淳朴, 重厚한 맛을 탐냄에 있음이라 그런 전통을 표현함에는 돈보다 일에 情을 두는 이런 구식 工人들의 손이 아니고는 불가능할 것이므로 다행이라 여겨 日給으로 정한 것이다.
>
> ……젊은이들처럼 재빠르진 못하나 꾸준하다. 남의 일하는 사람들 같지 않게 篤實하다. 그들의 연장은 날카롭게는 놀지 못한다. 그러나 마음내키는 대로 문지른다. 그들의 연장자국은 무디나 힘 적고 자연스럽다. 이들의 손에서 제작되는 우리집은 아무리 요즘 시체집이라도 얼마쯤 驕態는 적을 것을 은근히 기뻐하며 바란다.[4]

이태준이 나이든 목수들에게 집 건축일을 맡긴 것은 "이조 건축의 순박, 중후한 맛"을 탐내기 때문이다. 이 목수들은 전통적인 '장인'의 후예라고 보아도 좋을 것이다. 전통적인 "조선집"을 재현하기 위해 돈을 아끼지 않고 장인들이 "솜씨"를 발휘할 수 있는 여건을 마련해주는 이태준은 사라진 과거의 양식이 구현되기를 원하고 있다. 사실 근대적인 일상 세계는 언제든지 '양식의 부재'에 대한 강한 불만을 불러일으킬 수 있다. 근대화의 급속한 변화와 개조는 어떤 통일된 양식도 존재할 수 없게 만들어 '격식'이 없다는 의식을 낳는다. 그리하여 "옛날의 양식을 사용하려는 노력과 그 양식들의 잔재·폐허·추억 속에 머물려는 노력"[5]을 통해 존재의 안정적인 귀속감을 확인받고자 하는 경향들이 나타난다. 젊은 일꾼들의 '재빠름'과 '날카로움'은 그런 귀속감을 전달해줄 수 없다. 또한 그것은 밑지지 않게 품값을 챙기려는 잇속으로도 도달될 수 없다. 기술적인 복제를 통해서 과거의 건축물을 모방한다 할지라도 그것만으로 양식이 재현되지는 않는다. "조선집"의 "맛"은 오직 일 그 자체에 몰입할 수 있는 '장인'들의 손길을 거칠 때에만 구현될 수 있는 것이다.

여기서 이태준이 구현하기를 희망하는 양식은 단순히 고전적인 형식적 완미함이 아니다. 오히려 그것은 인위적으로 부여된 형식적 틀을 거부하는 삶의 양식이다. 늙은 목수들이 마음 내키는 대로 문지르는 것처럼 보이지만, 사실 그것은 "무다나 힘 적고 자연스럽다." 목수가 다루는 재료는 자연으로부터 비롯되는 것이므로, 그 재료에 대한 '형식' 부여가 지나치게 인위적이면 마땅히 "순박, 중후한 맛"을 낼 수 없다. 자연적인 것을 자연스럽게 대하는 것, 그것이 '장인'의 솜씨이며 바로 '과거적인 것=조선적인 것'이 지니는 '친숙함'에 못지않은 '탁월함'의 본질이다.* 이곳에서 '새로

---

* 1930년대 중반 '조선적 고유성'에 대한 탐구가 하나의 유행을 형성한 이래 '과거적인 것=조선적인 것'의 본질을 특정한 개념으로 포착하고자 한 시도는 많이 있어왔다. 예컨대, 프롤레타리아 문학으로부터 전향한 신석초 역시 '맛'이라는 개념으로 '조선적인 것'의 근본 특징을 포착하고 있는데, 그에 따르면 '맛'은 신라의 화랑, 이조의 처사處士에서 찾을 수 있는 비실용성·무용성·소비성의 전통이다. 그러나 이는 단순히 무절제한 감정의 분출을 의미하는 것이 아니라 "중화中和의 법칙"을 뜻한다. 즉 "발發하여 절節에 맞

운 것=서양=문명=미래'는 '낡은 것=동양(조선)=자연=과거'에 의해 극복된다.

'조선적인 것=자연적인 것'의 동일시는 단순히 과거적인 것을 관조하고 음미하는 자에게만 특징적으로 나타나는 것이 아니라, 『문장』이 견지하고자 한 독특한 창작정신에 있어서도 근본적인 것으로 남아 있다. 예컨대, 정지용은 시를 지을 때의 자세를 언급하면서 이렇게 쓰고 있다.

> 시의 기법은 시학, 시론 혹은 詩法에 의탁하기에는 그들은 의외에 무능한 것을 알리라. 기법은 차라리 연습, 熟通에서 얻는다……
>
> 究極에서는 기법을 망각하라. 坦懷에서 優遊하라. 道場에 오른 劍士는 움직이기만 하는 것이 혹은 그저 서있는 것이 저절로 기법이 되고 만다……
>
> 꾀꼬리는 꾀꼬리 소리밖에 發하지 못하나 항시 새롭다. 꾀꼬리가 숙련에서 운다는 것은 불명예이리라. 오직 생명에서 튀어나오는 항시 최초의 발성이어야만 陳腐치 않는다.
>
> 무엇보다도 돌연한 變異를 꾀하지 말라. 자연을 속이는 변이는 참신할 수 없다.
>
> ……시인은 완전히 자연스런 자세에서 다시 비약할 뿐이다.
>
> 우수한 전통이야말로 비약의 발디딘 곳이 아닐 수 없다.[6]

경구적인 수사 속에서 시를 짓는 것이 자연스러운 생명활동과 유비되고 있다. 이곳에서 특히 '자연', '시', '전통'이 하나의 친족관계 속에 놓여 있음을 주목할 필요가 있다. 단편적인 글이지만, 이곳에서 『문장』이 특징적으로 지니고 있는 전통지향성과 창작정신이 어떻게 결합되는지 단적으

는다" 또는 "격格에 맞는다"라는 말로 표현되듯이 형식 이념의 규제하에 있어야 한다. 하지만 이 형식역시 주관적으로 부여된 틀이라기보다는 '자연의 형식'에 합치하는 것이다. 신석초는 이런 형식의 모델로서, 시조의 긴장된 율동의 형식을 예시하고 있다. 신석초, 「멋설」, 『문장』, 1941. 3, 151~153쪽 참조.

로 드러나기 때문이다. 시작법이라기보다 시를 지을 때의 정신적 자세를 언급하고 있다는 맥락을 고려하더라도, 이 글에서 '기술'은 합리적으로 설명되고 전달될 수 있는 효과적인 시 창작의 도구로서는 도대체 아무런 의미도 지니지 않는다. 그 이유는 정지용이 '기술'을 경시하기 때문이 아니라 오히려 '기술(technē)'과 '자연(physis)'의 합일을 지향하기 때문이다.

『문장』 시기의 정지용에게 '기술'은, 인간이 자연대상(natura naturata)에게 작용을 가해 그로부터 이로움을 취하고자 하는 중립적 도구(방법)라는, 근대적인 의미에서의 소외된 기술이 아니다. 근대적 개념으로서의 이 같은 '기술'은, 한편으로는 행위주체와 대상 어디에도 귀속되지 않은 채 가치중립적으로 독립해 있다는 의미에서 소외되어 있다. 다른 한편으로 '기술'은 그것을 사용하는 모든 이에게 동등하게 개방되어 있을 뿐만 아니라, 또한 그것의 사용을 통해 동일한 것을 획득하리라는 기대까지 함축하고 있다는 의미에서 합리성의 척도처럼 이해된다. 그러나 이런 근대적인 '기술'은 소외된 합리성의 표상이 됨으로써 주체의 자연지배의 도구로서의 본성을 은폐시킨다. '기술'은 가치중립적인 것이기는커녕 오히려 주체의 자연지배 욕망의 산물인 것이다. 정지용의 '기술'에 대한 이해에는 이런 근대적 '기술' 개념에 대한 비판이 함축되어 있다.

정지용의 문맥에서 보자면, '기술'은 그 자체 '자연'이 될 때, 즉 자신이 지배하고자 하는 것과 합일될 때에만 참된 시를 길어 올릴 수 있다. 그렇지 않은 일체의 '기술'은 "돌연한 변이", "자연을 속이는 변이"를 초래할 뿐이다. 인위의 산물인 '기술'은 그것이 아무리 중립성과 개방성으로 위장한다 할지라도 주체의 목적에 복무하는 도구에 불과하기 때문에, 이 도구성을 망각한 채로 실행되는 '기술'은 '자연'의 변이를 강제할 뿐이라는 것이다. 따라서 정지용은 '기술'의 도구성을 망각하기보다 그것을 넘어설 것을 요구한다. 문면에서는 "구극에서는 기법을 망각하라"라고 말하고 있지만, 이 말은 실상 '기술'의 도구성을 극복하여 '기술'이 '자연'이 되고 '자연'이 '기술'이 되는 평정심의 높은 경지를 지시하고 있다. 따라서 그저 움직이고 그저 서 있는 것이 바로 '기술'이 되는 상태, "완전히 자연스런 자세"에 도달할 때 참다운 시적 비약이 이루어질 수 있다는 것이다.* 이때의 '기술'은 모든 시 창작에 적용할 수 있는 "시론"이나 "시법"처럼 소외되어 있지 않고 시인의 자연스러운 행위 속에 용해되어 있기 때문에, 한 편 한 편의 시를 완성하는 유일무이한 과정과 분리될 수 없다. 과거 장인들의 도제수업을 연상케 하는 이런 수련과정은 궁극적으로 '기술'의 인위성을 극복하여 시인과 자연이 구별되지 않는 자유자재의 상태에 도달하는 것을 목표로 삼는다. 그리고 시인에게 있어 '전통'은 이 자유자재함의 지반이 된다. 달리 말해서, 정지용에게 '전통'은, 자유자재의 경지를 지향한 오랜 시적 전통인 동시에 그 자체가 시인의 '자연'이기도 한 것이다.

『문장』의 전통지향성은 이렇듯 그들의 창작정신과 분리할 수 없을 정도로 결합되어 있다는 점에서 특징적이다. 단순히 과거로부터 '조선적인 고유성'을 개념적으로 파악하여 그것을 '조선적 전통'의 실체로 삼는 것이 아니라, 전통을 예술적 성취를 위한 과정 속으로 용해시키고 있다는 점에서 특징적이다. 특히 그 전통은 '자연성'과 동일시되고 있는데, 단지 '자연적인 것'을 하나의 요소나 본질로 환원하여 작품 속에 내용적·주제적으로 편입하는 차원**을 넘어서 창작주체와 시적(문학적) 대상과의 관계 속에서

---

* 일종의 낭만주의적 유기체론에 입각하여 시 쓰기를 생명활동의 '자연성'과 동일시한 다른 글로는 정지용, 「시와 발표」, 『문장』 1939. 10 참조. 이곳에서 정지용은 쓸데없는 다작多作보다 생명의 자연스런 분출을 소중히 여기면서 "시가 충동과 회열과 능동과 영감을 기다려 겨우 심혈과 혼백의 결정結晶을 얻게 되는 것"(190쪽)임을 분명히 하고 있다. 특히, 당대를 '산문시대'로 규정하고 그럴수록 "시의 자세는 더욱 초연히 발화할 뿐"(190쪽)이라고 말하는 것을 볼 때, 그에게 '시'는 단순히 근대적인 문학장르 중의 하나라기 보다는 '근대=산문적인 것'과 가치론적으로 대립되는 '반근대' 정신의 거처로서의 의미를 지니고 있는 것이기도 하다.

** 이효석의 「산정山精」이라는 단편소설이 이런 내용적 편입의 한 부정적인 예가 될 것이다. 이 소설에서 이효석은 세 사람의 교수가 등산을 하면서 '자연인'이 되는 모습을 보여주고 있는데, 산에 올라 술과 고기

'자연성'이 구현되는 방식을 취하고 있다. 『문장』이 과거적인 것을 반복한다고 할 때, 그 말은 이런 관계의 반복을 뜻하는 것이다. 그런데 이런 과거적인 것의 반복이 가능하기 위해서는 시간에 대한 특별한 감각이나 의식이 전제되어야만 한다.

3. 전통주의의 시간의식

근대 세계에서 모든 개인은 객관적으로 흘러가고 있다는 동질적이고 공허한 직선적 시간을 자기 경험의 표상형식으로서 '우선적으로' 지니지 않을 수 없다. 흔히 시계의 운동이라는 공간적인 표상으로 환원되곤 하는 근대적 시간은 정밀하게 분할하고 나눌 수 있는 양적인 시간이며, 개인의 경험은 이런 시간 표상을 통해 굴절된다. 이런 근대의 진보적 시간에서 과거는 철저하게 '지나간 것'으로 이해된다. 과거는 현재에 의해 현재는 미래에 의해 초과되기 때문이다.

그러나 전통주의의 입장에서 과거는 단순히 지나간 것, 현재에 의해 극복되거나 소멸된 것이 아니다. 전통주의자에게 과거는 '지나간 것(das Vergangene)' 또는 '사라진 것'이 아니라 오히려 '있어온 것(das Gewesene)'이다. 따라서 과거적인 것은 있어온 만큼 권위를 지닐 수 있는 것이다. '근대성의 가치전도'를 통해 과거가 새롭게 복권되어 우월한 지위를 획득하게 되었다고 할 때, 이 같은 과거의 복권은 단지 과거에 존재했던 것을

로 취한 후 "뒷골목의 그 '수상한 집'"에 들러 여자들과 밤을 보낸 일에 대해 "온전히 야생의 날이었다. 문명을 벗어나서 야생의 부르짖음만이 명령하는 날이었다. 산의 죄가 아니요 산의 덕이다. 전신에 흠뻑 배이고 넘치는 산 정기의 덕이다. 더럽혀진 역사의 한 장이 아니고 역시 옳은 역사의 한 장이었다"라며 과도하게 의미를 부여하고 있다. 이른바 '자연과의 합일'을 주제의 차원에서 받아들임으로써 일탈적인 행위를 '자연'의 이름으로 변호하고 있는 것이다. 이효석, 「산정」, 『문장』, 1939. 2, 85~91쪽 참조.

복원하거나 그 자체 가치 있는 것으로 격상시키고자 하는 태도에 의해서만이 아니라, 과거적인 것을 현재까지 지속하고 있는 어떤 것으로 이해하는 태도에 의해서 수행되기도 하는 것이다. 이곳에서는 후자의 태도를 에피파니적인 것, 전자의 태도를 노스탤지어적인 것으로 구별하여 다루도록 하겠다.*

에피파니적 시간의식

『문장』의 좌장격인 이병기**는 1930년대 중반 '조선적 고유성'에 대한 탐구에 참여하여 특히 시조 연구에 몰두한 바 있을 뿐만 아니라[7], 스스로 시조를 계승·변형하는 입장에서 창작함으로써 현대 시조를 확립하는 데 기여한 인물로 잘 알려져 있다. 그에게 시조는 단순히 '조선적인 것=과거적인 것'의 정수로서 역사적인 연구의 대상이었을 뿐만 아니라, 현재에도 그 자체로 반복되어야 할 본질적인 형식이기도 했다. 이는 시조 형식에 대한 그와 조윤제 사이의 입장 차이에서 단적으로 드러난다.

대표적인 민족주의 문학사가로서 조윤제는 시조를 과거에 존재했던 3장 6구의 엄격한 정형시로 정의하고 그 율격을 시조의 근본 형식으로 규정지었다. 따라서 그에게는, 이병기가 현대 시조로서 시도하고 있던 연시

---

* 에피파니적인 것과 노스탤지어적인 것의 구분에 대해서는 Dipesh Chakrabarty, "Afterword: Revisiting the Traditon/Modernity Binary", Stephen Vlastos, ed., *Mirror of Modernity : Invented Traditions of Modern Japan*, Berkeley & Los Angeles : University of California Press, 1998, pp. 289~290 참조. 챠크라바티는 이 글에서 "언제나 현재하지만, ― 그 자체 일종의 영원성의 비전인 ― 시적이고 비현실주의적인 응시가 아니면 보이지 않는 어떤 것으로 전통을 대하는 방식"을 에피파니적인 것으로, "상실의 경험에 자리잡으며, 복원과 회복의 정치학을 요구하는 태도"를 노스탤지어적인 것으로 나누고 있다. 본 연구에서는, 이런 기본적인 정의만을 받아들일 뿐이며, 이 양자에 대한 챠크라바티의 가치평가까지 수용하지는 않는다.

** 이병기는 『문장』의 다른 필자들에게 존경의 염을 불러일으키는 명실공히 『문장』의 구심점이었던 것으로 파악된다. 정지용은 『가람시조집』의 발문에서 "귀한 시조집을 꾸미어 놓고 다시 보니 하도 精하고 조찰하고 品이 높은 향기가 풍기는 듯하여 무슨 말이고 덧붙이기가 송구하기까지 하다"라고 말하면서, 이병기의 존재를 서도書道에서의 추사 김정희에 빗대고 있다. 정지용, 「가람시조집 발」, 『정지용·전집 2』, 민음사, 1988, 300~301쪽.

조형태는 시조 형식의 완결성을 파괴하는 것이었다.

> ……외관상으로는 비록 二首 혹은 三首의 群으로 되어 있는 듯이 보이지만 내
> 용으로는 그 一首一首가 완전히 독립하지 못하고 그 먼저의, 혹은 그 다음의
> 首에 의지해서만 존재할 수 있어 소위 聯格式으로 되어 있는데 이렇게 되면
> 벌써 그 내용은 三章의 定型에 통일되지 못하고 六章 혹은 九章에 가서 비로소
> 그 통일적 표현을 얻을 수 있어 시조의 정형시적 형식은 완전히 파괴되었다고
> 밖에 볼 수 없다. 따라서 시조의 생명은 상실되어 그러한 작품은 시조라는 이
> 름으로 부를 성질의 것이 되지 못함을 잊어서는 안 될 것이다.[8]

　문학사가인 조윤제가 볼 때, 이병기가 실험하는 연시조는 "시조의 역
사성과 시조의 정형시적 가치를 무시한 공연한 공로功勞"[9]밖에 되지 않는
다. 그에게 시조는 3장6구의 정형율격이 엄격히 준수될 때에만 시조라는
명칭을 얻을 수 있고, 또한 예술적 가치를 지닐 수도 있는 것이다. 하나의
시상詩想이 한 수의 시조에 완전히 대응되어야 한다는 입장에서 볼 때, 연
시조는 이미 시조 특유의 응집성과 긴장을 상실한 것에 불과하며, 따라서
시조의 예술 형식적 완결성도 찾아볼 수 없게 된다. 이런 입장은 시조를
철저하게 과거에 존재했던 것, 따라서 이미 지나가고 완결된, 불가역적인
시간에 속한 것으로 바라볼 때에만 성립한다.
　반면 시조시인으로서의 이병기에게 시조는 시인의 감정이 자연스럽게
표현되는 형식이다. 그는 「시조는 혁신하자」(1932)라는 글을 통해 자신이
실험하고자 하는 현대시조의 형식적 특질에 대해 서술한 바 있다. 이곳에
서 가장 두드러지는 '혁신'은 노래로서의 시조를 문학으로서의 시조로 전
환시키고자 하는 것이었다.

오늘날부터는 음악으로 보는 시조보다도 문학으로—시가로 보는 시조로, 다시 말하면 부르는 시조보다도 짓는 시조, 읽는 시조로 하자는 것이다. 따라서 그 격조도 달라질 것이다.[10]

노래로 불리던 시조를 문학으로서의 시조로 혁신하자는 주장은, 그가 과거의 시조가 창작·유통·향유되던 사회적 형태와는 전혀 다른 근대적 조건 위에서 시조 형식을 고려하고 있다는 사실을 말해준다.

좀 더 정확하게 말하자면, 그에게 과거의 시조는 시조의 본질·형식·법칙 등으로 개념화하거나 체계화시킬 수 있는 대상이기 이전에 하나의 '작품'일 뿐이다. 따라서 과거의 시조들로부터 추상해낸 일련의 개념적 결과물들을 가지고 시조의 본질 또는 조선적인 고유한 정조를 운위한다는 것은 그에게 해당되지 않는다. 왜냐하면 그는 "종래의 노래들을 아무리 훌륭한 걸작이라 하더라도 그건 그 하나에 그칠 뿐이다. 그걸 천인만인이 그대로 모방하여 짓는 데도 아무 소용이 없다"라고 말하고 있기 때문이다.[11] 즉 그에게 '조선적 고유성' 혹은 시조는 '시조'라는 개념이 아니라 하나의 유일무이한 작품으로 존재하는 것이다.

시조를 창작하는 순간 시인은 불현듯 자신이 '전통 속에 있음'을 경험한다. 창작 과정에서 과거의 형식이 함축하고 있던 잠재성이, 즉 시조의 율격이 자기 감정표현의 자연스러운 형식이 될 때까지 스스로를 갈고 닦는 과정에서 과거의 삶의 어떤 본질적 국면이 현현하기 때문이다. 바로 이 순간을 에피파니적인 순간*이라고 명명할 수 있을 것이다. 물론 이때 현현하는 과거의 삶은 이른바 '조선적인 고유성'과 직결된 것이다. 말하자면, '조선적 고유성'의 본질적 형식을 반복함으로써 그것을 현재에 살아있는

---

* "에피파니는 균질적인 시간의 돌연한 파열, 그리고 감춰진 사물의 본질의 갑작스런 드러남이란 점에서 초월성과 외재성을 속성으로 하고 있다." 남진우, 『미적 근대성과 순간의 시학』, 소명출판, 2001, 48쪽.

것으로 경험할 때, 비로소 시인은 전통 속에 있음을 깨닫게 된다. 더욱이 그 반복은 하나의 작품으로 집약되기 때문에 유일무이하다. 하나하나의 작품은 다른 작품으로 대체될 수 없다는 의미에서도, 그리고 하나의 작품이 그와 독립해 있는 다른 작품에 의해 완성될 수 없다는 점에서도 그것은 자기충족적이며 유일무이하다.

시조 창작 과정의 내적인 경험을 통해 과거적인 삶의 현현이 이루어질 때 그 순간은 더 이상 시계와 달력에 의해 표시되는 공허한 시간이 아니다. 이 순간은 시간 안에서 지나가는 것이 아니라 오히려 시간 바깥에서 침입하는 힘으로 인해 멈추어진 머무르는 순간이다. 이 머무름 속에서 과거-현재-미래로 흘러간다는 선조적線條的인 시간표상은 더 이상 의미가 없으며, 이때 시인은 양적으로 측정되는 공허한 근대적 시간과 단절을 이루는 깨달음의 시간, 충만된 시간을 경험한다.

에피파니적 시간의식은 외부세계와 무관한 자기만의 고유한 진실을 추구하면서 '자아의 특권화'로 귀착한다는 점에서 낭만주의의 의식과 연결된다.* 그러나 자기감정의 분출로 만족하는 것이 아니라 그 감정이 반드시 시조의 격조로 형식화되어야 한다는 점에서, 이 '특권화'는 과거적인 것에의 참여를 통해 이루어진다. 이병기의 경우, 과거적 삶의 현현 속에서 발견하고자 한 '조선적 고유성'의 정수는 물론 시조 형식이었지만, 그것은 다만 좁은 의미에서의 예술적 행위로 그치는 것이 아니라 자신의 삶 자체와 일치시켜야 할 것이었다.

나는 蘭을 기른 지 20여 년, 20여 종으로 30여 盆까지 두었다. 동네 사람들은 나의 집을 화초집이라기도 하고 난초병원이라기도 하였다. 화초 가운데 난이

---

* 남진우, 같은 책, 48쪽의 각주 25 참조. 물론 이 '자아의 특권화'란 곧 자아의 고립에 다름 아니다. Frank Kermode, *Romantic Image*, Glasgow: Collins, 1971, pp. 13~42 참조.

가장 기르기 어렵다. 난을 달라는 이는 많으나 잘 기르는 이는 드물다. 난을 나누어 가면 죽이지 않으면 병을 내는 것이다. 난은 모래와 물로 산다. 거름을 잘못하면 죽든지 병이 나든지 한다. 그리고 볕도 아침저녁 외에는 아니 쬐어야 한다. 적어도 십년이상 길러 보고야 그 미립이 난다 하는 건 첫째 물 줄 줄을 알고, 둘째 거름 줄 줄을 알고, 셋째 추위를 막아 줄 줄을 알아야 하기 때문이다. 조금만 觸冷해도 감기가 들고 뿌리가 얼면 바로 죽는다.[12]

이병기에게 난을 기른다는 것은 단순히 식물을 재배하는 것과 다른 차원에 놓여 있다. 그것은 사실 난 자체를 기르는 것이 아니라 자기 자신을, 자신의 정신을 기르는 것이다.* 난을 기르는 자는 난의 본성과 생리를 이해해야만 한다. 이병기에게 난의 본성과 생리를 이해한다는 것은 시조의 본질적 형식을 이해한다는 것과 동일하다. 난과 시조는 그것을 다루는 자가 임의로 도구화할 수 없는 세계에 속해 있기 때문이다. 자기감정의 자연스러운 넘쳐남이 시조의 정형적 율격과 충돌하지 않는 경지에까지 스스로를 가다듬을 때에만 작품으로 성취되듯이, 난의 생리를 이해하고 그 생명의 리듬에 자기 자신을 근접시킬 때에만 꽃을 얻을 수 있는 것이다. 위 인용문에서 "~ 줄 안다"라는 것은 한낱 지식의 획득이 아니다. 그것은 경험의 축적이며, '기술'이 '자연'이 되고 '자연'이 '기술'이 된 깨달음의 경지이다.**

오늘도 온종일 두고 비는 줄줄 내린다
꽃이 지던 난초 다시 한 대 피어나며
孤寂한 나의 마음을 적이 위로하여라

---

* "빵은 육체나 기를 따름이지만 蘭은 정신을 기르지 않는가!" 이병기, 「풍란」, 『가람문선』, 196쪽.
** "오도悟道를 하고서야 재배한다." 이병기, 「난초」, 위의 책, 186쪽.

나도 저를 못 잊거니 저도 나를 따르는지

외로 돌아 앉아 책을 앞에 놓아두고

張張이 넘길 때마다 향을 또한 일어라

─「난초(3)」

이 시조에서 보이듯이 '나'와 '난초'는 주체-대상으로 환원될 수 없는 상호소통의 관계 속에 놓여 있다. 난초의 생명력과 '나'의 심정이 말없이 교감하는 데에서 나아가 마침내 '나'와 난초가 더 이상 둘로 구별되지 않는 경지에까지 이른다. '나'가 홀로 책장을 넘길 때 일어나는 향은 난초의 향이어도, 책의 향이어도, '나'의 향이어도 무관한 것이다.* 이 같은 낭만적인 교감의 세계가 이미지로 보여주고 있는 것은 다름 아닌 과거 선비의 모습이다.

시조 창작과 난초 기르기를 통해 이병기가 도달하고자 한 것은 바로 옛 선비의 고고한 삶이다. 말하자면, 이병기는 자신의 삶을 규율함으로써 선비의 삶을 현재화하고자 한 것이다. 그것은 자연의 질서와 리듬, 그리고 절도와 격식에 스스로를 맞추어나가는 과정 속에서 깨달음에 이르고자 하는 삶이며, 동시에 산문적인 근대 세계에 대한 시적인 대응이기도 하다. 『문장』의 전통지향성과 창작정신은 이병기에게서 삶의 태도 그 자체가 된다. 이병기는 선비의 삶을 '시대착오적으로(anachronically)' 반복하고 '지나간 것'으로서의 과거를 현재에 현현하게 함으로써, '서사적 기억(narrative memory)'이 아닌 '트라우마적 기억(traumatic memory)'으로 '조선적인 것=과거적인 것'을 불러오고 있다고 하겠다.**

---

* 더욱이 난의 "푸른 잎을 보고 방렬芳烈한 향을 맡을 순간엔 문득 환희의 別有世界에 들어 無我無想의 경지에 도달하기도 하였다"(「풍란」, 『가람문선』, 195쪽)라는 진술에서 엿보이듯이, 이병기에게 난을 기르는 일은 에피파니적 순간의 경험과 관련되어 있다.

이병기가 시조, 난초, 선비적인 삶을 통해 과거적인 것을 반복한다면, 정지용은 이른바 '산수시'로 대표되는 독특한 시적 성취를 통해 '과거'를 현재화한다. 근대적 시간 표상에 대해, 그리고 그 표상이 개인의 의식을 규율하고 있음에 대해 정지용은 초기부터 부정적이고 비판적인 태도를 보였다.* 그러나 근대적인 시간과 단절하고 시적인 순간에 새로운 시간의 개시를 시도한 가장 뛰어난 시적 성취는 그의 『문장』 시기에 집중되어 있다.

老주인의 腸壁에

無時로 忍冬 삼킨 물이 나린다.

자작나무 덩그럭 불이

도로 피여 붉고,

구석에 그늘 지여

무가 순돋아 파릇하고,

** Judith Lewis Herman, *Trauma and Recovery*, New York, 1992; Martin Jay, "Walter Benjamin, Remembrance and the First World War", *Benjamin Studies 1 : Perception and Experience in Modernity*, New York: Rodopi B.V., 2002, p. 197. 특히 일제 말기, '조선적인 것=과거적인 것'이 갖는 또 다른 의미, 즉 '근대성의 가치전도'가 초래한 '과거=동양(조선)'의 가치상승과 구별되는 식민지 조선의 자기보존의 위기상황을 고려할 때, 이런 과거적인 것의 반복은 억압되었던 것을 현재화하는 탁월한 방식이라고 평가할 수 있을 것이다. 이 같은 측면에서 이병기의 '반복'의 순간은 벤야민이 말하는 '지금 시간(Jetztzeit)'과 유사하다고 말할 수 있을 것이다. Walter Benjamin(반성완 편역), 『발터 벤야민의 문예이론』, 민음사, 1988, 353쪽 참조.
  그러나 이병기를 비롯해 『문장』에서 '기억'하는 과거는, 그들이 '조선적인 것'의 정수로 여기는 향가와 시조, 그리고 이병기 자신이 삶 속에서 일치시키고자 하는 '선비적 전통'에서 보듯이 지배계급의 문화로 국한되어 있다. 따라서 이들의 '트라우마적 기억'은 그 저층에 또 다른 '방어기제'를 감추고 있다.
* 김신정에 따르면, 정지용은 초기와 중기, 즉 흔히 모더니즘 단계와 종교시 단계로 구분되곤 하는 시기부터 근대적 시간표상에 대해 비판적이었다. "연속적으로 흘러가는 시간의 방향이 진보와 발전이 아닌, 파멸과 파괴를 향하고 있다는 생각, 시간은 창조의 원천이 아니라 자아의 정체성을 위협하는 존재라는 생각이 시간을 거부하려는 의도로 이어지며, 따라서 동일성을 유지하고자 하는 자아는 현실의 파편적 시간이 아닌, 유아기의 순수한 시간이나 신이 존재하는 아름답고 완벽한 시간을 복원하려 하는 것이다." 김신정, 『정지용 문학의 현대성』, 소명출판, 2000, 215~220쪽 참조.

흙냄새 훈훈히 김도 사리다가

밖앝 風雪소리에 잠착 하다.

山中에 册曆도 없이

三冬이 하이얗다.

— 「인동차」 13)

　이 시에서 시간은 철저하게 자연과 생명의 운동으로 표현되어 있다.
늙은 주인의 뱃속으로 인동차가 "무시로" 흘러 들어간다는 표현은 의미심
장하다. 물론 '무시로'는, 사전적인 의미로는, 시도 때도 없이 빈번히 발생
하는 어떤 동작을 꾸며주는 부사어이다. 그러나 이 시의 문맥에서 그것은
'시간의 부재'라는 뜻으로 읽힐 수 있다. 즉 찻물을 마시고 그것이 뱃속으
로 흘러들어가 따뜻한 기운과 향을 퍼뜨리기까지는 일정한 시간이 소요되
었겠지만, 그 시간은 객관적인 척도로 측정될 수 없다는 뜻으로 읽힐 수
있는 것이다. 이 시의 세계에서 생명의 운동과 교섭하지 않는 시간은 아무
런 의미가 없다. 객관적인 시간을 지시해주는 "책력" 따위는 소용이 없는
것이다. 이 "산중"에서는 차를 마시는 "노주인", "자작나무", "무", "풍설",
그리고 "흙냄새"를 맡는 드러나지 않은 시적 화자까지 모두가 서로의 생
명의 리듬을 따르면서 공존하고 있다. 이들 각 존재자의 생명의 리듬은,
말하자면, 그들 고유의 "순수 지속(durée pure)"*이다. 그리고 이들 각각의
리듬은 더 큰 질서, 즉 "삼동"이라는 자연의 시간 속에서 평화롭게 공존하
고 있다. 자연과 생명의 시간이 존재의 절대적인 지평으로 놓여 있을 때,
그 속에서 존재자들은 '지속'할 수 있는 것이다.

---

* Henri Bergson(최화 옮김), 『의식에 직접 주어진 것들에 관한 시론』, 아카넷, 2001, 135~137쪽 참조. 이곳
　에서 베르그송은 양적量的인 사고를 본질로 하는 연속성(succession) 관념과의 대비를 통해 질적 다수성을
　포착하면서 '지속' 개념에 대해 설명하고 있다.

    자연의 시간 속에서 발견되는 조화의 세계, 이것은 정지용에게 있어서 '조선적인 것=과거적인 것'의 세계이다. 물론 그에게 '조선적인 것=과거적인 것'은—이병기에게서와 마찬가지로—고정된 개념이나 표상으로 존재하지 않는다.* 그것은 다만 실행과정 속에서만 구현될 수 있는 것이다. 여기서 말하는 '실행과정'이란 앞 절에서도 언급한 바 있는 '자연스런 자세'를 터득하기까지 수련을 행하는 과정이며, 동시에 작품을 통해 과거의 세계를 반복하는 과정이다. '기술'과 '자연'이 서로 구별되지 않는 자유자재의 경지에 도달하기 위해 '기술'이 스스로 '자연'의 생리와 일치되어갈 때, '조선적인 것=과거적인 것'이 현재화하는 것이다. 말하자면 현재의 눈으로 과거를 대상화하는 것이 아니라, 과거의 눈으로 현재를 보는 것이다. 정지용에게 이 '과거의 눈'은 다름 아닌 산수시의 형식이다. '과거의 눈'이 도구적으로 획득되는 것이 아니라 '자연'과 일치되도록 스스로를 닦아나가는 과정 속에서만 현현할 수 있는 것이라면, 그것은 "내 편으로 산수를 끌어들이는 것이 아니라 내가 산수 쪽으로 향하여 가서 어느덧 물物과 아我가 경계를 잊고 하나가 되는 동화가 있어야"[14]하는 산수시의 이념 자체에도 상응하는 것이다.

> 풀도 떨지 않는 돌산이오 돌도 한덩이로 열두골을 고비 고비 돌앗세라 찬하눌이 골마다 따로 씨우었고 어름이 굳이 얼어 드딤돌이 믿음직 하이 꿩이 긔고 곰이 밟은 자옥에 나의 발도 노히노니 물소리 귀또리처럼 啾啾하눈다 피락 마락하는 해ㅅ살에 눈우에 눈이 가리어 앉다 흰시울 알에 흰시울이 눌리워 숨쉬는다 온산중 나려앉는 휙진 시울들이 다치지 않이! 나도 내더져 앉다 일즉이 진달레 꽃그림자에 붉었던 絶壁 보이한 자리 우에! —「장수산·2」[15]

---

* 정지용은 고정된 '조선적인 것'의 표상을 고식적으로 지키고자 하는 태도를 "아마추어의 장식"에 지나지 않는 한갓된 "조선취미"라고 비판한다. 정지용, 「분분설화」, 『정지용전집 2』, 174~175쪽.

한 폭의 산수화와 같은 효과를 주기 위해 사용한 '여백'은 음각의 역할을 하여 이 시에 등장하는 다양한 개별자들의 존재를 두드러지게 만든다.[16] 그러나 각각의 개별적인 존재자들은 분리되어 있지 않다. "돌", "찬하늘", "어름", "꿩", "곰", "나", "눈", "진달레" 등은, 마치 산수화 속의 사물들처럼 아무렇게나 놓여져 있는 듯 보이면서도 함께 어우러져 '장수산'이라는 하나의 세계를 이루고 있는 것이다. 마치 산수화에서 개별적인 자연 사물들이 수묵 하나로 표현되듯이, '장수산'의 세계에서 모든 개별자들은 서로 상응관계 속에 있다. "열두골"도 "한덩이"로 이루어져 있고, "어름"도 "나"를 위한 "드딤돌"이 되어주는 세계는 더 이상 주체-대상의 분열을 알지 못한다. 자연 사물과 생명체들의 유기적인 관계를 바라보는 눈은 있지만, 그 눈도 장수산의 세계 내부에 존재하고 있을 뿐이다.

특히, 산수시에서 객관적인 시간은 정지되어 있다. 회화적인 이미지가 강하기 때문이기도 하지만, 이런 무시간성은 궁극적으로는 산수시의 이념과도 맞닿아 있는 것이다. 예컨대, "나"는 "꿩이 긔고 곰이 밟은 자옥에 나의 발도" 놓는다. 논리적으로 이해하자면, 당연하게도 "꿩"과 "곰"과 "나"는 같은 길을 서로 다른 시간에 지나간 것에 불과하다. 그러나 이 시가 그려내고 있는 통일된 세계에서는 오히려 그 같은 시간차이가 지워지고, "꿩"과 "곰"과 "나"가 동시에 공존하고 있거나, 나아가서는 서로 구별되지 않는 듯한 일체감을 불러일으킨다. 따라서 "나"는 아직 눈이 쌓인 겨울임에도 불구하고 "일즉이 진달레 꽃그림자에 붉었던 절벽"을 지금 바라보고 있다. 이 역시 논리적으로 파악한다면, 겨울의 끄트머리에서 봄을 기대하는 시적 화자의 바람으로 이해할 수 있겠지만, 「장수산」의 세계에서는 이들 상이한 시간들이 동시에 공존하고 있다고 보아야 옳을 것이다.

이병기에게서와 마찬가지로 정지용에게도 과거는 지나가는 것이 아니고, 그렇기 때문에 고정된 것이 아니며, 끊임없이 현재에서 반복되는 어떤 것이다. 게다가 이들의 '반복'은 작품화 과정과 결합된 것이었다. 작품은 그 자체로 유일무이성을 지닌 자율적 세계이다. 따라서 작품을 '창작'하기 위한 노고 속에서 '조선적인 것=과거적인 것'이 현현할 수 있었다면, 작품의 유일무이성과 자율성은 이들에게 '조선적인 것=과거적인 것'을 살아 있는 것으로 보존할 수 있게 하는 근본 조건이 되었다. 즉 이들은 '과정 속에서 고유성을 드러내는 방식'을 통해 과거를 재전유하고자 했던 것으로 평가된다. 이런 방식의 과거 재전유는, 무엇보다도 개념적인 전통논의가 함축하고 있는 인식론적 거리를 단번에 뛰어넘어 과거를 현재화할 수 있는 탁월함을 내포하고 있다. 적어도 이들의 작품과 작업과정에 결정화結晶化되어 있는 과거는 ─ 그것이 어떤 과거든지 ─ 죽은 과거가 아니라 창작과정과 독서과정에 참여함으로써 반복적으로 되살아날 수 있는 과거이기 때문이다.

노스탤지어적 시간의식

이병기와 정지용이 주로 시조와 산수시의 창작을 통해 과거의 삶을 반복하고 과거의 눈으로 현재를 바라보고자 했다면, 그리하여 바로 그 '과거의 눈'이 현현하는 충만된 순간에 견주어 현실의 결핍을 발견하였다면, 이태준이 과거를 대하는 태도에는 '상실감'이 앞서 놓여 있다. 그에게 현실은 다른 전통주의자들에게 있어서와 마찬가지로 여전히 결핍된 것이지만, 소망스러운 과거 역시 반복되기에는 너무 먼 곳에 놓여 있는 것이다. 그리고 바로 이 거리가 과거적인 것에 대한 그리움의 감정을 발생시킨다. 이런 태도는 시간의 파괴적인 힘을 유달리 고통스럽게 느끼는 감각을 수반한다. 한편으로는 모든 존재의 생성과 운동이 발생하는 절대적인 조건이지만, 다른 한편으로는 모든 존재자의 필연적인 소멸을 초래하는 불가항력적인 힘이기도 하다는 시간의 역설은 이태준에게 남달리 예민하게 느껴졌던 것으로 보인다.

이태준에게서 발견되는, 과거에 대한 이 같은 태도는 이병기와 정지용의 과거 전유방식과는 구별되는 것으로 특징지을 수 있을 터인데, 이곳에서는 이렇듯 과거에 대한 그리움을 발생시키는 시간의식을 노스탤지어적인 것으로 명명하고자 한다. 노스탤지어적인 시간의식은 '다른 시간'에 대한 동경을 뜻한다는 점에서 근대적인 산물이다.* 그리고 이 같은 동경은 시간적인 분리와 상실을 전제로 하기 때문에, 노스탤지어적 시간의식에는 두 가지 본질적인 요소가 잠재되어 있다. 첫째로는 보다 충만했던 과거의 어떤 시간 혹은 배경으로 되돌아가고자 하는 강렬한 욕망, 둘째로는 이전의 시대를 그것이 실제로 존재했던 것보다 더 매혹적으로 만드는 방식으로 과거의 요소들을 선택적으로 결정화함으로써 이상화하고자 하는 경향이 그것이다.[17) 특히 '근대성의 가치전도'가 초래한 '과거'의 복권은 이미 상실된 것과 아울러 소멸해가는 것에 대해서까지 더욱 강한 그리움을 발생시키고, 또한 그 과거적인 것들을 더욱 이상화하게 된다.

> 3년만에 東京서 나와 그날 저녁으로 明月館에 노닌 일이 있다. 그립던 朝鮮情調에 나로선 처음 앉아보는 妓生있는 자리였다. 두 기생이 들어섰다. 미닫이를 닫으며 사뿐히 앉아 고개를 떨궈 인사하는 태란 홀딱 반할 지경이었다. 되똑되똑 걸어오는 버선도 고왔다. 그러나 가까이 보니 차츰 눈에 거슬려지는 것은,

---

* 노스탤지어의 감정은 고대부터 존재해왔다. 하지만 고대적 노스탤지어와 근대적 노스탤지어 사이에는 근본적인 차이가 존재한다. 호머의 시대부터 17세기 직후까지의 글들에서 발견되는 고대적 노스탤지어는 주로 고향(home)에 대한 동경 혹은 '향수(homesickness)'이다. 예컨대, 율리시즈가 방황하다가 자신의 고향 이타카를 정겹게 기억했을 때 호머가 묘사한 '노스토스(nostos)' − '회귀에의 열망' − 였다. 말하자면, 고대적 노스탤지어는 다른 장소에 대한 동경이라는 의미를 지니고 있었다. 그러나 근대적 노스탤지어는 − 다른 **장소**에 대한 동경을 내포할 수는 있지만 − 다른 **시간**에 대한 동경을 나타낸다. 중세시대에 대한 낭만주의자들의 노스탤지어라든가, 자기 인생의 초기에 대한 프루스트의 노스탤지어에서 그와 같은 예를 찾을 수 있다. David Gross, *The Past in Ruins : Tradition and the Critique of Modernity*, Amherst : University of Massachusetts Press, 1992, pp. 75~76 참조.

두 기생이 다 중둥메끼를 루바시카끈으로 하였고, 머리를 하나는 가르마를 비뚜로 탔고, 하나는 미미가꾸시였다. 왜 미미가꾸시를 했느냐 물으니 웃기만 하였는데 그 옆에 앉았던 손님이 대신, 조선낭자보다 이게 더 新式이요 좋지 않으냐 반문하는 것이었다. 그리고 중둥메끼를 루바시카끈이나 넥타이로 대신 하는 것은 요즘 유행이라 하였다. 나는 기생들이 기생 고유의 미를 잃어가는 것은 기생 자신의 輕擧뿐 아니라 그들을 부르는 손님과, 그들이 처한 시대의 짓인 것을 이내 느낄 수 있었다. 자리가 그럭저럭 어울리기 시작할 때 또 기생 하나가 나타났다. 나는 정말 이 기생에는 끝까지 황홀할 수 있었다. 이름은 小玉이란, 영남 태생으로 아직 서울말에 서투른 것이 오히려 時俗에 서투른 맛으로서 저고리 치마 모다 흰모시, 그 속에서 繡葉囊 하나가 은은히 빛나고 있었다. 반듯한 낭자, 비취비녀와 玉귀이개뿐, 다른 두 기생이 가끔 꺼내 드는 粉紙도 粉帖도 그에게는 없었다. 그리고 이 루바시카끈 기생들은 「籠の鳥」밖에는 能이 없었으나 소옥은 가야금을 탔고 座中에 소리하는 기생도 손님도 없으니 자기가 彈하며 唱하며 하였다.[18]

비록 이 글의 관찰대상인 기생 자체가 소멸해가는 과거적인 존재라는 점을 고려하더라도, 이태준에게 '새로운 것'은 철저하게 '있어왔던 것'에 대한 훼손으로 비쳐지고 있다. "루바시카끈", "미미가꾸시", "넥타이", "분첩" 등으로 대표되는 "신식", "유행"의 징표들은 기생의 전통적인 이미지와 현격한 부조화를 이루면서 "기생 고유의 미"를 해치고 만다. 물론 이태준에게 기생 고유의 아름다움이란 곧 전통적인 '조선적인 것'의 아름다움에 다름 아니다. 그리고 위의 기생들에게서 보이는 천박한 부조화가 기생들 자신의 탓이라기보다 "손님들"과 "그들이 처한 시대"의 탓임을 지적하고 있다는 점에서, 이태준은 이런 '조선적인 것'의 고유성이 훼손되고 사라져가는 경향이 쉽게 물리치기 어려운 흐름임을 인식하고 있다. 그러나

"조선 낭자보다 이게 더 신식이요 좋지 않으냐"라고 반문하는 다른 손님들과는 달리, 이태준은 이렇게 불가항력적인 시간의 진행 속에서 사라져가기 때문에 더더욱 '조선적인 것=과거적인 것'의 아름다움을 그리워한다.

따라서 "서울말에 서툰 것"이 오히려 "시속"에 의해 더럽혀지지 않은 순결함을 간직한 듯이 느껴지고, "흰모시"의 저고리·치마, "수엽낭", "비췻비녀와 옥귀이개"가 단정한 조선 낭자의 아름다움을 재현하는 차림새로 보이고, 가야금을 "탄하며 창"하는 모습이 전통적인 기생의 풍모와 기예技藝의 증거로 여겨질 수 있는 것은, 그것들이 이미 과거의 것에 속하기 때문이다. 다시 말하자면, 이태준이 이 소옥이라는 기생에게 "끝까지 황홀할 수" 있었던 것은, "가르마를 비뚜로" 타거나 "미미가꾸시"를 한 채로 "중둥메끼를 루바시카끈으로" 묶고 "「籠の鳥」밖에는" 재주가 없는 "신식" 기생들이 있었기 때문인 것이다. 이렇듯 이태준의 노스탤지어적인 태도는 과거와의 거리를 전제로 하고 있으며*, 이 거리를 넘어설 수 없다는 인식이 과거를 더욱 신비화·이상화하는 결과를 낳게 된다.

이태준에게 '조선적인 것=과거적인 것'은 무엇보다도 그것이 시간적인 거리를 두고 있기 때문에 그리움을 낳게 되거니와, 이 시간적 거리가 파생시키는 '아득함'이 과거적인 것에 신비로운 후광을 부여해준다.

古典은 아득해 좋다.

시간으로 아득함은 공간으로 아득함보다 오히려 異國的이요 神秘的이다. 古鏡照神의 그윽한 境地는 古塔의 蒼苔와 같이 年祖라는 자연이 얹어주고가는 가

---

* 이런 과거와의 거리는 또한 공간적인 거리와 착종되어 있기도 하다. 위 인용문의 첫 대목에서 볼 수 있듯이, 이태준이 명월관에서 기생들을 만난 것이 3년 만에 동경에서 돌아온 바로 그날 저녁이었다는 사실은 의미심장하다. 동경과 서울 사이의 거리는 단순히 공간적인 의미뿐만 아니라 시간적인 의미까지 함축하고 있다. 3년간의 동경 생활을 마치고 막 돌아온 이태준에게 명월관의 기생이 '과거성'으로서의 의미를 더욱 강하게 띠었을 것임을 미루어 짐작할 수 있다.

치이다. 蒼然함! 오래 울궈야 나오는 마른버섯과 같은 향기! 이것은 아무리 名
文이라도 一朝一夕에 修辭할 수 없는, 고전만이 두를 수 있는 一種背光인 것이
다.19)

이 인용문에서 단적으로 드러나듯이, 과거적인 것을 대하는 이태준의
태도에는 '상실감'이 선행하고 있다. 시간적으로 아득한 거리를 두고 있는
'고전'이 '이국적인 것'보다 오히려 더 "이국적"일 수 있는 것은, 과거적인
것에 대한 노스탤지어적인 그리움이 '상실감'을 전제하기 때문이다. 그리
고 '흘러 지나가는 시간'에 대한 의식이 오히려 과거적인 것에 대해 애틋
한 감정을 낳는다는 사실이 이곳에서 입증된다. 고전이 두르고 있는 고색
창연한 "배광"은 '흘러 지나가는 시간'의 흔적이 조성해낸 효과에 다름 아
니기 때문이다. 이태준은 이 흔적이 주는 신비를 발견하고 탐닉하기 위해
'연적硯滴', '자기磁器'를 비롯하여 과거의 부엌세간까지를 포함하는 '고완
품'에 집착한다. 그 "배광"을 향유하고자 하는 것이다. 따라서 이태준은 공
간을 차지하고 있는 사물로서의 '고완품'이 아니라 과거를 바라본다고 말
할 수 있다. 즉, 고완품은 공간적인 의미로서가 아니라 시간적인 의미로서
존재가치를 갖는 것이다.*

---

* '고완품'으로부터 과거를 읽어내는 이태준은 발터 벤야민이 말하는 아우라Aura에 참여하고 있다고 말할
수 있을 것이다. 벤야민은 자신의 아우라 개념에 대해 이렇게 설명한다. "……아우라란 도대체 무엇인가?
그것은 공간과 시간이 서로 얽혀 짜여지는 교묘한 거미줄과 같은 것이다. 다시 말해 그것은 어떤 먼 곳의
것이 ─ 비록 그 먼 곳이 아무리 가깝게 있는 것처럼 보여지더라도 ─ 일회적으로 나타나는 현상인 것이
다. 어느 여름 한낮 고요한 휴식 속에서 보는 사람의 눈에 그 그림자를 던지고 있는 지평선상의 산맥이나
아니면 작은 나뭇가지를 바라보고 있는 바로 그 순간, 이 순간의 시간은 이들 현상과 혼연일체가 되어
하나로 어울리게 되는데, 이때 우리는 이런 산이나 나뭇가지가 갖는 아우라를 숨쉬게 되는 것이다."
Walter Benjamin, 「사진의 작은 역사」, 『발터 벤야민의 문예이론』, 245쪽.
　　벤야민이 예를 들어 설명하고 있는 저 유명한 여름날의 현상이 공간적인 비유로 이루어져 있기도 해
서, 아우라는 대체로 '공간적인 거리의 현상'이라는 의미로 많이 해석되었다. 그러나 아우라는 시간적인
측면을 지니고 있기도 하다. 다만 시간이 "거리와 근접성이라는 공간적인 차원들과 융합되어" 있는 것이
며, 바로 이렇게 공간과 시간이 서로 얽혀 짜여져 있기 때문에 아우라를 독특한 거리의 현상으로 만드는

그러나 이태준에게 모든 과거적인 것이 의미를 갖는 것은 아니다.

> 시대가 오래되었다 해서만 귀하고 기교와 정력이 들었다 해서만 翫賞할 것은
> 못 된다. 옛 물건의 옛 물건다운 것은 그 옛 사람들과 함께 생활한 자취를 지녔
> 음에 그 德潤이 있는 것이다. 외국의 공예품들은 너무 至巧해서 손톱 자리나
> 가는 금 하나만 나더라도 벌써 병신이 된다. 비단옷을 입고 수족이 험한 사람
> 처럼 생활의 자취가 남을수록 보기 싫어진다. 그러나 우리 조선시대의 공예품
> 들은 워낙이 순박하게 타고나서 손때나 음식물에 쩔을수록 아름다워진다. 도자
> 기만 그렇지 않다. 목공품 모든 것이 그렇다. 木枕, 나막신, 飯床, 모두 생활 속
> 에 들어와 사용자의 손때가 묻을수록 자꾸 아름다워지고 서적도, 요즘 洋本들
> 은 새것을 사면 그날부터 더러워 만지고 보기 싫어지는 운명뿐이나 조선책들
> 은 어느 정도로 손때에 쩔어야만 표지도 윤택해지고 책장도 부드럽게 넘어간
> 다.[20]

고완품이 "완상"할 만한 가치를 지니려면, 반드시 "손때"가 묻어 있어
야 한다. 이것이 첨단의 세련된 기술에 의해 제작된 공산품과 "조선시대의
공예품"을 구별짓게 해주는 근본적인 차이이다. 같은 인위성의 흔적일지
라도 "손때"는 오랜 시간의 흐름을 말해주는 자연의 흔적이지만, "외국의
공예품"에 묻어난 "생활의 자취"는 오히려 그 공예품을 추하게 만든다. 그
이유는, 조선의 공예품이 자연성을 그 본질로 한다는 데에 있다. 이태준에
게 조선의 공예품은, 그것이 자연으로부터 비롯되었음을 감추지 않기 때
문에("워낙이 순박하게 타고나서") 시간의 흐름 속에서 자연스럽게 생활의 흔
적과 뒤섞이면서 오히려 그 아름다움이 배가된다. 그에 비해 외국의 공예

것이다. 아우라의 시간적 측면에 대해서는 John McCole, *Walter Benjamin and The Antinomies of Tradition*, Ithaca
& London: Cornell University Press, 1993, p. 4 참조.

품은 지나치게 기술과 효율성의 원리에 의해 변형되어 있기 때문에 자연스런 생활의 리듬과 화합할 수 없다. 그러므로 이태준은 현재의 생활용구인 외국의 공예품으로부터는 찾을 수 없는 것, 현재의 '기술' 지배가 빼앗아간 것을 과거의 공예품으로부터 찾고자 하는 것이다.

이렇게 볼 때 이태준이 과거적인 것으로부터 발견하고자 하는 것, 그의 노스탤지어적 태도가 그리워하는 것은 정확히 말해서 '과거의 삶'이다. 즉, 그가 '고완품'이라는 매개체를 통해 '거리의 나타남'을 경험할 때 그 거리 저편에 있는 것은 바로 과거적인 삶의 시간인 것이다. 물론, 이태준의 눈앞에 '고완품'은 사물, 과거가 남긴 유물로서 놓여 있다. 그것이 과거적인 것을 매개할 수 있는 이유는 그것이 '있어온 것'이기 때문이다. 그런데 앞에서 이태준은 시간을 '흘러 지나가는 것'으로서 이해하고 있었다고 말한 바 있다. 그리고 이것이 노스탤지어적 시간의식과 결부된 것이라고도 말했다. 하지만, 이태준이 '완상'하는 '고완품'은 지금 이태준의 눈 앞에 놓여 있다. 그것은 '흘러 지나가는' 시간을 견뎌낸 것이다. 그러므로 그것은 '지나간 것'이 아니다. 하지만 '지나간 것'이 없으면 노스탤지어는 발생하지 않는다. 그렇다면 '지나간 것'은 무엇인가? 그것은 바로 '과거의 삶'이다. 이태준의 눈 앞에 있는 것은 '고완품'이지만, 그의 눈이 가 닿고자 하는 것은 그 '고완품'이 속해 있던 과거의 세계이다. 말하자면 그 과거의 생활용구들, 공예품들이 속해 있던 세계가 '지나간 것'이며,* 이태준은 바로 이 '지나간 세계'를 그리워하는 것이다.

---

* 이에 대해서는 '역사적 대상'에 대한 하이데거의 설명을 참고할 만하다: "그렇다면 그 도구에서 무엇이 지나가버렸는가? 오늘날에는 그것들인 바가 더 이상 아닌 것들로서의 그 '사물들'은 무엇**이었는가**?…… 무엇이 '지나가버렸는가?' 다른 어떤 것이 아닌 **세계**이다. 그 세계 내부에서 그것들이 하나의 도구연관에 속하면서 손안의 것으로 만나졌고 배려하는 세계-내-존재인 현존재에 의해서 사용되었던 것이다. 그 세계가 더 이상 존재하지 않는다." Martin Heidegger(이기상 옮김), 『존재와 시간』, 까치, 1999, 497쪽. 강조는 원문.

여기서 이태준이 '고완품'을 '완상'하고 그것으로부터 아름다움을 발견해낼 수 있었던 노스탤지어적 시간의식의 구조를 확인할 수 있다. 이태준이 그리워하는 과거의 삶은 이미 지나갔다. 그는 다만 과거적 삶의 생활연관 속에 놓여져 있었던 도구들을 '고완품'으로서 바라보며, 그 배후로 비치는 '먼 거리'를 경험하고 있는 것이다. 그가 바라보는 '고완품'이 그것이 속해 있던 세계가 지나갔기 때문에 다름아닌 '고완품'으로서 존재할 수 있다면, 이 '고완품'은 오직 그 생활연관으로부터 분리되었을 때에만 아름다운 '완상'의 대상이 될 수 있다. 뒤집어서 말하자면 이 '고완품'은 그 생활연관 속에 있을 때에는, 즉 본래 그것이 속했던 세계 내에서는 결코 '완상'의 대상으로 자립할 수 없다. 이태준은 자신이 그리워하는 세계, '고완품'의 배후 멀리로 빛나는 과거적인 삶의 세계를 아름다움으로 표상하지만, 실상 그 세계는 이태준이 느끼는 아름다움을 배반하는 세계이다. 이렇게 볼 때, 이태준의 노스탤지어적 태도는 근본적인 아이러니를 내포하고 있다. 그것은 멀리 있을 때만 아름답고 그리운 것이며, 실상 그 거리가 소멸되면 더 이상 아름다움의 감정을 발생시키지 못하기 때문이다. 그렇다면 이태준에게 있어서 '아름다움'이란 '과거적인 삶'과의 시간적 거리를 메우는 이데올로기가 된다. 즉 과거 삶의 도구적 연관 속에 용해되어 있던 것이 과거적인 것의 파편으로 떨어져 나와 하나의 '완상물'로 자립했다는 것은 그 도구가 도구로서의 기능을 상실하고 말았음을 뜻한다. 이태준은 바로 이 기능상실이 함축하는 간극과 단절을 '아름다움'으로 채워 넣고자 했던 것이다.*

---

* 이태준의 노스탤지어적 시간의식은 같은 전통주의적 입장에 있으면서도 이병기나 정지용의 에피파니적인 시간의식과 뚜렷한 차이를 보인다. 이는 소설가와 시인이 갖는 비전의 차이도 함축하고 있으리라고 여겨진다. 말하자면, 소설가 이태준에게는 '트라우마적 기억'보다는 '서사적 기억'이 더 친숙하다고 할 수 있겠다.

4. 전통주의와 심미주의

『문장』은 전통주의라는 정신적 지향성을 뚜렷하게 드러내면서 일제말기 문학사의 한 자리를 차지하고 있다. 앞서 말한 바와 같이 전통의 권위를 그것이 오랜 시간 '있어온 것'이라는 데에서 찾으면서 그것을 재현하거나 전유하고자 시도하는 특정한 지향성을 전통주의라고 규정할 수 있다면, 『문장』은 전형적인 전통주의의 태도를 지니고 있다고 말할 수 있을 것이다. 예컨대, 다음과 같은 진술에서 전통주의는 분명하게 드러난다.

> 글이나 사람이나 나이에 들어선 마찬가지다. 오랜 세대를 겪어온 글은 노인과
> 같이 불안스럽지 않다. 위태로운 것이었으면 이미 제 당대에서 없어진지 오랬
> 을 것이다. 여태껏 여러 사람들이 값진 그릇처럼 떠받들어온 글이면 역시 값진
> 그릇임엔 틀림없다. 먼저 안심하고 읽을 수 있어 좋다.[21]

오랜 시간을 거쳐오면서 "여러 사람들"에 의해 인정되어 왔다는 사실에 기대어 가치의 '안정감'을 얻고자 하는 태도는 이성의 합리적 사용을 통해 도출된 결과만을 확신하는 데카르트적 개인—근대적 개인의 신조와 날카로운 대조를 이룬다. 사실, 이런 '안정감'을 제공해주기 때문에 전통 자체가 존립할 수 있는 것이기도 하지만, 특히 중일전쟁기 서양적 근대에 대한 비판과 '동양적 가치'의 제고提高, 그리고 민족적 정체성을 위협하는 일련의 지배정책들이 '안정감'과 '귀속감'을 절실하게 확인받고자 하는 욕망을 촉발시켰다. 이런 조건에서 『문장』의 전통주의가 출현할 수 있었다. 그러나 '조선학 운동' 등 앞 시기의 역사적 탐구와는 달리 『문장』은 작품 창작 과정에서 전통주의가 실행되도록 함으로써 (개념이 아니라) 작품 속에 고유성이 현현하도록 하였다. 이렇게 하여 『문장』은 과거적인 것을 구제

할 수 있는 가장 탁월한 방식을 제시하였다고 평가할 수 있다.

그러나 『문장』에서 구제하고자 한 '조선적인 것=과거적인 것'은 고전적인 아름다움의 대상에서 크게 벗어나지 않았다.

> 오직 「한중록」같은 것이 조선의 산문고전일 따름이다. 「한중록」의 존재는 우리 산문의 금자탑이다. 나는 가람선생의 梅花屋에서 그 서문만을 처음 구경했을 때의 황홀! 주인과 함께 침이 다하도록 4~5차를 읽고 당장 베껴까지 가지고 왔던 글이다.
>
> 그 찬찬하고, 짜르르한 맛, 실로 치면 명주실이다. 간결해 전아한 古致가 있고 節章이 치렁치렁해선 情에 委曲한 것이라던지, 李朝가 낳은 문장의 '고려자기'다.*

산문의 경우에는 '내간체', 시가의 경우에는 '향가'와 '시조'가 바로 그런 고전적 아름다움의 형식으로 평가되었다. 이런 고전적 형식들에 대한 찬탄과 그것들의 재현은 『문장』의 전통주의가 지니고 있는 미의식의 특성을 규정해준다.

『문장』의 미의식은 잡지의 외형과 편집에 대한 세심한 배려에서도 찾아볼 수 있다. 『문장』의 제호는 추사의 필체로부터 가져왔으며, 표지화와 커트는 화가 길진섭과 김용준 등이 담당하였는데, 특히 표지화에는 난, 매화, 수련 등 사대부적 전통의 맥락에서 특정한 의미를 지니고 있는 식물들이나 도자기 등이 소재로 채택되었다. 이렇듯 편집자들이 단지 잡지에 실리는 글과 작품을 통해서만이 아니라 잡지를 구성하는 모든 요소들을 통

---

* 이태준, 「문장의 고전·현대·언문일치」, 『무서록』, 박문서관, 1944, 134쪽. 이태준은 예술적 언어와 일상적 언어를 뚜렷이 구별하면서, 내간체를 예술적 언어의 모델로 삼는다. 따라서 그에게 "언문일치의 문장은 민중의 문장"이며 "예술가의 문장이기 어려울 것"(136쪽)으로 평가된다.

해서 세련된 미적 감각을 드러내 보이고자 했다는 점은 주목할 만하다.

또한 『문장』은 서양적 근대의 몰락과 동양의 대두라는 지배적 내러티브를 배경으로 하여 근대적 식민지의 현실을 심미적으로 부정하고자 하는 정신을 표현하고 있는데 이것을 아이러니적 태도라고 칭할 수 있을 것이다.22) 특히 이 과정에서 생겨나는 '자기의 이중화'야말로 『문장』의 아이러니적 성격의 근본 형식을 이룬다. 이는 이태준에게서 가장 극명하게 나타나는데, 스스로 근대적인 시간 속을 경과해가고 있다는 의식 그리고 과거가 지나갔다는 의식을 분명히 가지고 있으면서, 바로 이런 의식과 동시에, 그리고 이 의식을 바탕으로 삼아 '지나간 세계'를 음미하고 그 세계에 참여할 수 있는 듯이 여기는 의식이 공존하고 있는 것이다.* 그리고 이태준만큼은 아닐지라도, 시적인 순간에 '과거적인 것=조선적인 것=자연성'이 현현하게 하고자 한 이병기와 정지용의 예술적 '시대착오성' 역시 낭만적 아이러니의 성격을 지니고 있다. '난', '시조', '산수시'라는 미적 형식의 반복을 통한 현현의 경험, 그리고 '고완품'에 대한 관조에서 발생하는 독특한 거리의 경험은, 근대적인 일상세계, 더욱이 날로 억압적으로 되어가는 현실의 고통 속에 놓여 있는 자아를 초월한 지점에서 이루어지는 것이다. 하지만 낭만적 아이러니가 그렇듯이, 『문장』에서 발견되는 이런 '초월'은 "자기의 무력함을 우월성으로 바꾸는 전도"23)의 다른 형식이라고 할 수 있다. 이중화된 자기 중에서도 '과거적인 것=조선적인 것=자연적인 것'에 참여하는 초월론적인(transzendental) 자기가 우위를 차지하고 있는 것이다. 이렇게 볼 때, 『문장』의 심미주의는 바로 이 아이러니의 구조에 의해 마련

---

* 이는 그의 작품에서, 작가와 대등하거나 오히려 작가보다 우월한 위치에 존재하는 인물과 작가 사이의 관계를 통해 드러나는 '인식적 아이러니'로 표현되기도 한다. 한편 서영채는 이태준 소설의 심미적 장치로서의 아이러니를 ① 서사구성기법으로서의 아이러니, ② 정서적 아이러니, ③ 세계인식의 차원에 존재하는 아이러니로 구분한다. 서영채, 「두 개의 근대성과 처사의식」, 상허문학회, 『이태준문학연구』, 깊은샘, 1993, 69~70쪽 참조.

된 우월한 위치로부터 발생한 것이라고 하겠다.

> 소위 전위예술을 하는 내가 고전을 사랑한다는 말은 '고전' 그것이 그 시대의
> 전위예술이기 때문이다. 오늘날의 이상한 사조가 우리들에게 페인트라는 고약
> 스러운 作畵재료를 주고, 지극히 굵은 딱딱한 畵布(麻布)와 붓자루를 주고, 우
> 리들의 생활이 사색이며, 자연 속에 우리들인 대신에 그들은 異性이라는 대상
> 을 눈앞에 내놓고 그 나체 가운데에서 미를 찾으면서 혼자 즐겼다. 그러나 놀
> 라울 만한 침묵에서 우리들의 동방 민족들은 상상의 나라를 창조하고 재현시
> 켰고 자연의 古雅한 詩趣에서 붓을 옮겨, 존귀한 人性을 배양했으며 누구의 추
> 종도 허용치 않는 特性한 예술을 부드러운 筆觸과 자연에서 나온 그대로의 소
> 재가 아름다운 한 폭의 秘境을 표현하지 않았나……
> 이런 새 기록을 난 화가들은 필연코 그 시대의 전위였다. 그러니까 고전을 알
> 려면 전위이어야 한다.[24]

'전위(Avant-garde)'는 기본적으로 시대착오적이다. 관습적인 의미에서
그것은 시대의 첨단에 서서 '미래'를 선취한 자에게 붙여지는 명칭이다.
그러나 일제 말기 '근대성의 가치전도'를 배경으로 할 경우에는 과거적인
것을 재현하거나 전유하는 것이 '전위'가 되기도 하는 것이다.* 이 글을
쓴 추상화가 조우식의 관점에서 본다면, '고전'은 세대에서 세대로 전승되

---

* 물론 이 진술의 한 겹을 벗기고 보면, 그 내부에는 여전히 '미래'가 자리잡고 있다. 조우식은, 서양의
'전위예술'이 실상 과거의 동양예술로부터 영감을 받아 형성된 것이기 때문에 '우리'도 '우리의 고전'을
알아야 한다고 주장하는 것이다. 여기서 '고전'을 바라보는 시선은 전적으로 서양이라는 타자의 것이다.
이런 양상은 1930년대 일본 문학계에서 '전통지향성'이 지니고 있었던 한 특징과 정확히 일치한다. 예
컨대, 다니자키 준이치로谷崎潤一郎, 가와바타 야스나리川端康成 등 모더니스트들이 어느 시기에 전통에
로 향했던 것은, 그것이 오히려 '전위적'이라고 여겼기 때문이다. 柄谷行人, 「美術館としての歷史 ─ 岡倉天
心とフェノロサ」, ハルオ・シラネ, 鈴木登美 編, 『創造された古典 ─ カノン形成 國民國家の日本文學』, 新曜社,
1999, 305~306쪽 참조.

고 공유되는 문화적 자산이 될 수 없다. 고전은 오직 "상상의 나라"와 "자연의 고아한 시취"를 창조하고 재현할 수 있는 섬세하고 예민한 감수성과 미의식을 지닌 자에게만 배타적으로 독점되는 것이다. 따라서 이와 동일한 관점에서, '과거적인 것=조선적인 것'의 아름다움에 참여하는 심미주의자는 우월한 위치에 서서 "온갖 문학적 기구器具를 짊어지고도 오직 한 개의 '미술'을 은혜받지 못한 불행한 처지에서 문학은 그대들이 까맣게 쳐다볼 상급上級의 것이 아닐 수 없다"[25]라고 말할 수 있는 것이다. 이는 현실에 제약되어 있는, "고통 속에 있는 자기를……멸시함으로써, 그렇게 하는 것이 가능한 고차원의 자기를 자랑스럽거나 한 듯이 내보이는"[26] 아이러니적 태도일 뿐이다.

앞에서도 언급한 바와 같이, 『문장』에서 '조선적인 것=자연적인 것'의 동일시는 단지 내용의 차원에서 '자연적인 것'을 재현하는 데 그치지 않고, 기술과 자연의 합치를 지향하는 과정에까지 나아갔을 때 가장 탁월한 효과를 산출할 수 있었다. 어떤 대상에든 일률적으로 적용될 수 있기나 한 듯이 투명성과 중립성을 자랑하는 기술(기법)의 이상을 비판하고 각 대상에 스스로를 개방하며 심미적으로 다가가고자 한 시도는, 지배불가능한 타자를 경험하는 새로운 길을 제시해주었다. 그러나 그 경험의 과정이 시조나 한시 등 특정한 고전적 형식들로 굳어지고 반복적으로 재생산됨으로써, 오히려 '자연=타자'를 '아름다운 형식'으로 순화시키는 역설이 발생한다. '자연=타자'와 대면하는 그때그때의 놀라움은 오래되고 안정된 형식 안으로 들어오지 못하고, 『문장』이 상기시킬 수 있었던 트라우마적 기억은 심적 주체의 방어기제 내에서 자기순환하는 타자의 이미지로 전도되고 만다.*

---

* 『문장』이 재현하고자 하는 고전적 아름다움의 형식들은 대체로 과거 지배문화의 유물들이다. 따라서 그 형식 자체가 '자연적인 것'과 만나는 탁월한 통로로 굳어지게 되면, 역사 속에서 패배한 문화들, 혹은

'조선적인 것=자연적인 것'의 동일시가 타자 경험의 길을 제시하면서도 그 길을 닫아버렸다면, '조선적인 것=과거적인 것'의 동일시는 근대적인 시간 개념에 이질적인 시간들을 끌어들이면서도 그 시간들을 다시 봉인하는 결과를 낳았다고 하겠다. 억압되었던 과거가 에피파니적으로 도래한다면, 그것은 아름다움보다는 '전율'의 감정을 불러일으킬 때 반성적인 힘을 가질 수 있다. 시간적 타자에 대한 주체의 지배가 완료된 후 발생하는 근대적 노스탤지어와 달리, 에피파니는 근본적으로 '주체에게' 도래하는 낯선 시간으로서, 주체의 안전한 보호막을 무너뜨리는 고통과 공포의 경험을 수반한다. 이 경험에서 주체에게 야기되는 감정이 '전율'이다.[27) '과거적인 것'이 단순한 회고취미나 복고주의로 환원되지 않고 현재의 지배적인 주체-대상이라는 관계를 근본적으로 반성하는 부정적 힘이 될 수 있으려면, 주체의 의도의 좌절을 예감하게 하는 모습으로 도래하는 것이어야 할 것이다. 아이러니적인 태도에서 고수되고 있는 '초월론적인 자기'가 한갓된 가상에 불과하다는 사실을 일깨우며 자기의 안정성을 뒤흔드는 전율 경험만이, '과거적인 것의 부활'이 갖는 비판적 의의를 퇴색시키지 않을 것이다.

동아시아에서의 일본 제국주의의 지배가 '근대=서양'의 초극과 '동양'의 복권이라는 담론을 확산시키고 있을 때, 근대적 가치의 전도를 기초로 하면서도 제국의 '동양' 이데올로기로 환원되지 않기 위해 불러일으켜야 할 '자연적인 것=과거적인 것=조선적인 것'은 무엇이어야 했을까? '근대=서양'의 주체 이데올로기를 심미적으로 비판할 뿐만 아니라 그것을 넘어서 '동양문화'라는 통합 이데올로기에 균열을 가져올 수 있는 '전율'로서의 '과거적인 것=조선적인 것'이어야 하지 않을까? 그러나 『문장』에서 특

변두리로 밀려난 형식들은 구제되지 못한다.

254 근대를 다시 읽는다

징적으로 드러나는 심미주의적 전통주의는 전율의 충격을 완화하고, 균열 가능성을 망각하는 기능을 수행하였다고 하겠다. 이런 의미에서 『문장』의 '반복'은 엄밀한 의미에서 역사 속에서 패배하거나 망각된 타자를 불러내기 위해 그 패배와 망각의 순간을 되풀이하는 반복이라기보다는, 자기동일성의 범위를 확장하는 반복의 성격을 갖는다. 이런 동일성의 확장은 '조선적 고유성'을 '동양문화'라는 더 큰 범주 속으로 통합시키는 계기가 될 수 있는 것이다.* 과거로부터 자기동일성의 새로운 원천을 찾는 행위는, 과거가 가지고 있는 힘을 무력화하여 현재의 지배적 관계 속에 적응하도록 만든다. '조선적 고유성'의 영역을 발견하고 확정하는 행위는, 적어도 일제가 동아시아에 새로운 세력권을 형성하고자 했던 시기에는, 제국의 한 지방문화의 고유성으로 수용될 수 있는 것이었다.

시간적·공간적 타자는 그저 주체의 탁월성을 입증하기 위해 보충되는 존재도, 추상적이고 보편적인 의미에서의 근대적 주체를 비판하기 위해 동원되는 존재도 아니다. 그것은 주체의 의지와 기획이 관철되고 지배영역이 확장되는 것을 역사의 의미와 동일시하는 제국주의적 주체, 식민주의적 주체를 해체시키기 위해 상기되어야 할 존재이다. 그것은 아름답기보다는 추한 것에 가까울 것이고, 고요한 관조보다는 두려움을 야기하는 것에 가까울 것이다.

---

* 조우식은 서양의 전위예술이 동양예술로부터 영감을 얻었다고 말했는데, 그것은 엄밀하게 말하자면, 중국과 일본의 도자기와 회화였다. 그러나 그는 동양예술을 자연스럽게 "우리들의 전통" 속에 위치시킨다(앞의 글, 『문장』, 1940. 9, 202쪽 참조). 또한 이태준 역시 '서양/동양'의 유형적 대립을 실체화하고 '동양문화' 속에서 주체의 자리를 찾는다(이태준, 『무서록』, 1944 참조).

:: 이기훈

서울대학교 국사학과를 졸업하고, 같은 학교 대학원에서 석사와 박사학위를 받았다. 역사문제연구소 연구원이며, 친일반민족행위진상규명위원회 전문위원으로 일하고 있다.

'근대적 인간이 어떻게 형성되는가' 하는 문제에 관심을 두고 있으며, 한국근대사에서 '성장' 과정에 대한 규율과 경쟁의 역사를 해명하는 데 주로 힘을 쏟고 있다. 어린이, 학교, 청년 등의 주제들이 연구의 주요 대상이다.

주요 논문으로는 「독서의 근대, 근대의 독서」(2001), 「1920년대 사회주의 이념의 전개와 청년담론」(2005), 「일제하 청년담론 연구」(2005), 「청년, 갈 곳을 잃다 – 1930년대 청년담론에 대한 연구」(2006) 등이 있다.

청년의 시대
— 1920년대 민족주의 청년담론 연구

이기훈

1. 머리말

다른 모든 사물들처럼 우리가 일상적으로 사용하는 말들도 역사를 가진다. 아무리 익숙한 말일지라도 분명히 어느 시점에선가 출현했을 것이고, 그 의미가 변화해왔을 것이며, 언젠가는 사라질지도 모른다. 특히 사람들을 어떤 기준에 의해 구분하여 부르는 말들의 역사는 더욱 중요한 의미를 지닌다. 대부분 이런 말들이 사람들에게 그에 어울리는 특별한 의식과 행동의 양식을 부여하기 때문이다. 그 가운데서도 나이에 의한 연령집단의 구분은 일견 가장 보편적인 것으로 보인다. 누구나 나이를 먹으면서 생리학적인 변화를 겪게 되고 그에 따라 당연히 다른 행동을 보여야 하는 것처럼 생각한다. 요즘 경우라면 나이에 의해 어린이, 청소년, 청년, 장년, 노년 등으로 구분하는 것을 자연스럽게 받아들인다. 그런데 그 안에서도 젊은이를 의미하는 '청년'이라는 말은 독특한 울림을 가지고 있다. 어쩐지 '청년'이라고 하면 뭔가 더 그 말에 어울리는 생각과 실천의 공통점을 가지고 있어야 할 것처럼 느끼게 된다. 이 글에서는 청년이라는 말과, 그 말에 연결된 우리의 의식이 어떻게 형성되고 변화하였는지 살펴보고자 한다.

구체적으로 청년이라는 말의 의미가 사회를 구성하는 다양한 권력과 사람들 사이의 전략 속에서 어떻게 변화하는지 밝힐 것이다. 누가 어떤 사람들을 청년이라 부르기 시작했는지, 또 그렇게 부름으로써 그 사람들에게 어떤 행동방식을 기대했는지, 나아가서는 다른 사람들이 '청년'들을 또 어떻게 대하게 되는지, 이런 문제들을 살펴보려는 것이다. 다시 말해 "말하고 있는 대상을 구체적으로 형성시키는 일종의 실천"[1])으로서 청년담론의 역사가 연구의 대상이다.[2)]

우리에게 정말 익숙한 말이지만, 기실 지금 사용하는 의미로 '청년靑年'이라는 말이 사용되기 시작한 것은 19세기가 거의 저물어가는 시점이었다. 그 이전 청년이라는 말이 아예 없었던 것은 아니지만, 젊은이라는 의미로는 주로 '소년少年'이 사용되었다. 오늘날과 같은 의미의 '청년'은 1890년대 말 일본으로부터 우리나라에 도입되었으며, 1905년 이후 애국계몽운동이 전개되면서 본격적으로 확산되었다. 초기에 애국계몽운동의 주도층들은 문명개화론적 성향의 '청년'을 전통적으로 교육의 대상을 가리키던 '자제子弟'와 결합〔靑年子弟〕시켜 사용하였다. 이 경우 청년은 '유지有志한 선각先覺'들이 주도하는 교육구국운동의 대상으로 정의되고 교육을 통해서 국민의 일원으로 주체화되는 존재들이었다.

그런데 벌써 이 시기부터 유학생을 중심으로 한 일부에서는 청년을 '유지선각'으로부터 분리시켜 독립적인 주체로 상정하기 시작했다. 이들은 스스로 청년이라는 자각을 가지고 새로운 세대로서 문제해결의 독자적 방식을 모색하고자 했다. 1910년 국권을 잃고 난 이후 이들 유학생들은『학지광學之光』을 주요한 매체로 삼아 '청년'을 자본주의적 근대화의 전위로 삼는 새로운 청년담론을 주도하였다.[3)]

그러나 우리 역사에서 청년담론이 본격적으로 근대 주체 형성의 담론 역할을 하기 시작한 것은 1920년대부터였다. 이 글의 제목처럼 1920년대는 가히 청년의 시대라고 해도 좋을 정도로 청년의 운동과 그에 관한 논의가 활발했다. 여러 사회세력들이 각기 자신들이 상정한 청년의 상을 제시하였고, 그 청년담론들 사이에 경쟁, 배제, 포섭의 다양한 관계들이 생성되었다. 그 중에서도 가장 두드러졌던 것은 민족주의 계열의 청년담론이었다. 1920년대 민족주의 계열에서 청년을 어떻게 정의하는지, 그것은 어떤 효과를 가져왔는지, 또 이들의 청년담론이 다른 담론과 어떤 관계를 형성하는지 이제부터 살펴보자.

2. 1920년대 민족주의 청년담론의 성립
- 민족의 주체, 근대의 주체

'개조'와 '문화' - 1920년대 전반 식민지 조선과 문화운동

러시아 혁명, 1차 대전과 같은 1910년대 말의 세계사적인 변화는 조선의 지식인들에게도 큰 영향을 미쳤다. 민족해방운동은 새로운 이념과 목표 속에서 활력을 얻었으며, 이는 3·1운동으로 표출되었다. 3·1운동 이후 일제는 기존의 지배정책을 전면 수정하여 이른바 '문화정치'를 실시하게 되었다.[4] 극히 제한적이나마 언론과 집회, 결사가 허용됨으로써 조선인 사회는 합법적인 사회운동 공간을 확보할 수 있었다.

한편 식민지 조선의 지식인들은 3·1운동을 통해 새로운 사회를 형성해갈 기본적 단위로서 '민족'의 정치적, 사회적 가능성을 확인하였다. 민중혁명과 민족자결의 새로운 시대적 조류가 조선에서도 실현될 수 있다는 것을 체감할 수 있었던 것이다. 또한 3·1운동을 경험한 대중의 정치 사회적 관심이 급격히 고양되었다. 그리하여 1920년대 초반 식민지의 정치적 공간은 1910년대와 비교할 수 없을 정도로 확장되었다.[5)]

이렇게 식민지 조선사회의 정치적, 사회운동적 관심이 급격히 고조되면서 변화의 여러 열망들은 '개조改造'라는 말 속에 통합되었다. '개조' 속에 혼재되어 있던 여러 가지 근대의 다양한 방향들 가운데 1920년대 초반 주도권을 장악하였던 것은 문화운동이었다.

문화운동은 '문화' 영역에서 계몽활동을 통해 조선을 급속히 문명화-근대화된 사회로 이끌어가고자 했던 근대화의 기획이었다. 그런데 여기서 문화적 계몽활동은 관념적 활동이 아닌 사회적 기반 마련을 위한 전략적 실천의 의미를 띤 것이었다.[6)] 조선총독부가 소위 문화통치를 내세웠지만, 참정권이 없는 식민지민들에게는 공식적인 정치적 참여의 기회가 없었다. 그러나 조선인 부르주아 계급은 문화정치와 함께 주어진 사회적 공간을 적극 활용해 그 영향력을 강화하고자 하였으니, 이것이 1920년대 전반의 문화운동이었다.

1900년대의 애국계몽운동이 국가의 보존과 국민의 형성이라는 과제를 기축으로 해서 급격한 계몽적 동원을 시도하였다면, 1920년대의 문화운동은 '민족'을 새로운 정치적 단위로 하여 전개되었다. 민족주의가 급격히 고양되면서 문화는 우선 강대국 이민족 지배 하에서 민족의 독자성과 독립성을 유지하는 근거로 기능하였다.[7)] 동시에 문화는 이전의 '문명개화'를 대신하여 민족이 도달해야 할 이상적 근대사회의 상태를 의미하게 되었다. 문화는 "외적 물질문명과는 다른 내적 정신문명"의 총체, "자연과 대립되고 현실적 요소와도 대립되는 정치·법률·경제 등과는 구별되는 이상적이고 가치적인 사고"로서 인식되었던 것이다.[8)] 따라서 문화운동론은 "정치, 법률, 경제" 등과 구분되는 문화의 요소, 어떤 면에서 비정치적이라고 할 수 있는 분야에서 '민족'적 각성과 단결을 강조할 수 있게 되었다. 문화운동은 풍속 개량, 개인의식 개혁, 신지식 보급 등을 포함하였고 궁극적으로는 민립대학설립운동, 물산장려운동 등으로 귀착되었다. 이는 궁극적으로 근대화 과정에서 부르주아의 주도권을 강화하려는 시도였다.

결국 '문화운동'의 전략이란, 직접 정치를 표방하지는 않으면서도 민족을 정치적 단위로 재조직화하고 강화시키기 위한 선택이었다. 실업, 교육, 풍속 개량 등 정치와 무관해 보이는 분야의 근대화 운동을 통해 사회적 헤게모니를 장악하고자 하였다는 점에서, 문화운동의 시도를 '비정치의 정치화'라고도 할 수 있을 것이다. 1920년대 초반 사회운동의 주도권을 장악했던 민족주의운동의 주류는 문화운동을 통해 서구적 근대화를 추진하였다. 그리고 이들은 청년을 문화운동을 추진할 사회적 주체로서 재정의하였다.*

문화운동과 청년담론

문화운동을 주도하면서 1920년대 언론과 사회운동을 이끌어간 인물들 중 상당수가 1910년대 일본 유학생 출신의 『학지광』 세대들이었다. 3·1운동 이후 많은 언론매체들이 설립되어 여론형성을 주도하였지만, 그 가운데 특히 『동아일보』(신문)와 『개벽』(잡지)이 두드러지게 큰 힘을 발휘하였다. 그런데 『동아일보』의 주축을 이루었던 송진우, 장덕수, 진학문, 장덕준, 이광수 등은 『학지광』의 창간멤버이거나 주축필진들이었다.[9] 이들 가운데 장덕수와 이광수는 1910년대부터 민족을 이끌어갈 새로운 세대의 표상으로서 '청년'에 주목하고 있었다.[10] 한편 『개벽』은 이돈화, 김기전, 박

---

* 이 논문에서는 『동아일보』와 『개벽』 등 문화운동을 이끌어나갔던 민족주의 주류의 논리를 중심으로 1920년대 민족주의 청년담론을 추적할 것이다. 물론 민족주의가 이들에 의해 전일적으로 지배되었던 것은 아니지만, 적어도 청년담론의 영역에서는 이후 비타협적 민족주의자라 불리게 되는 인물들의 뚜렷한 소론이나 특성이 나타나지 않으므로 특별히 다루지는 않았다.

달성, 차상찬 등이 중심이 되어 발간하였는데, 이들은 직접 유학하지는 않았더라도 유학생 출신들과 긴밀히 교류하면서 문화주의 등 새로운 사조의 수용에 적극적인 인물들이었다.* 따라서 이들이 실제 조선사회의 여론과 운동을 주도하게 되면서, 청년을 주체로 하는 문화운동을 주창하게 된 것은 어쩌면 자연스러운 일이었을 것이다.[11]

이렇게 1920년대 들어서서 본격적으로 민족을 단위로 하는 사회운동의 주체로 '청년'을 제기하게 되었던 것은, 이즈음 사회조건과 운동, 이념상의 중요한 변화가 있었기 때문이다. 우선 1920년대 초반이라는 시점에 주목할 필요가 있다. 이때 비로소 조선사회에 '청년'으로서 동질적인 세대의식을 가지는 집단이 형성될 조건이 처음으로 갖추어지게 되었던 것이다. 1920년대 초반은 1910년대 일본에 유학했던 신지식인층들이 귀국하여 본격적으로 활동하기 시작하고, 1900년대 말 10대 초중반으로 신학문의 세례를 받은 젊은 층들이 20대 중후반에 접어들어 왕성한 활동력을 보이는 시기였다. 또 1900년을 전후하여 태어나 본격적인 근대교육을 이수한 세대들이 막 중등학교를 졸업하는 시점이기도 했다.**

또한 이들은 모두 3·1운동을 직접 체험하고 그 경험을 공유한 세대라는 공통점을 지닌다. 3·1운동은 조선사회 전반에 걸쳐 이들 청년층의 중요성을 뚜렷이 각인시키는 계기가 되었다. 3·1운동을 전민중적인 저항운동으로 발전할 수 있도록 현장에서 이를 이끌어나간 것은 청년학생들이었다.

---

* 특히 『개벽』의 중심인물 중에서 방정환이나 박사직 등은 언론활동에 종사하다가 1920년대에 일본유학을 다녀오기도 하였다.

** 1900년생인 박헌영은 1912년 13세에 보통학교에 입학하여 1919년 20세에 경성고등보통학교를 졸업하였다. 1910년대는 여러 가지 원인으로 보통학교의 취학율이 낮았지만, 조선인들의 교육열 자체는 매우 높았다. 보통학교를 가지 못하는 아동들이 다니던 서당 취학율이 1912년에서 1918년 기간 동안 2배 정도 늘어난 것도 이런 사실을 반영하는 것이다(오성철, 『식민지 초등교육의 형성』, 교육과학사, 2000, 34쪽). 이 시기 서당은 이미 부분적으로 신학문 교육을 하고 있던 터이므로 이들 중 상당수가 '신문화'를 수용한 청년의식을 공유할 가능성을 지니고 있었다.

3·1운동의 경험은 시위를 현장에서 주도하고 적극적으로 참여한 학생들은 물론이거니와, 근대교육을 제대로 받지 못한 젊은이들도 '청년'의식을 공유할 수 있는 계기가 되었을 것이다.

또한 문화운동이 매우 적극적으로 '신시대'를 강조하고 있었으며, 이런 새로운 시대를 열어갈 사회적 중심을 창출해야 했다는 점도 청년에 주목할 수밖에 없었던 원인이다. 1920년대 초 문화운동은 3·1운동으로 촉발된 '개조改造' 열풍의 연장선에 놓여 있었다. 그리고 개조는 "영웅적 압박시대"인 구시대를 "평민적 평화시대—신시대"로 열어가는 과정이었다.[12] 이렇게 새로운 시대를 적극적으로 표방한 문화운동의 주창자들은 신시대와 구시대를 세대간—노인과 청년—의 대립으로 도식화하였다. 즉, "구舊한 현상을 그대로 가지고 잇는 노인파老人派와 신新한 현상을 음미吟味하는 청년파靑年派의 사상 충돌"로 당시 역사적 상황을 설명하였다.[13] 문화운동론자들은 신—구를 청년과 노년의 세대문제와 연결시킨 다음, 청년을 운동의 주체로 내세움으로써 자신의 지향과 목표를 더욱 뚜렷이 하는 효과를 거둘 수 있었다.

또 한 가지는 실제 문화운동의 '청년' 표상이 아무리 계급적일지라도 형식적으로 청년은 일정한 연령에 이른 모든 사회구성원이 자연스럽게 포괄되는 '세대'의 개념이라는 점이다. 따라서 청년은 민족 전체를 포괄할 수 있는 통합적 주체로 표상될 수 있었다. 지역적, 신분적, 계급적 차이를 넘어서서 민족을 이끌어가는 새로운 통합적 주체로서 청년보다 더 적합한 것을 찾기는 어려웠을 터이다.

그리하여 1920년부터 『동아일보』와 『개벽』에는 문화운동의 주역으로서 '청년'을 부각시키는 기사들이 속속 실리기 시작하였으니, 대표적인 것이 아래 사설이다.

大槪 朝鮮 靑年이 或種 政治的 目的을 達코자 함은 何故오 그로 因하야 朝鮮
의 神聖한 基礎를 確立하며 圓滿한 文化를 樹立코자 함이니 然則 그 希望과
目的의 最後 到達點은 文化에 在하고 政治에 在하지 아니하며 또한 或種의 政
治的 目的을 達하랴 할지라도 그 方法에 文化의 力이 絶代로 必要함을 覺하
니 이 意味에 在하야 文化는 '알파'오 '오메가'라 함이 可하도다 이 實노 今次
東京에 留學하는 靑年이 大擧하야 朝鮮 大地에 文化的 一大宣傳을 布告하는
所以로다

現今 朝鮮社會에 在하야 固陋한 舊態을 打破하고 淸新한 生命을 喚發하야 써
此 目的을 達하는 大任을 負할 者 果然 誰오 그 任이 重하고 또 그 道가 遠한
지라……然則 不可不 靑年이 自任하여야 할지니[14]

『동아일보』의 필진들은 문화야말로 모든 현재 운동의 '알파요 오메가'
이며 이 문화운동을 주도할 자는 청년이어야만 한다고 주장한다. 조선에
서 과거와 급격히 단절하면서 새로운 생명을 불러일으키는 사명을 달성할
사람들은 '용감하고 지혜롭고 고결한' 청년밖에 없다. '귀족사회'는 기력이
없으며, '유생계급'은 문명의 관점이 없고, '부형'들은 인습에 얽매어 있었
다. 고로 청년이 "실로 문화운동의 선봉대"가 되어야 하며 "조선문화운동
의 제일진"이 되어야 한다는 것이었다.

동시에 『동아일보』와 『개벽』은 '청년'들이 올바른 주체가 되기 위해
서는, 더욱 조직화해서 체계적으로 운동을 전개해야 한다고 주장하였다.
우선 『동아일보』는 청년단체가 없는 지역의 청년에게 청년회 조직을 호소
하는 한편, 기왕 조직된 청년회에 대해서는 전조선청년회의 연합을 제안
하고 있다. "각 지방의 건실한 기초를 전국에 통일하야 맛치 일신의 지체
는 허다하나 그 체는 오즉 '한덩어리'됨과 갓치함이 또한 아름답지 아니"
하냐는 것이었다.[15] 이어 1920년 6월 전조선청년회연합기성회가 결성되자

7월 9일 다시 한 번 각지 청년회에 연합을 호소하는 사설을 게재하였다.[16]
1920년 12월 드디어 조선청년회연합회가 결성된 이후에도 『동아일보』는 문화운동의 주역인 청년과 그 조직으로서의 청년회에게 적극적인 활동을 할 것을 계속 호소하였다. "지방에 교육열을 완성케 하며 신사상을 확립케 하며 경제적 권리를 회복케 하는 모든 운동의 중심이 무엇인가 하면 곳 청년이며 그 청년의 단체"라는 것이었다.[17]

한편 『개벽』도 스스로 "청년단체가 일어나자 딸아서 그의 호반려好伴侶되는 이 개벽開闢 잡지가 출생"했다고 할 정도로 적극적으로 '청년'의 확산에 참여하였고, 조선청년회연합회의 성립을 열렬히 환영하였다. 『개벽』의 주간 이돈화는 1921년 1월호에서 "조선 각지의 청년단체가 조선청년회련합회라는 아름다운 명목하에서 거룩한 연합의 사업"을 이루었다고 하면서, 조선청년회연합회를 "조선 유사 이래 초유의 사事"라고까지 평가하였다.[18] 이들에게 전조선청년회연합회라는 '청년'의 연합조직은 단순한 청년조직의 연대를 넘어서 문화운동의 전국적인 중심체를 지향하는 것이었다.

청년담론을 주도한 것은 『동아일보』와 『개벽』이었지만, 『조선일보』나 『시대일보』 등 거의 모든 매체가 '청년'의 열풍에 적극 참여하였다. 개조와 계몽의 열기 속에서 '청년'은 새로운 시대를 상징하는 키워드로서 급격히 확산되었다. 가히 청년의 시대라 해도 과언이 아닐 정도로 각 매체마다 '청년'이 넘쳐나기 시작하였던 것이다. 1920년대 초의 신문들은 1면은 사설과 논설, 2면은 정치·국제관계, 3면은 사회, 4면은 투고와 지방기사로 구성하였다. 대부분 신문의 4면은 거의 매일 각지 청년회의 조직과 근황, 각종 강연과 행사로 도배되다시피 하였고, 1면의 사설에서도 청년회와 청년의 역할을 논하는 경우가 많았다.

한편 청년회의 수는 놀라울 정도로 급속히 늘어나 1920년에서 1921년 사이 1,300개 이상의 청년회가 생겨났다. "거개擧皆 각 군면君面에 청년회

조직이 수일_{逐日} 증가"하는 상황이 되었던 것이다.*

일반 청년회는 종교단체와 관련없이 지역별로 조직된 청년회를 지칭하며, 주로 지역의 유지들이 중심이 되어 조직하였다. 일반종교 청년회는 주로 개신교, 가톨릭, 불교 계열에서 조직한 청년회들을 말하는데, 그 가운데서도 개신교의 각 교파들이 조직한 엡윗청년회, 면려청년회 등이 다수를 차지하였다. 민족종교 청년회는 주로 천도교 계열의 청년회를 가리킨다. 청년회의 수가 2,000개가 넘어가면서 한 고장에서도 기독교, 천도교, 남자, 여자 등 몇 개씩의 청년회가 만들어졌다. 진남포 한 곳에만 9개의 청년회가 설립될 정도였다고 하니 가히 "각 지방 청년회의 흥기는 실로 우후죽순의 세勢오 풍전사기風前沙起의 관觀"이라 할 만하였다.[19]

이런 속에서 청년은 미래에 대한 낙관과 희망의 상징으로 정착하였다. "실력주의를 가지며 강력주의를 가지며 자조주의自助主義를 가지며 자아주의自我主義"를 가질 우리 청년의 자각과 활동이 천하의 누구에 못지않으니 조선은 장차 "세계의 낙원"이 되리라는 소망 간절한 예측까지 나타날 지경이었다.[20]

한편 민족의 운명을 선도하는 '청년'의 이미지는 대중들 사이에도 급격히 확산되었다. 당시 언론의 독자투고에는 "우리 사회의 개조와 발전과 활로가 (청년) 제군의 장중에" 있다거나,[21] "사회를 개혁함도 우리 청년의 할 일이며 사업의 개발을 기도함도 역시 청년 제군의 할 일"이므로 청년이야말로 "문명의 유도자이며 사회를 혁신"하는 주역이라는 주장을 쉽게 찾

---

* 이를 정리해보면 1920년대 초반 청년회의 현황은 다음과 같은데, 여성청년회는 제외한 통계이다. 안건호, 「1920년대 전반기 청년운동의 전개」, 『한국근현대청년운동사』, 풀빛, 1995, 59쪽에서 재작성.

연도	일반 청년회	일반종교 청년회	민족종교 청년회	계
1920	251	98	345	694
1921	446	226	1,396	2,068
1922	488	271	1,245	2,004

아볼 수 있었다.[22] 그렇다면 이제 당시의 민족주의 청년담론을 주도한 지식인들이 '청년'을 어떤 개념들을 통해 정의하고 어떤 역할을 부여하였는지 살펴보도록 하자.

3. 청년과 민족, 청년과 권력

민족 선도자로서의 청년

1920년대 '청년'의 운동과 사상이 급속도록 확산되면서, 청년의 의미를 재정립하는 것이 중요한 과제로 대두되었다. 먼저 청년은 '새로움'을 의미하였다. 여기서 새롭다는 것은 옛 것과의 대조를 통해 더욱 극명해졌다. 즉 신新과 구舊, 청년과 노년을 대조·비교함으로써 청년의 의미를 명확히 규정하였다. "금일今日의 조선사회에는 엄연한 2대 사상이 상대"하여 있으니, "일一은 노년의 사상이오, 타他는 청년의 사상"이라는 박사직의 논리 또한 청년 대 노년의 분리 구도 위에 서있는 것이었다.[23]

이런 구분은 1920년대 초반 당시 지식인들이 사회를 바라보는 일반적인 시각으로 확산되고 있었다. "근일 사회에서 부로父老와 청년靑年을 지칭함은 단單히 년기의 노소만 거흠이 아니라 신구사상의 분기점"이라는 사고방식이 지식인 사이에 널리 퍼져 있었다.[24] 청년-노년을 비교하며 청년성을 정의하는 것이 굳이 1920년대 조선만의 특징은 아니었다. 1900년대 대한제국의 청년담론에서도 물론 나타나지만, 1887년 도쿠도미 소후德富蘇峰의 『신일본의 청년新日本之靑年』 서문에서부터 '신일본의 청년'과 '구일본의 노인'을 비교하고 있으니, 어떤 점에서는 근대 청년담론 자체의 특징이라고 할 수도 있을 것이다.

그러나 1920년대 청년담론에서 청년이 상징하는 새로움이란 '신문명'

의 건설이었다. 단순히 근대적 요소의 도입만을 의미하는 것이 아니라 어떤 점에서는 초기적인 자본주의화가 초래한 근대사회의 문제점을 해결하고자 하는 일체의 시도, 즉 개조의 최종적 목적지가 신문명으로 표상되었다. 따라서 이 시기의 노년과 청년의 대립 구도는 세대 간의 차이 이상의 의미를 지니게 되었다.

> 保守的을 대표한 노인의 사상과 進取的을 대표한 청년의 사상은 단 老少라 云하는 연령의 관계로부터 生할 뿐만 안이오 이른바 계급적 정도의 上에도 그가 표현되엇다. 예하면 强對弱者問題 富對貧者의 問題에도 더욱 실현이 되엇다.[25]

청년과 노인의 문제, 보수성과 진취성의 문제는 부와 권력의 불평등과 같은 문제 즉, 어떤 점에서는 자본주의 생산양식이 확산되면서 더욱 심각해지고 있던 사회적 갈등까지 포함하고 있었던 것이다.

따라서 청년을 신문명 건설의 주체로 상정할 때 거의 항상이라고 해도 좋을 만큼 세계사의 전환이라는 문제가 제기되었으며,* 20세기 청년, 또는 (20세기) 현대 청년이 강조되었던 것도 이런 '전환'을 부각시키기 위해서였다. 즉 1920년대 사회적 담론의 중심에 '청년'이 있을 수 있었던 것은 청년의 진취성, 신사상이 문명적 개조라는 문제해결 방식의 전환 그 자체를 의미하고 있었기 때문이었다.

그런데 이렇게 청년을 신문명의 주체로 강조하면서 청년 외의 조선 인민 전체는 옛 것, 낡은 것, 궁극적으로 계몽해야 하는 대상이 되었다. '청년'이 주도하는 문화운동은 조선을 '청년조선', '소년조선'으로 변화시키는 것이며, 계몽되지 못한 과거 전체는 배제되어야 하는 옛 조선, 낡은 조선

---

* 愼宗錫, 「現代靑年의 價値」, 『曙光』 2호, 1920, 23~24쪽. 신종석은 二十世紀 신문명이란 "人이 人의 本位에서 物質을 支配하난 制度를 建設"하는 것이며, "二十世紀 新靑年"이 그 적임자라고 규정하고 있다.

으로 지칭되었다. 옛 조선의 인민은 "조로로老의 국민"이라고 평가되었고, 청년은 이런 "구조선舊朝鮮"을, 그 "부패와 불의와 빈약과 고루와 인습과 악독과 허위와 허례를 타파"해야 했다.[26] 조로로老의 조선을 타파한 후에야 새로운 "소년조선은 청년의 원기元氣에 의하야 건설"될 수 있었다.[27]

"계몽시대의 초기를 버서나지 못한 형편"에 있는 조선사회는, "신사상을 포지抱持한 청년 그네"가 깨우쳐 문명의 세계로 이끌어가야 했다.[28] 현재 "다수의 민중은 아즉도 미迷에 방황하는 형편"으로 "아즉도 계몽시대의 초기를 버서나지 못한 형편이다. 이런 계몽시기에 잇서 소위 지도자로 자처하는 이들은 실로 민중의 의사(민중의 완고한 의사)와 걸어 나아갈 만한 수양이 업서는 안 될 것"이니 "신사상을 포지한 청년 그네"가 몽매한 옛 조선을 깨우쳐 문명의 세계로 이끌어가야 한다는 것이다. 조선사회는 "신사상을 가진 청년을 제除한다 하면 맛치 생혼生魂이 업는 일거대一巨大한 시체"에 지나지 않는다는 극단적인 표현도 새삼스럽지 않았다.[29] 청년은 새로운 사회정치적 구성체로서 민족 그 자체를 상징할 뿐 아니라 현실적으로도 민족의 운명을 좌우하는 지도적인 사회집단을 의미하게 되었다.

두 번째로 청년은 조선민족과 사회의 운명 그 자체와 동일시되었으며, 항상 조선민족과 사회에 대한 책임이 강조되었다. 국민 또는 사회에 대한 책임과 의무는 청년담론의 발생 초기부터 강조되었던 것이었지만, 1920년대의 청년은 미래의 주역만이 아니라 현실적인 '중견'이자 새로운 개혁을 추진할 핵심으로서 의무와 책임을 지는 존재로 각인되었다. "반도의 청년으로 반도의 주인"[30]이 되어야 할 조선청년에게 조선은 "짊어져야 할 무거운 짐"[31]으로 인식되었다. "민족의 중견되는 청년유지靑年有志"[32]에게

우리 社會의 묵은 制度를 改革할 責任이 잇으며 舊文明을 破壞하고 新文明을 建設할 責任이 잇으며 徹底치 못하고 圓滿치 못한 묵은 生活의 制度를 ——히

破壞하고 圓滿하고 徹底한 새로운 生活을 建設할 責任도 잇으며 不條理 不公
平의 舊制度 舊規模를 根底로부터 改革[33]

하는 모든 책임이 있었던 것이다. 이렇게 "민족의 중견되는 청년유지"이므
로 "청년의 품위와 정신 여하에 쌀하서 그 사회가 향상진전"[34]는 인식이
지식인 대중 사이에 급격히 확산되었다. 그리하여 일반 독자나 학생들의
투고에서도 청년을 "2천만의 승객을 실흔 근화환槿花丸 조흔배의 키[柁]를
쥐고 망망한 악마양惡魔洋을 진행케 하는 사공"으로 묘사하면서 "2천만의
생명은 제군의 수중에 잇고 4천년 오래인 근화환의 운명도 또한 제군의
장중掌中에 노혓다"라는 식의 표현들을 어렵지 않게 찾을 수 있다.[35] 그리
하여 어떤 면에서는

우리 靑年이 壯年만으로는 絶對不可能한 運動을 하여서 그 氣運과 技能이 如
何한 것을 實際로 表示하엿슴으로 內外人이 모도다 朝鮮의 現在와 未來는 靑
年에게 잇다는 것을 共認하게 되엿다. 勿論 實地에 잇서서 財産 上 勸力이 壯
年 以上에게 잇스니 社會의 實力이 壯年 以上에게 잇는 것은 事實이나 그러나
적어도 一時는 그 壯年 以上에 잇는 實力이 靑年의 意思에 依하야 運轉

되었다고 평가하기에 이르렀던 것이다.[36]

식민지 조선에서 청년담론의 특징은 일본의 경우와 비교해볼 때 더욱
두드러진다. 일본에서 근대적 번역어로서 등장한 '세에넨靑年'이 전통적인
호칭들을 압도하면서 근대적 젊은이의 이상적 상으로서 정착했던 것은
1880년대 말이었다. 이 시기 일본에서는 조약개정, 지조地租경감, 언론자유
등 민감한 정치적 사안을 둘러싸고 정부에 적극적으로 저항하였던 젊은
지식인들이 존재하였다. '세에넨靑年'의 주창자들은 이들 적극적인 현실참

여파들을 '소오시壯士'라 칭하면서 이들의 정치적 폭력성과 격정적인 행동 양태를 비판하였다. 그리고 그 반대편에 주지적, 합리적으로 현실을 분석하고 예측가능한 미래를 준비하는 근대적 인간형으로서 '세에넨'을 제시하였다. 한편 국가의 입장에 볼 때, 이 과정은 여러 가지 법적·제도적 장치를 통해 젊은 세대에게서 '소오시'의 폭력성을 탈각시키고 '세에넨'을 중심으로 안정된 체제를 구축하는 과정이기도 하였다.[37]

이어 1900년대 이후에는 청년단 체제가 정비되면서 청년에 대한 통제정책과 국가주의 청년담론이 본격적으로 틀을 갖추게 된다. 일본 국가권력의 청년정책은 기본적으로 성장과정에 있는 모든 국민들을 국가의 통제하에 둔다는 것이었다. 러일전쟁 이후 일본정부는 각지의 청년회, 청년단 등을 통합하고 정리하기 시작하였으며, 1915년에는 전국의 청년단을 체계화하여 대일본청년단을 조직하기에 이르렀다.*

일본의 청년담론은 1880년대 말 행동주의적 소오시의 대극으로서 처음 형성될 때에도 그랬지만, 1900년대 이후에도 젊은이들의 폭발적 행동력을 국민국가 체제 내로 끌어들이면서 '착실한' 청년상을 구축하는 데 주력하였다. 1910년 무렵에 완성되는 청년단의 체제가 바로 그 전형이 될 터인데, 처음부터 일본의 주류 청년담론은 '청년'에게 사회를 변화시키는 계몽적 전위집단으로서의 의미 따위는 전혀 부여하지 않았다.** 반대로 일본의 '청년'은 국가와 지역사회의 통제 아래서 기존사회의 가치관을 체득하

---

* 熊本辰治郎, 『大日本青年團史』, 1942, 116쪽. 처음에는 만 20세의 입영연령까지 단원으로 하였다가 이후 공민권을 획득하는 25세까지로 연장하였다.
** 일본의 모든 '청년'론이 기존 가치관의 답습에 매몰되어 있었다고 정의할 수는 없을 것이다. 그러나 좌파 청년담론을 제외하고 시민사회 내에서 생산되는 일반적인 청년담론들은 천황제 국가의 가치관을 안정적으로 재생산하는 데 주력하고 있었다고 보아야 할 것이다. 키무라 나오에木村直惠, 『「靑年」の誕生─明治日本における政治的實踐の轉換』, 新曜社, 1998; 기타무라 미쓰코北村三子, 『靑年と近代─靑年と靑年をめぐる言說の系譜學』, 世織書房, 1998; 쓰쓰이 기요타다筒井清忠, 『日本型〈敎養〉の 運命』, 岩波書店, 1995 등 참조.

는 존재로 표상되었다. 특히 이 무렵 일본에 스탠리 홀 등의 발달심리학이 본격적으로 도입되면서, 청년기는 한편 지적 성숙이 이루어지는 시기이지만 감정의 변화가 격렬한 불안정한 시기, 현실의 모순에 봉착하여 번민과 회의에 빠지는 위험한 시기로 규정되었다.[38] '청년'을 위험하고 불안정한 시기로 규정한 청년심리학의 시각은 젊은이 집단을 훈육, 통제함으로써 기존사회의 체제 내로 편입시키고자 하는 천황제 국가의 의도와 일치하였다. 따라서 1910년대 이후 청년단의 체제를 정비하면서 확립된 청년담론은 '불안정하고 위험한', 따라서 '훈련받고 지도받아야 하는' 청년상을 전제로 하고 있었다.

이에 반해 조선의 청년은 앞서 살펴보았듯이 '부로父老'의 세대와 자신들을 극적으로 대비함으로써 스스로를 정의하였다. 기성세대 및 그들의 가치관으로부터 단절하는 것은 1910년대부터 청년을 정의하는 가장 중요한 기준이었다. 이미 1910년 이광수가 이런 단절을 선언한 바 있었다.[39] 이광수에 의하면 "청년시대는 곧 수양시대"이다. 그리고 일반적으로 수양의 시대에는 "맛당히 부로와 선각자의 인도교육"을 받아야 한다. 그러나 그 부로들의 "대다수는 거의 '앎이 업난 인물', '함이 업난 인물'"이므로, 올바로 청년들을 인도해줄 수가 없다. 따라서 조선청년들은 다른 나라, 다른 시대의 청년들과 달리 피교육자가 되는 동시에 교육자가 되어야 하고, 학생이 되는 동시에 사회의 일원이 되어야 한다는 것이었다. 이를 일컬어 이광수는 청년의 "자수자양自修自養"이라 하였는데, 결론적으로 "금일 아한 청년我韓靑年은 자수자양할 경우"에 있다는 것이었다. 1920년대는 이런 자수자양의 청년을 현실 속에서 구현하려는 노력이 본격화되는 시대였으며, 그것은 청년회운동으로 구현된다.

다음으로 조선의 청년은 헌신을 통해 대중의 사회정치적 에너지를 집결시키는 역할을 수행하는 존재로 규정되었다. 새롭게 부각되는 '민족' 내부의 힘을 결집하고 이끌어가기 위해서, 청년은 희생과 헌신을 마다하지 않아야 했다.

> 朝鮮民衆의 運命을 開拓할 者이 誰인고 — 時勢가 坐한 切迫하얏도다 諸君이 엇지
> 苟安을 盜하며 妻子로부터 歡樂을 共히 할 바ㅣ리오 — 安을 取하고 難을 避하
> 며 家庭의 和樂과 妻子의 愛情에 心醉하는 것이 엇지 人情의 本然이 아니리오
> 만은 吾人의 處地와 境遇는 此를 不許하는도다 — 朝鮮民衆 億萬代의 光榮을
> 爲하야 吾人의 苦難과 迫害와 飢餓와 凍寒이 必要하다면 아— 吾人의 安逸을
> 棄함이 吾人의 暖飽를 棄함이 吾人의 苟苟한 愛情을 棄함이 엇지 弊履를 棄함
> 과 殊異할 바이 有하리오.[40]

1922년 1월 9일자의 이 사설은 조선의 선각자인 청년에게 절박한 시세 속에서 일신一身의 안일安逸과 심지어 가정마저 기꺼이 버리고, 조선 민중의 운명을 개척할 운동의 대열에 투신할 것을 요구하고 있다. 여기서는 기성 가치관에 의해 행동을 통제받아야 하고, 따라서 극히 현실적이어야 하는 존재인 일본의 '세에넨'과 달리, 조선청년에게는 강개慷慨와 헌신獻身의 낭만적 정조가 강조되었던 것이다.

물론 대중의 정치적 에너지를 결집시키는 행동적 주체라고 하여도, 문화운동론에서 말하는 청년의 실천은 철저히 실력양성과 계몽에 국한된 것이었다. 많은 논자들이 '청년 제일의 임무는 파괴'라는 식의 과격한 언사를 남발하였지만 실제 옛 조선의 파괴나 타도라는 것도 결국 정신과 문화의 문제, 계몽적 실천의 문제였다.

> 그리하야 世界改造의 劈頭에 先鋒인 民族自決의 大題 下에서 實力養成이 問題
> 의 解釋인줄 覺悟하고 或은 會社銀行의 實業機關으로 或은 新聞雜誌의 思想鼓

吹機關으로 모다 盡心竭力한 結果 諸方面의 進步發展이 刮目刷新이 된 中에 더욱이 各地方靑年會의 興起는 實로 雨後竹筍의 세오 風前沙起의 觀이니 壯哉 快哉라 是가 우리의게 集會自由의 動機오 結社任意의 萌芽이니 엇지 當今의 大歡迎할 바 아니며 將來의 大希望이 되지 안일가?[41)]

이들은 혁명조차도 문화주의적 계몽과 실력양성으로 해석하였다. 혁명이란 세력 없이는 불가능하며 세력을 양성하기 위해서는 교육을 통해 지식을 발달시키고 노동자의 수양과 훈련을 통해 생산능력을 증대시켜야 한다는 것이었다.[42)]

1920년대 전반기 청년담론에 투영된 강개와 헌신의 요소들은, 현실에 존재하는 젊은이 집단의 민족적 정서를 자극하여 이들을 문화운동의 영역으로 끌어들이는 데 중요한 역할을 하였다. 또한 이렇게 헌신을 강조하면서 형성된 1920년대 전반 '청년'의 낭만적 경향은 민족주의 청년담론이 총독부 권력과 거리를 유지하는 데도 일정한 역할을 하였다. 그러나 현실적으로 자본주의적 근대화를 지향하는 문화운동이 제시한 실력양성의 청년상은, 의식적으로 끊임없이 노력하지 않으면 독자성을 잃고 식민지 지배권력이 제기하는 종속적인 청년상에 매몰될 가능성이 있었다.* 따라서 청년담론을 현실화할 운동공간(청년회)의 독자성을 유지하는 것이 무엇보다 중요한 과제였다.

청년회 – '자수자양'의 정치적 공간

1920년대 초반 신문과 잡지를 막론하고 모든 언론매체들은 청년회를

---

* 1920년대 총독부의 청년담론이 정책과 유기적으로 결합하지 못하고 있는 동안 독자성을 유지하던 민족주의 청년담론이 1930년대 이후 총독부의 공세 속에서 독자성을 상실하게 되었던 것은 이 위험성이 현실화되는 과정이었다. 이에 대해서는 이기훈, 「청년, 갈 곳을 잃다」, 『역사비평』 76, 2006 참조

"사회혁신의 도리오 사회경신의 생명"이며 "사회활동의 근원이오 사회전진의 세력"[43]이라고 칭송하였다. 청년회가 '청년' 중심의 문화운동을 수행할 대표적인 실행기관이었으며, 청년회 활동을 통해 문화운동의 사회정치적 헤게모니가 관철될 수 있었기 때문이었다.

1920년대 초 청년회의 활동은 회원과 대중 대상의 두 가지로 나눌 수 있는데, 우선 회원 사업으로는 서로 지식을 교환하고 도덕적인 수양을 쌓으며 체력을 증진하여 지덕체智德體를 겸비한 지도자로서의 품격을 갖추도록 하는 프로그램이 추진되었다. 또한 대중을 대상으로 해서 새로운 지식과 사상을 광범위하게 보급하여 '문명'으로 이끌어가기 위해 대중강연, 야학, 금주단연운동 등의 활동이 추진되었다.[44] 그러나 무엇보다 이런 모든 활동들을 수행하는 '자율성'이야말로 당시 청년회 활동이 가지는 중요한 사회적 의미였다.

1921년 조선청년회연합회에서 발행한 『아성我聲』 10월호에는 박영동朴暎東이라는 필자의 「아청년제위我青年諸位의게 고告함」이라는 글이 실려 있다. 그런데 이 글의 전반부 절반은 이광수의 「금일今日 아한청년我韓青年의 경우境遇」를 그대로 축약해 놓은 것이다. 1910년 당시 이광수의 결론은 우리 청년에게는 단체적 '자수자양'이 절실하다는 것이었다. 박영동은 이광수의 결론에서 한 걸음 더 나아가 어떻게 자수자양할지 답한다. 그에 따르면 당시 각지에서 조직되고 있던 청년회야말로 "자각되고 정각正覺되야 자수자양에 유일무이한 기관적機關的되는 청년단합에 신성한 사회"가 될 수 있었다.[45]

이런 '자수자양' 또는 '자수자각'은 우선 부로 세대와의 단절을 의미하지만 그것에만 그쳐서는 안 될 일이었다. 청년의 진정한 '자수자양'을 위해서, 청년회는 총독부 권력으로부터도 독립된 자율성을 가져야 했기 때문이다. 이미 1920년부터 많은 청년운동가들이 "지방 관청의 역원이나 보통학교의 교원 가튼 이들이 단체의 지도기관이 되어 가지고 지도적 간섭과 장려적 강제"를 행하는 것은 "발랄한 청년의 원기를 거세하는 점에서, 시대사조에 향응響應할 자각을 저지하는 점에서 자신을 자살하는 소극도덕을 고취하는 점에서……결코 존재를 용인할 수 업다"라고 주장하였다.[46] 이렇게까지 강경하지는 않더라도 청년회는 "조선인 청년으로 조직된 청년운동기관"이어야 하며,[47] 일본인, 특히 권력기구의 개입은 원천적으로 배제되어야 한다는 것이 일반적인 인식이었다. 다음 글은 부로와 총독부 권력으로부터 독립된 자율적 공간으로서의 청년회라는 구상을 잘 보여준다.

> 靑年들아 自決하라 ! 靑年들아! 모든 것을 自決하라! 時代遲된 父兄들도 밋지말고 그 누구의 引導를 바라지도 말어라 오직 自手로 自決하라!……아아 洪原靑年제군이여! 이제 새로운 勇氣를 가지고 새로운 理想的 靑年會를 自手로 組織하라. 누구의 提唱하는 아리에서 順應的으로 하지 말고 被動的으로도 하지말어라 오직 自立的으로 自決의 精神을 가지고 理想的 靑年會를 建設하기를本記者는 참으로 懇切히 願하는 바이다.[48]

새로운 용기를 가지고 만들어야 하는 이상적 청년회는 '시대지時代遲된 부형父兄'뿐만이 아니라 '그 누구의' 인도도 받지 않아야 한다. 당시 시점에서 부형을 제외하고 청년을 '인도'할 존재란 총독부 권력밖에 없었다. 실제로 1920년대 총독부는 각지에서 관제청년회를 만들거나 기존의 조선인청년회를 보통학교 교원 등의 통제 하에 두고자 시도하였다.* 그러나 대체로 이런 시도는 그다지 성공적이지 못하였다. 일본인 보통학교 교장을

---

* 함경북도에서는 1923년 일본의 청년단을 본떠 관제 실업청년회를 만들어 보급하려 하였으나 1932년 청년단을 새로 조직할 때까지 별다른 성과를 거두지 못하였다. 『조선총독부관보』, 1923년 12월 8일; 1932년 9월 15일.

회장으로 선출하였던 한 청년회는 총독부 기관청년회니 지정청년회니 하는 비난을 받아야 했고 그 활동도 극히 부진하였다. 청년회란 "순전히 민족적 의의에서 조선인 본위로 생긴" 자율적 공간이어야 한다는 것이었다.* 식민 지배에서 총독부의 통제로부터 근본적으로 자유로울 수는 없었지만, '자수자양'을 표방하는 청년회라는 자율적 공간은 '비정치의 정치화'를 가능하게 하는 유력한 수단이 될 수 있었다.

그런데 이렇게 권력으로부터 자율성을 표방할 수 있었던 것은, 오히려 어떤 면에서는 총독부 권력의 실체를 인정함으로써 가능한 것이었다. 1920년대 초반 청년회는 자신의 활동을 철저히 '문화'의 방면에 국한하였다. "청년회란 자체의 의미가 원래 지식을 교환하며 풍속개량이나 금주금연 등 미풍속을 장려하며 체육을 힘쓰는 기타 일반 민중에게 사회교육을 보급케 함과 갓흠에 잇는 것이오 결코 무슨 정치운동을 하러 함에 잇는 것은 안인" 것이니,[49] 청년의 문화운동이란 "법률범위 우월違越말고 일동일정一動一靜 지피지기知彼知己 인기세이도지引其勢而導之 흐야 문화보급" 하는 것에 국한될 가능성이 높은 것이었다.[50] 이렇게 제국주의 지배 하에서 권력으로부터 거리를 유지하면서 청년회의 자율성을 확보하는 것은 위태로운 줄타기와도 같은 것이었다.

4. 청년과 청년성 – 어떻게 청년이 될 것인가?

청년성의 문제

'청년'이라고 하는 세대집단은 원칙적으로 연령으로 정의해야 할 것이

---

* 晩翠, 「退助靑年會諸君에게」, 『동아일보』, 1925년 9월 16일. 이는 1930년대 관제청년회나 청년단이 자연스럽게 보통학교 교장들을 장으로 선출하였던 것과 대조된다.

다. 과연 몇 살부터 청년이라고 하며 또 언제까지 청년이라 하는지, 이러한 청년의 외연은 시대와 조건에 따라 변화하기 마련이다. 앞에서 살펴보았듯이 1900년대까지 청년은 소년과 명확히 구분되지 않는 젊은이 집단을 의미하였다. 1910년대에 근대적 학제가 일반화되면서 소년과 청년은 어느정도 구분되기 시작하였다. 아직 청년과 소년의 경계 지점은 약간 불명확하였지만, 소년과 청년이 구분되면서 소년운동과 청년운동이 나뉘어졌고 소년 또는 어린이에 대해서는 '청년'과는 다른 사회적 담론이 생산되었다.[51] 소년회 또는 소년단과, 청년회가 명확히 별개의 조직으로 구성되는 것에서도 이를 확인할 수 있다.

그런데 특이하게도 1920년대 문화운동론자들은 청년을 연령으로 정의할 수 없다고 못 박고 있다. 1920년 5월 『동아일보』는 사설에서 청년과 노년의 구별은 반드시 연령을 기준으로 할 수는 없다고 주장하면서 "사회의 동적 방면 진보세력을 대표하는 자가 청년이오 정적 방면 보수세력을 대표하는 자는 노년"이라고 정의하고 있다.[52] 이는 "활동이 있는 자는 칠십에도 청년이 될 수 있고 이십대라도 무위도식하는 자는 노년"이니 나이의 관계를 따질 수 없다는 이돈화의 주장과도 통하는 것이다.[53]

실제 1920년대 초에 각지에 조직된 청년회의 회원 자격을 보면 나이로는 도저히 청년이라고 보기 어려운 사람도 회원이 되고 있다. 평안남도 안주청년회는 정회원의 자격 조건을 15세부터 40세까지로 하였고 40세 이상도 찬무원이 될 수 있었다. 또한 황해도 미수청년회는 18~45세 통상회원, 45세 이상을 특별회원으로 하였다.[54] 이러다 보니 실제 장년층인 다수의 지방 '유지'가 청년회에 참가할 수 있었고, 결국은 청년 아닌 청년들이 주도권을 장악하는 사태도 생기게 되었다.*

---

* 이에 따라 사회주의자들은 청년회를 진정한 청년에게 돌려줄 것을 요구하면서 연령제한의 문제를 강력히 제기했다. 이기훈, 「1920년대 사회주의 이념의 전개와 청년담론」, 『역사문제연구』 13, 2005 참조.

일반적으로 근대의 청년기란 기존사회에 완전히 통합되지 않으면서, 그 통합을 준비하는 유예와 준비의 시기라고 정의된다. 그리고 그 준비기간 동안 다양한 형태의 교육이 진행되며 일반적으로 혼인 또한 유예된다. 그러나 1920년대 조선의 청년에게는 이런 유예의 사회적 기제가 제대로 작동하지 않았다. 초등교육 취학률은 20%대에 머물렀고 대부분의 청년들이 20대 초반 이전에 가정을 이루었다.

1920년대를 지배했던 청년담론은 이런 현실의 젊은 세대를 표현하기 위해 형성된 것이 아니었다. 반대로 청년은 근대화와 계몽을 실현하는 상징이었으며 이렇게 형성된 청년의 이미지가 현실의 젊은이들에게 규범으로 제시되었다. 어떤 의미에서 1920년대 초반 급격히 확산되었던 청년회운동은 이렇게 제시된 규범적 청년의 상을 현실에서 구현하는 과정이었다. 만약 현실의 청년이 문제가 되었다면 청년회는 연령제한을 통해 구성되어야 했다. 그러나 계몽운동의 전략으로 '청년'을 정의하다보니 연령 개념은 부차적인 것으로 밀려났고, 오히려 '청년성'이 주된 기준으로 제시되었다. 그 결과 청년이 누구인가의 논의는 '청년이 사회에서 가장 진보적인 세력이며 또 가장 진보적인 사람들이 바로 청년'이라는 식의 동어반복이 되기 쉬웠다. 실제 농촌과 도시의 청년들을 조직하고 이들의 문제를 해결하기 위해서는 먼저 이들이 누구인가, 어떤 사람들인가를 분석했어야 한다. 그리고 이렇게 분석하기 위해서는 청년을 대상화했어야 할 것이다. 그러나 모든 논자들은 이미 청년의 편에 서있었고, 그런 만큼 문제는 '청년이란 누구인가'가 아니라 '청년은 무엇을, 어떻게 해야 하는가'로 집약되었다. 청년 아닌 청년들이 청년회의 주도권을 장악하는 것이 가능했던 이유는 1920년대 초반의 '청년'이 현실의 반영이 아니라 계몽적 주체의 상징이며 전략적 표상이었기 때문이었다.

수양을 통한 청년 되기

1) 수양 – '청년'을 합리적, 도덕적 주체로

앞서 살펴본 것처럼 일본의 국가주의 청년담론은 발달심리학이라는 '근대과학'의 권위에 의해 청년을 위험하고 통제되어야 할 존재로 규정할 수 있었다. 그러나 반대로 식민지였던 조선인 사회*는 민족을 선도할 능력과 소양을 갖춘 헌신적이고 합리적인 주체로 청년을 정의해야 했다. 이에 1920년대 초반 문화운동론자들은 청년들이 근대적 합리성을 내면화하여 계몽적 주체로 구성되는 과정을 '문화주의 윤리학'을 통해 설명하고자 하였다. 그리고 그 과정을 집약적으로 설명하는 말이 바로 '수양'이었다. 안확安廓은 조선청년연합회의 기관지인 『아성』 창간호에서 청년회는 사업과 수양을 겸하는 것이 목적이지만, "사업보다 수양을 목적함이 대주안大主眼"이 되어야 하고, 청년회의 사업도 수양적 사업이어야 한다고 주장하였다.[55] 그런데 기실 이들이 제시한 '수양'은 당대 일본 윤리학의 개념을 도입한 것이었으며, 또 일본 청년담론의 일부를 형성하는 것이기도 했다. 그렇다면 조선청년의 수양과 일본청년의 수양은 어떤 차이를 가지는가?

원래 수양이란 전통적인 유학에서부터 널리 쓰이던 개념이다. 성리학에서는 수양을 "천리를 보존하고 인욕을 제거한다〔存天理 去人欲〕"라고 하

---

* 여기서 '조선인 사회'라고 한 것은 식민지에서 형성된 조선인들의 독자적인 사회운동 공간을 의미한다. 이 영역은 여러 경향의 조선인 사회단체와 조직들에 의해 구성되는데, 민족주의와 사회주의, 기독교, 천도교, 불교 등의 사회세력들이 모두 포함된다. 이 공간의 폭은 총독부 권력과 조선인 사회 세력의 역관계, 조선인 세력 내부의 관계에 따라 유동적이다. 그러나 적어도 전시체제 이전까지는 식민지에도 총독부 권력의 영역과 구분되는 조선인들의 사회운동 공간이 존재하였던 것은 사실이다. 이 공간을 무엇이라 지칭할 것인가 하는 문제는 논란의 소지가 많다. '식민지 시민사회'라 할 수도 있겠지만 서구 근대의 역사적 맥락에서 형성된 '시민사회'라는 용어를 식민지 사회에 그대로 적용하는 것은 적절하지 못하다. 또 '민간(사회)'이라고 한다면 식민지 조선에 존재하는 일본인 집단까지 포함하여야 하는 문제가 있다. 따라서 일단 이 논문에서는 식민지에 존재하였던 피지배 민족의 정치적, 사회운동적 활동공간을 '조선인 사회'로 지칭하고자 한다.

여 개인의 도덕성을 실현하는 실천적인 개념으로 중시하였다. 그런데 1920 년대 청년담론의 주도자들은 먼저 자신들의 수양을 이런 전통적 관념과 구분하고자 하였다. 자신들이 말하는 수양은 "무릎을 꿇코 눈을 감고 종일 폐문좌선閉門坐禪하야 도학道學을 공부한다 하는 의미가 아니"라는 것이었다.*

1920년대 초반 제시된 새로운 수양은 근대적인 '인격' 개념에 기초하고 있었다. "수양의 본질은 오인吾人과 독립하야 잇는 외재적 사물을 지식함이 아니"며, "오인에 구유한 성능을 발달하야 완전하고 원만한 인격을 작作함에 재在"하므로 "인격을 떠나서는 수양이 무無"하다는 것이 수양론자들의 일반적인 인식이었다.[56] 인격론에 기초한 수양의 관념은 1920년대 초반 이미 광범위하게 확산되어, 극히 통속적인 책에서도 "수양의 절정"은 "인격의 완전"에 있다고 할 정도가 되었다.[57] 이 과정에서는 일본의 인격주의 수양론의 영향이 적지 않았다.

일본에서 수양주의가 크게 유행하기 시작한 것은 1900년 즈음이었다. 1900년을 전후하여 그린(T. H Green)의 윤리학과 함께 '자기실현'과 '인격완성'의 개념이 도입되었다.[58] 인격 개념은 성공서나 입신서류의 단행본과 잡지들이 크게 유행함에 따라 수양주의와 함께 급격히 확산되었다.

특히 청년에게는 수양이 더욱 강조되었다. 청년단운동의 지도자 가운데 한 사람인 다자와 요시하루田澤義鋪는 『청년수양론』에서 "수양을 잊은 청년은 참된 청년이라 할 수 없다"라고까지 주장하였다.[59] 그린의 윤리학을 본격적으로 도입한 당사자인 나카지마 리키조中島力造도 『수양과 윤리修養と倫理』라는 책을 저술하였고, 당대 일본철학계의 대표적인 학자인 이노우에 데쓰지로井上哲次郎도 『인격과 수양人格と修養』이라는 제목의 책을 저

---

* 위좌危坐 또는 묵좌징심默坐澄心을 통해 마음을 고요하게 하는 것은 거경함양居敬涵養의 일반적 방법이었다. 한국사상사연구회, 『조선유학의 개념들』, 예문서원, 2002, 331~348쪽.

술하였다. 그는 인격의 실현 즉 인격의 발전이 각 개인이 추구해야 할 최고의 목적이며, 수양은 인격을 변화, 발전시키는 것이라고 하였다.[60]

"수양이라는 말은 요컨대 인격의 양성을 이른 말이며 개성의 발전을 칭하는 추상적 명사"라는 이돈화의 정의에서도 확인할 수 있듯이,[61] '자아실현', '인격의 완성'이라는 인격주의적 사고방식은 1920년대 조선의 청년 수양론에도 적용되었다. 그러나 조선의 문화운동이 제시하는 수양의 관념은 일본의 수양주의와 중요한 점에서 차이가 있었다.

1900년대 이래 일본에서 인격의 수양은 국민도덕의 확립과 직결되었다. 1900년 저명한 사상가와 철학자들을 망라하여 설립된 정유丁酉윤리회는 그 취지서에서 "도덕의 근본은 인격의 수양에 있다. 충군애국이 비록 국민도덕의 요소라 할지라도, 인생의 본연에 비추어 그 자각심을 각성하고 그 충심에 호소함이 아니라면 아마도 생명 있는 활동을 기대할 수 없을 것"이라고 규정하였다.[62] 충군애국이 생명을 가지게 하기 위해서는 국민 개개인의 인격수양이 전제가 되어야 한다는 것이다.

특히 1910년대 이후 일본에서 '수양'과 '교양'이 분리되면서 일본 수양 담론의 국가주의적 성향은 더욱 강화되었다. 원래 20세기 초반 독일에서 '교양(Bildung)'이란 전통적인 지식인층이 신흥부르주아와 노동자계급으로부터 자신들을 구별하는 지표로서 정신적 가치를 의미하는 말이었다.[63] 이 경우 교양은 문화적 환경의 수단에 의해 영혼을 도야하는 것이며, 문화가치를 체득하여 개성을 갈고닦아 보편성에 이르기까지 드높이는 것으로, 그 개인성과 보편성의 내적 통일을 지닌 전체성으로서 '인격'을 발전시킨다는 개념이었다.[64] 그런데 1900년대 말까지도 수양이 독일어 'Bildung'의 번역어로 사용되었다. 아직 수양과 교양은 분리되지 않았던 것이다. 그러나 1910년대 이후 '교양'이 '수양'으로부터 분리되어 'Bildung'의 번역어로 정착하면서 일본 학력엘리트들의 지식과 문화를 표현하는 말이 되었다.[65]

따라서 1910년대 이후 교양은 지식엘리트들이 누리는 고급의 학문과 사상으로 분리되고, 수양은 통속적이고 대중적이며 지성보다는 덕성의 연마와 훈련이라는 측면이 강하게 부각되었다. 수양주의는 청년단, 종교단체 등을 통해 대중 속으로 침투하였으며 이 과정에서 국가주의와 결합하여 전시체제 하에서는 '연성鍊成'의 이념에 합류하게 되었다.[66] 결론적으로 일본의 인격주의 수양론은 1910년대 이후 통속화되면서 국가주의적 속성을 강하게 지니게 되었다고 할 수 있다.

이 점에서 1920년대 조선청년의 '수양'은 일본의 수양론과 성격을 달리하게 된다. 1920년대 조선의 지식인들이 강조하였던 '수양'은 '교양'과 분리되지 않은 상태에 있었고, 그만큼 합리적인 경향을 강하게 지니고 있었다. 이것은 무엇보다 청년 스스로를 윤리적인 가치판단의 이성적 주체로 정의하려는 시도에서 두드러진다. 구체적으로 문화운동론자들이 어떻게 청년의 수양을 정의하는지 이돈화를 중심으로 살펴보자.

> 수양이라는 것은 사람의 사람다운 인격을 엇기 위하야 극기와 노력과 奮鬪的 精神으로 實사회와 전쟁을 준비하는 陸海軍의 평소의 大演習과 가튼 것이니 그럼으로 수양은 何時何處에든지 극히 필요한 것이오 더욱이 현재 活舞臺에 분투하는 전사로써는 一刻이라도 망각치 못할 배라.[67]

사람다운 인격을 얻기 위해 수양이 필요하다는 점에서는 일본의 청년론, 수양론과 유사한 것 같지만, 현재 "활무대에 분투하는 전사로써" 망각하지 못할 것이 수양라고 한 점에서는 크게 다르다. 이돈화가 상정한 청년은 국가에 귀속되는 젊은이가 아니라, 전사 또는 투사였던 것이다.

이어 이돈화는 청년의 수양이 궁극적으로 지향해야 할 바를 다음과 같이 규정한다.

오늘날 시대는 正義人道로써 약자의 권리를 옹호코저 하는 이때에 잇서 우리 민족의 中堅되는 靑年有志가 마음에 根氣가 업스며 달관이 업스며 인내가 업스며 극기가 업스며 道理의 觀念이 업스며 眞正愛의 發現이 업스며 인류다운 천성이 업시 곳 그 自心을 자유로 하는 위대한 수양이 업시 어찌 大事를 喋喋할 수 잇스며 동포를 拯濟할 수 잇스리오.[68]

조선의 청년은 달관과 인내와 극기, 도리, 진정애를 발현하는 위대한 수양을 통해 정의인도로써 약자의 권리를 옹호하며 동포를 구원하고 이끌어가야 했다. 진정한 청년이란 수양을 통해 이런 도덕적 인격을 갖춤으로써만 완성되었던 것이다. 따라서 수양은 일반적인 학교교육으로는 완성될수 없었다. 논자에 따라서는 수양은 교육만을 의미하는 것이 아니며 교육에 수양을 더하여야 교육의 진정한 효력을 발할 수 있다고 보기도 하였고,[69] 가정과 학교, 사회에서 필요한 감화를 받는 것 외에도 스스로가 수양할 수 있다고 파악하였다.[70]

'수양'은 문화운동의 핵심적 개념이면서, 문화운동의 주체로서 상정된 청년을 구성하는 중심기제였다. 앞서 살펴본 것처럼 청년회들은 수양단체로 정의되었고, 청년회의 주목적은 회원들이 수양의 효과를 얻을 수 있도록 운영하는 것으로 인식되기도 하였다.* 따라서 청년의 수양은 실제 청년회 회원들이 실행할 수 있도록 구체적이고도 실제적인 형태로 제시되어야 했다.

---

* 이돈화는 급격히 성장하던 청년회운동이 정체에 이르게 된 원인을 이 수양이 제대로 이루어지지 않았던 탓으로 파악하였다. "現下 우리 朝鮮社會에서 雨 3년 以前부터 蔚興하던 靑年團體가 어느듯 寂寞의 感에 致케 하는 형편이 잇슴은 이 全히 目的의 運用을 철저히 못하는 것에 그 缺陷이 대부분 在하다 할지라." 東洋室主人, 「단체생활의 낙제자와 급제자」, 『개벽』, 30호, 1922, 5쪽. 최근의 연구에 의하면 東洋室主人은 이돈화로 추정된다. 허 수, 앞의 논문, 2005, 104쪽 참조.

그 결과 제시된 청년의 수양이란 지덕체의 전인적 완성을 목표로 하는 종합적인 주체화의 과정이며, 감성보다는 이를 통제하는 덕성과 지성, 특히 덕성을 중시하였다.[71] 그러나 이때의 덕성이란 구도덕과 다른 신도덕이어야 했다. 『개벽』의 주요한 논자인 이돈화는 '신도덕'을 중심으로 하여 당대의 개조적 과제 해결을 위한 주체로서 청년을 상정하였다.[72] 그는 도덕이란 생활조건의 변화에 따라 변화하는 것이므로 "반도의 신청년新青年"에게 "신도덕"이 필요할 수밖에 없었다고 하였다. 그는 "합시대적合時代的 생활조건을 짓고저" 할 때에는 도덕도 "개조"할 수 있다고 보았다. 이돈화가 제시하는 신도덕이란 먼저 자주적 도덕으로서 다른 사람의 명령에 의한 것이 아니라 "자기라 하는 개체의 인격을 주로 하야 그 주체로부터 울어 나오는 도덕"이어야 하며, 두 번째는 합시대적 도덕으로 시대적 변화에 조응하는 윤리이어야 하며, 세 번째로는 공동적 도덕으로 국민 전체, 또 인류 전체의 생활조건에 관한 도덕이었다.[73] 요컨대 신도덕이란 독자적인 판단능력을 갖춘 합리적 주체로서의 청년이 자신의 처지와 사회적 상황을 판단하여 스스로에게 제시하는 진보적 향상의 원리였다.

이렇게 신도덕을 강조하는 것 또한 조선청년의 수양을 당대 일본에서 유행하던 수양론과 구분하게 하는 중요한 요소이다. 일본의 수양론은 전통적인 동양윤리를 크게 강조한다. 앞서 보았던 이노우에 데쓰지로는 유교적 전통에서도 인격수양의 관념이 있었음을 강조하면서, 청년들에게 인격수양의 모범으로서 공자 등 성인들을 들고 있다.[74] 이에 반해 조선의 수양론자들은 전통윤리에 대해 비판적이다. 이돈화는 종래의 도덕(구도덕)이 자유의지를 멸시하고 절대적으로 신성불가침의 허위를 지켜왔다고 비판하면서, 자주자유의 도덕, 활동주의의 도덕, 공동생활을 목적하는 도덕인 '현대도덕'을 수립할 것을 주장하였다.[75] 이렇게 새로운 문명의 새 도덕의식을 통해 자신을 이성적으로 통제하며 다른 사람들과의 관계를 조절할 수 있는 균형 잡힌 자아가 바로 인격이었으며, 따라서 진정한 민족의 지도자로서 '청년'이란 수양을 떠나서는 생각할 수 없었던 것이다.

한편 수양을 개인적 수양과 단체적, 사회적 수양으로 나누어 파악하고 있는 점 또한 1920년대 청년담론의 특징이다. 청년들이 '수양'해야 할 덕목 중에서도 사회적 수양, 단체적 수양이 특히 강조되었다. 신문명의 건설자로서 '청년'은 개인으로서 자족하는 것이 아니라 그 사회의 일원으로서, 나아가서는 사회를 이끌 선도자로서 정체성을 가져야 하였다. 이에 따라 다른 사람들과의 관계를 어떻게 맺어나가야 하는가 하는 문제가 특히 중요하게 제기되었다. 개인으로서 청년의 인격적 수양이란 다른 인격과의 올바른 관계를 수립하는 것에서 출발하지 않을 수 없었다. 1910년대에 인격론, 수양론은 주로 개인의 내면만을 다루었고 다른 개인과의 관계에 대해서는 원론적 수준에 머물러 있었다.[76] 이에 비해 1920년대의 단체적 수양, 사회적 수양론은 구체적인 사회활동 속에서 개인 간의 관계를 논의하기 시작하였다.

이돈화는 조선사회는 "일절히 구식의 단체생활로부터 신식의 단체생활에 이전하는 중"에 있으니, "이 점에서 목하의 조선인은 개체적 생활의 수양보다도 단체적 생활의 수양을 지급히 단련할 필요"가 있고, 그 중에서도 "조선청년으로 하야금 목하 단체생활의 수양을 지급히 시련할 필요가 유"하다고 하였다.* 수양단체 운동은 "청년의 도덕적 타락을 방지"하고 "조선청년이 신사회의 일원이 되기에 적당한 공민적, 기초적 훈련"을 받는 계기가 될 수 있다고 평가되었다. 따라서 이것이 조선민족에게 가장 시급한 과제 중의 하나라고 강조하기도 하였다.[77]

'개인' 또는 '인격'이라는 서구 근대적 윤리기준에 의한 사회의 재구성

---

* 東洋室主人, 「團體生活의 落第者와 及第者」, 『개벽』 30호, 1922, 5쪽.

은, 궁극적으로 정치적 단위로서 '민족'을 재조직하고자 하는 시도의 일환
이었다. 문화운동 전반이 가지는 강렬한 인격주의적 요소는 여기에서 비
롯된 것이었다. 따라서 문화운동의 전위로서 상정된 '청년' 또한 단체적이
고 사회적인 수양을 빼놓고서는 설명할 수 없었다. 그러나 '단체적 수양'
이란 자본주의사회에서 개인과 개인 간, 또 개인과 사회의 문제를 해결하
기 위한 논리였다. 계급의 문제, 빈부의 문제에 대해 제대로 대응할 수 없
었던 것은 당연하였다. 여기에는 새로운 대응이 필요하였다.

2) 수양의 계급성과 '신수양'의 문제

개인적인 인격완성으로서 수양의 논리는 1920년대 문화운동 계열 청
년담론의 계급성을 강화시키는 역할을 하였다. 이런 경향은 『동아일보』의
경우에 더욱 두드러졌다. 아래의 예를 보자.

> 靑年이라 하야 全部가 此(조선사회의 개조:인용자)를 能히 負擔할 資格이 有함
> 이 아니로다 오즉 勇하고 知하고 坯한 高潔한 者라야 하리니 實로 有識靑年階
> 級의 避치 못할 바 重任이라 하노라 東京留學生은 그 多數는 朝鮮 內地에서
> 相當한 基礎的 知識을 修하고 渡海入東하야 一般 學問을 硏鑽하얏슬 샌 아니
> 라 世界의 大勢를 通하며 思潮를 體得하야 將次 朝鮮民族의 前進할 바 途를
> 覺悟하엿슬터이니 그 材 엇지 朝鮮文化增進에 더욱 適當하지 아니한고 實로
> 文化運動의 先鋒隊라 稱하겟도다[78]

청년 중에서도 "용勇하고 지知하고 고결高潔한" 자, 즉 수양을 통해 인
격을 완성한 자라야 조선사회의 개조와 신문명 건설을 담당할 수 있다. 따
라서 '유식청년,' 상당한 수준의 교육을 받은 청년들이 진정한 주역으로
상정되기 마련이었다. 현실적으로 수양을 통해 '원만한 인격'을 완성한다

는 것은 제대로 된 교육을 받지 못한 노동자·농민들과는 거리가 먼 이야기였다. 결국 수양을 통해 완성되는 진정한 청년이라는 논법은 문화운동의 부르주아 중심성을 합리화시키는 것으로 귀착될 가능성이 컸다. 앞서 인용한 『동아일보』의 논설이 "유학생의 다수는 지방부호의 자제오 명문거족의 출出"이므로 그 영향력을 배경으로 하여 더욱 "웅웅雄雄한 청년문화군靑年文化軍의 제일선봉대"를 구성할 수 있다고 결론을 내리는 것은 어쩌면 당연한 것이었다. 당대 문화운동에서 '청년'을 신문명의 건설자이며 선도자인 윤리적 주체로 형상화하기 위해 제기되었던 '수양'의 문제의식은, 이 시기 청년담론의 계급성을 증폭시키는 결과를 가져오게 되었다.

이에 따라 수양주의적 청년담론에 대한 반발도 거세게 나타났다. 『개벽』을 이끌었던 이돈화가 한 강연에서 청년의 수양을 강조하자, 한 젊은이가 "우리는 수양을 말할 때가 안이라. 그리고 수양의 필요가 업다. 그런 썩어진 수양문제는 현대사람의 생각할 배가 안이오, 현대인으로 처할 배도는 오즉 당면의 파괴문제가 잇슬 뿐이라"고 반박할 정도였다. 이돈화 스스로도 이런 생각이 그 청년 개인에 국한된 것이 아니라 조선청년 전반의 경향이라는 것을 인정할 수밖에 없었다.[79]

『개벽』 진영의 인물들은 실제로 윤리적 주체로서 청년을 형상화하기 위해서 반드시 필요했던 수양이, 결과적으로 청년의 부르주아 계급성을 강화시키게 되는 문제에 대해 고민하였다. 그리하여 이들은 수양의 변화, 신수양의 문제를 제기하였다. 이돈화는 자신들이 제기하는 수양이란 기존의 고정관념화 되어 있는 전통적인 도학, 또는 부르주아적 교양이 아니라고 주장한다. 수양에도 구수양과 신수양이 있으므로 청년된 자에게는 항상 "구수양의 파괴와 동시에 신수양의 필요"가 있다는 주장이었다. "책임을 맛는 청년"은 그 이념이 무엇이건 간에 자신의 책임을 이행할 수 있는 도덕적 주체로 항상 자신을 무장시켜야 한다. "유심론자가 유심의 원리로 도덕성립이 되는 것과 가티 유물론자도 유물의 원리로 도덕성립이 되여야" 하므로 청년 스스로는 항상 수양에 힘쓰지 않을 수 없다는 논리였다.[80]

이는 『동아일보』가 근대 문명의 수용에 집중했던 것에 비해, 문명화 근대화를 추구하면서도 자본주의 사회의 모순을 '개조'하는 문제에 적극적이었던 『개벽』의 입장을 반영한 것이기도 하였다.* 『개벽』진영의 인물들은 "수양한다 하야, 단삐히 책을 보고 기(氣)를 치고 몸을 삼가서 한 개의 얌전한 사람이 되려하는 자가 잇다하면, 즉 그런 식의 수양"은 거부해야 한다고 단언하였다. 개조의 시대적 사명을 위한 새로운 청년의 수양은 "적어도 지적 교양으로부터 육적 훈련에, 육적 훈련으로부터 다시 지적 교양에, 이와 가티 서로서로 착종"되어야 했다. 수양의 최종적인 목적이 "자기의 생각한 바의 일에 향해서는 언제던지 발벗고 나서는 싸움군, 일군이 될 준비"를 하기 위해서였기 때문이었다.[81] 결국 수양이란 신념과 사상을 관철해야 하는 청년 주체가 마땅히 준비하고 단련해야 하는 지적 교양과 육체적 훈련을 모두 포괄하는 의미로 사용되었던 것이다.

그러나 『개벽』의 이런 시도는 그다지 성공적이지 못하였다. 좌파들은 '유물론적 수양'에 관심을 가지지 않았으며, 대중들은 수양을 통속적인 것으로 받아들였다. "우리 조선 사람은 수양을 한 웃읍은 것으로 안다"라는 이윤재의 자탄이 저간의 사정을 그대로 보여준다.[82] 1920년대 후반에 접어들면서 지식인 대중들은 '수양'을 도학(道學)과 연관시키지는 않게 되었지

---

* 『개벽』진영의 이런 문제의식에 대해서는 허수, 앞의 논문 제2장을 참조. 1920~30년대 민족주의 내부의 사상적 차이를 구별해내기란 쉽지 않은 일이지만 적어도 1920년대 전반 『동아일보』 계열과 『개벽』진영의 문화운동 노선이 일치한다고 볼 수는 없다. 자본주의 문명 그 자체를 지향한 『동아일보』 계열과 달리 『개벽』의 논자들은 자본주의의 모순을 인정하고 그 개조의 필요성을 강하게 인식하고 있었다. 이돈화가 신수양을 내세우게 되는 것도 그런 이유에서이며, 1924년 이후 『개벽』이 좌익 필자들에게 지면을 제공한 것도 비슷한 맥락에서 이해할 수 있을 것이다.

만, 이제는 오히려 통속적인 것으로 이해하게 되었다. 1920년대 전반 문화운동론자들에 의해 청년을 도덕적 주체로서 완성시키는 핵심적 과정으로 설정되었던 수양이, 1920년대 후반으로 가면서 수신훈화 정도의 의미로밖에 받아들여지지 않게 되었던 것이다.*

5. 민족주의 청년담론의 전환

준비하는 청년 - 급진적 청년에 대한 대응

이상의 징후는 1923년경부터 나타나기 시작했다. 폭발적으로 늘어나던 청년회의 숫자가 급격히 줄어들기 시작하였고, 열렬했던 호응도 식어갔다. 그러나 민족주의 계열이 봉착한 정말로 중요한 문제는 청년회 숫자의 감소가 아니라 사회주의의 도전이었다. 각지의 청년회에서 이른바 '혁신'이 진행되면서 사회주의적 성향의 지도부가 선출되었고, 회원들 사이에서도 사회주의의 영향력이 급속히 확대되었다. 이에 따라 기존의 통합적·자본주의 근대지향적 청년상은 계급적·혁명적 관점을 강조하는 새로운 청년관에 의해 흔들리게 되었다.[83]

사회주의자들이 대중의 전위로서 청년의 급진적이고 행동적 이미지를 강화하면서, 민족주의 청년담론은 여기에 대응하여 청년의 상을 새롭게 재구성하는 과제를 안게 되었다. 민족주의 청년담론의 전환은 대체로 두 방향에서 진행되었다. 하나는 좌파의 계급적이고 급진적 청년의 상에 대응하여 준비와 실력양성의 요소를 강화해가는 것이었고, 두 번째는 농촌으로의 전환을 시도하는 것이었다.

---

* 수양동우회는 이런 '수양'을 다시 근대적 기독교적 개인윤리로 재정립하려는 시도의 일환으로 파악할 수 있을 것이다.

『동아일보』는 청년담론에 준비론적 요소를 강화하는 데 적극적이었다. 1923년 이후 청년운동의 주도권이 사회주의자들에게 넘어가면서 『동아일보』는 좌파의 급진적이고 행동적인 청년상에 대한 비판을 전개하기 시작했다. 이것은 1920년대 전반 스스로 제시했던 '청년'의 이미지에 대한 자기반성이기도 했다. 1925년 1월 사회주의자들의 주도하에 조선청년총동맹이 결성되자, 동아일보는 「금일의 청년운동」이라는 사설에서 3·1운동 이후 당시까지를 "청년운동의 기분시대氣分時代"라고 평가하였다.[84] 나아가 "긴착緊着한 실질적 향상운동이 진행되난 것은 세歲의 당연"이니 이제 청년운동은 "기세운동에서 실질운동"으로 전환하지 않을 수 없다는 것이다. "일정한 운동, 지구적 운동은 결코 기세로나 급진으로만 되는 것이 아니라 일방에 기세가 잇고 급진이 잇는 동시에 일방에 세밀한 사무가 잇고 보수가 잇지 아니하면 아니되는 것"이라 하여, 청년운동의 급진적 행동지향에 제동을 걸고 있다. 그런데 "세밀한 사무와 보수"를 담당할 "온착穩着한 사무가"는 "청년의 본질로는 실로 어려운 일"이므로, 청년운동자의 주의와 함께 "**중견계급**中堅階級의 맹성猛省(강조는 인용자)"이 필요하다고 결론을 내리고 있다. 결국 청년의 운동을 청년 자신의 손에 맡겨 놓았을 때 급진에만 치우쳐 제대로 성과를 낼 수 없으므로 청년이 아닌 '중견계급'의 참여(이는 곧 지도가 될 것이다)가 필요하다는 것이다.

1920년대 중반 이후 민족주의 계열의 청년담론에서 '청년'이 1920년대 전반과 같이 민족 전체의 지도자나 실질적인 전위집단으로 표상되는 사례는 대폭 줄어든다. 여전히 청년을 민족의 중견이니, 사회의 희망이니 칭하기는 하지만, 1920년대 전반과 같이 선진적이며 전위적인 직접행동의 주체를 상정하는 것은 아니었다. 오히려 장래 사회를 준비한다는, 어떤 면에서는 근대사회의 일반적인 '청년'상이 점차 강화되는 경향을 보여준다. 그 결과 1920년대 후반 『동아일보』의 청년에 관한 논의는 '청년학생'과 '지방

(농촌)청년'에 집중되었다.

'교육'의 관점에서 '청년학생'의 문제가 주로 다루어지기 시작하면서, 『동아일보』에 1926년부터 '청소년'이라는 용어가 등장한다.[85] 이때 청소년이란 지금처럼 소년과 청년 사이의 연령대를 의미하는 것이 아니라, 청년을 대용하는 말이지만, 성장과정에 있는 미성년의 젊은이라는 뉘앙스를 풍겼다. 이것은 1920년대 전반 청년이 '젊은 성인'으로 형상화되었던 것과 대조된다. 1920년대 후반 『동아일보』 계열은 청년에서 민족 전체를 주도하고 이끌어가는 선도적인 지도자로서의 이미지를 축소시키고, 미래를 준비하는 세대로서 이미지를 강화시키고자 하였다. 이에 따라 소년의 이미지가 투영된 '청소년'이 청년을 간혹 대용할 수 있었던 것이다. 이 시기 『동아일보』로 대표되는 민족주의 청년담론에서 자수자양, 자수자각과 같은 세대적 단절과 지도자로서 자기 교양의 논리는 대폭 약화되었고 준비와 훈련, 교육의 덕목들이 중요하게 제기되기 시작했다.

이것은 또한 기존의 청년상에서 현실적 참여와 행동 지향을 약화시키는 과정이기도 했다. 특히 청년을 학생과 연계시키면서 '은인'과 '자중'을 강조하는 경향은 더욱 두드러지게 된다. 청년학생들의 동맹휴학에 대해 관계당국의 가혹한 조치를 비판하면서도, 학생들에게 "은인隱忍하라 은인隱忍하라 일의一意 면학勉學하라"라고 당부하고 있다.[86] 청년은 현실사회에서 실질적인 행동의 주체보다는 준비의 주체라는 점이 거듭 강조되었다. 그리고 그 바탕에는 "현하 조선민족도 기분적 활동시대"는 벌써 지나갔으며 "침착냉정한 태도와 견실정확한 방침으로 민족의 진로를 개척할 시기(강조는 인용자)"가 도래하였다는 인식이 깔려 있었다. "순진무구한 청년의 분발"은 이런 착실하고 견실한 미래를 준비하는 데 있어야 했다.[87]

그러나 청년에게 준비와 교육의 요소가 강조된다고 해서, 헌신성마저 부정된 것은 아니었다. '청년'이 민족 전체를 선도하는 지도자는 아니지만,

지역사회를 실질적으로 계몽하는 역할이 강조되었으며 이 점에서 다시 헌신성이 강조되었다. 즉 1920년대 후반의 청년담론은 교육을 받는 학생세대로서 준비하는 주체라는 성격과 함께, '유지인사'나 여론매체들의 지도를 받으면서 지역사회를 실제로 계몽하는 헌신적인 주체로서의 두 가지 덕목을 동시에 요구하게 되었다. 1920년대 말 동아일보가 귀농운동에 관심을 가지면서 '준비하면서 헌신하는' 청년의 상은 더욱 체계화되었다.

기독교 계열의 청년담론도 1920년대 전반의 행동하는 청년을 비판하고 실질적 준비를 강조하였다. 신흥우는 3·1운동 이후 수년간 청년들이 "면밀한 계획이 서지 않은 흥분적" 상태에 있었다고 비판하면서, 오늘의 청년은 '실적 생활'로 나아가야 한다고 하였다.[88] YMCA 간사 홍병선도 "사회의 원기는 오직 청년이며 사회의 강한 세포도 청년"이지만, 청년은 "아직 실사회에 나아가지 안코 준비시대에 잇는 자인대 미구未久에 활무대活舞台에 드러슬 후보의 용사들"이라고 규정하였다.[89]

한편 기독교 청년운동의 원로였던 이상재는 당대에 정말 필요한 혁명은 "장래의 혁명"이며 이것을 수행하는 책임이 청년에게 있다고 하였다.[90] 그는 특히 사회주의의 반기독교 운동에 대항하여 청년을 새롭게 정의하였다. 그는 사회주의 계급혁명론을 오히려 장년의 특성이라고 하였다. 즉, 장년층 중 일부가 "현대 신행新行하는 인류평등과 계급철파라는 정의 하에 기치를 수립하고 전속력으로 용왕급주勇往急走하다가 과격한 주의로 전진"하여 정작 "양심良心 고유固有한 도덕윤리까지 등한시" 하는 지경에 이르렀다고 보았다. 그렇다면 "혈기가 점차 활발함을 싸라 지식도 점차 장성하야 수양하난 시대"에 있는 조선청년들은 마땅히 "도덕의 기초를 확립하고 윤리의 궤도를 진행"함으로써 시대의 선봉이 될 수 있다는 것이었다.[91]

종교계와 『동아일보』 등이 주도한 1920년대 후반 민족주의 청년담론은 준비와 실질을 추구하는 청년상을 강조하였다. 그런데 이런 청년상을 좌익의 이념적 영향력이 확산되던 젊은 세대 속에서 구체적으로 체현하기 위해서는 실질적인 운동이 필요했다. 이에 따라 이들은 농촌으로 시선을 돌리기 시작했다.

농촌으로의 전환 – 농촌의 청년, 농촌으로 돌아가는 청년

1) 1920년대 후반 귀농운동의 전개

농촌청년에 대한 관심은 1920년대 전반부터 나타나고 있었지만, 농촌과 농민계몽의 문제가 조선청년 전체의 과제로 제기되는 것은 1920년대 후반에 들어서면서부터였다.

1926년경부터 민족주의 언론이나 종교계의 청년담론에서 농촌계몽, 특히 귀농歸農 문제가 구체화되기 시작하였다. 1923~25년에 걸쳐 발생한 암태도, 북률농장北栗農場, 불이흥업서선농장不二興業西鮮農場 등의 대규모 소작쟁의에서 볼 수 있듯, 당시 농촌과 농민문제는 식민지 사회 초미의 관심사였다. 따라서 청년들에게 농촌에서 역할을 기대하는 것은 어쩌면 당연한 것일 수도 있다. 하지만 당시 민족주의 계열 청년담론이 농촌에 관심을 기울이게 되었던 것은 1920년대 전반 청년 논의에 대한 반성과, 사회주의의 도전에 대한 대응의 측면이 강하다. 특히 1920년대 후반 민족주의 진영의 농촌문제 대책에서 핵심을 이루던 '귀농' 발상은, 농촌으로 돌아가야 할 청년들을 빼놓고서는 생각할 수 없는 것이었다. 그 가운데서 주도적인 역할을 하였던 것은 종교계의 청년운동이었다.

기독교청년회는 1920년대 후반 주요사업을 농촌사업, 특히 귀농운동에 두고 있었다. 이미 1926년부터 기독교 청년운동 내에서 조선의 운명은 농촌에 있고, 청년의 급무는 농촌계발에 있다는 주장이 대두하기 시작하였다.[92] "조선청년의 시대적 가장 큰 사명"은 "농민계급의 문화적 계발과 농촌의 경제적 안정"에 있으니, 청년은 마땅히 농촌으로 돌아가 "그 배운 바 기술이거나 학문을 가지고 활용"해야 했다.[93] 기독교청년회 총무 신흥우는 1929년 벽두에 신년의 사업을 논하면서, 농촌사업이 제2단계로 접어들고 있다고 평가하였다. 청년남녀들이 귀농의 중요성을 깨닫는 1단계는 이미 지났고, 이제는 농촌사업이 성공할 방법을 찾고 이 운동을 지속할 인도자를 양성해야 하는 2단계에 접어들었다는 것이었다.[94]

농촌과 농민으로의 전환을 더욱 확고하게 선언한 것은 천도교였다. 농민층을 중요한 기반으로 삼고 있던 천도교 진영은 일찍부터 농촌문제에 큰 관심을 보이고 있었다. 천도교는 1925년 조선농민사를 결성하고 1926년부터 본격적으로 지역 단위의 농민운동을 활발히 전개하였다. 이후 천도교 농민운동 이론가들은 농촌을 계몽하는 현실적 주체로서 '농촌청년'의 상을 구체화하기 시작하였다. 농업의 나라 조선에서 농촌청년은 전 사회적인 중심이 되어야 했고, 조선의 장래는 "농촌의 무산청년"의 것이라 규정되었다.[95]

조선농민사는 창립 직후부터 귀농운동을 선언하고 이를 선도하였다.[96] 조선농민사에서 발간하는 『조선농민朝鮮農民』은 아예 1926년 6월호를 귀농운동호로 준비하였다가 일제 당국에 의해 압수당하기까지 하였고, 그후에도 매호 청년에게 농촌으로 돌아갈 것을 호소하였다.*

『동아일보』도 1925년 무렵부터 계몽운동, 특히 농촌의 계몽운동이 모든 조선인 운동의 토대가 되므로 무엇보다 우선되어야 한다는 주장을 제기하기 시작하였으며, 귀농운동이 제창되자 적극적인 지지를 표했다. 『동아일보』는 조선의 농촌은 일반적 의미의 교육운동이 더욱 적극적으로 진

---

* 한빛, 「도회로 모여드는 청년들아」, 『朝鮮農民』 2권 9호, 1926; 朴達成, 「호미를 들고 나설 그 째」, 『朝鮮農民』 2권 4호, 1926; 김명호, 「朝鮮靑年아 農村으로 도라가라──過去의 잘못을 悔改하고」, 『朝鮮農民』 2권 10호, 1926 등 귀농을 권유하는 논설은 일일이 예를 다 들 수 없을 정도로 많다.

행되어야 하는데, 총독부 교육당국에게만 맡겨서는 도저히 교육문제의 진전을 기대할 수 없는 상황에 있다고 보았다. 따라서 당면한 현실 속에서 농촌의 교육문제는 일반의 유지와 청년들이 그 활로를 열어주기를 기대할 수밖에 없으므로 귀농운동을 대규모 사회교육운동으로 전진시켜야 한다는 것이었다.[97]

귀농의 청년상은 학생들을 중심으로 하여 급속히 확산되었다. "농촌으로 가거라" 하는 귀농운동의 구호는 이미 청년남녀들 사이에서 유행어로 여겨졌다.[98] 그것은 실제 귀농이 얼마나 이루어졌는가와 무관하였다. "정말 그러고 싶어서 하는 말인지 그러고 싶지는 안은데 말로래도 그래야 행세를 하게 스닛가 그러는지" 몰라도 "됴선의 청년남녀는 더군다나 그래야" 된다는 사고방식이 일반화될 지경이었다. 1920년대 후반 귀농의 청년은 이미 당위로 정착해 있었다.[99]

2) 농촌계몽의 청년상

20년대 후반의 민족주의 담론은 농촌계몽을 주요한 과제로 제기했고 청년은 이 농촌계몽을 실제 수행할 주체로 다시 규정되었다. 그런데 농촌을 계몽하는 청년이란 크게 두 가지로 나누어 생각할 수 있다. 우선 농촌 현지에 살고 있는 청년들을 먼저 떠올릴 수 있다. 당시에도 농촌계몽의 문제를 이런 '농촌청년' 또는 '지방청년'을 중심으로 파악하는 경우가 있었다. "농한기를 당하여 지방 청년들의 참되고 유의有意한 민중운동을 문맹 정복에 용력用力하기"를 권한다는 식의 인식이었다.[100] 그런데 실제 농촌 계몽운동은 농촌 현지의 청년을 중심으로 진행되지는 않았다.

우리 民族 全體 중에 先人들의 敎導를 흔히 밧으며 直接 當面한 자기네의 生活 開拓에 非常한 勞力을 하고 잇는 八割 以上의 巨數를 占한 農村靑年을 가지고 잇슴이외다. 저이들이야말로 浮浪에 浸潤하는 野俗한 都市靑年에 比하야 우리를 구할 眞正한 勇士이며 橫在한 岳河를 能히 渡涉할 有爲의 壯士들임니다. 近日에 學界에 노늬는 靑年으로도 이 方面에 正觀을 갓는 이가 날로 追加함을 보는 째에 장래에 주인될 이는 農村靑年이라고 豪言하리만쿰 樂觀을 갓게 되나이다.[101]

신흥우는 인용문에서 '도시청년'에 대조되는 '농촌청년'이 장래의 주역이자, 우리 사회의 희망이라고 언급하고 있다. 그런데 글 말미에 "근일에 학계에 노늬는 청년으로도 이 방면에 정관正觀을 갓는 이가 날로 추가"하고 있다고 한 대목에 유의할 필요가 있다. 실제로는 이 "학계에 노늬는 청년", 즉 학생이나 아니면 학교를 막 졸업한 청년들이 귀농운동의 주역이 될 수밖에 없었던 것이다. 논리적으로야 귀농청년들도 조만간 농촌청년의 일부가 될 것이라고는 하지만, 적어도 현실에서 농촌(지방)청년과 농촌으로 돌아가야 할 청년(귀농 청년)은 일치하지 않았다. 전자가 현실의 농촌 젊은이 집단을 지칭하는 것이라면, 후자는 이상적 청년의 상으로 제시된 당위의 개념이었다. 그러다보니 경우에 따라서는 농촌으로 돌아가는 청년은 계몽운동의 지도자가 되고 농촌의 지방청년은 계몽의 대상으로 규정되기도 하였다.* '귀농운동'의 주역으로 상정되었던 것은 지식청년, 그 중에서도 학생청년이었다.[102] 1920년대 후반 귀농운동이 청년에 주목하였던 것은 단순히 젊은이 집단을 조직화하여 동원하는 것이 아니라, "조선의 젊은이, 그 중에도 지식잇고 쏙쏙하다는 젊은이"[103] 즉, 학생과 지식인 청년

---

* 지식청년의 귀농운동에서 유의할 사항의 하나로 "농촌청년은 일반으로 신체가 건강하고 짜라서 정신이 건전함으로 그들을 잘 지도만 하면 물질적으로나 정신적으로나 절대한 힘을 함축"하고 있음을 상기시키는 김성원의 글은 기독교 귀농운동에서 '지도자=지식청년 : 지도대상= 농촌청년'의 구도를 전형적으로 보여준다. 김성원, 「農村問題의 理論과 實際」, 『靑年』 8권 8호, 1928, 6쪽 참조.

들을 새로운 민족주의적 계몽운동의 주체로 형상화하고 이를 통해 청년담론에서 사회주의 헤게모니와 경쟁하기 위해서였다.

이 지식청년은 농촌사회의 '지도자'로 정의되었다. 귀농이라고 하는 개념 자체가 지식청년이 향촌 사회로 돌아가 자신이 배운 지식과 학문, 기술로 무지한 농민들을 계몽한다는 것이었던 만큼, 이들에게는 선진자·지도자로서의 위치가 부여되었다. 물론 이 경우 귀농은 반드시 도시의 청년들에게 농촌으로 돌아갈 것을 권유하는 것만이 아니라, 농촌 출신으로 교육을 받은 지식청년들이 농촌에 정착하지 못하고 있는 상황을 극복하고 농민계몽의 주역으로 자리 잡게 하려는 시도이기도 하였다. "농촌청년은 농촌으로 가자"[104]라는 동어반복의 구호가 등장했던 것은, 귀농운동이 몸은 농촌에 있으나 농촌사회에 적응하지 못하는 지식청년들을 농촌사회의 지도자로 복귀시키는 것까지 포함하는 운동이었기 때문이었다.

1920년대 후반 농촌계몽운동의 지도자로서 정의된 청년은 1920년대 전반과는 다른 의미를 가지게 된다. 이들은 이제 1920년대 전반처럼 민족과 사회운동 전체의 헤게모니를 장악한 세력으로서가 아니라, 현실의 소규모 향촌공동체에서 야학, 농사개량, 조합운동의 현실적인 지도자로서 정의되었다. 귀농의 청년들은 "무식한 농민의게 글을 가르치어 주며 산업을 발달식히며 풍속을 개량하며 그박게도 무엇무엇"[105]의 사업을 구체적으로 실행하는 지도자가 되어야 했다.

귀농운동의 청년을 규정하는 것은 '지식청년'으로서, '지도자'로서의 사명감과 책임감이었다. 즉 가난하고 무지한 농민들을 "건전한 사람이 되게 하고 이 힘업는 무리들노 하여금 힘을 짓게 하여야 겟다는 책임감"이 청년을 농촌에서 피땀 흘리는 농민지도자가 되게 하였던 것이다. 그러나 역으로 이 사명감은 농민에 대한 우월의식으로 변화할 위험을 항상 안고 있었다. "우리의 사위四圍에 둘너잇는 일반농민들은 모다 병신"들이며 "모다 힘업는 무리들"[106]이라고 인식하는 순간, 농민이 외부의 계몽없이 스스로 해방할 가능성은 존재하지 않게 된다.

이런 문제점 때문에 천도교 조선농민사는 귀농하는 청년들에게 실제 농촌사회의 한 부분이 될 것을 거듭 강조하였다. 설령 지도자라고 하더라도 농민의 한 사람으로 생활하는 것이 강조되었다. "반다시 실제 농민이 되고 농장에서 고담古談 삼아 사회의 사정도 말하고 경제의 지식도 주고 농사개량 방법도 배여주"는 지도자가 되어야 한다는 것이었다.[107]

귀농의 청년상은 1920년대 중반 이후 사회주의에 압도되면서 수세에 처해 있던 민족주의 청년담론에 새로운 가능성을 부여하였다. 민족주의 청년담론의 주창자들은, 귀농의 청년에서 사회주의자들의 계급적 청년담론과 구분되는 실제적이고 착실한 인간형이면서 동시에 헌신과 열정의 이상적 청년상을 발견할 수 있었다. 귀농운동이 본격적으로 제창되는 1926년부터 『동아일보』에 다시 청년의 기백, 의기를 강조하는 논설이 등장하기 시작하는 것은 우연이 아니었다. 「의기義氣와 용단勇斷」이라는 제목의 한 사설은 청년의 선도적 역할을 다시 강조한다. 청년이 어떠한 기백과 용단으로 시운時運에 대하느냐에 따라서 민족과 국가의 성쇠가 좌우된다는 것이다. 그러므로 "새삼스러운 편이 업지 아니하나 다시 청년의 의기를 격려하며 용단을 절규하지 않을 수 없"는 것이니 청년들에게 "궐기하여 의에 살고 불의에 죽는 의협과 용단이 제군의 인격 전부를 점령하게" 하라고 격려하고 있다.[108] 기세운동氣勢運動의 시대는 가고 실질운동實質運動의 시대가 왔다던 1년 전과 사뭇 달라진 모습이다. 새로운 헌신의 모델로서 귀농의 청년상은 다음 글에서 더욱 명확하다.

朝鮮靑年으로 萬一 同胞愛의 赤血이 잇고 社會性의 血淚가 잇다 할 것 가트면 맛당이 그 身을 몬저 農村에 投하야 農村兄弟의 伴侶가 되며 導率이 되야서 그네들에게 새로운 技術과 文法을 訓練하며 文字와 數字를 가르쳐서 自衛的 精神과 團體的 利益을 覺醒케 하여 農村 生活의 向上을 企圖케 하는 것이 現下 朝鮮 社會에 잇서서 緊急 重要한 大事業인 것은 多言을 不要할 것이다.[109]

그러나 '헌신'이 '침착냉정한 태도'와 '견실정확한 방침'을 부정하는 것은 아니었다. 『동아일보』의 경우 청년운동의 사명이 모든 농촌사회에 문맹퇴치, 물산장려, 농사개량 등을 통해 신문화를 보급하여 조선 사회운동의 모든 원천과 토대를 만드는 데 있다고 규정하였다.[110] 그런데 이런 계몽운동일수록 피폐한 농촌의 현실과 식민지 조선사회의 빈약한 문화적 기반을 인식하지 못하면 실패할 수밖에 없다. "'농촌으로 돌아가자' 하는 운동도 기분만으로 규호하다가는 필경은 환멸의 비애를 늣기고 공연히 실망할 것"이니 반드시 "냉정한 현실의 응시와 철저한 분투노력과 절대의 용기와 인내"가 있어야 한다는 것이었다.[111] 이렇게 1920년대 후반의 귀농운동을 통해 농촌계몽의 영역에서 민족주의의 새로운 청년담론이 정립되었다. 그것은 '청년학생'이 '철저한 노력과 인내'로 '견실정확한 방침'을 실천할 때 농촌계몽이 구현된다는 것이었다. 이는 1930년대 초반의 브나로드운동의 청년상으로 이어지게 된다.

6. 민족주의 청년담론과 성性

1920년대 청년담론의 남성중심성

지금까지 1920년대 민족주의자들이 '청년'을 부르주아적 근대화를 추진하는 주체로 형상화하고 있었음을 살펴보았다. 이에 비해 사회주의자들은 계급적 전위로 전환할 수 있는 매개적 주체로서 청년을 창출하고자 하였다. 즉 1920년대 민족주의자와 사회주의자들은 '청년'을 각각 서로 다른 사회적 전략을 수행하는 주체로 상정하였던 것이다.

그런데 청년은 이처럼 명백히 계급적일 뿐 아니라 지극히 남성적인 개념이었다. 1920년대 초반 문화운동이 표방한 '유식계급의 청년'이나 '지방 부호와 명문거족의 자제들'은 가장 엘리트적인 남성 집단이었다. 가난하고 무지한 남성 젊은이들조차 배제된 이 청년상에 '여성'이 끼어들 여지가 없었음은 더 말할 나위도 없었다. 엘리트 남성으로 집약되는 청년의 표상은 1920년대 초반 문화운동이 정점에 달하면서 더욱 강화되었다. 조선민중의 운명을 개척할 지도자로서 청년은 민족의 장래를 위해 '처자'까지 포기하는 헌신성을 요구받았다.[112] 이것은 청년의 표상 속에 여성이 차지할 공간이 전혀 존재하지 않는다는 사실을 단적으로 보여주는 사례이다. 청년을 부를 때 그 호명의 대상은 당연히 남성이었고 여성은 '처자妻子'로서, 주체인 청년의 주변 조건으로 결정되어 있었던 것이다.

당시 청년을 논한 거의 모든 글들은 특정한 방식의 실천을 강력히 호소하고 주장하는 글들이었다. 따라서 '청년아!', '청년 제군'처럼 강한 어조로 독자들을 불러들여 이들을 자기 논지 속으로 끌어들이려는 경향이 강했다. 이런 글들이 전제하는 독자층, 즉 이들이 계속 이름을 부르고 있는 청년도 역시 패기에 찬 남성들로 상정되었다. '청년은……농가의 고정雇丁, 상점의 번두番頭를 하더라도 뜻은 기남아奇男兒, 쾌장부快丈夫에 향하여야만'* 하고, '영웅의 기상과 호걸의 골두骨頭'를 지닌 남아여야 했다. 이런 시각은 심지어 여성들을 위한 잡지에서도 나타난다. 『여자계女子界』 2

---

* 『二十世紀 靑年讀本』, 太華書館, 1922. 이 책의 저자는 밝혀져 있지 않으나, 1923년 발행된 朴埈杓의 『現代 靑年修養讀本』과 일부분이 그대로 일치한다. 동일 필자의 저작으로 보아도 무방할 것이다. 『이십세기 청년독본』은 적어도 1926년까지 6판을 발행하였으며, 해마다 계속 판을 개정하였던 것으로 보아 상당히 인기를 끌었던 듯하다.

호에 실린 「여자의 주는 력力」이란 글에서 청년이란 '유혈유루流血有淚한 청년남아의 지사'이며 여성은 이 청년이 자신의 뜻을 펼치도록 도와주는 '가처家妻'에 지나지 않는 존재였다.113) 계몽의 주체로서 청년을 창출해내기 위해서는 계몽의 대상이 존재하여야 한다. 여성들은 경우에 따라서는 청년들의 '처妻'나 혹은 '매妹'로서 청년 주체의 사회적 조건의 일부가 되거나 계몽의 대상으로 정의되었다.

그러나 이런 강렬한 남성중심성은 문화운동으로서의 청년담론이 지닌 자체적 모순을 동반하는 것이었다. 개조의 주역으로서 청년이 표방하는 근대화되고 문명화된 나라에서는 여자에게 남성과 동등한 인격적 권리를 부여해야만 했다. 그렇다면 '청년' 내부에도 여성의 자리가 확보되어야 하며, 나아가서는 정치적 단위로서 민족을 새롭게 구성해가는 과정에 여성도 참여해야 하였다. 적어도 민족의 절반을 차지하는 여성 스스로 문명으로 나아갈 수 있게 하는 구체적 방안이 제시되어야 했던 것이다.

여성 주체의 형성 – '여자청년(청년여자)'과 신여성

위의 문제에 대응하는 가장 쉽고 즉각적인 방법은 '청년靑年'에 대응하는 주체로서 '여자청년女子靑年(또는 청년여자靑年女子)'을 형상화하는 것이었다. 청년여자라는 말은 1900년대부터 이미 사용되기 시작하고 있었지만,114) 1920년대 초반의 청년여자는 단순히 젊은 여자 이상의 의미를 지니게 되었다.

일본의 여자유학생 모임인 여자학흥회女子學興會 회장이던 유영준劉英俊은 「반도청년여자半島靑年女子에게」라는 글에서 청년여자의 사명을 규정하고 있는데, 그는 조선의 여성들은 유식계급의 청년여자들에게 의지할 수밖에 없으며, 조선여자의 흥망이 청년여자에게 달려 있다고 강조하였다. 청년여자들이 이렇게 가엾은 '조선의 여자들을 거느릴 대장의 직분'이 있

음을 자각하여야 한다는 것이다.[115]

　그러므로 선구자인 청년여자들은 부모의 몰이해와 억압, 일반사회의 질시 등과 같은 난관에 봉착해도 결코 희망을 잃어서는 안 되었다. "절망으로 오등吾等이 타락하면 오조선여자계吾朝鮮女子界는 여하히 될넌지 금수강산 오인의 운명을 하시何時 하면何年에 기필할넌지 부지不知케" 되므로 청년여자들은 "장래 여자의 사표적師表的 책임을 부負하고 가정엔 개량의 책責이 유有하고 사회엔 교풍矯風의 책責이 유有하며 국가문명에 주모主母의 책責이 유有한 것을 심오深悟"해야 한다.[116]

　그런데 '여자청년(청년여자)'이라는 말은 두 가지 의미로 해석이 가능하다. 먼저 '청년 가운데 여자'라고 생각해보자. 그러면 이 말은 민족 전체의 계몽적 주체인 청년의 한 특수한 부분을 가리키게 된다. 그러나 거꾸로 '여자 가운데 청년'이라고 생각해보자. 그렇다면 이번에는 민족 전체가 아니라 그 한 부분인 여성들 가운데서 계몽주체로서의 역할을 수행하는 청년의 의미를 지니게 된다. 이 시기 사용된 '여자청년(청년여자)'이라는 말에서 첫 번째 사례가 전혀 없는 것은 아니지만,[117] 청년과 대등한 여자청년을 상정한 경우는 예외적이었다.

　1920년대 전반 '여자청년(청년여자)'은 대체로 두 번째 의미, 즉 여성들 가운데서 청년의 역할을 수행하는 계층이라는 의미로 사용되었다. 청년여자가 조선 여자들의 대장의 직분에 있다는 유영준의 논리가 그 전형적인 경우이다.[118] 조선의 청년여자들이 만드는 새조선이란 결국 신여자계와 동일시되었다.[119]

　1922년 1월 『동아일보』는 「조선여자여 태양에 면面하야 입立하라」라는 제목의 사설을 실었다. 조선의 청년여자들에게 보내는 이 사설을, 그동안 남성의 청년들을 논하던 글들과 비교해보면 이 시기 '청년여자'의 지위를 파악할 수 있다. 이 사설은 "오인의 자매되는 청년여자"에게 "규방을 출出하야 태양에 면하야 입"할 것, 즉 "구각舊殼을 탈脫ᄒ고 신생新生을 시始"하라고 한다. 여성은 "천생天生 취사자炊事者가 아니며 자구자煮灸者가 아니며 재봉사裁縫師가 아니며 남자에게 대한 봉사자가 아니"라 "자유의 인격자"요 "신생명의 소유자"가 되어야 한다. 이를 위해서 조선 여자청년들은 먼저 "학學할 기회를 득"해야 하며, 둘째 "상당한 식견과 인격으로써 권리를 요구하며 해방을 절창"해야 한다고 하였다.120) "녀편네가 사나희보다 조곰도 나전 인생이 아닌데, 사나희들이 천대하난 거슨 다름이 아니라 사나희들이 문명개화가 못된 탓"121)이라는 시각에서 벗어나, 여성 스스로 해방의 길을 모색할 것을 제시하고 있는 것이다. 그러나 청년여자에게 제기되는 것은 여성들의 문제에 국한될 따름이며, 이들이 사회나 민족에 관련되는 방식은 간접적이다. 즉 "제군이 완실完實한 후에 제이조선第二朝鮮이 비로소 완실할 것"이라는 논리 속에서 청년여자는 여전히 어머니와 아내로만 규정된다. 이는 바로 다음날 실린 사설 「청년의 기개가 여하如何오」에서 처자와 함께할 안락조차 돌보지 않는 남성의 "청년"이 "사회의 생명이요 사회의 동력"이며 "조선민중의 운명을 개척할 자"로 규정되는 것과는 극히 대조적이다. 문명한 조선을 실현하기 위해서 여성 가운데 청년, 즉 청년여자들의 각성이 필요하였지만, 그 '청년'으로서의 역할은 어머니와 아내로서의 '여자'들의 문제에만 국한되었다.

1920년대 초반 청년회가 확산되는 과정에서 여자청년회 조직들도 크게 늘어났다. 물론 전국적으로 2,000개가 넘는 남성들의 청년회에 비하면 1923년까지 34개, 1927년까지도 87개 정도가 확인되는 여자청년회의 수는 아직 미미해 보이지만, 이전에 비한다면 놀라운 발전을 이룬 것이었다. 그런데 이렇게 조직과 운동에서 '여자청년'(회)이 확산되고 있던 것에 비해, 실제 여자청년이라는 말은 그다지 널리 쓰이지 않았다. 오히려 여자청년보다 청년에 대응하는, 계몽적 주체의 개념으로 사용되었던 것은 '신여성'

이었다. 여자청년이나 신여성이나 일단은 같은 기반 위에서, 1920년대의 사회적·사상적 공간 속에서 청년에 대응하는 말로 비슷한 기능을 수행하고 있었다.

여기에서 당시 (조선)여자계女子界, (조선)여자사회女子社會 등의 용어가 급속히 확산되고 있었음에 주목할 필요가 있다. 이것은 민족(또는 민족으로 구성되는 사회) 속에 여성들의 계몽공간이 본격적으로 인정되기 시작하였음을 보여주는 현상이다. 여자청년이나 신여성은 모두 이 새로운 여성의 공간을 개척하고 주도하는 소수의 교육받은 여성층을 지칭하는 말로써 각광받게 되었다.[122] 새로이 등장한 여성의 사회·정치 공간을 이끌어갈 사회적 주체로서 여자청년, 신여성의 담론이 요청되었던 것이다. 물론 이 공간은 '청년'이 주도하는 민족으로부터 분리되거나 대등한 위치에 있는 것은 아니었다. 민족 내부의 다른 많은 사회영역들 가운데 하나로서, 청년이 주도하는 민족의 하위 범주로 공인된 것이었을 뿐이다.

그런데 여자청년은 아무래도 '청년'에 더 가까운 뉘앙스를 가지고 있었으며, '신여성' 쪽은 여성을 더 강조하는 효과를 가지고 있었다. 따라서 여성들의 독자적 운동을 전개하는 주체로서 신여성이 여자청년과의 경쟁에서 선택되었던 것으로 볼 수 있다. 특히 초기의 신여성 담론이 여성 자신보다는 오히려 문화운동을 주도하던 남성들에 의해 더욱 적극적으로 제기되었다는 사실을 고려할 필요가 있다. 물론 여기에는 이 운동을 주도했던 일본 유학생들이 일본의 신여성 운동에 영향을 받았던 것도 무시할 수 없는 요인일 것이지만, 그 또한 역시 '여성'에 강조점이 있다는 점에서는 동일할 것이다.

그러나 '신여성'의 운명 또한 그렇게 순탄하지는 못했다. 신여성의 주창자 중 일부는 이른바 '정조'의 문제를 둘러싸고 청년담론을 주도하던 남성들이 설정해놓은 여성운동 공간의 규율과 충돌하게 되었다. 나혜석이나 김원주가 그 대표적인 사례일 것인데, 이 '신여성'들은 점점 사회적으로 고립되었다. '신여성'이란 지칭 또한 계몽적 선도자로서의 의미를 박탈당하고 소비적이고 향락적인 여성상을 의미하게 되었다.

7. 맺음말

사실 우리 역사에서 청년이라는 말은 처음부터 정치적인 의미를 가지고 있었다. 우리 역사에서 처음 근대적 의미의 '청년'이 등장한 것은 1896년 도쿄 유학생들의 잡지에서였다. 그러나 사람들 입에 '청년' 혹은 '청년회'가 본격적으로 오르내리게 된 것은 1898년 이른바 '청년애국회' 사건부터였다. 1898년 7월 1일 정부와 학교, 『독립신문』 등 주요 기관에 '대한청년애국단大韓靑年愛國會' 명의로 황태자의 대리 청정 등을 요구하는 편지가 배달되었던 것이다. 당연히 온 장안이 시끄러운 사태가 벌어졌고, 한동안 '청년'은 급진적인 문명개화를 의미하는 것으로 받아들여졌다.

1900년대 이후 청년은 젊은이를 가리키는 일반적인 말로 정착하였지만, 그런 만큼 청년을 둘러싼 담론경쟁은 더 치열하게 전개되었다. 이 과정에서 형성된 이미지들이 20세기 내내 우리 사회의 청년상을 좌우하였다. 청년담론의 역사에서 첫 정점을 이루었던 것이 1920년대였고, 먼저 주도권을 장악한 것은 민족주의 계열의 문화주의 청년담론이었다.

1920년대 『동아일보』와 『개벽』 같은 민족주의 언론매체들은 청년을 당시 '문화운동'을 현실적으로 이끌어갈 사회적 주체로서 규정하였다. 이들은 청년을 근대화, 문명화를 선도하는 주체이며 민족을 통합하는 상징으로 제시하였다. 이때 청년이란 '수양'을 통해 근대적 합리성을 내면화하고 문화운동을 이끌어가는 계몽적 주체였다. 수양은 지덕체의 전인적 완성을 목표로 하는 종합적인 주체화의 과정이었다.

그런데 1920년대 중반 이후 민족주의 청년담론은 사회주의의 도전이라는 새로운 과제에 직면하였다. 민족주의와 종교 계열의 언론매체들은 먼저 '준비하고 배우는' 청년의 이미지를 강화함으로써 행동적인 사회주의 청년의 상에 대응하는 한편, '귀농운동'을 통해 농촌으로의 전환을 모색하였다. 천도교와 기독교계가 주도한 이른바 귀농운동은 농촌계몽의 주체라는 새로운 청년상을 창출하면서 상당한 호응을 얻을 수 있었다.

1920년대 민족주의 청년담론이 표상했던 청년이란, 실질적으로는 상당한 수준의 지식과 도덕, 그리고 경제적 능력을 갖춘 남성엘리트들을 의미했다. 여성들은 청년의 부인이나 혹은 누이로서 남성 청년 주체의 사회적 조건의 일부가 되거나 계몽의 대상으로 정의되었다. 그러나 동시에 청년이 표방하는 근대화·문명화된 사회 자체가 여성에게 남성과 동등한 인격적 권리를 부여해야 했고, 여성해방의 공간이 필요하였다. (남성) 청년이 주도하는 민족의 하위 범주로 설정된 '여성계' 속에서 청년에 대응하는 여성 주체로 청년여자(여자청년)와 '신여성'이 등장하였고, 곧 신여성이 여성계몽의 주역으로 정착하였다. 그러나 이 신여성들은 '정조'의 문제를 둘러싸고 청년담론을 주도하던 남성들과 충돌을 피할 수 없었다.

『개벽』을 중심으로 한 일부의 논자들은 이런 청년담론의 계급성, 그리고 남성중심성을 극복하려고 노력하기도 했지만, 그다지 성공적이지 못하였다. 따라서 1920년대 중반이 되면 민족주의 청년담론은 사회주의의 강력한 도전에 직면하게 되었다. 또한 1930년대 총독부의 청년정책이 본격화되면서 민족주의 청년담론은 그 독자성마저 위기를 맞이하게 된다.

:: 김현주

연세대학교 국문과를 졸업하고, 같은 학교 대학원에서 석사 및 박사학위를 받았다. 포항공대 인문사회학부 대우 전임강사를 거쳐, 현재 연세대학교 국문과 교수로 재직 중이다.

주요 관심사는 근대 지식과 글쓰기의 역사학이다. 근대적 지식의 성립과 변형에 대한 역사적 탐구를 다양한 산문 텍스트의 형식적·이데올로기적·수사적 특성에 대한 탐구와 결합시킴으로써 지성사 연구를 좀 더 풍부하게 하는 것이 목표이다. 최근에는 3·1운동 이후 조성된 새로운 지적·담론적 상황과 그것을 만들어가기 위해 경쟁했던 다양한 사회적 세력들의 정치학과 이데올로기를 규명하려고 노력하고 있다.

대표 저서로는 『이광수와 문화의 기획』(2005), 『한국 근대 산문의 계보학』(2004)이 있다. 주요 논문으로는 「'김윤식 사회장' 사건의 정치문화적 의미」(2005), 「신채호의 '역사' 이념과 서사적 재현양식의 연관성에 대한 연구」(2005), 「문화, 문화과학, 문화공동체로서의 '민족' – 최남선의 '단군학'을 중심으로」(2004) 등이 있다.

논쟁의 정치와 「민족개조론」의 글쓰기

김현주

1. 머리말

정치문화에 주목할 때,* 1920년대 전반기를 앞 시기와 구별해주는 가장 큰 특징은 '논쟁의 정치'의 등장이다.** 1923년 중반 『개벽』의 권두언이 지적하고 있는 것처럼, 3·1운동 이래 조선에서 "민중적 심리는 훨씬 대담해졌다." 청원, 질변, 제의, 반항, 시위운동이 줄을 이었으며, '소작인의

---

* 여기서 '정치문화(political culture)'란 언어학적 의미에서 정의된 것이다. 정치가, 한 사회의 개인과 집단이 서로에 대해 그리고 전체에 대해 자기들의 요구를 표현, 타협, 보완하고 또 그것을 실현시키는 행위라고 했을 때, 정치문화는 그런 행위를 규정하는 담론과 실행들이라고 말할 수 있다. 여기서 '문화'는 상징체계 혹은 의사소통양식이라는 의미이다. 정치문화에서는 쓰기, 읽기, 소통, 표상 등과 같은 담론 현상이 매우 중요한 의미를 가진다(Keith Michael Baker, *Inventing the French Revolution*, Cambridge University Press, 1990, pp. 4~5). '논쟁의 정치(a politics of contestation)'는 베이커가 18세기 중반 프랑스 정치문화의 성격을 설명하기 위해 사용한 표현을 빌린 것이다(Ibid., p. 168).

** 여러 가지 사항들을 더 엄밀하게 고려해야겠지만, 1920년대 전반기는 조선에서 논쟁의 정치가 '재등장'한 시기라고 말할 수 있다. 그 첫 시기는, 황제 중심의 전제정치 권력이 제약되면서 여러 단체와 학회가 등장하여 정치권력을 장악하기 위해 각축전을 벌였던 1900년대 후반이다. 1900년대 후반 '근대국가론의 백화제방'에 대해서는 도면회, 「자주적 근대와 식민지적 근대」, 『국사의 신화를 넘어서』, 휴머니스트, 2004, 218~224쪽 참조.

지주에 대한 반항', '노동자의 고주雇主에 대한 반항', '관리의 평등대우에 대한 요구' 그리고 '백정계급의 평등 요구'는 "특히 장구성長久性을 가진 현저한 운동"으로 부상했다.[1] 이 시기에 들어서면서 '공중(the public)'은 '민중', 예컨대 소작인, 노동자, 백정으로 확대되었고, 모든 요구들(주장들)은 공중의 지지를 얻기 위해 항상적으로, 그리고 공개적으로 경쟁해야 했다.

논쟁의 정치라는 새로운 환경은 다양한 제도에 의해 조성되었다. 일단, 논쟁의 정치는 "신문·잡지의 사상 고취에 기인한" 것이었다.[2] 이외에도 정치적으로 논의하는 공중의 제도에는 청년회를 필두로 정치·사회단체, 노동단체, 소작인회, 종교청년회, 금주회, 수양회, 사교단체, 부인회, 산업·교육 분야의 각종 단체가 포함된다.* 아울러 집회와 시위 등도 논쟁을 물질화한 형식이었다. 대결의 정치는 "강연·연설의 유행이 원동력이 된 것"이었다.[3] 화해할 수 없는 다양한 이해관계들이 인쇄매체와 연설장과 거리에서 서로 경쟁했다.

잡지가 논의하는 공중의 비판적 기관으로 성장한 것이 바로 이 시기였다. 앞 시기에도 잡지는 당면한 문제나 특정한 정책이 아니라 조선사회의 목표와 방향을 제시하는 거시적인 프로그램들을 위한 공간을** 제공했었다. 그렇지만 잡지가 거대 담론들의 격전장이 된 것은 1920년대에 들어서였다. 예컨대 『개벽』을 앞 시기의 『소년』, 『청춘』 같은 잡지와 구분해주는 것은 무엇보다 논쟁의 기관이자 주체로서의 성격이었다. 『개벽』은 격

---

* 특히 1919년 말부터 1921년 사이에는 청년회 설립이 붐을 이루었다. 청년회는 1920년에 251개였던 것이 1921년에는 446개, 1922년에는 488개가 되었다. 수양회, 사교회, 금주회 같은 사회단체도 청년회와 거의 같은 성격이었던 것을 고려하면, 종교적 청년단체를 제외하고도 이 시기에 약 500~600개 정도의 청년회가 설립된 것으로 추산된다. 박찬승, 『한국근대정치사상사 연구』, 역사비평사, 1992, 224쪽 참조.
** 한기형에 따르면, 『소년』과 『청춘』은 신문과는 달리, 근대를 '설계'하는 역할을 담당했다. 『소년』과 『청춘』은 근대지식의 체계와 내용을 구체화하고 이를 한국적 상황에 적용하려고 노력했다. 이에 대해서는 한기형, 「최남선의 잡지 발간과 근대문학의 재편—『소년』, 『청춘』의 문학사적 역할과 위상」, 『대동문화연구』 46, 2004, 224쪽 참조.

렬한 담론 투쟁을 반영하였으며, 그 자체가 담론 생산의 주요 세력이었다.

이 시기 『개벽』에 등장한 거시적 쟁점은 '조선은 어디로, 어떻게 가야 할 것인가'였다. '개조', 즉 '세계는 새롭게 만들어질 수 있다'라는 기대가 정치적 상상력을 촉발했으며, 낙관적이고 공상적인 분위기 속에서 유토피아니즘이 투영된 다양한 프로그램들이 제출되었다. "인류주의(사회주의 포함)의 실현"을 최후의 이상으로 확신하면서 '현대문명', 즉 '자본주의'와 '군국주의'의 철폐를 필연적 단계로 가정하는 논의가 등장했다. 이런 논의는 유길준 이래 자명한 것으로 여겨져왔던 문명개화의 단계적 진보론에 회의를 표하면서 '미개 → 반개 → 개화'라는 "수리적數理的 법칙을 밟지 아니하고는 최후의 이상에 도달할 수단이 없는가?"라는 의문으로 발전했다.[4] "독립운동"은 "단순하고 순수한 국민주의"에 머물러서는 안 되며 "반드시 계급적 해방운동에까지 전개"되어야 한다는 주장도 소개되었다.[5] 민족주의, 인류주의, 사회주의, 범인간적 민족주의, 무정부주의 등 새로운 다양한 프로그램들이 검토, 채택되기를 기대하면서 쏟아져 나왔다. 1920년대 전반기는 많은 기획과 제안이 격전을 벌인 시기였다.

이 글의 목표는 논쟁의 정치의 일부이자 그 산물로서 「민족개조론」의 글쓰기와 정치학을 분석하는 것이다. 「민족개조론」은 다양한 제안들, 프로그램들의 대표적 경쟁장이었던 『개벽』에 제출된 일종의 제안서였다. 이광수는 논쟁의 정치라는 새로운 정치문화에 적극적으로 대응하고자 했다. 그런데 「민족개조론」에는 새로운 정치문화에 대한 어떤 근본적인 불안이 배어있으며, 그 불안이 제안서의 글쓰기와 이데올로기를 지속적으로, 그리고 내부로부터 침식, 해체하고 있다. 이 글에서는 「민족개조론」을 대상으로 하여 1920년대 전반기 논쟁의 정치라는 새로운 상황에 대응한 이광수의 글쓰기와 정치학의 특징을 논의하고자 한다.

이 연구의 기본 방법은 정치학 혹은 이데올로기 분석에 장르와 수사학연구를 적용한 것이다. 「민족개조론」은 1920년대 전반기 이광수의 정치적, 문학적 실천을 해명하는 데 중요한 글로 간주되어 왔다. 아울러 그것은 부르주아 계몽주의 지식인들의 정치적 선택을 설명하는 데도 매우 빈번히 인용된 자료였다. 때문에 「민족개조론」에 대한 연구와 논평은 적지 않다. 그러나 논설로 분류된 글들이 대개 그러했듯이, 「민족개조론」의 어휘, 문장, 구성 등은 섬세하게 분석된 적이 없다. 다시 말해 「민족개조론」의 언어적 양상은 이제까지 관심의 대상이 되지 못했다. 이 논문은 장르와 수사학, 즉 텍스트의 구성과 서술, 어휘와 수사 등 언어적 양상을 탐구함으로써 1920년대 전반기의 이광수와 그의 주요 저술인 「민족개조론」의 역사적, 정치적 의미에 대한 연구를 한 단계 끌어올리려는 시도이다.

2. 과학적 제안서로서의 「민족개조론」

「민족개조론」의 장르 - 제안서

「민족개조론」은 제안서(기획안; proposal)이다. 이광수는 비슷한 다른 글들과 마찬가지로 '논문'이라는 말로 불렀고 연구자들은 보통 '논설'로 분류해왔지만, 「민족개조론」은 엄밀하게 말해 제안서 장르에 속한다.

제안서는 채택을 목표로 한 계획의 문서이다. 제안서는 보통 다른 것들과 경쟁하게 되는데, 제안서의 목표는 과제가 채택되어 수행될 수 있도록 하는 데 있다. 또 제안서는 과제 수행의 결과를 모르는 상태에서 쓰이기 때문에 계획의 문서라고 할 수 있다. 제안자는, 제안된 과제가 수행될 필요가 있으며 적합한 방법에 의거해 치밀하게 계획되었다는 점을 검토자(독자)에게 충분히 납득시켜야 한다.

이를테면 제안서는 다음과 같은 질문에 대해 분명한 대답을 제시할 수 있어야 한다. 제안자는 무엇을 하려고 하는가? 과제는 중요한 의의(가치)가 있는가? 과제는 문제를 해결할 수 있는가? 과제는 실현가능한가? 접근 방법은 적절하고 타당한가? 결과는 적절하게 평가될 수 있는가? 결과가 다른 사람에게도 유용한가? 수행 기간과 예산은 적절한가? 제안자는 과제를 수행하는 데 적합한 자질을 갖췄는가? 요컨대 제안서는 과제를 평가하는 데 필요한 모든 정보를 검토자에게 제공해야 한다.

필요 충분한 정보는 적절한 질서에 따라 배열되어야 하는데, 제안서는 보통 서두(Front matter), 본문(Body), 부록(Appendixes)의 세 부분으로 구성된다. 서두에는 제출서, 표제지, 과제 요약, 차례, 그림 및 표의 목록이 실린다. 본문의 내용은 기술 부문(Technical Section), 관리 부문(Management Section), 예산으로 구분된다. 부록에는 참고문헌과 그 외 세부사항들이 기재된다.[6]

「민족개조론」은 제안서 서두와 본문의 주요 내용을 모두 포함하고 있다. 먼저, 「민족개조론」에는 서두의 표제지(Cover Page)에 해당하는 '변언 弁言'이 있다. 「민족개조론」 '변언'의 체제를 제안서 서두의 표제지의 체제와 비교하면 〈표 7-「민족개조론」 '변언'의 체제 분석〉[620쪽]과 같다.*

제안서 본문의 기술 부문에는 서론, 과제의 배경, 수행활동이 기재되는데, 「민족개조론」 본문의 체제·내용을 제안서 본문 기술 부문의 체제·내용과 대비하면 아래의 〈표 8-「민족개조론」 본문의 체제와 내용 분석〉[620쪽]과 같다.

「민족개조론」의 상·중·하·결론은 제안서 본문 기술 부문의 요구를 거의 완벽하게 충족시키고 있다. 제안서에서 가장 중요한 부분은 본문이며, 그 가운데서도 기술 부문이다. 「민족개조론」의 본문은 과제의 목적,

---

* 좀 더 세밀하게 보면, 「민족개조론」의 '변언'에는 보통 제안서의 표제지에 써넣게 되어 있는 과제 수행 기간, 요청하는 지원 금액에 해당하는 내용이 없다.

의의, 실현가능성(문제의 해결가능성), 접근 방법, 예상 결과와 그 유용성, 수행 기간과 일정 등 제안서 본문의 기술 부문에 요구되는 내용을 빠짐없이 다루고 있다. 이런 점에서 「민족개조론」은 잘 '구성'된 제안서이다.

아울러 '서술'의 적합성은 '과제의 배경'에 대한 서술을 예로 들어 살펴볼 수 있다. 제안서에서 배경 서술의 목표는 문제의 역사와 기존의 연구를 논하면서 현재 연구의 자리를 만드는 데 있다. 다시 말해 작성자는 기존 연구의 성과를 언급하고 한계를 정리하면서 수행하고자 하는 과제가 전체 연구사에서 어떤 위치에 있는지, 기존의 업적을 어떻게 이용하고 있으며 그것을 어떻게 뛰어넘는지, 얼마나 독창적인지, 그리고 관련 분야에 어느 정도 기여할 수 있는지를 효과적으로 나타내야 한다.

이광수는 "역사상으로 본 민족개조운동", "갑신 이래의 조선의 개조운동"이라는 장에서 세계사와 조선의 근대사를 민족개조운동이라는 코드로 다시 읽어 여러 사례의 성과와 실패 원인을 정리했다. 예를 들어 소크라테스의 한계는 민족개조사업이 단체사업이라는 점을 깨닫지 못했다는 점이고, 조선에서 초기의 학회 활동은 도덕의 중요성을 알지 못했으며, 독립협회운동은 단결이 공고하지 못했고 정치적 색채를 띠었으며 인물(중심인물, 전문가, 일반 회원)이 부재했다는 지적이 그것이다. 이런 서술을 통해 이광수는 자신이 제안하는 과제(민족개조운동)의 기조, 즉 도덕의 중요성, 정치성의 배제, 강고한 단체의 필요성, 단체 구성원의 분리 원칙 등을 효과적으로 강조했다.

'일정'을 서술하는 부분에서도 이광수는 과제가 엄밀한 계산에 입각하여 치밀하게 계획된 것임을 부각시켰다. 일정에서는 적절성과 현실성이 평가의 관건이다. 투여할 수 있는 자원과 기간에 비해 너무 많은 것을 계획한다면, 이는 오히려 과제를 잘 이해하지 못하고 있다는 사실을 드러낼 뿐이다. 「민족개조론」에서 일정은 철저히 '이론(법칙)'과 '계산'에 의거해 계획되었다.

이광수는 최초의 각성자에 의해 제기된 사상이 사람들의 감정과 의지로 내면화되기까지의 과정을 열 단계로 나누고 거기에 소요되는 시간을 계산했다. 그에 따르면, 우선 지식계층의 1/2인 1만 명을 개조자로 만드는 데 걸리는 시간은 30년이다. 이런 계산 결과는, '사상의 전파는 기하급수적이라는 사회심리학의 법칙'을 바탕으로 통계적 일반화를 수행하여 얻은 것이다. 즉 1차 년도에 20명, 2차 년도에 40명, 이런 식으로 2를 공비公比로 숫자가 증가한다고 가정할 때 30년 안에 1만 명의 개조된 지식인을 확보할 수 있다는 계산이다. 그에 따르면, 이는 사망자와 탈퇴자를 감안한 '최소한'의 목표이며, 여기서 민족개조사업이 완성되는 것은 아니다. 그는 이 프로젝트가 수백 년을 요하는 사업이라고 부연했다.

제안서의 이데올로기 – 기획과 방법의 사상

제안서로서 「민족개조론」의 글쓰기의 이데올로기는 과학주의이다. 앞서 살펴본, 이론을 적용(응용)하며, 단계를 구분하고, 일정을 계산하고, 결과를 예측하는 사고방식과 활동은 근대적 과학 탐구의 특징이다. 아울러 「민족개조론」에는 '기하급수적', '공비'와 같은 수학적 코드, '측량', '방법', '원리', '법칙', '규칙', '연구'와 같은 과학 언어, 그리고 산술적 계산과 통계적 사고가 특징적이다. 이렇게 볼 때 「민족개조론」의 글쓰기는 매우 '과학적'이다.

「민족개조론」의 과학적 글쓰기를 뒷받침하고 있는 이데올로기는 기도주의企圖主義와 방법주의方法主義이다. 이마무라 히토시가 간명히 정리한 것처럼, 기도주의는 순환시간의 의식을 붕괴시키고 미래시간의 의식을 발생시켜서 '의지'라는, 근대에만 나타나는 정신적, 실천적 태도를 형성했다.[7]

문명인의 최대한 특징은 자기가 자기의 목적을 정하고 그 목적을 달하기 위하여 계획된 진로를 밟아 노력하면서 시각마다 자기의 속도를 측량하는 데 있습니다……그와 같이 문명한 민족의 특징도 자기의 목적을 의식적으로 확립하고 그 목적을 달하기 위하여 일정한 조직적이요 통일적인 노력을 함에 있습니다. 그럼으로 원시시대의 민족, 또는 아직 분명한 자각을 가지지 못한 민족의 역사는 자연현상의 변천의 기록과 같은 기록이로되 이미 고도의 문명을 가진 민족의 역사는 그의 목적의 변천의 기록이오, 그 목적들을 위한 계획과 노력의 기록일 것이외다. 따라서 원시민족, 미개민족의 목적의 변천은 오직 자연한 변천, 우연한 변천이로되 고도의 문명을 가진 민족의 목적의 변천은 의식적 개조의 과정이외다.[8]

위 인용문에 따르면, '원시', '미개', '야만', '자연', '우연'의 대척점에 '문명'이 있으며, 문명인과 문명민족의 특징은 '목적', '계획', 그리고 '노력'이다. 이를 가능케 하는 원천은 '의식'이다. 이광수는 자연적이고 우연적인 변화에 대립되는 것으로서 '의식적 개조'를 주장하고 있다.* 여기서 의식적 개조란, 미래를 선취함으로써 좁게는 기획이나 계획을 하고 넓게는 현재의 상태를 변혁, 극복하려는 태도인 '의지'의 행동형식이라고 할 수 있다.[9] '설계'와 '설계도'[10] 그리고 '운동'은 기획(project)의 사상을 표상하는 중요한 은유이다.

제안서로서 「민족개조론」의 또 하나의 이데올로기적 기초는 방법주의

---

* 장석만은 위 인용문을 분석하면서 「민족개조론」에 '문명'이 "의식적 계획과 조직"을 통해 추진된다는 근대적 시간의식, 곧 계몽주의적 역사관이 나타난다는 점을 밝혔다(장석만, 「한국 근대성 이해를 위한 몇 가지 검토」, 『현대사상』 2, 민음사, 1997, 131~132쪽). 한편 박성진은 「민족개조론」에서 개조론과 문화주의, 군중심리학, 우생학 등 새로운 서구 사조들이 사회진화론의 한 특징인 인위적 진화의 수단으로 채용되고 있다고 보았다. 박성진은 '의식', '개혁', '노력'을 사회진화론의 관점에서 해석했다(박성진, 「한말~일제하 사회진화론 연구」, 한국정신문화연구원 한국학대학원 박사학위논문, 1998, 157~164쪽).

이다. 민족개조라는 목적을 실현할 유일한 '방법'으로 '동맹'을 제안하면서, 이광수는 '방법'의 지위에 대해 아래와 같이 설명했다.

> 방법이라 하면 무슨 일을 하는 길을 이름이니, 무슨 일이든지 하려고 할 때에는 첫째는 그 일의 목적을 정하여야 하고 둘째는 그 목적을 달하는 길을 정하여야 합니다. 출발점과 도착점 사이에는 가능한 여러 가지 길이 있음이 마치 기하학 상으로 양점 간에는 무수한 선을 그을 수 있음 같습니다. 그런데 양 점 간의 최단거리는 직선이요 직선은 오직 일一이오 일一인 것같이 사업의 출발점에서 목적의 도착점까지에 달할 수 있는 모든 길 가운데에서 신중한 고려로써 그 최단거리라 할 만한 길을 택하여 이 사업을 완성하기까지는 꼭 이 길로 나가자 하고 작정해 놓은 것이 방법이니 방법이란 자의字義가 십분 그 불변성, 불가범성을 표하는 것이외다. 원래 방方 자字는 모형模型이란 뜻이요 법法 자字는 먹줄이란 뜻이니 방方이나 법法이나 일정하다는 뜻이 있는 것이외다. 다시 말하면 방법이란 법률이요 규칙이며 이에 반反하야 수단이란 그 법률이나 규칙의 운용의 솜씨외다……
>
> 좀 더 어려운 말로 방법의 필요를 설명하려면 과학연구의 방법을 예로 드는 것이 편할 것이외다. 첫째 오늘날과 같은 자연과학 기타 제반과학이 발달된 가장 주요한 원인은 베콘의 귀납법의 발견이라 합니다. 귀납법이란 재래의 연역법에 대한 자연 및 인사人事 연구의 일一 방법이외다. 그런데 이 방법을 얻었기 때문에 모든 과학이 발달이 된 것입니다.
>
> 무슨 과학이든지 한 과학이 성립됨에는 특수한 대상이 필요함과 같이 특수한 연구방법이 필요한 것이니 이 방법 없이는 과학이 성립될 수 없는 것이외다.[11]

윗글에는 기획에서 '방법'이 차지하는 위치와 그 중요성이 아주 정확하게 표명되어 있다. 먼저, '기획'을 할 때("무슨 일이든지 하려고 할 때") 중요한 것은, 첫째는 "목적"이고 둘째는 "방법"이다. 방법은 목적에 도달하는 단 하나의 "직선"으로서 그것은 "법률"이자 "규칙"이다. '법률'이나 '규칙' 같은 용어를 사용함으로써, 이광수는 방법의 단일성과 엄격성을 강조했다. 아울러 그는 과학 연구에서 방법이 가지는 의의를 들어 그것의 필요성을 설득했다. "과학은 대상과 그것을 탐구하는 방법에 의해 성립한다"라는 말은, 방법이 없이는 과학이 성립할 수 없다는 말과 같다. 이광수는 이런 서술을 통해 방법론의 중요성을 확립했다. 민족개조의 기획은 과학과 방법론의 권위에 기대어 있는 것이다.

방법론 사상은 서구에서 17세기에 등장했다. 과학이 신비적인 것으로부터 빠져나와 이성적인 것으로 이동했을 때, 그것은 또한 연역적인 것에서 빠져나와 귀납적인 것으로 이동했다. 인용문에 언급된 계몽과학자 베이컨은 실험과 관찰에 대한 요청을 이끌었으며, 데카르트는 방법의 중요성을 정초했다. 방법론 사상은 과학의 중립성과 보편성을 보증했다. 근대 과학은 방법론을 통해 주관성을 피해갈 수 있으며 방법론만이 만족스러운 결과를 보장한다고 가정했다. 방법론은 논박의 여지가 없는 지식, 즉 과학의 객관성과 무오류성을 뒷받침했다. '방법'은 근대적 과학(학문) 탐구를 이전 시대의 그것과 구분해주는 가장 중요한 특징이다.[12]

요컨대 이광수의 「민족개조론」이 제안서 양식으로 쓰인 것은 당연한 일이다. 앞서 살펴보았듯이 「민족개조론」의 구성과 서술, 언어와 추론방식을 규정하고 있는 이데올로기는 기획과 방법의 사상이며, 한마디로 과학주의이다. 사실 제안서는 합리성과 과학성, 방법주의와 기도주의를 대표하는 글쓰기 양식이다. 목적을 정하고 방법을 선택하며 이에 입각하여 계획을 세우는—단계를 설정하고 시간을 계산하고 결과를 예측하는—것이야말로 제안서 작성에 필수적인 일이다. 제안서는 '방법(method)'과 '기획(project)'이라는 근대 사상을 구현하고 있는, 지극히 '과학적인' 문서양식인 것이다. 「민족개조론」의 체제는 제안서의 체제를 거의 완벽하게 구현하고 있으며, 제안서의 이데올로기와 「민족개조론」의 이데올로기는 여러 측면에서 합치된다.

이광수의 글쓰기의 역사에서 보면, 「민족개조론」은 앞 시기 글쓰기의 연장선상에 있는 동시에, 거기서 한 걸음 더 나아간 것이다. 1910년대 후반 이광수의 글쓰기를 대표한 것은 '재현'의 글쓰기인 '소설'(『무정』, 1917년)과 '비판'의 글쓰기인 '비평'(「신생활론」, 1918년)이었다.* 재현과 비판 자체가 이미 사회를 특정한 모습으로 변화시키려는 의도를 내포한 실천이지만, 중요한 것은 이 시기에 이광수는 '의도'를 '기획'으로 표현할 수 없었다는 점이다. 「농촌개발」(1916~1917년)이 기획에 가장 가까우나, 그것은 '목적'과 '방법'에 대한 의식이 명료하지 못했다는 점에서 기획안으로서는 함량미달이었다. 「민족개조론」은, 재현과 비판에 내재되어 있던 모호한 잠재 서사를 명확하고 완전한 기획으로 가시화했다는 의미가 있다. 이런 점에서 과학적 제안서로서 「민족개조론」은 비평과 소설을 뛰어넘는, 계몽주의적 글쓰기의 완성형이라고 할 수 있다.

3. 대중 통치학으로서의 '민족개조론'

새로운 통치학의 원료 – 사회(대중)심리학

1920년대 전반기는 제안과 기획의 시대였다. 논쟁의 정치라는 새로운 상황에서 '세계를 새롭게 만들' 다양한 프로그램들이 제출되었으며, 그것들은 공중의 지지를 얻기 위해 서로 경쟁했다. 이광수의 「민족개조론」은

---

* 1910년대 후반 이광수의 소설과 비평의 형식적, 수사적, 이데올로기적 특징에 대한 더 자세한 논의는 김현주, 『이광수와 문화의 기획』, 태학사, 2005, 165~188쪽 참조.

이런 변화된 상황에 적극적으로 대응하기 위해 제출된 제안서였다. 경쟁에서 우위를 확보하기 위한 「민족개조론」의 전략은 기획과 방법의 사상에 바탕한 글쓰기, 즉 과학적 제안서였다.

그런데 「민족개조론」에는 논쟁의 정치 자체에 대한 어떤 불안이 스며들어 있다. 1920년대 전반기에 조성된 논쟁의 정치에서 문제는, 새로 등장한 공중(민중)의 권위를 인정하는 정치적 실천 형식을 상상하는가, 아니면 그것이 야기하는 갈등과 불안정성을 피하는가 하는 것이었다. 이광수는 정치문화 안으로 논쟁을 끌어들이고 있는 열기, 무질서를 불편해했다. 그는 논쟁의 정치가 가져온(올) 갈등과 불안정성을 넘어설, 다른 형식의 정치를 상상했다. 새로운 정치학의 원료는 사회심리학이었다.

「민족개조론」의 '안案'을 뒷받침하는 주요 담론은 사회심리학, 특히 르봉(G. Le Bon)의 대중심리학이다.* 사회심리학 담론은 「민족개조론」에서 제안자가 상대편에 대해 정당성을 주장할 수 있는 상대적인 주체-위치, 그가 속한 공동체의 정체성과 경계들을 정의하는 데 관여하고 있다. 또 사회심리학 담론은 「민족개조론」의 주장을 구성하는 용어들의 의미, 그것이 속한 맥락, 그리고 그것을 구속력 있는 것으로 만드는 원칙을 조성한다. 논쟁을 해결하고, 경쟁하는 주장들을 믿을만하게 판결하고, 그리고 결정을 수행하는 수행자(agent)와 수행과정의 구조 및 권력의 모양을 만드는 데에도 역시 사회심리학 담론이 큰 영향을 끼치고 있다. 사회심리학, 그 가운데서도 대중심리학은 민족개조의 사상과 계획 전체를 규정하고 있다.**

---

* 정치학, 사회학에서는 '군중'과 '대중'을 구별하지만 사회심리학에서는 이 용어들이 동일한 의미를 가진다. 이 글에서도 두 용어를 같은 의미로 썼다.

** 1920년대 전반기 이광수의 글에는 사회심리학의 영향이 매우 짙게 드리워져 있다. 그는 일본에서 발간된 르봉의 『민족심리 及 군중심리』(문명서원, 1909)의 4장 1절을 「국민생활에 대한 사상의 세력」이라는 제목으로 번역했다. 그리고 「중추계급과 사회」, 「소년에게」에서 「민족개조론」에 이르기까지 르봉의 이 글을 여러 차례 인용했다. 르봉이 이광수에게 끼친 영향에 대해서는 김윤식이 간단히 지적한 바 있고, 박성진도 논의했다. 김윤식, 『이광수와 그의 시대』 3, 한길사, 1986, 737, 745쪽; 박성진, 앞의 논문, 1998,

    1920년대 전반기에 이광수가 '논쟁의 정치'에 대응한 방식을 분석하고자 하는 이 글의 목표와 관련하여 특히 주목할 지점은, 「민족개조론」이 민족개조의 기획안을 작성하고 검토·수정·보충하고 판결하며 그리고 수행하는 주체와 그 수행 과정의 구조 및 권력관계를 어떻게 표상하고 있는가이다. 넓게 볼 때 이는, 한 사회에서 개인과 집단들이 서로에 대해 그리고 전체에 대해 자기들의 요구를 표현, 타협, 보완하고 또 실행하는 과정, 즉 '정치'에 대해 「민족개조론」이 어떤 이미지를 생산하고 있는가라는 문제와 밀접하게 관련된다. 즉 민족개조 기획의 형성-소통-실행 과정에 대한 이미지는 「민족개조론」의 정치학과 직결된다.

    「민족개조론」에 제시된 민족개조 기획의 서사적 골격은 아래와 같다.

    일, 민족 중에서 어떤 일개인이 개조의 필요를 자각하는 것,

158~161쪽 참조.

    그렇지만 이광수의 사회심리학에 대한 관심은 좀 더 오랜 것이다. 상해 시절 『창조』에 실은 「문사와 수양」은 사회심리학의 영향 하에 있었다. 「문사와 수양」에서 그는 문예가 "강렬한 자격력刺激力과 무서운 선전력(차라리 전염력이라 함이 그 선전의 강하고 속速함을 표하기에 적당할 듯)으로 인민에게 임하여 그의 정신적 생활(문화)의 지로자指路者"가 된다는 점을 강조했다. 여기서 그는 이미 '선전', '전염' 같은 사회심리학의 주요 용어를 사용하여 문학의 기능을 설명하고 있다. 이광수, 「문사와 수양」, 『창조』 9, 1921. 1, 창조사, 10쪽.
    「문사와 수양」에는 사회심리학의 영향을 보여주는 더 직접적인 증거도 있다. 위 인용문 바로 앞에 "사회심리학자 롯스씨는 '유력한 문사들은 상상력으로 종種의 성격을 창조하고 묘사하여 세인에게 보임으로 도덕의 역사에 심甚히 중요한 조류를 많이 형성한다'(사회심리학 제8장) 하여 예술가가 일국의 흥망성쇠에 대하여 학자 사상 이상의 중대한 책임이 있음을 역설하였습니다"라는 구절이 있다. 이광수는 같은 구절을 16쪽에서 다시 인용하고 나서, '文을 作하는 기술'을 배우기 위해서는 국어 어휘의 용법, 수사학, 논리학, 앞선 작품과 더불어 "인류의 정신 작용의 법칙인 심리학"을 알아야 한다고 주장하고 작가와 그가 묘사하고 창조한 성격의 관계를 '심리학의 원칙'에 의거하여 설명하고 있다. 여기서 심리학은 사회심리학을 가리킨다.
    이광수가 소개한, 『사회심리학』을 쓴 '롯스'는 미국의 사회심리학자 E. A. Ross이다. 로스의 『사회심리학(Social Psychology)』(1908)은 영국인 맥두걸(W. McDougall)이 쓴 『사회심리학 입문(Introduction to social psychology)』(1908)과 함께 최초의 사회심리학 교과서로 기록되고 있다. 이광수는 일본이나 상해에서 르봉과 로스를 비롯한 사회심리학자들의 책을 많이 접했던 것으로 판단된다. 참고로, 삼중당판 『이광수전집』 16(1962)에 실린 「문사와 수양」에는 18, 24쪽에 '루소'로 기재되어 있다는 점을 밝혀둔다.

이, 그 사람이 그 자각에 의하여 개조의 신 계획을 세우는 것,

삼, 그 제일인이 제이인의 동지를 득得하는 것,

사, 제일인과 제이인이 제삼인의 동지를 득하여 이 삼인이 개조의 목적으로 단
결하는 것, 이 모양으로 동지를 증가할 것,

오, 이 개조단체의 개조사상이 일반 민중에게 선전되는 것,

육, 일반민중 중에 그 사상이 토의의 제목이 되는 것,

칠, 마침내 그 사상이 승리하여 그 민중의 여론이 되는 것, 즉 그 민중의 사상
이 되는 것,

팔, 이에 그 여론을 대표하는 중심인물이 나서 그 사상으로 민중의 생활을 지
도하는 것,

구, 마침내 그 사상이 절대적 진리를 작作하여 토의권討議圈을 초월하여 전염력
을 생生하는 것,

십, 마침내 그 사상이 이지理知의 역역域을 탈脫탈하여 정의적情意的인 습관의 역域
에 입入하는 것

을 통과하여 드디어 민족성개조의 과정을 완성하는 것이외다.[13)

이광수는 민족성 개조의 과정을 위와 같이 열 단계로 나누었다. 이는
크게 세 단계로 요약되는데, 첫 번째 단계는 한 개인이 개조의 필요를 자
각하고 계획을 세우고 동지를 획득하여 단체를 결성하는 데까지이다. 두
번째 단계는 단체가 운동의 주체이자 무기가 되어 개조 사상을 일반인들
에게 선전하여 논의의 주제로 만들고 나아가 여론이 되게 만드는 단계이
다. 마지막 단계는 중심인물이 나서서 개조 사상을 생활 지침으로, 절대적
진리로 만들고, 나아가 사람들에게 내면화시키는 것이다. 여기서 개조의
과정이 완결된다.

전체적으로 볼 때, 위의 계획은 르봉의 대중심리학의 이론 및 설명체

계를 차용, 변용하고 실용화한 것이다. 「국민생활에 대한 사상의 세력」에서 르봉은 어떤 사상이 전파되어 국민(민족)의 혼(심리)에 영향을 끼치게 되는 일반적인 경로를 설명했다. 그에 따르면, 사상은 오랜 시간을 경과하면서 "온숙"되어 "동요하는 사고思考"의 영역을 벗어나 "고정적인 감정"에 들어간 뒤에야 비로소 "성격"의 일부가 되어 사람들의 행위에까지 영향을 끼치게 된다. 이 경로를 좀 더 자세히 보면, 처음에는 소수의 사람이 작은 단체를 결성하고 선전을 통해 사상을 논의의 주제로 만들게 되지만 그 과정을 거치면 사상은 전염과 모방을 통해 전파되어 사람들의 생각을 결정짓고 궁극에서는 감정의 영역에 들어가 행위에 영향을 미치게 된다는 것이다.[14] 이광수가 제시한 민족개조의 실행계획은 르봉이 말하는 대중심리학의 이런 설명체계를 변용, 응용한 것이다. 다시 말해 이광수는 르봉의 '설명'을 '실천지침' 또는 '행동규칙'으로 바꾸었을 뿐이다. 「민족개조론」에서 이광수는 르봉의 연구를 '결정화하여(crystallize)' 적용하기 쉬운 기술로 만들었다.

좀 더 미시적으로 보면, 위 인용문에서 민족개조의 서사를 구성하고 있는 중요한 용어들, 예를 들어 '선전', '전염', '민족', '민중', '토의', '여론', '이지', '정의情意' 등은 그 자체 대중심리학을 비롯한 사회심리학의 핵심 개념이거나 사회심리학적으로 재정의, 재해석된 개념이다. 「민족개조론」에서 이 용어들의 의미, 그것들에 의해 만들어지는 주장의 맥락적 성격, 그리고 그 주장을 구속력 있는 것으로 만드는 원칙을 규정하는 것은 사회(대중)심리학 담론이다. 「민족개조론」에는 사회심리학의 영향 하에 여러 새로운 개념이 등장하고 있을 뿐 아니라 기존의 개념도 사회심리학적으로 전환, 해체되고 있다. 「민족개조론」의 정치학의 원료는 사회(대중)심리학 담론이었다.

사회(대중)심리학의 수사학 – 계몽주의 정치언어의 해체

우선 「민족개조론」에서 '선전'이나 '전염' 같은 용어는 사회심리학의 개념을 그대로 차용한 것이다. 「국민생활에 대한 사상의 세력」에 등장하는 '선전', '전파', '전염', '모방' 등은 사회심리학의 핵심어들이다. 19세기 사회심리학자들은 정신적, 행동적 동질성을 형성시키는 심리적 과정에 대해 일원론적 설명을 제시하고자 했는데, 여기서 암시, 모방, 동정, 전염, 교감 등이 거론되었다. 탈드(G. Tarde)는 인간 행동에서 사회적 동질성을 설명하는 최고 원리로 '모방'을 들었다. 그는 '사회는 모방'이라고 주장했다. 한편 르봉은 군중 행동의 근거로 '암시'와 '전염'을 들었다. 암시란, '논리적으로 충분한 근거가 없는 명제를 사람들이 확신을 가지고 받아들이는 경우'를 설명하는 개념으로서, 이는 위광威光을 갖춘 사람이나 상징에 의해 야기되는 것이다.[*] 「민족개조론」에서 이광수는 인간의 사회적 행동을 선전과 전염, 그리고 그 외에 다양한 사회심리학 용어를 통해 이해, 설명하고 있다.

한편 「민족개조론」의 '민족'은, 조선에 19세기 말에 수용되어 그때까지 역사적 변화를 겪어온 '민족'과는 다르다. 이광수의 '민족'은, 1900년대 후반에 주권을 가진 인민인 '국민'과의 차별성을 통해 정의되었던, 지리·혈통·언어·문자·종교·풍속의 공통성을 기반으로 한 '민족'과는 다르다.[**] 또 그것은 1900년대 말 주권의 위기 상황이 심화되면서 국민과 유사한 주

---

[*] G. W. 올포트(송대현 옮김), 『사회심리학』, 정음사, 1978, 41~43, 83~129쪽 참조. 「국민생활에 대한 사상의 세력」에서 르봉은 위광 암시를 설명했다. 르봉(로아 옮김), 「국민생활에 대한 사상의 세력―르·본 박사 저 『민족심리학』의 일절」, 『개벽』 22, 1922. 4, 29~30쪽.

[**] 번역어 '민족'은 처음에는 원초적, 문화적 기반을 강조하는 개념이었다. 유길준은 국민과 족민을 구분했으며, 『대한매일신보』에서도 '민족'은 자연발생적인 종족 공동체로 이해된 반면 '국민'에 대해서는 정신, 이해, 행동의 동일성이 강조되었다. 이에 대해서는 김동택, 「『國民須知』를 통해 본 근대 '국민'」, 『근대계몽기 지식 개념의 수용과 그 변용』, 소명출판, 2004, 198쪽; 박노자, 「개화기의 국민 담론과 그 속의 타자들」 같은 책, 2004, 245쪽 참조.

권적 주체로 변환되거나 아예 그것을 대체해 간 '민족'과도 다르다.* 주권적 민족 개념은 1910년대 이후에도 절대적 독립론을 뒷받침했는데, 박은식의 '민족평등주의'가 그런 경우였다. 「민족개조론」의 '민족'은 이와는 좀 다르다.

「민족개조론」에서 '민족' 개념은 사회심리학적으로 재해석, 재정의된 것이다. 이 시기에 이광수가 인간의 공동체 생활을 표상한 지배적인 이미지들 가운데 하나인 '민족'은, 다른 민족과 구별되는 특정한 심리(혹은 성격)를 가진 집단적 실체였다. 민족의 모든 생활양식과 내용이 민족성에 의해 결정된다고 했을 때, 여기서 민족성은 문화보다 더 깊은 곳에 있으면서 그것의 내용을 결정하는 최종심급으로서의 심리(혹은 성격)를 가리켰다. 그래서 민족개조운동은 곧 민족성 개조운동이었다. 이광수의 '민족성' 담론은 르봉의 민족심리학 이론에 토대를 두고 있는데, 민족심리학은 민족성이나 민족의 근본성격을 가정하는 것이다.**여기서 행해진 것은 민족 개념의 사회심리학적 변환이다.***

더 중요한 것은 '민족'이 실제로는 '대중'으로 상상되고 있었다는 점이

---

* 신채호의 '아족의 국은 아족이 주장한다'는 말에 드러나 있는 것처럼, 1900년대 말에 '민족'은 주권적 실체로 부상하였다. "인민주권 혹은 주권을 가진 것으로서의 민족이란 개념은 대한제국이 거의 붕괴되었던 1909년이 되어서야 비로소 자주 등장"했으며, 이는 "붕괴된 국가를 대체할 새로운 공동체"로 상상되었다. 김동택, 위의 논문, 2004, 209~216쪽.

** 주의할 점은, 「민족개조론」에서 이광수가 조선민족 쇠퇴의 원인을 논증하면서 '개인주의적 담론'도 사용하고 있다는 것이다. "악정자를 도덕적으로 분석해봅시다.", "허위와 사욕 두 가지가 其者로 하여금 그런 악정을 행하게 한 것이외다."(36쪽) 이런 담론에는 도덕적 삶과 부도덕한 삶 사이에서 자발적으로 선택하는 개인이라는 의사결정 모델이 작용하고 있다. 개인주의적 코드는 잘못에 대한 책임을 개개인에게 돌리기 때문에 「민족개조론」에는 구조나 과정에 대한 시각이 부재하며, 주로 사람들의 행동이나 양태에 초점이 맞춰진다.

*** 같은 시기 최남선 역시 사회심리학적 민족 개념을 수용했다. 최남선은 민족심리학을 민족의 문화사를 서술하는 데 도움을 줄 다양한 인문과학들 가운데 하나로 여겼다. 민족심리학은 '민족'을 문화공동체로 구상하는 데 중요한 지적 자원을 제공했다. 최남선이 민족을 문화공동체로 표상한 과정과 논리에 대해서는 김현주, 「문화·문화과학·문화공동체로서의 '민족'—최남선의 壇君學을 중심으로」, 『대동문화연구』 47, 2004, 221~247쪽 참조.

다. 사회심리학은 대상을 설명하고 기술하는 언어와 논증에서 독자적인 문채文彩(figure)를 사용한다. 경제학이 경제적인 인간의 모델을 통해 논증하고자 한다면,* 사회심리학은 대중 인간(homme-masse)의 모델을 통해 논증한다. 사회심리학의 목표는 사람의 행동에 영향을 주는 사회적 상황을 이해하는 것인데, 여기서 사람(people)이란 당연히 수많은 대중을 가리킨다.[15] 예컨대 「국민생활에 대한 사상의 세력」에서 르봉은 국민(민족)의 심리(성격)에 변화를 일으키는 요인과 방법을 설명하겠다고 했지만, 이 글에서 민족, 국민이라는 말로 표현된 집단은 실은 '대중'이었다. 따라서 '민족(국민)의 심리(성격)'는 '대중의 심리(성격)'로 바꿔 읽을 수 있다.

서구에서 사회심리학의 대두와 성립은 '대중'의 출현과 밀접한 관련이 있다. 사회심리학적 사유의 기원은 아리스토텔레스에까지 거슬러 올라갈 수 있지만, 사회심리학은 보통 19세기 말에서 20세기 초에 걸쳐 탈드, 르봉, 로스, 맥두걸 등에 의해 건설되었으며 1920년대에 이르러 학문적 위치가 확립되었다고 알려져 있다. 초기의 사회심리학은 특히 근대 사회에서 대중의 사회적, 정치적 중요성이 증대해가는 것에 대한 이해/대응을 목표로 하고 있었다. 『군중심리학』이 프랑스 혁명 과정에 나타난 군중 행동을 소재로 하고 있는 것에서 드러나듯이, 르봉의 연구 목표는 대중의 등장이

---

* 학문의 수사학을 다루는 여러 분야 중 문채文彩(figure, 수사비유라고도 번역됨) 분석이 있는데, 여기서 문채란 설득하는 데 사용되는 다양한 언어적 장치를 가리키는 말이다. 문채는 크게 언어의 문채와 논증의 문채로 나뉜다. 먼저, 특정 학문의 탐구 도구이자 생산물로서 기술記述, 설명, 이론은 언어의 문채로서 탐구될 수 있다. 예컨대 찰스 다윈의 '자연선택'이나 아담 스미스의 '보이지 않는 손'은 은유의 대표적인 예이다. 여기서 은유는 지식을 이해하기 쉬운 형태로 바꿔 '전달'하는 역할을 하는 것이 아니라 그것을 '구성' 혹은 '생산'하는 데 중요한 역할을 하는 것으로 주목된다. 둘째, 논증의 문채란 추론의 문채를 말한다. 학문은 논증하기 위해 원리, 통계, 이상적 전형, 형식 언어, 모델, 유형, 일화 등 다양한 문채를 동원한다. 각각의 학문은 독자적인 논증의 문채를 가지고 있으며, 문채에서 언어의 양상과 추론의 방식은 밀접한 상호연관을 가진다. 학문의 수사학은, 추론의 '방법'이 아니라 '문채'가 논증과 탐구의 근원적인 표현들을 구성한다고 주장한다. 이에 대해서는 John Nelson·Allan Megil·Donald N. McColskey(박우수·양태종 외 옮김), 『인문과학의 수사학』, 고려대출판부, 2003, 565~571쪽 참조.

라는 사태를 분석, 설명하고, 또 이에 대응하는 것이었다.* 앞서 말한 대로 그는 암시를, 탈드는 모방을 대중 행동의 열쇠로 보았다. 로스는 르봉과 탈드의 원리를 결합하여 암시-모방의 원리를 제시하고, 이를 적용하여 군중, 유행, 폭동, 전통, 관습, 여론 등을 해명하려고 했다. 그는 군중을 최고의 대중 현상이라고 보았다.16) 사회심리학의 연구 대상은 '대중'인 것이다.

사회심리학에서 '대중'은 계몽주의 정치학이 가정하는 '논의하고 판결하는 공중'과는 다르다. 르봉의 「국민생활에 대한 사상의 세력」은, 개인은 이성적, 합리적일 수 있지만 일단 집단을 이루게 되면 이지적 능력을 잃기 때문에 논증하거나 추리할 수 없다는 가정에 입각해 있다. 이 글에 따르면, '민중'은 '논증'과 '추리'의 능력이 없고, 따라서 '논의'할 수 없다. 민중들은 '감정'에 좌우되며, '모방'과 '전염'에 의해 동조성을 발휘한다. 그들의 행동에 영향을 끼치는 것은 '감정', '무의식', '신앙'이다. 르봉의 글에서 '민중'은 대중이다.** 이광수에게서도 '(일반)민중'은 대중이다. 그에 따르

---

* 모스코비치에 따르면, 르봉의 대중심리학에는 아래와 같은 주요 관념들이 들어 있다(세르주 모스코비치, 이상률 옮김, 『군중의 시대』, 문예출판사, 1996, 152~153쪽 요약). (1) 심리학적인 의미에서 군중이란 정신적인 통일성을 지닌 개인들의 전체이지 동일한 공간 속에 모여 있는 개인들의 집합체가 아니다. (2) 개인은 의식적으로 행동하고 군중은 무의식적으로 행동한다. 왜냐하면 의식은 개인의 것이고 무의식은 집단의 것이기 때문이다. (3) 군중은 혁명적인 선언에도 불구하고 언제나 보수적이다. 그들은 자신들이 뒤엎은 것을 결국 복원시켜버린다. 왜냐하면 최면술에 걸린 모든 사람들과 마찬가지로 그들에게는 과거가 현재보다 훨씬 더 강력하기 때문이다. (4) 군중은 그들의 교양, 교의나 사회적 지위가 무엇이건 간에 지도자에게 복종하고 싶은 욕구를 갖고 있다. 지도자는 대중을 이성으로 설득하지 않으며, 또 힘으로 강요하지도 않는다. 지도자는 마치 최면술사처럼 자신의 위세를 통해 대중을 매혹한다. (5) 선전은 집단적인 신앙이라는 비합리적인 기반을 갖고 있으며, 가까이 또는 멀리서의 암시라는 수단을 갖고 있다. 사람들의 행위는 대부분 신앙에서 유래한다. 비판적인 지성, 그리고 신념과 정열의 결여는 행동에 장애가 되는데, 암시는 그런 장애물을 넘어설 수 있게 한다. 그렇기 때문에 군중에게 호소하는 선전에는 적극적이며 이미지가 풍부한 우의寓意의 언어, 단순하고 명령적인 문구를 사용하지 않으면 안 된다. (6) 군중(정당, 계급, 국민)을 통치하는 것을 목적으로 삼고 있는 정치는 상상력의 정치를 피할 수 없다. 그런 정치는 혁명이나 조국 같은 지고의 관념, 그리고 각각의 대중 인간의 정신 속에 심고 육성한 고정관념에 의지하지 않으면 안 된다. 그런 관념이 집단적인 이미지와 행동으로 변한다.

** 르봉의 군중(대중)론은 이전 계몽철학자들의 생각과는 크게 다르다. 계몽주의의 고전적 정치학은 '이해관계의 공통성, 정치행위의 합리성, 인식과 사회의 진보와 병행하는 정치 행위의 진보를 중심축으로 삼는' 정치학이며, 이런 정치학은 기본적으로 '인간은 합리적 존재'라는 믿음에 기반하고 있다. 군중심리학

면, 민주주의는 지도자를 민의로 선택하는 제도를 가리킨다.* "지도자를
잘 택하는 것과, 택한 지도자에게 잘 순종하는 것은 진실로 단체생활에 극
히 중요한"17) 일이다. 여기서 민중의 의견은 지도자를 선택하는 데만 반영
된다. 민중에게 지도자를 거부할 권한을 주지 않았다는 점에서도, 그는 일
반적인 대의민주주의자와는 차이가 있다. 「민족개조론」에서 '민중'은 '선
전'의 목표물이자 "개조의 대상" 즉 대중일 뿐이다.18)

이광수가 민족개조운동의 중요한 수행 주체로 상정한 것은 '동맹'인데,
동맹과, 동맹이 주체가 되어 추진하는 민족개조운동의 구조와 권력관계에
대한 사유에도 사회심리학의 가정과 설명체계가 깊이 개입해 있다. 동맹
은 개인과 개인의 평등한 결합체가 아니다. 이광수는 동맹의 구성원에 분
리의 원칙을 적용하여 지도자, 전문가, 일반 회원으로 구분했다.** 여기서
지식인은 전문가, 즉 기능적 엘리트의 역할을 배정받는다. 다시 말해 지식
인도 사상을 형성하는 데는 참여할 수 없다. 그들은 단지 "사상의 찬성자"
에 머물 뿐이다.19) 이렇게 볼 때, 민족개조를 기획하는, 즉 목적을 정하고
방법을 선택하는 주체는 오직 한 사람, 지도자뿐이다. 새로운 엘리트, 좀
더 정확히 말하면 지도자('중심인물')만이 민족을 개조할 힘으로 대중을 변
화시킬 수 있다.

또 「민족개조론」에서 '여론'은 계몽주의 정치학이 가정하는 여론과는

은, 계몽주의 정치학이 사람들이 군중으로 존재한다는 사실과 그것이 초래하는 결과를 알아차리지 못한
다고 비판한다. 세르주 모스코비치(이상률 옮김), 앞의 책, 1996, 59쪽.
* 이춘원, 「민족개조론」, 『개벽』 23, 1922. 5, 63쪽. 대의민주주의 이론에서 여론의 정치적 역할은 입법권과
선거권으로 응축된다. 대의민주주의는 정기적인 선거와 국민투표에 의해 구현되는 다수의 지배이다. 김
영석 편, 『여론과 현대사회』, 나남출판, 1996, 36~39쪽 참조.
** 「국민생활에 대한 사상의 세력」에서 군중은 지도자와 대중으로 분리된다. 르봉은 군중의 성원에 분리의
원칙을 적용하고 지도자의 특질을 고찰했다. 지도자의 지위와 위신을 중요시하고 그에 의해 주어진 단언
과 영상의 영향력을 강조했다. 르봉은, 군중 통제의 기본 원리에 관해 논했으며 데마고그의 리더십이나
선전의 법칙 등에 대한 근대적인 연구를 선도했다는 평가를 받고 있다. G. W. 올포트(송대현 옮김), 앞의
책, 1978, 131~133쪽 참조.

328 근대를 다시 읽는다

의미가 다른 것이다. 개조 사상이 여론을 지배하기 위한 가장 결정적인 조건은 지식계급의 1/2를 찬성자로 만드는 것이라는 말에서[20] 드러내듯이, 「민족개조론」에는 '여론을 지배한다'는 발상이 나타나 있다. 어떤 사상이 '선전'되고 궁극적으로 '승리'를 얻음으로써, 그 사상은 여론을 '지배'할 수 있게 되는 것이다. 여기서 여론은 '지배'의 대상이다. 물론 "민족의 여론"이나 "민중의 여론"이라는 말은 여론이 민족이나 민중의 소유라는 뜻을 내포하고 있다. 그러나 이때 여론은 바깥에서 온 사상에 의해 선도, 지도되어야 할 어떤 것이다. 대중의 의견이나 가치판단은 '공적' 의견으로서의 지위를 가지지 못하며, 따라서 '정의正義'라는 권위도 얻지 못한다. 「민족개조론」에서는 여론 개념이 사회심리학적으로 해체되고 있다.*

비교하자면, 1910년대 후반 이광수의 글에서 '여론'은 이런 것이 아니었다. 「신생활론」에서 이광수는 신생활의 방식이 "일개인의 소능所能이 아니라" 그것을 "동경흠구憧憬欽求하는 여러 사람이 각 방면으로 연구하고 토론하여 도태, 분리, 화합의 복잡한 경로를 지나서 다수 민중에게 시인을 받게" 해야 한다고 하면서, "비판"과 "토론"의 부재를 심각한 문제로 지적했다.[21] 이광수는 '비판'을 변화와 진보의 동력으로 보았으며, 그것이 발표, 교환, 토론, 비평의 과정을 거쳐 '편견'과 '오류'가 교정됨으로써 대다

---

* 하버마스에 의하면, 18세기 서구에서는 부르주아 공론장의 기능에 대한 자기 이해가 '여론'이라는 관용어로 구체화되었다. 여론은 정치적 공론장에서 국가와 사회의 요구를 매개하는 것으로 여겨졌다. 따라서 여론은 더 이상 국민감정, 통속적 의견, 일반 의견이 아니라 '공적' 의견이라는 의미를 가지게 되었다. 그렇지만 19세기 후반에 들어서면서 여론은 문제성 있는 사회적 실재로 의식되었다. 여론은 일반적 공중 혹은 어떤 특수한 공중의 견해, 가치판단, 또는 선호의 표현으로 이해되었다. 사회심리학자 탈드는 여론을 '군중의견'으로 정의했다. 여기서 여론은 정치적 제도의 기능이라는 맥락에서 분리되고 '공적' 의견으로서의 성격도 벗어버린다. 이에 따라 여론의 주체도 '공중'에서 '대중'으로, 다시 둘 또는 그 이상의 개인이 행하는 의사소통 및 상호작용 과정의 사회심리학적 기제로서 '집단'이 된다. '집단'은 다양한 사회적이고 역사적인 전제 조건을 추상하고, 제도적 수단도 추상하며, 결국 사적 개인들이 정치적으로 논의하는 공중으로 특유하게 결합하는 데 결정적으로 중요했던 사회적 기능의 망도 추상한다. 18세기에서 19세기 후반에 걸쳐 서구에서 여론 개념이 변화해간 과정에 대해서는 위르겐 하버마스(한승완 옮김), 『공론장의 구조변동』, 나남출판, 2001, 361~378쪽 참조.

수의 '신임'을 받을 수 있는 정치, 법률, 도덕을 형성한다고 보았다.[22] "사회의 여론"이 "정의正義"를 자임하면서 종교(예컨대 '야소교')의 독단을[23] "주誅"할 수 있는 근거는, 단지 그것이 "다수 민중의 심중에서 나온"[24]것이라는 점에 있지 않다. '여론'은 사람들의 "이성"과 "판단력"에 바탕한 비판과 토론에 의해 추려진 것이므로 '공적'인 의견으로 간주되는 것이다.*

「민족개조론」에 나타난 의사소통과정에 대한 이미지는 「신생활론」의 그것과는 판이하게 다르다. 특히 비판과 토론의 기능에 대한 표상에서 차이가 난다. 「국민생활에 대한 사상의 세력」에서와 마찬가지로,** 「민족개조론」에서는 공동체 안에서 의견이 형성, 소통, 결정되는 과정에서 비판이나 토론이 적극적인 의의를 지니지 못한다. 민족개조 기획의 마지막 9, 10 단계가 보여주듯이, 그것들은 오히려 벗어나야 할 단계로 설정되어 있다. 이광수의 목표는 민족개조주의가 "토의권討議圈을 초월하여" "전염"되고, "이지의 역域을 탈脫하여" "정의적情意的 습관의 역域"에 들어가도록 하는 것이었다. 이광수가 민족개조의 모든 단계에서 배제한 것은 비판과 토론, 곧 '논쟁'이었고, 그것은 선전, 전염, 모방으로 대체되었다. 이성을 대신한 것은 감정과 의지였다.

---

* 1910년대 후반에 이광수는 '비판'의 본질과 작동방식에 대해 비교적 분명한 의식을 가지고 있었다. 그에 따르면, "비판"은 "나"의 "눈"과 "이성"에 의거하여, 즉 개인의 "관찰"력과 "판단"력에 의거하여 "정치, 윤리, 법률, 습속 같은 사회 제반 현상의 선악진위를 아는" 인식작용이다. 다시 말해 비판은 '사회'의 자율적인 반성 기제이자 입법 기관으로서, '사회현상'에 대해 비판을 가하고 토론을 시도한 글쓰기가 비평(평론)이었다. '비평'은 '사회'에 대해, '사회'의 관점에서, '사회' 안에서 '비판'하고 '토론'하는 제도였던 것이다. 1910년대 후반에 '비평'은 '개인'과 '개인들의 집합체=사회'라는 새로운 주체의 '비판적 태도'를 표명하는 글쓰기 형식으로 확립되었다. 비판의 글쓰기(비평)는 재현의 글쓰기(소설)와 함께 '개인'과 '사회'라는 근대적 주체를 생산(구성)한 중요한 실천행위의 일부였다. 이에 대한 더 자세한 논의는 김현주, 앞의 책, 2005, 165~174쪽 참조.

** "선전자가 ─ 小단체의 수신자를 득得함에 성공하여서 신新전전자를 양성한 때에 비로소 신사상이 논의의 성城에 입入하는 것이외다……그러나 실상은 혹 이를 대체로 채용하는 자와 대체로 이를 배척하는 자가 있어 다투어 단정과 부정을 교환하지마는 논증을 교환하는 것은 심히 드문 일이외다. 대다수의 민중 편으로 보면 어떠한 사상을 채용하고 아니하는 유일의 이유는 오직 감정이요 추리 같은 것은 그처럼 관계가 있는 것이 아닙니다." 르봉(로아 옮김), 앞의 글, 1922. 4, 30쪽.

4. 맺음말

「민족개조론」은 과학적으로 '구성'되고 '서술'된 제안서(기획안)이다. 「민족개조론」의 체제와 서술은 제안서의 그것을 매우 잘 구현하고 있다. 또 「민족개조론」의 과학주의와 합리주의, 그리고 기획과 방법의 사상은 제안서의 이데올로기와 합치된다. 그런데 「민족개조론」에서 제안서의 글쓰기와 이데올로기는 사회심리학(군중심리학)의 설명체계를 구성하는 선전, 전염, 모방, 무의식, 암시와 피암시, 감정에 의해 내부적으로, 그리고 지속적으로 침식당하고 해체되고 있다.

이광수는 제안서를 제출하는 동시에 회수하고 있다. 먼저, 「민족개조론」은 검토자의 '논의하고 판결하는' 능력을 부정하는 제안서였다. 사실 제안서는, 제안자와 같거나 그보다 높은 수준의 판단력을 가진 검토자를 기대하는 글이라고 할 수 있다. 그런데 이광수는 조선의 '형제자매들'의 이성과 판단력을 신뢰하지 않았다. 또 그것은 경쟁 자체를 부정하는 제안서였다. 표면적인 주장과 이데올로기와는 달리, 「민족개조론」은 '검토자'나 '토론자'를 예상한 글이 아니었다. 다른 제안들과 경쟁하기 위해 제출된 것도 아니었다. 이광수가 거부한 것, 피하고 싶었던 것이 바로 경쟁(논쟁)이었다. 그는, 기획을 할—목적을 정하고 방법을 선택할—능력과 권한이 있는 주체는 오직 지도자뿐이라고 말하고 있다. 지도자의 기획이 검토를 받거나 경쟁에 처하는 경우는 없다.

「민족개조론」에서 이광수는 새로운 정치를 상상하고 있다. 새로운 정치는 '지도자'의 정치였고, '카리스마'의 정치였다. 그리고 그것은 '선전'의 정치였다. 새로운 정치학의 원료는 사회(대중)심리학이었다.* 「민족개조

---

* 르봉의 군중심리학은 지배계급에게 대중사회가 왜 존재하게 되었는지를 설명하는 한편, 대중에 직면했을 때 무엇을 해야 하는지를 가르쳐주기 위한 연구였다. 르봉은 군중심리학을 "군중에게 지배되지 않기를

론」은 실은 '선전문'이었다. 그즈음 이광수는 수양동맹회라는 단체를 결성했는데,* 이는 그가 수립한 민족개조 기획의 10단계 중에 다섯 번째 단계에 해당하는 일이었다. 이 단계의 목표는 '개조사상을 선전하는' 것이었다. 「민족개조론」의 드러난 작성자는 합리주의적 과학자였지만, 숨은 작성자는 지도자라는 새로운 엘리트였으며, 더 정확히 말해 선전가였다. 「민족개조론」의 작성자는 합리적 계몽가로 보이고 싶어 하는 선전가였다.**

위와 같은 현상을 이해하기 위해서는 하나의 중요한 변동을 인정해야 한다. 이 글에서는 자세히 검토할 수 없었지만, 사실 '여론'이나 '민중'은 1920년대 전반기 논쟁의 정치라는 새로운 환경에서 핵심적인 수사비유(rhetorical figure)로 등장하고 있었다. 예컨대 1922년 9월에 정치와 시사 기사를 게재할 수 있게 된 이후 『개벽』은 "순수 평민적 순결한 노동적 민중" 또는 "민중적 노동자"에 바탕을 둔 언론기관을 자임했다. 사회학적으로 그 본질이 아직 불충분하게 규정되었음에도 불구하고, '민중'은 변화된 정치문화에서 정당성과 권위의 새로운 토대로 기능하기 시작했던 것이다. 다시 말해 논쟁의 정치에서 경쟁하는 제안자들은 '민중'의 재판정에 호소했다. 「민족개조론」은 이렇게 변화되어가는 정치문화에 대한 불안의 산물이자 그것을 통제하려는 욕망의 표현이었다. 이광수는 논쟁의 정치에서 중요한 의미를 가지며 등장하고 있던 위와 같은 개념들(비유들)을 사회심리학적으로 재정의, 재해석함으로써 논쟁의 정치가 가져온 무질서와 불안정

바라는 정치인의 재산"이라고 불렀다. 세르주 모스코비치(이상률 옮김), 앞의 책, 1996, 57쪽.

* 이광수는 김기전 등과 함께 1922년 2월 12일에 수양동맹회를 결성했다. 김윤식, 앞의 책, 1986, 747~755쪽 참조.

** 1920년대 전반기 이광수의 글쓰기 전체가 사회심리학의 영향 아래 있었다. 이 글에서 다룬 「민족개조론」 뿐 아니라 「문사와 수양」을 비롯한 예술·문학에 관련된 글들, '엣세이'들, 「허생전」과 「거룩한 죽음」 같은 단편소설들, 장편 『재생』 등에는 사회심리학, 특히 르봉의 군중심리학의 영향이 짙게 드리워져 있다. 이 시기 이광수의 모든 글은 선전(Propaganda)과 선동(Demagogy)의 글쓰기라는 관점에서 논의할 수 있다. 이에 대한 일차적인 논의는 김현주, 앞의 책, 2005, 283~306쪽 참조.

성을 불식하고자 했다. 「민족개조론」이 1920년대 전반기 조선의 정치문화에 대해 함축하고 있는 가장 중요한 사실은 조선이 바야흐로 '대중의 시대'에 접어들고 있었다는 점이다.*

---

* 3·1운동 이후 조성된 '논쟁의 정치'와 그에 대응한 부르주아 세력들의 정치학과 수사학에 대한 필자의
 후속 연구로 「김윤식 사회장 사건의 정치문화적 의미」, 『동방학지』 132, 연세대 국학연구원, 2005. 12;
 「3·1운동 이후 부르주아 계몽주의 세력의 수사학」, 『대동문화연구』 52, 성균관대 대동문화연구원, 2005.
 12 참조.

:: 허 수

서울대학교 국사학과를 졸업하고, 같은 학교 대학원에서 석사 및 박사학위를 받았다. 도쿄대학 조선문화연구실 소속 외국인연구원을 거쳐, 현재 동덕여자대학교 연구교수로 재직 중이다.

주로 한국근대사에서의 지적 동향 가운데 자본주의적 근대 지향으로 수렴될 수 없는 다양한 시도들을 살펴보는 데 관심을 갖고 있다. 특히 그 가운데서 식민지 시기 천도교라는 종교적 기반이 자본주의 문명 비판의 사조와 어떻게 연결되는가를 연구하기 시작했다. 이런 문제의식을 발전시켜 한국사에서 종교와 근대의 상관관계를 좀 더 적극적으로 해명하고, 나아가 이 주제에 관한 한중일 동아시아의 비교연구를 통해 한국근대의 경험이 갖는 특질을 규명하고자 한다.

주요 논문으로는 「일제하 이돈화의 사회사상과 천도교」(2005)와 「1945~46년 미군정의 생필품 통제정책」(1995) 등이 있다.

1920년 전후 이돈화의
현실인식과 근대철학 수용

허 수

1. 머리말

본 논문의 목적은 1910년대 후반에서 1920년대 초반에 걸친 시기를 중심으로 '천도교 이론가'이자 '계몽적 지식인'으로 활동했던 이돈화의 현실인식과 근대철학의 수용양상을 구체적으로 규명하는 데 있다.

한국근대사에서 1920년대는 3·1운동 이후 민족운동이 분화·발전하는 시기라는 점, 그리고 제한적이나마 열려진 '문화정치' 공간 속에서 '문화운동' 등 제반 계몽운동이 활발하게 전개된 시기라는 점 등이 주목되어 이에 관한 많은 연구 성과가 축적되었다. 특히 그동안의 연구가 민족주의·사회주의운동을 민족해방운동으로 파악하고, 나아가 청년운동, 학생운동, 여성운동 등을 부문운동의 관점에서 연구함으로써 새로운 연구영역을 개척하고 민족운동사의 외연을 확장해온 점은 높이 평가할 만하다.* 그러나

---

* 대표적인 연구 성과는 한길사에서 1994년에 간행된 『한국사 15권―민족해방운동의 전개 1』과 『한국사 16권―민족해방운동의 전개 2』에 잘 나타나 있다. 한편 1990년대 이전의 연구 성과에 관한 정리는 다음을

기존의 연구는 각 운동을 그 자체의 내적 논리보다 '민족'이라는 기준에 치중해서 바라본 결과, 각 운동론의 구조를 해명함에 있어 각각이 갖고 있는 고유한 성격에 주목하기보다 식민지 권력에 대한 태도나 독립방략에 대한 입장을 중심으로 지나치게 일반화·단순화시킨 경향이 있었음도 부정할 수 없다.*

본 논문의 주제와 관련해서 본다면, 1920년대 천도교의 문화운동론은 당시의 부르주아 민족운동 전반에 대한 '실력양성운동론'적 파악방식이나 '문화적 민족주의'의 파악방식, 그 어느 쪽에 의해서도 독자적인 분석대상이 되지 못했다고 할 수 있다.** 즉 기존 연구들은 주로 '민족운동·민족주의'와의 원근법 속에서 이 시기의 '문화운동'을 바라본 결과, 그 내부의 차이에 대해서는 지나치게 소홀했던 것도 사실이다. 더구나 가장 대표적인 계몽적 종합월간지인 『개벽開闢』을 통해 문화운동을 선도하고 있었고 강한 종교적 응집력을 가지고 있었던 천도교청년회의 활동은, 사회 일반의 여타 문화운동 세력과 무매개적으로 동일시되기 힘든 면이 있다. 따라서 해당 운동주체들이 가진 아이덴티티를 살펴보고 이를 통해 시대상에 대한 풍부한 이해를 돕기 위해서는 천도교 종교사상이 사회현실과 상호 작용하는 구체적인 양상에 주목할 필요가 있다. 지금까지 식민지 시기 천도교에 관한 연구는 주로 천도교단과 계열조직의 민족운동에 집중되어 적지 않은 성과를 산출했다.*** 특히 천도교의 문화운동에 관한 실증적 연구와 함께

참고할 수 있다. 역사문제연구소, 『쟁점과 과제 – 민족해방운동사』, 역사비평사, 1990.

* 이런 문제제기에 관해서는 다음의 연구를 참고할 만하다. 윤해동, 「식민지 인식의 '회색지대'—일제하 '공공성'과 규율권력」, 『당대비평』 13, 삼인, 2000, 141~142쪽.

** 다음과 같은 박찬승과 M. 로빈슨의 연구는 각각 전자와 후자의 연구경향을 대표하고 있다. 박찬승, 『한국근대정치사상사연구』, 역사비평사, 1992; Michael. Edson Robinson, *Cultural Nationalism in Colonial Korea, 1920~1925*, University of Washington Press, 1988.

*** 다음의 연구를 비롯하여 다수의 성과가 있다. 金正仁, 「日帝强占期 天道敎團의 民族運動 연구」, 서울대 국사학과 박사학위논문, 2002; 이준식, 「최동희의 민족혁명운동과 코민테른」, 『역사와 현실』 34,

천도교 종교사상과 문화운동론 사이의 관련성, 그리고 천도교 문화운동의 주요 활동조직이었던 천도교청년당의 입장에 주목하는 연구 등이 이루어 진 것은 반가운 일이다.* 그러나 종교사상과 사회현실의 상호 작용에 대 한 본격적인 천착이 이루어졌다고 하기는 힘들며, 따라서 그 작업은 아직 도 문제제기 수준에서 크게 벗어나지 못하고 있는 실정이다.**

본 논문이 이돈화의 사상에 주목하는 것은 그동안 1920년대 연구가 가 진 문제점, 즉 민족운동사적 관점으로 대표되는 과도한 민족중심주의적 설명방식에 대한 비판적 문제의식에서 출발한 것이다. 즉 천도교 문화운 동론에 내재한 종교사상적 측면과 사회계몽론적 측면의 상호 연관을 이해 하고, 나아가 그것의 이론적 성격을 총체적으로 해명하기 위해서는 천도 교 문화운동론 형성의 중심에 있었던 이돈화의 사상에 관한 연구가 필수 적이기 때문이다.

이돈화는 1903년 동학에 입교한 이래 1910년 무렵 천도교회월보사 사 원이 되면서 『천도교회월보天道敎會月報』에 글을 발표하기 시작했고, 1920 년대에는 천도교청년회의 리더이자 『개벽』의 편집인 자격으로 다수의 논 설을 발표하면서 문화운동을 이론적으로 선도했다. 또한 1925년 천도교가 신·구파로 분열된 뒤에는 최린을 중심으로 한 주류파, 즉 신파 입장에서

1999; 지수걸, 「朝鮮農民社의 團體性格에 관한 研究」, 『歷史學報』 106집, 1985.

* 曺圭泰, 「1920年代 天道敎의 文化運動 硏究」, 서강대 사학과 박사학위논문, 1998; 鄭用書, 「日帝下 天道敎靑 年黨의 運動路線과 政治思想」, 『韓國史研究』 105, 1999; 김도형, 「1920년대 천도교계의 민족운동 연구」, 『역사와 현실』 30, 1998. 특히 김도형은 기존의 천도교 민족운동 연구가 "천도교라는 종교적 측면을 소홀 히 취급하고 민족운동 자체만을 분석하는 경우가 많았다"라고 비판하면서 천도교의 민족운동은 "종교로 서의 천도교가 그들의 교리를 체계화하고 이를 사회에 적용해간 일종의 종교운동의 일환이기도 했다"라 는 점을 지적하고 있다(213쪽).

** 윤해동이 천도교 종교사상을 한국 근대사상사의 흐름 속에서 접근하고자 하는 문제의식을 피력하면서 김기전의 사상을 분석한 것은 현실과의 상호관련성 속에서 천도교 종교사상을 분석하고자 한 시도로 거 론될 수 있다. 윤해동, 「한말 일제하 天道敎 金起田의 '近代' 수용과 '民族主義'」, 『역사문제연구』 창간호, 1996.

기관지 『신인간新人間』의 발행을 맡았으며, 1930년대에도 천도교 교리敎理와 교사敎史 정리를 통해 천도교의 공식 입장을 대표했다. 이런 활동에 따라 천도교 내에서의 지위도 점차 상승하여 해방 후에는 장로의 위치에까지 이르렀다.[1)

이와 같이 천도교 교리발달사나 문화운동 전개과정에서 차지하는 그의 역할이 매우 높았음에도 불구하고 그에 관한 본격적인 연구가 별로 없는 것은 놀랄 만하다. 그에 관한 간단한 소개글을 제외하면[2)] 최동희, 황문수, 황선희의 연구가 있을 뿐이다.[3)]

최동희의 대표적인 두 논문에서 이돈화의 사상은 동학사상 및 운동을 통관하는 글의 일부로서 논의되고 있을 뿐이다. 그러나 최동희는 『인내천요의人乃天要義』(1924)나 『개벽』 초기의 「인내천의 연구」(1920~21)에 대한 검토를 통해 이돈화의 인내천 논의가 가진 천도교 교리 근대화에서의 위치를 명확히 제시했다.[4)] 즉 이돈화의 논의는 1900년대에 양한묵梁漢默이 전개한 '성리학적 틀에 의한 인내천 논증'과 더불어 근대적 교리전개의 흐름에 속하지만, 이돈화가 자신의 논의에서 서양철학을 활용한 점이 양한묵 등과 구별된다는 것이다.

황문수는 이와 같은 최동희의 관점을 공유하면서 이돈화의 주요 저서인 『인내천요의』와 『신인철학新人哲學』(1930)을 분석대상으로 삼았다. 그는 이돈화의 실천적 관심이 '국민의 계몽 혹은 민중의 개화'에 있었다는 최동희의 관점을 계승하면서,[5)] 이런 실천적 관심이 인내천 사상의 이론적 체계화에 근본의도로 작용했음을 지적했다. 나아가 이돈화는 인내천 사상을 전개하기 위해 스피노자, 라이프니츠, 데카르트, 베르그송 등의 사상을 수용했고, 그 수용의 근원에는 동학사상이 있었다고 결론짓고 있다.*

---

* 黃文秀, 「李敦化의 新人哲學思想」, 422쪽. 황선희의 연구도 기본적으로 위의 두 사람과 같은 입장과 접근방식을 취하고 있다.

그러나 기존 연구들은 대부분 당시의 이돈화에게 '천도교 이론가'이자 '민중을 계도한 언론인 및 사상가'로서의 측면이 분리되기 힘들게 공존했음에도 불구하고 '천도교 이론가'로서의 면모에만 주목하는 편향을 보이고 있다. 뿐만 아니라 서양사상의 영향에 주목하는 경우에도 이돈화의 논설에 거론된 서구철학자의 이름이나 용어를 근거로 사상적 요소의 단순비교나 유사성 확인에 머무르고 있다. 이런 고찰방식은 특정 서구사상이 무엇을 매개로 수용되었는가에 대한 탐구와 이해를 결여함으로써 한편으로는 이돈화 논설의 내용적 '부정합성'이나 서양사상 수용의 '무원칙성'을 지나치게 과장하고 있으며, 다른 한편으로는 그런 '무원칙성'의 이유를 설명하기 위해 이돈화가 지닌 '종교적 실천가'로서의 입장을 무매개적으로 끌어오고 있다.[6]

이돈화에 관한 이상의 선행 연구들은 대체로 이돈화의 논설로부터 종교이론가와 계몽적 지식인의 양 측면을 함께 포착하려는 문제의식이 미약하고, 사상과 실천의 상호 관련성에 대해 안이한 설명방식을 택하고 있다. 더욱이 사상형성 과정보다 결과물에 대한 정태적 분석에 치중한 나머지 종교적 요구와 사회적 계몽의 요구를 조화시키려고 노력했던 이돈화의 실천을 역사적 시각에서 동태적으로 재구성하기에는 미흡함을 보였다고 생각된다.

이상의 문제의식에서 본 논문에서는 1910년대 후반에서 1920년대 초에 걸쳐 이돈화의 현실인식은 과연 어떠했으며, 그가 천도교의 종교사상을 사회방면으로 확장시키기 위해 근대철학, 그 가운데서도 특히 일본의 이노우에 데쓰지로井上哲次郎의 철학을 어떤 방식으로 수용하고 있었는가를 중점적으로 살펴보고자 한다. 이 작업은 이후 더욱 활발히 전개되는 이돈화의 사상을 이해하고, 나아가 천도교 문화운동론의 성격을 총체적으로 규명하는 출발점이 될 수 있을 것이다. 특히 본 논문에서는 분석의 주안점을 이돈화가 서구 근대철학을 어떤 계기와 매개를 통해 받아들였으며 그 수용의 양상이 어떠했는가에 두고자 하는데, 이는 식민지 조선에서 이루어졌던 '이식근대의 전개' 과정을 사상적 측면에서 접근하는 작업이 될 것이다.* 또한 그것은 현재 존재하는 천도교 교리체계의 '근대적' 틀을 그 기원에서부터 검토하고 대상화하는 단서가 된다는 점에서, 최근 기존의 식민지 인식을 비판하면서 제기되고 있는 '식민지적 근대'의 문제의식을 구체화하는 작업의 하나로 자리매김될 수 있을 것이다.**

기본 사료로는 그동안 선행 연구에서 충분히 검토되지 못했던 『개벽』의 초기 논설인 「인내천의 연구」에 주목하되, 그것을 1910년대와의 관련 속에서 다각도로 음미하기 위해 『천도교회월보』 및 『반도시론半島時論』에 실린 그의 논설도 함께 검토할 것이다.

제2장에서는 1910년대 후반에 접어들면서 사회와 개조에 대한 관심이 증가하고 있는 양상을 그 이전 시점과 비교·대조하면서 고찰하고자 한다. 제3장에서는 천도교를 개조의 주체로서 부각시키기 위해 우선 종교 방면에서 천도교의 '최후종교'적 성격을 확인하고 이를 선전해나가는 모습을 살펴보기로 한다. 제4장에서는 이노우에 철학과의 관련을 고찰하면서 이돈화에게 '철학'은 인내천의 종교사상을 사회 방면으로 확장하는 매개로써 중요시되었음을 분석하고자 한다. 1절에서는 그가 신칸트학파의 '완기설完己說'에 주목하고 이를 인내천주의에 포섭하는 과정과 그 의미를 살펴

---

* 권태억은 식민지 시기 한국인의 근대문화 수용이 가진 특징을 "일본이 소화한 서양 근대문화라는 磁場 안에서의 근대문화 수용", "이식된 근대문화"로 성격규정한 바 있다. 「근대화·동화·식민지 유산─해방 전후의 연속과 단절문제와 관련하여」, 『歷史學報』 165輯, 2000, 301쪽.
** '식민지적 근대'에 관한 연구사 정리로는 마쓰모토 타케노리松本武祝의 최근 논의가 주목된다(松本武祝, 「朝鮮における'植民地的近代'に關する近年の研究動向」, 『アジア経済』 第43卷 第9號, 2002). 한편 최근의 '식민지적 근대' 논의가 일국적 차원에 갇힐 위험성에 대해 경계하고 대안을 모색하는 배성준의 논의도 경청할 만하다(배성준, 「'식민지 근대화' 논쟁의 한계지점에 서서」, 『당대비평』 13, 삼인, 2000, 174~178쪽).

보고, 2절에서는 '종교, 철학, 과학'의 구분법에 대한 추적을 통해 이노우에 철학의 영향과 그 함의를 넓은 문맥에서 검토하고자 한다.

2. 사회와 개조에 대한 관심

　이돈화가 동학에 입교한 시점은 1903년 12월로서, 당시는 1894년 '농민전쟁' 이후 '은도隱道'의 길을 걷던 동학교단이 점차 교단정비와 교리체계화를 통해 근대적 종교로 탈바꿈해 나가려 하던 시기에 해당한다. 당시 제3대 교주 손병희 등은 1901년 이래 일본 도쿄에 체류하고 있었는데, 1904년 러일전쟁을 계기로 국내의 진보회를 통해 단발斷髮, 흑의착용黑衣着用, 학교설립, 관폐官弊혁신 등 7개 정강을 중심으로 한 이른바 '갑진개화운동甲辰開化運動'을 주도해나갔다. 1884년 함경남도 고원군高原郡 재령산載靈山 화남촌花南村의 부농 집안에서 태어나 일정한 수준의 한학교육을 받은 이돈화는 상급학교 진학의 좌절과 농촌생활의 불만으로 시작한 방랑생활을 청산하고 평안남도 양덕陽德에 거주하던 외조부를 통해 동학에 입교했는데, 당시 평안도는 동학교세 급증에 따라 '동학의 메카'로 부상하고 있던 지역이었다.

　한편 천도교로의 개명 및 합법화(1905. 12), 손병희 귀국(1906. 1), 「천도교대헌天道敎大憲」 공포(1906. 2), 『대종정의大宗正義』의 출간(1907)과 '인내천'의 등장(1907) 등 일련의 조처를 통해 천도교측은 교단조직과 교리의 양 방면에서 근대적 정비를 추진한 결과, 1909년 무렵이 되면 손병희를 중심으로 한 중앙집권적 교권체제를 확립하게 된다. 1910년을 전후한 시기 천도교단의 '종교적 계몽운동'은 교리서 발간, 교리강습소 운영, 기관지 발간 등을 통해 전개되었다. 교리서 『무체법경无體法經』(1909. 12)에서는 양한

묵이 중심이 되어 성리학적 개념틀에 입각한 인내천 논증을 시도하고 있었으며, 1910년 8월에 창간된 기관지『천도교회월보』는 전국의 천도교인들에게 천도교의 새로워진 모습을 선전하고 근대적 지식을 전달하는 계몽적 역할을 수행하고 있었다.*

이돈화는 1910년 무렵에 서울로 와서 최남선이 경영하는 신문관新文館에서 활동하다가 곧 천도교회월보사 사원으로 근무하게 되는데,[7] 이후 1910년대 그의 생각은 주로『천도교회월보』(이하『월보』로 줄임)를 통해 표현되고 있다.** 또 이미 1910년대 초부터 「동경대전요지강해東經大全要旨講解」와 같은 교리해설에 관한 글을 싣고 있을 뿐만 아니라[8] 강연내용 및 논설 그리고 가벼운 수필에 이르기까지 다양한 형태와 내용의 글을 게재하고 있다. 1911년에서 1920년대 중반까지 그가『월보』에 발표한 글의 수를『개벽』의 경우와 함께 살펴보면 다음과 같다.***

〈표 9-1911～1924『월보』와『개벽』에 발표된 이돈화 글의 빈도수〉[621쪽]에서 드러나듯이 이돈화는 1918년부터 1921년에 이르는 4년 동안 특히 왕성하게 글을 발표하고 있다.『월보』의 경우 14년에 걸쳐 발표된

---

* 이돈화가 받은 교육 정도를 보면, 어릴 때의 서당교육 외에 10대 초반에는 영흥에서 3년간 한학교육을 받았고(1894～96), 1905년에는 평남사범 전신인 평남일어학교 속성과에 입학했으며, 졸업 후에는 관북지역에서 교원생활을 했다고 한다. 이상 이돈화의 성장과 교육, 동학입교 전후의 시대상에 관한 서술은 다음의 연구를 참고했다. 金正仁, 앞의 글, 20～21, 29～41쪽; 조규태, 앞의 글, 27～29쪽; 윤해동, 앞의 글, 214쪽; 崔東熙, 앞의 글, 1980, 197～211쪽.

** 『天道敎會月報』는 천도교 기관지로서 1910년 8월 15일에 창간되어 1937년 5월 15일 통권 295호로 종간되었다. 金根洙 編著, 『韓國雜誌槪觀 및 號別目次集』, 永信아카데미 韓國學硏究所, 1973, 115쪽.

*** 두 지면에는 그의 이름인 李敦化 외에 夜雷, 滄海居士, 白頭山人, 猪巖, 一熊 등이 필명으로 사용되고 있다. 〈표 9〉[621쪽]의 빈도수는 필명이 있는 글에 한정했고, 현재 이돈화의 필명으로 밝혀져 있는 것을 중심으로 계산한 것이므로 실상을 그대로 반영하는 숫자라고 하기는 어렵다. 예를 들면『개벽』권두언 중 상당수를 이돈화가 썼을 것으로 생각되지만 확인되지 않으므로 계산하지 않았으며, 그의 글은 이외에도 여러 잡지매체에 실리고 있다. 그러나 위의 두 지면이 가장 중요한 무대가 되었고 시기적으로도 잡지 발표의 빈도와 관련해서 이 시기가 중심이 되었음은 의심할 바 없으므로 이 표로써 연도별 개략적인 추이는 파악할 수 있다고 본다. 한편, 두 지면을 1924년까지만 비교한 것은 그 이후에 이돈화의 논설이 없기 때문이 아니라, 1920년 전후의 경향성 파악에 주의를 집중하기 위한 실용적인 이유 때문이다.

글 166편 가운데 이 4년 동안의 글 수가 111편으로, 전체 시기의 28.6%에 해당하는 기간 동안에 66.9%에 달하는 글을 발표한 셈이다. 『개벽』의 경우도 1926년 8월의 폐간시점까지 발표된 그의 글은 대략 79편 정도인데, 그 가운데 1920년과 1921년의 것이 47편이다. 『개벽』이 발간된 개월 수를 따져보면 이 경우는 전체 시기의 1/4 남짓한 기간 동안 약 6할의 글을 발표한 셈이 된다. 이처럼 1910년대와 1920년대에 걸친 이돈화의 저술활동에서 1910년대 후반부터 1920년대 초반까지의 기간은 중요한 의미를 갖는다고 할 수 있는데, 그것은 이돈화의 논설에 등장하기 시작하는 사회와 개조에 대한 관심의 증대와 직접 관련되어 있다.

『월보』를 중심으로 1910년대 후반의 내용 변화를 포착하기 위해서는 먼저 1910년대 전반의 경향을 간단히 파악할 필요가 있다. 1910년대 초반 그의 논설에는 천도교 교리해설이나 종교적 수련에 관한 내용이 다수를 차지한다. 즉 천도교라는 종교에 관한 이론적 실천적 방면의 논의가 중심을 이룬다.

그가 「영통력靈通力이 사실事實됨을 선명鮮明홈」에서 '영통력'을 논하거나[9] 「영성적 생활」에서 "영성적 생활은 곧 명상적 생활"이라고 언급하고 있는 부분[10] 그리고 「묵념중삼아默念中三我」에서 묵념을 강조하고 있는 대목은[11] 모두 종교적 실천의 방면에 관한 논의라 할 수 있다. 또한 이론적 방면의 논의와 관련해서도 이돈화는 다수의 논설을 발표했는데, 특히 그가 천도교 교리의 요점을 '천인합일天人合一, 성신쌍전性身雙全, 유무일관有無一貫'으로 제시하는 점이 주목된다. 그에 따르면 '천인합일'과 '성신쌍전'의 경우, 전자는 '천天과 인人이 우주의 전체 원리에서 합일함'을 뜻하고 후자는 '성性과 신身이 개인의 전체 원리에서 합일'함을 뜻한다.

이어서 그는 "大흔 天과 人, 小흔 性과 身은 全體와 個體에서 摠히 有無一貫의 血脈이라 此 有無一貫의 眞理로써 吾敎는 無形有形의 兩界를 包養ㅎ느

니"라고 해서 앞의 두 항목을 마지막의 '유무일관'으로 통합하고 있다.[12] 여기서 전제되고 있는 '우주와 개인'이라는 중심축을, 그가 동의하고 있던 종교의 정의, 즉 '천과 인의 연쇄이며 상대와 절대의 관계'라 하는 부분과 관련시켜 생각하면,[13] 당시 그의 교리해석에는 종교적 측면 즉 '천과 인' 혹은 '우주와 개인'의 문제가 중심테마를 이루고 있었다고 말할 수 있다.

이상과 같이 1910년대 중반까지 그는 실천적 방면에서 묵념을 통한 '영성적 생활'을 강조하고, 이론적 방면의 논의는 '천과 인' 혹은 '우주와 개인' 문제를 중심으로 하고 있었는데, 이런 노력들은 천도교라는 종교적 범위에 국한된 것이었고 글의 발표도 그다지 활발한 편은 아니었다.

1918년이 되면 이돈화의 글은 급격히 증가한다. 『월보』는 본래 종교 기관지이므로 증가된 글에서도 여전히 종교적 내용이 대세를 이루고 있지만, 이와 함께 주목할 만한 변화도 나타나기 시작했다. 「종교의 양측면」 (1918. 2)에서 그는 '유무통일有無統一, 영육쌍전靈肉雙全'을 '종교의 본령'으로 보면서도 그것을 '응용'할 것을 주장한다. 즉 "現代宗敎ᄂᆞᆫ 個人的 側面과 社會的 側面을 總合大觀(할-인용자) 責任을 負擔ᄒᆞᆫ 者"라는 것이다.[14] 구체적 인 방법으로 각 개인은 '전공적專攻的 수양'을, 그리고 사회에 나가서는 '협 동주의'를 취할 것을 제시하고 있다. 말하자면 1918년경이 되자 '사회'에 대한 언급이 추가되면서 이전의 '우주와 개인' 구도가 '우주-개인-사회'의 틀로 변화를 보이게 된 것이다. 이에 연동해서 그는 인내천 등의 천도교 교리를 '현대적 최후 대사상'인 동시에 "現代 諸般活動, 卽 宗敎, 哲學, 科學, 道德, 政治 等 各種活動을 統一調和"하는 것으로 언급하고 있다.[15] 과학뿐만 아니라 도덕과 정치가 천도교 교리의 작용범위로 포함된 것은 '사회'에 대 한 관심의 증가에 따른 것으로 보인다.

이돈화가 이런 관심을 좀 더 포괄적이고 체계적인 형태로 제시한 것은 4회에 걸친 연재논설 「신앙성과 사회성」(1918. 11~1919. 2)을 통해서이다.* 여기서 이돈화는 사회성을 '사교적 생활'로 정의하면서 그것을 신앙성(종교성)과 더불어 '인류의 선천적인 본능'으로 설정한다.[16] 신앙성을 논하는 두 번째 논설에서는 주로 신앙성의 진화과정을 언급하면서 결론을 최제우의 '신신앙新信仰'에 대한 기대로 유도하는데, 같은 글에서 종교와 사회를 대비시키는 방식이나 세 번째 논설에서 사회성을 주로 '개인과 사회의 관계' 속에서 언급하는 부분은 1910년대 후반에 들어 크게 새로워진 내용이다. 따라서 이 논설의 집필 목적은 새로 주목하게 된 '사회' 개념을 이전의 종교적 설명체계와 관련시켜 통합적으로 제시하기 위한 것이었다고 생각된다. 크게 볼 때 '종교와 사회'의 관계, 그리고 사회성을 설명할 때의 '개인과 사회'의 관계는 아래와 같은 이항대립 구도를 이루고 있다.[17]**

구분	본성	대상	體 / 用	정의
종교	신앙적	관념세계	절대 / 희망	정신상 위안을 구하는 절대관념
사회	군거적	현실세계	상대 / 실현	육체상 복리를 구하는 비교사상

구분	관계	비유	태도
개인	분업	파도	이기주의
사회	협동	바다	이타주의

여기서 "개인과 사회, 이기와 이타를 병행해야 한다"라고 하거나,[18] "신앙적 본성과 군거적群居的 본성은 인류의 생활적 본체를 근거로 한다"라는 언급은[19] 모두 이항대립적 요소를 서로 연결시키려는 그의 노력을

---

* 이 논설은 夜雷라는 필명으로 『天道教會月報』 통권 99호(1918. 11)부터 통권102호(1919. 2)에 걸쳐 매월 연재되었다. 전체 서술구조를 개관하면, 먼저 첫 논설에서 신앙성과 사회성을 각각 간단히 소개한 뒤, 두 번째 논설에서는 주로 신앙성을, 세 번째 논설에서는 사회성을 각각 상술하고, 네 번째 논설에서는 천도교식 '신앙적 생활'을 강조하는 것으로 마무리하고 있다.

** 각 이항대립 위에 적힌 '구분', '정의' 등의 용어는 내용 이해의 편의를 위해 필자가 본문을 참고해서 붙였다.

보여준다. 후자의 언급은 종교와 사회를 '생활' 개념으로 연결하고자 하는 것이며,* 전자는 개인과 사회를 '도덕' 개념으로 연결하고자 한다.**

'사회성'에 관한 서술 도중이어서 그렇기도 하겠지만, 그는 개인과 사회, 이기와 이타의 관계를 설명하면서도 개인적 고립을 벗어나 사회와 연결점을 가져야 한다거나 '이타심도 이기심의 한 형태'라 하면서 사실상 사회·이타주의의 강조에 무게중심을 두고 있다. 그에 따르면 "强과 弱과 健과 病은 比較的 數理에 불과"하고, "강약의 관계는 사회생활에 避키 不可한 사실"이며, 협동생활을 하는 자는 "互相依立ㅎ며 信賴ㅎ야 相助홈을 勞力"하고 있다는 것이다.[20] 따라서 그는 "人類全體를 唯一 道德體系로 看做"하는 것이 중요하다고 하면서 이것을 "人類의 社會生活을 營홈에 必須홀 根本公準"으로까지 강조하고 있다.[21] 그는 '법률상의 1인 평등'을 의식하면서 도덕체계 속의 평등을 강조하는데,[22] 따라서 앞서 살펴본 바대로 1918년 시점에서 천도교 진리의 포괄대상에 '도덕과 정치' 등이 삽입되고 있는 것은 사회에 대한 그의 관심을 반영한다는 점을 여기서 다시 한 번 확인할 수 있다.***

흥미로운 점은 이 시점을 즈음하여 제2대 교주 최시형에 대한 관심이 두드러진다는 사실이다. 그는 '해월신사海月神師의 사인여천주의事人如天主義'

---

* 위의 글, 19쪽. 또한 그가 '신앙성'과 '사회성'을 논하는 이 연재 논설 전체에 걸쳐서 종종 '신앙적 생활'이나 '사회적 생활' 등의 용어를 사용하고 있는 것도 이런 이유 때문으로 생각된다.

** 夜雷, 「信仰性과 社會性(續)」, 16쪽. 이런 이항대립의 결합 시도는, 신일철이 이돈화의 동학교리 체계화에 미친 근대철학의 영향을 '이원론적 일원론'이라고 지적하고 있는 대목과 깊이 관련되어 있다고 생각된다.(신일철, 『동학사상의 이해』, 사회비평사, 1995, 165쪽) 이에 관한 규명을 위해서는 당시 서구철학의 주요 수용통로가 되었던 일본의 철학적 동향에 대한 전반적 이해가 필요하다고 생각되나, 우선 본 논문과 관련해서 생각하면 '이원론적 일원론'은 이노우에 데쓰지로의 '現象卽實在論'과 밀접한 관계가 있다고 보인다. 이노우에의 철학에 대한 논의는 본 논문 제4장에서 하기로 한다.

*** 이런 도덕 개념의 중시는 「活動主義의 道德」(滄海居士, 「活動主義의 道德」, 『天道教會月報』 통권 111호, 1919년 11월)에서 좀 더 상술되는데, 여기서는 지면관계상 이런 일반적 추세를 언급하는 데 그치고 내용 소개는 생략한다.

를 '애愛의 개방주의'로 의미부여 하는데,[23] 그가 사인여천주의를 거론할 때는 주로 '사회적 생활' 혹은 '노동문제·부인문제를 포함한 세계적 사회문제' 등과 관련시켜 논의하고 있다.[24]* 이 점은 교리를 논할 때 주로 최제우와 『동경대전東經大全』이 중심이 되는 반면 최시형에 대한 서술은 거의 보이지 않던 1910년대 중반까지의 경향과 대비를 이룬다. 이 역시 그가 사회에 주목하면서 '사회성'의 중요성을 뒷받침하는 근거를 천도교의 전통 속에서 찾고자 한 것으로 생각할 수 있다.

사회에 대한 이런 관심은 사회개조 움직임과 결합되어갔다. 이돈화는 자신이 주도적으로 참여한 천도교 청년단체의 활동을 통해 현실에 적극 개입하고자 했다. 천도교 청년단체를 결성할 필요성은 1919년 7·8월경, 국내적으로 3·1운동과 총독부의 '문화정치' 실시를 전후해서 전국적으로 각종 청년단체의 결성이 급증하고, 국제적으로 제1차 세계대전 이후 제국주의적 세계지배체제를 비판하면서 세계개조 사조가 풍미하는 가운데 논의되기 시작했다. 그 결과 천도교청년교리강연부天道敎靑年敎理講演部(1919. 9)가 조직되었고, 다시 이것이 주체가 되어 천도교청년임시교리강습회(1920. 1. 15~4. 1)가 개최되었다. 이 조직의 활동은 주로 천도교리 연구 및 선전에 치중하고 있었는데, 당시의 사회개조 분위기에 따라 활동범위를 '조선 신문화의 향상발전'이라는 차원으로 확장시키자는 필요성이 교단 내부에서 대두하여 천도교청년교리강연부는 천도교청년회(1920. 4)로 확대 개편되었다. 천도교청년회는 천도교단의 지원을 바탕으로 1920년대 초반 문화운동의 선도자로 부상하게 된다.**

---

* 당시 『天道敎會月報』에 실린 다른 필자들의 논설에서도 이런 경향이 보이고 있음은 김도형의 연구에서 지적되고 있는데(김도형, 앞의 글, 220쪽의 각주 26), 이로 보아 사인여천주의에 대한 이돈화의 관심은 당시 천도교계의 일반적 경향을 반영하고 있었다고 말할 수 있다.

** 천도교 청년단체에 관한 부분은 다음을 참고했다. 鄭用書, 앞의 글, 8~10쪽; 金正仁, 앞의 글, 77~80쪽; 金應祚, 「천도교청년회의 창립과 역사적 배경」, 천도교청년회중앙본부, 『天道敎靑年會八十年史』, 2000, 97

이돈화는 이미 천도교청년교리강연부 시절부터 간의원幹議員으로 참여했고, 이듬해부터는 전술한 강습회를 '사회적 교육의 일종'으로 간주하면서 강습회 강사로 활약했을 뿐만 아니라[25] 천도교청년회가 창간한 『개벽』 편집인이 되기에 이른다. 이런 활동의 중심에 선 그가 어떤 지향을 가지고 있었는가는 다음의 시대인식에서 좀 더 명확히 드러난다. "大神師(최제우-인용자)] 日 今日은 後天-開闢의 時代라 云하셨느니 此는 即 天이 大한 災禍로 一切物을 復活케하는 機會가 곳 今日이라 指稱하신 바로다"라고 해서,[26] 제1차 세계대전의 참상을 후천개벽의 기회로 보고 있다. 그리고 그 연장선에서 전쟁과 과학을 비판하고 평화와 종교를 내세우면서 "今日 以後 世界는 반다시 宗敎의 世界가 될지며 今日 以後의 改造는 반다시 宗敎的 改造가 되리라"고 언급한다.[27] 여기서 그가 개조를 "個人과 社會를 一層 幸福의 境에 到達코져 하는 最新의 用語"라고 하면서도 그것을 "進化의 連鎖點"으로 보고 나아가 개조 개념을 우주에까지 확산시켜 "宇宙는 改造에 改造를 加하는 伏能의 展覽品이라"고 하는 대목은,[28] 당시 유행하던 '개조'라는 용어를 빌려 개인과 사회의 문제뿐만 아니라 우주 혹은 우주와 개인을 중시하는 종교의 차원까지 포괄하고 싶어 했던 이돈화 사유의 단면을 보여주는 것이다.

이상에서 살펴보았듯이 1910년대 후반에 들어 이돈화는 새로이 사회와 개조에 대한 관심을 증가시키고 있었다. 그는 천도교사상 속에서 사회성에 관한 논리를 이끌어내는 한편, 당시 유행하던 '개조'라는 용어 속에 사회적 차원만이 아니라 종교적 차원까지 포괄하면서 종교적 원리를 중심으로 하는 사회개조를 추구하고 있었다.

~102쪽. 한편 당시 천도교청년회 주도로 발간된 『개벽』은 『동아일보』와 더불어 문화운동의 중심적 '선전기관'이 되었다. 박찬승, 앞의 책, 167쪽 참조.

3. '최후종교'로서의 천도교

제2장에서는 이돈화가 사회개조를 종교적 방향으로 추구하려 했음을 살펴보았다. 그런데 그가 아무리 종교적 사회개조의 필요성을 역설한다고 해도 이것으로부터 천도교가 개조의 중심에 서야 한다는 당위성이 곧바로 도출되는 것은 아니었다. 당시 조선에서는 천도교와 더불어 유교, 불교 및 기독교가 엄연히 종교적 기능을 수행하고 있었기 때문에 천도교를 개조의 주체로 내세우기 위해서는 여타 종교에 대한 천도교의 배타적 우월성을 보여주어야 했다. 이 장에서는 이돈화가 그 매개 논리를 쿠로이와 루이코 黑岩淚香(黑岩周六)의 '최후종교론'에서 이끌어오고 있는 점에 대해 고찰하기로 한다.*

이돈화는 1920년대 초반 『개벽』에 「人乃天의 硏究」(이하 「연구」로 줄임)를 9회에 걸쳐(1920. 6~1921. 3) 연재했다.** 여기서 그는 인내천주의를 종교, 철학, 과학의 세 부문에 걸쳐 논하고자 하는 자신의 저술계획을 제시했는데, 제4호의 후반부부터 제6호까지의 논설은 '종교상으로 관觀한 인내천주의'로서, 그리고 제7호에 수록된 논설은 '철학상으로 관한 인내천주

---

* 쿠로이와 루이코는 일본의 明治·大正期에 활약한 '위대한 新聞人'이자 추리소설의 元祖로 평가되고 있다(伊藤秀雄, 『黑岩淚香伝』, 國文社, 1975, 337쪽). 주로 언론인 혹은 번역소설가로 유명했던 그가 사상적으로 일본대중들에게 영향을 미치게 된 계기는 『天人論』(黑岩周六, 『天人論』, 朝報社, 1903)을 통해서이다.

** 「人乃天의 硏究」 연재논설 9편은 다음과 같다.

호수	발행일자	필명	논설 제목
제1호	1920. 06. 25.	夜雷	人乃天의 硏究
제2호	1920. 07. 25.	夜雷	人乃天의 硏究
제3호	1920. 08. 25.	夜雷	人乃天의 硏究(續)
제4호	1920. 09. 25.	夜雷	人乃天의 硏究(續)
제5호	1920. 11. 01.	夜雷	人乃天의 硏究(續)
제6호	1920. 12. 01.	夜雷	人乃天의 硏究(續)
제7호	1921. 01. 01.	夜雷	意識上으로 觀한 自我의 觀念(人乃天 硏究의 其七)
제8호	1921. 02. 01.	夜雷	疑問者에게 答함(人乃天의 硏究 其八)
제9호	1921. 03. 01.	夜雷	人은 果然 全知全能이 될가(人乃天 究硏 其九)

의'로 집필하고 있다.*

　제4호에서 제6호에 걸친 논설에서 이돈화는 쿠로이와의 최후종교론에 관한 장문의 인용과 이에 대한 자신의 간략한 평가를 첨부했다.** 최후종교론이란 "인간의 만사는 점차 진화하야 오는 고로 종교도 또한 최후로 창건된 종교가 眞의 종교"라 생각하는 입장으로서,[29] 그것은 이 연재논설에서 함께 인용되고 있는, 종교간 융화를 강조하는 우키타 카즈타미浮田和民의 '장래의 종교론'이나[30] 동학의 사상적 연원과 포괄성을 언급하는 다카하시 도루高橋亨의 '삼교합일론三敎合一論'[31]과 호응관계를 이루면서 천도교의 '최고진리성'을 설명하기 위한 이론적 자원으로 활용되고 있다.*** 당시 이돈화의 논설에는 유교에 대한 비판적 태도 및 기독교에 대한 경쟁의식이 곳곳에서 드러나고 있었는데, '최후의 종교가 진정한 종교'라 보는 진화론적 낙관론 위에 서서 기본적으로 범신론의 입장을 취하던 최후종교론에 대해 그가 특히 주목한 것도 이런 이유에서라고 생각된다.

　한편 1910년대 『월보』에서 「종교통일은 자연의 세勢」[32]와 「장래의 종교」[33] 등이 발표된 점으로 볼 때, 비록 '최후종교'라고 명확히 거명하지 않았지만 '발달한' 종교에 의해 종교간 통합 혹은 조화를 추구하는 '최후종교론'적 사고방식은 이미 1910년대 초부터 그의 논설에 나타나 있었다고 보인다. 최후종교론에는 진화론 및 범신론 사상이 핵심요소를 이루고 있는데, 이 요소들은 이른바 '교리의 근대화' 차원에서 서구사상을 통해 천도교교리를 설명하고자 했던 이돈화에 의해 1910년대부터 주목되고 있었다.**** 이상을 볼 때 이돈화는 1910년대에 이미 최후종교론을 접하고 있

---

* '과학상으로 觀한 인내천주의'는 서술되지 않았다. 그 이유는 본 논문 제4장 2절에서 언급하기로 한다.
** 이돈화가 인용하는 쿠로이와의 '최후종교론' 내용은 1906년 4월 일본 丙午출판사에서 간행된 『人生問題』 '제4장 최후의 종교'에서 비롯한 것임이 확인된다. 黑岩周六, 『人生問題』, 丙午出版社, 1906, 65~91쪽.
*** 이돈화는 천도교의 '天道'를 '理想의 究極 목적', '진리의 最後圓滿'이라고 말한다. 夜雷, 「人乃天의 硏究 (續)」, 『開闢』 제4호, 1920년 9월, 46쪽.

었다고 생각된다.*

　그런데 이전까지는 최후종교론이 언급되면서도 구체적으로 거명되지 않던 쿠로이와의 이름이 「연구」에서 처음으로 공개되는 가운데 그 내용 또한 『개벽』 제5호와 제6호에 실린 「연구」의 대부분에 걸쳐 장황하게 인용되고 있음은 특기할 만한데, 그 이유는 개조 주체로 천도교를 세우기 위한 논거를 더 설득력 있는 방식으로 제기함으로써 사회적 영향력을 확보하기 위한 것이었다고 할 수 있다.** 그렇다면 이돈화는 천도교를 개조의 주체로 부각시키기 위해 구체적으로 최후종교론의 어떤 입장을 받아들였

**** 최동희는 천도교 성립 이후 교리체계화의 흐름을 서양의 근대사상을 받아들여 수행한 '교리의 근대화' 작업으로 보고 있다. 나아가 1919년 3·1운동까지를 '교리근대화의 前期'로, 3·1운동부터 8·15해방까지를 '교리근대화 後期'로 설정했다. 전기에는 "일본에서 근대사상을 경험하고 돌아온 천도교 지도자들이 교리의 근대화를 시도했지만 아직 철학적 기반이 약하여 성리학적인 색채를 짙게 보이고 있"었으며, 후기에는 "전기의 방향을 이어받아 서양 근대철학을 통한 교리의 철학화가 시도되었다"라고 한다(崔東熙, 앞의 책, 1980, 198쪽). 그가 천도교단 교리체계화의 흐름을 '교리근대화'로 보면서 전기에 양한묵이 중심이 되어 수행한 성리학적 틀에 의한 인내천 논증도 거시적 안목에서 교리근대화의 흐름에 포괄시키는 것은 설득력 있는 관점이라고 생각된다. 그러나 전기와 후기의 분기점을 3·1운동으로 삼고, 후기에 대해서는 1920년대 초에 나온 이돈화의 「人乃天의 硏究」를 분석하면서 이 시점부터 '서양철학에 의한 교리근대화가 시작'되었다고 주장하는 부분은 동의하기 힘들다(崔東熙, 같은 책, 247~255쪽). 『월보』를 보면 1910년대 초부터 이미 진화론과 범신론 등의 서구사상과 이를 활용한 교리설명 노력이 이돈화의 논설에 종종 등장하는데, 그는 1911년의 자료검토에만 그치고 이후의 이런 경향에 대해서는 검토하지 않고 있다. 또한 「人乃天의 硏究」에 대해서도 개괄적 검토에 그치고 있다. 따라서 전기와 후기의 시기구분은 귀납적 분석에 따른 것이라기보다 그의 말대로 '편의적'으로 설정된 것이라 생각된다. 이상의 사항을 고려할 때 1910년대부터 이돈화가 서구사상에 의한 교리근대화 작업을 시도하고 있었다고 봐도 그리 틀리지 않을 것이다.

* 이돈화가 쿠로이와의 저서에 접하게 된 직접적 계기나 시점은 정확히 알 수 없다. 아마도 이돈화가 1910년대 초부터 가지고 있던 '天과 人', '우주와 개인'에 관한 관심이 『天人論』(1903) 등의 저서에 주목하게 된 계기가 되었을 것이다. 이미 보았듯이 '최후종교론'이 실린 『人生問題』가 이미 1906년에 간행된 사실을 고려하면 1910년대 초중반 이전에 이돈화가 그것을 입수해서 읽어보았을 가능성이 크다. 이후에도 이돈화의 논설에는 쿠로이와의 영향이 지속적으로 보이는데, 예를 들면 『사회와 인생』(黑岩周六, 『社會と人生』, 止善堂書店, 1919)에 나오는 「歐羅巴滅亡說」이라는 소항목(213~234쪽)의 일부 내용이 이돈화의 논설(白頭山人, 「歐羅巴 滅亡說」, 『開闢』 제2호, 1920년 7월)에 그대로 실려 있는 것이 확인된다.

** 이런 점은 「연구」 연재논설의 다른 곳에서도 발견된다. 예를 들어 '기존 종교의 쇠퇴원인'(휜길이만)이나 '장래의 종교론'(浮田和民), '三敎合一論'(高橋亨) 등은 이미 1910년대 『월보』에 실린 그의 논설 곳곳에서 용어나 해당 내용이 언급되고 있었지만, 『개벽』 제2호 및 제3호 「연구」에 와서 설명과 함께 거론되었다.

는가를 살펴보자.

「연구」에 인용된 쿠로이와의 최후종교론을 살펴보면, 그것은 기본적으로 '범신관적 실재론'의 입장에 서면서도 기독교적 '인격신'의 입장 및 천지만물을 신의 표현으로 보는 '범신론'의 입장을 일단 둘 다 비판하고 있다. 쿠로이와는 기독교적 인격신의 입장에 대해서, "신을 인격이 有한 자로 신信하야 자기의 소망을 인격적 신의 능력에 의하야 해결"하고자 하는 것은 "실제의 사실과 적합할 자가 아닐" 뿐만 아니라 "필연으로 실망의 경우가 업지 아니할 것"이라는 점을 들어 그 입장을 비판하고 있다.[34] 따라서 그는 "人格 — 所爲 神을 人格이 有하다 信하는 宗敎는 是 — 결코 最後의 宗敎가 아니라 人智 不充分한 時代에 存立한 宗敎"라 평가한다.[35]

한편 범신론적 입장에 대해 쿠로이와는 "汎神論은 무엇이던지 神이라 云하나니 彼 人格的 神을 숭배하는 說보다는 一步 진화한 說이라 할지라"고 하면서도,[36] "세계의 一切萬象이 皆 神의 표현이라 하면 神과 森羅萬象은 五分五分식 될 것인 故로 특별히 神을 숭배치 아니하야도 관계치 아니할 것"이라는 점을 들어, "그뿐으로는 종교라 名目을 부릴 수 업"으며, 따라서 범신론도 최후의 종교가 될 수 없다고 언급하고 있다.[37] 양 입장을 비판하면서 그가 내리는 결론은 다음과 같다.

如斯히 생각하면 나의 이른바 最後의 宗敎는 이러하다. 絶對 所謂 實在를 神으로 認하는 宗敎이엇다. 實在를 神으로 認할 뿐으로는 多少一感心이 적을 것인 故로 此를 解明上 우리의 人格을 解明함에 用하는 言辭로써 何等의 意味를 가지고 說明케 될지라. 이런 神이 眞正한 神이 될지며 그를 信하는 것이 眞實한 宗敎일지니 卽 前後('最後'의 誤記인 듯-인용자)의 宗敎라 함은 무엇이냐 하면 汎神論의(아-인용자) 이론(이르는-인용자) 絶對 혹은 實在 그 實在뿐으로만은 足치 아니하고 그 實在에 무엇으로던지 우리의 想像에 入할만한 意味의 뜻

으로써 想像케 할 것이 神이며 그를 信하는 것이 未來의 眞正한 宗敎라 할지로다.(강조는 인용자)*

인용에서 강조한 부분에 유의해서 읽어보면, 쿠로이와의 최후종교론은 범신론과 기독교적 인격신의 입장을 절충·조화하고자 했음을 알 수 있다. 쿠로이와는 범신관적 실재론의 입장을 내세우면서도, 뭔가 그 신·실재의 자리에 인간의 상상적 의미가 부여될 만한 것이 와야만 최후의 종교가 될 수 있다고 결론짓고 있다. 그런데 이돈화는 '실재를 신으로 보는' 쿠로이와의 입장에 대해 "철두철미 인내천적 의미를 가진 것이다"라고 하여 적극 동의하면서도, 쿠로이와가 "실재가 종교적인 신이 되기 위해서는 뭔가 인간에게 상상적 의미를 줄 수 있어야 한다"라고만 말하고 그 실재가 무엇인가에 대해 어떤 '단언'도 없는 점에 대해서는 이를 비판하고 있다. 이돈화는 쿠로이와가 "비판적 철학자에 그치며 창조적 종교의식을 갖지 못"했다고 비판하면서, 실재實在를 '자아自我의 영성靈性'으로 '단언'한다. 이렇게 본다면 이돈화는 쿠로이와의 최후종교론에 기본적으로 동의하면서도 동시에 '자아의 영성'을 중시하는 인내천의 입장을 쿠로이와의 '철학자적' 태도와 차별화함으로써 천도교야말로 최후종교라는 사실을 확인하고자 했음을 알 수 있다.**

---

* 夜雷,「人乃天의 硏究(續)」,『開闢』제6호, 48쪽. 이 인용문에서 '汎神論의 이론'은 쿠로이와의 원문 대조 결과 '汎神論에서 말하는'으로 확인되나(黑岩周六, 앞의 책, 91쪽), 이돈화의 번역의도를 감안해서 그에 맞게 수정했다.
** 이돈화에게서 '영성'이란 '대우주의 실재적 표현'이며, 따라서 최후종교란 '신의 숭배를 자아의 영성 에서 시작'하는 것으로 정리되고 있다. 이 자아의 영성이 무엇을 가리키는지는 명확하지 않다. 그러나 그는 일찍부터 '영성적 생활'을 설명하면서 "吾人의 心에는 無限을 追하고 理想을 迎하야 天地와 同化코져 하는 欲望이 有하느니"라고 해서(李敦化,「靈性的 生活」, 9쪽) 서술의 중심을 心에 놓고 있다. 또한 그가 "小한 我를 忘하고 大혼 我에 合하는 途"로 강조하는 '묵념'에 관한 논설에서도 '心'을 주체로 해서 서술하는 점은 마찬가지이다(夜雷,「默念論」,『天道敎會月報』통권 104호, 1919년 4월, 1~12쪽). 따라서 그에게서 자아의 영성은 사실상 心과 동일한 것이었다고 생각된다.

이상에서 『개벽』의 「연구」 논설 가운데 '종교상으로 관한 인내천주의' 서술을 검토해보았다. 이돈화는 천도교를 개조의 주체로 내세우기 위해 우선 쿠로이와의 최후종교론을 소개하고 있다. 이돈화는 한편으로 "실재는 곧 신이다"라고 보는 최후종교론의 입장에 전적으로 동의하면서도, 다른 한편으로 쿠로이와와 달리 "자아의 영성이야말로 실재다"라고 단언함으로써 천도교를 최후종교의 위치에 올려놓았다.

이처럼 이돈화는 '최후종교'인 천도교를 중심으로 해서 제반 종교를 조화·통합하고자 했지만, 그 전망은 종교적 차원에 그치는 것이 결코 아니었다. 이미 1910년대 말부터 그의 시야는 이보다 더욱 먼 곳을 향하고 있었다.

> 天道敎는 其 名義上에서 此 統一的 意味 卽 調和的 意味를 包容ᄒ엿다ᄒᄂ니……其는 宗敎, 哲學, 科學에 對ᄒ 態度에만 其然치 아니ᄒ고 上ᄒ야 大天星辰으로브허 下ᄒ야 微塵纖芥에 至ᄒ기ᄭ지 此를 天道의 發揮로 思ᄒ야 天道의 化育 中에서 此를 調和ᄒ며 此를 攝理코저ᄒᄂ니 故로 天道敎라ᄒ면 天道敎의 天道敎가 아니오 萬宗敎, 萬哲學, 萬理想을 包容包括ᄒ 點에서 必然으로 出ᄒ 名義라ᄒ도다.[38]

여기서 이돈화는 천도교에 '통일적·조화적 의미'가 있음을 강조하고, 나아가 삼라만상을 포괄하는 천도, 즉 진리가 있음을 주장하고 있다. 이것은 그 진리성을 담지한 천도교야말로 개조의 주체가 될 수 있음을 선전하기 위한 것으로 보인다. 이제 그는 이런 의도를 현실화하고 최후종교로서 천도교가 가진 보편적 진리성을 더 넓은 차원에서 확인하기 위해 '철학'의 차원에서 인내천주의를 논의하게 된다.

4. 종교와 사회의 매개로서의 '철학'

신칸트학설을 인내천주의에 포섭

이돈화는 『개벽』 제7호의 「연구」 논설(이하 7호 「연구」로 줄임)을 「의식상으로 관한 자아의 관념」이라는 제목으로 발표했는데, 여기서 그는 이 논설을 '철학상에 나타난 인내천주의'로 부르고 있다. 따라서 이것은 본 논문 제3장에서 살펴본 바와 같이 인내천주의를 "종교, 철학, 과학의 세 부분으로 나누어 논하는" 저술계획의 일부에 해당했다. '철학상에 나타난 인내천주의' 논설은 '보편적 진리'인 천도교의 인내천주의가 철학 분야에서 어떻게 포착되고 있는가를 보기 위함인데, 이는 달리 말하자면 인내천주의를 철학적 언어로 어떻게 표현할 수 있는가에 관한 모색이기도 했다. 이절에서는 이돈화가 '의식意識' 개념을 통해 인내천의 종교사상 속에 신칸트학파의 '완기설完己說'을 포섭해나가는 배경과 과정 및 그 함의에 대해 검토하고자 한다.

7호 「연구」에서 이돈화는 '의식'을 철학적 논의의 가장 중요한 테마로 설정하고 이를 반복해서 강조하고 있다. 이돈화가 볼 때, '의식은 인간만사를 사고하는 力의 기초'이기 때문이다.[39) 이는 그가 '최후종교론' 논의에서 종교적 뉘앙스가 강한 '자아의 영성'이라는 표현을 통해 인내천주의를 강조한 것과 차이를 보이는 부분이다. 즉 그는 '영성'보다는 일반적·철학적 용어에 해당하는 '의식' 개념을 통해 인내천주의의 진리성을 더 넓은 차원에서 거론하고자 한 것이다. 이돈화의 핵심 주장은 '의식을 통한 인격완성이 인내천의 최후교화이다'로 요약될 수 있다. 신칸트학설,* 즉 '완기설'

---

* 신칸트학파에 대한 개괄적 설명을 소개하면 다음과 같다. "19세기 중반 이후 유럽사상계는 19세기 前半에 유행한 자연철학의 우주론과 헤겔관념론이 쇠퇴하고, 실증주의에 기반한 자연과학과 역사이론을 중심으로 한 개별화 경향이 진행되었다. 또한 형이상학적 大이론에 근거한 전통적 철학은 쇠퇴하고 니힐리즘과

은 그의 논리 전개에 중요한 매개고리 역할을 하고 있다는 점에서 특히 주목할 만하다.

이돈화는 "新「칸트」派의 이른바 完己說이라 함은 即 自我의 完全을 期"하는 것이라 하면서, 곧이어 "사람은 人格修養·人格發展이라하는 活動 以外에 別로 大한 자ㅣ更無하리라"라고 덧붙이고 있다.[40] 그러면 이돈화가 완기설를 어떤 문맥에서 언급하고 있는지 구체적으로 살펴보자.

> 此 物質界와 精神界는 唯一의 宇宙活動에 말미어 運行하는 것이엇다. 此 運行에는 반듯이 目的이 잇는 것이니 目的이라 함은 아즉 未定한 名詞이나 모든 萬物이 다가티 不完全으로부터 完全에 向하야 進行하는 그것이 即 그의 目的이겟다. 如斯히 모든 萬物이 다가티 完全에 行하야 進行한다하면 사람은 더욱 自己의 完全을 求코저 함이 사람自己의 目的일 것이다. 新「칸트」派의 이른바 完己說이라 함은 即 自我의 完全을 期하는 目的인데 此는 人이 意識的으로써 大宇宙의 進化의 目的과 合코저 하는 運動을 이른 것이다. 사람의 行動은 畢竟 複雜하나 그러나 究竟컨대 사람은 人格修養·人格發展이라 하는 活動 以外에 別로 大한 者ㅣ更無하리라.(강조-인용자)

여기서 완기설은 '대우주적 진화의 목적에 합하기 위한 인간의 의식적

자연주의적 속류 다윈이즘이 유행했다. 이런 상황에서 독단적인 형이상학과 이에 대한 반동인 니힐리즘을 모두 배격하고 속류 유물론과 진화론적 개별과학에도 추종하지 않으면서, 諸과학의 엄밀한 비판적 기초정립로서 철학을 복권하고자 하는 운동이 생겨났다. 그 주요 움직임이 19세기 후반에서 20세기 전반의 독일을 중심으로 강단철학의 주류를 형성한 新칸트학파이다. 이들은 '코페르니쿠스적 轉回', '순수이성론', '실천이성의 우위', '초월론 논리학' 등 여러 점에서 칸트철학의 계승을 표방하는 자가 많아 '新비판주의', '超칸트주의', '청년칸트학파' 등으로도 불리었으나, '신칸트학파'라는 이름이 일반화되어 있다. 내부에는 여러 경향이 있지만, 특히 하이델베르크대학을 중심으로 활동한 西南독일(바덴)학파라 불리는 사람들은 당시 자연주의적 실증주의가 표방한 몰가치적 사실성에 반대하고 규범성 및 보편성을 중시하는 反역사주의적 태도를 가졌으며, 계몽주의적 칸트의 이론에 근거하면서 정신과학, 사회과학, 문화철학, 가치철학 등의 새로운 영역을 개척했다."(有福孝岳 외 편, 『カント事典』, 弘文堂, 1997, 262쪽)

운동'으로 설명되고 있다. 그런데 완기설을 중심으로 한 이 인용문은 대부분 이노우에 데쓰지로의 저서에서 온 것이다.* 이노우에는 일본 메이지시기의 '현상즉실재론'을 대표하는 철학자이자 '일본관념론의 성격결정자'로까지 평가받고 있다.** 이노우에는 저서 『哲學과 宗敎』에서 완기설에 대해 언급하고 있는데,*** 해당 부분을 살펴보면 다음과 같다.

> 이 물질계와 의식계는 하나의 우주활동에 의해 운용되어 간다……그러나 진화라고 하는 것은 일정한 목적을 향해 가고 있다……이를 총괄해서 말하면 불완전에서 완전으로 향한다. 스펜스는 그렇게 말하고 있다. 진화는 점차 완전으로 향해가는 작용이다. 그러나 도덕의 측면에서는 이것을 理想으로 삼는다. 도덕의 측면에서는, 新칸트파는 完己說을 세워서 自我의 완전을 기한다. 이것은 인간이 의식적으로 진화의 목적과 合하는 행동을 취한 것이다. 인간의 행동은 실로 복잡하지만, 필경 인격수양·인격발전이라 하는 형태로 인격의 완전을 기하는 것이다. 완기설 같은 학설은 윤리학자가 의식적으로 세운 것이지만, 이 우주

---

* 이노우에는 니시 아마네西周, 니시타 키타로西田幾多郎와 더불어 메이지철학을 대표하고 있으며(伊藤友信 外, 『近代日本哲學思想家辭典』, 東京書籍, 1982, 62쪽), 또한 '현상즉실재론'이라는 개념을 만들고 주장하는 등 메이지시기 '현상즉실재론'의 대표자로 손꼽히고 있다(船山信一, 『明治哲學史硏究』, ミネルヴァ書房, 1959, 102쪽). 한편 그는 도쿄대학 철학과 교수로 재직하면서 敎育勅語를 해설하는 『勅語衍義』(1891)를 저술하고(井上哲次郎, 『井上哲次郎自伝』, 富山山房, 1973, 30쪽), 『교육과 종교의 충돌』(1893)에서 크리스트교의 非國家主의적 성격을 비판하는 등 '국권주의적 관념론'의 입장을 가진 인물이다(船山信一, 같은 책, 14~15쪽).
 이노우에가 자신의 철학적 입장을 밝히는 부분을 소개하면 다음과 같다. 그에 따르면 실재론은 "정신과 물질 양자를 제3의 원리에 의해 통일해가는 철학"인데, "근본원리인 실재를 제3자라 하는 것은 단지 추상에 의한 것이므로 기실은 세 개(정신·물질·실재-인용자)가 하나이다"라는 점에서 '현상즉실재론'이라는 입장이 도출된다고 한다. 井上哲次郎, 『哲學と宗敎』, 弘道館, 1915, 67쪽.
** 船山信一, 앞의 책, 47쪽. 후네야마 신이치船山信一는 여기서 "니시타의 순수경험론은 이미 이노우에의 현상즉실재론, 觀念(卽)實在論 속에 준비되어 있다"라고 언급하고 있다.
*** 저자 서문에 따르면 이 책은 "4, 5년간의 논문을 모아……철학에 관한 것 11편, 종교에 관한 것 15편, 모두 26편을 편집"한 것으로 약 800쪽에 달하는 두꺼운 책이다. 제1장부터 제11장까지는 철학에 관한 글이며, 제12장부터 제26장까지는 종교에 관한 글이다.

의 활동이라는 것은 역시 불완전에서 완전으로 향해가고 있는 것이어서, 스스로 일정한 질서가 있고, 확실히 정해진 방침이 있다. 이런 정해진 방침이라고 부르는 것을 확정한 것이 진화론이며, 진화론은 이를 증명한 것이다. 우주의 활동은 단지 亂雜蕪雜한 것은 아니다. 이 의미에서 나는 우주에 목적이 있다고 말하는 것이다.(번역 및 강조는 인용자)[41]

이 인용문을 보면 완기설이 거론되는 맥락을 좀 더 자세히 알 수 있다. 즉 도덕적 측면에서 신칸트학파가 완기설을 세우고 이에 따라 사람들이 자아의 완전을 기하는 것은, 인간이 완전을 향해가는 우주적 진화에 자신을 합치시키려는 의식적 움직임으로 볼 수 있다는 것이다. 여기서 우리는 이노우에가 우주적 차원의 법칙에 해당하는 진화론 구도 속에 인간의 인격수양이라는 실천론에 해당하는 완기설을 포섭시켜 설명하고자 했음을 알 수 있다.*

그런데 이돈화가 이노우에의 완기설을 어떤 입장에서 수용했는가에 대해 좀 더 구체적으로 파악하기 위해서는 단순한 요소적 비교를 넘어서 7호「연구」의 전체 내용과 『철학과 종교』의 전반적인 문맥을 동시에 비교·검토하지 않으면 안 된다. 『철학과 종교』에서 이노우에의 철학적 입장은 주로 전반부 11개의 장에 담겨 있고 그 가운데서도 특히 맨 앞부분에 있는 4개의 장에 집중적으로 표현되고 있다고 생각된다. 이돈화 또한 7호「연구」에서 인용하고 있는 부분은 이 범위에 제한된다.

네 장의 내용을 간략히 소개하면 다음과 같다. 제1장 '철학의 요구 및 장래'에서는 '철학이 왜 필요한가'를 종교 및 과학과 대비시키면서 언급하고 있고, 제2장 '유물론과 유심론에 대한 실재론의 철학적 가치'는 유물론

---

* 여기서 진화론은 다윈의 진화론이 아니라 스펜스의 '進化哲學'을 가리킨다. 위의 책, 85쪽.

과 유심론·관념론을 종합하는 '실재론'의 입장을 명확히 하는 것을 주된 목적으로 하고 있다. 제3장 '철학상에서 본 진화론'에서는 기존의 진화론 인식을 비판적으로 검토하고 있으며, 제4장 '의지활동과 자아개념'에서는 좀 더 구체적인 수준에서 의지와 생명 및 자아의 문제를 언급하고 있다. 이노우에의 현상즉실재론이, 현상에 대한 과학법칙으로서의 '진화론'과 실재에 관한 논리인 '의지론'을 상호 결합시키고자 했음을 염두에 둔다면,[42] 각 장은 순차적으로 '철학 → 실재론(실재) → 진화론(현상) → 의지·자아(주체)'가 되어 그의 철학적 입장이 점차 구체적인 단계로 전개되고 있음을 볼 수 있다. 이돈화는 7호 「연구」의 전반부를 제2장에서,[43] 후반부를 제4장에서 발췌·인용하고 있음이 확인되며,[44] 마지막 한두 단락에서는 이와 관련된 자신의 '인내천주의'적 견해를 밝히고 있다.

이와 같이 이돈화와 이노우에의 글을 비교해보면, 크게 두 가지 측면에서 주목할 만한 차이점을 발견할 수 있다. 첫째 이노우에의 경우 '현상즉실재론'의 전체적인 입장에서는 '의지'를 핵심개념으로 보고 있으며, 나아가 '의지와 자아'의 문제를 중요시하는 데 비해,* 이돈화는 '의식' 및 '의식과 자아'의 문제를 거론하고 있는 점이다. 이돈화는 적어도 이노우에의 저서에서, 의지에 비해 파생적인 개념이라 할 수 있는 '의식'에 주목한 것으로 보인다.** 둘째, 이돈화가 인용한 의식 및 완기설에 관한 내용이

---

* 이노우에는 스피노자의 '본체(Sbustantia)' 개념이 정신과 물질을 통일했다는 점에 주목하면서도 그 개념이 정태적이라는 점을 비판한다. 한편 스피노자를 '부활'시킨 쇼펜하우어에 대해서는, 쇼펜하우어가 본체를 '意志'로 생각하여 우주의 실재를 활동적으로 본 점을 높이 평가하지만 쇼펜하우어가 의지를 맹목적으로 설정한 것에는 비판적이다. 나아가 이의 연장선상에서 하르트만, 셸링, 헤겔, 쇼펜하우어의 사상에는 공통적으로 '무의식적 실재'가 놓여 있음을 지적하고 그들을 비판하고 있다(위의 책, 78~82쪽). 이노우에의 '의지'는 동태적이고 실재와 깊이 관련되면서도 의식적·목적적인 성격까지 가지고 있는 것으로서, 그의 현상즉실재론을 떠받치는 핵심 개념이라 할 수 있다.

** 이노우에의 입을 빌면, "우리 의식은 통일체이지만 그 속에는 복잡한 원소가 있"는데, "의식원소를 통일해서 앞으로 끊임없이 진행"해나가면서 "의식계를 확대해나가는" 것이 의지활동이다(위의 책, 131~132쪽). 의식과 의지의 관계는 '視界'와 '視點'의 관계로 비유될 수 있는데(같은 책, 132쪽), 양자는 구별되면

서술되어 있는 『철학과 종교』 제2장에서는 적어도 '의식' 개념이 중시되고 있는 데 반해,* 완기설 및 진화론에 관한 부분은 부차적인 문맥에서 서술되고 있다는 점이다.**

이상과 같은 점에서 볼 때, 이돈화는 이노우에의 철학적 저서로부터 왜 하필이면 파생적인 개념이나 부차적 문맥에 해당하는 내용을 인용했을까 궁금하지 않을 수 없다. 일단 본 논문 제3장에서 살펴본 바와 같이 이돈화가 쿠로이와의 입장을 인간중심적 입장에서 받아들여 '자아의 영성'을 강조했던 점을 상기시켜보더라도 이 문제를 해결하는 데는 별다른 도움이 되지 않는다. 이노우에의 '의지'나 '의식'은 모두 인간적 층위에 관련되는 동시에 비인간적 층위에까지 연결되는 개념이기 때문이다.*** 또한 이돈화는 『철학과 종교』 제2장의 해당 부분을 비슷한 시기에 『월보』에서도 인용하는데, 여기서는 '의식' 개념을 원문에 충실하게 번역·인용하고 있지만 원문에서 '완기설'이 나오는 부분은 인용하지 않은 채 글을 마무리 짓고 있다.45) 그렇다면 이돈화의 '파생적·부차적' 인용은 두 사람 간의 철학

서도 실제로는 함께 활동하고 있다(같은 책, 239쪽). 이상에서 알 수 있듯이 두 개념은 밀접한 관련이 있으면서도 상호 구분되는 개념이다. 이노우에는 "우리 자신에게서 가장 근본적인 정신작용은 의지활동이다"라고 해서(같은 책, 150쪽), 의지 개념을 의식보다 근본적인 것으로 설정하고 있다.

* 이노우에에 따르면 『철학과 종교』 제2장의 서술목적은 정신과 물질 양자를 결합·조화하는 '실재론의 공평함과 엄정성을 보이기 위한' 것으로서(위의 책, 69~70쪽), 서술의 중점은 '물질에 비해 상식적으로 그 존재가 인정되기 어려운 의식'의 실재성·근원성을 여러 학설을 통해 확인하는 데 놓여 있었다.

** 이 점은 이노우에가 완기설 관련 내용을 언급한 뒤 곧바로, "그 우주론은 금일은 상세하게 서술할 여유가 없어 他日로 미루고 오늘은 단지 실재론의 입장을 명확히 하는 데 그칠 작정"이라고 하는 데서 더욱 분명하게 드러난다(위의 책, 77~78쪽). 또한 이노우에가 여기서 '우주론'이라고 말한 점도, 완기설과 스펜스의 진화론에 관한 서술이 인간의 인격수양에 대한 직접적 관심보다는 그것을 우주진화론의 구도 속에서 설명하기 위한 의도에서 나왔다는 점을 보여준다. 이돈화가 직접 인용한 곳은 아니지만, 제3장에서 이노우에는 완기설을 한 번 더 거론하는데, 여기서도 그는 "도덕상의 일도 이 우주활동에서 보지 않으면 안 된다"라고 하여 일관된 세계관의 구성과 관련한 문제에 더 치중하고 있다(같은 책, 125~126쪽).

*** 이노우에는 '의지'에 관해서, '우주의 활동이 유기체에 있어서 欲動(Trieb)이 되며, 이것이 지식 및 감정의 발전과 함께 하면 意志가 된다'(위의 책, 120쪽)라고 언급한다. '의식'에 대해서도 '인류 출생 이전부터 의식의 원천이 우주에 존재'했다고 하면서, 의식을 보통 말하는 인간의 '의식'과 그 이전의 '低度의 의식'으로 구분한다(같은 책, 71~72쪽).

적 입장 차이나 이노우에 대한 이돈화의 이해 부족 혹은 실수의 결과라고 속단하기 어려우며, 특히 '완기설'의 유무가 이돈화의 '취사선택'을 파악하는 데 중요한 단서가 될 수 있을 것이다.

따라서 이상의 의문에 답하기 위해서는 개념이나 텍스트 비교의 차원을 넘어 좀 더 넓은 범위에서 이 문제를 고찰하지 않으면 안될 것이다. 이를 첫째 문화주의 철학과의 관련 속에서, 둘째 이돈화 논설의 전후 맥락과 관련해서 분석해보자.

당시 일본에서는 빈델반트, 리케르트의 '가치철학'·'문화철학'의 영향 하에 이른바 '문화주의' 사조가 풍미했고,[46] 이런 경향은 곧바로 식민지 조선에도 파급되어 '인격주의'·'개인의 내적 개조'가 중시되었다.* 이런 경향은 이돈화에게도 직접적인 영향을 미쳤다고 생각된다. 왜냐하면 그는 자신이 「연구」를 연재하는 동안, 동일한 『개벽』 지면에 문화주의 철학의 '인격주의' 및 러셀의 '창조충동'에 해당하는 내용을 소개하고 있기 때문이다.**

또한 본 논문 제2장에서 이돈화가 1910년대 말부터 종교와 사회의 관계에 주목하기 시작하여 '종교적 사회개조'를 지향했다는 점을 살펴본 바 있다. 포괄적으로 볼 때 『개벽』 창간과 천도교 문화운동 자체가 그런 목적을 실현하기 위한 실천이지만, 이돈화의 논설 그 중에서도 본 연구의 분석 대상과 관련해서 본다면, 「연구」 연재가 끝난 다음 호인 『개벽』 제10호에

---

* 1920년대 초 식민지 조선의 사회개조론에서 정신적 측면이 중시된 데는 일본을 통해 들어온 버트란트 러셀과 에드워드 카펜터 개조사상의 영향과 더불어 일본에서 유행하던 문화주의 사조의 영향이 컸다. 특히 문화주의와 이로부터 파생된 '인격주의', '개인의 내적 개조론'이 1920년대 초 문화운동의 주도이념이 되었다. 박찬승, 앞의 책, 179~181쪽.

** 白頭山人, 「文化主義와 人格上 平等」, 『開闢』 제6호, 1920. 12; 滄海居士, 「大食主義를 論하노라(其一)」, 『開闢』 제7호, 1921. 1; 특히 「文化主義와 人格上 平等」에서 이돈화는 일본 문화주의 철학을 대표하고 있던 쿠와키 겐요쿠桑木嚴翼의 글을 『개벽』에 소개하고 있는데, 이 점에 관한 본격적 분석은 별도의 기회로 미룬다.

서 '사람性주의'에 관한 논설이 발표되는 점에 눈길이 간다.[47] 이 논설에는 이전까지 상이한 계열을 이루어오던 문화주의 철학과 러셀류의 사회사상적 개념 등과 「연구」의 인내천주의에 관한 서술이 서로 합류하고 있다.

7호 「연구」에서 강조된 '의식' 개념 그리고 '완기설'에 대한 인용부분 등을 둘러싸고 지금까지 검토한 텍스트 및 컨텍스트적 요소를 종합해보면 다음과 같다. 이노우에의 '철학'적 저서로부터 이돈화가 완기설에 주목한 것은 당시의 개조론에 큰 영향을 끼치고 있던 문화주의 철학, 특히 그 중에서도 인격주의적 경향을 크게 의식한 결과이다.* 즉 그것은 인내천주의를 문화주의 철학과 친화성을 가진 것으로 '풀이'하기 위한 의도적 '선택'이었다고 생각된다. 그는 또한 이런 이유 때문에 완기설과 서술적으로 직접 연결되어 있던 '의식' 개념에도 주목했던 것으로 보인다. 그렇다면 이제 마지막으로 남은 과제는 7호 「연구」에서 이돈화가 완기설을 인내천주의에 포섭시켜갔던 구체적인 과정에 관한 분석이다.

우선 완기설과 인내천주의를 간략하게 상호 비교함으로써, 왜 이돈화가 이노우에의 철학적 작업에 주목했는가를 이론 내적인 차원에서 살펴볼 필요가 있다. 완기설이 담고 있는 자아완성·인격수양의 지향은 문화주의 철학의 인격주의적 입장과 일맥상통할 뿐만 아니라 양자는 모두 신칸트철학에 기반해 있었음에 주목할 필요가 있다. 당시 인내천주의의 입장에서 신에 의존한 타력신앙을 비판하고 인간의 자력신앙적 요소를 중시하던 이돈화는 별다른 거부감 없이 인격주의·내적 개조 주장을 담고 있던 문화주의 철학에 주목할 수 있었다고 보인다.

그러나 완기설이 기반한 신칸트철학, 나아가 칸트철학은 주지하다시피 우주론이나 실재·신의 존재를 '증명'하는 것에는 크게 주의를 기울이지

---

* 같은 문화주의 철학자이면서도 소다 키이치로左右田喜一郎가 '문화가치'를 강조했다면 쿠와키는 '인격가치'를 강조한 차이가 있었다. 박찬승, 앞의 책, 182쪽.

않는 입장이다.* 따라서 이 입장은 천인합일, 우주와 인간의 조화·합일 등을 중시하는 인내천주의의 태도와 결합되기 어려운 사유체계에 속했다. 당시의 개조 분위기에 편승하면서 천도교의 입장에서 완기설이 가진 인격수양의 논리를 흡수하고, 나아가 '인격주의를 통한 세계개조'를 주장하던 문화주의 철학[48]에 다가서기 위해서는, 첫째 (신)칸트적 이원론을 극복하면서도 무신론적 철학으로 해소되지 않는 입지점을 견지하는 일과, 둘째 그럼에도 불구하고 종교적 범위에 국한되지 않는 '일반적'인 표현을 가져야 할 것이 요구되었다고 생각된다. 본 논문 제2장에서 살펴본 바와 같이 이돈화가 당시에 '종교적 사회개조' 논리를 추구했다고 한다면, 이상의 요구는 궁극적으로 다음과 같은 성격을 가졌다고 볼 수 있다. 즉 전자는 완기설과 인내천주의의 '결합물'이 가져야 할 최소한의 논리적 정합성과 종교성의 유지에 관한 문제이며, 후자는 단순한 종교교리가 아닌 사회적 계몽논리가 가져야 할 '범용성汎用性'에 관한 문제인 것이다. 이런 점에 유의하면서 구체적인 포섭의 논리적 경로를 재구성해보자.**

---

* 형이상학적 존재와 관련해서, "칸트는 神의 現存在에 관한 전통적인 諸 증명, 즉 존재론적 증명, 우주론적 증명, 자연신학적 증명이 불가능한 이유를 밝혔다……그러나 이것은 神이라는 이념이 의의가 없음을 의미하는 것은 아니다……神의 現存在는 실천적으로는 필연적인 것이다. 즉……神의 現存在를 상정하는 것은 도덕적으로 필연적"이라는 것이다(有福孝岳 외 편, 1997, 앞의 책, 73~74쪽). 한편 우주론, 존재론과 관련해서 칸트철학은 "우주론적인 이념(現象의 合成, 분할, 성립, 현실존재)에 理性이 관여하면, 이성은 자기모순에 빠"진다는 입장에 서 있다(같은 책, 27쪽).

** 실제로 7호 「연구」의 전체적인 서술순서를 키워드를 중심으로 정리해보면 '의식 → 완기설 → 인내천주의'라 할 수 있다. 그러나 본 논문에서는 곧 살펴볼 '포섭의 논리적 경로'를 '의식 → 인내천주의 → 완기설' 순서로 '재구성'하고자 했다. 그 이유를 첫째, 본 논문 제2장에서 검토한 내용과 관련해서 생각해보면 이돈화의 경우 완기설과 친화성을 가지는 '인격개조'의 사유보다 '인내천'이라는 종교적 교의가 가진 천인합일적 내용을 철학적으로 설명하려는 노력이 시간적으로 더 우선해 있었다고 생각되기 때문이다. 둘째, 이돈화는 이미 1919·1920년 시점에 『월보』의 논설에서 '현상즉실재론'이라는 용어를 사용하여 천도교의 '神人合一'이나 '靈肉雙全'을 설명하고 있다(夜雷, 「默念論」, 8~9쪽; 夜雷, 「實在論으로 觀한 人乃天主義」, 36쪽). 이때의 '현상즉실재론'은 그 내용으로 보아 이노우에의 그것이 분명하다 할 수 있다. 따라서 이노우에 철학으로써 인내천의 천인합일을 설명하는 노력이 '종교'의 심급에서 이미 중요시되고 있었다는 점에서 논리적으로도 더 선차적이었다고 생각된다. 다만 이와 같은 '근대철학·사상을 통한 종교교리의 철학적 체계화'에 관한 검토는 본 논문의 초점에서 조금 벗어나기 때문에 별도의 지면을 통해 본격

첫째, 이돈화는 『철학과 종교』의 '의식' 개념에 주목했다. 이때의 '의식'은 그 존재가 공간적으로는 인간만이 아니라 물질까지, 시간적으로는 현재뿐만 아니라 태초의 시점까지 거슬러 올라가는 포괄적 개념이다.* 그러나 다른 한편 이 개념은 '자아가 인간만사를 사고하는 힘의 기초'라는 의미를 포함해서 인간의 목적의식적 실천의 차원에 중점을 둔 의미로도 사용된다.[49]

둘째, 이와 같이 '인간적'이면서도 인간의 범위를 초월해 있는 '의식' 개념을 중심으로 이돈화는 인내천의 천인합일을 설명해나간다. 그는 7호 「연구」의 결론 부분에서, "大宇宙의 大意識이 小한 我의(에게-인용자) 個體化되엿던 者가 다시 小意識으로써 大意識에 合하며 有限으로써 無限에 通하며 卽 小我로써 大我에 化合함이 人乃天 宗敎의 생각하는 바 最後 敎化"라고 하고 있다.[50] 그는 이노우에가 이중적 차원으로 설정한 '의식' 개념을 각각 '소의식'과 '대의식'으로 표현하면서 인내천의 천인합일적 구도를 풀이하고 있다.

셋째, 이돈화는 여기서 한 걸음 더 나아가, 신칸트학파의 '완기설·인격수양론'을 '의식-천인합일'의 구도에 접합시킨다. 먼저 그는 "사람은 完己의 最後 目的을 期키 爲하야 意識이라 云하는 神聖한 機械를 가지고 前後의 混沌界를 開拓하는 것"이라고 하거나,[51] "混沌으로부터 生하야 混沌에 歸하는 此 人生은 오즉 意識이라는 燈을 가지고 暗黑한 混沌을 이리저리 비치워가며 進行할 것 샏"이라 하여, 혼돈계의 '존재'를 실재하는 것으로 전제하면서도 '완전'을 향한 인간의 '의식'적 노력을 혼돈계의 개척과 연결시키

적으로 살펴보고자 한다.

* 이노우에는 "모든 물질은 의식을 가지고 있다"라고 하는 네케리의 학설을 인용한 뒤, "의식은 발달한 인간에 와서 처음 나온 것이 아니라 훨씬 오래 전부터 생겨났"으며(井上哲次郎, 앞의 책, 1915, 75~76쪽), "물질에도 매우 희박한 상태로나마 의식이 있다"라고 말하고 있는데(같은 책, 76~77쪽), 이돈화는 이런 입장을 받아들이고 있다(夜雷, 「意識上으로 觀한 自我의 觀念」, 人乃天 硏究의 其七, 74쪽).

고 있는 것이다. 이런 전제적 논의를 바탕으로 그는, "於是에 人은 小我로부터 神, 即 絶對我를 體現케 하야 大宇宙의 大意識界와 迎合一致함이 人格의 最上發達이라"라고 못 박고 있다.[52] 결국 이돈화에게서 '완기'(=자아의 완전)·'인격수양'은 궁극적으로 천인합일, 즉 인간이 '小의식으로써 大의식에 합하는 것'으로 유도되고 있었다. 이렇게 해서 이돈화는 그가 제시했던 '의식' 개념으로써, 인내천주의의 구도 속에 신칸트학의 인격수양론을 포섭시켰다고 할 수 있다.

이 절에서는 지금까지 신칸트학의 내용과 인용목적, 그리고 인내천주의로의 포섭경로에 관해 고찰했다. 여기서 이돈화가 전개한 '철학' 방면의 서술은, 인내천주의라는 천도교 종교사상의 천인합일적 구도를 '의식'이라는 '일반적' 용어로 설명하는 한편, 그 바탕 위에 인격수양을 강조하는 신칸트학파의 '완기설'을 포섭함으로써 당시 개조론에 영향력을 주던 문화주의 철학과 그 맥을 통하고 있었다. 본 논문 제2장의 용어로 표현하자면, 7호 「연구」에서는 '의식'이라는 좀 더 일반화되고 세속적인 용어를 중심으로, '우주-인간(개인)'이라는 종축만이 아니라 '개인-사회'라는 횡축으로의 확장을 시도했던 것이다. 그러나 아직 이 논설 단계에서는 문화주의 철학과의 연결은 잠재적 혹은 징후적인 것에 지나지 않았다. 오히려 이돈화의 그런 시도는 전체적으로 보아 인내천주의에 관한 철학적 서술체계의 도입 그 자체, 그리고 철학에 대한 그의 태도를 통해 더욱 분명하게 드러나고 있다. 다음 절에서 이 문제를 고찰해보자.

이노우에 데쓰지로 철학의 영향과 함의

제4장 1절에서 이돈화의 신칸트학설 포섭 노력을 이노우에 철학과의 관련 속에서 검토했다면, 이 절에서는 「연구」 등에서 제시된 '종교·철학·과학'의 서술체계를 중심소재로 해서 더 넓은 맥락에서 이노우에 철학의

영향과 그 함의를 검토하고자 한다.

이돈화의 논설에서 '종교·철학·과학'의 구분법(이하 3구분법으로 줄임)은 1915년 무렵 처음 등장한다. 그는『월보』의「최고소견법最高消遣法」이라는 글에서 "宗教 哲學 科學 等 諸般의 教訓 中에는"이라고 하여,[53] 이 세 분야를 '제반의 교훈'이라 불렀다. 이때 그는 생사生死 문제를 논의하는 문맥에서 그것을 언급했는데, 이 '제반의 교훈' 가운데에서도 생사문제의 '해결을 자부하는 자가 많다'는 것이다. 그러나 곧이어 그는 "然ㅎ나 吾人은 所謂 解決이라 云ㅎ는 理論 中에도 的信키 難흔 分子가 多흠을 疑ㅎ노니 其는 認識上 解答이 缺如 흠으로써니라"고 하여 세 분야의 '교훈'을 비판한다.[54] 즉 이때의 3구분법은 소극적(negative)으로 이용되고 있었다.

그 뒤 이런 구분법은 보이지 않다가 1918년에 다시 등장하는데, 이때는 이전과는 달리 천도교의 보편적 진리성을 언급하는 맥락이거나 혹은 적어도 중립적 문맥에서 구분법을 다시 사용하고 있다. 예를 들면『반도시론』의 연재논설 첫머리에서 "其(天道教라는 名義-인용자)는 宗教, 哲學, 科學에 對흔 態度에만 其然치 아니ㅎ고 上ㅎ야 大天星辰으로브혀 下ㅎ야 微塵纖芥에 至ㅎ기신지 此를 天道의 發揮로 思ㅎ야"라고 하거나,[55]『월보』에서도 당시가 '古今 最大一期의 時代交遞'라 하는 문맥에서 "此는 宗教 哲學 科學의 何等 識者됨을 勿論ㅎ고 共認ㅎ는 바라"라고 언급되고 있다.[56] 나아가 3구분법은『반도시론』및『개벽』에서 인내천에 관한 서술체계의 중심을 이루게 되었다.*

그런데 이노우에의 저서 제1장 '철학의 요구 및 장래'에서는 철학을 중심으로 해서 철학과 과학, 철학과 종교의 공통점과 차이점이 상세하게 논의되고 있다.[57] 이 저서의 출간일자가 1915년 2월이라는 점, 그리고 이 시

---

* 『반도시론』제3권 제1호의 논설「天道教의 人乃天宗旨를 論함」(1919. 1)에서 이돈화는 '夜雷生'이라는 필명으로 '종교, 철학, 과학上 관념에 映한 인내천주의'를 세 분야에 걸쳐 각각 논하고 있다.

점은 3구분법이 비록 소극적이나마 처음 등장했던 1915년 5월보다 이전에 속한다는 점 등을 고려하면, 이후 부침을 보이면서 이돈화의 논설에 재등장하는 3구분법은 이노우에의 『철학과 종교』에서 온 것으로 봐도 그리 무리한 해석이 아닐 것이다. 그렇다면 이돈화는 이미 1915년경에 이노우에의 저서를 접한 뒤 3구분법을 인지했으나, 당시는 이를 특별히 중요시하지 않다가 개조 분위기가 고조되던 1910년대 후반에 들어 비로소 이 체계에 입각하여 인내천에 관해 서술하기 시작했다고 말할 수 있다.

이상에서 특히 주목되는 점은 첫째는 1915년경에 3구분법이 등장했고 1910년대 후반에 가서야 적극적인 의미를 부여받기 시작했다는 사실이다. 둘째는 매체와 관련해서 볼 때 3구분법은 『월보』와 같은 종교기관지보다 『반도시론』, 『개벽』 등 일반인을 대상으로 한 종합월간지에서 훨씬 적극적으로 언급된다는 사실이다. 이 점을 본 논문 제2장에서 살펴본 1910년대 말의 시대상황과 관련해서 생각해보면, 3구분법은 1910년대 후반부터 이돈화가 적극적인 관심을 기울인 문제, 즉 천도교 중심의 사회개조 지향과 깊이 연동되면서 주목되고 있었다고 할 수 있다.

지금까지는 3구분법 자체의 전반적 동향을 살펴보았지만, 이제부터는 그 가운데 특히 '철학'의 위상에 관해 좀 더 상세하게 논의해볼 것이다. 왜냐하면 이돈화가 이노우에의 3구분법을 받아들였다고 해서 그가 '철학'에 대해 이노우에와 동일한 의미부여를 했다고 단정할 수는 없기 때문이다. 나아가 이돈화가 '철학'적 서술을 통해 무엇을 시도했는가도 더욱 분명하게 밝혀질 필요가 있기 때문이다. 다만 철학적 서술의 내용 자체에 대한 논의는 이미 본 논문의 제4장 1절에서 전개한 바 있고, 또 3구분법에서 철학은 여타 인접 분야인 종교 및 과학 분야와 깊이 연관되기 때문에 여기서는 이돈화가 『개벽』의 「연구」에서 왜 '과학상에서 본 인내천주의'를 집필하지 않았을까를 해명함으로써 그로부터 역설적으로 드러나는 철학의 위상을 포착하고자 한다.

「연구」에서 '과학상에서 본 인내천주의'가 계획에 그치고 서술되지 않은 점은 궁금하지 않을 수 없다. 과학 분야에서도 천도교의 진리성을 확인할 수 있다면 사회방면으로부터 더 많은 공감을 얻을 수 있을 것이기 때문이다. 더구나 그가 참조한 『철학과 종교』에서 이노우에는 비록 과학이 수단이지 목적은 아니라고 하면서도, "과학은 인간이 획득한 가장 정확한 지식"이라고 평가하고 있다.[58] 그러나 이돈화는 1910년대 후반 『월보』의 동일 논설에서 예의 3구분법을 거론하면서도, 다른 한편으로 과학의 의의를 비판적으로 바라본다. "科學은 人類의 精神的 改造를 直接으로 實行홀 能力이 無혼 者"이며, "平和는 科學의 力으로 成할 바 안이오 宗敎에 依ᄒ야 成立홀 者"라는 것이다.[59]

과학에 대해 이노우에와 이돈화 사이의 입장 차이는 다음과 같은 점에서 나온다고 생각된다. 즉 이노우에는 철학자로서의 입장에서 철학에 대해 "종교와 과학의 관계를 명확히 하는 심판관의 지위"를 부여하거나,[60] "인생의 목적을 명확히 하는 것은 주로 철학의 몫"이라고 하면서 철학의 우월적 지위를 재삼 강조한다.[61] 반면 이돈화는 이노우에의 3구분법을 수용하고 있으나, 궁극적으로는 종교를 중심에 놓고 그것과 철학 사이의 관계를 중시하고 있는 점이다. 과학과의 관계보다 종교와 철학의 관계를 중시하는 이런 경향은 제1차 세계대전을 반성하는 조류의 하나로서 도덕과 인격을 중시하는 문화주의 철학사조의 영향으로 더욱 강조된 듯하다.*

---

* 『반도시론』의 이돈화 논설에 나오는 '科學上 觀念에 暎ᄒ는 人乃天主義'가 종교상·철학상의 그것과 비슷한 분량으로 서술되고 있는 사실이 위의 해석을 반박하는 논거가 될 수 있겠으나, 자세히 읽어보면 마지막 결론 부분에서 "宇宙는 곳 一切物인ᄃᆡ 一切物은 곳 神이며, 人은 一切物中 一動物인ᄃᆡ 動物은 一切物의 最進化혼 者이며, 結局 人은 動物中 最進化物"이라고 해서 사실상 진화론의 소개에 그치고 있다(夜雷生, 「天道敎의 人乃天宗旨를 論함」, 『半島時論』 제3권 1호, 1919년 1월, 35쪽). 더구나 이 내용은 『개벽』의 「연구」에 가면, 제4호 논설의 앞부분을 차지하는 '인내천의 근본원리'에 관한 서술 속으로 들어가 버린다. 추측컨대 『반도시론』과 같은 대외적 잡지에 인내천주의를 선전할 때 과학의 측면을 무시할 수 없어서

끝으로 이노우에에 대해 이돈화가 취하고 있던 특별한 태도를 다른 사람에 대한 경우와 비교하면서 언급하고자 한다.* 「연구」에서 우키타, 다카하시, 쿠로이와에 대한 이돈화의 인용방식을 보면, 그는 일단 이들의 입장을 긍정적으로 소개한다. 그러나 마지막 평가를 내리는 지점에 오면 인내천주의의 입장에서 이들에 대한 비판적 입지점을 분명히 한다. 예를 들면 이돈화는 종교간 융화를 강조하는 우키타에 동의하면서도, 그것은 '인위적 융화'이기 때문에 최제우의 '신비적 계시에 의한 자연적 융화'와는 다르다고 밝힌다.[62] 다카하시의 삼교합일론에 대해서도, 그 입장을 최제우의 사상형성에 미친 이론적 배경 고찰의 일환으로 중시하면서 길게 인용한다. 그러나 결론에 이르면, 최제우의 합일은 유·불·선 각 교리를 견강부회적으로 융합한 것이 아니라 "修煉의 結果 大覺의 究竟 — 엇던 理想이 表現되엇고 그 表現된 理想을 解剖한 結果 — 儒佛仙이 各其 그 理想의 一部分인 것을 始覺하엿다"라고 서술하는 것을 잊지 않는다.[63] 이는 간접적으로 다카하시의 입장을 비판한 것이다. 쿠로이와에 대해서도 마찬가지로 말할 수 있음은 본 논문 제3장에서 이미 살펴본 바 있다.

이상의 경우에서 드러나듯이 이런 비판적 인용은 이론 수용 과정에서 이돈화가 보이는 '차이화'의 방식이라고 할 수 있을 것이다. 그 차이화의 준거점은 물론 인내천주의였다. 그런데 이돈화는 이노우에의 철학을 인용

3구분법 하에서 인내천주의를 서술하고자 했고, 또 진화론은 이노우에가 과학법칙으로 자주 언급했기 때문에 진화론과 관련된 내용을 넣었다고 보인다. 그러나 스스로도 별로 신통치 않았던지 「연구」에서는 이 부분의 독립된 서술을 생략했던 것이다. 대신 『개벽』의 다른 지면에 유산균 연구로 유명한 '메치니코프의 학설'에 관한 논설을 싣고 있는데(白頭山人, 「科學上으로 본 生老病死」, 『開闢』 제8호, 1921년 2월), 이것이 '과학상으로 본 인내천주의'에 해당하는 글이 아니었나 생각된다. 왜냐하면 논설제목도 그러하지만, 이 논설은 '철학상으로 본 인내천주의' 논설이 실린 지면 바로 다음호인 『개벽』 제8호에 실리고 있고, 내용도 이노우에의 『철학과 종교』의 '제8: 메치니코프 학설에 관하여(第八 メチ二コフの學説に就いて)'의 내용을 요약·소개한 것으로 확인되기 때문이다(井上哲次郎, 앞의 책, 1915, 278~324쪽).
* '기존 종교의 쇠퇴원인'에 대한 인용(夜雷, 「人乃天의 硏究」, 『開闢』 제2호, 65쪽)은 인용 분량도 얼마 되지 않고 또 가벼운 방식으로 인용되고 있으므로 비교대상으로 부적당하여 논외로 한다.

하는 경우 그의 이름을 전혀 거론하지 않는다. 이 점은 「연구」뿐만 아니라 다른 논설에서도 마찬가지이다.* 「연구」에서 그는 이노우에의 『철학과 종교』를 인용하면서 결론 부분에서 '인내천주의적 입장'을 반복해서 되뇌지만, 마지막까지 이노우에의 이름은 거론하지 않는다. 이돈화가 이노우에의 철학적 작업에서 여러 가지 개념과 발상을 끌어오고 있음은 이미 살펴본 바와 같으므로, 이와 같은 '침묵'은 이노우에에 대한 무시의 결과라고 보기 어렵다. 그렇다고 해서 반대로, 이돈화가 이노우에로부터 자신의 입장을 '차이화'할 수 없을 정도로 동일시한 것도 아님은 이미 살펴본 바와 같다.

이돈화가 인내천주의라는 '종교중심적' 입장을 견지하려 했음을 상기한다면 다음과 같은 해석이 가능할 것이다. 이노우에는 『교육과 종교의 충돌』(1893)에서 기독교의 비국가주의적 성격을 맹렬하게 비판한 것으로 유명하다.[64] 본 논문에서 드러난 이돈화의 관심분야와 독서경향 등으로 볼 때 이돈화가 이 사실을 모르고 있었을 리가 없다. 그로서는 이노우에로부터 철학적 개념과 설명방식을 빌어오긴 했어도, 이노우에가 가진 종교비판의 '경력'에는 적지 않은 부담을 느꼈을 것이다. 그렇지 않아도 '인내천' 종지宗旨의 '범신론적' 성격이 사회 일각에서 '천도교가 종교인가'라는 의구심을 자아내고 있던 참이었다.** 이노우에로부터 '철학적'으로 빚지면서도 그의 종교비판이 주는 이미지를 최소화하는 것, 이것이 이돈화가 '침묵'했던 이유였다고 생각된다.

---

* 이돈화나 천도교에 관한 기존 연구가 이노우에의 영향을 간과한 것은 바로 이 점 때문이라고 할 수 있다.
** 따라서 7호 「연구」에 이어 발표된 「疑問者에게 答함(人乃天의 硏究 其八)」은 '종교성의 옹호'를 위해 준비된 것으로 생각된다. 여기서 이돈화는 인내천주의의 종교적 성격을 懷疑하는 경향을 거론하면서, '범신론적 천도교가 가진 종교로서의 성격'으로 '超人的 勢力의 信仰, 希望, 敬虔의 念, 救濟의 信念, 犧牲의 精神, 仁愛'의 6개를 들고 각각에 대해 설명하고 있다. 夜雷, 「疑問者에게 答함(人乃天의 硏究 其八)」, 『開闢』 제8호, 1921년 2월, 54~58쪽.

이 절에서는 이돈화의 논설에 나타나는 '종교, 철학, 과학'이라는 구분법에 대한 고찰, 그 가운데 '철학'적 서술의 위치, 끝으로 이노우에 철학에 대한 이돈화의 태도 등을 검토했다. 이노우에로부터 영향을 받은 3구분법은 1910년대 말 사회와 개조에 대한 관심과 더불어 다시금 주목되었으며, 그것은 인내천의 진리성을 더 넓은 차원에서 확인하는 서술체계로 활용되었다. 또 이돈화에게서 '철학'은 이노우에와 달리 종교적 진리를 사회방면으로 확장하는 매개로서 주목되고 활용되었다. 한편 그럼에도 불구하고 이돈화가 여타 이론에 대한 인용방식과 달리 이노우에의 이름을 밝히지 않은 것은, 종교성의 유무를 둘러싼 세간의 의심을 막고 철학으로 환원되지 않는 천도교의 '종교적 심급'을 유지하기 위한 것이었다고 생각된다.

5. 맺음말

끝으로 본문 내용을 요약하고 앞으로의 과제를 덧붙이고자 한다. 이돈화는 1910년대 중반까지 주로 우주와 개인의 문제에 주목했지만, 제1차 세계대전 종결을 전후하여 세계개조의 기운이 밀려오자 사회와 개조의 문제에 커다란 관심을 보이게 되었다. 그는 천도교 사상에서 사회성의 논리를 찾는 한편, '개조'의 범주에 사회적 차원뿐만 아니라 종교적 차원까지 포괄하면서 종교가 주도하는 사회개조를 역설하고 있었다.

이돈화는 개조의 중심에 천도교를 세우기 위해 쿠로이와 루이코의 '최후종교론'에 주목했다. 그것은 한편으로 '기독교적 인격신'의 입장을 비판하고, 다른 한편으로 '범신론'을 비판하면서 "가장 최후에 만들어진 종교가 진정한 종교"라는 입장을 가진 것이었다. 이돈화가 보기에 최후종교론은 인내천주의와 매우 흡사한 논리였다. 그는 최후종교론이 가진 '범신관적 실재론'의 입장을 취하되, 쿠로이와가 단정을 내리지 못했던 '실재'의 자리에 '자아의 영성'을 확정함으로써 천도교를 최후종교의 자리에 올려 놓았다.

그러나 천도교가 개조의 주체로 나서기 위해서는 그것의 최후종교적 면모만으로 충분치 않았다. 천도교의 '진리성'이 종교를 넘어 사회로 확장 되기 위해서는 더 일반적이고 세속적인 표현과 논리가 요구되었다. 이돈 화는 그 구체적인 작업으로 이노우에 데쓰지로의 『철학과 종교』에서 '의 식' 개념을 끌어와서 인내천의 천인합일적 구도를 설명하고, 나아가 그 틀 에 기대어 인내천의 구도 속에 신칸트학파의 '완기설'을 포섭했다. 당시에 는 완기설과 동일한 철학기반 및 인격수양론을 가진 문화주의 철학이 사 회개조론에 큰 영향을 미치고 있었는데, 이돈화의 작업은 문화주의 철학 을 인내천주의 속에 포섭하려는 전망을 담고 있었던 것으로 보인다.

이런 점을 염두에 둘 때 이돈화에게서 철학이 갖는 의미는 종교와의 관계 속에서 분명해지게 된다. 그는 사회와 개조에 관심을 가지던 1910년 대 말부터 이노우에의 '종교, 철학, 과학'이라는 3구분법을 강조했다. 그런 데 이돈화가 '철학'에 주목한 것은 이노우에와 달리 종교적 진리를 사회 방면으로 확장하기 위해서였다. 즉 그에게서 '철학'은 종교가 사회로 '진 출'하기 위한 이론적 매개항으로 활용되었다. 이돈화가 인용처에서 유독 이노우에의 이름만은 거명하지 않았던 이유는, 이노우에의 종교비판가적 이미지가 줄지 모르는 부담을 미연에 방지하려 했기 때문이다.

본 논문을 통해 이돈화의 현실인식 및 근대철학 수용의 양상과 그 함 의는 대체로 밝혀졌다고 생각한다. 그런데 본문에서 살펴본 이노우에의 철학적 영향은 단순히 「인내천의 연구」 단계에만 국한되지 않고, 이후 이 돈화가 인내천주의와 문화주의 철학 등을 결합해서 '사람性주의'를 만드는 단계에까지 미치고 있다. 따라서 앞으로는 본 논문에서 규명된 사항을 기초로 하여 연구의 관심을 문화주의와 개조론의 수용양상, 나아가 그것과 인내천주의의 결합양상에 대한 분석으로 확대해가고자 한다.

:: 류시현

고려대학교 사학과를 졸업하고, 고려대학교 대학원과 University of Michigan에서 석사학위를, 고려대학교 대학원에서 박사학위를 받았다. 현재 친일반민족행위진상규명위원회 전문위원이다.

주로 한말과 식민지 시대 사상사에 관해 관심을 갖고, 근대사상(사회주의 사상, 개조론 등)의 수용과정에 관해 연구했다. 서구사상의 수용과 관련해서 번역·출판이라는 주제와 함께 근대적 방법론에 입각한 '조선학'이 어떻게 이루어졌는가를 살펴보고 있다. 아울러 근대의 기원과 관련해서 문화사적인 측면에서 공간, 기억과 관련된 주제에 관해서도 관심을 갖고 있다.

주요 논문으로는 박사학위논문인 「최남선의 '근대' 인식과 '조선학' 연구」(2005), 「출판물을 통한 신학문의 수용과 '근대'의 전파」(2006), 「식민지 시기 러셀의 『사회개조의 원리』의 번역과 수용」(2004) 등이 있다.

일제하 최남선의 불교인식과
'조선불교'의 탐구

류시현

1. 서론

아시아·아프리카의 반제 민족주의는 제국주의의 근대 논리를 수용하면서 동시에 그들 논리의 취약한 영역에서 저항의 논리를 만들어갔다. 채터지(Chatterjee)는 '반제 민족주의'의 특징을 물질적 영역(material domain)과 정신적 영역(Spiritual domain)으로 나누어 설명했다. 그는 전자는 경제와 과학, 기술의 영역이고, 후자는 문화적·정신적 영역이라고 보았으며, 반제 민족주의는 물질적 영역에서 서구를 모방하지만 고유의 전통·종교·사상 등의 정신적 영역은 서구에 대항해 지켜야 할 영역이라고 보았다.[1] 후자와 관련해서, 20세기 초 한국의 역사·지리·문학·어학·종교 등에 관한 연구는 '조선적인 것' 내지는 한민족의 '정체성'을 찾는 작업의 일환이었다. 이를 토대로 하나의 단위로 범주화된 '민족' 구성원에게 통합 논리를 제공하는 이데올로기인 근대 민족주의가 형성되었다. 한국의 근대 민족주의는 서구(혹은 서구를 대변한 일본)와의 접촉 속에서 서구의 근대를 수

375

용하면서 동시에 서구의 정치적·군사적·문화적 공세에 대항하여 민족 구성원의 통합 논리와 함께 저항적 민족주의를 형성했다.

정치·사회적 측면에서 보면, 조선은 문호를 개방하여 자본주의를 배우고 자율적으로 산업혁명과 시민혁명을 이루어내 국민국가를 수립하고 부국강병을 통해 독립을 유지해야 했다.[2] 문화적으로 보면, 민족 구성원을 하나의 단위로 설정하는 과정은 이에 포함되지 않는 타자를 배제하면서 동시에 '민족' 공동체로 내포되는 단위의 내적 공통분모를 찾는 작업이었다. 이는 '중화질서'에 대한 비판적 접근 즉 중국적인 요소를 배제하는 것에서 출발하여, 혈통과 영토에 대한 연구를 통해 '한국(한국인)적인 것[정체성]'을 모색하면서 시작되었다.* 이런 연구 영역에 관한 관심과 연구에는 서구로부터 수용된 근대적 방법론이 큰 영향을 미쳤다. 이를 활용해서 '문화 영역' 속에서 '조선적인 것'을 찾고자하는 활동을 잘 보여주는 사례가 최남선崔南善(1890~1957)의 '조선학朝鮮學'에 관한 연구라고 할 수 있다.

민족해방운동사 및 경제사 연구와 비교해서 근대적 방법론을 활용해서 조선적인 것(전통)을 세우고자 했던 문화 영역에 대한 연구자의 관심은 상대적으로 소홀했다. 민족문화운동의 측면에서 1930년대 '민족주의 좌파'의 '조선학운동'을 중심으로 연구가 이루어졌지만,[3] 조선인에 의한 조선문화 연구를 지향한 '조선학'이라는 용어는 1920년대 초 최남선이 처음 사용한 것이었다. 서양 사상이 수용되는 과정 속에서, 이광수처럼 전통에 대한 적극적인 부정의 입장이 있는가 하면, 최남선처럼 신구의 조화를 모색한 입장도 존재했다. 언론인이자 출판인인 최남선은 한말과 1910년대를 통해 '신문관新文館'에서 발행한 『소년』, 『청춘』 등을 통해 서양 및 일본에서 이

---

* 이런 입장은 민족주의가 근대의 산물 내지는 '만들어졌다'는 입장보다는, 전통 시대 조선 후기의 중국 중심의 사고에서 벗어나 '조선적인 것'의 고민을 근대 민족주의의 전사前史로서 이해하고자 함에서 출발한다.

룩한 '문명개화'를 소개하고* 다른 한편으로는 조선광문회朝鮮光文會의 고적古籍 발간 및 사전 편찬 활동을 통해 조선의 역사와 전통을 알리는 등의4) 두 가지 방식으로 한국 근대 민족주의를 형성하고자 했다. 특히 후자의 움직임은 1920년대 초 최남선이 "조선인의 손으로 '조선학'을 세울 것"5)을 제창하면서 시작되었다. 이 글에서는 1920년대 본격적으로 진행된 최남선의 조선적 정체성의 탐구와 관련해서 그의 '조선불교'에 대한 연구와 인식을 살펴보고자 한다.

불교는 외래 종교이면서 동시에 '조선문화'의 중요한 한 축이었다. 최남선은 종교 영역에서 조선의 '고유하고 순수한' 종교를 찾기 위해 '고신도古神道'가 무엇인지를 규명하고자 했다. 따라서 중국에서 발생한 유교뿐만 아니라 인도에서 시작된 불교 역시 외래종교이기 때문에 조선학의 범주에 들어갈 수 없었다. 그렇지만 우리 역사와 문화 속에는 불교가 사상과 유적의 형태로 깊은 영향을 미치고 있었다. 따라서 최남선의 불교에 관한 이해와 그가 1930년에 쓴 '조선불교'가 무엇인지를 밝히고자 했던 「조선불교」에 관한 접근은 '조선학'의 범주 내지는 경계를 살필 수 있는 연구주제가 된다.

최남선의 불교 이해에 관해서는 『백팔번뇌』를 중심으로 문학 영역에서 연구가 이루어진 바 있다.** 그렇지만, 선행 연구들은 불교문학의 측면에서만 최남선을 고찰함으로써, 최남선이 정의한 '조선불교'가 무엇인지에 대해서는 제대로 접근하지 못하였다. 또한 「조선불교」에 관해서 버스웰(Buswell)은 조선불교의 특장을 밝힌 "조선불교의 첫 번째 정의"라고 평가

---

* 홍일식·조용만 등은 최남선을 '신문화의 선구'로 평가했다. 홍일식, 『육당연구』, 일신사, 1959; 조용만, 『육당 최남선』, 삼중당, 1964 참조.

** 최남선의 시조집 『百八煩惱』를 불교사상과 연관시킨 문학 분야에서의 연구로는 다음과 같은 것들이 있다. 김희철, 「육당 시조작품에 나타난 불교사상연구」, 『서울여자대학 논문집』 14, 1985. 6; 국효문, 「한국 현대시에 나타난 불교사상─최남선을 중심으로」, 『비평문학』 13, 1999 참조.

했다.* 그렇지만 이 글이 나올 수 있었던 1920년대 최남선의 '조선학' 연구와 불교에 대한 이해라는 맥락에 관해서는 역시 제대로 다루지 못하고 있다. 이 글에서는 최남선의 불교에 관한 이해와 함께, 그가 '조선불교'를 어떻게 다시 정의하는지를 살펴보고자 한다. 특히 '조선불교'의 독자성을 강조한 최남선의 「조선불교」가 1930년에 발표된 것과 관련해서 이후 최남선에서 분리될 수 없는 '근대'와 '전통'의 물음이 이후 어떻게 변용·굴절·교차하는지를 살펴보고자 한다.

2. 학문으로서의 불교와 신앙으로서의 불교 체험

한 인물에 관해 접근하는 인물사 혹은 사상사의 영역에서 당대의 시대적 배경, 가계, 학문적 수련 과정 등은 중요한 연구 주제가 된다. 그렇지만 이런 영역이 한 인물을 이해하는 필요충분조건은 아니라고 할 수 있다. 다시 말해 동일한 시대적 배경과 학문적 수련 과정을 경험하더라도 동일한 삶의 궤적을 밟지 않는 것에서 보이듯이, 한 인물의 사상·활동의 변화·전환에서 내적·심리적 요소 역시 중요한 계기로 작용한다. 그/그녀의 종교 체험은 이에 접근할 수 있는 하나의 통로라고 할 수 있다. 그렇다면 최남선이 믿었던 종교는 무엇이었을까? 최남선에 대한 기존의 연구에서는 대종교와의 친화성에 대해 언급하고 있으며,[6] 1910년대 말 3·1운동 직전에 최남선이 기독교계와의 연계를 책임졌을 정도로 기독교계 인사와도 밀접한 연결이 있었다.** 그렇지만 최남선은 스스로 불교를 믿었다고 밝히고

---

* Buswell, Robert, "Imagining Korean Buddhism", in *Nationalism and the Construction of Korean Identity*, p. 101. 한편 조은수는 최남선이 「조선불교」에서 원효에 관해 전체 불교의 '완성자'라고 평가한 점에 주목했다. Cho, Eun-su, "Korean Thought and Nationalism: Transformations in the Field of Korean Philosophy", *Unpublished article*.

있다.

1955년 천주교로 개종한 이유를 밝힌 「인생과 종교」에서 최남선은 65세까지 그의 생애 대부분에 걸쳐 불교에 마음을 두었다고 서술했다.[7] 최남선은 몇 편의 글을 통해 연령별로 자신이 근대학문을 어떻게 수용했는지에 관해 이야기하고 있는데,[8] 「묘음관세음妙音觀世音」은 이와 동일한 형식 속에서 연령별로 자신의 불교에 대한 경험을 서술하고 있다.* 전통적인 요소인 불교를 그가 어떻게 만나고 수용, 이해했는지 그 과정을 서술하고 있는 것이다. 이 글에 따르면 최남선이 불교를 처음 접한 것은 10살 전후에 그의 할아버지를 통해서였다.

> 조부는 갑신혁명운동의 흑막에 가려있던 지도자이던 유대치劉大致 선생을 깊이 숭모하고, 대치 선생은 불교에 얼음이 깊다는 이유로써 그 일러주는 불교의 말은 매우 호의적의 것이어서, 어린 마음에 얼른 느낀 바 있어 어떠한 것임을 모르는 채 불교의 갸륵함을 생각하게 되었습니다.[9] (인용문은 문맥을 다치지 않는 범위에서 현대문으로 윤문했다.-인용자)

이런 불교에 대한 호의를 바탕으로 최남선이 직접 불경을 접하게 되는 것은 1901년에서 1902년 사이였다. 그는 "12, 13세의 일일 줄 생각하거니와, 우리 조부의 친구가 여조呂祖 주석의 『금강경』을 開刊하여 印本 일부를

** 1919년 2월 초순(최남선은 1월 30일로 기억) 최남선은 최린, 송진우, 현상윤과 함께 최린의 집에서 조선 독립운동에 관해 논의했다. 최남선의 역할은 윤치호와의 교섭과 독립서의 작성이었다. 그는 또한 기독교 관계자와의 교섭을 담당했는데, 같은 해 2월 7일 현상윤으로 하여금 이승훈(오산학교)과 연결하도록 주선했다. 『동아일보』, 1919. 7. 14 참조.

* 1928년 9월 잡지 『불교』에 실린 이 글은 '나의 불교 신앙'이라고 해서 여러 사람의 신앙관을 소개하는 글 가운데 하나였다. 불교 잡지에 실린 글이기에 불교 신앙을 지녔음을 강조할 수 있지만, 최남선의 학문 수련 과정에 미친 불교(사상)의 영향을 확인할 수 있다. 또한 이 글은 1928년 10월 조선사편수회에 들어가기 직전에 발표한 글이기도 하다.

조부에게로 보내었는데, 이것을 들쳐본 것이 불교 문학을 대하던 시초였습니다……이 뒤에도 經綸의 書를 흥미로써 대하기를 게을리 하지 아니했으니, 의리적으로보다 문학적으로 그러한 것"[10]이라고 밝혔다.

최남선은 6~7세경 한글을 깨우친 후 예수교의 전도서와 『천로역정天路歷程』 등을 통해 서구 근대와 접했고, 7~8세경 한문을 배운 후 중국어로 번역된 『태서신사泰西新史』 등의 책을 통해 서구 문명을 접했다.[11] 이런 독서는 당대 신지식층이 서구 근대에 접하는 일반적인 경로였다. 따라서 불교서적 읽기를 게을리 하지 않았다는 점은 당대 신지식층과 달리 최남선의 '전통적' 요소에 관한 관심이 일찍부터 깊었음을 알려주고 있다. 한편 일반적으로 실생활에 관련된 직종(역관, 의관 등)에 참여했던 한말 중인층은 신사상 수용에 양반계층보다 적극적이었으며, 기독교에 더 큰 친화력을 지니고 있었다.* 따라서 중인계층인 최남선의 집안이 불교에 대해 호의적인 것은 또 다른 '중인 문화'의 한 모습이었다. 최남선이 서양 학문을 본격적으로 접하고 불교에 관해 새로운 이해를 한 것은 두 차례의 일본 유학을 통해서였다.

최남선은 1904년 10월 동경부립제일중학교에 입학했으나 3개월 만에 퇴학하여 1905년 1월에 귀국했고(1차 유학), 1906년 9월 다시 도일하여 와세다대학 역사지리과에 입학했으나 역시 몇 개월 안 된 1907년 3월에 그만두었다(2차 유학). 선행 연구는 그의 일본 유학이 2차례에 걸쳐 수개월에 불과해서 크게 주목하지 않았다. 그렇지만 이진호를 통해 최남선의 2차 유학기간이 1906년 4월 일본에 도착해서 1908년 6월 귀국하기까지 약 2년

---

* 연세대학교 국학연구원 편, 『한국근대 이행기 중인연구』, 신서원, 1999, 47쪽. 김윤식은 "이광수, 도산, 주요한 중심의 서도인 지식인 그룹과는 질적으로 다른 육당 중심의 개화지식인은 실속 있는 중인 또는 중산층 계층의식과 깊은 관련이 있다. 능변이자 간사함을 지닌 가치중립성의 신봉자들이야말로 근대에 대한 확실한 감각의 소유자들"이라고 평가했다. 김윤식, 『염상섭 연구』, 서울대학교출판부, 1987, 131쪽.

3개월간으로 밝혀졌다.* 당시 유학은 신학문을 직접 체험할 수 있는 기회였으며, 출판 사업은 19세기 말 20세기 초 근대민족주의와 근대적 주체 형성에 큰 기여를 했다.[12] 따라서 최남선의 일본 유학 기간은 향후 그의 출판, 번역, '조선학' 연구 활동의 수련 과정으로 주목받아야 한다. 일본 유학 시절 최남선은 불교에 관해 다음과 같이 인식했다.

> 成童의 해에 일본으로 가매, 차차 태서의 철학서를 접하고, 일변 불교의 철학적인 것을 알게 되고 또 불교가 山間的의 것으로만 여겼더니 世間的 활동과 문화적 교섭이 어떻게 큰 것을 일본의 敎況에서 觀感하게 되어, 불교에 대한 흥미가 늘었습니다. 그 전에도 서국인의 철학적, 敎相的 저서를 上海 廣學會에서 나온 한문 저술로써 얼마간 봤지만, 그네가 기독교적 입장에서 보는 까닭에, 또 당시까지의 불교에 대한 서인의 이해가 깊지 못한 까닭에, 거기서 보이는 불교는 이전 우리가 虛無寂滅이란 말로써 배격하던 범위를 벗음이 그리 크지 못하고, 더욱 비세간적, 비활동적 결함을 지적했음에, 그러면 섭섭하다는 생각을 금치 못했더니, 불교란 반드시 隱退的, 冥潛的의 것 아님을 일본에서 실제로 본 것이 그때에는 퍽 든든했으며, 더욱 당시에 활약하던 여러 學匠들이 불교의 철학적임을 고조함에 대하여 은근히 큰 감격을 느꼈습니다……그때의 생각에는 哲理的으로 서양의 그것에 떨어지지 아니한다는 것이 크게 든든한 생각을 주었음을 사실이었습니다. 그러나 이때까지의 우리가 불교에 대한 태도는 좋게 말하여도 사변적 만족, 지식적 완미이었지 信受 그것은 아니었습니다.[13]

정확한 연도는 나오지 않지만, '성동成童'의 시기는 어학 위주의 수업을

---

* 이진호, 「최남선의 2차 유학기에 관한 재고찰」, 『새국어교육』 42, 1986, 113~120쪽. 이 글은 『전집』 15에 수록된 「연보」에서 나타나는 몇 가지 오류를 지적하고 있다. 우선 최남선이 입학한 와세다대학의 학과가 지리역사과가 아닌 역사지리과이며, 귀국 시기도 1907년이 아닌 1908년으로 보았다.

받았던 1904년의 1차 유학이 아닌 1906년 9월 와세다대학에 입학한 시기를 말하는 것으로 보인다. 이 시기 비록 정규 수업 기간은 짧았지만, 일본의 출판물을 통해 다양한 서구 학문을 습득했다. 당시 최남선은 "처음에 철학에 寓目했고 다음에 경제로 泛濫하고 후에 사학으로 전이하여……플라토(플라톤-인용자)에 萌하고 마르크스에 長하고 랑케에 茂한 此少年"[14)]이었다고 밝혀, 그가 서구 철학과 경제학 그리고 역사학에 많은 관심을 기울였음을 알 수 있다. 또한 최남선은 학교 수업 외에 도서관에서 근대적 지식을 습득했는데, 출판사 '박문관博文館'을 경영하면서 잡지 『태양太陽』을 발행하던 오오하시 신타로大橋新太郎가 운영하는 도서관에 다니면서 내외 문헌의 섭렵에 힘썼다고 한다.[15)] 또한 최남선의 불교 연구 역시 일본에서 수련한 근대학문적 방법론에 영향을 많이 받았음을 알 수 있다.*

어린 시절 불교 경전을 읽은 것 외에, 그의 학문으로서의 불교 연구는 서구의 기독교적 입장에서의 불교 연구와 철학서를 통해서 시작되었다. 당시 그는 '섭섭함'을 표현했을지언정, 서양 학자가 평가한 불교의 '비세간적, 비활동적 결함'을 비판할 능력이 없었다. 도리어 비판적 안목은 일본의 '동양학' 내지는 '불교'에 관한 연구와 활동을 직접 체험하면서 이루어졌다. 최남선은 일본 불교의 활발한 문화적·사회적 활동과 일본인 불교학자의 철학적 연구를 봄으로써 새로이 불교에 대해 관심을 갖게 된 것이다. 즉 서구의 오리엔탈리즘과 일본의 '동양학' 속에서 최남선은 조선의 '전통'을 생각하는 계기를 갖게 되었다.**

외부에서의 충격이 내부에 자극을 준 사례는 1917년에 권상로權相老가

---

* 최남선의 회고에서는 '근대학문적 방법론'이 무엇인지 구체적으로 소개되고 있지 않다. 본고에서는 일반적 의미에서 서구 학문의 수용과 적용이라는 의미로 사용하고자 한다.
** 서구 학문을 통한 일본 근대 불교학의 성립 과정과 식민지에서의 근대 불교학 이식과정에 관해서는 심재관, 『탈식민시대 우리의 불교학』, 책세상, 2001 참조.

『조선불교약사朝鮮佛敎略史』를 서술한 데에서도 보인다. '신문관'에서 발행된 이 책 서문에서 권상로는 "인도, 중국, 일본 등 불교가 존재하는 곳에서는 모두 불교사에 관한 책이 있는데 오직 우리 조선만 없으니, 내 이를 안타깝게 여겨⋯⋯1,500여 년의 일을 편년 기재하여 '약사'라고 한다"16)라고 밝혔다. 즉 조선불교사를 연대순으로 정리하고자 한 그의 집필 작업은 외국에서 이루어진 작업을 의식 내지는 비교해서 이루어진 것이다. 다시 말해 조선불교를 하나의 단위로 해서 그 역사를 재정리하는 작업의 필요성이 제기된 것이다. 최남선의 경우에도 서양·일본 학문과의 접촉이 그로 하여금 조선학 내지는 조선의 전통에 대해 다시 생각하게 만드는 계기가 되었고, 불교 역시 종교로서보다는 구체적인 학문으로 수용되었다.

이상에서 살펴보았듯이 최남선은 불교의 철학적, 문화적 역량을 일본에서 확인하고, 불교 속에 담겨 있는 우리의 '전통'이 서양에 뒤지지 않음을 확인했다.* 그는 중인 출신으로, 당시 유교 지식인이 지니고 있는 전통적 학문수련 과정을 체계적으로 학습할 기회를 갖지 못했다.** 또한 그는 조선시대 양반층과 양반 문화에 대해 "일체 비문명·비진보적 풍기風氣의 원천"17)이라고 해서 큰 반감을 가졌다. 도리어 최남선이 '전통' 혹은 '조선문화'를 다시 생각할 수 있는 계기는 일본 유학 시기 신학문 수련을 바탕으로 한 지적 수련 과정 속에서 형성되었다. 다시 말해 최남선은 서구와의 접촉을 통해 조선사회를 되돌아보았고, 조선학 연구의 방법론을 일본의 학문적 성과와 비교하면서 만들어갔다고 말할 수 있다. 또한 신문화운동

---

* 일본 유학을 한 최남선이 경험한 근대는, 한문과 일어로 번역된 서양 서적을 통해 접한 서양의 근대와 유학을 통해 직접 체험한 일본의 근대 두 가지였다. 또한 그는 불교에 대한 과학적 연구를 통해 '조선적인 것'을 고민하고 서양을 '극복'할 수 있는 논리를 찾고자 했다고 볼 수 있다. 따라서 두 경로의 근대 체험에 관한 연구는 식민지 근대의 모습에 접근할 수 있는 한 방안이 될 수 있다.
** 최남선은 7~8세경 한문을 배웠고, 당시 "家世 藥을 業하여 書卷이 貯無하고 다만⋯⋯『陶靖節集』이 有한지라"(최남선, 「십년」, 『청춘』 14, 1918. 6, 4쪽)라고 회고했다.

의 방향을 전통과 신사상과의 조화 속에서 모색했던 최남선은 조선의 전통 가운데 하나인 조선불교에서 민족적 가치를 재발견했다.

> 불교적 교양을 가짐이 아니면 조선의 문화를 이해치 못할 것을 알았으며, 더욱 국조 단군에 관한 所傳이 불교 중 저술에 있어서 種種의 문학상 疑眩을 야기하므로 이 정체를 알기 위하여는 아무 것보다 먼저 불교 지식을 수양해야 할 필요에 몰리게 되었습니다. 그리하여 壇君記 중심으로 불교의 名相的 고찰을 시험하기 비롯하여, 차차 들어가매 저절로 의리적 부분으로 먼저 나가지 아니치도 못하여서, 얼마 지난 뒤에는 부지불식하는 동안에 불교 海上에 제 몸이 둥둥 뜬 것을 스스로 발견하게 되었습니다. 그러나 엄밀히 말하면 이때까지도 지식 중심, 취미 본위라 할 것이었지, 信 그것이라고는 말씀하지 못할 것이었습니다.[18]

1910년대 당시 그의 불교에 대한 이해는 종교로서의 믿음이 아니라, 조선학 연구의 일환으로 즉 학문 영역으로서의 불교가 지닌 '가치'에서 비롯된 것이었다. 이런 점을 식민지라는 상황 속에서 조선문화 혹은 '전통'이 무엇인가라는 물음에 적용하면, 최남선은 근대적 방법론으로 '조선문화'에 대한 적극적 의미를 부여하여, 일본인 학자들의 조선연구에 대한 '정신적 영역'에서의 대응의 토대를 확보해야 했다. 최남선에게 조선불교에 관한 연구는 조선의 역사와 지리, 조선의 문화, 단군 연구에 접근할 수 있는 열쇠와 같은 것이었다. 이후 최남선은 30세에 본격적으로 불교를 하나의 신앙체계로서 받아들이게 되었다. 그는 3·1운동으로 인해 감옥에 있는 동안 "어느 친지가 『관음경』 일부를 들려주는데 아무 것보다도 책이라는 것으로, 더욱 좋아하는 불교의 책이라는 것만으로 한없는 감격 중 그것을 영입 가졌으며……『법화경』도 보았으며 관음보살이란 생각도 하고 보문대위신普門大威神을 느껴워도 했던 것이……불교에 대한 신해神解란 것이 참으로 생긴 때를 말한다면 이때가 첫걸음이라야 옳을 것"*이라고 밝혔다. 최남선이 믿었던 종교가 무엇이었는가라는 처음의 질문으로 돌아가서, 대종교와의 연관성과 관련해서 서로 다른 두 가지 자료를 검토하고자 한다.

> ㉮ "저(최남선-인용자)도 일찍 金茂園(김교헌-인용자) 종사와 柳石儂(유근-인용자) 선생의 전통적 훈도를 받은 대종교 승봉자이오나 외면적으로는 불교 신자로 행세하면서 단군론을 세상에 문헌으로 밝히려는 일편단심에서 전 생애와 역량을 다 바치려고 희생적·모욕적 이용을 당하면서 또한 어떠한 의심을 받더라도 목적한 바가 성공되는 날 저의 사명을 다할 줄 압니다."[19]
>
> ㉯ "부복하여 아무올시다 하는 말씀을 듣고는 반기기보다 感이 極하여 嗟嗟吁吁만 하신다……나도 한참 續語할 바를 모르고 眉宇만을 쳐다 뵈었다. 한참 만에 조금씩 情話를 酬酌하여 웃음 반 눈물 반의 장면이 되풀이하는 중에 선생 본래의 剛正하신 風格이……참으로 든든하다는 생각이 났다."[20]

1930년대 후반 중국 동북 지역을 여행할 때 최남선은 대종교당에서 윤세복을 만났다. 최남선을 수행했던 대종교도인 이현익과 최남선은 각각 그때의 만남에 관해 위와 같은 기록을 남겼다. 앞의 사료는 이현익의 기록으로 최남선이 대종교도임을 밝히는 사료로 활용될 수 있다. 반면 최남선의 기록은 이현익의 기억과 달리 그 자신이 대종교도임을 말하기보다는

---

* 최남선, 「묘음관세음」, 『불교』 50·51 합병호, 1928년 9월, 64쪽. 참고로 최남선은 2년 6개월 동안의 감옥 생활 중에 「불함문화론」의 구상을 했고, 스마일즈의 『자조편自助論』 후편을 번역했다. 즉 불교 이외에도 최남신은 서구사상 소개와 조선적 기원 내지는 고유성 문제에 지속적인 관심을 지니고 있었다고 볼 수 있다.

윤세복의 이야기를 들었던 것을 중심으로 서술하고 있다. 한편 『대종교중 광육십년사大倧教重光六十年史』에서는 대종교인은 타종교를 동시에 믿을 수 있다고 해서 대종교의 개방성을 언급하고 있다.[21] 따라서 최남선은 본인이 밝힌 대로 불교를 믿었거나, 대종교 측의 입장을 반영해 보더라도 최소한 불교도이자 대종교도라고 볼 수 있다.

3. 당대 불교계에 대한 관심과 비판

불교계 학자·승려와의 교류

한말 일제 초 '신지식층'의 등장은 당대 신구 지식인 세대의 교체 및 갈등을 예견했다. 이광수는 앞 세대와의 '근본적이고 급격한' 단절을 주장했다. 특히 그가 '효'에 대한 직접적인 공격과 자녀들의 부모세대와 단절을 주장한 1918년의 「자녀중심론」은 당대 전통적 지식인들에게 큰 반발을 불러일으켰다.* 반면 최남선은 조선광문회를 조직하고 윗세대와 조선문화와 전통에 관한 공감대를 형성했다. 1914년에서 1915년에 걸쳐 최남선은 자신의 일기 일부를 잡지 『청춘』에 연재했는데, 이 글에서 불교 관련 인사들과의 접촉 즉 광문회 회원인 승려 서진하徐震河(1861~1925)의 방문에 관해 적고 있다.**

서진하는 12세에 금강산 신계사에서 출가했으며, 이능화에 따르면 그는 "출신한 제자를 많이 얻고 선문禪文을 바로 잡았으니 그 종안宗眼이 밝

---

* 권덕규는 이광수의 「자녀중심론」으로 인해 "부노들의 시비가 적지 아니한 일이 있었다"라고 회고했다. 권덕규, 「石儂先生과 歷史言語」, 『乙支文德』, 正音社, 1946, 43쪽.

** 서진하에 대해 최남선은 "속리산 법주사의 주지요, 팔도 都講師의 公評을 얻은 法苑의 高德이니……광문회의 회원이요, 오래 조선 고문헌의 散亡에 대하여 深憂를 가지던 有心한 이라"(최남선, 「一日一件」, 『청춘』 3호, 1914년 12월, 125쪽)라고 평했다.

았음을 알 수 있다"라고 평가되었다.* 1914년 당시 25세의 청년 최남선과 불교계의 '노사老師'와의 교유 관계는 조선 역사에 대한 관심 및 애정에서 이루어질 수 있었다. 두 사람은 이 자리에서 "신라가 渾一하매 고구려의 史乘이 없어지고 李朝가 替興하매 王氏의 文籍을 煙滅한 이야기를 하고 易姓이 잦은 것이 조선사의 零星한 대원인이라 하면서 槪然히 興感"했다.[22] 즉 불교계의 원로급 인사와 20대 중반 최남선의 고적 보전과 전통에 대한 공감대 속에서 교유가 가능했던 것이다. 또한 최남선은 박한영朴漢永과 밀접한 교유 관계를 맺었다. 박한영은 금강산, 백두산 등 최남선의 국토 기행에 동반자였으며, 1926년 12월에 발행된 최남선의 시조집 『백팔번뇌』에 시를 게재했다. 최남선 역시 박한영을 가르침을 주는 '스승'으로 대했으며, 1939년에 간행된 그의 시집에 서문을 썼다. 한편 서진하, 박한영 등 불교계 인사들도 조선광문회 회원이었는데, 이런 점은 조선광문회 참가자 분석에 보다 넓은 외연을 제공할 수 있다.**

민족주의가 구성원의 공통요소를 찾는 작업에 근거를 두었다면 출판·인쇄업은 근대 민족주의와 근대적 주체 형성에 큰 기여를 했다.[23] 최남선과 불교계 인사와의 관계는 당대 불교사를 정리한 이능화, 권상로의 책이 최남선이 경영하는 '신문관'을 통해 발행되었다는 점을 통해 확인된다. 1917년 7월에 발행된 『청춘』의 광고란에는 이능화의 『조선불교통사』에 대한 책 광고가 실렸다. 광고에 따르면 『조선불교통사』는 이능화가 찬撰

---

* 이능화 지음, 이병두 역주, 『조선불교통사』, 혜안, 2003, 107쪽. 또한 1925년 11월에 발행된 『불교』 17호에 그 해 9월 서진하의 열반에 대한 소식을 전하고 있다. 天愛라는 필명의 이 글에서 서진하를 '老師'로 표현하고 있으며, '朝鮮佛敎界의 泰山 北斗'로 평가했다. 天愛, 「嗚呼! 震河老師!! 그 聖僧이든가!!!」, 『불교』 17호, 1925년 11월, 11~14쪽.

** 『삼천리』 7권 10호(1935. 11)에 조선광문회의 회원이 천명이었다고 나온다(21쪽). 서진하가 광문회 회원임은 최남선, 「一日一件」, 『청춘』 3, 1914. 12, 125쪽에서 나오고, 박한영의 경우에는 오영섭의 「조선광문회 연구」, 『한국사학사학보』 3, 2001 참조. 조선광문회 회원 가운데 두 명의 불교 관계자를 언급한 것에 불과하지만, 이들은 최남선과 밀접하게 관계를 맺으면서 조선학에 대해 같이 고민하고, 방향을 모색한 인물이었다고 보인다.

하고, 최남선이 열閱했다고 밝히고 있는데, 열閱이 일반적으로 자세히 살펴 검사한다는 뜻이 있으므로, 이능화가 이 책을 서술하는 데 최남선이 큰 역할을 한 것으로 짐작할 수 있다.[24] 또『청춘』11호에는 장도빈張道斌의『위인 원효』와 함께 권상로의『조선불교약사』에 대한 광고가 게재되었다. 이에 따르면 이 책은 "우리의 사상, 예술, 풍속, 습관 등 여러 방면에 심대한 영향을 傳及하여 우리 문명의 一半을 구성한 조선불교의 내력을 尋討코자 하는 인사"들에게 필요하다고 설명하고 있다.[25] 최남선이 작성한 것으로 추측되는 이 광고문에서는 조선 역사 내지는 문화사에서 조선불교가 지닌 위상이 다시금 강조되었다. 또한『청춘』14호의 광고란에는 한용운의『불교대전』과『채근담 강의』, 그리고 김월창金月窓의『선학입문』의 광고가 실렸다.[26]

불교학자와 승려와의 교류 관계뿐만 아니라 최남선 자신도 불교라는 프리즘을 통해 조선문화에 접근했다. 최남선은 1927년에『삼국유사』의 새로운 교열본 1,000부를 계명구락부를 통해 인쇄하여 재발간했다. 당시 복각본도 구하기 어려운 상황에서 최남선은 "조선학을 세우고 조선의 아我를 살피려고 하면『삼국유사』를 누구든지 얼른 볼 수 있도록 보급 널리 유통하지 않으면 안 된다"[27]라는 목적으로『삼국유사』를 재발간한다고 밝혔다. '조선의 아我'(정체성)를 찾기 위한 방안으로서의『삼국유사』의 발간은, 그의 말처럼, 이 책이 "조선 고문헌의 일대 저수지이자 조선 옛 역사의 보물창고"[28]이기 때문이었다. 최남선이『삼국유사』에 관해 "해동 불교사의 초기에 관하여 그 절대한 문헌"[29]이라고 표현했듯이, 불교에 관한 내용이 중심이 되었다.

이런 삼국유사에 해제를 달고, 구두점을 찍고 재발간할 수 있었던 것은 최남선이 불교에 대한 깊은 이해가 있음을 전제하지 않고는 설명할 수 없다.* 즉 최남선은 1920년대 이런 교유 및 출판 활동을 통해 조선불교계와 밀접한 관련을 맺고 있었다. 또한 1930년대에 들어가서도 그는 중앙불교전문학교 학우회에서 발행하는 잡지 『일광一光』에 시조를 게재했고,[30] 이 학교의 교가를 작사했으며, 이 학교 3학년을 대상으로 조선문학사를 강의했다.[31] 이런 불교계와 관련된 활동은 아래에서 살펴볼 1920년대 조선 불교계에 관한 그의 다양한 글에서 확인될 수 있다.

한말·일제시대 불교계에 대한 비판과 대안 제시

비서구 사회·식민지 사회는 서구로부터 수용된 근대(서구의 정치·경제적 보편주의)를 일방적으로 재현하지 않았으며, 제국주의에 의해 '강요'된 식민지상을 일방적으로 수용하지도 않았다.* 또한 제국주의자도 식민지라는 새로운 공간에서 — 미지의 세계에 대해 — 동요하는 존재였다. 식민지 지배자들은 도리어 자신들의 강함과 남성성을 강조하기 위해 식민지인들에게 미개하고 나약하다는 '여성성'을 부여했다.[32] 최남선의 조선불교계에 대한 비판은 이런 근대의 논리에 입각해서 다음과 같은 상황 인식을 전제로 했다.

> 지금까지 조선의 문화가 불교에 신세진 것이 많음은 가장 명백한 사실이다……오늘날 조선의 불교와 불교도에게 과연 얼마나한 (조선문화의 발달에-인용자) 부담을 할 수 있을까? 그네의 축 처진 어깨와 느른한 팔뚝이 과연 얼마나한 책임을 우리의 신문화 행정에 나누어 맡을까?[33]

---

* 권상로는 몇몇 기존의 『삼국유사』 영인본에 비해 최남선의 『삼국유사』는 "가장 완전한 본에 가장 명석한 해제가 있으니"라고 하여 높이 평가했다. 그는 또한 같은 글에서 최남선을 '善友'로 표현했다. 권상로, 「고문화의 신공헌」, 『불교』 36호, 1927년 4월, 7쪽.

* 식민지의 문화에 관한 연구에 따르면, 식민지의 부르주아 사회는 서구로부터 생산된 지식과 권력을 일면 수용하면서 배제하는 '긴장' 관계를 유지하고자 했다. Frederick Cooper and Ann L. Stoler, *Tensions of Empire*, University of California Press, 1997, p. 3.

최남선은 당시 '신문화 건설'에 앞장서지 못하는 조선불교계의 모습에 비판적인 입장을 지녔다. 즉 그는 '축 처진 어깨와 느른한 팔뚝'이라고 하여 제국주의자들의 논리처럼 당대 불교계의 나약함을 지적했다. 시기는 약간 뒤지지만, 최남선은 이런 조선불교의 위축 원인이 고려 중기 이후 조선의 불교가 기도 혹은 미신적 방법으로 권력과 이익에 접근하고 권력의 비호에 의뢰한 데서 비롯되었다고 인식했다.[34] 아울러 최남선은 1920년대 중반 일제 식민 지배자의 불교정책을 비판했다.

최남선은 1925년 당시 일제 권력에 기대어 일본 불교에 접근하는 태도에서 조선불교계의 침체가 나타난다고 보았다. 최남선은 이에 관해 "조선의 불교를 일본의 曹洞宗으로 附庸하여 버리려 한 추태는 언제 생각하여도 치가 떨릴 일이다"[35]라고 서술했다. 특히 최남선은 '사찰령寺刹令'으로 인해 "공적 기관으로 생명을 유지하던 불교가 신법령에 의해 지주의 독점 권리제로 하여 마지막의 괴멸을 보게 되었다"[36]라고 평가했다.

조선불교에 관한 일제 정책에 대한 최남선의 비판적 입장은 1928년 10월 최남선이 조선사편수회에 참가하는 시기와 맞물려 주목해야 한다. 선행 연구에서는 최남선 친일의 기점을 1) 일본 유학 시절,[37] 2) 1920년대 초,* 3) 1928년 조선사편수회 참가 시점** 등으로 보고 있다. 최남선이 조선사편수회에 참가하기 한 달 전에 쓴 「묘음관세음」이 불교를 통해 민족 구성원의 통합 논리를 모색했듯이, 1920년대 중반 조선불교계에 대한 최남선의 이런 지적은 일제 지배 정책에 반대하는 민족적 입장을 견지하

---

* 강동진, 『일제의 한국침략정책사』, 한길사, 1980, 393, 395쪽. 북한의 연구성과도 최남선에 대해 "3·1 인민 봉기 이후 일제의 탄압이 강화되자 그는 친일 반동의 길로 나갔으며 반동적인 역사책을 써내어……민족 문화의 건전한 발전에 해독적인 작용을 했다"라고 평가했다. 정홍교·박종원, 『조선문학개관』 1, 사회과학 출판사, 1986, 335 ~337쪽.
** 최남선 본인은 물론 대부분의 선행 연구가 이를 기점으로 삼고 있다. 박성수, 「육당 최남선 연구―「자열 서」의 분석」, 『국사관논총』 28, 1991; 박태순, 「역사를 위한 변명과 해명―최남선의 반민족사학」, 『역사 비평』 10호, 1990년 가을호.

고 있거나, 최소한 '동요'하고 있었다고 평가할 수 있다.

한편 문화적 측면에서 불교 유적이 제대로 보존되지 않고 있으며, 조선 문화유산의 대부분을 차지하는 불교 유물·유적 관리에 소홀한 조선불교계 혹은 주지에게 책임이 있다고 비판했다. 금산사를 방문한 최남선은 유적·유물이 제대로 관리되지 않은 것은 "전불교적 일대 羞辱이요, 또 두 번 얻어 보기 어려운 저러한 예술품을 오래도록 風磨雨洗에 맡기다시피 함은 불교계는 막론하고 실상 민족적 일대 손실이 아닐 수 없다"[38]라고 밝혔다. 그러면서도 박한영 등 불교계 인사들의 개혁 노력에 대한 기대감을 함께 표방했다.

> 한국 末造 어느 한……圓宗 종무원인가 무엇인가 하는 불교의 일진회를 만들어서 朝鮮 불교를 온통으로 남에게 팔아먹으려 할 위기에도 朴漢永·陳震應 諸師의 손에 揭颺된 護法의 大幢이 이곳을 가려 위풍을 드날려서 이조 불교의 업수이 여기지 못할 탄력을 보인 것도……있었음을 살펴야 할 것이다.[39]

이런 기대감은 불교계가 침체에서 벗어날 수 있는 대안 제시로 연결되었다. 최남선은 대각국사 의천義天의 활동을 높게 평가하고, 사활의 기로에 서 있는 조선불교 진흥 내지는 갱생을 위해 '보리심菩提心'을 지니고 실행에 옮겨야 한다고 주장했다. 이 글에서 그는 또한 조선학 연구와 관련해서 팔만대장경에 주목했는데, 첫째로 경전의 연구, 둘째로 팔만대장경의 인쇄보급, 셋째로 의천의 문집 간행, 넷째로 경전의 역사 연구 등을 제시함으로써[40] 불교학의 진흥을 도모하기도 했다. 이외에도 최남선은 불교와 관련한 다양한 글을 발표했다.* 이런 '조선불교'에 관한 글 가운데 주목해야

---

* 혁명 이후 '노농 러시아'에서 발간한 불교 경전에 관해서는 최남선, 「火中蓮」, 『동아일보』 1925년 9월 26일자 참조. 석가모니 부처의 생애와 사상에 관해서는 최남선, 「久遠한 明星」, 『동아일보』, 1926. 1.

할 것은 그가 1930년에 발표한 「조선불교」이다.

최남선이 '조선불교'를 재정의하고, 조선불교계를 대표하여 1930년 범태평양불교청년회의의 발표문인 「조선불교」를 집필할 수 있는 '권위'를 가지게 된 이유에 대해 자세한 내막은 알 수 없다. 당시 잡지『삼천리』에는 「조선 민족적 대표의 선출문제」라는 주제 아래 이런 국제대회의 조선인 대표가 어떻게 선정되는지에 대한 김병로金炳魯, 안재홍安在鴻, 최린崔麟 등의 글이 게재되었다. 김병로는 태평양회의, 만국기독교대회, 동양불교대회 등 "종래 이런 회합에 가는 대표를 보면 대개 스스로 적임이라고 일컫는 분들이 일부 추천 혹 자천에 가깝게 출석했을 분이요 특히 조선 사회의 공통된 또는 중요한 발언기관에서 공적으로 선정하여 보낸 적이 별로 없다"[41)라고 밝혔다. 비록 공적인 선정 과정은 없었을지언정, 최남선이 쓴 「조선불교」에 관한 반론이 제기되지 않았으며 불교계의 잡지『불교』에 게재된 점으로 보아, 불교계에서는 '조선불교'를 정리해서 외국인들에게 보여줄 글을 작성하는 데 적절한 인물로 최남선을 꼽았던 것으로 생각된다.

범태평양불교청년회의에는 조선불교청년회 대표인 승려 도진호都鎭鎬가 조선대표로 참가했는데, 그는 잡지『불교』에 3회에 걸쳐 대회 참관기를 남겼다. 이에 따르면, 그는 7월 21일 본 회의가 하와이불교청년회관에서 열리던 날 최남선이 쓰고 최봉수崔鳳秀가 번역한『Korean Buddhism and Her Position in the cultural history of the orient』라는 소책자를 배포했다. 그는 출발하기 20일 전에 급하게 최남선이 집필한 이 글이 "태평양을 건너 백인의 심지心地에다 불종佛種을 전파하고 동시에 우리 문화를 선전하기로는 이번이 처음 되는 기록이니 이 소책자가 주는 바의 공효가 결코 작지 아니

23~24: 최남선,「人東禪敎考 解題」와「해동고승전해제」『불교』37호, 1927년 7월 참조.

했"[42]다고 자평했다. 아래에서는 최남선이 쓴 「조선불교」의 내용을 1920년대 조선학 연구와 연결시켜 첫째로 조선학의 범주, 둘째로 조선의 지리적 특성(반도성), 셋째로 문화 교류로서의 한일관계 등을 중심으로 살펴보고자 한다.

4. 「조선불교」와 일본 중심의 문화권 논의

외래 종교인 불교에서 '조선불교'의 발견

「조선불교」는 원래 외국인을 대상으로 쓴 글로, 최남선 스스로 "문세文勢와 용어가 저절로 다를 수밖에 없었다"라고 전제하고, "조선이 조선만의 조선이 아니라, 전동방의 조선, 아니 세계의 조선임을 불교사상으로 인식"[43]하고자 하는 의도 속에서 집필했다고 밝혔다. 즉 '세계의 조선'이라는 표현에서 볼 수 있듯이, 최남선은 이 글을 통해 조선의 불교를 세계불교계에서 유일하고 독자적인 특성을 지닌 '조선불교'로 규정하고자 했다. 이런 조선적 정체성 모색을 통해, '조선불교'를 동북아시아는 물론 세계적으로 중요한 위치를 지닌 것으로 적극적으로 평가하고자 했던 것이다.

이런 의도를 담은 「조선불교」는 1) '동향東向하는 문물 이동의 종극점'이라는 반도의 지리·문화적 성격, 2) 불교의 동전東傳이 중국과 유사한 시기에 이루어짐, 3) 고구려 승랑僧郎, 신라 원측圓測·의상義湘 등 중국에서의 '반도 승려'의 활동, 4) 원효元曉를 통한 조선불교의 독창성, 5) 석굴암, 팔만대장경 등 조선불교문화의 독창성의 사례, 6) 불교의 전적을 집성한 의천의 활동, 7) 일본으로 불법의 전파, 8) 일본 고예술(건축, 음악, 회화 등)에 미친 조선불교의 영향 등을 다루고 있다. 이런 구성에서 제일 먼저 눈에 띄는 것은 '조선적인 것'의 강조인데, 원효에 관한 서술을 중심으로 이 점을 살펴보겠다.*

「조선불교」 이전에도 최남선은 원효에 관해 적극적인 의미를 부여했다. 그는 전체 불교 속에서 원효의 사상사적 위치에 관해 "전체 불교의 중에 만일 조선불교라 할 하나의 영역이 별도로 건립된다 하면, 그것은 무론 교敎의 원효와 선禪의 지눌知訥을 양지주로 하는 '통일원성저무상일승統一圓成底無上一乘'인 점일지니, 이른바 불교통일운동의 제일 선구는 세계를 통틀어서 우리 원효인데, 원효를 말미암아 화회원융和會圓融된 이 이론을 가장 깊고 독실하게 실행화한 이가 곧 보조국사普照國師 지눌知訥이란 어른이다"44)라고 평가했다. 1920년대 중반 아직 '조선불교'의 정체성에 관한 정립이 이루어지지 않았고, "조선불교라 할 하나의 영역이 별도로 건립된다 하면"이라는 가정을 전제로 최남선은 원효가 전체 불교계에서 갖는 위치를 적극적으로 평가했다. 이후 1930년 「조선불교」에서 보다 분명하게 조선불교는 물론 세계불교 차원에서 원효의 역할을 규정하는 것으로 변화했다.

> 晓公(원효-인용자)의 海東宗이야말로 불교사상에 있는 華嚴宗의 진정한 창립이오 동시에 불교철학의 완성이라 할 것이었다……이론과 실행이 원만히 융화하여진 「조선불교」의 독특한 건립을 성취했음에 있다. 인도 및 서역의 緖論的 佛敎, 중국의 各論的 불교에 대하여 조선의 최후의 結論的 佛敎를 건립했음에 있는 것이다.45)

최남선은 원효를 전체 불교 가운데 조선적인 특색 즉 '결론적 불교'를 보여주는 존재이면서 세계 불교사에 의의가 있는 존재로 평가했다.** 한편

---

* 식민지 시기 최남선 외에 이능화와 권상로의 『불교통사』, 『조선불교약사』에서도 원효가 소개되었지만, 자료 정리의 수준이었다. 또한 원효의 삶을 소개한 장도빈의 『위인 원효』가 있지만, 조선불교의 특징을 원효에게서 찾는 작업은 최남선이 처음 시도했다.

앞서 언급했듯이 조선의 고유성을 즉 '조선적인 것'을 강조할 때, 불교는 조선의 고유한 사상에 포함될 수 없다. 그렇지만, 불교를 제외하고 우리 역사·문화를 설명하기는 어렵다는 난관에 봉착하게 된다. 특히 문화를 강조한 최남선의 역사인식에서, 불교문화 유산은 세계에 내세울 만큼 뛰어난 것으로 평가되었다. 따라서 최남선은 불교와 고유사상의 관계에 대해 1) 고유사상을 불교와 어떻게 접목시킬 것인가, 2) 불교를 어떻게 우리 고유문화의 영역 안으로 포함시킬 것인가 등의 물음을 통해 답을 찾고자 했다. 1910년대 이능화의 『조선불교통사』에 대한 광고를 통해, 최남선은 "조선은 1500년 이래의 불교국이라. 일체 문화 모두 이에서 유래하고 이로써 자라났으니니 불교를 제외하고는 조선사회의 기초를 투시할 수 없으며, 조선 백성이 지닌 덕의 소질을 정확히 알 수 없으며, 조선 역사의 배경을 직관할 수 없으며, 조선 문물의 과정을 바로 이해할 수 없음이 분명하다"[46]라고 하여 조선학에서의 불교의 위상을 강조하고 있다. 이런 인식은 「조선불교」에도 보이고 있다.

> 法·俗 양방면을 통하여 어떻게 많은 공업이 불교인의 손에 건설되고, 또 이에 상응할 만한 인물이 불교의 중에 존재했는지를 누구든지 경탄치 아니치 못할 것이다. 만일 이 시기의 반도 역사에서 불교 관계의 사건급 인물을 제거하면 남은 책장이 거의 드물지 아니함을 얻지 못할 것이 분명할 것이다. 그리하여 시방까지도 반도가 세계에 향하여 자랑할 수 있다는 문화적 유적은 그 대부분은 불교의 물건, 불교 영향의 물건임이 사실이다.[47]

** 최남선은 1940년대에도 "원효는 어수선한 불교의 의리를 단촐하게 다스리고 사찰 속에 숨겨 있던 불교의 수행을 일반 민중에게 내어줘서 다만 우리에게서뿐 아니라 세계 불교상에 처음 보는 개혁자가 되었다"라고 평가했다. 『古史通』, 1943, 42쪽.

최남선에게 불교 관련 문화적 유적은 '세계에 자랑'할 수 있는 소재가 되었다. 물질적 영역에서 서구에 '압도'되고 있는 식민지 상황 속에서, '문화'는 이들과 경쟁·대결할 수 있는 좋은 소재가 되었다. 최남선은 1910년 대에도 이런 정신적 영역 내지는 과거의 문화유산을 강조하는 글들을 발표해서 서구 내지는 일본과 동등하거나 낫다는 대결의식을 보였다.* 비교 대상의 범주가 '고유 대 외래'에서 '조선적인 것 대 비조선적인 것'으로 이해될 때, 조선의 불교는 조선적인 것의 일원으로 포함되며, '조선불교'로 타자에 대한 민족공동체의 우수성을 확인하는 소재로 활용되었다. 즉 「조선불교」의 내용은 세계에 대해 고유한 조선불교의 특수성과 문화적 가치를 알리고자 하는 것이었다. 한편 '고유신앙'과 불교의 관계에 대해서 최남선은 불교가 수용된 이후 '고유신앙'과 조화를 이루었다고 보았다.

> 물을 부어도 새지 아니할 만큼 아주 탄탄하고 곱다랗게 불교화가 된 듯해도, 일정한 범주와 蹊逕 속에서 변화한 것이기 때문에 불교화한 채로 본상을 의연히 보전하여 있다. 인격 그대로 天然이요 지옥 그대로 천당이요 외래종지 그대로 고유정신임이 모순은 모순이지만 이는 신구 피아가 전후 서로 섞여 있는 동안에 생긴 자연한 결과이다.[48]

최남선은 무등산에 관해 설명하면서, "예로부터 종교와 인연이 있는 땅으로 내려오는 곳이요, 후일 불교의 招堤가 있는 곳이 相望한 것도 대개는 古神道의 社祠를 그대로 승습했음을 여러 가지로 추상할 수 있으니"[49]라고 하여, 고신앙이라는 전통과 외래종교로서의 불교가 서로 충돌 없이 만날 수

---

* 「비행기의 창작자는 조선인이라」, 『청춘』 4호, 1915. 1; 「我等은 세계의 갑부」, 『청춘』 7호, 1917. 5. 후자는 고구려의 벽화, 팔만대장경, 금속활자 등의 사례를 통해 "爾等의 發明才, 爾等의 獨創力"을 발휘했다고 평가했다.

있는 접점을 모색했다. 한편 '반도 역사', '문화적 유적' 등의 강조에서 보이듯이, 최남선에게 조선학 연구의 중요한 두 축은 역사와 문화였다. 문화적 측면에서 「조선불교」는 석굴암, 팔만대장경 등의 문화유산을 소개했고, 이런 유물·유적을 우리 문화가 '능동적' 태도를 지니고 있었다는 근거로 활용했다. 따라서 최남선은 불교가 비록 외래종교이지만 우리 역사와 문화에 큰 기여를 했다는 점을 살려, 유교와 달리 적극적으로 조선학의 연구 주제에 포함시켰다.

한편 조선불교의 특수성을 찾는 것은 다른 문화 특히 중국·중국 문화로부터의 영향을 차단 내지는 단절하는 작업의 일환이었다. 불교의 전래도 기존 사료에서 나온 불교 전래의 기록만을 믿을 것이 아니라 "중국과 선후하여 (불교가-인용자) 반도로도 유입한 것이 사실인 듯하다. 이것은 고대 북방 아세아에 있는 문화 이동의 추세로 보든지, 또 중국 초기 불교에 관한 전설에 암시되는 바로 보든지, 반도의 득법을 반드시 중국불교의 여파로 생각할 필요가 없"⁵⁰⁾다고 주장했다. '불함문화론不咸文化論'이 중국과 인도 지역과는 다른 문화권을 주장했듯이, 최남선은 1900년대부터 '조선문화'의 고유성, 특수성을 설명하는 데 반도라는 지리적 특성을 활용했다.*

> 문화의 대부분은 반도에 일어났고, 또 문화의 전도와 조화와 집대성과 개척은 모두 반도의 천직이어서, 예부터 인류사회에 등대임을 알지니, 이는 엄정한 역사적 사실이 가장 엄숙하게 우리에게 알리는 바이라.⁵¹⁾

최남선은 「조선불교」에서도 조선의 반도적 특수성을 "동서 교통상의 일방의 종점인 조선반도는 저절로 일체 문화의 최후 정류지가 아니될 수

---

* 최남선은 한반도를 동방문화의 중심지라고 평가했고, 「조선불교」의 부제도 '동방 문화사상에 있는 그 지위'라고 달았다.

없었다"[52]라고 했으며, 반도는 수용자임과 동시에 내재적 능력을 바탕으로 한 창조자임을 ― 조선불교의 사례를 통해 ― 확인하고자 했다. 나아가 최남선은 조선불교가 일본에 미친 영향에 관해 "불교의 수입이 거의 사상과 문학의 발생이요, 불교의 보급은 또 그 발전이라 하여도 과언이 아니었다"[53]라고 평가하고 있다. 따라서 최남선은 불교로 대표되는 '동방문화'는 반도라는 지리적 상황을 이점으로 활용하여 '종합과 통일'을 했고, 조선적인 불교사상을 일본에 전달했다고 강조했다. 불교라는 소재를 통해 과거 조선의 일본에 대한 문화적 우위를 논하는 것은, 식민지 시기 '정신적' 영역에서 일제와의 대결의식을 보여주는 사례라고 할 수 있다.

조선적인 것의 고유성과 문화적 보편성과의 충돌

최남선은 일본에서 배운 근대학문의 방법론으로 조선의 역사·지리·풍속·문학에 관한 연구 즉 '조선학' 연구를 했고, 이를 통해 일본인 학자가 수립한 조선상 혹은 지배이데올로기와 맞서고자 했다. 나아가 일본 역사·문학에 관한 비판적 접근을 통해, 식민지 본국의 학자를 '긴장'시키기도 했다.* 이와 동시에 계몽을 통해 조선인을 선도하여 이들을 계도하고자 한 최남선의 근대 기획은 일제의 식민지적 근대 기획에 압도당하기도 했다. '불함문화론'과 「조선불교」에서 보이는 조선민족을 중심으로 한 동북아 문화권의 구상은 만주사변과 중일전쟁을 거치면서 문명이 앞서고 근대화된 일본에게 황인종 내지는 동북아문화권의 중심 자리를 내주었다. 1920년대 '조선학' 연구를 통해서 조선의 특수성을 강조한 최남선의 입장은

---

* 식민지와 피식민자를 학문적으로 정리하는 것은 제국주의 학자의 역할이었다. 그렇지만 최남선은 도리어 식민지 본국인 일본의 역사와 문화에 대해 학문적인 접근을 시도한다. 최남선의 「조선의 신화와 일본의 신화」(방송원고: 1930. 4. 25~26); 「일본문학에 있어서의 조선의 모습」(강연: 1931. 2. 2) 등이 그 예가 될 수 있다.

1930년대 들어서면서 보편적인 성격을 지닌 문화를 강조하는 것으로 바뀌었다.

1920년대 초반에 문화라는 개념은 개조라는 용어와 함께 시대의 유행어였다. 박찬승은 19세기 독일의 문화(주의)가 다이쇼大正 시기의 일본에 수용되었는데, 문화는 독일어 'Kultur'의 번역어였고, 문화주의는 인격의 수양을 강조하는 '인격주의'와 '개인의 내적 개조'를 강조하는 것이라고 보았다.[54] 그런데 독일과 일본에서 유행했던 문화(주의) 개념은 문명과 상호 배치되는 것이었다. 하우랜드(Howland)는 영국과 프랑스에서 사용된 '문명화(civilization)'는 물질적이고 기술적인 개념인 데 비해, 독일과 일본의 '문화'는 지성적, 예술적, 종교적인 것이라 하여 양자를 대립시켰다. 그는 또한 문명화, '문명개화'는 보편적인 것이고, 이에 비해 '문화'는 민족적인 즉 특수적인 것이라고 보았다.* 즉 후발 자본주의국인 독일, 일본이 '문명'에 대한 대항 개념으로 설정한 것이 '문화'였으며, 이는 '문명'과는 시간적 차이를 두고 형성된 개념이었다.

조선의 경우, 한말 '문명개화'를 통한 국민국가 수립이라는 과제를 이루기 이전에 식민지화가 되면서 '문화'뿐만 아니라 '문명' 역시 미해결의 과제로 남아 있었다. 따라서 식민지 조선에서는 물산장려운동과 같이 물질적 영역에서 '문명 기획'을 추진해야 했으며, 동시에 정신적 영역에서 조선적인 것(조선 역사·문화, 민족성)을 찾는 작업이 병행되었다. 문명과 문화 개념 사이에 나타나는 보편/특수, 국민/민족 등의 이항대립은 최남선에게 모순적으로 이해되지 않았다. 최남선은 한말과 일제 초에 자신의 글과

---

* Douglas R. Howland, *Translation the West*, University of Hawaii Press, 2002, p. 38. 니시카와 나가오西川長夫는 문명-국민, 문화-민족 각각이 상호 연관성을 지닌다고 파악하면서, 문화는 민족적 특수한 고유 언어, 혈통, 습관 등을 강조한다고 보았다. 니시카와 나가오(윤대석 옮김), 『국민이라는 괴물』, 소명출판사, 2002, 109~114쪽.

『소년』, 『청춘』 등의 출판물에서 문명과 문화를 혼용해서 사용했다. 또한 그는 '신문관'을 통해 서구의 근대 문명과 문화를 수용해야 한다고 보면서 동시에 조선광문회를 통해 '조선적인 것' 특히 조선문화의 발굴·복원에 앞장섰다.

한편 최남선은 문화가 전세계적 차원에서 공유·전파된다고 보았다. 이런 인식은 최남선이 조선의 고유한·유일한 문화를 찾고자 한 시도와 상호 충돌적인 측면이 존재했다. 1922년에 발표한 글에서 최남선은 문화에 관해 민족·국가 단위를 뛰어 넘어 "세계를 한집안 만들고 인류를 한 식구 노릇"*하게 한 것이라고 보았다. 한 지역에서 다른 지역으로 문화의 전파를 인정할 경우, 조선의 고유성·독자성을 인정하지 않는 논리로 전환될 수 있었다. 최남선은 "인류의 생활은 본디부터 세계적이었다. 인류의 생활의 성형물인 문화란 것은 아득한 옛날로부터 이미 통세계·통인류적의 것 이었다"[55]라고 해서 문화의 고유한 것이 존재하지 않는다고 보았다. 같은 글에서 최남선은 문화적 측면에서 '조선적인 것'이 세계 공통의 문화와 공유하는 점이 있다고 보았다.

> 인류의 문화는 그 본질과 원형태에 있어서 애초부터 세계적·전인류적으로 생겨서……우선 조선의 문화와 조선인의 생활 내용으로만 보아도 동방의 은사들이 사는 나라이니, 깊은 규방이니 하여 문을 꼭 닫고 혼자 산 듯하면서, 실상은 까마아득한 옛날의 옛날로부터 세계적 양분으로써 골고루 자기 생활에 내용을 채워 윤택하게 해왔는데, 이것은 모든 방면에서 다 적확한 예를 지적할 수 있거니와 설화도 그 중의 하나……나는 세계를 모릅네 하고, 조선이 따로 있다고

---

* 최남선은 "조선에 고유하던 것으로만 알던 박타령이 실상 동방 아시아 여러 민족들하고 공동으로 가진 재산인 줄을 아는 동시에, 문화라는 것이 어떻게 형적과 기척 없는 속에 민족과 국가를 떼어나는 대활동을 하는지, 새삼스럽게 놀라워할 것이다"라고 보았다. 최남선, 「외국으로서 귀화한 朝鮮占談」, 『東明』 3호, 1922. 11. 19, 6쪽.

만 하든지, 혹 새삼스레 세계를 뒤집어쓰고 조선을 몹쓸 것처럼 내어던지든지 함은, 둘이 다 별주부처럼 '간 없는 이' 소리를 듣지 아니하면 다행일 것이다.[56]

'조선문화'와 '세계 문화'의 공유를 논의하면서, 아울러 최남선은 일본 문화와 조선문화의 유사성을 신화를 통해 확인하고자 했다. 1930년에 발표한 조선과 일본의 신화를 비교하는 글에서 최남선은 양자의 신화가 서로 동일한 이야기 구조를 띠고 있다고 주장했다. 그 이유에 관해 "조선과 일본 내지는 동범위 내의 제 민족들이 그 문화의 원천을 같이하고 있기 때문……이런 것들은 요컨대 문화상의 일이며 민족의 본질 내지는 그 연원 그 자체는 아니니, (여기서) 문화론과 민족론은 별개의 범주에 속한다는 것을 밝혀두고자"[57] 한다고 했다. 문화와 민족을 구별하고 있지만, 최남선은 한국과 일본이 "문화의 원천을 같이 한다"라고 해서 문화의 공유 내지는 전파를 인정하고 있다. 이런 문화의 원천을 공유하는 지역을 단위로 설정하는 것이 '문화권'의 논의이며, 최남선의 이런 논의를 대표하는 것이 1925년 말에 집필 완료하고 1927년에 발표한 「불함문화론」이었다. 이글은 "동양학의 진정한 건립은 조선을 중심"으로 이루어져야 한다는 내용에서 출발했다.[58] 그렇지만 앞서 표현했듯이 '문화권'의 논의는 세계성·보편성에 기반을 두었다. 따라서 문화권의 논의를 민족 단위가 아니라 보편성에 입각한 '문화' 중심으로 사고하게 되면, 최남선의 '불함문화권'의 중심은 조선보다 문명·문화로 앞선 일본으로 옮겨갈 수 있었다. 1930년대 중반에 들어서면서, 최남선은 1920년대의 "문화와 재력에 있어서 조선은 언제든지 동방에 있는 선진자, 우월자"[59]였다는 인식을 부정했다.

1936년에 발표한 「조선의 고유신앙」에서 최남선은 「조선불교」에서 보여줬던 반도의 문화적 수용 태도, 반도의 독특한 독창성에 대한 입장을 바꾸었다. 최남선은 유교·불교를 외래사상이라고 규정하고, 불교를 '고유사상'과 분리시켰다. 또한 최남선의 논리는 일본과 조선이 모두 중국을 통해 불교와 유교를 수용했지만, 일본은 '자중적自重的 소화력'을 지녔으며, 조선은 "유교도 불교도 그냥 통째로 삼켜 버리고"라고 평가했다.[60] 다시 말해 이런 입장은 「조선불교」를 통해 인도·중국·일본을 포함한 전체 불교 안에서 조선불교만의 특수성을 강조했던 ― 기존에 최남선 자신이 만든 ― '조선학' 연구의 전통을 스스로 부정하는 것이었다. 나아가 불교의 조선적인 요소를 배제하고 일본의 '동화정책'에 궤를 같이하여 조선의 고유신앙이 일본과 같다는 논리로 변화했다. 심지어 최남선은 1937년 조선문화의 당면 과제는 '근대화'와 함께 '일본화'에 있다고 주장했다.[61] 나아가 "일본과 조선이 문화적으로 어떻게 밀접한 관계를 가지고 지냄은 새삼스럽게 적지도 않으려니와, 몽고와 조선으로 말할지라도 인종으로나 언로로나 풍속으로나 역사로나 피차간에 생각하는 바 이상의 친밀한 교섭이 있음은 두드러진 사실입니다"[62]라고 해서, 조선은 문화적으로 일본과 가깝고, 인종적으로 몽고와 가깝다고 주장했다.*

5. 결론

최남선은 한말에서 일제 시기를 걸쳐 해방 후까지 조선의 역사·문화·지리·신화 등 '조선학'에 대한 연구를 지속한 인물이었다. 아울러 그는 일본 유학, 번역·출판 활동 등을 통해 조선인을 계몽하고, '근대적 인간형'을 지향하도록 하고자 했다. 최남선에게 '근대'와 '조선적인 것'을 찾는 작업

---

* 최남선은 독자적 '조선' 문화의 규명, 즉 1920년대 조선학연구에서 1930년대 중반 이후 일본 중심으로 동북아문화를 강조하고 있는데, 그의 논저에서는 그 근거를 발견하기가 쉽지 않다. 이를 포함해서 문명·문화의 '보편성'과 '고유성'의 논의에 관해서는 추후의 과제로 삼고자 한다.

은 상호 밀접한 관련 속에서 이루어진 작업이었다. 근대적 방법론은 우리의 역사·지리·문학 등을 연구하는 데 활용되었고, 이를 통한 성과는 우리의 근대 민족주의를 형성하는 데 기여했다. 그는 일본에서 학문 수련과 체험을 통해 습득한 근대적 방법론을 적용해서 '조선학'을 수립하고자 했다. 조선인의 손에 의한 조선문화 연구의 필요성을 제창한 '조선학' 연구는 제국주의적 학문인 지역학에 대항하고자 함에서 비롯되었다. 즉 '조선학'의 제창은 제국주의와 '정신적' 영역에서 대결하고자 한 민족적 역량에 관한 자신감의 표현이었다.

최남선은 「묘음관세음」에서 불교학에 대한 자신의 개인 체험을 1) 불교와의 처음 접촉, 2) 문학으로서의 불교, 3) 철학으로서의 불교, 4) 조선학 연구의 일환으로서의 불교, 5) 신앙으로서의 불교라는 변화 과정으로 서술하고 있다. 신앙으로서의 불교도 중요하지만, '조선학' 연구와 관련해서 보면, 최남선은 일본의 '철학으로서의 불교' 연구를 접하고서 서구의 철학·문화와 대등한 불교의 가치를 깨닫게 되었다. 권상로가 각국의 사례를 통해 조선불교의 체계적 정리 필요성을 느꼈듯이, 최남선에게 일본에서의 경험은 '조선불교'의 가치를 재발견하는 계기가 되었다. 아울러 최남선은 조선불교에 관한 이해를 토대로 조선문화를 연구하고 이를 재정의하고자 했다.

최남선에게 '조선학'은 '고유' 내지는 '순수'한 조선문화를 찾는 것으로, 동시에 다른 요소는 배제하는 작업이었다. 서구의 학문을 바탕으로 서구와 대립·경쟁의 입장을 취하면서, 고유하고 독창적이고 순수한 '조선불교'를 모색한 것도 이런 의도의 산물이었다. 불교는 분명히 인도에서 출발해서 중국적인 것으로 변용된 것이 수용된 외래종교이다. 그렇지만, 불교 및 불교 유적이 조선문화의 대부분을 차지하고 있는 상황에서, 최남선은 이를 '조선학'의 한 요소로 적극적으로 포함시켜야만 했다. 최남선은 기행

문을 통해 불교 유적을 소개하고, 불교적 색채가 많은 『삼국유사』의 신화 내용을 활용해서 단군 및 고대사를 복원하고자 했다. 또한 「조선불교」를 통해 첫째로 조선의 고유사상이 불교적 형태로 전승되었고, 둘째로 조선적 불교가 존재하고 이것은 중국·인도와도 다른 사례임을 밝히면서 조선인 내부의 통합 논리를 만들고자 했다.

최남선은 팔만대장경, 석굴암 등 세계에 내세울 만한 문화유산의 모태인 불교에 주목했고, 전세계 불교 가운데 조선만의 고유하고 독창적인 성격을 지닌 '조선불교'를 재정의했다. 한편 고유하고, 독자적이면서 특수주의적인 '조선적인 것'을 찾는 작업은 상보적이면서 동시에 보편주의적 '근대'와 항상 충돌·상충할 수 있는 여지를 지니고 있었다. 1930년대 후반부터 최남선은 조선불교를 고유신앙과 분리한 것처럼 조선의 고유한 독자적인 '문명과 문화'를 실현시킬 가능성을 인정하지 않았다. 그 순간부터 최남선은 근대의 힘과 논리에 굴복해서 일본의 문명을 인정하고, 일본 중심의 동북아 문화권을 상정했다. 또한 그는 침략전쟁을 지지하고 동북아 문화권 수립에서 조선이 일본의 동반자가 되기를 강변했다.

'민중'의 경험과 기억
─하위주체는 말할 수 있는가

6부를 묶으며

| 이용기 |

   '민중'은 70~80년대 한국의 저항운동, 더 정확히 말하면 실천적 지식인이 발견/발명한 최고의 가치였으며, 그 저항성에 발 딛고 있던 이른바 진보역사학은 '역사의 주체는 민중이다'라는 정언명령에 따라 민중해방의 서사를 복원하고자 했다. '지배자의 역사'가 아닌 '민중의 역사'에 대한 열정과 지향은, 특히 국가를 제외하고는 '관계자 외 출입금지구역'이었던 근(현)대사에 대한 폭발적 관심과 전복적 역사서술을 낳았다. 그러나 '혁명의 시대'가 물러가자 변혁의 주체로 상정되었던 민중은 어느덧 우리의 시야에서 멀어졌다. 도대체 그 많던 민중은 어디로 갔을까? 그렇지만 동시에 우리는, 적어도 역사를 다시금 국가에 회수당하지 않으려는 한, 민중에 대한 관심과 믿음을 쉽게 접지 못하고 있는 것 역시 사실이다. 이제 민중은 외면할 수도 없고 직시하기도 힘든 뜨거운 감자가 되어버린 것이다. 그렇지만 '민중과 지식인'의 열정적인 만남이 어느덧 싸늘하게 식어버린 것은 세상이 변해서가 아니라 처음부터 그것이 '잘못된 만남'이었기 때문은 아닐까?

바로 이 지점에서 "하위주체는 말할 수 있는가?(Can the Subaltern Speak?)"라는 스피박(Gayatri Spivak)의 도발적인 질문이 의미를 갖는다. 즉, 이 질문은 '민중과 지식인'의 만남은 처음부터 지식인의 일방적인 짝사랑이었던 것이 아닌가, 그래서 민중은 '역사의 주체'로 칭송되면서도 실제로는 자신의 목소리를 내지 못하고 있었던 것이 아닌가, 더 나아가면 '민중'은 지식인이 만들어낸 상상의 가공물이 아닌가 하는 물음을 던지고 있는 것이다. 이러한 민중에 대한 발본적인 성찰은 '민중사학'이 현실에서 살아 숨 쉬는 민중이 아니라 지식인의 관념 속에 존재하는 민중의 역사였다는 점에서 또 하나의 '신화 만들기'가 아니었던가 하는 물음으로 이어졌다.

그리하여 최근에는 기존의 과학적·변혁론적 민중 인식과는 다른 방식으로 민중사를 재구성하려는 움직임이 생겨나고 있다. 이 새로운 연구 경향 속에서 '민중'은 사회적 약자이자 하층민으로서 광범한 피지배층을 지칭하면서도, 그 내부에는 다양한 차이와 균열이 존재하기에 때로는 지배에 포섭되기도 하고 때로는 저항하기도 하지만, 때로는 지배를 자기방식으로 전유하기도 하는 존재이다. 그리하여 '민중'은 현실과 담론의 지형과 국면에 따라 끊임없이 새롭게 구성되는 것으로 이해된다. 따라서 '민중사의 재구성'은 이처럼 다성성多聲性과 구성주의적 입장을 특정으로 하는 새로운 민중 인식을 통해 지배자와 엘리트의 거대담론에 묻혀 있던 다양한 하위주체들의 목소리를 듣고자 하는 '아래로부터의 역사'를 지향한다. 분명히 해야 할 것은 이런 '민중의 재인식'과 '민중사의 재구성'이 또 다른 '민중의 거대서사'를 추구하는 것은 아니라는 점이다. 그런 점에서 6부에서 소개하는 다섯 편의 글은 '아래로부터의 역사-쓰기'가 어떻게 가능한지, 또 무엇을 성취할 수 있는지 살필 수 있는 소중한 연구들이다.

양현아는 「증언과 역사쓰기 – 한국인 '군위안부'의 주체성 재현」에서 식민 지배의 피해자의 상징기호가 되다시피 한 '군위안부'의 주체성 재현의 문제를 통해 '아래로부터의 역사쓰기'의 돌파구를 찾아간다. 그녀는 먼저 군위안부가 식민주의의 피해자일 뿐만 아니라 사실은 이들이 자신의 피해를 수치로 여겨 한평생을 침묵 속에 살게 만들었던 우리 사회의 남성 중심적 정조 규범의 피해자이기도 하다는 점을 환기시킨다. 그러나 이들을 정조이데올로기의 일방적인 피해자로만 바라보는 것은 이들의 주체적 삶의 가능성을 봉쇄하는 것이며, 나아가 정조 규범을 넘어서는 삶의 몸부림을 불온시하고 다시금 이들을 그 규범 속으로 몰아넣는 효과를 낸다. 군위안부를 '할머니'라는 무성적無性的 혹은 탈성적脫性的(desexualized) 존재로 호명하는 것이 바로 그것을 말해준다. 그래서 양현아는 군위안부 생존자들이 자신의 삶의 역정을 증언한 텍스트를 '증언자의 서사구조, 즉 증언자의 인생구조와 기억회로'를 따르는 '증언자 중심주의' 방식으로 독해한다. 이를 통해 군위안부 생존자들이 정조 규범에 속박되어 고통을 받으면서도 동시에 결코 그것에 구속되기만 하는 존재가 아님을, 그리하여 남성가부장제의 일방적인 피해자가 아니라 "한정된 삶의 조건이나마 선택하고 의미를 부여하고 살아(온)" 역동적이며 개방된 주체임을 말한다.

이용기의 「마을에서의 한국전쟁 경험과 그 기억」은 한국전쟁기의 민중을 변혁의 주체나 국가폭력의 희생자 둘 중의 어느 하나로 단순화시키는 것을 넘어서기 위한 시도이다. 이 글은 한국전쟁기에 인근에서 '모스크바'로 불리던 한 마을 사람들의 전쟁 기억을 살펴보는

데, 이는 이 마을의 극적인 경험을 보여주기 위함이 아니라 마을 사람들의 실제 경험과 그 마을을 규정하는 외부의 시각('빨갱이 마을' 또는 '혁명적 마을')이 얼마나 어긋나고 있는가를 보여주기 위함이다. 그는 '마을'이라는 일상적 삶의 공간에 들어가 민중의 전쟁경험을 생생하게 드러냄으로써 지배와 저항, 그리고 국가와 민중의 복잡한 갈등과 맞물림을 풍부하게 인식하고자 한다. 이 마을의 전쟁 경험에서 드러나는 '민중의 역동성'은 그 동안 오해되어 왔던 것처럼 혁명성이라기보다는, 지배질서 안에서 제한적으로 나타나는 자율성과 대동적 지향에 가깝다. 또한 이때의 민중의 '자율성' 역시 권력과 지배에 제약되어 있고 때로는 그것을 뚫고 나오기도 하지만 동시에 거기에 포섭되어 있는 '모호한 것'이다. 이 글은 양현아와 마찬가지로 구술·증언을 통해 민중/하위주체의 삶을 바라보지만, 양현아가 주체의 재현에 중점을 두고 있다면 이 글은 '과거의 리얼리티'에 보다 무게를 싣고 있다는 차이가 있다. 이러한 차이는 구술사를 둘러싸고 항상 제기되는 '구술/기억의 주관성' 문제와 연관될 텐데, 이런 점에서 이 글은 '과거 사실'에 무게를 두는 역사학적 글쓰기에서 구술사가 어떻게, 얼마나 가능한가 하는 논점을 던지고 있다.

김성례의 「근대성과 폭력 : 제주 4·3의 담론정치」 역시 4·3사건을 둘러싼 지배적 담론 속에 감추어진 희생자들의 "하고 싶은 말"을 드러내기 위해 독특한 접근방법을 취하는 글이다. 그동안 '제주 4·3'에 대한 담론은 국가·지배층의 공산폭동론과 그에 대한 저항세력의 민중항쟁론으로 양분되었다. 하지만 이는 그것이 국가수호를 위한 폭력이든 부당한 국가폭력에 맞선 자위적 폭력이든 간에, 모두 폭력을 정당화하는 공식적 담론의 구조를 가지고 있다. 이와 달리 폭력의 희생자 입장에서 4·3을 조명하여 국가폭력에 대한 비판을 시도하는 '제3의 입장'이 제기되었으며, 그것은 제주도의회 4·3특위의 피해보고서에서 4·3의 진실이 '반공주의 폭력과 공포'였음을 밝히는 데까지 이르렀다. 그러나 여기에 다시 국가가 개입하면서 '용서와 화합'이라는 망각의 각본이 짜이고 4·3의 기억은 재차 억압된다. 그렇다면 폭력의 희생자의 입장에서 폭력의 부당성을 고발하며 희생의 고통을 증언함으로써 '답답한 가슴'을 해원할 방법은 무엇인가? 김성례는 이에 대하여 "언어로 명쾌하게 표현되지 않는 4·3의 고통과 수난"은 "갈라진 증언의 목소리와 조각난 기억의 형태"로 표상될 수밖에 없기 때문에, "역사적 현실을 날 것 그대로" 드러내는 무속적 재현(굿)에 주목한다. 결국 이 글은 '굿'을 통해 민중의 목소리를 듣는 방법을 제안하고 있는데, 이러한 방식은 다소 낯선 것이지만 그녀가 제기하는 '추모적 재현'은 '민중의 목소리를 듣는다'라는 것 자체의 의미를 다시 생각하게 한다.

김원의 「1970년대 '여공'과 민주노조운동」은 1970년대 민주노조의 선택을 '선善'이라고 상정했던 기존의 민주노조운동사의 지배적 해석에 강력한 반론을 제기한다. 즉 기존의 역사서술은 민주노조운동을 둘러싼 균열을 '민주 대 어용'으로 단순화시키고 '어용'에 맞선 '민주', 즉 여성노동자들의 영웅적인 투쟁을 중심으로 서술했다. 그러나 이러한 단순화된 해석은 노동자들의 다양한 지향과 치열한 모색을 은폐하며, 심지어 노동자들을 이끌고자 했던 노동운동의 지도세력의 '판결'을 반복적으로 재생산하는 것이다. 김원은 여성노동자들의 익명적 지식을 통해 은폐된 민주노조 내부의 균열을 드러내고자 하며, 이를 위해 기왕의 문헌자료와 새로운 인터뷰 자료를 활용한다. 이 글은 푸코의 계보학적 전략을 따라 민중의 영웅적 투쟁에 대한 신화를 해체시키고 있는데, 이러한 계보학적 접근과 '역사쓰기'의 긴장관계에 대하여 '역사'를 다시 쓰려는 것이 아니라는 필자의 입장은 흥미로운 논점을 던져주고 있다.

김준의 「1970년대 여성노동자의 일상생활과 의식」은 김원의 연구와 함께 1970년대의 노동사를 주제로 삼고 있다. 비슷한 시기의 비슷한 대상을 다루고 있지만, 김원의 글이 민주노조운동의 해석과 담론에 가려진 비공식적 지식을 드러내는 작업이라면, 김준의 글은 노동운동사 일변도의 노동사 연구의 한계를 비판한다. 김준은 상대적으로 소수였던 노동운동 주변의 여성노동자들의 경험과 의식에 초점을 맞춘 기존 연구를 비판하면서 '수많은 이름 없는 노동자들의 경험과 의식의 세계'에 대한 관심을 촉구한다. 그는 이 글에서 그 동안 '운동적 관점'에서 배제되었던 '모범근로자'의 수기를 분석하여 '일반노동자'의 일상적 삶에 다가서고자 한다. 무엇보다 '평범한' 기층민의 일상을 살펴보기 위해 기존에 '어용'이라 하여 무시했던 모범근로자 수기를 활용한다는 점에서 방법론적인 독특함이 돋보인다. 다만 그야말로 '모범적'인 자료를 어떻게 비판적으로 거슬러 독해함으로써 그 모범적 담론의 균열을 드러낼 것인가 하는 점은 함께 고민할 문제로 남는다.

살펴본 것처럼 5편의 글은 모두 지배와 저항 사이의 긴장과 지배담론의 힘을 인정하면서도, 다양한 방식으로 그것을 뚫고 나오는 민중의 역동성이나 주체의 재현에 주목한다. 그리고 그를 통해 민중 또는 하위주체의 목소리에 귀를 기울인다는 공통점을 지니고 있다. 그러나 이런 공통점에도 불구하고, 구체적으로 문제를 설정하고 풀어가는 방식에서는 적지 않은 차이와 심지어는 모순도 나타난다. 이는 그만큼 '아래로부터의 역사'에 접근하는 방법이 다양함을 뜻하며, '민중사의 재구성'이라는 과제를 보다 깊이 논의하고 모색하기 위한 고민의 지점이 어디인지를 말해주는 것이다. 이런 점을 유념하면서 각각의 글이 갖는 방법론적인 독특함에 주의를 기울인다면 "하위주체는 말할 수 있는가?"라는 질문에 대한 대답에 한 걸음 더 다가설 수 있을 것이다.

:: 양현아

서울대학교 사회학과에서 학사와 석사학위를 받았고, 미국의 The New School for Social Research에서 박사학위를 받았다. 현재 서울대학교 법과대학 교수로 재직 중이며, 법여성학과 법사회학을 강의하고 있다.

주로 관심을 갖는 분야는 가족법과 가족정책, 소수자 증언 연구와 재현 방법론, 그리고 '과거청산'과 포스트식민주의 사회이론 등이다.

저서로는 『낙태죄에서 재생산권으로』(사람생각, 2004), 『가지 않은 길 법여성학을 위하여』(사람생각, 2004), 『"근대", 여성이 가지 않은 길』(공저, 또하나의 문화, 2001) 등이 있다. 주요 논문으로는 「전통과 근대의 교차로에 선 한국 가족법에서 법여성학을 전망함(Envisioning Feminist Jurisprudence in Korean Family Law at the Crossroads of Tradition/Modernity)」(1998) 등이 있다.

증언과 역사쓰기
― 한국인 '군위안부'의 주체성 재현

양현아

1. 문제 제기 ― '할머니들'의 기억

한국인 '군위안부' 생존자의 증언이 갖는 의미는 심대하다. 이들의 증언은 태평양전쟁과 제2차 세계대전에서 일본군대와 일본국가에 의해 자행된 이른바 위안부 제도에 관한 50여 년 묵은 깊은 침묵과 사회적 망각증을 깨는 결정적 역할을 하였다. 이 침묵은 단지 피해자의 것으로 환원될 수 없는 여러 겹이다. 그것은 동아시아 제국주의의 잔학행위를 방관해 온 국제 사회와 일본 국가의 침묵, 위안부를 포함하여 징용, 징병 등 식민주의 피해에 관하여 적극적으로 나서지 않은 한국 국가의 침묵, 여성의 성 규범과 관련한 가부장제 사회의 침묵, 가족과 이웃 등 주변 커뮤니티의 침묵, 위안부 생존 당사자들의 침묵 등 중층적인 것이다.

위안부 생존자의 증언은 이런 침묵의 카르텔을 뚫고 나오는, 혹은 여전히 그것에 둘러싸여 있는 투쟁이라고 할 수 있다. 이것은 증언 안에 침묵의 기제가 동시에 함축되어 있다는 것을 의미한다. 다시 말해, 이들의

부 '민중'의 경험과 기억 415

증언은 이 사건을 침묵시키는 기제들과의 힘겨운 싸움 중에 있는 언어이다. 1988년 이후 한국에서 위안부 운동이 전개되고 생존자의 신고를 받아들이면서 이 침묵은 깨어지기 시작했다.[1] 1991년 김학순은 한국인 최초 위안부 피해자로서 자발적으로 신고했다. 김학순은 말하였다. "나도 일본에게 억울한 일이 많고 내 인생이 하도 원통해서 어디 이야기라도 하고 싶었던 참이라 내가 군위안부였다는 사실을 이야기했다……다시 그 기억들을 되새김질하는 것이 무척 힘이 든다. 이젠 더 이상 내 기억을 파헤치고 싶지도 않다. 한국 정부나 일본 정부나 죽어버리면 그만일 나 같은 여자의 비참한 일생에 무슨 관심이 있으랴 하는 생각이 든다."[2] 김학순은 말하고 싶어서 말하였지만, 말하기 힘든 고통을 안고 있었다. 무엇이 그녀의 말하기를 고통스럽게 하였을까. 어떤 이데올로기적 지형 속에 그녀의 말이 놓여 있었을까.*

스피박(G. Spivak)은 '서발턴은 말할 수 있는가'라는 질문을 제기하면서, 서발턴이 입을 열어 말한다 하여도 (그리고 실제로 계속 말해왔지만) 그것을 의미화할 인식론, 코드에 다가갈 수 없다고 쓴다.** 윤택림 역시 한국의

---

* 이 글에서 인용되는 증언들은 출간된 증언집의 편자 대신 증언자 이름을 저자로서 밝힐 것이며, 증언자가 실명을 공개한 경우 그대로 싣기로 한다. 이것은 각 증언자의 주체성에 주목하는 본 연구의 목적상 불가피하며, 말하는 주체(speaking subject)를 옹호하여 그동안 부재하였던 '목소리'를 드러내고자 한다는 의미에도 부합한다. 한편, 증언집에 이미 공개되었음에도 불구하고 증언자 이름을 드러내는 것의 조심스러움은 위안부 정체성의 현주소를 집약적으로 말한다. 이 자리를 빌어 증언에 임해준 생존자들과 이 글에서 인용되는 증언 4집의 작업에 동참한 증언팀원들에게 감사드린다. 생존자 증언은 다음을 참조하였다. 한국정신대연구소·한국정신대문제대책협의회(이하 한국정신대연구소·정대협), 『강제로 끌려간 조선인 군위안부들』 1·2·3집, 한울, 1993·1997·1999; 『중국으로 끌려간 조선인 군위안부들』, 한울, 1995; 한국정신대대대책협의회 2000년 일본군 성노예전범 여성국제법정 한국위원회 증언팀(이하 2000년 법정 증언팀), 『강제로 끌려간 군위안부들 4 - 기억으로 다시 쓰는 역사』, 풀빛, 2001.

** 이 글에서 '서발턴'이란 역사적이고 사회적인 하층이라는 의미와 한 사회의 실체를 만드는 집단이라는 의미를 동시에 가진다. 한국인 위안부들은 엄청난 폭력과 학대, 무자비를 체험하였고 그것을 공적으로 사적으로 인정받지 못하고 열악한 삶을 살아왔다는 점에서 역사와 사회구조가 만들어낸 하층 범주라고 할 수 있다. 그러면서도 생존자들의 체험은 식민지 시기 조선인과 조선여성이 놓여져 있었던 구조적 상황의 단면을 표현하고 있으며, 이후에도 경제적·문화적 생산을 하며 살아온 사람들이라는 점에서 '없어

민중사와 인도의 서발턴 역사쓰기에서 민중과 서발턴의 주체와 삶이 복원될 수 있는지에 대해 질문하면서, 아직 민중의 다양한 목소리를 담아낼 방법론과 이론이 부재하다고 결론짓는다.[3] 이렇게 서발턴의 이야기, 구술성, 증언 등이 중요하게 고려되면서, 서발턴의 재현을 둘러싼 문제가 서발턴 연구의 중심과제로 부상하였다.[*] 요컨대, 서발턴이란 '목소리 없음'을 드러내면서 동시에 그것을 문제시하는 역동적 개념으로 자리잡게 되었다.

재현(representation)이란, 기호를 통해 사물, 사건, 인물, 혹은 현실이 기술되고 표현되며 의미가 부여되는 과정을 뜻한다. 특정한 기호의 배치, 텍스트와 담론을 통하지 않고서는 특정한 '현실'이 만들어지지 않는다는 '재현의 이론'은, 현실에 대한 구성주의적(constructionist) 입장을[4] 나타낸다.[**] 요컨대, 재현은 현실을 알려지게 만든다. 증언 및 기억 연구의 관점에서 바라보았을 때도 증언 자체가 아니라 증언을 재현하는 시각과 방법으로 연구 관심의 중심이 선회하는 경향을 보인다. 증언(testimonio)이란 말하는 자와 듣는 자간의 공동작업으로서 한 사회의 지적, 도덕적, 정치적 상황을 보여주는 집합적 목소리의 장르라고 할 수 있다.[5] 생존자의 기억은 그녀의 체험을 있는 그대로 표출하는 사실이라기보다는 그녀를 둘러싼 사회의 사고방식과 규범 속에서 다각도로 영향 받는 와중에서 생산되는 기억이라는 점에서 이미 '공통기억'이다.[6] 구체적으로 생존자의 기억은 그를 둘러

서는 아니 될' 실질적 계층에 속한다. 서발턴에 관해서는 태혜숙, 『탈식민주의 페미니즘』, 여이연, 2001 : Chaturvedi, Vinayak(ed.), *Mapping Subaltern Studies and the Postcolonial*, Verso, London, 2000 : Spivak, Gayatri, "Can the Subaltern Speak?", *Marxism and Interpretation of Culture*, Chicago: University of Illinois Press, 1988, pp. 271~313 등을 참조.(편집자 - 필자는 이 논문에서 '서브알턴'으로 표기했으나, 편집상의 통일을 위해 '서발턴'으로 수정했음을 밝혀둔다.)

* 인도의 서발턴 연구에서도 『*Subaltern Studies IX*』(1966)를 기점으로 젠더 이슈와 함께 구술성, 목소리, 말하기와 같은 구술사 및 인류학적 방법론으로 선회되었다고 이야기된다. Chaturvedi, op. cit., Introduction.

** 소쉬르(F. de Saussure)의 기호학 및 그에 감흥을 받은 신화와 이데올로기 연구에 의해, 기호체계가 연출해내는 자의적이며 동시에 정치적인 의미구성에 대한 시야가 열렸다. 이후 담론이론의 전개에 따라 현실 재현과 구성은 지적 논쟁의 중심이 되어왔다.

싼 면접/활동가의 질문과 관심에 의해 영향을 받고 재구성되는데, 이때 면접/활동가 역시 다양한 이데올로기와 특정한 이해관심 속에 놓여 있다.

그렇다면, 역사적 사건에 대해 말한다고 알려지는 증언자 '나'는 누구인가? 사실 거기에는 많은 '나'가 녹아들어 있다. 그것은 서구 개인주의 이념에서 말하는, 다른 사람에게 양도할 수 없는 권리의 주체로서의 '나(I)', 즉 자유롭고, 자율적이며 고유한 '자기표현'의 주체가 아니다. 그것은 증언자 '나' 자신이자 그녀의 커뮤니티 속의 '누구나(anyone)' 될 수 있는 주체를 나타낸다. 이 점에서 한 사람의 증언은 부재한 다른 목소리들을 불러오는 그런 다성성多聲性을 지니고 있다.*⁷⁾ 다른 한편, 그 '나'는 증언을 청취하고 재현하는 과정에서 이해되고 주조鑄造된 주체이기에, 이 증언자 주체는 증언자를 둘러싼 면접/활동가의 시선과 이해관계의 복합적 산물이기도 하다.⁸⁾ 즉, 생존자 '나'에는 생존자가 말하고 있는 사건에 대한 면접/활동가의 시각 및 지식이 함께 섞여 있으며, 증언자의 주체성은 그 시각과 지식에 의해 형태를 부여받는다. 따라서 이 증언자 주체는 다름 아닌 증언자를 둘러싼 현재 이곳의 커뮤니티의 역사이해를 재현한다. 이 점에서 생존자 재현은 그 사건에 대한 현재 이해의 표지標識가 되고, 고정된 사실이 아닌 역사쓰기를 위한 논쟁의 장이 된다.** 생존자의 재현이란 군위안부 제도 속에서 피해자 여성들을 자리매김하는 작업이고, 그것은 다시 한국의 역사 속에 군위안부 제도를 자리매김하는 작업에 해당한다는 점에서

---

* 한국인 위안부 생존자들의 증언 역시 자신의 체험뿐 아니라, 주위 위안부 여성의 체험을 나타낸다는 점에서도 집합적 성격을 가진다. 위안부 증언은 폭력에 의해, 질병에 의해, 전쟁 중에 죽어간 이들에 대한 목격담이며, 식민지 시대부터 현재에 이르는 한 여성의 체험담이기도 하다. 이들의 증언은 위안부를 겪은 당대 여성 중 '한 사람'의 증언이다.

** 생존자 재현은 '군위안부' 문제에 국한되지 않고 국가 폭력으로 인한 인권유린 등 '과거청산'의 중심 문제라고 할 수 있다. 이와 관련하여 복수와 용서를 양극으로 하는 스펙트럼 속에서 법정, 진실, 배상이라는 문제를 다룬 미노우의 저술이 참고가 된다. Minow, Martha, *Between Vengeance and Forgiveness - Facing History After Genocide and Mass Violence*, Boston: Beacon Press, 1998.

'생존자가 누구인가'는 역사이해의 핵심이 된다. 이 글은 군위안부 생존자의 증언에 바탕하여 생존자의 주체 재현이 가지는 현재적 의미를 짚어보기 위한 서설序說이다.

이 글은 특히 생존자의 주체 성격을 '정조貞操'라는 성규범의 맥락에서 고찰하고자 한다.* 정조 규범이 피해의 전부는 아니지만, 이들을 평생 괴롭혀온 이차·삼차의 피해의 지점이라고 할 수 있기 때문에,[9] 피해자를 침묵시키고 재단해 온 이 정조 문화를 파헤치지 않고서는 생존자를 '말하는 주체'로 떠오르게 하기 어렵기 때문이다. 남성중심적 성성(sexuality) 제도의 피해자인 생존자들을 역전된 양상으로 억압해 온 정조 문화에 대한 도전은 위안부를 주체로 복원하는 데 필수적이다. 위안부 피해가 성폭력에 해당한다는 점에서 피해자의 성성을 어떻게 이해하느냐가 위안부 경험이 남긴 후유증의 극복과도 직결되기 때문이다. 이 글에서는 생존자가 스스로 바라보는 성성과 젠더 체험의 증언을 독해함으로써, 그 주체성을 재현하고 이를 통해 정조 규범이 그려내는 생존자상과 비판적 거리를 드러내고자 한다.** 이런 연구방법은 생존자 증언이란 정조 규범에 대한 저항

---

* 후기구조주의(post-structuralism) 및 후기식민주의(post-colonialism)에서 전개된 주체성(subjectivity) 논의는 합리성, 계몽 등을 기반으로 하는 인본주의를 넘어서는 반反 담론의 성격을 가지며 다른 한편 정신분석학이 제공하는 자아(self)의 유동성과 분열 혹은 다중성 개념 등에서 영향을 받았다. 이런 새로운 주체성 논의는 기존의 주체론에서 소외되었던 여성 등 주변적 주체들의 입장에서 볼 때 도움이 된다. 그것은 기존의 초월적이고 보편적인 주체론을 해체하면서 변방의 위치에 선 주체성을 개념화할 수 있게 한다. Wright, Elizabeth (ed.), *Feminism and Psychoanalysis - A Critical Dictionary*, Oxford, Blackwell, 1992, pp. 409~416 참조.

** 이 글에서는 젠더 정체성에 성성이 포함되는 것으로, 혹은 성성을 통해 젠더 정체성이 표현되는 것으로 이해한다. 이렇게 성성은 젠더의 요소이자 표지이기에, 여성의 젠더 주체성을 구성하고 드러낸다고 할 수 있다(스콧, 조운 W., 배은경 옮김, 「젠더와 정치에 대한 몇 가지 성찰」, 『여성과 사회』, 제13호, 2001, 210~249쪽). 성성이란 '섹스'에 관한 생각, 의미, 그리고 사회적 관행들을 의미한다. 그것은 크게 네 영역으로 정리할 수 있는데, ① 일부일처제, 일부다처제 등과 같은 성적 행위 혹은 관행들, ② 이성애자, 동성애자, 양성애자로 자신을 규정하는 성적 경향성 혹은 정체성, ③ 성적 욕망, ④ 성적 관계 혹은 성의 정치성이 그것이다. 김은실은 성성이란 "수다한 생물학적, 정신적 가능성-성별 정체성, 신체적 차이, 출산능력, 욕구, 욕망과 환상 등이 뒤엉켜져 만들어진 하나의 역사적 구성물로 정의된다"라고 한다(조주현,

담론, 혹은 '아래로부터의 역사쓰기'의 범례가 된다는 선언적 가정 위에서 있지 않다. 오히려 어떤 것이 '아래로부터의' 역사의 성격과 내용인지를 살펴볼 필요가 있다는 생각이다.

엽서, 카드, 현수막, 포스터 등에서 재현되는 군위안부들은 흔히 '한복 입은 소녀들'이다. 이런 재현물에서 군위안부 피해자들은 '순결한 조선의 딸'로 기억된다. 한편 생존자들의 현재의 모습은 노인 여성 할머니들이다. 이렇게 '어리고도 늙은' 군위안부 재현은 주로 십대에 일어났던 위안부 피해로 인생이 대부분 결정되어 버린, 즉 위안부 피해가 현재를 설명하는 위안부 후유증의 지속성을 나타낸다고 하겠다.[10] 동시에 생존자의 정체성의 어리고 늙은 두 얼굴은 정확하게 지난 60~70년 동안 한국사회 나아가 모든 사회의 이 문제에 대한 침묵과 방관을 나타낸다고 해석한다. 생존자들의 '할머니임'은 이들이 '할머니'가 되어서야 위안부 문제를 제기할 수 있는 역사적이고 개인적인 조건들이 마련되었다는 것을 나타낸다. 이렇게 '할머니' 정체성은 한국사회에서 군위안부 문제가 제기될 수 있는 조건 및 결과를 동시에 나타낸다는 점에서 이 사건을 '재현한다.'

그러면, 구체적으로 '할머니' 정체성은 무엇을 함축하는가. 한국사회에서 할머니란 노인 여성 일반을 지칭하는 용어이기에, 위안부 생존자를 할머니로 호명하는 것에는 그들을 마치 내 할머니처럼 친근하게 여긴다는 메시지도 있고, 나아가 그들을 특별하게 지칭하지 않음으로써 그들에게 부착된 낙인을 덜어주고자 하는 인도적 의지가 담겨있다고 할 수 있다. 그럼에도, 너무 고정되게 혹은 자연스럽게 위안부 생존자들이 '할머니'로 호명되는 현상을 그냥 지나칠 수는 없다. 재현이 현실을 구성하는 기제라고

『여성정체성의 정치학』, 또 하나의 문화, 2000, 133쪽: 김은실, 「집합기억의 사회사적 지평과 동학」, 『사회사 연구의 이론과 실제』, 한국정신문화연구원, 1998, 157~211쪽). 요컨대, 성성이란 성적 욕망이자 그것이 구현하고 있는 문화적 질서이다.

한다면, 생존자 체험과 주체는 이 '할머니' 호명에 의해서 위치를 가지게 된다. 즉 생존자들은 할머니로의 동일시(정체화)를 통해 주체화되는데, 이 주체성에 따라 이들의 체험이 재편되고 기억이 재구성된다. 이것은 여러 효과를 낳을 수 있다.

먼저, 할머니라는 호명은 그동안 60여 년간 '살아온' 삶에 대한 관심을 약화시키고 복합적 주체성을 드러낼 가능성을 사전에 봉합해 버리는 효과가 있다.* 이때 생존자 주체성은 아무런 의문의 여지가 없는 '무엇'으로 재현될 것이고, 이렇게 재현된 주체는 이미 주체성에 대한 논의가 필요하지 않은 정도로 '투명한' 피해자 여성으로 동결될 소지가 있다.** 이것은 생존자들이 피해자가 아니라는 것이 아니라, 오늘날까지 생존자들을 생존하게 한 주체의 적극성, 실로 "불굴의 생명력과 의지로 삶과 죽음의 경계를 뚫고 살아온 존재들"이라는 면면을 생존자 이해에서 축소시킨다는 의미이다.[11] 할머니 호명의 고착은 또한 생존자들을 집단화하고 평준화하는 효과가 있어서 생존자 각각의 개별 주체성을 부차적인 것으로[12] 만든다.*** 또한 할머니라는 위치의 무성성에 따라 할머니의 성성 및 젠더 정체성이

---

* 귀국 후 생존자의 삶에 관한 선행 연구들도 이런 문제의식을 공유하고 있다(이상화, 「일본군 '위안부'의 귀국후 삶의 경험」, 『일본군 '위안부' 문제의 진상』, 한국정신대문제대책협의회 편, 역사비평사, 1997, 249~271쪽; 심영희, 「침묵에서 증언으로: '군위안부' 피해자들의 귀국 이후의 삶을 중심으로」, 『정신문화연구』 제23권 제2호, 한국정신문화연구원, 2000, 115~146쪽). 또한 변영주 감독의 다큐멘터리 〈낮은 목소리 2〉는 생존자가 보여주려는 정체성을 서사화했는데, 여기서 결혼과 출산, 현재의 연애 이야기가 드러난다(김은실, 「대중문화와 성적 주체로서의 여성의 재현」, 『한국여성학』 제14권 제1호, 1994, 69쪽).

** 예컨대 '2000년 일본군 성노예 전범 여성국제법정(이하 2000년 법정)'의 증인이었던 네덜란드 출신 생존자 제니(Jan Ruff-O'Herne)는 자신은 '군위안부'가 아니라 '강간 피해자'라고 스스로를 규정하였다. 이런 자기 호명 속에서 그녀는 더 이상 의존적인 피해자에 머물지 않고 다른 사람(주로 '아시아의 여성')을 돕는 인물로 스스로 자리매김한다. 여기서 제니의 언어는 누구의 것인가를 묻게 된다. 다큐멘터리 〈Fifty Years of Silence〉 참조.

*** 리고베타 맨주(Ligoberta Menchu)의 증언집의 원제목은 "내 이름은 리고베타 맨주, 이것에 의해 나의 의식이 형성됨"이었으나, 미국에서의 출간 제목은 "나, 리고베타 맨주, 과테말라의 인디안 여성"이었다. 이는 단지 번역의 문제가 아니라 호명 권력을 나타낸다. Beverley, John, *Subalternity and Representation - Arguments in Cultural Theory*, Durham: Duke University Press, 1999, p. 68.

생존자 재현에서 위축될 수밖에 없다. 이렇게 생존자 할머니들을 무성적 혹은 탈성적(desexualized) 존재 안으로 가두는 것은 앞서 얘기한 '정조'라는 문화적 코드와는 어떤 연관성을 갖는 것일까. 이상과 같은 문제제기는 할머니 호명 자체라기보다 그것을 통해 '읽는,' 본 연구자 역시 그 일원인, 한국사회의 군위안부 인식에 관한 것이다.

2. 전시 성폭력과 여성/성

본론에 들어가기에 앞서, 전시 성폭력 연구에서 전개된 성폭력과 여성 및 여성성의 형성에 관해 살펴보기로 하자. 1990년대를 통해 전시 성폭력 문제는 이라크, 알제리, 코소보, 르완다, 동티모르, 체첸니아 등에서 연속적으로 제기되었고 그 의미가 새롭게 발견되었다.[13] 이에 따라 전시폭력은 전쟁 중에 일어난 사고가 아니라 전쟁 행위의 일부인 것으로 자리매김하게 되었다. 적군 혹은 점령지 여성에 대한 강간은 적군에게 '속한' 여성과 그들의 후손에 대해 공격함으로써, 적의 사회, 문화, 종교 등에 대한 포괄적이고도 효과적인 공격이 되고, 그 공격에는 이미 젠더, 가족, 종교와 같은 사회관계와 관념이 녹아들어 있다.[14] 이런 관점에서 볼 때, 전시 성폭력은 적군에 대한 효과적 공격에 그치는 것이 아니라, 그 성폭력으로 인해 한 사회의 남성과 여성이 의미하는 바가 재개념화되고 그 관계를 다시 설정케 하는 계기가 된다.[15] 예컨대 군사주의 문화 속에서 전투가 남성성의 중심적 개념이 되듯이,[16] 전쟁 중의 학살과 성폭력 과정을 통해 여성과 여성성이 의미하는 바가 다시 만들어지는 것이다.

성성이 육체적 본질이 아니라 역사적 산물이자 구체적 관계의 산물이라고 할 때, 전쟁에 의해 구성된 성성에는 전쟁의 성격이 함축될 수밖에 없다. 이것은 전쟁 중 성폭력 속에서 여성/성이란 남성과 여성간의 권력관계뿐 아니라 국가(nationality), 인종(race), 민족(ethnicity) 등 다차원적 축 속에서 재/구성된다는 것을 뜻한다. 예컨대, 여성/성은 전쟁 중에 있는 남성들에게 공격과 보호의 '전장'으로서 적군과 아군들에게 각기 상이한 방식으로 성애화(eroticize)된다. 즉 이미 정체성이 고정된 여성으로서 혹은 특정 민족으로서 성폭력을 당하는 것이 아니라, 성폭력 행위 속에서 어떤 민족의 젠더 혹은 어떤 젠더의 민족적 의미가 재구성된다는 것이다.[17] 요컨대 여성과 여성의 몸은 젠더와 인종 등의 사회적 축들이 서로 교차하면서 생산한 전쟁의 기호가 되고, 전후 사회에서 그것은 전쟁이라는 집합체험에 대한 재현의 장이 된다.*

이런 논의는 한국인 '군위안부' 문제에 대해서 무엇을 의미할까. 우선, 제2차 세계대전 당시 일본 군국주의의 성폭력 피해자인 한국, 타이완, 중국, 필리핀, 인도네시아, 네덜란드, 말레이시아, 일본 등의 '군위안부' 여성들의 여성/성과 이 성폭력에 대한 의미부여가 서로 결합되어 있음을 지적한다. 역으로, 피해자 주체성은 '군위안부' 제도라는 성폭력을 의미화하는 방식과 내용을 나타낸다. 즉 피해자 주체성은 이 성폭력 제도에 형태를 부여한다. 주지하다시피, 이 제도된 성폭력은 일본 남성과 특정 인종 여성 간에 일어난 것이므로, 그 의미는 제2차 세계대전 당시 일본과 맺었던 식민지, 점령지, 본국 등과 같은 관계성 및 이후 각 사회의 전개과정 속에서 각기 다르게 구성되어 왔다. 우리의 경우 '할머니'를 통해 엿보이는 군위안부 생존자 주체성은 식민주의와 전쟁 체험이 남기고간 집합적 상흔에

---

* 여성은 흔히 조국과 국토의 은유가 된다. 예컨대 안정효의 소설 「은마는 오지 않는다」, 이광모의 영화 〈아름다운 시절〉과 같은 작품에서 어머니의 강간은 어머니, 근거지, 국토 등에 행해진 유린의 파장波長을 함축한다. 하지만 어머니의 육체와 성성은 어머니의 체험으로서가 아니라 분노에 찬 남성(아들)의 시선을 통해 그 의미가 부여된다.

대한 한국사회의 의미생산을 재현하는 문화적 암호로서 그 해독을 기다리고 있다. 조주현의 분석에서도 성폭력은 여성성의 구성 혹은 여성의 '정조'의 재생산의 관점에서 개념화된다.[18] 한국사회에서 강간과 같은 성폭력은 폭력이라기보다는 여성의 정조와 연결되어 있기 때문에, 법이 보호해야 할 것은 여성이 아니라 여성의 정조이다.[19] 실제로 1995년 개정 이전의 형법에서 강간죄는 한 남성이 한 여성의 '정조'를 침해한 것에 대한 죄로 다루어져 왔는데, 이는 여성의 성성에 대한 사회적 이해방식을 나타낸다고 볼 수 있다.*

조주현은 한국사회에서 위계적 젠더관계와 여성과 남성의 섹슈얼리티가 서로 어떻게 관련되는지를 분석하면서, 무성적인 여성의 성성과 성욕이 넘치는 남성의 성성이라는 양가적이고 이중적인 규정이 한국의 공식적인 성문화로 자리잡고 있음을 지적한다. 젠더간의 특정한 권력관계 속에서 만들어진 남녀의 성성 개념 및 판타지는 자연적인 것으로 본질화되고, 이것은 피해자 여성과 가해자 남성이라는 이분법적 체계와 결합된다는 것이다. 여기서 남녀 간의 성관계(sexual relations)란 폭력적이고 이성애적인 것으로 확정된다. 이에 따라 성'관계'라는 기표에 성'폭력'적인 의미가 스며들게 되고, 성관계와 성폭력간의 구분이 모호해져서 여성은 성폭력을 당하고도 쉽게 '관계'의 혐의를 지게 되는 상황에 놓이게 된다. 이런 일련의 담론 정치 속에서 여성의 섹슈얼리티란 깨질 수 있고 위험스러운 것이기에, '아무 일도 일어나지 않는 것'이 가장 바람직한 상태로서 정상화된다. 여성의 정조란 이와 같이 지나치게 성적이면서 동시에 무성적인 여성성에 대한 판타지를 그 내용으로 하는 여성의 성성 처방(prescription)에 다

---

* 현행 형법에서 강간죄는 제32장 '강간과 추행의 죄'라는 개정된 이름의 장에 속해 있다. 하지만, 형법 제297조 강간죄 등의 구성요건에 대한 사법부의 해석을 볼 때, 강간은 여전히 여성의 정조에 대한 범죄이며, 여성은 그 정조를 지키기 위해 죽도록 저항해야 한다는 가정에 머물러 있다는 비판이 있다.

름 아니다.

군위안부 생존자들의 침묵은 '정조'라는 한국사회의 여성에 대한 일반적인 성규범의 맥락 속에 있으며, 특히 생존자들이 현재 80세 전후에 달한 세대라는 점을 감안할 때, 여성에 대한 성규범이 보다 강력하게 작동하였을 것이라는 점을 추론할 수 있다.

한편 일본군 위안부 성폭력의 인종/민족적 차원 역시 주목되어야 한다. 앞서 지적하였듯이, 전시 성폭력에는 젠더뿐 아니라 인종과 민족, 국적 등 정확하게 전쟁의 성격을 반영하는 사회적 축이 그 안에 작동하고 있다. 즉 전시 강간은 '전쟁적'이다. 여기서, 한국인 '군위안부'는 적국의 여성이 아니라 식민지 여성으로서 강간당했다는 점이 중요하다. 거기에는 아직도 충분히 담론화되지 않은 식민지적 지배관계가 작동하고 있다. 증언에서 생존자들은 흔히 '손님', '받았다'라는 표현을 사용하는데, 이런 기호들은 이 강간의 성격을 읽을 수 있는 중요한 단서이다. 이것은 일차적으로는 일본군 위안부 제도가 일본의 공창제도 모형에 입각하여 만들어졌다는 데에 원인이 있는데, 이 점에서 일본군 위안부 제도는 전쟁시 개별병사에 의한 강간 '사건'이나 구 유고슬라비아 내전에서와 같은 강간캠프와 그 성격이 다르다.[20]

또한 그간의 연구들이 보여주듯이, 조선인 여성들의 군위안부의 동원은 광범위하고, 장기간에 걸쳐, 대담하게, 정보 통제 상태에서 이루어졌다는 점에서 식민지 국가의 개입 없이는 불가능했다고 판단한다.* 이것은 조선 여성들이 '식민지 여성'이라는 조건 속에서 이 체계에 포섭되었다는 것을 보여준다. 동시에 위안소에서 조선 여성은 일본의 이름을 사용하고, 일본 국가에 예禮를 다하는, '일본여성'의 일부였다.** 조선의 여성들은 일

---

* '2000년 법정'에서 당시 일본천황 히로히토에 대한 유죄 판결은 군위안부 제도의 입안과 실행에 있어서의 일본 국가의 법적 책임을 명확히 하였다.(2000년 법정 판결문, 10쪽)

본의 '아군' 그러나 식민지인으로서 체제로 결합되었다. 이렇게 반半자발적으로 몸 파는 여자들을 만들어내는 강간체계인 일본군 위안부 제도는 이후 한국인 피해자 여성들에게 설명하기 어려운 '죄의식'과 누구(혹은 무엇)를 가해자로 불러야 하는지에 대한 모호한 인식을 남긴다.[21]

한편, 이런 죄의식과 모호한 인식은 식민지 유재遺財를 명백히 밝히기는커녕 그것을 황급히 덮어버린 한국 정부에 의해 더욱 조장되었다. 이렇게 볼 때, 한국인 군위안부들의 침묵에는 가부장적 정조규범뿐 아니라 식민주의적 지배와 전쟁의 성격, 그리고 후기식민(post-colonial) 사회상황이 엇물려 있다. 이런 의미에서 한국인 군위안부에 대한 강간은 '식민지적 강간'으로서, 동아시아 식민주의와 가부장제가 만나는 초유初有의 장이다. 그러면 피해 생존자 여성들이 침묵을 깬다는 것은 무엇을 의미하는가. 그것은 침묵의 구조인 가부장적이고 후기/식민주의적 사회조건을 벗어나기 위한 목소리와 언어, 그리고 입장을 찾아가는 여정旅程이라고 할 수 있다.

3. 분석대상과 방법

조사과정과 분석대상

김학순이 최초로 위안부 생존자 신고를 한 이후 2001년 8월 현재까지 약 10년 동안, 남한에서 자신이 위안부였다고 신고한 여성은 모두 203명이다(2001년 8월말 현재). 이 중에서 심층 면접을 통해 평생의 체험을 구술하고 증언집의 형태로 증언이 출판되어 나온 증언자는 현재 약 70명 정도이

** 예컨대 손판임은 다음과 같이 증언한다. "그때 친구들 이름은 '히데꼬,' '마리꼬,' '스미꼬,' '이끼꼬,' '기누에,' '가츠마루' 등이었다." 이런 경우 일본 이름이 아니고는 그 친구들을 떠올릴 수 없게 된다. 한국정신대연구소·정대협, 앞의 책, 1997, 75쪽.

426 근대를 다시 읽는다

다. 하지만 80세를 전후한 고령의 생존자들이 모두 증언을 할 수 있는 상태가 아니므로, 실제로 증언 조사에 노출되었던 생존자는 70명보다 훨씬 많다고 할 수 있다. 신고 후 돌아가신 경우, 건강상 증언을 할 수 없는 경우, 치매 등 기억의 손상이 심한 경우, 증언하기를 거부하는 경우, 가족관계 등으로 증언을 할 수 있는 여건이 마련되지 않은 경우 등 증언을 할 수 없는 경우가 많기 때문이다.[22]

이하에서 살펴볼 생존자 증언은 모두 증언집 제4권에 수록된 아홉 명의 증언에서 인용될 것이다.* 지면 관계상 모든 증언들을 포괄하기 어려웠고, 제4집의 증언 조사에 본 연구자가 참여하였으므로 증언의 맥락에 대해 이해하고 있기 때문에 선정하였다. 증언자들은 1999년 6월부터 2000년 5월경까지 약 1년에 걸쳐 평균적으로 3회 정도 증언하였다. 증언의 내용은 모두 녹음되었고 그것을 문자로 풀어서 원原녹취문이 작성되었고, 본 논문에서 인용하는 증언집을 위한 편집은 공동작업으로 이루어졌다. 이 조사는 1999년 4월 현재 미증언자들을 대상으로 하였다는 점에서 다른 증언집의 증언자들과 그 성격이 크게 다르지 않다. 이들은 증언을 할 수 없었던 생존자들에 비하면 기억이 그런 대로 남아있고, 육체적·정신적 건강 상태가 상대적으로 괜찮았으며, 증언조사에 성의를 가지고 대해준 사람들이라고 할 수 있다. 증언집에는 3회의 면접이 비교적 순조롭게 이루어진 증언자 거의 모두를 포함하였다. 즉 증언의 내용에 의해 증언자를 선별하는 과정은 없었다. 이상의 점에서 볼 때, 이 글에서 다루는 증언자들의 성격이 여타 증언자들과 집단적 차이를 가질 것이라고 가정할 수 없다.

---

* 2000년 법정 증언팀, 『강제로 끌려간 군위안부들 4―기억으로 다시 쓰는 역사』, 풀빛 2001. 필자는 2000년 법정 증언팀의 공동팀장으로서 팀의 출발이었던 1999년 4월부터 증언집이 출간된 2001년 2월까지 연구에 참여했다. 본 증언팀에서는 증언의 재현과 편집 등에 대한 다양한 논의가 있었는데, 이는 위 증언집의 서론을 참고할 수 있다.

물론 9명으로 한국인 위안부 생존자 200여 명의 체험을 대표하기에는 조사대상이 적다는 단점이 있지만, 선행 증언집이 증언자들에 관한 선이해를 제공했고, 이 글에서 제시될 생존자 증언이 공동작업으로 조사되고 편집되었다는 점도 중요하다.* 이 글에서의 생존자상은 증언팀 내의 여러 연구자들의 다양한 관점, 토론과 경합 속에서 빚어졌고, 따라서 이들의 증언은 증언팀원과 생존자 간의 상호주관성 혹은 '공동' 상호주관성 속에서 생산된 언어라고 할 수 있다. 이렇게 본 연구에서 생존자들은 대표성이 아니라 상호주관성의 관점에서 선정되었다. 이 글의 연구주제와 관련된 증언자들의 기초 정보는 〈표 10-증언자의 기초 정보〉[621쪽]와 같다.

자기재현과 증언재현

이 글에서 인용할 증언은 모두 면접 상황에서 녹음된 것을 발성과 문법에 근사近似하게 문자화한 것이고 조사/편집자가 가필하지 않은 증언자의 언어이다.** 하지만 이런 방법이 개입 없는 '있는 그대로'의 생생한 언어를 보여준다는 의미의 경험주의적 믿음을 나타내는 것은 아니다. 앞에서 피해자의 증언이란 피해자를 둘러싼 커뮤니티의 사고방식과 문법 속에서 생산되는 언어라고 하였다. 이것은 증언이 여러 수준의 재현의 산물임을 나타낸다. 먼저 증언자가 사용하는 말, 몸짓, 침묵, 표정 등 언어적 비언어적 기호들이 문자로 옮겨질 때 문자체계와 문법에 의해 크게 굴절되고,

---

* 아래에서 제시될 생존자에 대한 이해는 연구자 본인과 증언집의 편집까지 참여한 적어도 9명의 연구자들의 주관성이 서로 만나면서 만들어진 것이다. 이 점에서 생존자의 주체 성격은 증언자와 면접자간, 면접자 상호간, 증언자와 면접팀 간의 상호주관적 교류를 통해 만들어진 집합적 산물이다. 구술사의 상호주관성과 공동성에 관해서는 '한국문화인류학회 제6차 워크샵(1999)'에서 발표한 김성례의 「구술사와 여성주의 방법론」과 윤택림의 「구술자료의 해석과 텍스트화」를 참조할 것.
** 이 글에서는 이해 가능한 한 최대로 구어의 느낌과 표현을 보존하고자 하였고, 따라서 현재 서울말의 형식에 맞지 않는 경우도 많이 있을 것이다. 하지만 증언의 맥락에 없었던 독자를 위하여 의미가 잘 통하도록 잇고 붙이는 편집 작업을 가하였다. 아래 증언에서 사용될 기호들은 다음과 같다. '( )'는 지문이나 해설. '〔 〕'는 증언 중에 생략된 말. '……'는 본 논문의 편집과정에서 생략된 증언.

증언집, 논문, 다큐멘터리 등으로 편집될 때 수많은 선택과 배제의 과정을 거치게 된다. 무엇보다도 증언자의 구술 상황은 이미 '투명한' 사물 서술이 아니라 면접/해석자의 시선을 의식하면서 자신의 체험, 느낌, 사건을 재현하는 것으로 시작한다. 다시 말해, 증언자 역시 자기를 '바라보면서' 자신의 상을 그려낸다. 이 글에서 증언자의 말투와 느낌을 그대로 살리는 것은 이 증언자 자기 재현(self representation)의 상을 충실히 포착하려는 해석자의 태도를 나타낸다. 따라서 이런 재현과정은 여러 방법론적 이론적 문제를 제기한다.

먼저 증언자의 자기 의미의 문제이다. 〈표 10〉〔621쪽〕은 증언을 사실 언어로 만든 결과라고 할 수 있다. '언제 무슨 일이 일어났는가'는 증언조사의 주요 관심사이자 성과이다. 하지만 '무슨 일'이란 언제나 의미를 담고 있다. 위의 표에서 나타나는 연대와 지명은 확정된 사실이라기보다는 사실에 근접한 '사실치'로서 경합의 여지가 있는 사실들이다. 예컨대 한옥선의 연행지로 나타나 있는 길림-태원-오수이징이라는 지명은 중국의 지명이자 중국 내부로 확장되고 있는 일본군의 전선을 나타내지만, 이 여성에게 그것은 단지 지명이나 전선의 위치가 아니라 강간이고, 출산이고, 이별이고, 울음으로 다 울어낼 수 없는 울음의 장소이다. 이렇게 증언에는 사실성으로 다 소진되지 않는 생존자의 의미와 영혼이 담겨 있다.

이와 연관하여 의미전달 방식의 문제가 있다. 예컨대, "비가 왔다"라는 표현과 "비—는 오고"라는 말에서 느껴지는 장단과 그 비의 느낌이 다르게 전달되는데 후자의 증언 재현은 단지 생생한 언어를 보여주기 위한 것이 아니라, 독/청자로 하여금 그녀의 의미작용 내지 기억회로 속으로 들어가는 것을 도모한다. 여기서 증언은 이성, 논리, 문법을 넘어서 소리, 느낌, 몸의 언어로 공명共鳴하게 되고, 많은 '의미 없는' 언어들이 의미 있게 다가온다.

다음, 기억의 시간성의 문제가 있다. 기억이란 사건이 전개된 시간순서로 구성되어 있지 않다. 현재의 문제를 이야기하기 위해 70여 년 전의 '위안소 체험'을 끌어들여야 하고, 젊은 시절의 어떤 사건은 어제보다 더 생생하게 오늘을 지배하고 있다. 즉 현재와 과거라는 전후는 있지만, 그 순서에 따라 기억의 질서가 잡혀있는 것은 아니다.[23] 여기서 면접/편집자는 증언자의 전 생애에 관한 기억이 구성되어 있는 방식, 그 '기억 회로'를 구조적으로 파악해야 한다.

이상과 같이 이번 연구의 중심 재현 원칙은, 증언자의 서사구조, 즉 그녀의 인생구조와 기억회로에 따르며, 구술의 스타일과 톤에 입각한다는 '증언자 중심주의'라고 요약할 수 있다. 즉 연구자의 몇몇 성긴 이론적 틀로 증언을 재단하지 않고 증언자의 고유한 정신과 기억의 회로 속으로 들어가 증언을 재현하고자 한다는 것이다. 물론 이런 재현에도 연구자의 시각이 침윤되기에, 그것이 연구자와의 공동산물임은 말할 나위도 없다.

체험의 선별과 의미의 해독

이 글에서는 귀국 후 현재까지 약 60년간의 아홉 명의 삶에 대한 증언을 다루는데, 여기에서 엄청난 증언의 선별이 일어나게 된다. 특히 이번 연구에서와 같이 특정 체험을 다룰 경우에 이제까지 기술한 재현방법을 모두 드러내기에는 제약이 있을 것이다. 그것은 지면의 제약뿐 아니라, 생존자 주체의 복합성에도 기인한다. 이 글에서 인용하는 증언은 개별 증언자의 주체성을 드러내는 데 매우 중요하다고 판단되거나, 생존자들의 체험 중에서 전형적인 경우라는 기준에 의해서 선별할 것이다. 이를 통해 증언자의 개별 체험을 각자의 서술구조, 즉 각 증언자의 전 생애의 흐름과 기억회로에서 해석할 것인데, 이는 증언 해석의 종적 의미축으로서 본 연구에서 가장 중심적 의미맥락이다. 한편, 아홉 명의 체험을 분류하고 조명함으로써 생존자의 체험의 전형적 특성 혹은 공통적 경향을 발견할 수 있는데, 이것은 증언의 횡적 의미축이 된다.*

증언의 선별과 관련하여, 증언자의 체험을 범주화하는 것은 이 글의 증언 재현에 있어서 가장 어려운 과제 중 하나이다. 특히 본 연구와 같이 생존자의 주체성을 드러내고자 하는 연구에서 한 체험만을 따로 떼어서 보는 것은 많은 경우 너무 조작적이며 자의적으로 의미를 차단하는 것일 수 있다. 위안부 생존자에게 남겨진 위안부 상흔은 육체적, 사회적, 정신적인 영역에 걸친 것이다. 생존자들의 경험과 기억에서 이런 영역들은 따로 떼어지지 않고 서로 얽히면서 의미세계를 구성하고 있다. 동시에 이들의 삶을 보다 분석적으로 살펴보고 생존자를 서로 비교하기 위해 어느 정도 증언의 범주화 및 조직화는 불가피하다. 이런 점에서 본 연구에서는 매우 느슨한 범주화를 할 수밖에 없었다. 그것은 광범위한 체험을 감싸도록 포괄성을 가지면서도, 개별 증언자의 특성을 드러낼 수 있는 개방성을 그 특징으로 한다. 그리고 범주간의 관계는 서로 배타적이 아니라 중첩되는 관계로 설정하였다.

이 글은 생존자의 성적 주체성과 관련한 체험의 장으로서 혼인관계(합법적 관계 및 비합법적) 및 자녀관계를 중심적으로 다루고자 한다. 물론 성적 주체성과 관련된 체험은 가족관계뿐 아니라 육체상태, 경제활동, 사회규범 등 모든 측면 속에서 구성될 것이다. 하지만 가족 관계, 특히 혼인 관계야말로 현재 80세를 전후한 세대의 여성들의 '사회생활'의 핵심을 이루며, 생존자 증언에서 대부분 제시되는 체험의 장이다. 따라서 혼인 관계를 중심으로 증언자를 분류하여 살펴보고자 하는데, 이때 혼인 관계와 중요하

---

* 윤택림에 의하면, 구술자료 해석방법은 크게 맥락 중심의 해석과 서술 형식 중심의 해석이 있을 수 있다. 본 연구는 두 방법을 나름대로 결합하여, 생애사에 분석의 중심을 두되 생존자 여성들의 체험의 복수성 속에서 역사적 맥락을 잡았다고 할 수 있다. 윤택림, 앞의 논문, 1999 참조.

게 연관되어 있는 체험, 즉 성병, 불임과 같은 육체적 측면에 관한 증언 역시 인용할 것이다. 또한 이런 가족관계에서 잘 드러나지 않는, 생존자들이 스스로 바라보는 자신의 '여성성'에 대해서도 보충적으로 고찰할 것이다. 그런데 이 글에서 다루는 체험이란 낱낱의 경험에 그치는 것으로 읽히지 않는다는 점이 매우 중요하다. 그것은 체험일 뿐 아니라, 그녀의 인생 흐름을 '나타내는' 의미이자 신호로 읽는다. 그것은 사건 자체일 뿐 아니라, 그녀가 누구인지를 '말하는' 징후라는 것이다.[24]

4. 증언 분석 – 혼인, 자녀 그리고 자기 자신

아홉 명의 생존자 중에서 독신으로 혼자 산 경우는 소수에 속하며, 거의 모든 생존자들이 다양한 '혼인' 관계 속에서 살아왔다.* 생존자들은 법적 혼인, 법적 혼인을 염두에 두었으나 혼인으로 이르지 못한 관계, 전처가 사망한 뒤 그 뒤를 잇는 후처, 계약적 동거 등 다양한 형태의 관계 속에 있었고, 한 명이 여러 관계를 체험하기도 하였다. 따라서 먼저 이런 이성 관계의 난맥상을 드러내는 것이 중요할 것으로 보인다. 이런 '위치들'의 성격이 밝혀진다면, 그 자체가 이 고령 여성 생존자가 지나온 삶의 여정과 정체성을 밝히는 데 도움이 될 것이다. 생존자들의 다양한 '혼인' 관계를 독신, 동거의 유지와 파탄, 혼인 지속을 기준으로 하여 유형화하면 〈표 11

---

* 이 장에서는 법적 혼인뿐 아니라 혼외 동거까지를 포괄하여 '혼인'으로 표시하기로 한다. 그것은 생존자들이 법적 혼인제도가 겨우 도입된 시기(1922년 12월 조선민사령 제2차 개정)에 태어난 여성들이라는 점, 그리고 이들의 '혼인'을 현재의 중간계급의 관점으로 적용하는 것은 무리라는 판단에서이다. 이 장에서 독신이란 동거관계 없이 혼자 산 경우이며, 후처란 법적인 부인의 위치를 가졌는지는 불분명하되, 남편의 사실상의 두 번째 부인으로서 동거관계가 상당기간 계속적으로 유지된 경우를 말하며, 혼인이란 첫째 부인(남성의 초혼)의 지위를 가지고 법률적 혼인을 하였거나 그것을 의도한 경우이다. 또한 혼인하지 않은 채 지속된 관계를 모두 동거라고 표현한다. 이상의 범주들은 실제론 엄격히 구분되지 않는다.

- '혼인' 관계의 유형화〉[622쪽]와 같다.

〈표 11〉에서 유형 1은 독신으로 지낸 경우이며 자녀도 없다. 유형 2는 혼인 또는 동거 관계가 있었으나, 위안부 이력 때문에 그 관계가 지속되지 못한 경우이다. 유형 3은 혼인 또는 동거 관계가 지속된 경우이다. 유형 4는 지속적으로 법적 혼인관계를 유지한 경우로 매우 예외적이다. 여기서 알 수 있는 것은, 무엇보다 생존자들의 대다수가 남성과의 동거를 체험하면서 살아왔다는 사실이다. 그 관계의 '정상성'을 판단하기 이전에 이 여성들이 지난 60여 년간 남성과 관계를 맺으며 살아왔다는 점과 그 관계의 성격에 주목하려 한다. 이제부터는 유형 1, 2, 3의 체험을 살펴볼 것이다.

독신 – '양심'이라는 것

먼저 평생 독신으로 지낸 안법순의 경우를 보자. 안법순은 종전을 맞아 구사일생으로 귀국하여서 어머니에게로 찾아간다. 17세 때 노상에서 끌려가 '위안부' 노릇을 한 사실을 감추었던 안법순에게 어머니는 다음과 같이 말하였다.[25]

"'나는 너래두 하나 있는데, 너 시집을 가야지 않겠니?' 그러시는 거야. '시집이구 뭐구 안 간다'구. 나는 인제 뻔히 아는 거니까는, 가서 **아이도 못 낳을 거구,** 그러면 그 안 되는 거 아냐? 그래두, 내가 처녀 적에 살 적에 처녀 총각이 만나서……사는 거 그거를 원했지, **뭐 내 몸땡이 그렇게 수도 없이 버려가지구,** 무신 시집 갈 **양심이 있어?**"[26] (이하 강조는 모두 인용자)

안법순은 부모의 강요로 결혼하게 되지만, 남편은 곧 사라져버렸고 한국전쟁 통에 남편을 더 이상 찾을 수 없게 된다. 이후 안법순은 평생 동안 동거관계 없이 혼자 살아왔다는 점에서 결혼한 사실이 있지만, 실제로는 독신녀와 같은 삶을 살았다.

이렇게 안법순은 스스로를 '결혼하기 적합하지 않은 여자'로 규정짓고 있는데 여기에는 위안부 피해에서 온 육체상흔과 '양심'으로 요약되는 성 규범이 작동하고 있다고 해석한다. 한편 평생 독신이었던 김화선의 경우에는, 귀국 후 다른 방도가 없어 식당, 바 등에서 일하였고, 이 과정에서 결혼을 포기하게 되었다는 점에서 안법순의 독신과는 동기 면에서 다소 차이가 있다.[27] 하지만 위안부 이력이 남긴 육체적, 사회적 효과가 지속적으로 작용함으로써 독신 이외에는 다른 선택지가 없었다는 점에서 크게 다르지 않다.

동거 파탄 - '소문'

다음은 동거관계가 지속되지 못한 체험에 관한 증언이다. 김창연의 경우에는, 한국에 귀국하여 결혼하였으나 주위의 시선에 의하여 거듭 실패를 본다. 다음은 결혼한 지 얼마 되지 않았을 때, 징용에 나갔던 같은 고향 사람이 악의 없이 한 말 중에 자신이 '위안부였음'이 드러난 사건과 그로 인한 전개과정을 말하고 있다.

> "머리 이만치 기르고 뒷 태도가 참 좋다 카면서 [시누이가 중매를 해서 부산으로] 내려와서 한 육개월인가 살고 있는데, 고향 사람들이 와 가지고 내가 왜놈들한테 갔다카는 그게 알아져 가지고. 그 사람은 소문을 낸 게 아니고 남해 고향 진씨라고. 그 사람은 내 갈 때 건너편 동네에서 자기 장개 가서 살았어. 자기가 [이야기]하고 싶어서 한 게 아니고 옛날에 고생 누누이(누구누구) 했다. 누이 했다. 나올 때 누구누구 나왔다 하니까 이름이 나왔지, 소문이 커질지도 모르고……남편이라 카는 사람이 그 입에 담을 욕 다 못하지, 잡년이라고 하고 갈보라 하고. 그래 가꼬 거기서 나왔잖아."[28]

그런데 김창연은 남편과 시댁으로부터 쫓겨나고 나서 자신이 임신했다는 것을 알게 된다. 김창연은 식모살이를 해 가면서 겨우겨우 아들을 낳고 길렀는데, 전 남편이 이 사실을 알고 자기 자식이 없다고 뺏어가게 된다.

> "애 떼고(빼앗기고) 나서 사람들이 '이렇게 살면 뭐 하노? 자식이 있나? 자식은 낳아야 될 거 아니가? 좋은 데 있으면 가라.' 그래서 참봉 아들한테 갔지……소개로, 거기는 상처한 자리고, **남편이 그렇게 따뜻했거든**. 그때는 가문을 따졌어. 내가 위안부로 간 거 모르고……있다가 혼인신고 할라 캤는데 소문이 돌아가지고. 그 소문을 듣고 집안에서 딱 반대했어. 그때도 애 배가(임신해서) 나왔거든. 그런데 너무나 내한테는 외롭고 내가 어떻게 해서도 키워야 되겠다."[29)

김창연은 아이를 빼앗기고 나서 후처자리로 들어가는데, 여기에서도 위안부였다는 소문이 돌아서 임신한 채 쫓겨나게 된다. 여기서 가족으로부터의 추방은 여성의 순결 규범에 의한 낙인과정이라는 점에서, 앞의 안법순의 '양심'과 동일한 성규범의 작동을 나타낸다. 하지만 이 과정에서 김창연은 남편(들)에게 별로 양심의 가책을 가지고 있었던 것 같지 않다. 김창연은 오히려 남편의 따뜻함을 기억할 정도로 정을 느꼈고 함께 살고 싶어 했던 것으로 보인다. 자신의 무고함에 대한 또 다른 표현은 자녀를 낳고 스스로 키우고자 하는 데에서도 드러난다. 김창연의 경우에는 자신의 성규범이 아니라 오로지 주위의 편견과 시선에 의해 사회로부터 추방되었다. 이에 따라, 위안부였다는 사실이 남기는 사회적·정신적 상흔이 보다 날카롭고 깊게 남는다. 김창연은 지금도 주변사람들이 자기를 꺼리고 욕한다고 생각하며 사람들을 대하는 게 주저거리고 편치 않다고 한다. 두 번째 결혼에서 쫓겨난 서른네 살부터 마치 삶의 종지부를 찍은 것처럼, 이후 자신의 삶을 전혀 설명하지 않는다.* 이런 김창연의 경험은 그녀 자신의 체험이면서 거의 모든 생존자들이 안고 살아온 '위안부됨'의 사회적 상흔의 지점을 보여주고 있다.

동거 파탄 – 불임

위안부 피해는 대다수 생존자들에게 육체적으로 성병과 불임이라는 상흔을 남겼다.* 이런 육체적 상흔으로 인해 한국사회에서 '정상적' 여성의 위치를 부여하는 모성 기능을 박탈당하고 혼인에 부적합한 여성으로 낙인찍히게 된다. 아래에서 들을 김복동의 증언에서 그런 피해가 선명하게 드러난다. 1930년대 말, 위안소에서 임신과 중절 수술을 받은 후, 고향 (청주)으로 돌아온 김복동은 중매로 부잣집의 후처로 들어가게 되는데, 임신불능이라는 진단을 받고서 그 집에서 스스로 나오게 된다. 말수가 적고 말하기를 머뭇거리는 김복동은 오늘날까지 의사가 찾아와 맥을 짚던 날의 경험에 대해서 명료하게 기억하고 있다.

> "[의사가] 들어와서 '부인 가만히 계세요.' 그래, 그래, 가만히 누워 있으니께, 맥을 봐요. 그리고 이짝 발도(오른 발을 가리키면서) 여기 다 맥보고 그러더니 참 아깝다고 그랴. 애기 태막은 좋은데 못 낳는다구. '수술하셨시우?' '예.' '언제 했어요?' 이거 말할 게 생겼는데 말할 수가 없어. 그리고 그때부터 그 소리 듣고 영감도 낙심, 나도 낙심이지."30)

---

* 한편 위안부 수송 도중 바다에 빠진 기억 등 김창연은 탄복할 만큼 풍부한 기억력과 표현력을 가지고 있다. 그래서 면접자는 "이렇게 세밀하게 가슴에 꽉 찬 기억을 밖으로 표출하지 못하고 살아왔으니 얼마나 힘들었을까?"라고 쓰고 있다.

* 1995년부터 1999년까지 서울중앙병원에서 실시한 건강검진 결과 생존자 전체 53명 중 19명(35.9%)이 매독균에 대한 혈청검사에서 양성반응이 나타났다. 이것은 우리나라 헌혈자의 양성률 0.3%에 비해 대단히 높은 수치이다(이수현, 「일본군 '위안부' 피해자의 육체적 후유증에 대한 연구」, 정대협 창립10주년 심포지엄, 2000). 한편 본 연구의 대상자인 9명의 생존자 중에서 성병 경험을 명확히 말한 사람은 4명이고 불확실한 경우는 4명이다. 불임의 경우는 3명이며, 1명은 불확실하다.

김복동의 위안소에 대한 기억은 강간도 학대도 아닌 잘못된 임신 중절 수술로 인한 영구불임으로 수렴되어 있다. 그녀는 "애기보를 들어낸" 것이 만주에서의 고생의 전부이고 그것으로 인해 그녀의 인생이 결정되었다고 한다.[31] 그녀의 입장에서, 위안소에서의 열악한 중절 수술은 이후의 정신적, 육체적, 사회적 관계를 결정할 정도로 길고 긴 그림자를 드리우고 있다. 이것은 위안소 체험이 귀국 후 삶의 맥락 속에서 역동적으로 재구성되어온 과거의 현재성을 보여주는 부분이다.

　　김복동의 소망은 다시 태어나서 '아들 낳고 살아보는 것'이라고 한다. 이것은 가부장제 사회에서 아들을 낳아야만 가족과 사회 안에서 안정된 지위를 가진다는 여성의 위치에 대한 뼈아픈 체험에서 나온 것이라고 할 수 있다. 증언조사의 과정에서 이렇게 가부장제의 피해자라고 할 수 있는 생존자들이 펼치는 '가부장적' 소망은 면접/연구자를 가장 당혹하게 하는 부분이기도 하다.

　　하지만 이것을 놓고 그저 여성들이 내면화하는 이데올로기의 표현이라고 해석해야 할까? 먼저, 한 사회가 부과하는 이데올로기를 수용하는 것은 위안부 피해자들에만 국한되지 않는다는 사실을 직시해야 한다. 이제까지 또 앞으로도 보게 될 것처럼, 정조 관념에 도식적으로 빠져 있는 것은 생존자가 아니라 오히려 위안부 생존자를 '과거가 있는 여자'로 바라보는 그녀 주변의 커뮤니티이다. 이들이 혼인관계로부터 축출되었던 것은 본인의 정조 관념 때문이 아니라 주위의 시선과 결합된 가부장적 가족의 필요에 의한 것이었다. 따라서 생존자들을 이데올로기에 잠겨있는 대중이라고, 특히 면접/연구자와 구별되는 할머니들이라고 구획 짓는 것은 너무 안이하다.

　　더 나아가, 이들의 바람과 행위를 모두 이데올로기의 결과라고 단순화하기도 어렵다. 김복동이 아이를 낳을 수 있는지 가슴 조이다 그 집에서 나온 후 아들 낳는 후생을 바라고, 김창연이 두 번의 동거관계에서 쫓겨나면서도 남편과 자식에 대해 가지는 그리움이 드러내는 주체성은 어떤 것일까? 그것은 사회적 규범이 말하는 '정상적' 여성에 대한 내면화보다는 훨씬 복잡하고 역동적인 주체의 궤적을 드러낸다. 이런 욕망과 주체의 다층성을 이데올로기에 의해 호명된 주체 효과로 다 소진시킬 수 있는지는 여전히 이론적 문제로 남아있다. 이데올로기의 역설적 운동에 대해서는 계속 논의하기로 한다.

동거 유지 – 필요

이제 혼인 및 동거관계가 유지된 경우를 살펴보자. 동거가 지속된 경우는 생존자들이 동거관계에 대해 기여하고 혜택을 누리는 '교환'에 있어서 균형이 이루어졌던 상태라고 할 수 있다. 정윤홍의 동거에서는 이런 교환의 의미가 명료하게 드러난다. 이 관계를 파악하기 위해서는 정윤홍의 위안소 체험으로 거슬러 올라가야 한다. 정윤홍은 위안소에서 아이 아버지를 모르는 채 임신하여 한국으로 귀국하게 되는데, 그때를 다음과 같이 구술한다.

"돈도 못 벌고 그렇게 버리고 애 생겨 가지고 왔으니, 얼마나 어머니가 넘 부끄 웠겠느냐 말이야. 그래서 이모네 집이라는 데 가서 헛간에 가 숨어서 걜 낳았 어……저 산 속에 가서 몰래 낳아서 워서(어디서) 주웠다고 끄려가꼬(데리고) 왔는데도 받아들이는 사람이 없어. 그래서 그걸 참 섧게 섧게 이곳저곳 물로 뛰어들까 하다가 그걸 키웠어……시골서는 **다 소문나서 나쁜 년 됐**지. 질적으로 나쁜 년 된 거야. 누가 좋대? 어디 가서 어떤 놈 뭣 해가[지고] 해 뱄다고. 그렇게 하면서 오늘날까지 살았는데 그 소리를 차마 못 **했어.**" 32) *

정윤홍은 1995년 위안부 신고를 할 때에서야 아들에게(2000년 현재 55세 경) 이 사실을 알려주었다고 한다. 정윤홍에게 이 아들은 위안부 상흔의 평생의 표지이지만 동시에 자신을 구제해준 은인(임신하였다는 이유로 귀국하 게 했으므로)이라는 역설의 지점이다. 이렇게 피해는 희망의 자리가 되고, 이런 총체성 속에서 위안부 피해의 누적적이고 구조적인 성격을 파악할 수 있다. 정윤홍은 이 아들을 키우기 위하여 호적이 필요했는데, 현재 동 거하고 있는 할아버지가 자신의 호적에 이름을 올리게 해주었다. 정윤홍 은 이 할아버지 자식들의 뒷바라지를 해주면서 서로 보상을 하는 관계로 살아온 것으로 보인다. 따라서 정윤홍의 동거는 필요에 따른 교환의 성격 이 강한데, 아래에서 볼 것처럼 다른 생존자들의 혼인 관계 역시 이런 관 점에서 설명될 여지가 많다. 압축적이고 생략적인 언어의 정윤홍은 여전 히 "죄가 많다"라고 말하면서 또 "부끄러울 것이 없다"라고 한다. 이것은 앞서 안법순의 '양심'에서 오는 죄의식이나 김창연이 겪은 주위의 시선에 서 정윤홍 역시 면제되지 않는다는 것을 보여주면서 동시에 그것을 넘어 서는 저항과 자존감을 나타낸다. 이런 상반되는 것처럼 보이는 두 측면에 서 복합적인 주체성이 엿보인다.

> "그렇게 된 할매들이 지끔 살아가꾸 제대로 생긴 햇볕을 못 보고 동기간한테나
> 남한테나 좋은 얼굴을 들고 오늘날까지 살질 못한 사람이야. 남한테 죄져가꼬,
> 죄지."[33]

---

* 위안부로 끌려가기 전 결혼하였고 두 자녀를 낳았던 정윤홍은 귀국 후 곧장 아이들이 있는 시댁으로 찾아간다. 하지만 시댁에서는 자녀를 돌려주기는커녕 오히려 남편 앞으로 나온 보상금을 혼자 쓰고 다녔 다는 누명을 씌웠다. 그녀의 남편은 결혼 7년만에 징병으로 끌려가서 죽었는데, 어느 날 징병사망 보상금 을 준다는 사람들의 말에 속아서 위안부 사기 동원을 당했던 것이다. 뿐만 아니라 그녀의 결혼은 일본인 들의 처녀공출을 피해서 "얼른 시집" 보내진 경우이다. 이런 몇 겹의 피해가 수십 년간 그녀에게 주었을 고통과 분노는 가늠하기 어렵다.

"알려줘도 되지. 돼. 부끄럽지 않아. 난, 난 안 부끄러워. 세상에 알려져도 괜찮고 내가 이런 과거 얘기를 일본 사람들 있으면 서서 쳐다보고 하고 싶어. 하고 죽고 싶어."[34]

동거 유지 – 자식

한옥선의 경우에도 정윤홍의 자식이 의미하는 역설을 안고 살아왔다. 한옥선은 위안부 시절 군의관과 동거하였고 그와의 사이에서 두 아이를 낳는다. 그녀는 귀국 직후 민씨라는 남자에게 겁탈을 당함으로써 '관계'가 시작되었고 그와의 사이에서 다시 두 아이를 낳는다.[35] 이렇게 한옥선은 남자들(군의관과 민씨)에게 "이유 조건 읎이 뺏"기었고, 그 '관계'가 지속적으로 이어졌다. 하지만 이 강간자들이 아이들의 아버지가 되는 만큼, 강간의 체험은 애매하게 남고, 자녀들이 남성들과의 관계보다 더 주요한 체험의 정박지가 되어 버린 것 같다. 물론 이것은 남성들의 자리가 완전히 지워졌다는 것이 아니라 자식을 통해서 남성들이 말해진다는 의미이다. 한옥선은 중국에서 첫째 아이를 낳는 상황을 오늘날까지 그림처럼 기억하고 있다.

"그래서 큰 애를 가졌는데, 오보이징에 있었을 적에 낳게 됐는데 '어휴, 아무개 엄마 나 뭐가 터졌다'고 그랬더니 [이웃집 여자에게 양수가 터지는 상황을 말하고 있음], '어매, 그럼 애기 나올라 그러나 봐요.' 그래서 무슨 이부자리 덮고 있던 거, 내 손으로 그냥 두르르 말아서 발치에도 놓구는 거기 가서 엎드렸어. 그랬더니 주인 마누라가 기냥 사온, 기냥 뭐뭐, 그 그 누런 이렇게 밀가루 푸대 같은 거, 그거랑 휴지랑 모두 깔아주구 그랬는데, 애기는 저기(손으로 가리키며) 가서 뚝 떨어졌지 뭐야(웃음)."[36]

그녀는 중국 운성에서 다시 두 번째 딸을 낳았는데, 이때 큰 딸은 아이 없는 일본인 부부에게 양자로 주게 된다. 종전 후 한옥선은 둘째 딸만 데리고 한국으로 귀국하였고, 이후 낳은 자식들이 모두 죽음으로써 이 딸 (2000년 현재 60세 정도)은 한옥선의 유일한 가족으로 오늘까지 함께 살고 있다. 한옥선은 이 딸에게 과거의 이야기를 해주지 않고 살아왔던 것 같다. 이렇게 한옥선의 상흔은 순결 이데올로기에 의해 틀 지워진 이성관계가 아니라 자식들을 통해 '존재' 한다. 그리고 그 자식들은 고통일 뿐 아니라 자신을 지탱하여 준 힘이라는 역설의 지점이다. 이상으로 동거가 유지된 경우는 자식, 노동, 돌봄과 같은 다른 차원이 남성과의 관계와 개입하면서 균형을 이룬 상태라고 할 수 있다. 역으로 '위안부였음'에도 관계가 유지된 것은 다행스러운 상태라기보다는 그만큼 열악한 상태를 감내했다는 의미도 있다. 즉 동거가 유지되었다고 해도 그 동거의 성격 속에 위안부의 유산이 녹아 있는 것이다.

동거 유지 – '탈여성화'

최갑순의 경우에는 위안부 피해에 의한 성적 파손으로 인해 "자지 있는 놈한테는 절대로 시집 안 간다"라는 성적 '자기 결정권'을 가지게 된다. 최갑순에게 이런 기피는 양심과 규범에 의해서가 아니라 자신이 '귀찮아서'라는 실용적 관점으로 말해진다. 한편 스스로를 이렇게 탈성화시키는 것은 자신의 결함을 드러내지 않고자 하는 전략이라고도 해석된다. 1945년 종전 후 만주에서부터 만 3년을 걸쳐서 고향 구례로 돌아왔다는 최갑순은 자신의 힘으로 농사를 지어 땅을 샀고, 한국전쟁 때 부모가 학살되어 고아가 된 아이를 양자로 삼았고, 마흔 두 살에 홀아비인 고자 영감을 만나 결혼하게 된다.[37] 시집가던 날을 묘사하는 최갑순의 자기재현은 흔히 알려진 '여성의 결혼'과는 완연히 다른 모습을 하고 있다.

"내한테가 돈 있는 놈 갖고, 〔시장에〕가서 꼬막(조개) 좀 사고, 또 콩나물 좀 사고, 시금치 좀 사고, 이래가꼬는, 쌀은 지그(신랑)집에 있으니께로, 옆에서 많이 〔도와〕준 사람하고 인제 둘이서 시장에서 〔집으로〕온게롱, (신랑집에) 쌀은 한 테가리도 없어⋯⋯양자 낳아준 집의 사촌 집에서 쌀 한 말을 준 것 〔가지고〕저녁에 밥해 놓고, '우리들이랑 같이 먹고 그러자'고.

그런디 〔고자 영감이〕어디 갔다가 틸룽틸룽틸룽 와서는, 어디서 마누라가 살려고 왔다고 한게롱, 반갑다고도 안 허고, 웃〔지〕도 안 허고, 방 한쪽에 앉아서 담배만 물고 앉았어. 아이구, 지그(신랑) 어매가 죽어 논게롱⋯⋯이불이 있을까. 뭉침이 있을까. 뭐 옷 싸맨 옷 궤짝. 시구 궤짝 고거 하나밖에 없어.

그 이튿날 인제 벼락장이라고 있어요. 순천 가며는, 거기 가서 내가 내한테 있는 돈으로 자리 사고 물통도 하나 사고, 흐훗흐(웃음), 몰통 길러 먹을 물 쳐박지(바가지)도 없어요⋯⋯끈 있는 바께스 하나 사고 요리가꼬 (장바구니를 머리에 얹은 모양을 하며) 장도 좀 보고, 아침에 방엣집에 가서 쌀 갚아 불고. 김쌈 할려고 인자 삼 한 꼭지 받고, 그리고 삼 한 꼭지 받아 가꼬 인자, 그 놈 장바닥에 베를 내야. 돌아오는 장에 팔고, 또 한 필 혀(짜) 가꼬, 돌아오는 장에 팔고, 또 그 놈 팔고, 팔고 남은 자투리는 영감 옷 혀 주고, 그리고 산게로는."[38]

최갑순은 이렇게 베 짜고, 농사짓고, 살림하여, 남편과 자식을 먹고 입히며 살아왔다. 친척들이 빚을 지면 농사짓고 식모살이를 하여 어떻게든 그 빚을 갚아준 사람이 최갑순이었다. 최갑순이라는 여성 주체는 한 축으로는 언제나 무언가를 생산하는 부지런함으로, 다른 한 축으로는 사람들을 돌보는 따스함과 태연자약함으로 주조되어 있는 것 같다. 최갑순에게 가족이란 가족원에 대한 부양이요, 자식의 양육이요, 사회에서 말하는 정상성의 요청일 것이다. 이 점에서 앞에서 살펴본 다른 증언자들의 동거와 본질적으로 다를 것이 없다. 식민지 조선에서 "쌀 한번 밥 한번 못 먹는" 가난한 소작농의 딸로 태어나, 위안소에서 누구보다 장기간에 걸쳐 극심한 피해를 본 최갑순은 해방 후 살아 돌아와 희생이라는 말로도 다 표현할수 없는 노동으로, 수십 년간 남편과 전쟁고아와 친척들을 살뜰하게 돌보며 살아왔다. 이 탈성적 여성이야말로 바로 근대 한국 역사를 끌고 온 힘과 고통의 은유가 아닐까 한다.*

자신이 '보는' 여성 – 사랑과 향수

이렇게 생존자 주체는 삶의 역동성 속에서 사회가 요구하는 이데올로기를 이미 한 발 비집고 나와 서있는 것으로 보인다. 이 부분을 좀 더 조명하기 위해서는 개별 생존자의 자기재현에 주목해보기로 한다. 증언의 수면에 떠오르는 몇몇 언어들을 통해 증언자들이 '바라보는' 자신의 여성성에 대해 좀 더 다가가 보자. 증언을 하는 중에서 자신이 젊었을 때 "예뻤다"는 할머니들이 여럿 있다. 젊었던 자신과 자신의 미모에 대한 그리움이 할머니의 주름진 얼굴과 겹쳐진다. 김영자는 귀국 후 아무 연고도 없는 영동으로 "머리 얹어준다고(결혼하자고)" 하여 들어온 자신을 다음과 같이 바라보고 있다.

"그래 지금 후회하고, 인자 나이가 먹웅께 후회하고 인자. 모두들 그런다. '아이

---

* 생존자들 거의 모두는 평생 자기를 부양하였고 닥치는 대로 일하며 살아온 하층여성의 경제활동 양상을 그대로 나타낸다. 심영희에 의하면, 생존자들은 식당과 술집일, 식모살이, 새마을 사업 이외에도 성냥, 담배, 야채, 빵, 미제물건, 고철 등의 장사를 하였다. 하지만, 스스로가 열악한 피해자이면서도 다른 사람을 돕고 살아온 생존자들을 어렵지 않게 만날 수 있다. 가난한 학생 여러 명에게 학비를 대주었다는 김화선, 동거 할아버지의 자식들을 기르고 도와주었다는 정윤홍, 귀국시 밥을 구걸하여 한 가족을 먹여 살렸다는 윤순만, 자신이 군 위안부였음을 숨기지 않고 이웃들과 다정하게 지내온 김영자가 그들이다. 심영희, 앞의 논문, 2000, 127쪽.

고 저이가 와서 농사짓고 사나?' 그때는, 올 때는 인물도 이쁘고 그래서, '아이
고 저 이쁜 사람이 (영동에) 와서 살겠냐'고.

아가씨들을 보면, 그렇게 예식장에서 하는 것 보면 괜히 눈물이 나와. 그게 원
해서, 그렇게 본께 부러워서 그거를 못하고 (눈물을 글썽이며) **나 처녀 몸이여**,
늦은 처녀 시집 못 간 그게 원통혀서, 그게 후회해서 그렇지."[39]

김영자 할머니의 이런 풀리지 않은 욕망에서 한 인생을 살아온 여성
주체의 다성적 목소리들을 들을 수 있다. 그녀들에게 '여성됨'이란 피해이
고 강간이고 정절 규범을 의미하지만, 자신이 누려보지 못한 욕망 그래서
서러움의 자리이기도 하다.

"평생을 시집 한번 못 가보고 이렇게 사는데, 돈으로 다 〔보상〕하겠어?"[40]

"내가 여기 나와 가지고도 남편하고도 **한번 신나게 살아보지도 못하고**, 이렇게
짓밟히고 댕기고. 옳게 내가 인간 세상을 못 살〔은〕게, 그게 지금도 제일 분한
기라……내가 자식도 자식같이 한번 못 낳아보고 남편도 남편 같이 한번 만내
가 못 살아보고, 이 세상을 내가 짓밟히고 살아온 걸 생각하면 **분해서, 분해서
못 살겠십니더. 지금도 부르르 떨리고, 그 말 나오면 속이 떨리고.**"[41]

주체의 다성성은 위안부로서 가까운 일본군인을 알고 있었던 생존자
들에게 한층 분명하게 나타난다. 한옥선은 동거를 하던 일본 군의관(하가쇼
이)을 다음과 같이 기억하고 있다.

"나보다 여섯 살 위야. 첨에 만났을 적에. 아마 그랬을 걸.

아니야. 뭐. 잘 생기지두 않았구 못 생기지두 않았어. 근데 키가 작아. 아주 키가 작아서 말두 젤 큰 말루다가 타구 댕겼었어, 일선에 나갈래믄……뭐 밤낮 뭐 앉으면 저 술 먹고 노는 얘기두 하고……근데 그냥 키는 쪼끄마니께 그냥 나를 가로 눕히구서는 그냥, 내가 술 취하면 쪼끔 울어. 고향 생각이 나구 그러니께. 그냥 울지 말라고 달래면서 그냥, 암 때구 내가, 그때는 주근깨가 많았어. 집에 가면 주근깨두 빼주구 그런다구 나한테 그러구.

일본서 부쳐온 오징어, 옛날엔 오징어가 일본서 부쳐온 거는 구워서 이렇게 찢으믄 참 - 연해. 깡통에 다 집어넣고 메칠 몇날 먹어두 꺼낼 때두 말랑 - 말랑해. 그렇게 구워서 넣어놔. 그럼 그거 구워서 찢어주면서 먹으라구 주구, 겨란 후라이두 자기가 해서 먹고, 먹으라고 주구."[42]

그녀는 어째서 60년도 넘은 오징어의 감촉을 기억하고 있는 것일까? 한옥선의 하가쇼이와 오징어에 대한 그녀의 기억은 '위안부로서의' 체험에서 의미 있는 것인가 아닌가? 군 장성과 친밀한 관계를 가지고 있었던 김복동의 증언을 차례로 들어보자.

"요시모토는 내가 정을 좀 뒀어. 착해. 그때 그 사람 나이가 내가 알기론 한 삼십 넘어. 점잖고 참 점잖아 맑고. 그 사람 아주 노오픈 사람이여……그 부대에서는 최고 좋은, 높은게벼. 그게 나를 참, 왔다 갔다 뭐도 먹는 거도 사다 주고 빵 같은 것도, 그렇게 사랑을 했어요……뭐 물먹고 싶으냐고 그러면 그렇게 물어보고, 내가 일본말로 시방 생각하니께 미시노미타이, 이게 물 먹고 싶으냐고, 그렇다고 그러면 밤중에 가 떠다 줘. 요시모토가. 내가 지금 생각하면 자다가도 웃을 노릇인게, 그게, 첫사랑인게벼. 가끔 생각이 나. 그렇게 외로운데 사랑해 주니께 아주 정이 좀 갔지, 나도."[43]

이렇게 '점잖고 맑은' 요시모토는 앞에서 말한 김복동의 임신 체험과 중절의 후유증과 얽혀 모순적인 성격을 지닌다. 요시모토가 그녀의 첫사랑이라면, 동시에 그는 그녀를 강간하고 위안소에 잡아놓은 당사자이자 불임이라는 길고 긴 후유증의 원인 제공자이다. 군위안부라는 체계 속에서 볼 때, 그녀의 의미세계는 스스로 말하듯 "자다가도 웃을 노릇"인 모순과 균열 속에 놓여 있다.* 이렇게 한옥선과 김복동은 구조적으로 가해자에 해당하는 남성에게 향수를 가지고 있는데, 이런 기억은 공식 역사(official history)와 여성 개인사간의 간극을 나타낸다고 할 수 있다.

이상과 같은 증언을 통해서 정조 이데올로기를 다시 바라보면, 위안부 생존자들이 자신에 대해 결혼하기 적합하지 않은 사람이라는 식의 규범을 내면화하고 있음은 사실이다. 하지만 생존자들은 구체적인 삶의 맥락에서 그것을 내면화하면서 구사하고 때론 그것과 불일치하게 살아온 것으로 보인다. 〈표 11〉[622쪽]에 제시된 바와 같이, 본 연구의 9명의 생존자 중 독신자 2명을 제외하고는 후처 및 법적 결혼과 같이 동거를 시도했다는 것은 생존자들의 혼인 생활이 정조 이데올로기에 의해 전적으로 틀 지워지지 않았던 것으로 해석할 수 있다. 즉 이 여성들은 혼인생활을 시도하였고 그 와중에서 살아왔던 것이다. 이들이 '정상적' 혼인이 아니라 주로 동거관계 및 후처의 지위에 있었다는 것은 이들의 정조관념 때문이 아니라 이

---

* 이런 균열과 간극은 생존자의 기억의 결함이라기보다는 바로 기억의 성격을 나타낸다고 할 수 있다. 군위안부 증언의 균열과 불일치는 흔히 생각하는 것처럼 기억의 불분명함이나 믿을 수 없는 정보에서 그 의미가 그치지 않는다. 그것은 생존자의 수치심과 분노, 억압, 지식과 언어의 차단 상태 등을 나타내는 유의미한 표시이다. 이것은 정신분석학이 말하는 기억 및 주체가 가지는 균열과 이질성의 관점에서 해석할 수 있지만, 그녀들의 서발턴 위치와도 관련이 있다고 생각한다(Spivak, 앞의 글; 태혜숙, 앞의 책, 157쪽). 이 여성들은 평생 동안 억압되고 비가시적인 지위에서 살아온 만큼, 그리고 자신의 경험을 해석할 언어가 주어지지 않았던 만큼, 이들의 언어에서 불연속적 의식이나 균열의 지점들이 많을 수밖에 없을 것이다. 이 점에서 서발턴의 증언에서 나타나는 균열과 침묵을 그 자체 메시지가 있는 표현으로 해석하고, 그것에 언어를 부여하는 작업이야말로 증언의 기록, 재현, 편집 및 해석이라는 일련의 작업의 의의에 해당한다. 이런 설명은 여타 인권 유린 피해자의 증언에도 적용될 수 있을 것이다.

들의 조건이 허락하는 이성관계가 그뿐이었음을 의미한다. 또한, 이 여성들의 결혼 및 동거의 선택을 그들의 선택이 아니라 사회 경제적 '필요'라는 것으로 국한시킬 수 있는가라는 질문도 제기된다. 물론 소속이 없는 한국사회의 하층 여성으로서 결혼은 사회적 ·경제적 안정을 위한 거의 유일한 선택이라고 할 수 있다.[44] 하지만 '정상적' 여성의 '정상적' 결혼과 달리, 생존자 여성들의 동거관계를 경제적·사회적 필요에 의한 어쩔 수 없는 선택이라고 보는 해석은 너무 도식적이라는 점을 지적하고 싶다. 생존자들이 동거자 남성의 '따뜻함'을 기억한다는 것은 이들의 선택이 사회적이고 경제적인 동시에 정서적이었다는 것을 시사한다. 생존자 여성들 역시 다른 사람과 마찬가지로 제약과 권력 관계 속에서 욕망한다. 오히려, 생존자들이 일반적으로 남성을 기피하고 혐오하며 순결에 의한 자책감에 사로잡혀 있다는 식으로 위안부를 재현하는 것은, 여성의 수동적이고 무성적 성성 개념을 관성적으로 재생산하는 효과가 있다. 이런 재현으로는 상흔에 고통 받으면서도 사랑을 그리워하는 복합적이고 다면적인 주체성을 살려내기 어렵다.

5. 결론 - 타자화를 넘어서

이번 연구는 방법론적으로 생존자 중심주의 재현을 시도하였는데 그것은 생존자의 목소리, 그 구술성의 내용과 형식에 연구자의 목소리를 합치시키고자 하는 재현을 의미한다. 이 과정에서 개별 증언은 그 증언자의 고유한 특성을 나타내면서도 다른 생존자들과 공통적 양상을 나타낸다는 것을 발견할 수 있었다. 예컨대 개별의 체험들은 분명 다르지만, 개별 증언에서 나타나는 정조관념, 사회적 추방, 육체상흔, 자식, 향수와 그리움과 같은 측면은 다른 생존자들에게서도 나타난다는 것이다. 즉 개별 생존자의 체험의 성격은 생존자들에게 대부분 공통적으로 나타나기 때문에, 이들의 주체성을 나타내는 면면으로서 읽힐 수 있었다. 이렇게 보면, 이제까지 본 증언은 개별 여성들의 자서전적 서사이면서 동시에 당대를 살았던 군위안부 여성들의 집합적 이야기가 된다. 본 연구는 생존자의 주체성을 집합적 경험을 찾아서 하나의 이야기로 그려내는 군화群畵 스타일로 재현하고자 하였다.

본문에서는 혼인관계를 중심으로 생존자 증언을 살펴보았는데, 이 결과 이들의 혼인은 규범뿐 아니라 사회관계, 육체적, 경제적 측면과 같은 여러 측면으로 엮여 있음을 알 수 있었다. 생존자들은 지난 60여 년간 쉼 없이 일하며 남성을 만나고(9명 중 7명), 자녀를 낳고(9명 중 4명) 친자, 양자, 전처 자녀를 기르면서(9명 중 6명) 살아왔다. 이들이 정조관념으로부터 자유롭지는 않았지만, 그것으로 이들의 주체성을 설명할 수는 없다. 이들은 남성들과 살고 싶어 했고 자신의 무고함을 '알고' 있었다. 이들의 삶에는 성성보다 더욱 복잡하고 다양한 흐름들이 존재한다. 따라서 정조라는 여성의 성성에 대한 처방은 이들이 여성으로서 살아온 구체적 삶의 문맥과 거리가 있다고 결론지을 수 있다. 생존자들은 훨씬 더 유연하고 역동적으로, 한정된 삶의 조건이나마 선택하고 의미를 부여하며 살아왔다. 이런 스펙트럼에서 볼 때, 위안부 생존자들의 주체성은 다 늙어버린 할머니로 가두기에는 너무 넘쳐난다. 이들은 탈성적 존재가 아니라 느낌을 기억하는 여성이며, 상흔을 딛고 견뎌온 생존자들이고, 이제까지 살아온 삶의 역사를 내장하고 있으며, 이름을 가진 개인들이다. 이렇게 다양하고 다중적이고 힘을 가진 주체, 그 중의 한 속성이 할머니일 뿐이다. 이 글은 그런 복합적 주체성을 재현하고자 하였고, 정조의 잣대로 묶여 있는 피해자의 주체성을 해방시키고자 하였다.

이런 의미에서 증언은 단지 피해의 언어가 아니다. 거기에는 아픔, 힘, 역설과 같은 것들이 있으며 주체의 복합성이 드러난다. 고통 속에서도 웃고, '좋다'라는 말로 상흔을 말하고 있는 그런 언어이다. 이런 발견은 피해의 성격과도 연관된다. '위안부 됨'의 사후 피해는 지속적인 것으로서, 한국에 돌아온 이후의 다른 사건들과 착종되어 있으며, 따라서 현재 상태 속에서 끊임없이 재생되고 있다. 하지만 이들의 피해는 물화物化되어 항목처럼 존재하는 것이 아니다. 피해자 후유증이란 생존자들이 상황에 대처하고 살아온 내용 중에 재생되는 효과인 것이다. 따라서 피해란 결국 이들이 살아온 체험의 현재성 속에서 그 효과를 발휘한다. 이 점에서 식민지 피해는 식민 이후 한국사회의 산물로서도 동시에 접근해야 한다. 이들에게 트라우마는 동시에 힘과 치유의 지점이 되어왔다. 따라서 그 피해의 치유는 바로 지금, 이곳에서 일어나야 하고 일어날 수 있는 것이다.

이렇게 볼 때, 생존자를 피해자로 '고정시키는 것' 자체가 이데올로기이다. 피해자가 피해자로 고정될 때, 그들은 아무런 해방의 힘을 갖지 못하는 대상이 될 뿐이며, 그들의 언어는 그저 피해자의 것으로 고정된다. 서발턴이 말할 수 없음은 이들을 둘러싼 겹겹의 정치적·경제적·계급적 이해관계와 이념적 지형이 있기 때문이라고 하였다. 증언 재현이 아래로부터의 역사쓰기라는 의미를 가지기 위해서는, 바로 정확히 이 증언의 기록과 재현을 통해서 서발턴은 구원을 기다리는 식민화된 주체에서, 침묵하는 타자에서 풀려나야 할 것이다. 이 글은 생존자 주체성에 '이미 존재하는' 역동성과 이질성을 드러내고 그 목소리와 언어를 들리게 하고자 하였다. 이들은 자기 언어를 가지고 있는 사람이었고, 이 언어는 바로 면접/연구자를 포함한 '우리'가 누구인지를 말해주는 공통의 언어였다.

:: 이용기

서울대학교 고고미술사학과를 졸업하고, 같은 대학 국사학과에서 석사 및 박사 과정을 마치고, 지금은 박사학위논문을 준비하고 있다.

주로 1980년대 진보역사학이 제기한 '민중사학'을 비판적으로 재구성하고자 '아래로부터의 역사'라는 관점에서 민중의 역사를 새롭게 바라보려는 지향을 가지고 연구하고 있다. 지배와 저항과 일상이 복잡하게 얽힌 민중의 삶이 지닌 역정을 이해하기 위해 그들의 구체적 경험에 다가서고자 하며, 이를 위해 구술사와 일상사 등의 연구 시각과 방법론에 큰 관심을 갖고 있다. 최근에는 근대국민국가 형성과정에서 국가와 민중이 관계 맺는 과정·방식을 '마을' 단위에서 미시적으로 파악함으로써 '국가/국민 만들기'와 '근대주체의 형성' 문제를 '아래로부터의' 시각에서 비판적으로 이해하려는 연구를 진행하고 있다.

주요 논문으로는 「미군정기의 새로운 이해와 '사회사'적 접근의 모색」(2000), 「마을에서의 한국전쟁 경험과 그 기억」(2001), 「1940~50년대 농촌의 마을질서와 국가」(2003) 등이 있다.

마을에서의 한국전쟁 경험과 그 기억
― 경기도의 한 '모스크바' 마을 사례를 중심으로*

이용기

1. 들어가며

한국전쟁은 민중에게 무엇이었나? 그동안 우리는 수도 없이 '6·25'에 대해 들어왔지만, 정작 이런 당연한 질문조차 낯설게 느껴지는 그런 50년을 살아왔다. 그것은 일차적으로 국가가 전쟁에 대한 기억을 독점하고서 '북한 공산괴뢰집단의 불법적 기습남침'과 '북괴군의 잔악한 양민학살'만을 말하게 했던 것에 기인할 것이다. 이는 과거에 대한 진지한 탐구라기보다 하나의 체제정당화 이데올로기에 불과하다고 생각한다.

그렇다면 한국전쟁은 민중에게 무엇이었나? 전쟁은 민중의 끊임없는

* 이 글은 2000년 역사문제연구소 심포지엄에서 발표했던 내용을 전면 재구성한 것이다. 발표에서는 두 마을의 사례를 분석했으며, 조사가 미처 덜 진행된 2~3개 마을을 마저 조사하여 '마을에서의 전쟁경험'을 일정하게 유형화 혹은 일반화하겠다고 밝혔다. 하지만 전쟁 중에 내부갈등이 있었던 마을에 대한 조사를 진척시키기란 거의 불가능했으며, 섣부른 일반화는 민중의 구체적 경험을 단순화할 가능성이 크다고 판단했다. 따라서 이 글에서는 한 마을의 사례를 더 심층적으로 다루되 필요한 경우에만 다른 마을의 경험을 언급·비교하겠다. 이 자리를 빌어 심포지엄에서 날카로운 토론을 해주신 김귀옥, 정해구 선생님 그리고 현지조사의 거의 대부분을 함께 진행했던 황병주 학형께 감사드린다.

투쟁의 산물로 일어났고 종국에는 '변혁역량의 궤멸'로 귀결되었는가, 아니면 전쟁은 느닷없이 닥쳐와서 민중의 삶을 철저히 파괴하고 이들을 '피해대중'으로 만들었는가? 양측 모두 진실의 한 면을 보여주지만, 전자는 '전쟁＝계급투쟁, 민중＝변혁주체'로, 후자는 '전쟁＝국가폭력, 민중＝희생자'로 단순화시킨다고 본다. 물론 이런 역사서술은 국가권력이 강요하는 지배이데올로기의 허구성을 드러내고, 민중의 역동성과 국민국가 형성과정의 폭력성을 인식할 수 있는 계기를 마련해주었다. 하지만 여기서도 '지배와 저항' 혹은 '국가와 민중'의 관계는 이분법적 혹은 일면적으로 파악되기 때문에 그 복잡한 갈등과 맞물림을 풍부하게 인식하는 데는 한계를 갖는다.

필자는 이런 한계를 넘어서기 위한 하나의 시도로서 '마을에서의 전쟁경험'을 살펴보고자 한다. 이는 무엇보다도 민중의 전쟁경험을 추상적 민중의 일반적 혹은 평균적 경험이 아니라 구체적 인간들의 실제 경험을 통해 파악하기 위함이다. 이런 '아래로부터의 역사'라는 접근을 통해 국가권력에 의해 억압·왜곡되었던 그리고 그에 대한 대항적 역사서술에서 단순화되었던 민중의 전쟁경험을 생생하게 드러낼 수 있을 것이다.[1] 그렇다고 이 글이 민중의 전쟁경험을 단지 정밀하게 고찰하려는 것은 아니며, '마을'이라는 미시공간이 갖는 다음과 같은 의미에 주목하여 논의를 풀어갈 것이다.

첫째, 마을은 농민들의 일상적 삶의 기초공간이다. 즉 마을은 농민들의 일상적 생활－노동, 휴식, 재생산 등－이 영위되고 일차적인 인간관계가 형성되는 공간이다. 따라서 마을에서의 전쟁경험을 들여다보면 민중의 일상적 삶의 맥락에서 한국전쟁을 바라볼 수 있을 것이며, 이를 통해 마을의 인적 관계망과 권력관계 속에서 형성되는 그들의 전쟁경험을 형상화시킬 수 있을 것이다. 바꾸어 말하면, 마을 밖에서 마을을 관조하는 방식이 아니라 마을 안에서 마을사람들의 전쟁경험을 바라봄으로써 한국전쟁이라는 극적인 사건 혹은 거대한 사회변동에 대응하는 마을의 내적 논리를 파악할 수 있을 것이다.*

둘째, 마을은 국가와 농민 / 민중이 대면하는 최하위 매개지점이다. 적어도 한국전쟁 이전의 마을은 국가의 최말단 기구인 면面 아래에 편제되어 있으면서도 나름의 내적 자율성을 갖고 있으며, 국가는 이를 매개로 농민을 통제·장악했다. 그리고 한국전쟁은 남북 두 국가의 반복되는 점령으로 인해 '국가와 민중'의 관계를 새롭게 규정하는 계기였다. 따라서 마을 안에서의 전쟁경험을 본다면 '국가와 민중' 그리고 '지배와 저항'이 복잡하게 얽히는 양상을 파악할 수 있을 것이다. 이를 통해 최근에 제기된 국민 (국가) 형성과정에서 한국전쟁이 갖는 의미에 관한 논의를 진전시키고,[2] 나아가 '민중의 역동성'과 '국민국가 형성'의 맞물림을 시야에 넣을 수 있으리라 생각한다.

조사대상 마을은 경기도 이천군 갑자면 오두리이다.** 갑자면은 이천에서 좌익세력이 가장 강한 지역이었으며, 그 중에서도 오두리는 '이천의 모스크바'로 불리던 마을이다. 오두리는 '빨갱이 마을'로 지목되어 한동안

---

* 마을을 단위로 하여 한국전쟁을 다룬 연구로는 정진상, 박찬승, 윤택림의 연구가 대표적이다. 정진상의 연구는 거대한 구조변동을 마을 차원에서 정밀하게 확인하는 작업이다. 박찬승은 한국전쟁의 계급중심적 해석에 문제를 제기하면서 한 마을 안에서 발생한 대량학살의 원인을 밝히고 있지만, 그런 요인과 과정을 마을 밖의 외적 규정력으로 해소시키고 있다. 윤택림은 한국전쟁을 '마을 안에서' 바라본다는 점에서는 필자와 시각을 공유하지만, 해석적 인류학의 특성상 '과거 실상'에 대한 분석적 접근보다는 경험의 다양성을 드러내고 기억의 역사화를 시도하는 데 초점이 맞추어져 있다. 정진상, 「한국전쟁과 계급구조의 변동—경남 진양군 두 마을 사례연구」, 한국산업사회연구회 편, 『계급과 한국사회』, 한울, 1994 ; 정진상, 「해방 직후 사회신분제 유제의 해체—경남 진양군 두 마을 사례연구」, 경상대 사회과학연구소, 『사회과학연구』 13-1, 1995 ; 박찬승, 「한국전쟁과 진도 동촉마을 세둥리의 비극」, 『역사와 현실』 제38호, 2000 ; Yoon, Taek-lim, *Koreans' Stories about Themselves : An Ethnographic History of Hermit Pond Village in South Korea*, Ph.D. Dissertation, Univ. of Minnesota, 1992.

** 아직도 전쟁의 피해의식에 젖어있는 마을사람들의 처지를 고려하여 인명과 군郡 단위 아래의 지명은 모두 가명 혹은 익명으로 처리했다. 단 이천군 인민위원장이었던 박장환과 정철희는 실명이다.

극심한 고통을 겪었으며, 전쟁 당시 마을에 살았던 60여 호 중에서 상당수가 마을을 떠났다.* 현재 120여 호가 논농사와 목축업을 하면서 살아가는 조용하고 평범한 농촌마을이지만, 그 평범한 일상의 이면에는 여전히 반공이데올로기로 인한 피해의식이 깊게 드리워져 있다. 필자가 이로 인한 조사의 난점에도 이 마을을 선택한 것은 오두리의 극적인 경험을 전형적인 사례로 판단했기 때문이 아니라 오히려 역으로 국가에 의해서는 '빨갱이 마을'로 그리고 반대편에 의해서는 '혁명적 마을'로 파악되었을 오두리가 실은 그런 '외부의 시각'과 얼마나 어긋나는지에 주목했기 때문이다.

조사는 거의 전적으로 심층면접에 의한 구술사 방법에 의존했다. 주지하듯이 구술이란 주관적이며 일관성이 결여되거나 부정확하다는 이유로 이른바 객관성을 의심받아왔다. 특히 '과학적 실증'을 중시하는 역사학계에서는 문헌사료가 충분히 포괄하지 못하는 '사실'을 보충하는 차원에서만 제한적으로 '증언'이 활용되어왔다. 하지만 마을 차원의 문헌사료는 절대적으로 부족하다. 필자가 활용할 수 있었던 것은 토지대장과 농지개혁 관련자료, 제적부除籍簿 그리고 한 건의 판결문이 전부였다. 그나마 가장 많은 정보를 담고 있는 토지대장과 농지개혁 자료조차 당시의 '사실'을 제한적으로 반영하고 있다.** 그렇다면 '기록을 남기지 않은 사람들'의 목소리를 어떻게 복원할 것인가? 이럴 때 구술사는 불가피한 그리고 유력한 방법일 수 있다. 다만 문제는 '구술의 주관성'을 어떻게 다룰 것인가이다.***

---

* 현재 오두리의 주민구성에서 토박이가 차지하는 비중을 정확히 알 수는 없지만, 마을회관에 걸려있는 노인회원 명부(남성노인만 기재)에 실린 23명 중 전쟁 당시 오두리에 살았던 사람은 7명에 불과하다는 점은 확인했다.
** 이천은 한국전쟁 시기에 읍내 폭격이 심해서 주요 공문서가 대부분 소실되었다. 현재 시청에 보관된 토지대장은 전후에 복구된 것으로, 농지개혁 이전의 토지소유관계를 보여주지 못한다. 또한 농지개혁 관련 자료에도 명의도용, 계산착오, 오기 등이 적잖게 나타난다. 그렇다면 문헌사료는 과연 '객관적'인가?
*** '구술의 주관성'에 대한 필자의 견해는 5장에서 간략하게 언급했다. 구술사를 둘러싼 쟁점에 대해서는

이번 조사에서 필자는 '빨갱이 마을'로 낙인찍혀 오랫동안 고생했던 사람들에게 한국전쟁의 경험을 제대로 듣는 것이 얼마나 어려운 일인지를 절감했다. 필자는 구술자와 신뢰관계를 형성하고 심층면접을 수행함으로써 적어도 구술자의 '기억 속에 있는 사실'에 접근하려고 노력했다. 또한 여러 사람들의 구술을 교차 검토하고 구술자의 사회적 역사적 맥락 속에서의 위치를 고려하여 구술내용을 비판적으로 독해함으로써 최대한 과거의 리얼리티를 복원하고자 했다.

이와 동시에 마을사람들의 구술에 나타나는 공통점과 차이점에 주목했고, 이를 통해 한 마을 사람들 사이에서도 전쟁경험이 어떻게 다른가, 그리고 그들은 왜 자신의 경험을 그런 방식으로 기억하며, 그 의미는 무엇인가를 이해하고자 했다. 그들의 기억은 필자가 파악한 과거의 실상과 어긋나기도 하지만, 이 글이 필자의 해석이라면 그들의 기억은 과거에 대한 그들 나름의 해석임에 틀림없다. 문제는 어느 것이 '사실'에 부합하는가라는 차원을 넘어 그런 기억=해석이 갖는 의미를 파악하는 것이다.

이런 의미에서 이 글은 구술자들과 필자가 공동으로 만들어낸 과거에 대한 해석일 수도 있고, 달리 보면 그들의 해석과 필자의 해석 사이의 경합일 수도 있겠다. 따라서 본문에서는 가급적 마을사람들의 목소리 ― 때로는 서로 어긋나거나 심지어 상충되기도 하는 목소리들 ― 를 생생하게 드러냄으로써 그들이 스스로 자신의 경험을 말하게 하고, 독자 역시 그것을 느끼고 판단할 수 있는 여지를 열어놓도록 하겠다.*

조사는 2000년 6~10월과 2001년 2~3월에 10여 차례의 현지조사를

윤택림, 「기억에서 역사로―구술사의 이론적, 방법론적 쟁점들에 대한 고찰」, 『한국문화인류학』 23, 1993 참조.

* 제한된 지면에서 구술자의 목소리를 가급적 많이 드러내기 위해 인용문뿐만 아니라 직접 따옴표를 활용하여 본문에도 구술내용을 집어넣었다. 이럴 경우 대개 여러 사람의 진술에서 공통되는 내용이기 때문에 화자를 일일이 밝히지는 않았다.

통해 이루어졌다. 7~8명을 개인별로 면담했고,* 이 중에서도 김철환 씨와 김병찬 씨를 집중적으로 심층 면접했다. 두 사람은 모두 전쟁기에 좌익 활동에 참여했는데, 빈농 출신에 무학인 김철환 씨와 중농 출신에 국졸 학력인 김병찬 씨의 경험과 기억은 많은 공통성과 더불어 날카로운 차이를 갖는다. 이 점을 유념하면서 본문을 읽는다면, 오두리의 전쟁경험을 더 의미 있게 파악할 수 있을 것이다. 이 글에서 인용하는 구술자들을 소개하면 〈표 12―구술자 분류〉[622쪽]와 같다.

2. 전쟁 전의 마을

해방 전의 계급구성과 세력관계

오두리는 작고 가난한 각성받이 마을이었다. 마을사람들의 기억에 의하면, 해방 전후에 오두리 전체 호수는 약 50~60호 정도로 거의 맞붙어있는 두 자연촌락에 각각 40여 호, 10여 호가 살고 있었다. 오래 전부터 오두리에 터를 잡고 살아온 성씨는 상산 김씨와 안동 권씨인데, 가장 많다던 상산 김씨도 점차 마을을 떠나서 해방될 무렵에는 5~6호 정도였고, 안동 권씨는 2집에 불과했다. 오두리는 유력한 가문이 없고 주위에서 손꼽히는 빈촌이었기 때문에 "반상도 많이 안 따지고 다들 비슷하게 힘들게 살았"다.

(갑자면에서) 보편적으로 부촌이라고 한 곳은 △△△이고, 제일 가난한 빈촌

---

* 필자는 가급적 전쟁 당시 오두리에 살았던 분들을 모두 면담하고자 했지만, 전쟁피해가 컸던 마을의 특성 때문에 조사대상자 자체가 적었고 일부는 면담을 거부했다. 그래서 면담은 마을의 중심적 인물들에 집중되었고 여성과 주변인물들은 깊게 다루지 못했다.

은 오두리하고 □□리. (이 동네는) 다 소작농이지. 자작농 한두 사람 있었지. 다른 동네는 자작농도 좀 있고 그러니 부촌이다 소리도 들었지. (김철환)

여기가 아주 빈촌이지. □□리하고 여기가 빈촌이지. 자기 논 가지고 있는 사람이 별로 없었으니까. 전부 서울 지주 땅만 있었지. (김병찬)

농지개혁 자료와 토지대장을 통해 농지개혁 이전 오두리의 계급구성을 역추적해보자.* 〈표 13—농지개혁에서 오두리 소재의 토지 처리현황〉[623쪽]을 보면 오두리의 토지소유관계는 극히 열악했음을 알 수 있다. 오두리 전체 경지면적 45만 4,932평 중에서 오두리 거주자가 소유한 면적은 15.1%인 6만 8,595평에 불과하며, 그 중 농지분배에서 제외된 5만 6,217평(82.0%)은 자작지였을 가능성이 높다. 반면에 외지인이 소유한 농지는 전체 경지면적의 84.9%에 달하며, 이 중에서도 갑자면 거주자의 소유지는 16.2%에 불과하다. 특히 3정보 이상 소유 지주 9명(학교 및 회사 포함) 중 충북 1명을 제외하고는 모두 서울 거주 지주이다.

오두리 사람 중에 농지개혁 당시 소유상한이었던 3정보=9,000평 이상을 가진 사람은 단 한 명도 없었으며, 1정보=3,000평 이상을 소유한 사람도 6명에 불과했다.(〈표 14—오두리 사람의 농지소유 현황〉[623쪽] 참조) 그나마 이 6명 중에서 가장 많은 농지를 소유한 사람은 당시 서울에 살았고, 또 한 명은 신원불명이며, 나머지도 대개 피분배 농지보다 많은 땅을

---

* 농지개혁 관련 자료는 갑자면사무소에 보관된 『分配農地臺帳』, 『分配農地受配者臺帳』(1954), 『地主別 農地確認一覽表』(1954)를 주로 활용했다. 이천시청에 보관된 『土地臺帳』은 전후에 복구된 것인데, 처음 나오는 소유주가 분배농지대장에 기록된 지주와 거의 일치한다. 따라서 필자는 『분배농지대장』과 『토지대장』을 대조하여 오두리 소재지의 소유 및 분배상황을 재구성했고, 이를 다시 나머지 두 자료와 대조하여 수배자별, 지주별 현황을 확인했다. 대지적對地的 집계와 대인적對人的 집계의 오차는 0.4%(999평)로 무시해도 좋은 수치이다. 단 이 통계는 1954년 무렵의 현황을 보여주는 것이어서 1950년 당시와는 약간 차이가 있다.

분배받은(즉 소작하던) 사람들이다. 한마디로 오두리에는 지주라고 부를 만한 사람이 없었다.

결국 오두리 사람들은 대부분 부재지주의 농지를 소작하며 살아가고 있었다. 이들은 곤궁한 삶에도 불구하고 소작권을 떼일까봐 지주들과 싸운다는 것은 "어림도 없는 소리"로 알았고 오히려 "명절이 되면 마름한테 고기다리라도 갖다줘야" 했다. 당시의 비참하고 무력한 삶을 김철환 씨는 '노예'에 견주어 회고한다.

> 죽지 못해 사는 거였어. 있는 사람들은 잘 지내고 맘대로 했지만……없는 사람들은 만날 있는 사람들 노예니까. 이리 끌리면 이리 끌려가고, 저리 끌리면 저리 끌려가고. 있는 사람들이나 동네에 권한이 있고 그러지.

아무리 빈촌이라 해도 그 내부에는 역시 '있는 사람'과 그들을 중심으로 한 권력관계가 있게 마련이다. 오두리는 농지의 대부분이 부재지주 소유이다 보니 마을에서는 '마름'의 권한이 강했다. 오두리 사람들이 동네유지라고 꼽는 사람은 이정만(〈표 14-⑩〉), 김명덕(〈표 14-④〉), 정철회(〈표 14-⑫〉), 최현성(〈표 14-⑬〉)〔623쪽〕 등 4명 정도인데, 이들은 모두 크고 작은 마름이었다.* 이 중에서도 이정만은 일제시기에 오두리에서 '독권'을 행사했다고 평가될 정도로 막강한 힘을 갖고 있었다. 그렇다면 '이정만의 독권'이 가능했던 배경과 실상은 무엇일까?

이정만은 1894년 서울에서 출생하여 경신중학을 졸업하고 1930년경 오두리에 들어왔다. 그는 마을 농지의 대부분을 소유한 서울 지주들의 마름이었기 때문에 소작농들의 생사여탈권을 쥐고 있었으며, 동네의 좋은

---

* 이들 중에서 김명덕, 이정만, 최현성이 순서대로 일제시기에 구장을 했다.

땅은 직접 소작을 받아 머슴을 부리면서 열섬지기 농사를 했다.* 또 그는 관의 지정을 받아 갑자면과 병자면에서 유일하던 방앗간을 운영했으며, 일제말기에는 오두리 구장區長이 되었다. 김병찬 씨의 표현을 빌리면, 그는 "그리운 것 없이 살던 사람"이었다.

> 아~ 그 권력 좋고. 구장 보지 뭐, 마름 보지 뭐, 동네 방앗간 있었지 뭐. 다 가지고 있었으니까, 자기 하고 싶은 대로 다 뺏어서 할 수 있고 그러니 오히려 일정 때 더 편하게 살았지. (김병찬)

> 사음을 보면서 독권을 해서 '서울집' '서울집' 했지. 구장을 몇 해 보고 모든 주권을 다 쥐었지. 그 사람이 모를 심는다면 동네사람들이 다 (그 집) 일을 해야 하고. (김철환)

더욱이 이정만이 구장을 맡았을 때는 일제말기 전시총동원체제가 본격화될 때였다. 오두리에도 구장을 정점으로 그 아래 10여 호씩 묶어 만든 애국반이 5개 조직되어 일사불란한 동원체제가 작동하고 있었다. 그런데 오두리에서는 보국단, 징용, 공출 등이 마을로 할당되어 내려오면 구장인 이정만이 개인별, 호별 책임을 독단적으로 결정했다고 한다.** 그러다 보

---

* 이정만은 〈표 14〉[623쪽]에서 소유농지가 1,987평으로 나온다. 그는 좋은 땅을 제 것처럼 쓸 수 있었기 때문에 농지를 직접 소유할 필요를 못 느꼈다고 한다. 또 그는 농지개혁 때 명의분산으로 적잖은 농지를 분배받았다고 하는데, 자료상으로는 결혼한 두 아들이 8,875평, 부인이 3,028평, 처남이 3,369평을 분배받은 것으로 확인된다.

** 식민권력은 전시총동원에 기층 마을단위의 '공동체성'을 이용하고자 했다. 전시동원의 임무는 마을별로 할당되었으며, 구장의 통솔하에 연대책임을 지도록 하였다(김영희, 「1930·40년대 일제의 농촌통제정책에 관한 연구」, 숙명여대 사학과 박사학위논문, 1996, 제4장 참조). 따라서 전시체제기에도 마을단위는 식민권력으로부터 일정하게 '위임된 공간'을 확보하고 있었는데, 그것을 책임지는 구장의 권력행사 방식은 마을의 특수한 내부구성에 따라 다양한 양상을 보인다. '이정만의 독권'은 문중 같은 완충장치가 없는 각성받이 마을의 특성과 연결될 수 있겠다.

니 각종 부담의 할당은 이정만과의 친소관계에 영향을 받았고, 특히 '없는 사람'들에게 편중되는 경향이 있었다고 한다.* 이 과정에서 마을회의 같은 것은 없었다고 하는데, 김철환 씨는 그 이유를 "마을회의를 해봐야 부락에 독권을 가지고 있는 사람이 모든 책임을 맡고 있으니까, 그 사람 주장대로 하는데 어떤 사람이 이의한다고 먹혀 들어가질 않"았기 때문이라고 말한다.

이런 '이정만의 독권'을 견제할 유일한 힘은 훗날 이천군 인민위원장이 되는 정철희라는 인물이었다.** 정철희는 1899년 오두리에서 빈농의 아들로 태어났다. 그는 어려서부터 인근에서 '천재' 소리를 듣고 자랐으며, 비록 독학임에도 "머리가 비상한 양반"이고 "배짱이 보통이 아닌 사람"이어서 신지식도 풍부하고 농사에도 신기술을 많이 도입했다고 한다. 그래서 "정철희 씨는 자욱자욱 돈이니 걸음걸음 돈이니 그런 말이 있을 정도"로 부농이었고, 또 동네의 자그마한 마름이었지만 이정만과는 전혀 다른 사람이었다.

> 동네사람들이 정철희 씨 얘기라면 다 옳다고 했죠. 그렇게 돈도 있고 위치도 점잖고 그런데도 옷매무시도 아무렇게나 입고, 젊은 사람이건 노인이건 다 동일하게 저걸(대우—필자)하고. 또 자기가 마름을 보면서도 될 수 있으면 농민의 앞에 서지 지주의 앞에 안 섰어요. 그래서 정철희라는 분을 훌륭한 사람으로 인정을 했어요. (김철환)

---

* 김병찬 씨 집안은 이정만이 마름을 보는 땅을 소작하지 않았는데도 그에게 굽실거리지 않는다고 해서 소 공출을 두 번이나 당했다고 한다. 또 머슴생활을 하던 김철환 씨는 3형제 중 두 동생이 징용과 보국단에 나갔는데도 홀어머니를 모시는 자신에게까지 징용장이 떨어졌을 때 '없는 자'로서 비애를 맛보았다고 한다. 반면 그와 동갑인 한 친구는 이정만과 집안끼리 가까워서 징용에 빠졌다고 한다.
** 정철희는 한국전쟁 발발 직후 이천군 인민위원장이 되었다가 미군 폭격으로 3일 만에 폭사했다. 이 때문에 오두리에서는 정철희를 '사흘 군수'라고 부른다. 그는 지금도 오두리에서 신화적 인물로 남아있다.

여기서도 지주랑 싸우게 되면 없는 사람 편들고, 없는 사람들에겐 어디서 장리 쌀이라도 얻어다 나눠주고. 없는 사람한테는 엄청 저거했지……사람이 뚜렷해요. 남에게 흠잡힐 일을 조금도 안하고 사리사욕을 채우거나 하지도 않고. 큰 사람을 상대로는 싸우지만 농촌의 평민들하고는 억울하게 상대를 안 하지. (김병찬)

이런 정철희의 모습은 독권을 행사하던 이정만과 대비되면서 오두리 사람들에게 "대단한 분"을 넘어 "숭배할 만한 이"로 비쳐졌다. 어린시절 가난에 찌들었던 정철희는 "언제나 농민 편에 서서" 억울한 사람들을 변호해주었고, "평소에도 돈을 꿔주면 그냥 주는 셈" 쳤다고 한다. 또한 마을 대동회 같은 자리에서는 구장인 이정만의 일처리를 따져가며 그의 독권을 견제했다.

(대동회에서) 정철희 씨가 막 따지면 (이정만이) 얼굴이 울그락 푸르락 하더라고. 정철희를 이론적으로 당할 수 없었지. 그래도 그 사람들은 아무리 잘못 했다고 해도, 지금처럼 막 하지는 않고, 서로 인정을 하고 넘어가고. 그게 보편적인 실례 아니야? 어느 부락이든지? (김철환)

정철희는 마을사람들의 신망을 바탕으로 이정만의 독권을 견제했다. 그래서 이정만은 사실 "권세는 대단했지만 마을에서 외톨이"일 수밖에 없었다. 그럼에도 정철희가 마을사람들의 마음을 사로잡았다면 이정만은 현실의 권력을 쥐고 있었다. 정철희 역시 마을사람들을 동원해서 이정만의 독권을 무너뜨린다거나 혹은 자신이 마을권력을 장악하려는 뜻은 없었다. "그때는 그건 실례로 돌아가"는 것이었다.

'이천의 모스크바'로 불리게 되기까지

해방은 어김없이 오두리에도 찾아왔지만 급작스런 변화는 일어나지 않았다. 마을 안에 인민위원회가 세워졌다거나 일제시기 끝 무렵에 구장이 된 최현성이 물러났다거나 하는 변화는 없었다. 하지만 해방은 한 마을의 울타리를 넘어서는 것이었다. 이천군 인민위원회가 결성되고 갑자면에도 청년회와 농민조합이 결성되는 등 마을 밖에서는 분주한 움직임이 있었다. 그리고 오두리에서도 요란하게 드러나지는 않았지만 분명하게 새로운 세상을 향한 발걸음이 시작되고 있었다. 정철회가 좌익활동을 개시한 것이다.

정철회가 언제부터 그리고 왜 좌익운동을 하게 되었는지는 분명치 않다. 다만 김철환 씨에 의하면, 그는 일제시기부터 좌익사상을 갖고 있었으며 "암암리에 젊은 사람들을 자꾸 피알(propaganda—필자)을 하고 그랬"지만, 두드러진 활동을 하지는 않았다. 그런데 1945년 12월에 열린 전국농민조합총연맹 결성식에 참가한 이천군 대의원 3명 중에 정철회가 포함되어 있다.[3] 그리고 1949년의 국가보안법 위반사건 판결문에 따르면, 정철회는 1945년 12월 인민당에 가입했고, 이듬해 7월 남로당에 입당했다.* 적어도 그는 해방 직후부터 좌익진영에 적극적으로 가담했으며, 이천군에서 핵심인물 중 하나였다고 볼 수 있겠다. 평소 마을사람들의 존경을 받던 정철회의 좌익활동은 오두리 사람들에게 지대한 영향을 끼쳤다.

정철회 씨가 시국강연회를 많이 다녔어. 정철회 씨가 서울 갔다 오면 사랑방에 모여서 동네사람들이 시국 돌아가는 얘기를 들었지. 그래서 오두리가 좌경으로

---

* 『檀紀 四二八二年 刑事 第四八四八號 判決文』. 그런데 1946년 8월 삼당합당이 제안되고 11월에야 남로당이 결성되었으므로 판결문의 남로당 가입일자는 오기誤記로 보인다. 하지만 정황으로 보아 정철회는 인민당과 남로당이 결성될 무렵부터 참가했던 것 같다.

기울어진 것은 기억나요. 정철희 씨 영향이지. 좌익 사상가는 농민들에게 구수한 얘기를 하잖아. 주로 여운형이 훌륭한 사람이라는 얘기, 여운형이 3·7제를 해준다는 얘기, 이런 얘기를 정철희 씨한테 들었지. 오두리에서는 여운형 씨를 대단한 인물로 봤다고. (최승한)

필자가 면담한 오두리 사람들은 한결같이 위와 같은 이야기를 하면서 오두리가 '좌경화'된 것은 정철희의 영향 때문이었다는 점을 강조한다. 즉 "정철희 같이 훌륭한 사람이 '이게 옳다'고 하니 우리 농민들은 따라갔지"라는 것이다. 이 말 자체는 맞을 테지만, 그렇다고 그저 정철희를 '믿고 따른' 것만은 아닐 것이다. 오두리 사람들은 소작료 '3·7제'를 크게 반겼다고 하며 지금도 "3·7제는 여운형 씨가 주장해서 한 것"이라고 단언한다.* 대부분이 소작빈농이던 오두리에서는 좌익측 주장이 그저 공허하게 들리지만은 않았을 것이다. 오두리가 '이천의 모스크바'라 불리게 된 이유에 대해 한동안 '정철희 때문'만을 되풀이하던 김철환 씨는 필자와의 세번째 면담에서 잠깐이었지만 절절하게 당시의 정황을 이렇게 말했다.

농민들 입장에서야 좌익분자들 빨갱이 말이 맞지. '다 같이 공평하게 먹고 살자' 그러니. 없는 사람들이 다 왜놈들 밑에서, 있는 사람들 밑에서 그~ 학대받고. 쌀 한 말 갖다 먹으면 일을 엿새씩 해주고. 이런 세상을 겪은 사람들이 그거 다 공산주의가 옳다고 했지. 그러니 거기 호응돼서 저거 돼서, 어느 동네는

---

* 필자가 이천의 현지조사에서 만난 노인들은 대부분 소작료 3·1제 혹은 3·7제가 미군정이나 박헌영이 아닌 여운형 때문에 실시되었다고 말한다. '여운형 덕택에 농지개혁이 실시됐다'는 식의 인식이 이천지역에 한정된 것이 아님을 볼 때(장상환, 「농지개혁」, 『한국사』 18, 한길사, 1994, 96~97쪽), 이는 좌익세력에 대한 농민들의 인식을 엿볼 수 있는 흥미로운 지점이다. 그런데 오두리의 경우 3·1제와 3·7제를 섞어서 진술하는 다른 마을과 달리 구술자 모두가 실제로 시행됐던 '3·1제'가 아니라 좌익 측이 주장했던 '3·7제'로 기억한다는 점에서 특징적이다.

전부 빨갱이다, 이 동네는 정철희가 살았기 때문에 더군다나 모스크바다, 이런 지적을 받은 거지. (김철환)

그렇다고 오두리는 밖으로부터 규정된 '모스크바'라는 이름이 연상시키는 그런 '혁명적'인 마을은 아니었다. 마을사람들이 대체로 좌익세력을 지지했고 몇몇 청년들이 열성적으로 활동했다지만, 그렇다고 "대단한 뭣은 없었"다. 오히려 이들에게는 '이정만의 독권'으로 상징되는 과거의 일상적 억압체제와 마을 내의 독권적 위계질서가 무너져간 것이 새로운 변화로 더 실감났을지도 모른다.

일제시기에 '이정만의 독권'을 받쳐주던 힘은 무엇보다도 지주-소작관계에 기반한 지주세력의 토지지배와 마을을 통제할 매개로서 구장을 뒷받침해주던 국가권력이었다. 하지만 해방과 더불어 식민권력이 붕괴되면서 관권의 통제력은 이완되었고, 3·7제 실시와 농지개혁에 관한 소문으로 인해 지주세력의 토지지배 역시 약화되어 갔다. 이런 거대한 사회변동은 오두리에도 영향을 미치고 있었으며, '이정만의 독권'은 그 물적 기반을 잃어갔다. 그리고 결국 "제 아버지 말은 안 들어도 정철희 씨 말은 들었"던 이정만의 "자식들이 먼저 좌익으로 돌아가고, 그도 결국 그리 돌아가고" 말았다. 일제시기 '독권'의 주인공이었던 이정만이 해방 후 새로운 세상을 열어가던 '정철희에게 눌렸다'라는 것은 오두리 사람들에게 해방이 의미하는 바를 상징하는 것이 아니었을까?

'독권'에서 해방된 마을사람들은 대부분 정철희를 따랐으며, 이와 거리를 두던 '천주교 두세 집'*은 마을에서 고립되었다. 그렇다고 이들 사이에

---

* 해방 무렵 오두리에는 조선 후기부터 천주교를 믿어온 안동 권씨 집안과 조씨 한 집안이 있었다.(《표 14-⑤,⑨, ⑪)》〔623쪽〕 안동 권씨는 오두리의 세거집안이었지만 조선 말기 천주교 박해시절에 마을을 떴다가 종교자유가 허락되면서 귀향하기 시작했으며, 조씨 집안은 1915년경 오두리에 이주해 왔다.

분란이 있었던 것은 아니다. 천주교 집안은 관의 신임을 받았지만 마을사람들 대다수가 정철희를 따르는 상황에서 특별히 우익활동을 할 수 없었고, 마을사람들도 마을권력에서 배제된 이들과 굳이 대립하지 않았다고 한다. 말하자면 오두리는 이전의 마을권력 중심부에서 경합하던 이정만과 정철희의 관계가 정철희의 승리로 귀결되면서 '다 함께' 정철희를 따라가고 있었던 것이다.*

가난한 마을 오두리. 그들은 '다 같이 공평하게 먹고 살자'는 좌익측 주장에 공감했고, 그 새로운 삶을 향한 열망 앞에는 "훌륭한 사회주의자" 정철희가 서 있었다. 하지만 그럴수록 오두리는 '빨갱이 동네'로 낙인찍혀 갔고 급기야 공식적으로는 '갑자면 폭동사건'으로, 마을사람들에게는 '독청 난리'로 불리는 일대 사건이 발생했다.**

사건의 전말은 이러하다. 오두리가 속한 갑자면은 이천에서 좌익세력이 가장 강해서 우익 청년단체인 대한독립청년단(이하 '독청')의 집중 표적이었다.*** 툭하면 마을마다 돌아다니며 "죄가 있고 없고" "덮어놓고 빨갱이라고" "수십 명씩 엎어놓고 들고패는" 독청의 횡포를 참다못한 갑자면 청년들은 어느 날 "그냥 이대로 있을 수는 없다, 대항을 하자"라면서 수백

---

* 천주교도 이외에 일제 말기 이래 구장을 맡아오던 최현성의 위치가 주목된다. 여러 사람의 말을 종합해보면, 최현성도 정철희를 대단히 존경했으며 이장 노릇을 하면서도 정부에 협조하지 않아 고생했다고 한다. 그렇다고 좌익을 지지한 것도 아니어서 전쟁 통에 이장이라는 이유로 인민군에게 납치되었다. 결국 최현성은 이장임에도 중립적인 태도─김철환 씨의 표현을 빌자면 "빨갱이도 아니고 허영이도 아니고 어정쩡" 한 태도─를 견지했던 것이다.

** 사건 처리과정에서 민주주의민족전선 조사단이 파견되었다는 진술에 비춰본다면, 사건 발생시점은 대한독립청년단 이천군지단이 결성된 1947년 4월 이후부터 민전이 사실상 불법화되는 1947년 말 사이일 것이다(건국청년운동협의회, 『대한민국건국청년운동사』, 1989, 1022쪽). 커밍스가 1947년에는 좌우대립이 마을단위에서 전개된다고 했던 것과 같은 맥락에서 이해할 수 있다(B. Cumings, *The Origins of the Korean War*, vol Ⅱ, Princeton Univ. Press, 1990, p. 237).

*** 『이천군지』(1984)에 의하면, 해방 후에 좌익세력이 강했던 갑자면을 중심으로 봉화가 자주 올랐다고 한다. 김철환 씨에 의하면, 갑자면에는 해방 직후와 개전 직후에 이천군 인민위원장을 맡았던 박창환과 정철희 그리고 외지에서 들어온 이성운 등 "좌익사상 가진 훌륭한 사람들"이 있었고, "그네들은 계통적으로 다 알고" 지냈다.

명이 모였다. 오두리에서도 천주교도 두세 집안을 빼고 웬만한 청년들은 다 여기에 참가했다. 그러나 독청을 응원나온 경찰들이 발포하면서 진압했고, 이 과정에서 많은 사람들이 두들겨 맞았고 일부는 여주검찰청에 넘겨졌다.

사건의 전말은 간단하지만, 그 의미는 간단치 않았다. 이 사건을 계기로 '새로운 삶'을 꿈꾸던 갑자면 사람들은 좌절감을 맛보았고 좌익세력은 지하로 들어갔다. 한마디로 '순진'한 농민들이 '사상'이나 '좌우' 등이 그리 단순한 문제가 아님을 알게 된 것이다. 그렇지만 '독청 난리'의 경험과 그에 대한 인식은 갑자면 사람들에게 동일하지 않았으며, 그 차이는 한국전쟁에 대응하는 다양한 방식을 예고하는 것이었다.

우리는 그 극적인 대비를 오두리와 인근 ○○리의 경험에서 엿볼 수 있다. 일제시기부터 두 성씨가 경쟁관계에 있던 ○○리는 한 성씨가 '폭동'에 참여했다가 "똥물이 나오도록" 두들겨 맞은 반면, 다른 성씨는 우익청년운동에 가담하고 있었다. 이 마을은 독청 난리에서 생겨난 증오감이 전쟁기에 폭발하면서 두 성씨간에 서로 죽고 죽이는 비극을 겪는다. 반면에 "독청이라는 건 감~히 하는 사람이 없었"(김철환)던 오두리의 경우 마을청년들 대부분이 '폭동'에 참여했고 또 함께 피해를 입었다. 오두리 사람들은 과거의 좌우를 불문하고 지금도 대개 독청에 강한 반감을 갖고 있으며,* 전쟁기간 동안 여기에 참여했던 사람과 참여하지 않은 천주교도 사이에는 큰 갈등이 없었다.

그러나 오두리의 경우라고 '독청 난리'가 모두에게 같은 의미를 던져준 것은 아니었다. 우리는 그 차이를 김철환 씨와 김병찬 씨에게서 엿볼

---

* 천주교 조씨 집안의 며느리인 최○○ 할머니는 오두리가 '독청 난리'와 '6·25 난리'로 두 번 난리를 겪었다고 말한다. 그에게도 이 사건은 전쟁에 비견되는 '독청들의 난리'였다. 또한 부친이 전쟁 통에 인민군에게 납치된 최승한 씨조차도 독청을 '경찰 앞잡이', '나쁜 단체', '테러 앞잡이'라고 비난한다.

466 근대를 다시 읽는다

수 있다. 두 사람 모두 여기에 참가했고 여주검찰청에까지 넘겨졌지만, 그 기억의 내용과 구술방식은 상당한 차이를 보인다. 김병찬 씨는 이에 대해 별로 적극적으로 말하지 않으며, 자신이 참여한 것에 대해서도 "동네사람 이 죄 모이는데, 거기 안 가도 걸린다고. 여럿이 하는 데 가야 하걸랑. 몇 사람이 움직이고 다른 사람은 끌려 다니고" 했다고 말한다. 반면 김철환 씨는 "동네에서 나보다 나은 사람들이 옳다고 주장하고 나가니까" 자신도 따라갔다는 식으로 둘러대면서도 당시의 상황과 자신의 감정을 생생하게 표현했다. 특히 여주검찰청에서 갑자면의 유명한 좌익활동가들을 직접 만 났던 일과 서울에서 민전 조사단이 파견되었던 것을 생생하게 기억하고 있었다. 아래 진술에서 그런 경험이 그에게 무엇을 남겼을까를 짐작할 수 있다.

> 갑자면에 좌익사상 가진 훌륭한 사람들이, 똑똑한 사람들이 많이 있었어 요……여주검찰청에 잡혀가니까 서울에서 '민전'이라고 거기서 나와서 좌익대 표로 누가 5분인가 해명하라고 해서 박창환(해방 직후 이천군 인민위원장-필자) 씨가 나갔다고. 키가 조그만 양반이 그렇게 말을 잘 하더라고……그때 민전은 엄연~히 서울에 간판을 붙이고 있었다고, 좌익 쪽에. (김철환)

'독청 난리'는 갑자면 사람들에게 좌절감을 안겨주었지만 동시에 일부 사람들에게는 시야의 확장과 일정한 자의식 혹은 동질감을 심어주는 면도 있었다고 볼 수 있다. 이런 경험을 했던 김철환 씨와 '독청 난리'를 수동적 이고 소극적으로 회고하는 김병찬 씨에게 그것은 동일한 사건이 아니었을 터이며, 그 차이는 이들의 전쟁경험에서 되풀이된다.

3. '인공'점령기의 전쟁동원과 마을의 대응

개전開戰과 인민위원회 결성 – '계급노선'의 실상

1950년 여름 어느 날 김병찬 씨는 부친 심부름으로 읍내에 갔다 오는 길에 3번 국도변의 으슥한 곳에서 트럭 두 대에 가득 실려온 사람들 70여 명이 총살당하는 것을 목격했다. 이천의 보도연맹원 학살이었다.* 여기에는 오두리 사람 정한○, 이○래, 전○석 세 명이 포함되어 있었다.

이들이 어떤 사람이고 왜 보도연맹에 가입했는지에 대해서는 마을사람들의 평가가 조금씩 다르다. 전○석은 연로하고 점잖은 사람으로 좌익활동과 무관했던 것으로 보인다. 그래서 그가 보도연맹으로 학살된 것인지 여부에 대해서도 마을사람들의 기억이 엇갈린다. 이○래는 일제시기 '독권'의 주인공인 이정만의 차남이면서도 정철회를 많이 따랐다고 한다. 하지만 그의 좌익활동에 대해서 김철환 씨는 '활동은 있었지만 특출한 것은 아니었다'라고 말하는 반면, 최승한 씨는 "착하기만 한 사람"이고 억지로 보도연맹에 가입되었다고 말한다. 정한○는 마을사람들이 모두 "그 전에 좌익분자로 여기서 열성히 일을 했"다고 입을 모은다. 그는 전쟁 이전부터 지하운동을 했으며 정철회의 지시로 월북하여 유격대 훈련을 받고서 38선을 월경하다가 체포되었다. 전향 후 석방되어 오두리로 돌아온 정한○는 아무렇지 않게 마을사람들과 어울렸으며 형무소에 수감 중이던 정철회의 집안일을 거들어주고 있었다고 한다.

이들 세 명이 좌익활동과 얼마나 관련되었는가는 이처럼 다소 모호한 점이 있지만, 보도연맹원 학살에 대한 마을사람들의 생각은 "다 사람은 동

---

* 정희상은 이천의 보도연맹 피학살자가 이천군 북부지역에서 70여명, 남부지역에서 30여명이었다고 파악한다. 이 와중에 살아남은 이천재 씨에 따르면 그날은 7월 1일이었다. 정희상, 『이대로는 눈을 감을 수 없소』, 돌베개, 1990, 225쪽.

일한데 그렇게 잡아다 죽이니 너무 무차별한 게 아니냐"(김철환), "억울한 촌놈들 많이 죽였지"(김병찬), "처음에 경찰들이 보도연맹을 죽이지만 않았어도 그런 사변은 없었을 텐데"(정경한) 등으로 대동소이했다. 공무원생활을 오래했던 최승한 씨조차 보도연맹 학살에 대해 "이승만 씨 학정은 억만년이 지나도 죄를 씻을 수가 없어"라며 저주스러워했다. 보도연맹에 가입된 사람들은 국가로부터는 '빨갱이'로 지목되었는지 몰라도 오두리 사람들에게는 그저 '한 동네 사람'이고 '순박한 농민'일 따름이었다.*

오두리의 전쟁경험은 보도연맹 학살에서 시작되었고, 인민위원회 구성을 계기로 본격화된다. 이천이 인민군에게 점령되자, 이천군은 물론 각면·리 단위에서도 인민위원회가 결성되었다. 오두리에도 어김없이 인민위원회가 구성되었고, 이와 함께 민청, 여맹, 농민회, 소년단 등이 조직되었다. 그 구성과 활동의 실상에 대해서는 마을사람들이 구체적인 언급을 꺼리기 때문에 정확히 파악하기 힘들다. 하지만 필자가 확인한 바에 의하면 (〈표 15─인민군 점령기의 주요 인물 관련사항〉[624쪽] 참조), 빈농과 머슴들이 인민위원회 구성과 활동에 적극적이었다. 보도연맹으로 학살당한 사람들의 가족이 갑자면 치안대장과 여맹위원장을 맡은 점도 확인된다.

오두리는 '이천의 모스크바'답게 면 차원의 활동에 주도적이었고 리인민위원회를 '계급노선'에 따라 구성했다. 특히 이장 집 머슴이 인민위원장을 맡은 것은 마을사람들에게 세상이 뒤집어졌음을 실감케 했을 것이다. 오두리는 마치 '독청 난리' 이전 상황으로 돌아간 듯이 천주교도 두세 집을 제외하고는 자의든 타의든 대체로 인민위원회의 활동에 따랐다고 한다.

하지만 실상을 들여다본다면, 오두리 인민위원회는 그다지 '혁명적'이

---

* 이런 인식은 단지 일상적 대면관계에 있는 마을사람들 사이의 동질감 때문만은 아닐 것이다. 마을사람들 간에 피를 보았던 ○○리와 달리 해방공간에서부터 좌익 주도하에 대체로 비슷한 길을 걸었던 오두리의 특성이 중요한 요인일 것이다.

지만은 않아 보인다. 오두리 인민위원회는 마을사람들이 자발적으로 결성한 것이 아니라 마을 안팎 좌익세력의 지명에 의해 조직되었다고 한다. 사실 '모스크바'라고는 해도 활동적인 인물은 그리 많지 않았으며, 그나마 이런 사람들은 보도연맹 학살로 희생되었거나 군·면단위의 활동에 나섰다.* 따라서 마을에는 인민위원회를 주도적으로 이끌어갈 만한 역량이 부족했고, 오두리 인민위원회는 내적 동력에 의해 움직이기보다 주로 상급 기관의 지시를 받으면서 제반 정책을 처리하는 수준에서 활동했던 것으로 보인다. 그런데 인민위원회를 바라보는 마을사람들의 눈길에 미묘한 차이가 있는 점이 주목된다.

> 저 사람들 포섭하는 전술이 대개 무식하고 의지가 굳은 사람들, 이런 사람들을 포섭하더라고……본바닥에서도 여기 지방에서도 좌익사상 가진 사람들이 많이 있었다고. 암암리로 지하운동하고 다녔으니까. (오두리가) 거기에 포섭이 된 거지. 그렇게 돼서 인민군이 들어오니까 거기에 합류된 거지……농촌형편이 어려우니까, 대개 없는 사람들 돕는다 하니까, 그 사람들(인민군─필자) 호응한 거밖에 안 되는 거지. (김철환)

> 어려운 사람을 시켰지. 그래야 말을 잘 들으니……그런 사람은 아무것도 모르니까 시키는 대로 그대로 하지……지식이 든 사람은 벌써 큰일났다 소리를 했지. 알아도 아는 체도 안 하고 병신노릇하고 푹푹 썩어 있는 거지……공작대라고 직접 이북서 파견돼 나온 사람이 갑자면에도 하나 있었걸랑, 그 사람의 지시에 의해서 다 맨들어지는 거야. 그게 공작대야. 그 사람이 주권을 가지고서 여기 사람을 써먹는 거지. (김병찬)

---

* 오두리 사람들의 정신적 지주였던 정철회는 개전 직후 이천군 인민위원장이 되었다가 3일 만에 미군 폭격으로 사망했다. 정철회의 부재라는 변수도 오두리에 적잖은 영향을 미쳤을 것이다.

김철환 씨와 김병찬 씨는 각각 오두리 농촌위원과 민청 부위원장으로 일했으며 '수복' 후 검거되었다가 간신히 목숨을 구했다. 이들은 모두 오두리 인민위원회가 외부 힘에 의해, 그리고 무식하고 가난한 사람들을 중심으로 구성되었다는 점에 대해서는 동일하게 말한다. 하지만 그 구성원의 성격에 대해서 김철환 씨는 '의지가 굳은 사람'을 보탠다면, 김병찬 씨는 '아무것도 모르는 사람'을 강조한다. 또 외부 힘에 대해서도 김철환 씨는 '본바닥' 좌익세력이라고 말하는 반면, 김병찬 씨는 북한에서 파견된 공작원을 강조한다. 더구나 그런 상황을 어떻게 받아들이고 있었는지에 대해 김철환 씨는 '없는 사람들이 호응한 것'으로 보지만, 김병찬 씨는 '아는 사람들은 병신노릇 하는 것'이라고 말한다. 이런 차이는 빈농이자 무학인 김철환 씨와 중농이자 국졸 학력인 김병찬 씨의 경험과 시각이 엇갈리고 있음을 말해준다. 오두리의 전쟁경험은 이렇듯 처음부터 마을사람 모두에게 동일한 것이 아니었다.

그럼에도 두 사람은 모두 오두리 인민위원회가 '위에서 시키는 대로 따라했을 뿐'이라고 말하는 점에서는 공통적이다. 그렇다면 이런 진술은 레드 콤플렉스로 인한 기억 혹은 구술의 왜곡일까? 아니면 정말 오두리의 전쟁경험은 시대가 강요하는 바를 따라간 것에 불과했을까? 오두리 사람들의 기억에 강하게 남아있는 의용군 모집과 토지개혁을 통해 그들의 '인공시절' 경험을 좀 더 들여다보자.

의용군 모집과 토지개혁 – 고통과 희망에 대처하는 방식

오두리에서 의용군에 나간 사람은 10명 안쪽으로 보이는데, 이에 대한 마을사람들의 기억은 대단히 엇갈린다. 한 가지 분명한 것은 여느 지역과 마찬가지로 인민군 점령 초기에 갑자국민학교에서 갑자면 궐기대회가 열렸던 점이다. 여기에 참석했던 김병찬 씨는 "각 부락 젊은이는 거의 다"

모였고 그 중 몇 명이 '영웅심리'에서 의용군에 자원했다고 말한다. 그후 오두리 큰 마당에서 의용군 모집이 있었다고 하는데, 마을사람들은 당시 의 광경을 모두 다르게 기억한다.

> 왜정 때 학교 못 가는 사람이 많았는데, 이런 사람들이 의용군에 많이 갔어. 왜냐하면 처음에는 공부시켜준다고, 김일성대학 보내준다고 해서 18살, 20살 먹은 청년들이 한 열 명쯤 지원했어. 이땐 100% 자원이었어. 서로들 의논도 하 고 그랬지. 나한테도 함께 가자고 했는데, 나는 부모님 떠나기 싫어서 안 갔어. (최영호, 당시 17세)

> 면에서 나와서 우리 동네 몇 사람 추려서 보내라 그거야. 누가 총알받이를 가 려고 해? 그러니 투표를 했지. 기관요원들, 그러니까 리당위원장, 여맹위원장 그런 사람들이 모여서 투표를 해서 '누가 누가 적당하다' 해서 끌고 갔지…… 그때는 17~18살 정도가 갔는데, 어른들이 시키는 대로 해야지. 누구를 지적하 기 곤란하니까 비밀투표를 해서 제일 많이 선정되는 사람을 보냈지……그래도 외아들은 빼놓고 여러 형제 있는 사람 중에서 가고 그랬지. (김병찬)

> 의용군은 누구누구 지명을 해서 저거 하면 싫다지도 못하고 자연 그냥 끌려간 거지. 투표하는 건 못 봤고 대개 '누구 지원해라, 누구 지원해라' 자꾸 이렇게 하니까, 운에 딸려서. 또 딴 놈이 가니까 '에라 나도 간다' 그렇게 해서 따라가 고. 잡아가진 않고. 그게 운에 딸려서 가령 누가 지원을 해서 간다, 그러면 고 또래니까 '너도 가라 너도 가라', 그러면 운에 딸려서 죽 따라간 거야. 그게. (김철환)

서로 다른 세 사람의 기억을 교차 검토하면서 실상을 추론해보자. 최영호 씨의 진술에서 주목되는 부분은 '김일성대학 보내준다'는 말에 '100% 자원'으로 10여 명이 지원했다는 점과 자신과 같은 또래 친구들, 즉 모집대상 연령층이 이 문제를 함께 '의논'했다는 점이다. 하지만 김철환 씨와 김병찬 씨는 김일성대학 간다고 북으로 간 사람은 김철환 씨의 막내 동생 한 명뿐이라고 말한다. 필자의 판단에도 혹시 김철환 씨 동생의 경우를 본 가난한 청년들이 의용군에 들어가면 나중에라도(즉 '통일'된 후에) 공부할 수 있으리라 생각했을지는 몰라도 김일성대학에 간다고 한 마을에서 10여 명이 지원했다는 것은 믿기 힘들다.* 최영호 씨는 의용군에 나갔던 또래 친구들을 보호하려는 차원에서 '김일성대학'과 '100% 자원'을 과장하여 곁들였다고 판단된다.** 그렇지만 그가 의용군 대상 연령층으로서 현장에 참석했고 또 그 분위기를 생생하게 전하는 것으로 보아, 그의 진술은 단순히 '거짓'만은 아닐 테고 오두리 청년들 사이에서 일정하게 '동요'와 '의논'이 있었음을 말해준다고 생각한다.

김병찬 씨 진술에서는 '총알받이'로 나서는 청년이 없었다는 점과 인민위원회 간부들이 비밀투표로 대상자를 선정했다는 점이 주목된다. 반면 김철환 씨 진술에서는 좌익세력 혹은 인민위원회가 여론의 압박을 통해 의용군을 지원하게 만들었다는 점과 강제로 잡아가지는 않았고 여론에 떠밀려 혹은 '친구 따라 강남 가듯' 의용군에 나갔다는 점이 주목된다. 두 진술은 전반적인 뉘앙스나 '투표'라는 구체적인 지점에서 차이가 있지만, 대체로 동일한 현상을 각자의 입장에서 해석하고 있는 것으로 보인다.***

---

* 김철환 씨 동생을 데려간 사람은 갑자면 치안대 일을 하던 일가 어른이었다. 필자의 한 친지 분도 인민군 장교로 내려온 작은아버지가 공부시켜 김일성대학에 넣어주겠다고 월북을 제안했다고 한다. 이런 경우가 어느 정도 일반화된 것인지는 모르겠지만, 적어도 이런 제안은 '사적'인 차원이었을 것이다.

** 최영호 씨는 "내가 보는 앞에서 내 친구들이 의용군에 나갔는데, 내가 어떻게 그런 얘기를 할 수 있나? 세상이 언제 또 뒤집히면 그땐 그 친구 가족들에게 어떤 화가 돌아갈 텐데?"라면서 필자와의 인터뷰를 극히 꺼렸던 분이다.

*** 두 구술자의 성향 차이 이외에 여기에는 '책임'의 문제가 개입되었을 수 있다. 김철환 씨는 농촌위원이

이를 정리해보면, 마을 인민위원회 간부들이 비밀투표를 했는지는 다소 모호하지만 적어도 나름대로 의논이나 여론형성을 거쳐 대상자를 선정·압박했던 것으로 보인다. 또한 구조적 강제성이 있기는 했지만 지명된 청년들 역시 '어른들이 시키는 대로' 혹은 '운에 딸려서' 의용군에 나갔던 것이다. 최영호 씨가 말한 '같은 또래들의 의논'과 김철환 씨가 말한 '친구 따라 간 경우'를 함께 생각해보면 당사자인 청년들이 강제라고만 해석될 수 없는 나름의 '집단적 선택'을 했을 가능성도 있다.*

이런 양상을 일제시기 징용 차출과 비교해보면 몇 가지 흥미로운 점을 발견할 수 있다. 두 경우 모두 국가에 의한 구조적 강제 아래 놓여 있었고, 마을별로 할당이 떨어졌으며, 구체적인 사항은 마을에서 자체적으로 해결해야 했다. 그런데 일제시기에는 구장 이정만이 독권을 행사했으며 여기에는 관권의 강제력이 뒷받침되었다. 그리고 대상자는 주로 마을권력에서 배제된 주변부 약자에 집중되는 경향이 있었다. 반면 의용군 차출에서는 리인민위원회가 사실상 결정권을 갖고 있었지만 일종의 '공동책임'이나 '여론형성' 방식으로 풀어갔으며 현실조건을 고려해서 대상자를 선정했다. 또한 명분으로나마 '자원' 형식을 취했던 의용군 모집에서는 관권의 강제력이 '잡아가는 것'은 아니었다.** 선정된 청년들은 그것을 거부할 분위기가 아니기도 했겠지만, 한편으로 '마을 어른들'로 표현된 마을 차원의 결

없을 뿐만 아니라 김병찬 씨가 말하는 '기관요원'이었을 가능성이 높다. 인용문의 여러 곳에서 간취할 수 있듯이 김철환 씨는 지금도 좌익에 동정적일 뿐 아니라 무학임에도 '노예', 'PR', '보편', '이론', '자본주의' 등 범상치 않은 표현을 자주 썼다. 이런 추론이 맞는다면, 의용군 선정에 책임이 있었던 김철환 씨는 '투표' 등의 구체적 행위보다 여론이나 분위기를 강조함으로써 자신의 '책임'을 회피하려는 것일 수 있다.

* 의용군에 자원한 것으로 필자가 확인한 사람은 3명인데(〈표 15〉〔624쪽〕 참조), 이들이 언제 지원했는지는 확실치 않다. 그리고 인민군이 후퇴할 때 5~6명이 함께 따라갔다는데, 이들이 의용군 지원 형식으로 따라갔다고 기억하는 사람도 있다.

** 의용군 모집의 '자발성'과 '강제성'에 대해서는 배경식, 「민중의 전쟁인식과 인민의용군」, 『역사문제연구』 제6호, 2001 참조.

정 혹은 여론을 수용하였기에 누구를 크게 원망하지 않았다고 한다.

토지개혁에 대해서는 마을사람들이 모두 무상몰수 무상분배 원칙에 입각하여 토지개혁이 추진되었지만 추수도 하기 전에 인민군이 후퇴하는 바람에 실제로는 실시되지 않은 것이나 마찬가지였다고 말한다. 그런데 구체적인 과정에 대해서는 토지개혁의 실무를 담당했던 김철환 씨와 중농 출신인 김병찬 씨의 기억이 다소 다르다.

> 무상몰수 무상분배 해야 한다, 그래서 무상몰수 당하는 사람들이 첫째 악질 사음 또 전부터 땅을 많이 가지고 살던 사람들, 그런 사람들 땅부터 몰수를 한 거지. 뺏어서 가령 오두리 하면 다 농사짓고 사는 사람들이지만 몇 마지기씩 노나준 거지……식구별로 그 사람 경작능력을 봐가면서……무상몰수 무상분배 해서 실제 농사를 지어봤어야 어쩌구 하는 건데. 실제 그렇게 농사를 못 지었으니. 다만 악질 사음이 땅을 많이 가지고 있으니 그 사람 땅을 뺏어서 식구 비례, 노력 비례로 공평하게 나눠주자고 한 게 공산당이 한 거야. (김철환)

> 무상몰수 무상분배를 했지. 했어도……그때는 자기 하던 것 그대로, 소작하고 있던 땅 그대로 가지고서 농사짓고. 지주에겐 하나도 안 주고 정부(인민위원회-필자)에 주는 거지……거저 준다니 좋긴 좋지만 지주에게 주는 것(지가상환을 말함-필자)보다 더 많이 뺏어가는 걸. 그놈들 계산에 의하면 알뜰히 수수톨까지 세고 좁쌀까지 센다니, 3·7제거든. 10가마 나면 3가마 내고 7가마 자기가 먹고. 그렇게 한다고 하고서 전부 조사했지만, 그 사람들 받지도 못하고 전부 쫓겨갔지. (김병찬)

오두리의 토지개혁은 남한정부가 실시한 농지개혁과 어떤 관계에 있으며, 어떤 방식으로 토지재분배를 했을까? 김철환 씨는 필자에게 농지개혁을 무시했다고 말했지만, 김병찬 씨는 농지개혁 당시의 분배농지를 그대로 농사짓고 다만 지가상환을 폐지한 것으로 기억한다. 필자가 판단하기에 원칙상으로는 농지개혁을 무효화했겠지만, 이미 농지개혁으로 기존 소작지를 분배받은 마을사람들의 경작농지를 전면 재분배한다는 것은 현실적으로 불가능했을 것이다.* 따라서 실제로는 당시의 농지분배 상황을 대체로 인정하고, 다만 부농인 마름의 땅 일부를 몰수하여 극빈농에게 분배했던 것으로 보인다. 김병찬 씨는 오두리에는 지주가 없어서 이때 몰수된 토지가 없었다고 말하지만, 김철환 씨에 의하면 이정만의 논 일부를 몰수했는데 그 가족들이 이미 좌익화했기 때문에 별다른 마찰이 없었다고 한다. 또 최승한 씨에 의하면 40마지기를 갖고 있던 부친 최현성은 유산계급이라 하여 10마지기를 제외하고는 다 몰수되었다고 한다. 이런 몰수토지가 누구에게 분배되었는지는 명확하지 않지만, 농지개혁에서 큰 혜택을 받지 못했던 머슴 등 극빈농에 집중된 것으로 보인다.**

결국 오두리의 토지개혁은 법령에 규정된 방식의 전면적인 토지재분배에 미치지 못했고, 농지개혁에서 해결되지 못한 토지소유의 불균등성을 어느 정도 해소하려 했던 것으로 볼 수 있다. 따라서 토지개혁은 빈농층의 지지를 획득하는 데 일정하게 성공했겠지만, 그렇다고 그 효과가 과장되어서는 안 될 것 같다. 즉 토지개혁은 농지개혁의 '김빼기 효과'로 인해 실질적인 수혜층이 협소했고 과도한 현물세 징수로 빛이 바랬으며,*** 그나마

---

* 박명림은 전쟁기 북한의 토지개혁 정령이 농지개혁을 인정하는 것이라고 하는데(박명림, 「1950년 여름 남한 : 점령과 혁명의 분석」, 『아세아연구』 40-2, 1997, 43쪽), 적어도 법령상으로는 농지개혁에서 분배농지를 토지분배 대상에 넣고 있다고 보는 장상환의 견해(장상환, 앞의 글, 112쪽)가 타당하다고 생각한다. 단 법령과 실제는 일치하지 않을 수 있으며, 장상환도 "실제로는 한국정부에 의한 분배 결과를 크게 변화시킨 것은 아니었을 것"으로 보고 있다.

** 김철환 씨는 오두리의 토지개혁은 "동네사람이라면 땅 없는 사람은 다 땅을 줘야 하지 않느냐"는 원칙에서 추진되었고, 몰수한 땅은 "없는 사람을 주고 그랬"다고 한다. 필자가 심포지엄에서 오두리와 함께 다루었던 다른 마을에서는 주로 머슴을 둔 사람의 땅을 몰수하여 그집 머슴에게 분배했다고 한다.

*** 김병찬 씨가 현물세를 25%가 아니라 30%로 기억하고 있는 것은 법령의 규정이 아니라 조와 수수까지

점령기간이 짧아서 실효를 거두지 못했다.* 그렇다고 토지개혁이 그저 위로부터 부과된 '지상紙上 혁명'⁴⁾만은 아니었을 것이다. 필자는 무엇보다도 토지개혁 과정에서 나타난 민중의 자율성에 주목한다. 이 점을 토지개혁의 마을단위 실행기관인 '농촌위원회'에서 확인해보자.

오두리 농촌위원회는 지명으로 구성된 인민위원회와 달리 마을사람들이 직접 7~8명의 위원을 선출하는 방식으로 구성되었다. 이때 최연소로 선출되었던 김철환 씨는 농촌위원의 선출기준과 활동원칙에 '공정성'이 있었다고 말한다.** 또한 실무과정은 농촌위원회가 담당했지만, 최종 결정은 호별로 한 명씩 참가하는 마을회의에서 내려졌다. 마을사람들 사이에 몰수·분배가 이루어지는 문제였기 때문에 누구나 예민할 수밖에 없었던 것이다.

그런데 한 가지 흥미로운 사건이 발생했다. 어느 날 김철환 씨는 농촌위원으로 활동하다가 면인민위원회로 소환되었는데, 그 이유는 "반동분자 편든다"는 것이었다. 사실인즉, 김철환 씨는 땅 없는 한 천주교도에게도 토지를 분배하자고 주장했는데, 그 소식을 들은 면인민위원회에서 '반동분자를 싸고도는 것'으로 이해했던 것이다. 김철환 씨는 자신을 소환한 면치안대장 — 둘은 동네 친구지간이다 — 에게 "반동분자라면 하늘로 올라갈

포함했던 현실을 반영한다고 생각한다. 또 그는 현물세를 '공출'이라고 표현하는데, 여기서 토지개혁에 대한 그의(확장한다면 적어도 중농층) 인식의 일단을 엿볼 수 있다.

* 유동적인 전황戰況도 토지개혁의 효과를 제약했던 한 요인으로 보인다. 오두리에도 "남의 땅 거저 뺏어준다는 걸 긴가민가"한 사람이 많았다는데, 이는 대면관계에서 생기는 감정이기도 하겠지만, 농민들이 토지개혁을 현실로 받아들이기에는 전황이 불안정했다. 김병찬 씨는 미군비행기가 떠다니는 것을 보고 인민군의 승리를 믿지 않았다고 하는데, 이런 정세인식은 강신항의 일기에도 여러 군데 나타나 있다. 강신항, 『어느 국어학도의 젊은 날』Ⅰ, 정일출판사, 1995.

** 필자는 이런 진술이 자기합리화를 위한 발언만은 아니라고 판단한다. 그의 인생역정을 보면 "그때 내가 매사를 공정하게 했기 때문에 80평생을 살았지, 그렇잖으면 어느 손에 죽었을지 모른다"라는 말이 결코 과장이 아니다. 또 최승한 씨는 김철환 씨가 사리분별이 분명해서 마을의 분란을 해결하는 역할을 많이 했기 때문에 동네에서 별명이 '재판관'이었다고 말한다.

래, 땅으로 들어가느냐? 한 동네에서 다 같이 사는 사람이면 다 같이 토지를 분배해야 하지 않느냐?"라고 따졌고, 결국 면인민위원회도 이 주장을 받아들였다고 한다.

이 사건 하나로 일반화하여 말할 수는 없겠지만, 여기서 보이는 국가의 최말단 행정기관인 면 단위와 농민의 일상적 삶의 공간인 마을 단위의 관계는 '국가-농민' 관계에 관한 중요한 시사를 준다. 국가(인민공화국)는 토지개혁의 중요성을 감안하여 마을 단위에까지 지도원을 파견했으며 오두리에도 수시로 지도원이 내려왔다. 그럼에도 토지개혁을 추진하는 국가의 입장과 그에 대한 농민의 대응방식은 어긋나고 있었던 것이다. 면 차원에서 원칙적인 혹은 좌편향적 입장에서 이 문제를 다루었다면,* 마을에서는 '다 같이 사는 사람이면 다 같이'라는 일종의 대동공동체적 지향을 보였다고 할 수 있다. 또 면인민위원회가 마을의 자율적 결정을 수용하고 있는 것에서 농민이 국가에 일방적으로 예속·통제되는 것만은 아니었음을 엿볼 수 있다. 김철환 씨 말에 의하면, 리농촌위원 간에 의견이 충돌하는 경우도 있었지만 대개는 상급기관의 간섭없이 자체적으로 해결했고, 이것은 특별한 경우라고 한다. 이런 특별한 경우에도 결과는 마을 단위의 입장이 관철되고 있는 것이다.

이상에서 보이듯이, 오두리는 '이천의 모스크바'라고 해도 자발적이거나 혁명적이지만은 않은 '인공시절'을 보내고 있었지만, 동시에 허여된 범위 내에서는 제한적이나마 자율성을 지켜가고 있었다. 그리고 그 자율성은 대체로 '함께 나눠 갖자', '함께 책임지자', '함께 의논하자' 등으로 '다 함께'를 지향하고 있었다. 그렇지만 그 '다 함께'는 그리 투명한 것만은 아

---

* 김철환 씨는 자신을 소환한 면치안대장에 대해 "친구지간인데도 거길(면인민위원회-필자) 가니까 딱딱거리더라"고 말하는데, 여기에는 사적인 인간관계가 공식적 차원에서 굴절되는 모습과 그런 굴절을 바라보는 농민의 시각이 함축되어 있다.

478 근대를 다시 읽는다

니었을 터이며, 실제로 그 안에는 '없는 사람들 돕는다니까 거기에 호응한' 사람도 있었고, '병신 노릇하면서 푹푹 썩는' 사람도 있었다. 또 '해꼬지는 안 당했지만 외톨로' 지내는 천주교 집안도 더러 있었다. 그렇다면 '다 함께'라는 지향은 이런 현실의 균열과 차이를 봉합하려는 일종의 '전도된 관념', 즉 민중의 '이데올로기'라고 할 수도 있겠다. 결국 오두리에서 보였던 대동공동체적 지향은 농민/민중의 자연적 혹은 본래적 성격이기보다 국가의 통제나 위기상황에 대처하는 자구책이자 의제적인 관념이라고도 볼 수 있다. 따라서 오두리는 전반적으로 좌경화되었기 때문에 별다른 내부 분란이나 대립 없이 '다 함께' 그 험한 시절을 버텨갈 수 있었지만, 그것은 일종의 '위기의 효과'이기도 한 것이다.

4. 대한민국의 질서회복과 국가 – 농민 관계

'수복'과 국가에 대한 공포의 충성서약

'이천의 모스크바'로 소문난 오두리의 '수복' 광경은 처참했다. 60여 호의 작은 마을을 완전 포위한 군경은 '모두 손들고 나오라'며 주민들을 집합시킨 뒤 성인남자 대부분이라 할 만한 86명을 포박하여 지서로 연행했다. "천주교 믿는 집 아니면 죄가 있건 없건 다 붙들려 갔다 해도 과언이 아니"었다. 이들은 죽음을 넘나드는 혹독한 조사를 마치고 석방되었지만, 이 중 10명 가량은 이천경찰서로 넘겨진 뒤 지금까지 소식이 없다.*

'부역'에 대한 대가는 여기서 그치지 않았다. 빨갱이 마을로 찍힌 오두

---

* 필자가 면담한 장호원읍의 한 노인에 의하면, 이때 이천경찰서에 구금되었다가 1·4후퇴 직전에 개인적 연줄로 간신히 빠져나왔는데, 나머지 사람들은 모두 6~7대의 트럭에 실려 갔고, 조금 후 총소리를 들었다고 한다.

리는 군경과 우익세력에 의해 모진 핍박을 받았다. 핵심적인 '부역자'와 월북자 가족의 집 대문에는 빗장이 쳐졌고, 이들에 대한 폭행이 일상적으로 행해졌다. 일부는 논을 빼앗겼고, 적잖은 사람들이 마을을 떠났다. 이런 탄압은 '부역자'에만 한정되는 것이 아니어서 한마디로 "동네가 쑥밭이 됐"다.

인민군과 국군의 반복되는 점령을 경험하면서 마을사람들은 '국가'의 실체를 뼈저리게 느끼게 되었다. 일반적으로 전쟁은 전시동원을 통해 그 구성원들을 국가에 긴박시키지만, 특히 경쟁하는 두 국가의 점령이 반복되면서 모든 사람이 분명한 '줄서기'와 충성을 강요받았다. '대한민국 국민'으로서 자각을 망각한 사람들, 즉 '부역자'들은 한마디로 "사람 취급을 못 받았"다. 또 한 가지 마을사람들이 국가를 체험하게 되는 계기는 제2국민병(국민방위군)이었다.

오두리를 비롯하여 필자가 현지조사한 마을에서는 어김없이 성인남자들이 국민병에 동원되어 이천에서 밀양까지 10~15일 정도를 걸어서 내려갔다가 이듬해 4월경에 대부분 귀향했다. 필자는 이런 조직적인 대규모 이동이 가능했던 이유를 알고자 '왜 도망가지 않고 그 고생을 했는지' 마을 노인들에게 물었다. 대답은 대체로 중공군이 쳐내려오니 내려가지 않으면 죽는다는 선전과 개인별로 소집영장이 나와서 마을에서 다 가는데 자신만 빠질 수 없었다는 것이다. 전자가 단순한 '피난'의 성격을 말해준다면, 후자는 국가와 민중의 관계를 시사한다.

마을사람들은 처음으로 국가로부터 개인별로 그리고 일괄적으로 호명을 받았다. 일제시기의 보국단·징용·징병만 해도 마을별로 책임이 할당되었고, 일정 연령대가 일괄적으로 소집된 경험은 미미했다. 그리고 기피와 도피가 적잖게 발생했다. 물론 국민병도 기피자가 있었을 터이고 '피난'가는 셈 친 경우도 많았을 것이다. 그러나 일제말기에 비해 결코 안정된 행정력을 가졌다고 보기 힘든 1950년 12월의 대한민국이 20~30대 성인남자를 일시에 대거 동원할 수 있었다는 점에 주목해야 한다. 부역자 처리과정에서 얻은 고문후유증으로 고생하다가 국민병 소집영장을 받은 김철환 씨의 처절한 경험은 이에 대한 시사점을 던져준다.

> 지금 내가 생각해보면 어리석은 것이 뭐냐면, 왜정 때 징용갈 때는 도망을 갔는데. 원체 뭐 빨갱이다 뭐다 탄압을 많이 받으니까 겁이 나고, 같은 동족인데도 방위소위니 뭐니 그놈 말이라면 죽으라면 죽고 살라면 살고……그때 내가 하대가 좋지 않아서 이틀 걸으니 발이 부르터서 걸음을 못 걷겠더라고. 그래서 엉금 기어서 가는데, 그 목적지를 혼자 뒤에 떨어져서도 거길 찾아가려고 애를 썼으니 말야. 그때 그냥 뒤로 빠져서 저기 경상도 어디 촌에 가서 묻혀서 일해주고 밥 얻어먹으면 괜찮은 것을 그래도 거길 쫓아갔다고. 거기에 탄압을 하 받았으니까, 아주 머리에 (박혀서—필자), 죽으나 사나 거기를 찾아갔지. (김철환)

하나의 상징적인 사례이겠지만, 여기서 우리는 인민군과 국군의 반복되는 점령에 의해 생겨난 국가에 대한 '공포의 충성서약' 장면을 본다.* 이제 국가는 멀리 있거나 혹은 단지 두려운 대상이 아니라 '아주 머리에' 박혀서 '죽으나 사나', 그것도 스스로 쫓아가야 할 그 무엇이었다. 전쟁의 회오리가 지나간 자리의 한편에는 분명 '공포의 국가'가 서있었다.

전후 폐허를 딛고 서는 힘의 실체

전후 오두리는 "6·25 겪고부터 서로들 이방인같이" "정이 없어지고 웃

---

* 김동춘은 4·3을 겪은 제주도에서 '자발적 충성'이 아닌 '공포에 기초한 충성'이 형성되었다고 보는데(김동춘, 앞의 책, 83쪽), 전쟁은 이를 전국화시킨 것이다.

음도 없어졌"으며 "이웃집과 서로 말도 안했던 암흑시대"였다. "그 동네 이사도 가지 마라, 그 동네랑은 혼인도 하지 마라"는 소문이 날 정도였고, 사찰계 형사가 상주하다시피 했다. 마을에는 '공포 분위기'가 깔려있었고 젊은 사람들은 전쟁 통에 행방불명되거나 군대에 나갔기 때문에 "노인네와 여자만 있고" "뭘 해본다든가 그런 게 없었"던 상태였다.[*]

그리고 폐허가 되다시피 한 오두리에는 '천주교의 독권'시대가 열렸다. '모스크바' 시절에는 마을에서 고립되어 있던 권재오와 조동수 등 천주교 두 집안이 이장직과 방앗간을 독점하고 마을사람들을 장악했다.[**] 〔619쪽의 〈표 15〉 참조〕 이것이 가능했던 것은 '빨갱이 동네'로 낙인찍힌 오두리에서 천주교도만이 유일하게 '관(官)의 신임'을 받는 존재였기 때문이다.

> 그네들은 관에서 인정을 받고 다른 사람들은 못 받으니까, 다른 사람들은 고개를 들 수가 없었어요. 그네들을 제일 무서워했어요……만에 하나 그 사람들이 이색지게 보고 '저놈 지금도 행동이 이상하다' 하면 말이지 고초를 받을 테니까. 다 근신하고……그 사람들하고 경찰하고는 사이가 가까우니까 동네사람들이 천주교 신자라면 겁을 냈지. 경계를 했지. (김철환)

> 세력이 컸지. 다른 사람은 여기 6·25 나고서 좌익으로 몰리고 힘을 못 쓰고. 그 천주교 두 집 있으니, 그 사람은 관에서 다 믿어주는 사람이었잖아. 다른 사람은 밤낮 안 믿어주고. 그러니 세력이 있고 동네 구장 보고……전쟁 끝나고

---

[*] 오두리에서는 한동안 전쟁 얘기, 특히 행불자에 대한 얘기를 하지 않는 것이 불문율처럼 되어 있었다. 그래서 지금도 전쟁 통에 누가 어떻게 사라졌는지를 정확하게 알지 못한다고 한다. 필자가 면담을 통해 추정해볼 때 오두리의 인명피해는 국군 전사 2명, 납북자 2명, 보도연맹 희생자 3명, 폭사 1명(정철회), 의용군 7~8명, 좌익 행불·월북자 7~8명, 수복 후 희생자 10여명 등 적게 잡아도 30명 이상일 것이다.

[**] 권재오(1922년생, 〈표 14-⑨〉의 아들)와 조동수(1920년생, 〈표 14-⑤〉)는 구술자들이 말했던 '천주교 두세 집'의 핵심인물이다. 특히 조동수는 전쟁 통에 친형인 조영수가 면지도원이라는 이유로 납북되었다.

몇 년 동안 꼼짝 못했지. 그 바람에 천주교 많이 들어갔지. 그때는 딱 2집이었
는데, 그 수하로 들어가면 편하거든. 그러니 그때 뭐한 사람은 죄 빨려들어 갔
지. (김병찬)

그리하여 전쟁 전에는 불과 3∼4호에 지나지 않던 천주교도가 전후
몇 년 사이에 20호를 넘어섰다.* 한때 오두리를 호령했던 이정만이 '빨갱
이 집안'으로 찍힌 후 살아남은 집안이나마 건사하기 위해 천주교에 재산
을 헌납한 것은 '천주교 독권'시대의 상징적 일면이다.

그렇지만 '천주교의 독권'은 지주–소작관계라는 물적 재생산기반을 갖
고 있던 '이정만의 독권'과 달리 순전히 '관의 신임'에 의해 뒷받침되는
것이었다. 따라서 독권이라고 하지만, 이는 내적 동력이 없는 불안정한 것
이었다. 그리고 그 독권은 곧 오두리의 새로운 세대인 '제대군인동지회'의
도전을 받았다.

전쟁 통에 군대생활을 했던 마을의 젊은이들이 제대 후 고향에 돌아와
서로간에 친목을 도모하고 마을에 활력을 넣고자 '제대군인동지회'(12명.
회장 김병찬)를 결성했다. 이들은 이전 세대와 달리 군대경험을 통해 세상을
보는 안목을 넓히고, 단체생활의 규율을 익히고, 진취적인 생활을 해봤다
는 자신감이 있었다. 이들은 서로 품앗이를 하고 마을의 '군기'도 잡으면
서 점차 입지를 강화했고, 얼마 후에는 조금씩 돈을 모아 '통통방아'를 들
여와 천주교 집안의 큰 정미소와 경쟁하기 시작했다.

부락에 정미소를 하는 사람이 독권을 가지고 그 세력으로다 방아 삯을 가령
닷되를 떠야 할 걸 한 말을 뜨고 그러니까, 군대 갔다 온 제대군인들이 '이래선

---

* 김철환 씨도 이때 천주교에 입도했으나 지금은 성당에 나가지 않는다고 한다. 그에게 천주교는 일종의
보신책이었을 것이다.

안 되겠다' 그래서, 그 사람들이 뭉쳐가지고 조그만 방아를 사가지고 동네방아를 찧었지……그러니 그 사람(천주교도-필자)이 꺾이는 거지. (제대군인 방아가) 싸기도 하고 이 사람들은 여러 명이서 하니까 하기가 쉽고. (김철환)

제대군인동지회는 조직된 다수의 힘이 있었고, 더구나 "그(천주교-필자) 사람들한테 혼나고 쥐어 살고" 해서 "앙금이 서로가 은근히 다 있었던" 마을사람들의 지지를 받았다. 이들은 관권을 동원하는 상대를 압도하기 시작했고, 결국에는 그에게 압력을 넣어 '동네 조합방아'를 만들었다. 그리고 1966년 오두리는 처음으로 이장선거를 실시해서 제대군인동지회 초대 회장인 김병찬 씨를 이장에 당선시켰다. 이로써 15년간 계속되던 '천주교 독권'시대는 막을 내렸다.

이런 오두리의 사례는 극적이지만, 예외적인 것은 아니다.* 그렇지만 마을의 독권을 무너뜨린 '민중의 역동성'이 '국가-(마을)-농민'의 관계 재편과 맞물리고 있음을 간과해서는 안 된다. 우리는 이 점을 다시 제대군인동지회에서 확인할 수 있다.

먼저 이들이 마을사람들에게 어떻게 비쳤을까를 보자. 김철환 씨와 정경한 씨는 모두 제대군인동지회가 단합해서 '마을을 바로잡자'고 나섰던 것을 높이 평가했다. 그러면서도 "군대 갔다 오고 상이용사도 있고 그러니까, 그 사람들을 맘대로 어떻게 할 수가 없잖아" 혹은 "예전에 시골서 농사짓던 순진하던 농촌청년이 아니었다"라고 회고한다. 마을사람들은 이들을 지지했지만, 자신들과 동일시되지 않는 이질적인 존재로 인식했던 것

---

* 1950년대에 농촌마을을 현지조사한 이만갑도 제대군인들이 촌락생활을 발전시키기 위해 여러 가지 시도를 하면서 사회단체나 공공기관에 출입이 많았던 현상을 주목할 부분으로 지적했다(이만갑, 『한국 농촌 사회의 구조와 변화』, 서울대학교출판부, 1973, 111~112쪽). 또한 필자는 '방아기 경쟁'으로 상징되는 마을질서의 재편과정을 여러 마을에서 확인했는데, 그 양상은 다양한 연대를 통한 경쟁과 마을 정미소로의 전환이었다.

이다. 즉 참전군인으로서의 특수한 경험과 더불어 '군대'를 처음 갔다 온 세대로서 '순진하던 농촌청년'과는 다른 근대적 규율을 갖고 있는 사람들로 인식되고 있었다.*

또한 제대군인동지회의 힘은 단지 젊은 층의 단합과 마을사람들의 지지에서 나오는 것이 아니었다. 이들은 참전군인이기 때문에 '빨갱이'라는 딱지를 뗄 수 있었을 뿐만 아니라** '군대'라는 강력한 국가기관에 연관되었기 때문에 나름대로 '관의 신임'을 받고 있었던 것이다.

> 6·25 때 군인들이 죽을 고비를 넘기고 그랬으니, 제대군인회다 그러면 알아줬단 말야, 관에서도……우리는 정당하게 나가는 거고, 저는 혼자 독권을 쓸려고 그러니까 안 되는 거고. 거기 대결할 거는 우리 제대동지회밖에 없걸랑. 다른 사람은 말도 못하지, 혼날까봐. 지서 순경이 나와도 우리는 겁을 안 냈걸랑. 그까짓 거 뭐, 나오거나 말거나. 허허. 그때 군인 갔다 오면 세력이 좀 컸잖아? 그래도 6·25전쟁도 하고. 지서에서도 맘대로 못 건드리고 그러는 거야. (김병찬)

좀 더 거시적으로 본다면, 전후 새로운 지도력으로 등장한 이 청년세대는 '1930년 전후생前後生'으로 일제말기에 초등교육이 본격적으로 확장·제도화될 때 '국민학교'를 졸업한 첫 세대이며, 대한민국 국군이 '국민군'으로 제도화될 때 일차로 입대했던 경험을 갖고 있다. 이들은 근대국가에

---

* 제대군인동지회보다 몇 년 후배이지만 역시 전쟁 직후에 군대를 갔다 온 최영호 씨는 제대 후에 고향에 와보니 "모든 게 굼뜨고 답답해서 적응을 못하고" 한동안 서울생활을 했다고 한다. 근대적 규율을 생산하는 국가장치로서 군대의 의미는 충분히 주목할 필요가 있다.
** 과거 민청 활동으로 부역자 취급을 받은 김병찬 씨는 수복 후 징집영장을 받고 "군인 갔다 와서 깨끗하게 살자"라고 마음을 다잡았다고 한다. 김철환 씨가 빨갱이 딱지를 떼기 위해 천주교에 입도했다면, 그는 군대를 그렇게 생각한 것이다.

의해 근대적 제도를 통해 형성된 1세대 국민인지도 모른다. 게다가 이미 전쟁을 경험하면서 국가에 대한 '공포의 충성서약'을 할 수밖에 없었던 민중 역시 전후 행정·교육·군대 등 여러 가지 국가제도가 강화되면서 명실공히 '국민'이 되었다.* 결국 전후 새로운 마을질서를 만들어가던 '민중의 역동성'은 근대적 교육·군대를 첫 세대로 경험한 사람들의 지도력과 그것을 받쳐주는 '국민형성'이 맞물리면서 만들어진 것이다.

오두리 제대동지회에서 상징적으로 보인 민중의 역동성과 근대국민국가의 제도화라는 두 가지 계기는 다양한 방식으로 맞물리거나 어긋날 수 있을 텐데, 박정희의 국가주의적 동원에 농민층이 '자발적'으로 동원되었던 새마을운동의 핵심 추진력이 바로 이 '30년 전후생'이었다는 사실은 많은 고민거리를 던져준다.**

5. 나오며 – 전쟁의 경험·기억·구술

필자가 이천 시내에 살고 있는 최승한 씨에게 면담을 요청했을 때, 그

---

* 강인철은 한국전쟁이 '국민'을 창출하는 가장 중요한 역사적 기간이었다고 보고, 그 사회적 기초로서 전쟁의 일상화와 일상의 전장화, 국민개병제도와 의무교육제도 등에 주목한다(강인철, 앞의 글, 204~212쪽). 필자는 서론에서도 밝혔듯이 한국전쟁을 '국민(국가)형성'의 문제와 연관짓는 최근의 논의를 수용하면서도, 이 문제를 일제 말기까지 시야를 확장하여 이해할 필요가 있음을 제기한다. 전시체제기에 강화된 황국신민화정책은 민족정체성의 말살만이 아니라 조선인을 '이등국민'이나마 황국신민=일본국민으로 만들어내려는 것이었다. 물론 그 국가가 '우리' 것이 아닌 한 그것은 불완전·불안정할 수밖에 없었다. 그러나 근대가 본질적으로 차별·배제와 통합의 양면성을 지닌다면 황국신민화정책에 내포된 국민국가 형성의 효과와 그 유산이라는 요소를 무시할 수만은 없을 것이다.
** 김병찬 씨의 이력은 이 점을 상징적으로 보여준다. 1929년생인 그는 오두리에서 처음으로 6년제 이천제일국민학교를 졸업했고, 해방공간에서는 정철회를 지지했지만 정부수립 후에는 대한청년단 오두리 훈련부장을 맡았으며, 인공시절에는 민청 부위원장을 맡았다. 동년배 중에서 '제대로 학교라도 다닌 사람이 나밖에 없어서' 그런 직책을 맡았다고 한다. 그는 제대군인동지회를 조직했고, 5·16 직후에는 재건국민운동에 앞장섰다. 그리고 천주교 독권시대를 종식시키고 '민선 이장'에 당선되었다. 그 이후에도 새마을지도자를 오래 지냈고, 지금은 오두리 노인회장을 맡고 있다.

는 오두리가 "우리 집안이 몰락한 곳"이어서 "기억하고 싶지 않"으며, 자신은 "고향이라는 데를 대단히 저주하고 있는 사람 중에 하나"여서 오두리에 가지도 않는다고 말했다. 오랜 설득 끝에 그의 집을 방문해보니 응접실에는 큼지막한 오두리 사진이 걸려 있었다. 최승한 씨는 고향을 저주하면서도 또 절절히 그리워하고 있었다. 그에게 한국전쟁은 "소년시절을 아름답게 지냈던 그런 시절을 기억조차 하고 싶지 않게" 만든 "시대의 비극"이었고, "조정래 씨의 『태백산맥』과 비슷한 한 구석쟁이 사건"으로, "한마디로 얘기하면 배우지 못한 순수한 농민들의, 불쌍한 사람들의 희생"이었다. 그는 면담 말미에 필자에게 "다른 건 당신이 생각하는 대로 써도 좋지만, 오두리를 빨갱이 마을로 평가하는 것에는 동의할 수 없다"라고 잘라 말했다.*

그렇다. 필자도 오두리가 '모스크바'라는 이미지에 걸맞지 않는다고 생각하며 '빨갱이 마을', 뒤집어 말하면 '혁명적 마을'이라고 평가하지도 않는다. 일견 오두리는 우리에게 익숙한 '변혁론'적 도식 ─ 빈촌이라는 계급적 조건, 이정만이라는 간악한 지배권력, 정철희라는 탁월한 지도력 그리고 그것의 변증법적 상호작용의 결과로 '모스크바'가 되다! ─ 에 걸맞는 사례로 생각할 수도 있다. 그렇지만 여기서 필자가 파악한 '민중의 역동성'은 혁명성이라기보다 권력과 지배로부터 제한적으로 독립된 혹은 허여된 범위 내에서의 자율성과 대동적 지향에 가까운 것으로 보였다. 그것도 순수한 '민중의 공간'이 아니라 권력과 지배에 구조적으로 제약되어 있고,

---

* 필자는 오두리에서 좌익 측에 피해를 입은 측의 이야기를 듣기 위해 최승한 씨를 만나려고 했다. 그의 부친은 인민군에게 납치되었고 삼촌은 행방불명되었으며, 조부는 두 아들을 모두 잃은 것에 상심하여 1951년에 홧병으로 사망했다. 최승한 씨 본인은 오두리 최초의 중학생이었고 30년 이상 공무원생활을 했다. 그러므로 필자는 그로부터 '우익'측 입장에서 본 오두리의 전쟁경험을 들을 수 있으리라는 기대를 갖고 있었다. 그러나 필자의 예상과 달리 그는 정철희에 대한 존경심이 강했으며, 오두리의 좌익활동가가 아니라 '독청'과 이승만에 대한 반감이 강했다. 그는 부친이 인민군에게 납치된 것에도 절대로 오두리 출신의 좌익활동가(특히 면치안대장)가 개입되어 있지 않을 것이라고 확신하고 있었다.

때로는 그것을 뚫고 나오기도 하지만 동시에 거기에 포섭되기도 하며, 심지어는 그것에 자발적으로 호응하는 그런 모호한 것으로 보인다. 결국 '모스크바'는 예나 지금이나 좌우 양쪽에 의해 과대평가 되어온 것이다.

그렇지만 필자는 거꾸로 최승한 씨가 말하는 오두리의 전쟁경험을 유일한 '진실'이라고 말하는 것에 동의할 수 없다. 그것은 두 가지 의미에서이다. 하나는 최승한 씨 개인을 포함해서 그들의 기억과 이야기가 이미 레드 콤플렉스에 짓눌려있기 때문이며, 다른 하나는 오두리의 전쟁경험은 '하나'가 아니기 때문이다. 오두리 사람들은 한결같이 '빨갱이 동네'로 낙인찍힌 억울함을 호소하고 자신들은 '뭘 모르면서도 훌륭한 정철회가 옳다니까 따라간 것 뿐'이라고 말한다. 하지만 이것은 분명 '모스크바'라는 과장된 규정에 대한 항변인 동시에 지난 50년간 짓눌려온 반공이데올로기와 전쟁피해의식으로 인한 '생존을 위한 구술전략'이다.*

필자는 오두리 사람들이 말을 맞추기라도 한 것처럼 거의 동일한 그들의 '구술전략' 속에서도 미세하고 파편적이지만 분명히 다른 목소리를 들을 수 있었다. 이런 다른 목소리는 마을사람들 사이의 과거와 현재의 차이를 드러내주는 것이며, 우리는 김철환 씨와 김병찬 씨의 예를 통해 그 일단을 확인할 수 있었다. 하지만 구술전략과 어긋나는 '다른 목소리'에는

---

* '구술의 주관성' 문제에 대한 필자의 견해는 다음과 같이 정리해볼 수 있다. 구술은 '과거경험에 관한 현재의 기억'이 면담을 매개로 발화되는 것이다. 하나의 역사적 사건 혹은 사실은 인간에게 경험된 뒤에 기억을 통해 시간의 흐름을 타고 현재에 이르는데, 그 기억은 시간의 무게, 개인에 대한 사회의 규정력, 개인적 삶의 궤적, 현재 구술자의 사회적 위치 등에 따라 굴절 – 망각, 침묵, 착각, 과장 혹은 축소, 왜곡 등 – 되게 마련이다. 더구나 구술은 혼자만의 독백이 아니라 조사자와의 대화(즉 상호관계) 속에서 발화된다. 따라서 우리는 '사실 → 경험 → 기억 → 구술'이라는 일련의 복잡한 연쇄과정에 대한 깊은 이해 속에서 구술을 비판적으로 독해할 때, '주관적'일 수밖에 없는 구술에 담긴 과거의 리얼리티에 접근할 수 있다. 하지만 역사가 단지 과거에 대한 탐구가 아니라 과거와 현재의 대화라고 한다면, 기억에 담긴 과거의 리얼리티와 더불어 '과거의 현재태現在態'인 기억 자체의 역사적 맥락을 이해하는 것 역시 큰 의미를 갖는다. 따라서 구술의 주관성과 현재성은 '문제점'이 아니라 오히려 역사를 더 풍부하게 이해할 수 있는 지점이다.

단지 '차이'만이 아니라 반공이데올로기를 뚫고 나오는 민중 자신의 목소리가 담겨있기도 하다. 이제 마지막으로 김철환 씨의 생생한 구술을 통해, 반공이데올로기에 억눌리고 '구술전략'의 이면에 감추어진 민중의 기억과 목소리를 드러내보자.*

> 빨갱이라고 해서 빨갱이 노릇을 뭘 알고 빨갱이 노릇을 한 것도 아니고, 그 부락에 즉 말하자면 정철희 같은 훌륭한 분이 있으니까, '과연 이 사회주의가 좋다, 그 정치가 좋다' 이러니까, 거기에 이끌려서 같이 호응한 그 뿐이지……빨갱이고 뭐고 뭘 알지도 못하고, 선량한 농촌에서 배우도 못한 사람들이 가령 나보다 나은 사람이 '이게 가장 옳다. 이게 주장이 옳다' 그러니 거기에 동조한 거뿐이지. 무신 사상을, 빨갱이고 뭐고 가질 뭣이 못 되는 사람들이다, 난 이렇게 보는 거여. 그러니 그게 억울하다는 거지……원래 좌익운동 한다는 사람들은 내가 봐도 똑똑하더라고, 다 말도 잘하고 아는 것도 많고. 뭐 이론적으로나 뭐로나 당할 수가 없어, 그 사람들을. 그렇게 훌륭하게 똑똑하니까, 그 사람들이 주장하는 게 옳은가 보다 이렇게 인정을 하는 거지.

여기서 농민은 '배우지 못한 사람'으로, 좌익은 '똑똑한 사람'으로, 농민은 좌익에 '호응·동조·인정'하여 '이끌린' 것으로 설명된다. 이런 진술

---

* 김철환 씨는 마을에서는 '살아남은 자' 중에서 제일 고생했다고 평가되며, 구술자들 중에서 피해의식을 제일 많이 갖고 있었다. 그는 필자를 처음 만났을 때 '난 80 평생에 내 속내를 남에게 얘기해본 적이 없는 사람'이라고 말했으며, 좌익과 관련된 부분을 캐물으면 '왜 나를 빨갱이 취급하나?'라는 식의 반응을 보일 때가 많았다. 따라서 김철환 씨와의 면담에는 늘 긴장감이 있었으며, 특히 세 번째 면담은 거의 싸늘하게 끝났다. 필자는 난관을 타개하기 위해 네 번째 면담에서는 "역사학도로서, 독청은 애국단체로 되어 있고 오히려 많은 사람들이 억울하게 빨갱이로 몰리고, 가난하니까 좀 살아보겠다고 한 것을 빨갱이라고 해서 역사에서는 얘기하지 말라고 하는 현실이 답답하다"라고 말했다. 바로 이 대목에서 김철환 씨는 필자에게 공감을 나타내면서 이전까지의 긴장이나 경계심을 다소 누그러뜨리고, 거칠지만 솔직한 자신의 '속내'를 조금이나마 털어놓았다. 이하의 인용문은 이런 맥락에서 10여 분 동안 김철환 씨가 쏟아낸 이야기 중에서 중요한 부분을 발췌한 것이다.

은 오두리의 '구술전략'과 대체로 일치하며, 다만 김철환 씨 이야기에서는 좌익에 '훌륭함'이 보태어지고 '옳은 길'이 '사회주의'로 분명하게 표현되는 특징이 보인다. 그렇지만 정말 농민(민중)은 그저 수동적으로 이끌린 것일까? '독청 난리'로 여주검찰청에 구금되었다가 풀려나던 광경을 회고하는 김철환 씨의 이야기를 통해 이 점을 살펴보자.

> 내가 여주검찰청에 가서 그때 오검사라는 사람이 나를 취조하면서 날보고 그래. '하여간 고생 많이 했다. 그러니 집에 가서 농사, 부모님들 잘 저거 하고 농사 잘 지으라'고. 그런데 그때 그 훈계가 눈물이 펑펑펑 쏟아지더라고. 내가 뭘 알고 거기 붙들려 가서 그런 고역을 내가 겪었어야지. 그러니 그게 정말 내가 못생겨서 여기 붙들려 와가지고 이런 **모욕**을 당하고 이런 고통을 겪는 것이, 참 이게 한심한 노릇이다, 이렇게 생각을 한 거여. 그래 뭘 알고 했어야지. 아무것도 모르고서, 내가 아니 할 말로 무신 공부를 했어, 뭘 아무 것도 아니고. 내 **주견으로** '저 사람 말이 옳고, 이게 옳은가 보다. 이러이러하게 사는 게 좋다'. 이거 하나 내가 즉 말하자면 믿었다는 거지. 무신 행동을 뭐한 거여? 그런 사람들이 전부 주위에서 '저 놈은 뭐했어, 저 놈은 뭐했어.' 뭘 알아야 하지. 하긴 뭘 해. 그래가지고 혹독한 저걸 받고 가서 죽고, 그런 거여. (강조는 필자)

이 긴 진술도 전체적 맥락은 앞의 인용문과 대동소이하다. 하지만 김철환 씨는 독청에 대항했다가 연행되어 검찰청에서 시달린 것을 고통뿐만 아니라 '모욕'으로 기억하고 있다. 더 중요한 부분은 비록 '공부'를 못해 '아무것도 모르고서' 한 행동이었다고 말하면서도, 분명히 맹목적 추수가 아니라 '내 주견으로' 어떤 것이 올바른가를 판단했다고 밝히는 대목이다. 못 배운 농민이 지식으로서의 사상을 갖지 못하는 것은 어찌 보면 당연한 것일 테고, 중요한 점은 스스로 '옳음'을 판단하고 또 그것을 믿었다는 것이다. 이 점은 아래 인용문에서 그 의미가 더욱 분명해진다.

> 빨갱이가 나쁠 게 뭐가 있어? 다 제각기 잘 살기 위해서 다 저거 하는데. 무신
> 어떤 놈을 뺏어먹는 것도 아니고, '이런 정치가 좋다' 해서 그걸 따를 뿐이었지,
> 누굴 원망하고 그런 것도 아니란 말이야. 그런데 그걸 따랐다고 해서, 무슨 행
> 동으로 저거 하는 것도 아니고, 위에서 '이게 옳다' 하니 '아 그게 옳데여' 이렇
> 게 주장만 한 거뿐이지, 행동도 제대로 못한 거여, 그때.

여기서도 '주장만 했지 행동은 안 했다'는 소극적인 태도가 보인다. 그
러나 그는 '빨갱이'가 남을 뺏어먹는 것도 아니고 그저 다들 잘 살아보려
고 했던 것으로 판단하고 있다. 그래서 지금도 "빨갱이가 나쁠 게 뭐가 있
어?"라는 다소 돌출적이지만 의미있는 말을 한다. 그렇다고 그가 열렬한
좌익 추종자였을까? 필자는 이에 대해 판단을 내릴 수 없지만, 적어도 다
음의 진술에서 그가 좌익활동가와 자신을 결코 동일시하고 있지 않음을
발견한다.

> 그때도 **훌륭한 똑똑한 놈들**은 탄압 안 받았어요. 대개 **못생긴 사람**만 탄압받았
> 지. 죽은 사람도 대개 못생긴 사람만 죽었고. 똑똑한 놈들은 이리저리 **빠졌어**.
> 빨갱이 노릇을 제대로 한 놈들은. 그러니 그것이 정말 **억울한 거지**. 그리고 그
> 당시에 이제, 저거해 가지고, 빨갱이 노릇했다 해서 붙들어다 어디다 죽였는지
> 도 모르고, 그 가족도 시체도 못 찾는 사람들이 어디 하나 둘이야? 그 사람들이
> 내가 볼 때는 내 밑에 사람들인데, 연령적으로. 그 사람들 뭐 억세게 한 일도
> 없어. 근데 빨갱이다 해가지곤 잡아다가 가뒀다가 나중에 후퇴할 무렵 되니까
> 다 싣고 가서 죽여버린 거지. (강조는 필자)

필자와의 면담에서 김철환 씨가 좌익활동가들에게 '놈'이라는 말을 붙인 것은 이때 딱 한번이었다. 그는 이 대목에서도 좌익을 '훌륭한 똑똑한' 사람으로 여기고 자신과 같이 평범한 '못생긴 사람'과 구별한다. 그렇지만 오히려 '못생긴 사람'이 목숨을 잃었고 '똑똑한 놈들'은 빠져나갔던 것에서 그들과 자신의 운명적 차이를 느끼고 있고, 그래서 '억울'한 것이다. 또한 2장에서 보았듯이 김철환 씨는 '없는 사람'은 '있는 사람'의 '노예'라고 여기고 있었는데, 정철희에 대한 지극한 존경에도 그를 '있는 사람'으로 보았다. 그래서 정철희가 이정만을 견제하면서도 '그 사람들'이 '서로 인정하고 넘어가고' 하던 것을 '보편적 실례'로 체념했던 것이다. 그렇다면 김철환 씨는 좌익활동가들을 '똑똑한 사람'이라는 점에서뿐만 아니라 자신과는 애초에 처지와 운명이 다른 사람들이라는 점에서 서로를 구별하고 있었는지도 모른다. 결국 정철희는 오두리 사람들에게 따라가야 할 방향타이면서도 동시에 결코 동일시될 수 없는 존재였던 것이다.

이상에서와 같이 오두리 사람들의 '주관적'인 기억에는 복잡다단한 과거의 리얼리티가 내재되어 있을 뿐만 아니라 반공이데올로기의 각인이 찍혀있기도 하고, 때로는 과거의 소망과 현재의 좌절감이 녹아있기도 하다. 그것도 대개는 민중 자신의 언어가 아니라 국가권력이나 '지도세력'이 요구했던 코드로 표현되기도 한다. 하지만 거기에는 굴절되고 위축되었을지라도 결코 빼앗기지 않는 민중의 목소리가 있기도 하다.

역사가 '기억을 둘러싼 투쟁'이라면 우리는 권력에 의해 또 거대담론에 의해 억눌리고 굴절된 민중의 기억을 드러내는 작업을 소홀히 할 수 없다. 어쩌면 '주관적'일 수밖에 없는 기억을 '객관적'으로만 다루려는 우리의 관성이 그들과 우리의 대화를 가로막고 있는 것은 아닐까? 지금도 오두리에는 정철희에 대한 신화적인 이야기와 존경심이 가득하다. 그것의 사실 여부를 따지는 것보다 정작 중요한 것은, 정철희로 상징되는 '새로운 삶'에 대한 열망, 자신의 언어로써가 아니라 정철희의 '위대함'으로 자기 열망의 정당성을 표현할 수밖에 없었던 그들의 과거와 현재, 정철희로 모든 것을 미룰 수밖에 없었던 그들의 생존을 위한 몸부림, 그리고 정철희를 기억함으로써 국가권력이 강요하는 망각에 맞서온 그들의 역정을 이해하는 것이 아닐까?

::김성례

서울대학교 의류학과를 졸업하고, 서울대학교 대학원과 미국 워싱턴대학교(세인트 루이스) 대학원에서 인류학 석사를 마치고, 미시간 대학교(앤 아버) 대학원에서 "Chronicle of Violence, Ritual of Mourning: Cheju Shamanism in Korea"로 인류학 박사학위를 받았다. 강원대학교 인류학과 조교수를 거쳐, 현재 서강대학교 종교학과 교수로 재직 중이다.

주로 무교(巫敎)신앙과 의례행위의 심미적·정치적 의미가 한국사회의 근대적 역사경험과 대중문화의 맥락에서 어떻게 구성되고 실천되는지에 관심을 갖고 있다. 우선 제주도의 4·3사건의 폭력적 경험과 고통스런 기억이 굿이나 추모의례 등을 통해 다양하게 재현되는 양식에 대해 연구하기 시작했다. 무속과 샤머니즘 현상의 역사적·사회적 실천에 대한 관심은 시베리아 소수 유목민의 민족자치를 위한 샤머니즘 부흥운동과 무녀의 쇠말뚝에 의한 충무공 묘지훼손 사건과 구총독부 건물이었던 중앙청 폭파사건에서 동일하게 발견되는 일제 식민주의 기억의 성 도착성 등에 대한 관심으로 이어졌다. 반공국가의 성립 과정에서 자행되는 국가폭력의 성 정치성과 여성인권에 대한 연구에도 관심이 많다. 현재 진행 중인 연구는 젠더의 관점을 중시하여 종교의례와 공적영역에서 행해지는 의례의 서사성과 정치성을 젠더수행론의 입장에서 규명하는 작업이다.

주요 저서로는 『그리스도교와 무교』(공저, 1998), 『한국종교문화 연구 100년』(공저, 1999)이 있다. 주요 논문으로는 「무속전통의 담론분석」, 「제주무속: 폭력의 역사적 담론」, 「한국 무속에 나타난 여성 체험: 구술 생애사의 서사분석」, 「식민주의 기억의 에로틱 정치학」, 「국가폭력과 여성체험: 제주 4·3을 중심으로」(2002), "Mourning Korean Modernity in the Memory of the Cheju April Third Incident"(2000), "Shamanic Epics and Narrative Construction of Identity on Cheju Island"(2003) 등이 있다.

근대성과 폭력
— 제주 4·3의 담론정치

김성례

> 굿을 할 때 심방이 우는 것 같아도 영혼이 우는 거다. 자기가 어떻게 죽었는
> 지 말하는 거다. 꿈을 꾸듯이 언뜻 생각이 난다. 실제 모습으로 나타나기보다
> 는 느낌이 든다. 막 말을 하고 싶어. 하고 싶은 말이 있어. 만약 칼 맞아 죽었
> 으면 막 가슴이 답답하고, 막 내뱉고 싶은 말이 있어. 어떻게 해서 이 사람이
> 죽었습니까 물어보면, 굿하는 집 본주가 "그 사람 막 칼 맞아 죽었수다." 그렇
> 게 말한다.
>
> — 1993년 11월 제주 심방, 미조와의 면담

1. 머리말

1948년 제주도에서 발발한 4·3사건의 역사적 진실은 아직 밝혀지지
않고 있다. 심방(제주도 무당을 가리키는 말) 미조의 말처럼 50년이 지난 지금
도 제주 사람의 가슴은 "답답하고" "하고 싶은 말"이 있다.* 필자가 1984
년 인류학 현지조사를 할 당시만 해도 4·3사건에 대한 그 어떤 이야기도
침묵을 강요당하는 억압적 상황이었다. 그때 무고한 죽음을 영혼의 울음
으로 재현하는 제주의 굿은 4·3의 참상을 공공연하게 말할 수 있고 들을
수 있는 유일한 공간이었다.[1]

---

* 이 글은 4·3특별법이 제정되기 전인 1998년에 쓴 것이다. 지금 2006년의 시점으로 이 논문을 읽을 때는,
  그때가 아직 증언이 제대로 이루어지기 전이었음을 고려해야 한다.

1987년 민주화운동에 고무받아 시작된 4·3사건 피해에 대한 증언과 진상규명 활동은 1992년 제주도의회에서 4·3 특별위원회를 구성해 4·3 피해조사를 시작하면서 새로운 국면을 맞이하게 되었다. 특히 4·3 민간인 희생자 유족회에서 주관하고 제주도 지방정부와 도의회의 재정적 지원을 받는 4·3 희생자 위령제는 4·3사건의 역사적 진실을 규명하는 데 매우 복합적인 문제를 결과하였다.

　　4·3의 폭력적 진압 당사자인 국가를 대표하는 지방정부와 도의회에서 위령제를 주도하는 이런 변화가 칼 맞아 죽은 영혼의 울음을 멈추게 하고 그 참혹한 사건의 생존자들의 "답답한" 마음을 풀어줄 수 있는 해원解怨과 치유의 힘을 가질 수 있을까? 그리하여 4·3의 역사적 진실이 결국 규명될 수 있을까? 과연 4·3의 역사적 진실은 누구의 진실인가? 이와 같은 문제들은 4·3을 애도하는 주체가 누구여야 하는가라는 새로운 논쟁점을 제기한다. 역사의 진실은 그 사건의 직접적인 경험자뿐 아니라 객관적 논평자에 이르기까지 역사적 사건에 대한 재현의 진실성에 의해서 결정된다. 재현의 진실성은 누가 무슨 의도로 어떻게 진실성을 논증하느냐 하는 재현의 주체와 재현의 담론적 구조에 따라 다층적으로 해석될 수 있다.

　　지금까지 밝혀진 역사적 사실들을 요약해보면 제주도 4·3사건은 조국 통일과 완전독립을 위하여 단정선거를 거부하고 미군정에 저항하는 제주 민중의 무장투쟁으로 시작하였으나 1948년 남한에 정부가 수립되면서 군대와 경찰력의 반공주의에 입각한 초토화 작전으로 양민이 대량으로 학살당한 사건을 이른다.[2] 이 글에서는 4·3의 참상이 근대적 국가의 탄생 과정에서 자행된 국가폭력의 산물이었으며, 지난 50년간 그 폭력의 진실은 반공이데올로기에 의해 정당화되어 왔다고 전제한다. 즉 4·3의 역사적 진실은 국가폭력의 진실성을 해명하는 데 달려있다고 보는 것이다. 이런 전제하에 4·3의 진상규명을 둘러싸고 첨예하게 대립하고 때로는 협상하는 역사적 재현의 담론정치를 국가폭력의 정당성에 대한 담론의 역학적 구조와 관련하여 살펴보고자 한다.

폭력의 문제에 대한 접근 방식은 대체적으로 세 가지로 나누어진다. 먼저 폭력을 일종의 연행행위(performative act)로 보는 경우 폭력의 목적과 방어수단, 보복 등 폭력의 표현적 기능을 강조하는 입장이 있다. 그 다음으로 폭력을 폭력행위의 정당성 여부와 관련하여 특정 이데올로기의 도구적 기능으로 보는 관점이 있고, 마지막으로 폭력이 재현되는 담론의 구조를 논구하는 접근이 있다.* 여기서는 두 번째 접근과 세 번째 접근 방식을 결합하여 폭력의 문제를 논의하려 한다. 4·3의 폭력을 재현하는 담론은 폭력의 정당성을 해석하는 주체 즉, 폭력의 행위자(agent)의 입장과 희생자(victim)의 입장에 따라 다르게 구성된다. 4·3의 역사적 성격에 대한 논의 가운데 이미 공식화된 공산폭동론과 민중항쟁론은 폭력의 행위자의 입장을 대표하는 담론으로 볼 수 있다. 두 관점은 4·3을 보는 시각에서 서로 대립적인 위치에 있음에도 불구하고 폭력을 정당화하는 공식적 담론의 구조를 가진다는 점에서 동일한 역할을 수행한다. 지금까지 4·3에 대한 담론 정치는 폭력적 행위자의 담론에 의해 지배되어왔다. 이 글에서는 그 동안의 지배적 담론과 달리 희생자의 입장에서 폭력의 부당성을 고발하며 희생의 고통 그 자체를 증언함으로써, 폭력에 저항하는 담론으로서 무속적 증언이나 진술의 중요성을 강조하고자 한다.

폭력의 재현을 둘러싼 논의를 할 때, 르네 지라르(Rene Girard)의 '근원적 폭력(generative violence)'개념은 매우 유용하다.[3] 지라르는 '근원적 폭

---

* David Riches, "Introduction", *The Anthropology of Violence*, Oxford: Blackwell, 1986. 인도 타밀지역에서 발생한 민족분쟁의 피해자들과 생존자들의 피해경험에 대한 진술에 있어서 누가 그 경험을 얘기하느냐에 따라 폭력의 진실이 다르게 나타나는 담론의 정치학에 대한 인도 인류학자 비나 다스(Veena Das)의 연구 참조. Veena Das, "Violence, Victimhood, and the Language of Silence", *The Word and the World*, ed. by Veena Das, Dehli: Sage, 1986.

력' 개념을 통해 희생물/자에 대한 폭력이 모든 문화와 사회질서의 기원이 되는 논리를 설명하고자 했다. 그는 폭력이 인간 사회의 가장 본질적이며 근본적인 기초이자, 문화질서의 창립자라고 보았다. 즉 어떤 사회이든 폭력의 근본성에 대한 종교적 믿음이 존재하고, 그에 따라 사회질서의 구축에 폭력 행위가 필연적으로 개입한다는 것이다. 지라르는 그것을 '희생양 메커니즘(scape-goating mechanism)'에 의해 구축되는 '희생적인 질서(the sacrificial order)'라고 정의하였다.[4]

희생양 메커니즘은 희생물에 대해 만장일치의 폭력을 가함으로써 폭력의 악순환을 종결짓는 메커니즘을 의미하며, 이는 궁극적으로 희생물에 '신성성'의 아우라를 입혀 폭력의 진실을 은폐하고 그 행위를 정당화함으로써 사회의 본질적인 규칙들을 수호하는 메커니즘이다. 희생양 메커니즘에서는 파괴와 창조의 작용이 동시적으로 일어나는데, 이때 파괴의 작용은 성스러움의 아우라를 입고 창조의 작용으로 인식된다. 이에 따라 희생적 질서에 대한 믿음을 가진 사회구성원에게 폭력은 공포를 넘어서서 성취하는 평화와 비폭력의 상태를 마치 무상의 선물인 것처럼 보이게 한다.[5] 한편 근원적 폭력의 희생양 메커니즘이라는 도식에서 희생양과 희생물의 주요 기능은 폭력을 견디어냄으로써 희생 그 자체가 정상적인 조건이 되지 못하도록 저항하는 것이다.

지라르의 논의를 4·3의 경우에 적용시켜보면 4·3의 폭력성은 4·3을 진압하고 평정하는 과정에서 탄생한 남한의 근대적 국가의 '근원적 폭력'과 그 정당성을 구축하는 '희생적 질서'에서 기인한다고 볼 수 있다. 이런 희생적 질서 안에서 반공주의와 국가안보 이데올로기는 그 신성한 아우라 때문에 일상에서 논외의 것이 되어온 것이 사실이다. 그러나 제주 심방 미조의 증언에서처럼 4·3 희생자의 무고한 죽음을 '칼 맞아 죽은 몸'의 형상으로 고발하고 생존자의 고통을 증언하는 제주 무속의 이야기는 바로 이런 희생적 질서에 편입되기를 거부하는 반폭력적 저항담론이며 종국에는 반공정치의 폭력적 구조를 와해시키고 산 자와 죽은 자를 모두 해원하고 치유하는 구원의 담론이라 할 수 있다.

2. 근대성의 기념비적 역사

냉전체제가 와해된 이후에도 민족분단의 현실로 인해 한국의 근대적 민족국가의 정립이라는 과업은 미완의 프로젝트라 할 수 있다. 38선을 경계로 남북한에 각각 단독정부가 수립된 것은 4·3사건이 진압되는 도중인 1948년의 일이었다.* 그 이래로 지난 50년간 '미완의' 근대성 과업은 민족 재통합을 이루는 데 집중되었다.

1945년부터 1953년까지 현대사의 첫 8년간을 차지하는 역사적 변환기에서 민족통일 문제는 가장 첨예한 논쟁거리였다. 그 시기에 발발한 4·3도 민족통일을 위한 민중항쟁으로 시작하였다.[6] 그러나 한국전쟁과 함께 분단이 고착된 이후의 역사는 민족통일의 근대적 과업을 완수하기 위한 지속적인 '위기사태(the state of emergency)'였다 해도 과언이 아니다. 이런 지속적인 위기사태는 남북한 모두 불안정한 체제의 수호를 위해 국가폭력의 사용을 정당화하는 계기가 됐다.[7]

북한과 대치하고 있는 상황에서 남한의 근대사는 '반공주의 역사'로 규정할 수 있다. 공식적으로 '공산폭동'으로 알려져 있는 제주 4·3사건은 위의 위기사태가 분단국가체제 성립을 통해 순화되기 직전에 발생했기 때문에 적어도 남한에서는 근대성의 가속적 행진을 저해한 '원죄의 사건'으

---

* 남한의 정권 수립은 8월 15일, 북한은 9월 9일이었다.

로 낙인찍힌 채로 남아있다. 미국 정치학자 브루스 커밍스(Bruce Cumings) 가 4·3사건을 '전후 한국 정치의 현미경'이라고 묘사한 것도 이런 역사적 배경에 근거한 것이다.[8] 지라르의 말을 빌리면 제주 4·3사건은 북한체제에 대적하는 반공정치의 '희생적 질서'를 정립하는 데 있어서 자의적으로 선택된 희생양이었으며, 제주사람의 무고한 죽음은 반공국가의 신화를 만들어내는 제의적祭儀的 희생이었다 할 수 있다.

대량학살로서의 제주 4·3의 역사적 의미는 20세기 들어 빈번해진 세계적 규모의 전쟁과 국지적 분쟁에서 나타나는 대량학살의 양상과 관련하여 보면 더욱 확실해진다. 유태인 대량학살에 연루된 나치즘의 정치적 폭력은 근대사의 일탈사태가 아니라 중심 사건으로서 이후에 나타나는 인종말살이나 주민에 대한 국가폭력의 표본이 되었다.* 또한 국가폭력에 의한 집단살상은 2차 세계대전 이후 등장하는 민족국가들의 형성과 체제유지를 합리화하는 과정에서 빈번하게 나타난다. 아르헨티나, 페루, 베네수엘라 등 남미의 국가들, 그리고 아일랜드에서 일어난 대량학살 사건의 경우를 보면 국가에 의한 정치폭력은 근대적 국가체제의 형성과 존립에 '본질적인 요소(constitutive element)'로 나타난다.**

---

* Zygmunt Bauman, *Modernity and the Holocaust*, Ithaca: Cornell University Press, 1989. 독일의 사회학자 바우만은 유태인 학살을 근대적 현상으로 보고 있다. 즉, 국가가 폭력의 수단을 독점하고 면밀한 계획하에 국민을 통치하는 기술은 구질서의 전통적인 사회통제와는 다른 근대적인 정치기술이라고 할 수 있다. 다른 한편, 나치 시대에 과학 기술, 예술, 학문, 사회복지 등 다양한 분야에 걸쳐서 모더니즘 실험이 어떻게 전개되었는지 상술하면서 프리체는 유태인 대량학살을 나치 독일이라는 파시즘 근대국가의 정치적 기술체계의 산물로 설명하고 있다. Peter Fritzsche, "Nazi Modern", *Modernism/Modernity, vol. 3*, no.1, 1996, January. 이런 논의와 관련해서 보았을 때, 제주 4·3은 한국에 두 개의 근대적 형태의 국가가 성립되는 과정에서 근대성의 해방적 기능과 강압적 기능의 변증법적 실험이 전개되는 와중에 발발한 사건이며, 4·3에 연루된 국가폭력은 한국의 근대적 문명화의 일부분으로서 자행된 것이라 말할 수 있다.

** 국가 폭력에 의한 대량살상의 사례에 대한 인류학적 연구 가운데 비교적 최근의 연구는 다음과 같다. Allen Feldman, *Formations of Violence: The Narrative of the Body and Political Terror in Northern Ireland*, Chicago: University of Chicago Press, 1991; Deborah Poole ed., *Unruly Order: Violence, Power, and Cultural Identity in the High Provinces of Southern Peru*, Boulder: Westview Press, 1994; Fernando Coronil, "Dismembering and Remenbering the Nation: The Semantics of Political Violence in Venezuella", *Comparative Study of Society and History*, 1991, pp.

이런 맥락에서 4·3사건을 진압하는 와중에 남한에 반공을 국시로 한 근대국가로서의 대한민국이 탄생한 것은, 한국적 근대성의 '기념비적 역사(monumental history)'라 볼 수 있다.* 대한민국이 공식적으로 표방하는 자유민주주의는 사실상 반공주의 폭력이 둘러쓴 신성한 가면이다. 자유민주주의의 신성성을 수호하기 위해서 불가피하게 희생시켜야 하는 국가의 적은 모두 '빨갱이'로 간주된다. 지난 50년 동안 4·3에 대한 어떤 이야기나 언급도 억압된 것은 '빨갱이 사냥'이라는 '신성한 폭력'이 정당화되었기 때문이다. 그러나 4·3의 희생자 가운데에는 국가유공자로 보상을 받는 경우도 있다. 이들은 빨갱이와 마찬가지로 자유민주주의 국가의 신성성을 수호하기 위한 전장에서 희생되었으나 그들의 희생은 '자발적인 희생'을 의미하며 희생대체물이라 할 수 있다. 한편 빨갱이의 희생은 '비자발적 희생'으로, 빨갱이는 국가공동체의 안전을 위해 모든 공동체 성원 대신 죽여야 하는 진정한 의미에서의 희생양이다. 대한민국의 근대사를 희생적 질서의 구축 과정이라 할 때, 희생물이 빨갱이이든 국가유공자이든 역설적으로 모두 애국선열의 죽음의 역사라 볼 수 있다.

3. 생존자의 조각난 기억

다음은 1995년에 있었던 4·3 위령제 행사의 삽화 모음이다. 위령제에 참가한 4·3 희생자 유족들의 증언은 4·3을 기억하는 방식이 얼마나 다양

288~337: Carina Perelli, "Memoria de Sangre : Fear, Hope, and Disenchantment in Argentina", *Remapping Memory*, ed. Jonathan Boyarin, Minneapolis : University of Minnesota Press, 1994. 이 연구들은 '근대화', '민주화' 혹은 '평화'라는 구호 아래 국가권력의 도덕적 권위를 사용하여 어떻게 주민의 희생을 합리화하고 있는지를 설명하고 있다. 폭력이 근대 국가체계의 '본질적 요소'라 함은 바로 이런 폭력의 도덕적 합리화를 말한다.

* Friedlich Nietzsche, *On Advantage and Disadvantage of History*, 1980, p. 17. 니체는 체제수호적이냐 반체제적이냐 하는 역사기술 행위 자체의 정치적 역할에 따라 기념비적 역사와 비판적 역사를 구분하고 있다.

한지를 보여주고 있다. 이들은 4·3 당시의 참혹한 경험에서 의미를 찾으려 하지만 아직 일반화시키거나 극복하지 못한 채 좌우 이념적 대결이라는 4·3의 결빙된 시간에 갇혀 있는 것으로 보인다.

"이제 빨갱이도 위령제 받으니 좋은 세상"이라고 어느 4·3 유족회 회원은 단언한다. 위령제 제장 바로 앞 관광용 유채꽃밭에서 기념사진을 찍는 꽃다운 신혼부부들은 제주도의 아름다운 세상을 장식하고 있다.

시아버지가 4·3시절 민보단으로 당당히 싸우다 돌아가신 후에 훈장까지 받고 연금을 타는 어느 유족 며느리는 고운 한복을 입고 같은 날 관음사에서 열린 4·3 영령 천도제에 참석했다. 천도제가 끝난 후 시내로 내려가는 합승차안의 그녀 뒷자리에는 어느 늙은 여자가 헝겊 챙모자의 그늘에 얼굴을 가린 채 젊은 여자의 자랑 섞인 말을 잠잠히 듣고 있다가 옆에 앉은 나에게 "연금타는 이들은 여기에 오지 않고, 연금도 못타고 억울하게 죽은 이만 이런 데 오는 것"이라고 귀띔했다. "나는 작은 어멍인데 큰어멍이 낳은 아들 둘이 4·3에 죽었는데 너무 불쌍해서" 천도제에 왔다는 그녀의 측은지심은 시아버지의 전사훈장을 자랑하는 젊은 여자를 부끄럽게 했다.

"모두 불공하러 다닌다 해도 연금 타는 건 좀 너무하지 않습니까?" 하고 숨죽이며 반문하는 늙은 여자와, 4·3 당시 무장대의 본거지였고 집중적인 공비 토벌로 전소되었다가 복원된 관음사에 떳떳하게 불공드리러 온 젊은 여자의 4·3에 대한 인식의 격차는 아직 커 보인다. 이는 제주도 의회 4·3 특위의 활동 성과에도 불구하고 4·3의 역사적 진실이 아직도 미로 속에 있으며 출구를 찾지 못한 채 어느 한 쪽의 권위적인 담론에 의해 지배당하고 있음을 잘 보여준다.

탑동 위령제 행사장 중앙의 공식석상에서 위령제 봉행위원장이기도한 4·3 유족회 회장이 애초 4·3을 일으킨 공산폭도와 좌익사상가들을 규탄하고 있을 즈음 외곽에서 삼삼오오 앉아 희생자 명단을 꼼꼼하게 확인해보며 웅성대고 있는 군중 가운데에는 "과거 폭도였나" 새삼스런 의혹을 받는 것이 두려워 피해 신고도 하지 않았다는 무명신위가족도 있었다. 4·3으로 인해 자식이 연좌제에 걸려 ROTC에서 제외되는 이런 나라를 떠나 이민가고 싶다고 분통 터트리는 중년남자도 있었다.

군경과 폭도 영령이 어떻게 한자리에서 잡수실 수 있느냐면서 같은 마을 희생자라도 둘을 구분해서 명단에 올려야 한다고 주장하는 노인들도 있었다.

이렇게 4·3 희생자 유족들 사이에 나타나는 4·3에 대한 이견은 1995년 4·3 47주기를 추모하는 4·3예술제의 주제인 '섬의 하나됨을 위하여'를 무색하게 하는 현실이었다. 이 삽화 모음은 4·3을 기억하고 재현하는 주체가 다중적이라는 사실과, 하나로 통일된 4·3의 진실을 구축하는 데에 어떤 현실적인 어려움이 있는지 잘 보여준다.

4. 4·3 위령제 – 기념비적 재현

4·3 위령제는 생존자와 증언자 세대가 사라져가고 있는 한편 4·3이 이제는 세계사에서 낡아빠진 냉전이데올로기의 잔여적 기억이나 혹은 신화로 인식되는 시기에, 불가피한 망각의 조류를 거스르는 '역사 다시쓰기'라 할 수 있다. 개인적인 기억은 본질적으로 파편적이고 무의식상태에 머물러있다. 하지만 그 기억이 가족, 사회, 국가와 같은 특정 집단 차원의 이

익과 목적의식에 부합됨으로써 사회적 의미를 갖게 되면, 그것은 집단기억(collective memory) 혹은 사회기억(social memory)으로 기능하게 된다.[9]

4·3의 역사적 진실은 지난 반세기 동안 망각과 기억의 사회정치적 역학에 따라 복합적인 양상을 띠었다.* 내내 망각되어 왔던 4·3의 역사적 기억은 1993년에 4·3위령제가 처음 공식적으로 봉행되면서 마침내 공식화될 수 있었다. 그해 1993년에 새로 출범한 김영삼 정부의 국가정책의 모토는 '제2의 건국'과 '역사 바로세우기'였다. 같은 해 30년 만에 지방자치제가 부활했고, 첫 제주도도지사로 선출된 신구범 지사는 취임사에서 '과거와의 화해'와 '4·3사건의 역사적 진실 규명'을 공언했다. 이는 새로운 역사창조라는 시대적 목표에 있어서 국가정부의 과제와 지방정부의 과제가 서로 부합하는 것처럼 보인다. 그러나 이는 수사학적인 유사함일 뿐 실제로 두 과제는 쉽게 일치할 수 없었다. 4·3 위령제에 공식 참석하고 정부

---

* 여기서 '집단기억'은 과거의 일에 대한 회상이 아니라 '과거의 재구성'을 의미한다. 즉 집단기억은 현재의 필요에 가장 적합하도록 과거의 이미지를 선택하여 역사를 재구성하는 역사적 서술의 한 양식이라 할 수 있다. 4·3에 대한 기억은 그 사건을 망각하거나 기억하는 사회 정치적 역학에 따라 다양한 형태로 구성된다. 4·3의 경우와 유사한 사례로 헝가리의 예를 들 수 있다. 헝가리 역사학자 이스트반 레브(Istvan Rev)는 동유럽에서 공산국가가 와해된 1989년 이후 5년 동안 공산주의 치하를 포함하여 헝가리 현대사의 주요 사건에 대한 기억이 추도의례, 기념비, 역사서, 그리고 다른 문화적 산물을 통해서 어떻게 제도화되는가를 연구했다. 1988년부터 헝가리에서는 공산당의 국경일로 정해진 4월 4일의 진실성에 대한 논쟁이 있었다. 역사가들은 그 날짜가 1945년 4월 3일인지 4월 4일인지 의문을 제기했는데 그 이유는 4월 3일이 소련군이 독일군으로부터 헝가리를 해방한 날이기 때문이다. 또 어떤 역사가들은 마지막 독일군이 헝가리에서 쫓겨난 날이 4월 11일 혹은 4월 13일이라는 사실을 제시하며 기존 국경일 날짜가 잘못 설정되었다고 주장했다. 또한 1956년 소련군이 헝가리에 반란을 진압하기위해 진입한 날인 11월 4일과 관련해서 본다면 국경일로 정해진 4월 4일은 역사적 중요성을 상실한다는 것이다. 레브는 이와 같은 문제제기 현상을 다음과 같이 해석하고 있다. "1989년 이후 역사적 기억의 현장에서 새로운 과제로 등장하는 사회주의는, 재발견한 헝가리의 연속적인 역사의 도정에서 하나의 우회로에 지나지 않는다. 새로운 기억-작업의 일은 과거 공산주의 이전의 역사와 공산주의 이후를 연결하는 작업이라 할 수 있다. 이와 같이 변함없는 동일성(unaltered sameness)으로서의 진정한 역사에 대한 이미지가 공산주의 이후 보수주의자들의 마음 속에 형성되고 있다." Istvan Rev, "Parallel Autopsies", *Representations* No. 49(Special Issue, "Identifying Histories: Eastern Europe Before and After 1989") Winter 1995, p.15~39; Richard Esbenshade, "Remembering to Forget: Memory, History, National Identity in Postwar East-Central Europe", *Representations* No. 49, Winter 1995, pp. 72~96 참조.

재정으로 4·3피해자를 추모하는 위령공원을 조성하겠다는 도지사의 발언은 4·3사건에 대해 아직도 '공산폭동'이라는 명칭을 적용하고 있는 국가차원의 공식적 해석을 위반하는 것이었다. 반공국가에서 공산폭동은 반국가적·반민족적 사건이며 이런 속에서 공식적으로 치러지는 4·3 위령제는 역설적이게도 과거의 '공산폭동'을 기념하는 반국가적 의식이 되어 버린다. 이와 같이 4·3의 역사적 의미에 대한 중앙과 지방, 국가와 주민 사이의 서로 상반된 해석 때문에 4·3 위령제의 의미 또한 이중성을 가지게 된다.*

이런 맥락에서 4·3 위령제는 '하나의 역사만들기 형태이며 동시에 논란을 일으킬 수 있는 집단기억의 형태'라 할 수 있다.** 4·3 위령제는 추도의 동기에서 비롯된 '실제사건의 비유적 재현'이라는 의미에서 '기념비적 재현(monumental representation)'이라 할 수 있다.[10] 위령제는 집단기억을 특정한 시간적 이미지에 배치하는 기억술이다. 기억된 영상을 국지화함으로써 위령제는 집단기억을 안정시키고 명료하게 한다. 여기서 기념비적 재현을 '비유적 재현(figurative representation)'이라 하는 것은 기억과 추도 의례가 텍스트의 유형으로 쓰여지거나 읽을 수 있는 언어적 기능을 가지기 때문이다. 추도의 목적으로 역사적 사건이 재현될 때 '실제 있었던 사건'은 '본질적으로 텍스트성을 가진 가공물(an artifact that is textual in nature)'인 '문자상의 사건(literal event)'이 된다.[11] 여기서 역사적 사건의 재현이 가지는 상대적 가치는 언어사용의 임의적인 기능을 통해 확보된다. 그러므로 누가 그 재현의 객관성과 신뢰성을 결정하는가라는 문제에 있어

---

* 광주 5.18의 경우 '폭동'에서 '민주화운동'으로 명칭이 바뀌면서 그 역사적 위상이 현격하게 변한 사례를 보더라도, 4·3 명칭을 둘러싼 담론정치는 앞으로 중요한 연구과제 중의 하나이다.

** Marita Sturken, "The Wall, the Screen, and the Image: The Vietnam Veterans Memorial", *Representations* No. 35, Summer 1991, p. 118. 이 논문에서는 미국에서 월남전 전몰용사를 추모하는 의례와 추모비를 세우는 일련의 기억 활동이 가지는 담론정치적 효과에 대해 논하고 있다. 앞으로 4·3 희생자를 추모하는 위령비의 건립과 위령공원 조성에 있어서 국가기관이 그것을 주도할 때 어떤 위험이 있는지 살펴볼 수 있는 중요한 자료이다.

서 그 텍스트의 저자와 독자는 어떠한 텍스트에도 존재하는 현실의 왜곡을 추려내는 중재자(arbitrator)의 역할을 취한다.[12]

유태인 학살에 대해 글을 쓴다는 것이 '적절한가'라는 질문에 대해 역사학자 헤이든 화이트(Hayden White)는 이렇게 답하고 있다. 중재자가 택한 윤리적 입장이 무엇이냐에 따라 역사적 재현의 진실성과 오류는 역사적 사실 자체의 진실이 아니라 텍스트의 진실성을 근거로 평가된다는 것이다.[13] 그에 의하면 사건에 대한 윤리적 입장은 역사적 재현 과정에서 이미 단정되어 있다. 윤리적 입장은 믿지 않는 사람들에게 궁극적으로 무엇이 진실한가를 결정해준다. 그리하여 윤리적 입장은 최선으로 숭고한 것을 취득하는 반면 최악으로 권력과 권위의 도구도 될 수 있는 것이다. 화이트는 유태인 학살은 그 참상이 너무 크기 때문에 그것에 대해서 더 이상 말할 수 없다고 주장하는 시온주의자의 윤리적 입장이 그 고상한 기상에도 불구하고 이스라엘 국가의 지배이데올로기를 정당화하는 데 기여할 뿐이며 역사적 사실의 진실을 왜곡한다고 비판하고 있다.[14]

이와 비슷하게 4·3을 '공산폭동'으로 재현하는 공식적 해석의 진실성은 대한민국의 국가안보에 절대적인 가치를 가진 현재의 반공정책을 얼마나 정당화할 수 있는가에 달려 있다. 달리 말하면 국가폭력의 자기합리화를 위해 국가는 반공주의라는 '효과적 이데올로기(effective ideology)'를 창출해내며, 반공주의 이데올로기는 국가폭력을 정당화하는 데 활용된다.*

---

* Hayden White, *The Content of the Form : Narrative Discourse and Historical Representation*, Baltimore : Johns Hopkins University Press, 1987. 화이트는 시온주의가 이스라엘의 국가성립의 '효과적 이념'이었으나, 동시에 그 지역의 토착민 팔레스타인 사람들을 학살하거나 내쫓는 폭력 행위를 정당화하는 데에도 적용되었다고 비판하고 있다. 이스라엘에 정착한 유태인들에게 나치 독일이 자행한 대학살의 기억은 팔레스타인 주민에게 전혀 무용한 것이 된다. 이스라엘 국가가 유태인에게는 삶의 권리를 사용했다면 팔레스타인 주민들에게는 죽음의 권리를 사용했다고 할 수 있다. 이와 같이 주민의 삶과 죽음에 대한 절대적인 권한을 갖는 근대적 국가의 정치적 기술체계를 미셸 푸코는 생체통제정치(bio-politcs)와 죽음의 정치(thanatopolitics)의 이율배반적 기술체계라고 보았다. Michel Foucault, *History of Sexuality Vol.1*, Vintage, 1980, p.135 ; Luther H. Martin et.al. ed., *Technology of the Self : A Seminar with Michel Foucault*, University of Massachusetts Press, 1988.

예컨대 4·3 위령제와 같은 공식적인 기념비적 재현은 반공주의라는 효과적 이데올로기의 역사적 각본화(historical emplotment)라 할 수 있는 것이다.

앞에서 예시한 4·3의 47주기 위령제 광경이 보여주듯이 4·3의 역사적 의미는 참여자의 서술적 행위를 통해 각기 다르게 창조된다. 증언과 위령제는 1948년에 일어났던 그대로 4·3사건을 부활시키지는 않는다. 기억의 서사 텍스트를 통해서 4·3은 역사적 사실로 재구성된다. 이 외에도 학살터 순례, 추모비, 추모 예술작품과 4·3 다큐멘터리 필름, 그리고 인류학적 민속지 등은 4·3의 역사적 사건을 각기 특정한 서사적 양식으로 재현하고 있다. 재현의 양식에 따라 4·3의 의미는 조각난 상태로 구성된다. 예컨대 4·3이란, 관음사의 젊은 여자에게는 전몰군인 가족으로서 영광이 되지만, 늙은 여자에게는 폭도가족으로서 감추고 싶은 비밀이 된다. 이와 같이 조각난 기억의 텍스트는 4·3이 해방공간에서 일어난 대량학살 사건 가운데 가장 폭력적인 사건이었다는 사실을 단순히 확인하는 것 외에 공유하는 것이 없음을 나타낸다. 아직 4·3의 집단기억은 결코 하나의 그림으로 일관성 있게 그릴 수 없는 복합적인 이미지로 구성되어 있는 것이다.

한편 바로 이런 조각난 기억으로 구성된 4·3 위령제는 생존자들의 기억과 증언을 통해 과거의 이념적 대결의 유령을 현재의 시공간으로 불러들이고 있다. 50년 가까이 억압되어 있던 기억을 구제하는 과정에서 제주도 주민과 제주사회는 모두 4·3 당시의 폭력적 사태를 다시금 경험하고 있는 셈이다. 이것은 새로운 폭력이고 새로운 이념갈등이다. 그래서 새로운 고통이며 새로운 공포이다. 바로 여기서 4·3의 조각난 재현들이 4·3의 진실을 구축하기 위해 경쟁을 벌이는 ― 서로 반목하고 경쟁하고 협상하는 ― 현재의 상황에 주목해야 한다.

5. 4·3 명칭의 의미 – 이념적 폭력과 희생

4·3의 역사적 성격 규명에 대한 혼란과 오류는 4·3을 공산주의 반란 혹은 폭동으로 보는 입장과, 4·3을 미군정과 같은 외세로부터의 정치적 독립을 추구한 민중항쟁이라고 보는 입장 사이의 담론적 대결에서 기인한다. 공산폭동론은 4·3 희생자 가운데 군경 유가족과 소위 폭도들에게 죽임을 당한 우익인사의 가족을 중심으로 1988년 10월 조직된 '4·3사건 민간인희생자 반공유족회'를 중심으로 주장되어 왔다. 이 반공유족회는 1990년 국가 유공자로 인정받지 못했던 집단학살의 피해자들까지 포함해 '4·3 민간인희생자 유족회'로 명칭을 바꾸고, 1991년에는 공식적으로 제주도 단체로 등록한다. 반면 4·3을 민중항쟁으로 정의하는 입장은 1989년 4·3의 '40주기 추모제'를 시행한 4·3연구소를 중심으로 결성된 진보단체인 '사월제 공동준비위원회(공준위)'가 대표하고 있다. 이 입장은 4·3을 일제에 이어 미군정으로 이어지는 당시 식민지적 상황으로부터 완전한 독립을 쟁취하고자 했던 독립운동이자, 5.10선거의 결과로 나타날 민족분단을 거부한 민족통일운동으로 보고 있다.* 또한 이 입장에서는 이덕구와 같은 무장대 사령관을 공산주의자 라벨을 떼어버린 민중영웅이며 완전 독립한 통일국가를 세우려했던 진정한 민족주의자로 재평가하고 있다.

두 입장 사이의 갈등은 4·3 위령제의 봉행 과정에서 현실적인 문제로 나타났다. 1991년부터 매년 4·3의 추도의례는 소위 우익진영인 '4·3 유족회'의 '위령제'와 진보단체인 '사월제 공준위'의 '추모제'로 각기 명칭을

---

* 1989년 5월 10일 문을 연 제주4·3연구소에서 같은 해 6월에 낸 『4·3자료집』부터 시작해서, 1993년 2월부터 발간한 『제주4·3연구소 소식지』와 1996년 4월부터 제명을 바꿔 격월간으로 발간하는 『4·3과 역사』 (1997년 7월에 통권 31호 나옴)의 자료를 분석해보면, 모두 4·3을 일관되게 '민중항쟁'으로 보고 있음을 알 수 있다.

달리하여 봉행되다가, 1994년에는 제주도와 도의회의 중재와 재정적 후원을 받아 '도민화합을 위한 범도민 행사'로 '4·3 희생자 합동위령제'가 처음으로 봉행되었다. 그러나 매년 합동위령제 봉행위원회가 구성될 때마다 해묵은 갈등이 재연되는데, 1995년에는 '폭동'이나 '항쟁'이라는 '극단적인 용어'를 서로 사용하지 않는다는 합의하에 가까스로 합동위령제가 봉행될 정도였다.[15] 그렇지만 그때까지도 합동위령제의 주관 단체가 반공유족회의 후예인 '4·3 민간인희생자 유족회'인 사실은 아직도 4·3의 공식적 성격이 공산폭동에 머물러 있음을 드러낸다.*

이와 같이 4·3의 역사적 성격에 대해 서로 대립적인 해석을 취하고 있는 '공산폭동론'과 '민중항쟁론'은 4·3사건의 발발을 공산주의이든 민중적 민족주의이든 뚜렷한 정치적 목적의식을 가진 행동에서 비롯되었다고 본다는 점에서, 4·3을 좌우 이념갈등의 도식으로 보고 있는 국가의 공식적인 담론의 틀에서 크게 벗어나지 않는다. 4·3 민중항쟁론이 4·3 당시의 민중의 행동을 국가폭력에 대항하는 대항폭력(reactionary violence)으로 해석한다면, 마찬가지로 공산폭동론은 국가폭력의 행위를 사회질서를 어지럽히는 폭동에 대한 대응폭력(counter-insurgency violence)으로 보고 있다. 두 입

---

* 적어도 필자가 1995년 합동위령제를 조사할 당시만 해도 '제주도 4·3사건 민간인희생자 유족회'는 군인과 경찰 국가유공자와 민간인 국가유공자들의 유족들이 중심을 이루었다. 그러나 1996년을 기점으로 토벌대에 희생된 자의 유족들이 대거 참여함으로써 위령제의 성격도 바뀌기 시작하였다. 무장대에 희생된 자들보다 수적으로 다수였던 토벌대 희생자의 유족들이 새로운 유족회를 결성하고 실제로 이들이 위령제를 주관하는 유족회장 및 회장단을 구성하게 되었다. 2000년 정부에 의해 '제주 4·3사건 진상규명 및 희생자 명예회복에 관한 특별법'이 제정되면서 과거에 '폭도'라는 낙인이 찍혔던 사람들의 명예회복이 이루어지고, 또한 4·3의 성격도 양민학살에 초점이 맞추어지면서 '4·3 희생자'의 의미도 변하였다. 4·3특별법에 의하면 희생자는 '제주 4·3사건으로 인하여 사망하거나 행방불명된 자 또는 후유장애가 남아있는 자'로 규정되어 있다. 현재 제주도 봉개 4·3 평화공원에서 치러지고 있는 '제주 4·3 희생자 범도민 위령제'는 가해자와 피해자의 구분 없이, 군경 국가유공자이든 폭도이든 구별 없이 4·3으로 인해 죽은 모든 자들을 함께 애도하며 국가 원수도 참례하는 국가 의례가 되었다. 그러나 기존의 주도세력이었던 반공유족회는 이러한 변화를 수용하지 않고 2002년 9월에 '대한민국건국희생자 제주도유족회'를 결성하여 4·3 범도민 위령제와는 별개로 충혼각에서 위령제를 하기에 이르렀다.

장 모두 폭력 행위자의 입장에서 폭력의 불가피성을 공통적으로 인정하고 있으며 폭력 자체에 대한 근본적 질문은 제기하지 않고 있다.

이와 함께 폭력의 정당성에 대한 도식적 해석이 가지고 있는 문제를 충분히 인식하고 4·3에 어떠한 명칭도 붙이지 않음으로써 4·3의 역사적 의의에 대한 담론을 활성화한 제3의 입장이 있다. 1989년 『제주일보』에서 시작하여 1990년 창간된 『제민일보』에 지금까지 「4·3은 말한다」라는 연재물을 싣고 있는 제민일보의 4·3취재반과 제주도의회의 4·3특위가 바로 이 제3의 입장을 대표한다.[16] 이들은 폭도 혹은 민중이란 용어 대신 '무장대'라는 보다 중립적인 용어를 사용하고 폭동 진압을 위한 군대와 경찰 세력도 '토벌대'라고 통일해서 부르고 있다. 4·3의 원인규명에 초점을 맞춘 '이념적 갈등'보다는 양측의 무력충돌에 의해 빚어진 '대량학살'이라는 4·3의 정치적 결과에 관심을 집중시킴으로써 폭력의 희생자 입장에서 4·3을 조명하고 있는 것이다. 희생자의 관점에서 4·3의 역사적 경험을 재현하는 이런 입장은 국가폭력 자체에 대한 비판을 시도함으로써 반세기 동안의 반공정치가 구축한 '기념비적 역사'의 토대를 와해시키는 '비판적 역사(critical history)' 작업이라고 할 수 있다.[17]

6. 사건의 진실과 재현의 한계

4·3사건의 역사적 진실은 무엇이며 그 재현의 한계는 어디까지인가? 제주도의회 4·3특위의 피해 보고서는 맺음말에서 4·3의 비극에 대해 그 피해의 책임소재를 명확히 지적하지 않는 대신 엄청난 '인명피해'(1만4,125명)에 초점을 맞추고 있다.* 이는 대량 인명피해의 사실이 4·3의 역사적 진실의 핵심부분이지만, 아직 어떤 가해자도 정체를 드러내지 않고 침묵

하고 있는 한 진상규명이 불가능하다는 판단에서 취한 전략으로 볼 수 있다. 오히려 규명 가능한 부분을 논쟁에 붙임으로써 진실이 스스로 밝혀지기를 바라는 수사적 전략인 것이다.

이는 '그런데'와 같이 반대증거를 나타내는 접속사로 시작하는 다음 구절에서 분명하게 드러난다. "그런데, 1949년 4월 1일자 미군 비밀문서 「4·3종합보고서」에는 '사망자의 80% 이상이 토벌대에 의해 사살되었다'는 기록이 있으며, 이번에 도의회의 조사결과도 84.2%가 토벌대에 의해 희생된 것으로 밝혀졌다." 여기에서 통계자료를 제시하는 것은 통계치와 같은 과학적 객관적 자료가 자연스럽게 4·3피해의 진실을 입증하도록 유도하기 위함이다. 여기서 4·3의 역사적 진실은 빨갱이 혐의를 받은 양민의 대량학살로 나타난다. 더 나아가 정부와 국회가 4·3 치유를 위한 진상규명과 제주도민의 명예회복에 앞장서야 한다는 피해 보고서의 결론은, 피해의 책임이 4·3 당시 토벌대를 파견하고 지원한 '정부와 국회'에 있다는 가해자에 대한 확신을 시사하고 있다. 이는 정부와 제주도 주민을 대량학살의 가해자와 피해자의 대립적 관계로 설정하는 담론전략이라 할 수 있다.

통계자료의 제시로 대량학살의 사실을 밝힘으로써 제주도 의회 4·3특위의 피해 보고서는 4·3이 '공산폭동'이라는 공식적 사실을 분명하게 부인하고 있다. 그렇다면 4·3의 역사적 진실은 무엇인가?*

"4·3의 경우는……역사의 생명인 사실성, 진실성과는 거리가 먼, 편협된 기록

---

* 제주도의회 4·3특별위원회, 앞의 책, 13쪽. 4·3 회생자의 정확한 수는 아직 집계되지 않았다. 피해신고를 할 경우 신고자 자신이 '폭도가족'으로 낙인찍힐 것을 두려워하는 사람이 여전히 많기 때문이다. 그러나 제주도민들은 행방불명자를 포함하여 희생자 수를 대체로 3만으로 잡고 있다.
* 중앙일보가 1995년 광복 50주년을 맞이하여 만든 역사적 사건 연대기에도 4·3사건을 '공산폭동'으로 명기하고 있으며, 4·3의 명칭과 관련하여 교과서 내용 바꾸기 논쟁이 아직도 마무리되지 않고 있는 상황은 국가의 공식적 해석이 변함없는 권위를 유지하고 있음을 시사한다.

들이 대중을 이룸으로써 4·3에 대한 인식의 혼란과 오류를 증폭시키는 결과를 낳게 했다. 수많은 사실 가운데 역사적 사실을 뽑아내는 일은……가능한 한 같은 시대의 다른 사람들과 더 나아가서 미래의 사람들에게까지도 동의를 얻을 수 있어야만 역사적 사실로 인정될 것이다."[18]

과거와 현재 그리고 미래의 세대에게 동의를 얻을 수 있는 4·3의 '역사적 사실성'에 대해 문제를 제기하면서 1만4,125명의 희생자 명단을 수록한 이 보고서는 그 자체가 공식적 역사에서 폭도로 분류된 양민의 무고한 죽음을 추도하는 기념비이다. 또한 이 보고서는 국가폭력의 감추어진 유산을 폭로하는 증언이며, 한국의 근대성에 대한 유언장이다. 4·3 합동위령제 의식에 반드시 첨가되는 절차인 '순국선열 및 4·3영령'에 대한 묵념에서 볼 수 있듯이, 4·3의 희생자 대부분은 민족국가의 통일을 이루어 근대성 과업이 완수되었다면 정당하게 추도받는 '순국선열'과 국가를 위해 싸운 '무명의 용사'로서의 지위를 획득할 수 있었을지도 모른다. 그러나 이들 '무명의 용사'들이 '폭도'란 묘비명을 그대로 지니고 있는 한 그들의 무고한 희생은 반공국가 남한에서 보상받기 어려울 것이다.

제주 4·3 사건의 성공적인 토벌작전과 한국전쟁을 통해 확립되고 지난 50년간 용공조작이나 좌익세력에 대한 지속적인 반공테러를 통해 공고하게 구축된 한국의 근대성은, 사실상 양민의 무고한 죽음과 반공주의 공포 위에 기초하고 있다. 이런 맥락에서 보았을 때 제주도 의회 보고서가 추구하는 4·3의 '역사적 진실'은 공산폭동이나 민중항쟁이 아니라 바로 반공주의 폭력과 공포이다. 그러므로 4·3의 진실은 희생자 자신이 아니라 이미 폭력 행위의 결과가 객관적으로 드러난 폭력의 행위자, 즉 국가에 의해서만 밝혀질 수 있을 것이다. 국가가 폭력의 진상을 인정하고 사과할 때만이 4·3 위령제는 4·3 희생자의 무고한 죽음을 추모하는 진정한 의미에서의 애도의례가 될 수 있을 것이다.

그러나 국가는 이런 애도를 허용하지 않고 있다. 아니 오히려 국가를 대표하는 제주도 지방정부와 도의회가 4·3 위령제에 실질적으로 관여하는 현재의 상황은 국가가 4·3의 애도자를 자처하는 전도된 모습으로 나타나고 있다. '용서와 화합'이라는 명분 아래 국가의 반공정책을 지지하는 공식단체인 '4·3 희생자 유족회'가 위령제를 주관하도록 유도함으로써, 정부는 국가 자체를 반공주의의 역사적 실패의 피해자로 만드는 일련의 정치 조작을 시도하고 있다.* 4·3 위령제의 공식적 담론으로 등장한 '용서와 화합'의 이념은 아직 밝혀지지 않은 4·3의 역사적 진실에 대한 논쟁을 서둘러 종결시키는 데 목적을 두고 있다는 혐의가 있다. 여기서 우리는 근대사에서 4·3의 희생을 없었던 것처럼 지워버리려는 국가 주도의 은밀한 망각의 각본을 목격하고 있는 셈이다.

4·3 위령제의 정치적 구호가 되어 버린 '용서와 화합'이라는 언어는 용서와 망각을, 그리고 동정과 정의를 혼동하고 있다. 우리는 망각이 없는 경우에만 용서할 수 있다. '망각적인 용서(the forgetful forgiveness)'는 폭력의 희생물에 대한 얄팍하고 비정한 태도에 지나지 않는다.** 용서는 고통과 희생의 현실을 재현함으로써 야기되는 새로운 기억의 고통 — 그것은 4·3 당시의 혼란과 참혹을 인정하는 데서 오는 것이다 — 에 대한 지속적인 인내를 필요로 한다. 또한 폭력의 직접적이고 신체적인 피해자가 받은

---

* 1994년 처음으로 진보단체와 합동으로 위령제를 봉행한 제46주기 제주4·3희생자 위령제 봉행위원회 의 장단의 김병언 '4·3유족회' 대표의 주제사 제목은 "4월 3일은 화합의 날이 되어야 합니다"였다. 그는 4·3 당시에 갈등요인이었던 이데올로기의 싸움에서 벗어나야 한다고 주장하면서 "화합"이란 말을 위령제의 공식적 이념으로 만들었다.

** Paul Ricoeur, "Reflections on a new ethos for Europe", *Philosophy & Social Criticism*, Vo.21. No. 5/6, Sep/Nov 1995(Sepcial Issue, Ricoeur at 80: Essays on the Hermeneutics of Action), p. 11. 철학자 리꾀르는 동서화합의 분위기에 젖어있는 탈냉전시대의 유럽사회에서 나타나고 있는 유태인 학살에 대한 역사적 망각의 풍조를 이렇게 비판하고 있다.

고통의 비도덕성을 모두 고발하고 문서로 작성함으로써 고통의 현실이 치유될 그때를 기다리는 인내가 필요하다.* 가해자와 피해자 사이의 용서와 화합은 피해자가 요구할 때에만 유효하다.

7. '용서와 화합' - 망각의 기만적 가면

1993년 백조일손지지百祖一孫之地 위령비 건립을 두고 일어난 일련의 사건들은 이런 국가의 '용서와 화합'의 언어로 포장한 망각의 각본을 여실하게 보여준다. 대리석으로 된 위령비 건립은 도정부의 지원으로 가능하였고 위령제에는 피해자 유족들보다는 도의회와 '4·3 유족회' 두 기관의 대표가 주요 건립자의 위치를 차지하고 있다. 이와 같이 추도의례의 주객이 뒤바뀐 사정의 배후에는 뼈아픈 이야기가 있다.

1950년, 한국전쟁이 발발하자 전국적으로 예비검속이 실시되면서 대정읍 상모리 주민 132명이 좌익분자 혐의를 받고 음력 7월7일 섯알오름에서 집단학살 되었으나, 그 사실은 1957년 우연히 유해가 발견되기까지 6년 8

---

* 샌트너(Santner)는 전후 독일에서 만들어진 영화(《Our Hitler》와 〈Heimat〉)에서 나타나는 유태인 대학살에 대한 추도 방식을 분석하며, 독일사회가 학살 피해자의 고통을 진정으로 애도하기보다는 인종말살 정책의 궁극적인 실패에만 초점을 맞추고 있다고 보았다. 그는 이런 접근이 대학살을 통해 독일의 순수한 민족정체성 확립과 민족공동체 형성을 기도했던 히틀러와 나치즘의 유토피아에 대해 향수를 불러일으키는 담론 만들기로 나아가고 있다고 지적하고 있다. 샌트너는 위의 두 영화가 독일인이 대학살의 가해자임에도 불구하고 자신을 과거의 역사적 고통의 희생자의 위치 — 독일인의 민족적 유토피아를 상실한 희생자라는 의미에서 — 에 놓음으로써 자기연민(melancoly)에 빠지는 윤리적 자가당착의 표본이라고 비판하고 있다. 그는 프로이트의 "애도의 작업(the work of mourning)" 개념을 적용하여 진정한 의미에서의 애도의 작업은 자신을 상실한 것으로부터 분리시킴으로써 자기 정체성을 견지하는 것이어야 한다고 주장한다. 즉 독일인 자신이 대학살의 가해자이고 유태인이 엄연한 피해자임을 인정하고 자기와 타자를 명확하게 구분함으로써 자기연민에서 벗어나야 과거의 비인도적 행위에 대한 올바른 윤리관을 정립할 수 있을 것이라고 보고 있다. 필자는 제주 4·3의 경우에도 참혹한 대량학살의 가해자가 그 사실을 인정할 때에만 희생자의 고통이 역사적 진실성을 획득하리라라고 본다. Eric L. Santner, *Stranded Objects: Mourning, Memory, and Film in Postwar Germany*, Ithaca: Cornell University Press, 1990.

개월간 학살터에 대한 민간인의 출입통제 때문에 은폐되었다. 유족이 유해를 발굴했을 때 시신은 구별할 수 없이 뒤엉켜 있었기 때문에 한데 모아 다시 132개로 나누어 애기무덤만한 조그만 봉분을 쌓고 공동묘지를 조성한 것이 '백조일손지지'("조상은 일백서른둘이요, 자손은 하나이다"라는 뜻)이다. 1960년 민간정부가 잠시 들어섰을 때 희생자의 명예회복을 요구하는 탄원서를 제출하였으나 1961년 군사정권의 강요에 의해 묘비가 철거되고 분묘 이장이 강요되었다. 그후에는 매년 칠월 칠석에 유족들이 부분적으로 참배를 하는 정도의 추모행사도 억압되었다. 1989년 백조일손지지의 진상이 밝혀지면서 희생자 명단이 공개되고 추모비 복원이 거론되기 시작했다. 드디어 1993년 7월 백조일손 유족회가 창립되면서 도비 900만원 지원과 유족의 성금으로 그 해 8월 24일 처음으로 위령비가 건립되었고 그때부터 정부나 다른 기관으로부터 탄압받지 않는 공식적 위령제를 시행할 수 있었다.[*]

그러나 제주도 도정부의 후원을 받는 백조일손지지의 위령제를 들어다보면 실제 유족의 애도를 공식화하면서 동시에 유족의 애도의례를 국가권력의 통제하에 종속시키려는 정치적 의도를 엿볼 수 있다. 1995년의 제3회 백조일손영령 위령제는 유족이 아니라 제주도 도지사, 도의회 의장, 국회의원들과 함께 4·3희생자 유족을 대표하는 단체로 '4·3 유족회'가 주관하는 형식으로 봉행되었다. 주관단체를 대표하는 유족회장은 주제사主祭辭에서 유족들을 제치고 이런 단체에서 주제를 하게 된 사유를 다음과 같이 밝히고 있다.

"총체적인 4·3치유 차원에서, 백조일손 위령제는 그 많은 억울한 희생이 제주

---

[*] 제주도4·3사건민간인희생자유족회, 「백조일손영령 제3회 합동위령제」, 1995년 8월 3일. 이 팸플릿은 위령제의 주관단체가 4·3유족회임을 명시하고 있다.

도 곳곳에 널려 있어서 이들을 모두 추스른다는 것은 어려운 상황이기에 그중 가장 많이 알려져 회자되는 백조일손의 경우를 골라 4·3의 각론적인 치유의 모델로 선정하여 추진하여 왔습니다. 그런 뜻에서 이번에 민선지사에 의하여 계속해서 이 행사가 이루어지고 있음은 참으로 반가운 일이 아닐 수 없습니다. 이에 대하여 유족들은 받는 영광만에 만족하지 말고 적극적으로 사회·국가번영에 앞장섬으로써 보답하겠다는 마음가짐을 다져 주시기를 바랍니다."[19]

주제사는 '총체적인 4·3 치유'라는 명분하에 위령제의 위상이 유족들만의 축소된 행사에서 '제주도의 지원 속에 제주도민이 참여하는 제주도의 행사로 자리매김하는 것'으로 격상되었음을 치하하고 있다. 그러나 이런 수사법은 유족들의 고통의 치유를 '화합'의 이념으로, 더 나아가 '사회와 국가의 번영'의 이념으로 환원시키려는 뚜렷한 정치적 목적을 시사한다. 132명 희생자 명단이 기록된 한 면을 제외하고 대리석으로 만든 위령비의 삼면에는 위령제에 참가한 제주도 지방정부, 도의회, 4·3유족회 대표의 이름과 추도시가 기록되어 있다.

위령비를 건립한 목적을 명시하고 있는 추도사는 위령의 뜻보다는 이념갈등으로 빚어진 과거의 아픔을 잊고 미래를 위해 "용서와 화합의 길로 나아가자"라는 공식적 담론의 내용을 담고 있다. 위령제에 참가한 제주도 지사의 추도사 "4·3의 역사로부터 하나 됨은 우리의 새로운 시작입니다"와 도의회 의장의 추도사 "화해와 용서로써 도민이 하나가 되어야 하겠습니다" 그리고 국회의원의 추도사 "고인들의 희생의 뜻을 살려 사랑의 공동체를 일구자"와 "오늘의 행사는 51만 도민의 화합의 첩경" 등은 공식적 담론의 정치적 의도를 전면에 드러내는 것이다.

그러나 이런 공식적 담론에서 왜, 누가 용서와 화합을 해야 하는지 그 역사적 원인의 규명은 빠져 있다. 백조일손 영령의 희생은 "시대를 잘못 만난 역사의 희생"(주제사)이며 '잘못된 시대'는 이념갈등에 그 원인이 있고, 이념갈등에 휘말린 제주도 주민이 집단살상을 자초하게 되었다는 식의 공식적 담론은 대량학살의 가해자가 누구인가를 밝히지 않은 채 피해자의 희생을 단지 역사적 우연으로 평가하고 있을 뿐이다. '화합'의 거대 담론의 그늘 아래 숨는 이런 정치적 수사는 실제 폭력의 가해자인 국가의 윤리적 책임을 회피하는 전략이라 할 수 있다.

화합의 주체는 4·3의 가해자가 아니라 피해자여야 한다. 가해자와 피해자의 구별 없이 하나의 몸으로 통합하려는 형식적인 '화합'의 위령제는 국가권력이 주민 개개인의 몸을 국가에 예속시켜 하나의 통합된 국가 공동체를 만드는 정치적 기술이다. 테두리를 국화인 무궁화로 장식하고 중앙에 태극기를 조각한 위령비의 상단 대리석은 아기무덤 크기의 작은 132개 봉분의 초라한 전경을 압도한다. 재질에 있어서나 크기에 있어서 132개의 작은 봉분과 대리석 위령비가 보여주는 엄청난 대조는 주민의 삶과 죽음에 대한 전권을 가진 집단적 실체로서의 국가의 위엄을 증거하고 있는 것이다. 1995년 위령제에 참가한 내외 귀빈의 추도사에 대한 백조일손지회 고문의 답사는 이런 국가 권력의 위엄에 대한 공포의 증언이기도 하다. "오늘 당신들의 이 온정에 보답하기 위해 우리 백조일손 유족들은 제주도정뿐만 아니라 국정에도 적극 협조할 것을 다짐합니다."

화합의 논리에 따라 위령비와 위령제를 국가의 시혜로 받아들이도록 강제하는 국가권력은 백조일손 유족들의 '진정한 애도'를 멈추게 한다. 실제 희생자를 애도하기보다는 국가적 권위의 훼손과 반공주의 정책의 부분적 실패에 대한 애도에 초점을 맞춤으로써, 백조일손 위령비는 국가폭력과 공포의 비밀을 은폐하는 역할을 할 따름이다. 또한 위령비는 폭력적인 과거사를 화합의 수사로 성공적으로 대체함으로써 반공국가로서의 근대성을 드러내는, 그 거침없는 전체주의적 역사의 기념비가 된다.

이것은 4·3의 역사적 진실을 국가권력의 통제 아래에 놓음으로써 국지적이고 개별적인 것으로 만들어버리며 국가폭력과 공포정치에 대한 토론을 종식시키는 망각을 위한 정치적 각본의 상징물이다. 이 각본은 피해자와 가해자의 엄연한 관계를 모호하게 만듦으로써 정체성의 혼란을 의도적으로 야기하며, 더욱이 4·3을 진정으로 애도해야 하는 실제 피해자에게는 과거의 기억을 치유하기보다 오히려 기억을 억압함으로써 국가폭력에 대한 새로운 공포를 야기한다. 국가기관의 주도하에서 만들어진 4·3의 공식적 진실은 정치적 집단기억으로서 직접 피해자인 제주도 주민의 문화적 개별기억을 역사의 현장에서 지워버리는 것이다. 태극기를 조각하고 대리석으로 치장한 백조일손지지 위령비는 지방자치라는 시민사회의 신화를 전면에 내세워 역사적 진실을 '용서와 화합'이라는 기만적 가면으로 가리는 국가 폭력의 재현물이라 할 수 있다.

또한 4·3 위령제가 재현하는 '용서와 화합'의 담론은 4·3의 생존자들의 말로 표현할 수 없는 고통을 성공적으로 언어화함으로써 폭력의 행위자가 도덕적 행위자로 변신할 수 있는 여지를 만들었다. 희생자의 언어가 억압당하는 한편 폭력 행위자의 언어가 공언되는 것이다. 인도 타밀 지역의 민족분쟁에서 발생하는 집단적 폭력사태를 연구한 인류학자 비나 다스는 이런 행위자의 언어를 "비가시적이고 무언의 폭력"이라고 지적하고 있다.[20] 집단폭력에 대한 많은 연구에서는 실제 폭력 행위에 가담하는 폭력의 도구(instrument of violence)와 그 행위에 직접적으로 가담하지는 않지만, 상징적으로 폭력을 행사하는 폭력의 행위자(agents of violence)를 구분하고 있다.[21] 일레인 스케리(Elain Scarry)에 따르면, 이러한 폭력의 행위자가 사용하는 언어는 폭력의 역사적 사실을 은폐하는 한, 피해자의 고통과 아픔의 경험을 소외시킬 뿐이라고 주장한다.[22]

폭력의 행위자로서 국가가 사용하는 '용서와 화합'과 같은 언어에서 피해자와 생존자의 육체적 정신적 고통의 경험은 국가 권력의 각본으로 변질되어 더욱 비가시적이고 무명의 세계에 묻혀버리게 된다. 백조일손지지 위령비와 위령제에서 표명된 화합의 공식적 담론이 보여주는 실재성과 확실성의 분위기는 폭력의 행위자가 그 폭력의 피해자와 동일시함으로써 자기도취적인 피해의식을 도출해낸다는 의미에서 기만적이라 할 수 있다.

바로 이 시점에서 우리는 4·3의 기억이 국가권력의 재창출에 이용당하기 전에 폭력의 실제 희생자의 고통을 공감하는 감수성을 개발함으로써 진정한 '애도의 작업(the work of mourning)'을 시작해야 할 것이다. 언어로 명쾌하게 표현되지 않는 4·3의 고통과 수난은 용서와 화합과 같은 하나의 언어로 통일시킬 수 없으며 갈라진 증언의 목소리와 조각난 기억의 형태로 다양하게 표상된다. "분명하게 드러나지 않고 어떤 이념이나 실천 그리고 감정으로 결코 천착할 수 없는 모호한 의식의 형태"로 나타나는 4·3의 고통의 경험에 주목해야 할 것이다.[23]

8. "죽은 영혼의 울음" – 진정한 애도의례

공포 속에 꾼 꿈은 공포의 감정 그 자체를 구성하기 때문에 공포에 대한 증언이라 할 수 있다.   — 코젤렉, 「공포 속의 꿈꾸기(Terror and Dream)」[24]

4·3의 고통은 폭력의 희생자와 생존자 사이의 비의적 합의(secret agreement) — 꿈이나 신들림 현상과 같이 모호한 의식 상태에서 이루어지는 — 에 의해 현실세계에 드러난다. 생존자가 겪는 강요된 침묵의 고통은 살아있는 죽음이다. 생존자의 신체적 상처와 피해의 기억은 언어로 표현하기에는 너무 가슴아픈 일이다. 누가 애도의례의 행위 주체이며 언어를

통제하느냐에 따라 4·3의 진실은 밝혀지기도 하고 왜곡될 수도 있다. 산 자의 고통은 죽은 자의 고통의 유산이다. 산 자와 죽은 자의 문제를 동일하게 보아야한다. 죽은 자의 고통이 해원되지 않는 한 산 자는 평안하게 살 수 없기 때문이다. 제주도 굿에서 신들림 현상은 죽은 자의 영혼이 심방의 몸을 빌어 예기치 않게 '막 입에서 나오는 말'의 문을 여는 계기가 된다. 이것을 '영게울림'(영혼의 울음)이라 한다. 이렇게 죽은 자의 영혼이 전하는 예기치 않은 말은 공식적 국가권력의 언어로 매개되기에는 너무 순진무구하며, 지금까지 왜곡되고 밝혀지지 않은 4·3의 고통을 항변해주기에는 연약하다. 그러나 그 언어의 연약함 자체가 4·3의 고통과 기억이 지난 50여 년간 억압된 역사적 현실임을 날 것 그대로 반영하고 있다. 다음 제주심방 미조의 구술을 통해 들어보자.*

    4·3사건 때는 사람들이 무근풀(잡초) 베어가듯이 죄 없이 죽어갔지요.
    만일 4·3사건 때 남의 손에 칼 맞아 죽었다 하면,
    그 사람이 김씨이면,

    "어느 김씨 집안에서 태어나 몇 살까지 살다
    시집가 살다가
    무진년 4·3 사태는 당하고 나니
    아침에 본 사람 저녁에 못보고
    저녁에 본 사람 아침에 못보고

---

* 미조 심방은 4·3을 직접적으로 겪지 않은 30대 중반의 여성이다. 그녀는 굿을 의뢰하러 오는 사람이 찾아오기 전에 그 사람의 문제를 미리 꿈으로 계시를 받는다. 1985년 필자가 제주도에서 인류학 현지조사를 할 당시 그녀가 필자에게 전해준 꿈 이야기 가운데에는 4·3 당시 죽창으로 가슴이 찔리고 총 맞아 죽은 부부의 꿈 이야기가 있다. 굿을 의뢰하러 온 사람은 가슴앓이 병을 가지고 있었는데 부모가 어떻게 죽었는지 모르고 있다가 심방의 꿈을 통해 나중에 그 사실을 알게 되었고, 자신의 병을 치료하기 위해서 먼저 비참하게 죽은 부모의 원한을 풀어주고 저승 좋은 곳으로 보내는 시왕맞이 굿을 해주어야 했다. 이와 같이 제주의 무속은 꿈과 굿 공연을 통해 4·3의 역사적 진실을 재현하는 민중적 양식으로서 4·3에 관한 본격적인 증언활동이 개시되기 전까지 중요한 증언자의 역할을 했다.

무근풀(잡초) 베어가듯이
그날 아침밥을 저승밥으로 먹어
그날 운수 못 피어나서 저승 갈 적에
부모한테 말 한마디 못하고
어린 애기, 치마 끝에 따라다니는 애기
의지할 데 없이 놔두고
그렇게 저승에 가니
이때까지 저승에서도 한이 맺히고
이승에선 이 애기가 크면서 얼마나 고생할까
어멍(어머니)이 없으니까
이 골목 저 골목 다니며
남과같이 입지 못하고 먹지 못하고
할망 젖가슴에서 커
이제 시집가고 장가가고
오뉴월 더위에 목마르면
물이나 먹어 가슴을 적시지만
어멍 보고 싶은 마음이야 어디 갑니까
천년이나 본들 어멍 얼굴을 잊으랴
만년이나 본들 어멍 얼굴을 잊으랴"

이런 식으로 심방 스스로 이야기를 만들어야 합니다.
만약 딸이 어멍 울어 굿을 했을 경우, 딸한테 이렇게 말합니다.

"이 어멍 없어서 얼마나 고생했니
누가 돈을 주어 살고
누가 밥을 주어 먹어 살았니
이제까지 어멍이 없어서 고생했으나
이제는 돈 벌어 집도 사고
시집가서 애기도 나 살다보니
어멍 생각이 나서
너의 집에서 굿한다 해서

올려고 하니
담이 높아 어떻게 올까
어느 때나 이 애기 만나
이 말을 다 풀어놓고 저승에 갈까"

그 영혼하고 딸이 계속 한 맺힌 말을 계속 주고받는 거지요
(심방) 자신 혼자 굿하면서.
나 혼자서 영혼의 한도 풀어주고
굿을 하는 딸의 한도 풀어줘야 하는 거지요.

－ 1993년 11월 현지조사 인터뷰

심방 미조는 무복을 입고 굿하는 신자리에 앉으면 저절로 말이 나오고 보인다고 한다. 그리고 신을 받아 하는 것이 굿이기 때문에 굿을 다 마칠 때까지 울고 말하고 해도 지치지 않는다 한다. 그것은 "영혼이 하고 싶은 말이 있기" 때문이다. 굿 의례를 통해 반복적으로 서술되고 유형화되는 심방의 4·3 이야기는 죽은 자의 영혼의 울음과 살아있는 생존자의 증언을 어느 한쪽의 입장에서 다른 한쪽의 말을 억누르지 않고 평등하게 병렬시킴으로써 4·3의 폭력성을 대화적으로 재구성한다. 달리 말하면, 굿에서 4·3 희생자와 생존자의 언어는 통일되지 않고 갈라진 여러 목소리로 전달되기 때문에 다수의 이야기 주체 ― 심방, 죽은 자, 산 자 ― 가 존재하게 된다.

미조 심방이 구술하고 있듯이 굿에서는 심방 자신 혼자 말을 하고 운다. 죽은 자와 산 자의 각기 개별적인 삶과 죽음의 이야기들은 심방 자신 한 사람의 몸과 말을 통해 4·3의 역사적 사실에 대한 하나의 텍스트로 만들어진다. 산 자와 죽은 자 사이의 상상된 대화를 통해 생과 사의 민중적 윤리관이 드러나고 민중적 고통의 '효과적 이데올로기'가 창출된다. 민중적 고통의 '효과적 이데올로기'는 심신의 상처와 고통 그 자체를 드러내는

'울음'에 있다. 상처와 고통을 '있는 그대로' 드러냄으로써 반공주의 폭력의 부당함을 고발하고 증언하는 것이다. 상처받고 고통 받는 죽은 자와 산 자의 울음은 '폭동'이나 '항쟁' 혹은 '용서'나 '화합'의 언어로 담론화되기 이전의 언어이며 창에 찔리고 총에 맞아 피를 흘리고 있는 '고통 받고 있는 몸(the body in pain)'이다. '고통 받고 있는 몸'은 죽은 자의 몸이면서 동시에 산 자의 몸으로 '가시화된 몸'이다.

심방이 전하는 영혼의 울음과 상처받은 몸의 고통을 가시화하는 굿은 4·3의 참혹에 대한 증언이며 4·3을 애도하는 진정한 의미의 추모적 재현(memorial representation)이다.* 이와 같이 4·3의 폭력을 '칼에 베인' 희생자의 몸에 각인된 고통과 울음으로 재현하는 무속적 재현은 '용서와 화합'의 언어로 치장한 국가폭력의 공식적 재현에 대항함으로써 이데올로기적 효과를 얻는다. 그 효과는 4·3에 대해 국가권력이 만들어낸 '공산폭동'이라는 거대담론의 허구성을 '있는 그대로' 드러내는, '고통 받고 있는 몸'의 '역사적 사실성과 진실성'에서 나온다. 제주 심방의 굿에서 드러나는 '칼에 베인 무고한 죽음의 몸'은 4·3의 희생자와 생존자가 "거주하는 폭력적인 시공간의 축도"로서 반공이념으로 가속화된 "폭력적 근대국가의 거시 세계를 반영"하고 있다.**

---

* 1990년 9월 22일에 원동마을에서 4·3 희생자 유족이 공동으로 행한 '원동 무혼굿'은 '용서와 화합'의 수 사법이 통용되지 않는 4·3의 고통의 현실을 그대로 재현하고 있다. 중산간 마을 원동은 4·3 당시 13세대 가 목축과 농사를 하며 살아가던 작은 마을이었다. 그러나 1948년 11월 13일 군인들이 마을 어른들을 모두 학살하고 마을을 불태우고 나서 이제는 '잃어버린 마을'이 되어버렸다. 생존한 아이들이 42년 후 어른이 되어 마을에 되돌아 왔을 때 마을 토지는 제주도 개발 명목으로 전 이장이 소유권 이전을 한 후였다. 무혼굿은 유족들이 모여 토지반환을 위한 소송을 준비하면서 희생자 영령을 천도하기 위해 한 굿이었다.

** 인용문: "the microcosm of violent space and time that s/he inhabits is a reflection of the macrocosm of the violent modern state." Veena Das, "Introduction: Communities, Riots, Survivors: The South Asian Experience", *Mirrors of Violence*, ed. by Veena Das, Dehli: Oxford University Press, 1990, p. 32.

:: 김원

서강대학교 사학과를 졸업하고, 같은 학교 정치외교학과 대학원에서 석사 및 박사학위를 받았다. 일본 리쓰
메이칸대학 객원연구원을 거쳐, 현재 서강대학교 사회과학연구소 연구교수로 재직 중이다.

박정희 시기에 전개된 지식의 역사에 관심을 두고 있다. 박정희 시기의 한국 사회에 대한 발본적인 이해가
없이는 현실과의 대화가 어렵다고 생각하기 때문이다. 그리고 더 길게는 현대 한국에 전개된 지식의 역사에
서 식민지적 기원의 문제를 '일본'과의 관계 속에서 연구할 계획이다. 현재는 박정희 시기를 장기적으로
공부하려는 연구자들과 함께, 1960~1970년대 파시즘 시기 연구를 진행 중이다.

주요 저서로는 『여공 1970, 그녀들의 반역사』(2005), 『일상사로 보는 한국근현대사: 한국과 독일 일상사의
새로운 만남』(2006), 『잊혀진 것들에 대한 기억: 1980년대 한국 대학생의 하위문화와 대중정치』(1999) 등
이 있다. 주요 논문에는 「박정희 시기 도시하층민: 부마항쟁을 중심으로」(2006), 「사회운동의 새로운 구성
방식에 대한 연구: 2002년 촛불시위를 중심으로」(2005), 「한국사회 이주노동을 둘러싼 담론 분석」(2005),
「산업화 시기의 지성사: 민족경제론을 중심으로」(2004), 「학생권력: 무반성의 신화들」(2000) 등이 있다.

1970년대 여공과 민주노조운동
— '민주대 어용' 균열 구도의 비판적 검토

김 원

1. 서론 - 문제제기와 방법론

유신 시기 '민주노조의 조합원'이던 여성노동자들은 특이한 경험과 이력을 지녔다. 대다수 지식인과 국민들이 유신과 긴급조치 속에서 숨죽이고 있을 때 이들은 정권과 고용주에 대항해서 자신들의 권리를 보장받고자 했다. 인천 도시산업선교회에서 실무자로 활동했던 최영희가 당시 여성노동자들의 투쟁을 "물불을 가리지 않고 투쟁했다"라고 이야기하듯이, 민주노조의 여성노동자들은 과거로 돌아가는 것, 다시 어용노조 하에 노예 상태로 돌아가는 것이 어떤 것인지에 대해 확실하게 알고 있었기 때문에 무시무시하게 싸웠다는 것이다.[1]

본 연구에서 다루는 청계피복, 동일방직 등의 사례는 널리 알려진 1970년대 절정의 투쟁들이었다. 본 연구의 목적은 1970년대 민주노조의 선택을 '선'이라고 상정했던 기존 민주노조운동사와 관련된 지배적인 해석에 대해 반론을 제기하기 위해서이다. 바로 70년대 민주노조운동을 둘

러싼 균열을 '민주 대 어용'으로 단순화시킨 지배적인 해석이 지닌 '제한성'을 드러내는 것이 본 연구의 목적이다.

특히 노동사가들은 70년대 여성노동자들의 투쟁을 투쟁기계 혹은 민주노조운동의 영웅으로 기술해왔다. 그러나 노조의 결성과 노동쟁의를 둘러싼 '여공의 담론'과 '여공에 대한 담론들'은 노동사가들이 전제하듯이 '민주 대 어용'이란 이분법만으로 이해하기 어렵다. 본 연구에서는 기존 1970년대 노동운동 해석에서 은폐된 민주노조 내부의 균열을 여성노동자들의 익명적 지식을 통해 드러내고자 한다. 그러나 본 연구의 목적이 1970년대 여성노동자에 대한 새로운 자료를 모아 '역사'를 다시 쓰려는 것은 아니다. 오히려 과거 산업화시기에 대한 지배적인 담론들이 의존한 시각과 방법 및 자료들과는 다른 시각에서 여성노동자를 둘러싼 담론들을 분석하고자 한다.

다시 말하자면 기왕의 역사 해석들이 무가치하다고 사료로 인정하지 않았으며, 해석의 프레임으로부터 배제되었던 담론과 지식들을 드러내고자 하는 것이다. 이런 연구 전략의 목적은 산업화시기 여성노동자를 둘러싼 담론이 전제하는 특정한 방식의 사유, 혹은 지식체계를 드러내는 것이며, 볼 수 없던 것을 볼 수 있게 하는 사유 방식, 푸코 식으로 말하자면 '계보학적 전략'이다.*

1970년대 여공에 대한 담론 분석을 통한 '계보학적 접근'이 지니는 장

---

* 푸코는 자신의 연구를 개념과 담론의 지층地層을 파고 들어가 그 계보를 추적하고, 이를 통해 개념의 역사 속에 존재하는 연속·불연속의 과정이 담론의 지층 내부에 어떻게 새겨져 있는가를 연구하는 작업이라고 이야기했다. 푸코는 오늘날 인간과학들이 객관적인 동시에 주어진 것으로 받아들이고 있는 기본 개념과 범주들 — 예를 들어 범죄성, 광기, 질병, 섹슈얼리티 등 — 의 객관성 자체를 근본적으로 문제화하기 위한 '도구'로서 역사를 사용했다. 이 점에서 그의 분석들은 '반역사학(anti-history)'의 성격을 강하게 띤다. 그리고 이때 계보학이란 진정한 지식의 이름으로 또는 몇몇 사람들이 독점하고 있는 과학의 권리를 내세워 국부적인 지식에 침투하고 거기에 위계질서를 세워 그것을 정돈하려는 통일적인 이론의 심급에 대항해서, 국부적이고 불연속적이며 폄하되고 합법성을 인정받지 못하는 지식에 활기를 불어넣는 작업이라고 할 수 있다. 미셸 푸코(박정자 옮김), 『사회를 보호해야 한다』, 동문선, 1998, 26~27쪽.

점은 여성노동자를 노동계급이 아니라거나 혹은 '비정치적-비자율적'으로 사유하는 조합주의-경제주의적 해석* 그리고 그 반대편에 서서 여성노동자에 의한 민주노조운동을 '무오류의 신화'로 해석한 '민주화 담론' 양자를 동시에 반박할 수 있다는 점이다. 이를 위해 본 연구에서 분석하는 '여공 담론'은 크게 3가지 종류로 구분해 볼 수 있다.

(1) 1970년대 여공의 담론이다. 이는 작업장, 주거, 노동운동 등에 대한 여공들의 익명적 지식** 등을 포괄하는 '여공 자신에 의해 만들어진 담론'이다. (2) 1970년대 당대에 만들어진 '여공에 대한 담론'으로 고용주, 국가기관, 교회 등 여공을 둘러싼 담론 생산자들이 1970년대에 생산한 담론들이다. (3) 1970년대 이후에 노동사 연구자들과 노동운동가 등에 의해 만들어진 '여공에 대한 담론'을 마지막으로 들 수 있다. 이 경우 1970년대 여공 및 여공에 의해 주도된 민주노조운동에 대한 평가 및 해석이 중심이 된 담론들이다.

구체적인 연구 대상과 관련, 본 연구는 제조업(특히 섬유산업) 여성노동자들을 둘러싼 담론을 주요 분석대상으로 한다. 본 연구에서 사용하는 사료는 주로 여성노동자들과 노동조합, 도시산업선교회 목사들과 실무자 등이 발간한 수기, 노동조합사 등과 70년대 섬유업종 민주노조에서 기숙사

---

* 여성노동자에 대한 조합주의, 경제주의적 담론을 대표하는 논저는 김금수, 이목희, 김백산, 양승조 등이다. 반면 민주화 담론에 기초해서 70년대 여성노동자에 대해 분석한 대표적 문헌은 구해근의 논문이 있다. 김금수, 『한국 노동문제의 상황과 인식』, 풀빛, 1986; 이목희, 「10월 유신과 민주노동운동의 외로운 출발」, 『70년대 이후 한국노동운동사』, 동녘, 1994; 김백산, 「한국 노동조합운동의 특성」, 박현채 외 편, 『한국자본주의와 노동문제』, 돌베개, 1985; 양승조, 「1970년대 민주 노조운동의 평가와 교훈」, 『한국노동운동 20년의 결산과 전망』, 세계, 1990; 구해근, 『한국노동계급의 형성』, 창작과 비평사, 2002.

** 푸코는 크게 두 가지 의미에서 '익명적 지식'을 사용하고 있다. 한 가지는 충분히 가공되지 않은 지식 또는 비개념적인 지식들로 폄하된 일련의 지식, 순진하고 낮은 위계에 속하며 기존 과학의 수준까지 미치지 못하는 하위의, 자격이 없는 주변적인 '보통 사람들의 지식'을 지칭한다. 다른 한편 '익명적 지식'은 기능적인 일관성이나 형식적 체계화 안에 감싸진 은폐된 역사적 내용을 동시에 지칭한다. 푸코, 앞의 책, 24쪽.

및 소모임 활동을 했던 여성노동자들의 인터뷰를 포함한다. 인터뷰는 박순희(원풍모방 노조 부지부장), 이승철(청계피복노조 사무장), 최영희(인천 도시산업선교회 실무자), 이철순(가톨릭노동청년회 회원), 김세균(크리스챤아카데미 간사) 등을 통해 수행했다.*

물론 1970년대 민주노조 사업장의 여성노동자들이 1970년대 노동계급과 노동자운동 전체를 '대표'할 수는 없을지도 모른다. 하지만 1970년대 민주노조에 속한 노동자들이 남긴 풍부한 '자기진술'들은 그들의 세계관, 의식, 익명적 지식체계를 '구체적'으로 살필 수 있게 해준다.** 여기서 수기 및 자료의 '대표성'이란 문제가 제기될 수 있다. 하지만 간과해서 안될 점은 1970년대 여공에 대한 계보학적 연구가 여공에 대한 또 하나의 '과학적 지식'이나 '역사'를 작성하는 것이 아니라는 사실이다. 여공의 담

---

* (1) 최영희는 전북 전주 출생으로, 1969년 이화여자고등학교 졸업, 1973년 이화여대 문리대학 사회학과 졸업, 1973~1980년 기독교 도시산업선교회 노동교육 담당, 1980년 5월 도서출판 석탑 대표, 1987년 10월 한국여성민우회 초대 부회장, 1993년 10월~현재 (주)주간 내일신문 발행인 겸 대표이사를 역임했다. (2) 이철순(1953~)은 1970년대 지오세(가톨릭노동청년회)에서 노동운동 시작. 1978~1983년 천주교 전주교구 노동사목위원회 사무국장. 1987~1988년 전국노동사목협의회 교육부장. 1994~1995년 국제 그린피스 동아시아 환경운동가 프로그램 준비위원장. 1996년 이후 한국여성노동자협의회 대표 등을 역임했다. (3) 이승철(1949~)은 전남 나주시 동강면 출생. 68년 8월경 평화시장에 들어가 70년 청계노조 설립 이후 청계피복노조 지부장, 사무장, 조직부장, 조사통계부장을 역임했고 1981년 청계노조가 강제 해산될 때까지 노동운동에 참가했다. 현재는 신당동에서 자영업을 하고 있다.

** 정부 측 자료는 저항의 양상 등을 감추기 위해 순조롭고 평화로운 작업장 질서와 이를 뒷받침하는 서술을 반복해서 기록한다. 하지만 거꾸로 생각해보면 이 자료들이 특정한 사실을 배제하려는 메커니즘을 은폐하고자 한다는 것을 알 수 있다. 노동자 수기들도 마찬가지다. 노동자 수기들은 늘 여성노동자들의 헌신적이고 투쟁적인 역사를 기록한다. 하지만 구술사료나 반대 측의 자료를 보면 여성노동자 내부의 균열과 이탈이 존재한다. 마찬가지로 노동사와 여성노동자의 수기 역시 노동자의 정치적 동원이나 노동운동의 정당성을 합리화하기 위해 윤색되었을 가능성이 매우 높다. 일부에서는 여성노동자들의 수기는 생존의 절박한 요구에서 출발했기 때문에 목적성과 정치성이 미약하다고 주장한다(이정희, 「휴육되는 몸, 저항하는 몸」, 『페미니스트 연구』 제3호, 2003, 176쪽). 물론 87년 이후 수기들에 비해서는 미약하지만, 이들 수기 역시 민주노조의 정통성을 위해 상당히 많이 윤색되었을 수 있다. 1970년대 노동자 수기에 대한 비판적 검토는 다음을 참조. 신병현, 「1960, 70년대 산업화 과정에서 가부장적 가족주의 담론과 여성노동자 형성」, 『한국 산업노동자의 형성과 생활세계』 제1차년도 연구발표회, 2003년 5월 10일, 4~7쪽; 김원, 「여공담론의 남성주의 비판」, 서강대 정치외교학과 박사학위논문, 2003, 7~9, 554~560쪽.

론 분석을 통한 계보학적 연구는 여공에 대한 지배적 담론의 지층 밑에 숨겨진 의미와 맥락, 관행 등을 드러내는 작업이다. 그리고 숨겨진-비공식적 지식을 드러내고자 하는 작업은 또 다른 공식적 역사를 쓰는 것과는 정반대의 작업이다. 따라서 계보학적 연구에서 '사료의 대표성'이란 문제 설정 자체는 또 하나의 과학적 역사(혹은 담론)를 서술한다는 상이한 전제에서 제기되는 문제이다.

2. 1970년대 여성노동운동을 둘러싼 '민주 대 어용' 담론에 기초한 해석의 검토

기존 역사학과 사회과학 연구에서 박정희 시기는 독재 대 민주 혹은 민주 대 반민주라는 기본적인 대립선으로 서술되었다. 특히 모든 의미 있는 정치적 행위는 민주화운동과 연관되어 해석되었다. 본 연구에서는 이런 기존 해석 경향을 '민주화 담론에 기초한 노동사 해석'이라고 부르고자 한다.* 이것은 매우 중요한 문제인데 기존 해석 틀에 따르면 민주화운동의 정치투쟁으로부터 외부화된 행위, 실천, 담론은 의미가 없는 것으로 평

---

* 이런 경향을 다시 강조하는 입장이 조희연이다. 그는 반공규율사회 하에서 60년대와 다른 저항적 정체성과 감수성을 70년대 노동자들(정확하게 '선진 노동자')이 지니게 된다고 논하며, 이는 노동계급의 탈주체화에서 자본주의적 사회의 재생산 질서를 쟁점화하는 '주체화적 구성'이라고 논한다. 그는 자신의 입장이 한국 현대사에 대한 일상사적 접근에 대한 비판적 검토에 근거해 이루어졌다고 하지만, 실제로 '민주-어용'이라는 70년대 저항적 주체의 '발전적 양상'만을 재특권화시키는 지배적 노동사-현대사 해석의 '보수적 반응'이라고 필자는 파악한다. 단적인 예가, "1970년대 박정희 식 개발에 순응했던 여성노동자들은 민주노조운동의 전사로 전환"(조희연, 『역사비평』, 174쪽), "반독재 민주화운동의 확산으로 국가권력의 압도적인 강제력과 폭력성이라는 공포와 위협에 묵종하던 민중이 공포를 극복하는 계기……선도적 인자들의 희생은……대중이 공포를 극복하고 지배에 대한 허구적 동의를 철회하게 되는 데는 희생양이 필요……"(같은 글, 176쪽) 등이다. 조희연, 「반공규율사회와 노동자 계급의 구성적 출현」, 『당대비평』 여름호, 2004; 「박정희 시대의 강압과 동의: 지배, 전통, 강압, 동의의 관계를 다시 생각한다」, 『역사비평』 여름호, 2004 참조.

가절하된다. 그 중 대표적인 것이 박정희 시기 여성노동자와 여성노동자에 의한 '여성 민주노조운동에 대한 담론'이다.

1970년대 여성노동운동에 대한 해석들을 보면, 첫 번째로 민주노동운동에서 교회 단체의 역할을 강조하는 입장들이다. 대부분의 교회 단체의 노동운동사 서술[2]이나 신광영의 해석[3]도 여기에 해당된다.* 특히 남성 노동사 연구자들의 경우, 70년대 여성노동운동의 집단적인 불만 표출이 가능한 것은 한편으로 비판적 대중(critical mass)으로서 종교단체의 활동이 존재했기에 가능하다고 논한다. 하지만 동시에 자발적인 노조운동을 약화시키는 원인으로 종교단체의 지적·비정치적 영향력을 지적하면서, 70년대 노동운동의 특징을 임금 문제를 중심으로 한 '경제주의'와 '반남성주의'라고 지적한다.[4]

다음으로 지적할 수 있는 경향은 교회 단체의 '제한적 역할'을 강조하는 해석들이다. 송호근은 70년대 노동정치의 성격을 '전면적 억압' 혹은 '배제의 정치'라고 규정하고, 국가와 정보기관의 감시망을 벗어난 민주노조운동에서 '비공식 집단'과 노조 내부 선거 제도의 중요성을 강조한다.[5] 특히 그는 교회 단체의 역할을 강조하는 입장들과 달리 교회의 영향력이 상대적으로 취약했음을 강조했다. 유사한 맥락의 연구가 전순옥의 연구이다.[6] 청계피복노조를 중심으로 구성된 그의 연구는 70년대 여성노동자들을 '희생양'으로 간주하는 서구 이론에 기초한 여성주의 연구를 비판하며,

---

* 김승경과 이옥지는 기존 노동사의 남성주의적 지점에 대해 비판적이지만, 70년대 여성노동자들의 투쟁 및 노동쟁의 서술에 있어서 기존 연구의 시각과 크게 다르지 않다. 크게 보면 뒤에서 설명할 구해근의 해석도 여기에 속하지만, 그의 해석이 신광영의 설명과 결정적으로 갈라지는 지점은 신광영은 구해근과 상반되게 이 시기 여성노동운동의 결정적인 취약점으로 민주화운동과 연결되지 못한 점을 지적하고, 남성노동자의 부상에 따라 여성노동운동의 주변화는 필연적이라고 해석하고 있다. 이 점에서 기존 국내 노동사 연구자들은 몇몇 여성주의 연구자들을 제외하고 70년대 여성노동운동의 약화를 당연한 결과로 보고 있다. Kim Seung-kyung, *Class struggle or family struggle?: the lives of women factory workers in South Korea*, Cambridge: Cambridge University Press, 1997; 신광영·김현희, 「여성과 노동운동: 70년대 여성노동운동을 중심으로」, 1996년 후기사회학대회, 1996 참조.

당대 여성노동자들의 헌신적인 투쟁 및 민주노조운동 운영을 강조한다.[7] 특히 그는 민주노조에 있어서 교회의 역할보다는 여성노동자들에 의해 구성된 소그룹 등 자의식적 활동에 무게를 두고 있다. 그러나 청계피복의 노조 활동을 기타 노조의 '모델'(혹은 '모범')로 평가하는 점과 기존 노동사 연구가 전제하는 '민주 대 어용' 균열을 전제하고 그 내부의 균열에 주목하지 못하는 한계는 여전히 존재한다.*

끝으로 주목할 만한 연구는 최장집의 연구 성과이다.[8] 그의 연구는 여러 논란이 존재하지만 70년대 민주노조운동에 대한 통찰력 있는 지적들 — 자주노조의 딜레마, 교회 단체의 자기 제한성 등 — 을 제시했다. 우선 최장집은 70년대 민주노조(혹은 자주노조) 재생산의 어려움에 대해 매우 정확하게 지적했는데 잠시 인용하면, "……고용주들의 엄청난 공세에 노동자들이 직면하게 되었을 때 그들은 자신들의 억울한 처지를 외부에 알려 여론화를 시도……이럴 경우 그들은 대개 도시산업선교회의 도움을 구했다. 투쟁이 외부세력과 연결되면 분쟁은 즉시 일개 회사 수준에서 전국적 정치의 장으로 옮겨지게 되고, 여기서 국가 당국은 어떠한 대가를 치르고서라도 결코 싸움에 질수 없는 상황에 빠진다. 이렇게 해서 결국은 그나마 허약하던 노조의 자주성이 아주 붕괴되고 마는, 항상 똑같은 결과만이 초래된 것이다……" 민주노조의 사회화·외부화 투쟁이 단위 사업장 노조에 미친 부정적 효과 및 내부 균열에 대해 상당히 시간이 지난 연구임에도 잘 지적하고 있다.** 또한 초기 교회의 중요성 역할을 인정하지만, 이념적

---

* 물론 1970년 처음 만들어진 청계피복노조와 이소선과 활동가들의 투쟁과 경험이 이후 만들어진 민주노조들에게 정신적·실질적인 자원인 점은 사실이다. 하지만 청계피복노조가 다른 노조의 '전형'이라고 평가하는 것은 논란의 여지가 있다. 김기용의 인터뷰, "어머니의 힘, 이소선"(1994), 한국방송공사, 〈인물현대사〉 2004년 5월 21일 방송.

** 국가 코포라티즘을 60~70년대 한국에 적용시킨 점에서 논란이 여전히 존재하지만, 그의 박사학위 논문인 이 연구는 산업화시기 노동관계에 대한 균형 잡힌 통찰력을 제공해준다.

지평이란 점에서 한계가 분명했음을, 즉 교회가 노동운동 태동기에 있어서 '경제적 조합주의'로 노동운동을 이끈 점, 다시 말해서 산업평화와 생산성을 연계시키려고 했던 국가엘리트의 그것과 본질적으로 차별적이지 않음을 강조했다.[9]

이상에서 살펴본 여성 민주노조운동에 '대한' 많은 해석들이 공유하는 것은 여성노동자들과 그 운동이 지닌 내부의 복잡성을 민주—어용이라는 '이분법적인 틀'로 사고하게 만드는 점이다.* 동시에 민주노조 내부의 주체인 여성노동자들을 중성적·남성적 전사—투사의 이미지로 형상화함으로써 민주노조운동 일반은 무모순적인 것으로 '신화화'된다.

이런 신화화를 부추긴 가장 대표적인 연구가 구해근의 『한국 노동계급의 형성』(2002)이다. 에드워드 팔머 톰슨(E. P. Thompson)의 방법론을 빌려와 한국 1970~1990년대 노동자 운동에 적용시킨 이 글은 1970년대 여성노동자에서 출발, 1987년 노동자대투쟁을 거쳐 한국 노동자계급이 걸어온 궤적에 대한 하나의 '신화' 내지 '서사'를 형성하기 위한 논리 구조를 갖추었다. 그리고 이 모든 신화는 하나의 연속적이고 긍정적인 요소들로 가득 차있다. 톰슨의 『영국 노동계급의 형성』이 개량화되고 약화되어가는 영국 노동운동의 과거와 역사에 대한 하나의 '신화 만들기'가 목적이었듯이, 구해근의 연구가 가지는 정치적 효과 역시 약화되어 가는 한국 노동운동에 대한 '신화' 만들기이다. 예를 들어 동일방직 투쟁에 대한 평가가 그렇다.[10]

---

* 상당수 연구들은 70년대 민주노조를 형성한 여성노동자들이 가장 큰 문제로 느낀 것을 노동조합의 '어용성'이라고 지적하면서, 70년대 노조에서 남성중심주의를 중심적 문제로 다루는 것이 타당하지 않다고 논한다(방혜신, 「70년대 여성노동운동에서 여성 특수과제의 실현조건에 관한 연구」, 서강대 사회학과 석사학위논문, 1993, 15쪽). 그 대표적인 것이 도시산업선교회와 한국노총 간의 '균열'이다. 하지만 바꿔 생각해보면, 중심적 균열을 '어용 대 민주'로 단순화시키고 기타 균열 — 남성노동자와의 문제, 교회 및 지식인과 노동조합 간의 관계 등 — 은 부차적인 주변화된 서술로 밀려난다.

초기 투쟁이 진정한 노동자 위주의 노조를 만들어서 작업조건을 개선하기 위한 노력이었다면, 해고 이후의 활동은 단일 작업장 외부에서 이루어졌기 때문에 민주노조운동이 지하 네트워크를 확대하는 데 기여했다. 그러므로 동일방직 투쟁은 노동운동과 학생 및 재야지식인의 민주화운동 간의 유대를 강화시키는 데 크게 기여했다. 노조운동가들을 산업영역에서 쫓아냄으로써 박정희 정권은 실제로 그렇게 막고자 했던 반정부 정치운동과 점증하는 노동운동 간의 동맹을 촉진시켰던 것이다.*

구해근의 인용문은 동일방직 여성노동자의 노조정상화 투쟁에 대한 평가인데 본 연구의 평가와 정반대 입장에 서 있다. 민주화운동과 결합한 동일방직 해고 투쟁의 현장과의 유리, 노조활동의 포기, 인천 도시산업선교회의 오류 등의 내러티브는 모두 삭제하고, 민주화운동과 유대를 '맺었기 때문에' 긍정적이라는 평가로 일관하고 있다.[11] 구해근의 노동사 서술의 특징 가운데 핵심은 이런 논쟁적인 담론이 교차하는 사건과 문제 가운데 '긍정적인 내러티브'만을 강조해서 노동운동의 신화 혹은 민주화운동과 노동운동의 동맹이라는 특정한 담론만을 특권화시킨다는 점이다.[12]

구해근이 생산하는 1970년대 노동운동에 대한 담론이 지닌 문제는 여기에서 끝나지 않는다. 이는 도시산업선교회 ── 그가 '교회'라고 표현하는 ── 에 대한 평가에서도 동일하게 나타나는데, "……1970년대와 1980년대 초 한국 노동운동에서 여성노동자들이 보여준 예외적인 역할을 설명하는

---

* 다른 연구에서 구해근은 중산계급의 '한 분파'로서 지식인들이 사회운동에서 중요한 역할을 한 이유를 (1) 노동계급이 고도로 조직화되지 못한 사회적 조건, (2) 비판적 대항 이데올로기의 형성(이른바 '비판적 담론 문화) 등을 들고 있다. 자세한 내용은 구해근, 「한국의 중간계급, 민주화 그리고 계급형성」, 「남북한 정치의 구조와 전망」, 한울, 1994, 187~191쪽 참조.

핵심적 요인은……경공업 여성노동자들과 진보적인 교회 조직 간에 형성된 긴밀한 연계에 그에 대한 대답이 있다……"[13] 물론 동일방직 노조 결성에서 인천 도시산업선교회 조화순의 역할이 없었다면 여성노동자들이 스스로를 노동자로 인식하기 매우 어려웠을 것이다. 그러나 동일방직 및 여성 민주노조에서 도시산업선교회 등 이른바 교회 단체 — 구해근이 유기적 지식인이라고 부르는 — 와의 연계가 반드시 긍정적이었는가에 대해서는 부정적일 수밖에 없다. 노조 활동 및 방향에 대한 지나친 개입, 노동문제의 사회화를 통한 노조로서 기능 상실, 민주 대 어용이라는 이분법에 기초한 '어용 만들기' 등 숱한 모순과 균열이 민주노조운동과 도시산업선교회 사이에 놓여져 있다. 하지만 이런 모순과 균열은 구해근이 생산한 1970년대 민주노조운동에 대한 내러티브 속에는 철저하게 배제되어 있다.* 이제 구체적으로 청계피복노조와 동일방직의 두 가지 사례를 통해 '민주 대 어용' 담론의 한계를 살펴보도록 하자.

3. '민주 대 어용' 균열 구도에 대한 비판적 검토

청계피복노조, 지식인의 정치적 실험장

1970년 11월 전태일의 분신 이후 청계피복노동조합은 '민주노조의 상

---

* 기존 연구들 가운데 '유일하게' 이 문제를 지적하는 것이 정미숙(1993, 131~132)의 연구이다. 잠시 인용해보면, "소모임 활동이 주로 영등포 산업선교회와 관계하며 진행이 되었기 때문에 노조와의 관계에 있어서 마찰을 일으킬 소지가 있다……즉 비공식조직이 외부단체를 중심으로 이루어지기 때문에 노조의 자주성 문제를 일으킬 수 있다……동일방직의 경우 일반 조합원과 핵심 활동가 사이에 산선을 둘러싼 분열상이 나타남으로써 조직화 과정에서 문제가 되었다. 핵심적인 활동가들은 대량 해고된 다음에 도시산업선교회를 주 모임 장소로 하고 교회세력의 사회여론화에 의존하여 강고하고 끈질긴 폭로투쟁을 벌였다……"라고 서술하고 있다. 노조와 교회 단체 사이의 균열에 대해서는 김원, 「1970년대 민주노조와 교회단체」, 『산업노동연구』 제10집 1호, 2004 참조.

징'으로 자리잡았다. 실제로 청계피복노조 10년의 역사는 조합간부들의 분신, 9.9 투쟁과 같은 빌딩 위에서 투신, 자살기도, 단식투쟁, 연좌농성과 이에 따른 체포와 기소, 가두시위 등의 연속이었다.*

먼저 다른 민주노조와 상이한 청계피복노조 설립과정 상의 특징을 살펴보면, 전태일의 장례 직후 이소선과 전태일의 동지들은 장례 직전 약속된 노조 사무실을 찾아갔지만 한 군데도 열려 있지 않았다.[14] 이에 흥분한 이소선과 전태일의 동지들은 평화시장주식회사 사무실로 찾아가 책상이며 집기를 닥치는 대로 부수며 항의하자, 그때서야 사무실 열쇠 꾸러미가 나왔다. 하지만 며칠 뒤 다시 노조문은 굳게 잠겨 있었고 이소선과 삼동회 회원들은 경비들에게 쫓겨나고 만다. 그러자 이소선과 김동환 목사, 삼동회 회원들은 평화시장 노동자들과 함께 을지로 6가에 있는 '경기여관'에 모여 투쟁의 방향에 대해 논의했다.** 일단 이들이 선택할 수 있는 방법은 평화시장의 문제를 사회화시켜 여론에 압력을 넣는 것이었다. 이들은 러

---

* 1970년대 청계피복노조의 대표적인 투쟁을 간략히 정리하면 다음과 같다. (1) 1972. 4. 22: 여성노동자 권익신장을 목적으로 '평화 새마을 교실'을 설립·운영. (2) 1975 2. 7: 노동교실 운영권을 사용주들이 일방적으로 뺏으려는 데 맞서 7시간 동안의 농성투쟁 끝에 요구조건을 전면 관철. 유림빌딩 3, 4층을 임대해서 노조 관리 하에 노동교실을 지속적으로 운영. (3) 1976. 9. 10: 풍천화섬 노동자 5백여 명이 추석작업을 거부하고 기숙사에서 시위 농성. 9.13: 풍천화섬 시위 주모자 박숙녀의 범인 도피죄로 양승조 총무부장이 구속되자 석방될 때까지 활발한 투쟁 전개. (4) 1977. 7. 10 협신피혁 폐수처리장에서 경비절감을 위해 폐수시설을 가동치 않고 민종진으로 하여금 폐수처리를 시키다 가스중독으로 질식사. 한강성심병원에서 노동자들 스스로 장례식 거행 후 서울, 인천 등지의 2백여 노동자들이 유해 작업장 감독 철저, 임금인상 시행, 근로기준법 준수, 노동3권 보장 요구하며 영구차 시위 중 경찰과 충돌 후 노동청 앞마당에서 연좌농성. 이 과정에서 이소선 등 42명이 연행됨. (5) 1977. 7. 22: 이소선이 장기표의 재판정에서 노동문제가 거론되자 구타 자국을 보이며 법정에서 항의. 이에 태릉경찰서 형사의 이소선 어머니에 대한 연행시도가 있었으나 조합원 50여 명이 격투 끝에 물리치고 노동교실로 모여 대치. (6) 9.9 투쟁 (1977. 9. 9): 이소선 석방과 노동교실 반환 요구하며 결사투쟁. 민종덕 투신, 신승철, 박해창 할복 기도. 전순옥, 임미경 투신 기도.

** 전태일이 자조적으로 조직한 "바보회"는 노동청 진정서 사건이 실패로 돌아간 뒤 '삼동회'로 변모했고, 전태일의 주변 친구들로 구성된 이 조직은 70년대 내내 노동조합의 중추적인 활동가를 양산해냈다. 이소선, 『어머니의 길 – 이소선 어머니의 회상』, 돌베개, 1990; 조영래, 『전태일 평전』, 돌베개, 1983; 김기용, 위의 인터뷰 참조.

닝셔츠에 요구조건인 8개 사항*을 빨간 글씨로 쓰고, 국회의사당에 들어가 작업복을 벗고 전부 농성을 하기로 했다. 이들은 여관까지 쫓아온 형사를 물리치고 국회의사당으로 향했지만, 정문에서 국회 경비원에 잡혀 몸싸움을 벌인 끝에 경찰에 연행된다. 그 결과로 당일 국회의사당 사건은 신문에 크게 보도되고 이런 천신만고 끝에야 노조 사무실을 확보할 수 있게 되었다.[15]

다른 사례들에서도 확인할 수 있지만, 초기 민주노조 활동가들의 전형적인 투쟁방식은 이런 시위, 농성 등의 방식으로 노동문제를 사회화시키고 이를 통해 노동청, 고용주 측에 압력을 가해 요구 사항을 관철시키는 것이었다. 이는 두 가지 의미를 지닌다. 한 가지는 1970년대 초반, 아직 노동관계와 관련된 집단행동이 구체화되지 않은 시점에서 노조 항의의 전형적인 방식이라는 점이다. 박정희 정권 아래 노동정책은 초기부터 그다지 체계적이고 일관된 틀을 가지지 못했다. 정치적 차원이건 경제적 차원이건 개별 노조 및 전체 노동부문에 대한 포섭 전략은 일관된 것이 아니었으며,** 체제 안정을 위한 노동부문의 정치적 동원은 1963년 노동법 개정

---

* 장례 당시 이소선이 제시한 8개 요구조건은 평화시장에서 노조 결성 인정, 하루 16시간 일하던 것을 8시간으로 줄일 것, 매주 하루를 쉬게 할 것, 정기적인 급료 검토, 적어도 일 년에 한번 모든 노동자들에게 건강검진 실시, 다락방 철거, 시다 임금을 두 배로 올리고 고용주가 직접 지급할 것, 환기구 설치 등이었다(전순옥, 『못 다한 시다의 노래』, 한겨레신문사, 2003, 274쪽). 그 이후에도 10시간이던 작업 시간 단축, 저녁 8시 이후 잔업 철폐, 주일 휴무 실시, 악명 높던 다락방 철거 등을 통해 당시 법이 정한 근로기준법의 수준에 노동조건이 근사하게 다가갔다. 초기 노사협의회 설치도 고용주의 조합원 노조 가입 방해 공작에 대해 이소선을 포함한 11명 조합원이 온몸에 휘발유를 뿌리고 경찰과 대치한 끝에 얻어낸 성과였다. 또한 다락방이 철거되고 노동시간이 저녁 8시까지 단축된 75년 12월 24일 '근로시간 단축을 위한 단식'(조합원 50여명 참가) 등도 중요 사례였다. 이 모든 것이 청계피복노조가 이루어낸 성과의 한 측면들이다(김기용, 위의 인터뷰).

** 박정희 시기 노동정치-노동체제의 성격을 둘러싸고 '국가 코포라티즘' 혹은 '시장기제적 억압' 등의 논쟁이 존재한다. 특히 송호근은 67년을 전환점으로, 김삼수는 72년을 기점으로 다소 상이하게 60~70년대 노동관계 변화에 대해 서술하고 있으나, '유인 없는 억압', '배제의 노동정치'라는 점에서는 공통적이다. 1970년대 노동정책의 개괄적 상황은 다음의 글을 참조. 송호근, 「박정희 체제의 국가와 노동」, 한국정치학회 박정희 시대의 한국: 국가, 시민사회, 동맹체제 세미나, 2000; 최장집, 『한국의 노동운동과 국가』,

시기부터 금지 혹은 부차적 의제로 사고되었다. 이 점에서 상당수 민주노조의 직접적이고 전투적인 집단행동은 개별 노사관계에 대한 무원칙적인 국가의 개입과 강제적 조치에서 기인되었다고 볼 수 있다.[16] 이런 조건 하에서 청계피복노조 활동이 70년대 노동운동사에서 지니는 의미는 노조가 활동가능한 ― 유신체제가 설정해 놓은 ― 제도적 한계를 항상 '침범'하는 단체행동으로 민주노조가 할 수 있는 '최대치'를 보여주었다는 점이다.[17]

하지만 여기서 더욱 중요하게 지적해야 할 것은 항의, 직접 행동, 시위 등에 기반한 노조 활동은 그만큼 노조 조직력이 매우 취약하다는 것을 간접적으로 말해준다는 점이다. 1970년대 민주노조에서 지속적으로 노사 간의 협상을 통해 안정적인 조직력을 보여준 사례는 원풍모방노조 정도였다.[18] 하지만 다른 노조들은 2~3년 정도의 짧은 민주노조 운영과 잦은 고용주 측의 도전으로 인해 조직력이 취약했다.

물론 조직력 수준의 높고 낮음을 막론하고, 제기되는 이슈는 1970년대 내내 거의 유사했다.* 문제는 이들 이슈들이 처리되는 방식과 그 과정에서 노조의 저항이 조직, 표출되는 방식이었다. 정당을 통한 정치적 포섭·동원이 봉쇄되었고 노동자들의 '단결권'이 법-제도적으로 결여된 조건하에서 노조의 선택 역시 불규칙적이며 불안정했다.** 바로 이런 현상은 지

열음사, 1988; 김삼수, 「박정희정권 시대의 노동정책과 노사관계-'단결금지'의 노동정책과 노사협의제」, 『사회경제평론』 18호, 2002; 「한국자본주의 국가와 노동: 1970년대의 노동정책」, 『1970년대 산업화 초기 한국노동사 연구 - 노동운동사를 중심으로』, 성공회대학교 사회문화연구소, 2003; 김형기, 『한국의 독점자본과 임노동 - 예속독점자본주의하 임노동의 이론과 현상분석』, 까치, 1988 등을 참조.

* 민주노조운동에 있어서 임금인상, 노동조건 개선, 노조민주화 등이 일반적 의제였는데, 이는 법이 규정해 놓은 근로기준을 준수하고 국가가 노동자를 보호해줄 것을 요구하는 수준이었다(최장집, 앞의 책, 134쪽). 특히 '여성노동자'로서 결혼퇴직제 철폐 투쟁, 산전산후휴가 쟁취 투쟁, 여성노동자 승진승급 투쟁, 수유시간 확보 투쟁 등 여성 특수의제는 콘트롤데이타, 원풍모방, 삼성제약 등에 국한되어 제기되었다. 방혜신, 앞의 글; 한명희, 「아름다운 여성노동운동사, 한명희」, 『여성과 사회』 제9호, 1998 참조.

** 60년대 노동법과 노사관계는 최소한 노조를 '법인法認'하는 정책이었으나, 72년 이후 노총의 역조합기구화 과정 ― 공장새마을운동 및 노사협의회 상설화 ― 에서 실제적인 노조 '부인否認' 정책으로 전화했다. 60~70년대 노동정책의 함의는 김삼수, 「한국자본주의 국가와 노동: 1970년대의 노동정책」, 『1970년대

도력과 기층노동자(rank-and-file worker)의 동원력의 취약성으로 드러난다. 그 대표적인 사례가 바로 청계피복노조다.*

두 번째 문제는 청계피복노조의 특수한 성격으로 지식인, 학생(운동)과의 연계다. 잘 알려진 사실이지만, 전태일은 한문으로만 씌어진『근로기준법』을 보며, "나에게 대학생 친구가 한 명만 있었더라면"이라고 소원했다고 전해진다.[19] 1970년대 사회에서 대학생이란 '특수한 존재'였다. 1980년대 졸업정원제가 실시되며 전국적으로 대학생 수가 증가했지만, 1970년대만 해도 대학 진학은 사회적 신분의 보장을 의미했고 여성노동자들이 그토록 소망했던 '사무직'이 되는 첩경이었다.[20]

하지만 전태일의 생각처럼 대학생들이 근로기준법에 대해서 잘 알고 있거나 노동문제에 대한 구체적인 인식을 갖고 있던 것은 아니었다. 오히려 전태일의 죽음이야말로 대학생, 더욱 구체적으로 학생운동권이 노동문제에 대해 많은 관심을 가지게 만들었다. 여기에서 청계피복노조의 행동양식을 특징짓는 중요한 요인인 학생 및 지식인과의 결합 문제가 제기된다.** 당시 평화시장에는 장기표, 이재오, 김문수, 김근태, 이광택, 이영희,

---

산업화 초기 한국노동사 연구 – 노동운동사를 중심으로』, 성공회대학교 사회문화연구소, 2003; 최장집, 앞의 책 참조.

* 후술하겠지만 청계노조의 조직력은 외부에 과장(혹은 조작)되어 잘못 알려진 측면이 크다. 정부도 청계노조의 조직적 실체는 1980년 신군부가 들어선 뒤에야 파악하게 된다. 당시 정부는 노조 간부들의 집을 가택 수색하는 과정에서 "니네들이 불쌍하다"라는 말을 남겼다. 이 말의 의미는 같은 시기 발생한 사북탄광의 어용노조 간부들의 치부와 부패를 동시에 조사한 정부가 돈도 권력도 없으면서 노조를 하는 청계노조 간부들을 '불쌍하다'는 단어로 표현한 것이다. 그러나 신군부는 "단체는 모이기만 하면 떠드는 것"이라고 규정하고, 총·칼로라도 청계노조를 해산시킬 것이라고 공언했다고 전해진다(이승철, 2003년 5월 8일 인터뷰).

** 1969년 3선 개헌을 반대하는 운동이 좌절되면서 선진적 학생운동가들은 기존 반정부투쟁이 지닌 정치편향 등 한계를 절감하고 독재체제의 장기화에 대비하는 장기적 대안을 모색했고, 사회변혁이라는 용어를 사용하지는 않았지만 민주화와 사회변화를 포괄적이고 구조적으로 사고하는 경향이 대두했다(김준, 「민주화운동과 교회: 개신교 산업선교를 중심으로」, 『노동과 발전의 사회학』, 한울, 2003, 206쪽). 이들은 사회운동을 통해서 사회 저변의 대중적 역량을 축적, 조직화하고 이런 역량의 결집을 통해 사회변화를 추구할 필요성을 강조하기 시작했다. 이런 배경 하에서 1970년대 노동문제에 대한 지식인, 특히 학생운동

김세균, 장명국 등 모두 이름을 기억할 수 없을 정도의 1970년대 사회운동 관계자들이 몰려들었다. 대표적으로 장기표는 1972년 내란음모 사건 구속 이후 계속 구속, 구류, 수배의 연속 속에서도 청계피복노조와 관련을 맺었다.* 이들은 개별적으로 노동자들을 만나갔고 노조 활동에 '양각 혹은 음각'이라고 볼 수 있는 영향을 미쳤다.[21]

그 동안 청계피복노조에 대한 담론은 저임금과 다락방으로 상징되는 조건에서 강제된 전투적 투쟁이 강조되었다.[22] 그러나 청계피복노조의 전투적 행동을 둘러싼 특이한 담론 구성에 대한 분석은 없다. 이 점에서 학생 출신 활동가들의 담론 및 활동이 청계피복노조에 미친 영향이 다른 사업장과 청계피복을 구분 짓는 숨겨진 익명적 지식이 아닌가 생각한다. 실

진영의 관심은 여러 갈래로 나뉘었다. 먼저, 청계피복노조와 관련, 학생, 재야운동의 일환으로 노동운동과 접촉을 가진 장기표, 조영래, 김근태, 이창복 등을 들 수 있다. 두 번째, 도시산업선교회나 크리스챤아카데미 등 종교계 노동운동 지원단체의 간사 활동 등을 통한 관심과 실천이 존재했다. 대표적인 인물로는 인재근, 최영희, 손학규, 김세균, 신인령 등이다. 세 번째로, 독자적이지만 고립된 이른바 1970년대 대학생 출신 노동자 제1세대로 분류되는 경향이다. 대표적으로는 신금호, 김문수, 문성현, 정윤광, 김영곤, 김영준 등의 흐름이다. 이 경우 조직적 흐름이라기보다, 개인적인 결의나 준비를 통해 현장 노동자 생활과 조합 경험을 쌓은 사례이다. 예를 들어 김문수의 경우, 이미 1970년 방학 기간 중 공장에 취업을 하여 노동 체험을 하는 공장 활동을 시도하였다. 당시 많은 수의 대학생들이 농촌활동을 갔으나 그는 친구 세 명과 함께 "노동자가 대단히 중요하다는 막연한 생각에서 공장활동을 택하였다"고 회고하였다(김문수, 「어느 실천적 지식인의 자기반성 - 노동현장 속의 지식인」, 김문수」, 『현장』 6집, 1986). 70년대 대학 학생운동 활동가들의 노동운동에 대한 기록으로는 정윤광, 「유신반대대학생운동에서 노동현장으로 - 민청학련, 서울 지하철노동조합 투쟁과 정윤광위원장」, 『이론과 실천』, 창간준비 3호, 2001; 주대환, 「폐허 위에서 다시 싹튼 사회주의 운동 - 70년대 학생운동, 부마항쟁, 한국노동당과 주대환위원장」, 『이론과 실천』, 창간준비 4호, 2001; 문성현, 「나의 노동운동과 '살아있는' 전태일들」, 『역사비평』 2000년 겨울호 참조. 도시산업선교회와 민주노조운동 사이의 관계에 대해서는 김원, 「70년대 '여공'의 문화: 민주노조사업장의 기숙사와 소모임 문화를 중심으로」, 『페미니즘 연구』 제4호, 2004 참조.

* 학생, 지식인과 청계노조의 결합은 전태일의 장례식을 학생장으로 치루는 문제에서부터 시작되었다(김기용의 인터뷰 가운데 장기표의 증언). 당시 장기표는 수배망을 뚫고 거의 날마다 이소선을 만났다. 이소선은 노동교실 실장으로 청계노조에 직접 관여했고, 장기표는 배후에서 각종 유인물을 쓰고 전략을 수립했다. 장기표는 근로조건 개선에 주력하던 청계노조를 정치투쟁의 장으로 끌어낸 배후인물이었다. 장기표는 한때 '김씨 아저씨'라는 가명으로 평화시장에 위장 취업한 일도 있었다. 장기표가 개입한 대표적인 예가 사용주 세금투쟁시 노조끼리 힘을 합쳐 투쟁에 임해야 한다고 한 점, 한영섬유 김진수 사건시 사건의 내막을 알려주며 그의 어머니와 함께 투쟁해야 한다는 것 등이다. 당시 자세한 정황에 대해서는 이소선, 앞의 책; 민종덕, 「민종덕 이야기 마당」, www.juntacil.org., 2003 참조.

제로 1970년대 전반에 걸쳐 학생운동이 노동운동과 '조직적' 연계를 가진 경우는 거의 없었으며, 대부분 성명서 및 연대 선언 등이 일반적이었다. 장기표의 청계피복노조와의 연계도 장기적으로 조직적 전망을 가졌을 수는 있지만, 당시 운동의 수준에서는 개인과 개인, 혹은 개인과 노조 간의 연대가 일반적이었다.

이는 몇 가지 요인에 의해 추론이 가능하다. 당시 학생운동의 수준은 노동자운동 및 민중운동에 이념적, 조직적인 지도를 할 만한 수준이 결코 아니었다. 오히려 초보적인 수준에서 노동자의 정서, 경험을 이해하고, 노조 및 조직운동에 대한 지식 및 경험이 부족한 노동자들에게 노하우를 전달해주는 정도였다. 그러나 청계피복노조는 다소 달랐다. 장기표 검거 시에도 드러나는 바와 같이 장기표는 청계피복의 여러 노조 간부들과 노동문제에 대해 정기적으로 논의를 했고, 장기표가 검거된 장소인 다방 역시 노조 간부인 이승철 그리고 박문담과의 약속 장소였다. 이런 사실은 장기표와 청계피복 및 서울지역 노동운동 활동가간에 상당히 지속적인 관계가 존재했다는 것을 알려준다.[23]

그렇다면 이는 도시산업선교회, 지오세, 크리스챤아카데미 등과 비교할 때 어떤 관계였을까? 1970년대 운동 전반에 있어서, 특히 여성노동자 사업장이나 도시산업선교회 관련 사업장의 경우 대학생이 접근하는 것을 달가워하지 않았다.[24] 그러나 청계피복노조는 다소 다른 조건이었다. 동일방직이나 반도상사와는 달리 '지도부'가 여성이 아니라 삼동회 멤버와 이소선 주변 남성 활동가들이었다.* 노조의 형태도 평화시장 일대의 조건으

---

* 물론 시간이 지나가면서 여성노동자들이 노조에서 견인차 역할을 하게 된다. 청계피복노조의 경우 도시산업선교회와 직접적 관계없이 소모임이 만들어진다. 평화시장에서 노조가 결성된 뒤 6개월 정도 뒤에 노조 여성부장이던 정인숙은 여성노동자들과 좀 더 쉽게 의사소통을 할 수 있는 방안으로 모임을 만들기 시작한다. 노조 활동가들이 공장 가까이 일하는 노동자들을 각각 10~15명 정도로 나누어 조직을 관리하는 책임을 맡았고, 이 체제는 '아카시아회'라고 불렸다. 1973년까지 3개 주요 시장을 통틀어 50개가 넘는

로 인해 연합노조의 형태였고 동일방직이나 YH 등과는 조직화의 매개가
달랐다.*

특히 이동이 잦은 사업장의 성격은 안정적인 멤버십을 중심으로 한 조
직 활동보다는 노조에 대한 공권력의 탄압에 즉각적으로 대응하고 시위,
농성 등 전투적 투쟁을 벌이는 경우가 많았다.[25] 그리고 재야 및 외부인사
와의 교류가 상대적으로 많았던 것도 여타의 노조와 다른 투쟁방식을 취
했던 배경이었다.** 다시 말하자면 다른 여성노조들은 가급적이면 법적 테
두리 안에서 노동조합의 활동을 보장받고 문제가 사회화되는 경우 노조가
사측과 공권력에 의해 직접 탄압을 받는 식이었다.*** 그러나 청계피복노조
의 투쟁은 문제의 사회화가 오히려 일상적이었다.

이런 청계피복노조 활동의 특징은 청계피복노조 자체의 특수성과 지

소규모 모임이 존재했다. 특히 널리 분산된 토끼장과 같은 노동착취형 공장으로 침투하는 데 있어서 아카
시아회는 매우 효과적이었다. 아카시아회는 자율적인 소모임의 네트워크이자 여성노동자를 둘러싼 여론
의 장이자 정책입안 체계의 중심이란 점에서 청계피복 여성노동자들의 일상적 정치의 영역이라고 할 수
있다. 자세한 사항은 전순옥, 앞의 책, 322~323쪽 참조.

* 600여개가 넘는 사업장에 대한 통제가 실제 불가능했던 조건에서 고용주와 정부는 법에 명기된 근로기준
법을 어기기 일쑤였다. 따라서 이른바 '극한투쟁을 해야만 정부가 조건을 들어준다'는 인식이 노조 간부
들 내에 존재했다(김기용의 이승철 인터뷰). 더불어 서로 다른 지역적 상황 때문에 청계피복노조 이후에
나타난 민주노조는 청계피복노조와 동일한 발전방식이나 조직구조를 따르지 않았다고 전순옥도 인정하
고 있다(전순옥, 앞의 책, 330~331쪽). 따라서 이를 이후 민주노조의 '정신적 지주' 내지 '본보기'로 평가
하는 것은 적당하지 못한 평가일 것이다.

** 이는 노동교실 운영에서도 드러난다. 중등교실 등을 운영하고 조합원들을 교육시키기 위해 그에 걸맞는
강사진들이 짜여져야 했다. 노조에서 이런 강사들을 구하기 위해 수소문을 한 결과, 당시 현직 중·고등학
교 교사들로 구성된 '상황극단' 단원들이 노동교실 강의를 맡겠다고 자청했다. 하지만 이민(현재 한나라
당 이재오)이 이끄는 '상황극단'은 학생운동을 했거나 민주화운동을 하는 의식 있는 지식인들이었기 때
문에, 이들과 노조가 어떻게 연결되었는지 여부를 둘러싸고 중앙정보부로부터 탄압이 들어올 것에 대비
해서 사전에 알리바이를 만들어야 했다. 그래서 노조에서는 야학 강사들을 구한다는 광고를 일간신문에
게시하고 단원들은 그 광고를 보고 응모한 것으로 위장했다(민종덕, 앞의 글). 이외에도 전남대 이양헌,
서울대 김세균 등이 청계피복노조의 연대 사업, 풍천화섬노조 결성 등에 깊숙하게 개입했다.

*** 최장집은 70년대 존재하던 노동조합의 유형을 (1) 회사지배적 노조에서 회사지배적 노조(방림방적),
(2) 자주적 노조에서 자주적 노조(청계피복과 반도상사), (3) 회사지배적 노조에서 자주노조(원풍모방),
(4) 회사지배적 노조에서 자주노조를 거쳐, 회사지배적 노조(동일방직) 등으로 구분했다. 단위 사업장
문제의 사회화에 따라 민주노조가 회사노조화된 전형적 사례가 동일방직이었다(최장집, 앞의 책).

식인의 대량 개입 때문이었다. 청계노조는 1970년대 내내 지속적으로 전투적 투쟁이 전개된 것으로 알려졌으나 이런 해석은 민주화 담론에 의해 만들어진 것이다. 물론 이소선과 삼동회 회원들의 헌신적인 요구와 강력한 투쟁이 있었으나 상대적으로 청계천 노동자들의 대중적인 지지와 성원은 미약했다. 그 원인으로는 작업장이 집중되지 않은 연합노조의 형태였고 비록 노동교실 등이 존재했지만 안정적인 조합원의 관리와 조직에 한계를 노정했기 때문이었다.[26] 이처럼 청계피복노조는 그 활동에서 '노조'적 성격보다 문제를 외부화시켜 해결하는 경향이 강했다.

본 연구는 기존 청계노조에 대한 해석과는 다소 다른 해석을 제시하고자 한다. 청계피복노조 지도부인 이소선과 삼동회원들의 전투성과 헌신성 그리고 이 과정에서 노동문제가 외부화되는 방식이 반드시 청계노조 그리고 그 내부 여성노동자들에게 긍정적이지만은 않았다.* 1970년대 청계피복노조 관련 지식인들 가운데 노조 간부 등 활동가를 만나지 않은 사람이 없을 정도였다. 문제는 '만남' 자체가 아니라 만남의 내용과 이것이 노조에 미친 영향이다. 이들 지식인 그리고 학생 출신 활동가들은 무엇이든 '투쟁을 해야만 이루어진다'는 의식을 노동자들에게 주입했고 이는 일련의 청계피복노조의 투쟁이 '학생운동적 성격'이 강했던 중요한 이유였다.[27]

물론 이들의 운동가로서 헌신적인 투쟁을 폄하할 생각은 없다. 그러나 노조는 투쟁조직만이 아니다. 물론, 유신 시기 노동정책이란 요소가 고려되어야 하지만, 청계피복노조의 장외투쟁 지속은 지도부의 잦은 교체 그리고 1977년 9.9 투쟁을 통해 노조 조직력의 극적 하락을 가져왔다. 투쟁하지 않는 지도부에 대한 노동자들의 과도한 불신과 부지불식간에 이를

---

* 이소선은 조합 간부들이 외부 활동을 하지 못하도록 했지만, 이소선 본인은 재야·학생운동과의 연계 역할을 적극적으로 수행했다(김기용, 앞의 인터뷰).

승인하는 지도부의 관례적 실천이 이렇게 나타난 것이다. 이는 '과연 청계노조의 기능이 노조로서의 기능인가, 아니면 민주화운동으로서의 기능인가?'에 대해 관찰자로서 의문을 가지게 한다.

대표적 사례인 노동교실을 둘러싼 일련의 투쟁을 보면 이를 좀 더 이해할 수 있을 것이다.* 청계피복노조의 노동교실 역사는 청계피복노조뿐만 아니라 1970년대 민주노조운동의 특징을 말해준다.[28] 청계노조의 창립은 조합원들의 조직적인 힘으로 노동조합이 결성된 것이 아니라 전태일의 분신이 커다란 사회문제가 되면서 사회적 여론의 힘에 의해 결성된 측면이 강했다. 그렇기 때문에 노조 초창기에는 재정적으로 매우 어려울 수밖에 없었다. 조합원으로부터 징수되는 조합비가 거의 없는 상태에서 초기 노조를 운영하기 위해서 전태일 열사 조의금으로 이를 충당해야 할 지경이었다.[29]

실제로 청계노조의 조직력은 매우 취약했고 '파업 자체도 어려운 상황'이 지속되었다. 시장 내에는 700여 개의 사업장과 1만 2천여 명 정도의 강제로 가입시킨 조합원들이 존재했지만, 투쟁에서 동원이 가능했던 최대 인원은 300여명에 불과했다.[30]** 이런 요인들은 청계노조의 조직적 불안

---

* 노동교실은 아주 우연한 계기로 만들어졌다. 아카시아회의 창립자인 정인숙이 '모범 여성노동자'로 뽑혀 청와대에서 육영수를 만나게 되고, 이야기 도중 청계피복의 어린 여성노동자들의 교육 프로그램을 위한 지원을 약속받는다. 그후 3주 뒤에 중앙정부는 3개 시장 고용주들에게 노동교실의 설치에 협조하고 자금을 지원하라는 지시를 내린다. 노동교실의 기능은 친목, 교육, 선후배간의 만남이 이루어지는 요람의 장이었다. 그러나 실제 노동교실은 노동교실이란 공간을 사용 및 운영하는 주체와 목적에 따라 지속적인 대립의 장으로 자리 잡았다. 당시 '교실 운영의 목표' 가운데 일부를 보면, "청계피복 새마을 교실은 확실한 인간상의 관철을 목표로 삼는 도의교육과 경제적인 자원 개발의 일환으로서 수행하는 생산교육의 바탕 위에 시장상가에 종사하는 영세근로자들의 교양과 기술의 지식을 계발하여 긍정적인 생산자의 자세를 확립……"이라고 적혀 있다. 상세한 내용은 전순옥(앞의 책, 2003, 324~325쪽), 김기용(앞의 인터뷰), 민종덕(앞의 글) 등 참조.
** 이 인원수는 이승철이 지부장이던 1976년 풍천화섬 사건 당시 동원된 인원수였다. 실제 청계노조 규모라면 3000명은 동원이 되어야 조직력에 기반한 투쟁을 전개할 수 있는데 당시 동원된 인원은 노조 조직력의 한계를 보여준다(이승철 2003년 5월 8일 인터뷰).

정성과 내부적 전투성 간의 딜레마를 형성하는 요인이었다.

1973년 5월 21일 노동교실 운영권을 노동조합이 완전히 되찾아 이전 개관식까지 마쳤으나 '노동교실'은 온전한 의미에서 자율적인 '노동교실'이 아니었다. 이는 중앙정보부를 정점으로 하는 국가, 정부가 노동교실을 매개로 사용자를 통해서 노동조합을 감시하고 관리하고, 통제하고자 했기 때문이었다. 그러나 노동조합의 거센 반발과 조합원들의 강력한 투쟁으로 이런 방식은 더 이상 유지할 수가 없게 되었다. 그러자 정보당국은 다른 방법으로 청계노조에 대한 감시 및 통제 방식을 준비했는데, 그것은 다름 아닌 청계피복노조의 상급 조직인 어용노조를 통한 조합 간부의 감시와 통제였다.

상급 조직에서 파견된 간부들은 청계천 평화시장 노동자 출신 노조간부들이 노조운영의 경험이 없다는 것을 이용하여 청계피복노조 출신 노동자들에게 노조운영의 실무적인 사항들을 지도하면서, 다른 한편으로 노조운동의 방향이나 정책결정에 일정한 영향을 미쳤다. 이런 노조 내부의 조건은 파견된 간부와 청계피복 출신 간부 사이에 갈등을 낳을 수밖에 없었다.

특히 이소선과 어용노조에서 파견된 간부들 간의 대립은 대단히 심했다.[31] 어용노조에서 파견된 간부들은 이소선이 노조활동에 관여하는 것에 대해 현장에서 일을 하지 않는 이소선은 노사관계의 직접적인 당사자가 아니기 때문에 '불법'이라는 논리를 앞세워 이소선을 노조활동에서 노골적으로 배제시키려고 했다. 이런 복잡한 노조의 상황은 청계피복노조 지도부 내부에 삼동회와 이소선을 한편으로 하는 이른바 전태일 정신을 계승하는 전투적 노조운동 세력과 파견된 간부들 사이의 균열을 낳았다. 또한 이런 균열 양상은 전태일이란 청계피복노조의 정체성이자 상징을 둘러싼 여러 행사와 사업 과정 속에서 드러났다.

이런 청계피복노조의 특징을 드러내는 단적인 예가 1975년 4월 노동교실에서 '전태일 추모의 밤' 개최를 둘러싼 문제였다. 이 경우에도 논쟁은 지도부의 전투성 문제와 외부 개입과 연관된 문제였다. 조합원들은 전태일 추도식이 현장에서 투쟁의지를 다지는 행사여야 한다는 주장이었고, 집행부 입장에서는 사전에 이야기되지 않은, 즉 공식적인 행사가 아니기 때문에 노동교실 사용을 허가할 수 없다는 의견 차이가 있었던 것이다. 다시 말해서 노조 집행부와 평조합원 사이의 갈등이 발생하고, 조합원들은 행사를 강행해서 '추모의 밤' 행사를 개최했다.[32]

이 문제에 대해 이승철은 지배적인 해석과 다소 다른 두 가지 논점을 제기해주고 있다. 한 가지는 '추모의 밤'처럼 정부와 정면으로 충돌하는 행사를 노조라는 조직이 직접 맡아서 할 수 있느냐는 점이다. 바로 당시 조건에서 노동조합으로서 할 수 없는 사업도 존재했다는 것이다. 다시 말하자면 당시 집행부를 일방적으로 투쟁적이지 못했다고 비판할 수 없다는 것이다.

다른 한 가지 논점은 지식인들의 노조 개입의 문제였다. 앞서 청계노조가 외부 지식인들로부터 많은 영향을 받았음을 지적했다. 문제는 지식인의 개입에 의해 조합원과 집행부 사이의 괴리가 발생한 점이다. 이승철의 표현을 빌자면, "지식인들의 특징은 대표자는 만나지 않는다. 대신 밑에만 쑤시는 방식"이라는 것이다. 이에 대해 초기 지부장이던 최종인은 상당히 불쾌하게 생각했다고 한다.* 실제 지식인과 접촉한 노동자들이 노조와 독자적으로 투쟁을 진행한 경우가 존재했기 때문에 더욱 그러했다.[33]

---

* 최종인은 "친구가 앞에서 죽었으니 다음 타자로 우리가 죽어야 한다는 생각으로 싸웠다. 우리는 정말 순수했다. 그때는 외부세력 때문에 조합원의 희생이 늘고 있다는 생각도 했다. 하지만 시간이 흐르고 보니 우리 생각이 좁았던 것 같다."라고 당시를 회고하고 있다. 육성철, 「전태일 분신 30년, 인생을 바꾼 사람들」, 『신동아』 11월호, 2000 참조

마침내 1976년 4월 16일 지부장 이하 모든 임원이 사표를 내고 물러났다. 이어 이틀 뒤에 새로운 집행부가 들어서게 되고, 이소선이 노동교실 실장으로 취임하게 되었다. 이런 일련의 과정은 조합원 가운데 전투적 리더십을 중심으로 한 그룹이 노조의 지도력을 행사하게 된 것이다.* 1970년부터 1980년까지 청계노조의 10년 역사를 보더라도 6명의 위원장이 교체될 정도로 임원진이 자주 교체되었다. 이런 리더십의 잦은 교체와 불안정한 상태 지속은 집행부와 "유달리 투쟁적인 대의원"들의 기대치 사이의 간극이라고 해석할 수도 있다.[34] 따라서 일방적으로 '집행부=비전투적', '조합원=전투적'이란 등식을 적용하기는 어렵다. 하지만 청계피복노조 역시 노조의 리더십에 대한 이분법적인 사유 방식이 존재했다. 예를 들어 집행부 불신임 근거 가운데 한 가지가 노동청 직원에게 개인적으로 소주를 한 잔 사준 것이었다. 당시 노동운동 내에는 정부나 고용주 측과는 접촉조차 해서는 안 된다는 '선명성'이 과도하게 강조되었고, 이를 이승철은 "중간이 없는 사회"였다고 표현한다.[35] 이처럼 청계피복노조 역시 노동운동에 대한 이분법적인 담론이 지배적이었던 것이다.

그 결과 1977년 7월 22일 이소선의 구속, 다수 현장 리더십의 검거 및 도피로 청계피복노조는 조직력이 크게 약화된다.[36] 여기서 문제가 되는 점은 노조 조직력 자체의 저하도 문제지만, 과연 이런 식의 전투적·희생적인 양상으로 전개되었던 투쟁이 다른 노동조합과 비교할 때 어떤 의미를 지니는가이다. 결론부터 말하자면 9.9 투쟁과 가두시위를 통해 노동문제의 사회화와 정치화를 추진했던 청계피복노조의 활동 방식은 '노조'로서의

---

* 당시 노조 간부들은 임금체불 사업장이 있을 경우 사장을 불러다 주먹을 휘두르고 돈을 받아내는 식으로 처리한 경우도 많았다. 그러다 보니 청계피복노조를 정치투쟁과 연결지으려 했던 사람들과 갈등이 빚어졌고, 이 문제를 최종인은 "우리의 한계가 왔다고 생각했다. 우리는 아마추어였다. 그래서 후배들에게 노조를 물려주고 나왔던 것이다. 죽은 태일이에겐 미안한 일이었지만, 그것이 최선의 선택이었다."라고 증언한다. 육성철, 앞의 글.

기능보다 '민주화운동', '재야' 그리고 '학생운동'의 그것과 닮아 있다. 일
각에서는 청계피복노조와 조합원들이 어떤 산업이나 사업장이 어디든지
간에 노동자투쟁을 적극적으로 지원하고자 했다는 점을 긍정적으로 평가
하기도 한다.[37]

그러나 노조는 쟁의행위도 하지만 일상적인 공간에서 사측과의 권력
갈등과 힘겨루기를 통해 노동자의 지위를 안정화시키는 조직이다. 하지만
청계피복노조는 이런 노조로서의 기능보다 민주화운동, 투쟁을 통한 문제
의 해결, 이소선-전태일이라는 노조의 상징의 수호 등의 역할이 더 중요했
다. 물론 전태일이란 상징 그리고 이소선이 노조와 재야를 이어주고 청계
노조를 보호해준 점은 분명하다. 그러나 청계피복노조는 '노조'였을 따름
이다.

전투적 지도부의 잇따른 장외 투쟁이 지도부의 지속적인 불안정성을
가져왔고 그 가운데에는 지식인층의 '개별적인 개입'이란 문제가 결부되
어 있다. 전태일의 죽음이 청계피복노조라는 조직을 만들어주었지만 청계
피복노조가 전태일이란 상징에 과도하게 집착할 때 노조의 불안정, 기층
과 지도부의 괴리라는 문제로 드러났다. 이 점이 1970년대 전투적 노동쟁
의의 대표적 사례인 청계피복노조에 대해 다시 평가되어야 할 점이다.

동일방직, 1970년대 민주노조의 신화

1) 어용과 민주 사이 – 어용 담론과 민주노조

동일방직은 1970년대 민주노조운동의 신화인가? 정확하게 말하자면
신화로 만들어졌다는 표현이 맞다. 물론 나체투쟁, 똥물사건, 명동성당 농
성 등 동일방직의 치열한 민주노조 사수투쟁을 폄하할 생각은 없다. 그러
나 동일방직 노조에 대한 신화화는 1970년대 민주노조 내부의 한계를 가

리는 측면이 강하다. 이를 규명하기 위해 본 연구는 (1) 동일방직의 노조 운영에 대한 익명적 지식과 지배적 해석 내부의 균열을 살피는 과정에서 노조운동에서 민주와 어용의 문제를, 특히 도시산업선교회의 노조 개입과 관련해 살필 것이다. (2) 동일방직이 선택한 노동문제의 사회화라는 전술이 어디까지 효과적이었는지를 '제2차 조직사수투쟁'이었던 속칭 '똥물사건'과 그 이후 농성 및 해고 과정 등을 중심으로 검토하고자 한다.* 먼저 전체적인 사건일지를 정리해 보면 〈표 16-동일방직 노조 사건일지(1978년)〉[625쪽]와 같다.[38]

1976년 7월 나체투쟁 이후 노조 측은 노조정상화를 사측과 합의했지만 문제가 생각대로 쉽게 풀리지 않았다. 아직 대의원 선출 및 신집행부 구성이라는 과제가 남아있었고, 사측 대의원과 이미 동일방직 노조 무력화 방침을 세운 본조 — 한국노총 산하 섬유노조 지칭 — 와 다시 대립할 수 있는 가능성이 농후했기 때문이었다. 이는 새로 구성된 수습위원회에서 드러났다.

수습위원 13명은 노조 측 7인, 문명순, 박복례 등 노조 측에서 친사측으로 '분류하는' 6명을 망라해서 구성되었다. 선거 일자는 77년 2월 28일로 정해졌으나 이날 선거도 새벽에 남성 175명이 지부실에 난입해서 투표함을 부수는 등의 방해로 인해 무산되었고 다시 한 차례 선거를 치러야만 했다. 이런 복잡한 갈등을 거치면서 77년 4월 4일 선거에서 드디어 이총각을 필두로 하는 이른바 '민주파 노조'가 집행부를 구성하게 된다.[39]

대부분 기록들은 당시를 매우 고무적인 분위기로 기록하고 있지만 이 안에는 감추어진 한 가지 문제가 존재한다. 『동일방직노동조합운동사』를

---

* 이른바 "똥물사건" 이전 고두영 등의 남성노동자들에 의한 '나체투쟁', '사건해부식' 등은 이미 여러 자료로 소개되었기에 여기에서는 생략한다. 자세한 자료는 동일방직복직투쟁위원회, 『동일방직 노동조합 운동사』, 돌베개, 1985, 54~60, 99~107쪽 참조.

포함한 대부분 기록에는 문명순을 어용이자 민주노조의 파괴자로 서술하고 있다.* 그런데 남성노동자들의 경우 어느 정도 추측이 가능하지만 과거 노조 대의원이었던 여성노동자들이 사측으로 분류되고 어용–반집행부라는 이름으로 기록되는 것에 다소 의문이 제기된다. 왜 그랬을까? 석정남과 추송례는 문명순과 가까운 관계였다. 특히 석정남과 추송례에게 문명순의 행동은 충격적인 사건이었다.** 문명순은 석정남이 초기 양성공 시절부터 존경하던 지도공이었다. 당시 그녀의 기억을 더듬어 보면 다음과 같다.40)

> 연봉(최연봉: 인용자주)과 내가 그런 일(도시산업선교회의 클럽 활동: 인용자주)을 열심히 하고 있을 때 특히 우리에게 힘과 용기를 주었던 사람은 직포 1반의 문명순 언니였다. 직포과 같은 황무지에 그 언니처럼 노조에 적극적이고 열의를 가진 사람이 한 명이라도 있었다니 놀라운 일이었다. 더구나 그 언니는 현장에서 조장이라는 직책에 있었고 노조에서는 회계 감사직을 맡고 있었다. 우리가 처음 그 언니를 찾아갔을 때 그 언니는 우리의 손을 덥썩 붙잡으며 무척이나 반가와 했다……나와 연봉은 빨간 완장을 팔에 두르고 목에는 파란 호루라기를 걸고 있는 문명순 언니를 잠시 동안 눈이 부시게 쳐다봤다. 그야말로 황무지 직포과에서 외롭고 강하게 버티어 온 사람답지 않게 그 언니의 얼굴은 곱상하게 보였다. 아담한 키와 날씬한 몸매, 예쁜 얼굴은 교양 있게 보였다.

---

* 당시 지부장이던 이총각은 당시를 "그들이(문명순과 박복례를 지칭: 인용자주) 그렇게 된 거(친사 측으로 된 것을 지칭: 인용자주)는 야심이 있었기 때문이에요. 문명순은 집행부를 맡았는데 박복례 간부자리 줄 정도는 아닌데 그런 야심이 있었어요. 자기 야심이 채워지지 않으니까 따로 행동(똥물 투척 등 반노조 행위: 인용자주)을 한 거죠"라고 증언하고 있다. 박수정, 『숨겨진 한국여성의 역사』, 아름다운 사람들, 2003, 30쪽.

** 석정남과 추송례는 모두 동일방직 노조의 열성 여성 활동가들로, 초기 의식화 과정에서 문명순의 강한 영향력을 받은 인물들이다. 자세한 내용은 두 여성노동자가 쓴 수기인 석정남, 『공장의 불빛』, 일월서각, 1984; 추송례 구술, 박승호 기록, 「새로운 삶이 거기 있었지요」, 『기억과 전망』 1호, 2002; 「어김없이 봄은 오는가」, 『실업일기』, 작은책, 2001 참조.

양성공 당시 그녀들의 눈에 비친 문명순은 '경외敬畏' 그 자체였다. 하지만 이제 문명순은 이런 식('나체시위' 등의 사건 지칭: 인용자주)으로 계속 어려움을 당하다 보면 투쟁에도 한계가 있는 법이며 잘못하면 죽도 밥도 안 될 것이니 수습위원 말대로 우선 반이라도 살려놓고 다시 조직 정비를 하자는 의견을 제시했다. 하지만 노조를 둘러싼 현실은 그렇게 녹녹하지 않았으며 이풍우를 중심으로 한 수습위원들의 노조 무력화 공작이 노골화되고 있는 실정이었다.*

이런 노조 내부의 균열을 틈타 이풍우는 문명순 등과 접촉했고, 이들이 수습위원과 접촉하고 있다는 사실을 안 노조 측이 이들을 경계하면서, 문명순 등은 자연히 노조 내부에서 고립된다. 이런 와중에 문명순은 급속하게 사측으로 경도된다. 바로 여기까지가 『동일방직노동조합운동사』에 기록된 공식적인 기록의 대강이다.[41] 그간 이 문제는 전형적인 민주 대 어용 구도의 서술로서 거의 의심되지 않았다. 또한 기타 자료를 교차 비교했을 때 마지막 순간('똥물사건')에 문명순이 사측의 집행부 파괴에 관여한 것은 부정할 수 없다.** 문제는 왜 그랬느냐이다. 좀 더 적극적인 질문을 던지자면 문명순으로 대표되는 반집행부 성향의 여성노동자들은 모두 '어용'이었는가?

문명순은 노조 대의원, 회계감사 등을 맡은 노조 주요 활동가였다. 당시 상황은 나체 사건과 똥물 사건 그리고 노조 조직에서 조화순을 중심으로 한 도시산업선교회의 개입, 노조 어용화를 위한 사측의 기도 그리고 한국노총의 노조 파괴 공작 등이 겹쳐져 있던 상태였다. 이 와중에 사퇴한

---

* 정부와 고용주측은 이 갈등을 노동자간의 갈등으로 주장했으나, 실제로 현상화된 것은 여성 민주노조 대 반집행부의 균열로 나타났다. 실제 섬유노조는 동일방직 노조를 '사고지부'로 지정, '수습책임위원회'에 전권을 넘겨서 노골적으로 '회사조합화'를 기도했다.

** 당사자인 문명순은 똥물사건이 일어난 새벽에 의문의 교통사고로 사망했다. 동일방직복직투쟁위원회, 위의 책; 석정남, 위의 책, 1984; 추송례, 위의 글, 2002 참조.

지부장 이영숙을 대신할 후임 지부장 선거에 문명순과 이총각이 각각 출마했다. 공식적인 노조사에는 도시산업선교회 소그룹에 기반한 민주파 지도자로 이총각을, 그 반대편의 사측과 밀착된 후보로 문명순을 기록하고 있다.[42] 그러나 문명순이 왜 사측으로 경도되었는지에 대해서는 언급이 없다. 단지 남성노동자들과 마찬가지로 회사에 돈이나 자금으로 매수된 것일까? 그렇다고 하기에는 석연치 않은 점이 많다. 여기서 몇 가지 가정을 해볼 수 있다.

첫 번째로, 문명순과 이총각 두 사람 모두 도시산업선교회에서 조화순의 지도 아래 소그룹 활동을 통해 활동한 지도자들이다.* 그리고 당시 노조 활동가들 대부분이 그랬으며, 동일방직 노조는 조화순 그리고 인천 도시산업선교회의 영향력이 '매우' 큰 상징적 사업장이었다. 이는 노조 간부 인선 및 투쟁방향 설정에서도 도시산업선교회의 영향력이 행사될 가능성을 시사해준다. 초기 민주노조 건설 시에도 도시산업선교회는 사전에 여성노동자들로 하여금 라인별 대의원을 내정하게 해서 대의원 선거에서 승리하도록 했다.[43] 이와 같이 도시산업선교회가 노조 운영 등에 대해 매우 깊숙이 개입했을 가능성을 배제하기 어렵다. 이총각과 문명순이 노동운동에 대해 서로 다른 생각을 지녔는지 확인할 길은 없다. 다만 두 후보 가운데 도시산업선교회와 집행부 측은 한 명을 지지해야만 했다. 그것이 이총각이었고, 그의 당선은 민주노조의 재생산에 성공이라고 해석되고 있다.

두 번째로, 이 문제는 동일방직에서 도시산업선교회의 영향력의 정도와 관련되어 있다. 여성노동자의 의식화에서 도시산업선교회의 역할은 결

---

* 조화순(1934~)은 1953년 인천여고, 1962년 감리신학대를 졸업했다. 1966년부터 1984년까지 인천기독교 도시산업선교회에서 파송되어 노조지원 활동을 전개했다. 1991년 한국여성단체연합 산하 조국통일위원회 위원장, 1993년부터 한국여성단체연합회 고문을 맡았고, 현재 산돌교회 원로목사로 있다. 수기로 『고난의 현장에서 사랑의 불꽃으로』가 있다.

정적인 것이었다.[44] 권리와 자립이란 단어를 여성노동자들에게 가르치고 깨닫게 해준 장본인은 조화순이었다. 하지만 시간이 지나면서 여성노동자들 가운데 도시산업선교회의 범위로부터 벗어나는 활동가가 눈에 띈다면 도시산업선교회는 어떤 태도를 취했을까? 애초부터 문명순은 어용이 아니었을 수도 있다. 아니, 아니었을 가능성이 더 높다. 그리고 도시산업선교회의 지원 하에 여성 집행부가 등장한 이후 노조와 사측은 노골적인 충돌을 반복했고, 그 과정에서 나체투쟁도 일어난 것이었다. 물론 불가피한 상황논리도 있었겠지만 노조는 투쟁만 하는 '투쟁조직'은 아니다. 그러나 조화순 중심의 도시산업선교회는 정부가 도시산업선교회 비난 논리로 사용하는 극한투쟁은 아니었을지라도 비타협적인 투쟁, 노동문제의 사회화라는 방향으로 투쟁을 이끌었을 가능성 역시 높다.

이 와중에 문명순 및 노조 내부에 비타협적 투쟁보다 사측과 협상을 강조하는 흐름이 존재하게 되었고, 이 흐름을 도시산업선교회와 지도부가 '어용'으로 단죄했을 가능성을 배제하기 힘들다. 추송례는 문명순이 개성과 자립심이 강하고 누가 시켜서 하는 스타일이 아니라 자신의 경험을 토대로 하는 똑똑한 지도자였다고 기억한다. 그리고 그녀가 어용이 아니었을 것이라는 뉘앙스의 말을 남긴다.[45]

나중에 지부장 선거(이총각이 당선된 선거: 인용자주)에 나가겠다고 언니는 저를 설득하려고 했습니다. 지금 같은 투쟁 일변도가 아닌 다른 노조를 모색하고 싶다는 것이었지요. 이총각 언니하고 지부장을 놓고 붙게 된 것인데 산업선교에서 문명순 언니를 회사의 앞잡이, 배반자, 프락치로 몰아부쳤지요. 저는 처음에는 당연히 문언니를 지지했는데 100% 어용이고 회사측을 지지한다고 해서 언니가 궁지에 몰리게 되었습니다. 저마저도 나중에는 문언니를 지지하지 않게 됐지요. 지금은 정말 후회합니다. 문명순 언니는 절대로 노동자를 배신할 그런 사람이 아닙니다.

추송례의 진술은 1970년대 여성노조의 '어용담론'과 관련된 '익명적 지식'이다. 대부분 노조사에는 문명순과 반도상사 한순임이 어용이며 '민주노조의 적'이었다고 서술되어 있다.[46] 그러나 25년이 흐른 뒤 나온 추송례의 말은 '도시산업선교회가 문명순을 어용으로 몰았다'라고 해석할 수 있는 가능성을 제시해주었다. 이는 당시 인천 도시산업선교회 실무자였고 동일방직 사건과 반도상사 노조 결성을 소상히 아는 최영희를 통해 확인할 수 있었다. 그녀는 문명순의 일은 아니지만 한순임과 도시산업선교회의 관계에 대해 자세한 이야기를 해주었다.

반도상사 노조를 만든 것은 실제로 한순임과 최영희, 두 여성의 합작품이었다. 매우 유감스럽지만 장현자가 서술한 『그때 우리들은』(2002) 가운데 '초기 노조결성 부분'에 대한 서술은 한순임의 역할을 지극히 축소시킨 문제가 많은 사료다. 한순임은 몇 차례에 걸친 고문과 린치 등을 이겨내며 민주노조운동의 '영웅'이 되었다. 문제는 여기에서부터 시작된다. 공식적인 기록에는 왜 한순임이 나중에 동일방직 노조 무력화에 동원되었고 도시산업선교회에 반대하는 선전선동을 했는지에 대해 이유를 밝히고 있지 않다.

결론부터 말하자면 한순임의 경우에도 도시산업선교회에서 조직적으로 지도부에서 배제시키고 대신 장현자가 지부장이 된 것이다. 물론 한순임에게도 몇 가지 중요한 문제가 있었다. 노조 결성 직후 한순임은 모든 곳에서 영웅대접을 받았고, 그녀의 탁월한 선동가로서의 기질과 카리스마는 이를 더욱 돋보이게 했다. 그러면서 크리스챤아카데미의 사례발표와 같은 외부행사에 불려 다니면서, 최영희의 표현을 빌리자면 '안하무인'이 된 셈이다.* 그러면서 그녀는 현장 노동자와 멀어지고 독재적인 지도자가

된 것이다.[47]

물론 한순임의 거취 문제를 둘러싸고 도시산업선교회 내부에서도 많은 고뇌가 있었다. 최영희가 속으로 어떻게 해야 할지 고민하면서 원칙으로 세운 것은 '한순임을 반드시 돌아오게 만든다'는 것이었다. 그래서 한 차례 설득 끝에 돌아오긴 했지만 그것은 일시적인 현상이었다. 결국 한순임은 지부장에서 물러나게 되었다. 그렇다면 한순임은 어용인가? 이 문제에 대해서 최영희는 결코 한순임이 사측으로부터 돈을 받거나 한 일은 없었다고 말한다. 오히려 최영희는 1970년대 인천 도시산업선교회와 크리스찬아카데미의 '경직된 운동 방식'이 문제였다고 지적한다. 바로 '동지 아니면 적'이라는 식으로 선을 그은 것이 한순임이라는 불행한 케이스를 만든 것이라고 말한다. 최영희는 당시를 회고하며 "한순임이도 그렇게 죽여야 할 사람이 아니었는데"라고 안타까워했다.[48]

한순임과 유사한 맥락에서 문명순 역시 도시산업선교회에 불편한 존재였을 것이다. 도시산업선교회로서는 동일방직을 지속적으로 산업선교회의 영향권 아래 두어야 할 필요성이 있었으며 그 과정에서 조화순의 지도 스타일이 강하게 작용한 것이다. 특히 문명순과 사측의 밀착은 처음부터 그런 것이라기보다 집행부 및 도시산업선교회에 의해 어용으로 몰리다보니 사측이 노조 어용화의 계기로 문명순 및 남자 사원들을 이용한 것은 아닌가, 그리고 그 와중에서 역이용 당한 것은 아닌가라는 '추측'을 해볼 수 있다. 하지만 중요한 점은 민주노조의 실천이 민주노조 측에 설 수 있는 집단과 개인을 '어용'으로 몰아간 점이다. 혹시 도시산업선교회와 거리

---

* 당시 활동가들을 중심으로 조직된 크리스찬아카데미 사례발표회는 다양한 노동조합투쟁 사례 등에 대해서 강연 등을 실시했다. 정연순, 「1970년대 노동교육 사례연구 : 크리스찬 아카데미 산업사회 중간집단 교육」, 서울대학교 대학원 교육학과 석사학위논문, 1998; 배지영, 「남상헌 지부장 가슴에 남은 사람 — 천영세, 신인령 노동자를 지독히 사랑했던 이들」, 『노동사회』 12월호, 2001 참조.

를 두거나 한국노총 본부와 관계를 가지면 '어용'으로 의심하는 관습적 실천이나 담론이 존재했던 것은 아니었을까? 이는 여성노동운동과 교회 단체 사이의 연대와 지원과 관련해 '공식적 역사'라고 불린 것이 하나의 '만들어진' 담론에 불과하다는 것을 보여준다. 이처럼 '민주화 담론', '민주 대 어용'이라는 진실이라고 믿어지던 문제는 많은 균열과 모순으로 가득 차 있으며, 투사들에 의한 영웅적 투쟁과 거리가 있었다.

2) 조작된 신화 - 외부화 투쟁을 둘러싼 담론

다음으로 살펴볼 문제는 동일방직 노조의 명동성당 농성 및 현장 복귀를 둘러싼 문제이다. 앞서 똥물사건에서 국가의 개입 과정에 대해 설명했듯이 사측과 국가 그리고 한국노총에 의한 똥물사건과 노조 지도부의 부정 그리고 한국노총 기념식장에서 항의 시위 그리고 명동성당 농성, 농성 협상 타결 후 인천에서 농성 투쟁 등 일련의 과정은 동일방직 노조의 '지난한 투쟁사'로 서술되어 있다.[49]

물론 여성노동자들이 사측의 불법적인 노조 해산에 대항한 지속적인 투쟁이 노동운동사에서 차지하는 의미 자체를 부인할 수는 없다.* 그러나 좀 더 냉정하게 노조 지도부, 인천 도시산업선교회 그리고 여성노동자들의 선택에 대한 평가가 필요하다. 결론부터 말하자면 명동성당 농성 직후 여성노동자들이 인천으로 돌아와서 다시 현장에 돌아가지 않은 것은 노조 운동으로서는 큰 오류였다. 공식적인 노조사에는 사측이 복귀의 기회조차 주지 않은 것으로 서술되어 있다. 그러나 그것은 '민주노조'의 헌신적 투쟁을 합리화하기 위해 만들어진 담론이었다. 노동자들은 충분히 다시 현장으로 돌아갈 수 있었다. 그러나 그들은 현장으로 돌아가지 않았다. 물론

---

* 동일방직 투쟁 과정에서 노동자들의 희생을 무시하는 것은 아니다. 다만 동일방직 노동자들의 선택이 모두 정당한 것이라는 식의 해석에 대해 문제를 제기하는 것이다.

돌아갈 수 없었다는 주장들도 여러 기록에 있고, 이는 민주노조 와해를 위한 정권과 자본의 음모라는 담론도 있다.[50]

그러나 이 안에 감추어진 익명적 지식이 존재한다. 명동성당에서 농성이 정리된 이후 동일방직 여성노동자들이 현장에 돌아가는 길은 충분히 있었다. 물론 이들이 돌아갈 경우 많은 탄압과 고통이 따랐을 것이다. 그러나 노동현장, 노동자들이 일하는 일상에서 벗어난 노조운동이 의미가 있을까? 이들 가운데 일부는 벌써 노동현장과 괴리된 '재야인사'가 되어버린 것은 아니었을까? 이는 당시 인천 중앙정보부 조정관*이던 최종선의 말에서도 확인된다.[51]

> 당시 서민석 동일방직 사장을 만나서도 "골치도 아프고, 방직공장도 남아도는데 이것 하나 문 닫읍시다", "종업원들에게 제대로 대우를 안 해주니 결국 이런 문제가 생기는 것 아니냐"라면서 본부에 했던 말과 비슷한 내용을 말했습니다. 이 무렵만 해도 중앙정보부 담당관 권한이 강력하던 시절이었습니다. 결국 동일방직은 교사 5, 6명을 채용해 산업체 특별학급 6학급을 만들고, 상여금도 400%로 올리고, 통근버스도 3대 구입하여 종업원 출퇴근에 사용하도록 조치하였습니다. 그러면서 노조원들에게는 이제 농성을 풀고 회사로 돌아가라고 종용했습니다. 정부가 모양을 갖춰 물러나는 것이었지요. 이때 저는 농성자들에게 '복직 보장' '구속자 석방'을 약속하도록 관계기관을 통하여 통보하도록 했습니다. 그러나 이들은 돌아오지 않았습니다. 할 수 없이 공고를 붙였습니다. '사흘 이상 무단결근이면 해고가 가능하다'는 법조문을 설명하는 내용이었습니다. 개인별로도 '모월 모일 모시까지 회사로 돌아보면 모든 일을 불문에 붙이겠다'고 통지문을 다 보냈던 것으로 기억됩니다. 저는 그때 개인적으로 조화순 목사

---

* '조정관'은 유신 시기 중앙정보부 산하기관으로 각 지역마다 존재했다. 이들은 노사관계, 사회문제 등의 사회화·외부화를 사전에 차단하는 역할을 했다.

라든지 인천교구의 신부님들에게 섭섭했던 게 사실입니다. 제 생각엔 그때 노조원들을 회사로 돌려보내는 것만이 오늘날까지 해고자 복직이 이뤄지지 않을 정도로 사태가 복잡해지는 것을 막는 길이었다고 생각합니다. 농성 조합원들은 회사에 복귀하라는 요청에 50여 명씩 화수동 교회에서 나와 만석동의 회사 정문 앞까지 떼를 지어갔다가는 다시 돌아가는 등 조롱하는 기색이 역력했습니다.*(강조는 인용자)

과연 동일방직 여성노동자들의 투쟁이 얼마나 자율적으로 이루어졌는지에 대해서도 이 시점에서 의문을 던질 수 있다. 명동성당 농성은 이미 동일방직 사건을 단위 노조에 국한된 문제가 아닌 '전국적인 문제'로 만들었다.[52] 이는 여성노동자들이 자신의 문제를 스스로 결정할 수 없게 된 상황, 다시 말해서 동일방직 노조와 상대적으로 '분리된' 민주화 논리에 이리저리 끌려 다닌 셈이다. 노조는 다시 똥물사건 이전으로 상황을 돌려달라고 주장했지만 이들의 요구는 회사에 돌아가지 않겠다는 자기 정당화 이상이 아니었다. 결국 동일방직 조합원들의 해고와 20여년 넘게 복직이 이루어지지 않은 것은 인천 도시산업선교회의 오판과 여성노동자들의 현장에 대한 두려움이 결합된 것이었다. 물론 동일방직 투쟁에 대한 어떠한 해석도 이런 식으로 문제를 평가하지는 않는다. 이것은 1970년대 이후 민주화운동의 정통성에 관련된 지식이었기 때문이다. 실제로 추송례는 당시 자신도 현장에 들어가는 것이 두려웠다고 말하고 있다.[53]

그때 저는 단식 끝나고 피를 토하며 무조건 현장 안으로 돌아가 싸우자고 주장

---

* 고문에 의한 의문사로 사망한 고 최종길 교수의 동생인 최종선은 반도상사 지부장이던 장현자(『그때 우리들은』, 한울사, 2002)의 기록에도 반도상사의 내부 문제에 개입, 노조에 유리한 상황을 조성해준 이력을 가지고 있으므로 그의 증언은 어느 정도 신뢰성을 가진다고 볼 수 있다. 최종선의 개인적인 이력과 개인사에 대해서는 최종선, 「동일방직 사건에 대한 진술」, 2001년 3월 19일(미출간 원고) 참조.

했습니다. 어떤 상황이든지 견뎌내면서 현장에서 내 자리를 지키고 노조를 살려내자. 이미 선거는 끝났는데 선거 이전 상황으로 되돌려 놓으라는 요구는 어려운 게 아니냐, 우리가 들어가서 우리 힘으로 집행부를 바꾸면 되지 않겠느냐 했지요. 그런데 당시 현장으로 복귀하지 않은 것은 솔직히 현장 안이 두려웠기 때문입니다.

1970년대 민주노조에 대한 신화 가운데 한 가지인 동일방직 투쟁을 둘러싼 지배적인 담론은 이렇게 많은 익명적 지식들을 감추고 있었다. 여성 노동자들에게, 특히 그 조직적 기반 내지 연대의 틀이 약화된 조합원들에게 노동현장을 떠난다는 것은 더 이상 기층노동자에 기초한 노동운동을 포기한다는 것을 의미한다. 그런 의미에서 농성자와 지도부, 산업선교회의 판단은 1970년대 여성 민주노조운동과 동일방직 노조에 있어서 커다란 오류였다. 그러나 이런 평가는 어느 자료나 연구에서도 드러나지 않았다. 이처럼 민주노조 담론과 노동운동에 대한 '민주 대 어용'이란 해석은 노동운동의 합법칙적 발전을 합리화시키기 위해 여러 가지 담론을 조합해 만들어진 것이었다. 민주화운동의 정통성과 민주노조의 희생적 투쟁이란 역사는 여러 가지 사실과 정황을 모아서 특정한 방식으로 만들어진 것이다. 이점에서 동일방직노조의 해산과 투쟁은 해석이 종료된 역사가 아니다. 1970년대 민주노조운동의 역사는 이처럼 그 안에 숨겨진 익명적 지식들과 거리를 두고 해석되어온 것이다.

4. 결론

이상에서 민주화 담론에 기초한 1970년대 여공에 대한 지배적 해석의

'심층의 의미'를 살펴보았다. 그 결과 여성노동자와 민주노조운동에 대한 지배적 해석은 사후에 만들어진 담론 구성물임을 알 수 있었다. 푸코의 말처럼, 계보학적 접근의 목표는 새로운 역사를 작성하거나 혹은 역사적 사실을 규명하는 데 있지 않다. 오히려 "사물은 어떠한 본질도 갖고 있지 않다"는 것 혹은 "사물의 본질은 이질적인 형식들로부터 조각조각 끌어 모으는 방식으로 날조된다"는 '반역사학'적 태도와 깊숙하게 연계된다.[54]

본 연구의 의미는 크게 두 가지 토픽으로 이해될 수 있다.

한 가지는 '민주화 담론의 국가화'에 대한 개입이며 다른 하나는 '여성노동자 배제의 현재화'에 대한 개입이다. 전자와 관련, 국민의 정부 이후 과거의 각종 인권 침해 및 의문사 진상규명, 민주화운동 보상을 위해 여러 국가기구가 만들어졌고, 이를 위한 '심사' 작업이 이루어지고 있다. 본 연구에서 문제 삼고자 하는 부분은 민주화운동의 역사적 평가와 희생자의 보상이란 차원의 문제가 아니다. 오히려 핵심적인 문제는 '민주화' 혹은 '민주화가 아님'을 판단하는 특정한 담론 질서의 형성이다. 그리고 이런 판단의 기준이 되는 지식체계-담론을 형성하는 주체가 국가라는 점이다. 이는 '국가'에 의한 민주화 보상은 받아들일 수 없다는 식의 '도덕적 순결론'을 강변하는 것이 아니다.

중요한 문제는 '민주화' 혹은 그 담론이 특정한 방식으로 다시 날조되고 국가에 의해 전유되고 있다는 점이다. 국가에 의해 전유된 판단을 통해 생산된 담론은 '민주화운동'을 둘러싼 특정한 방식의 지식체계를 형성하는 동시에, 민주화운동 내부의 모순과 균열을 은폐 혹은 배제하는 이중적인 정치적 효과를 창출하고 있다. 이는 '역사적 진실 규명'의 문제가 아닌 '민주화운동' 혹은 '민주노조'에 대한 관습적 사고 혹은 과학적이라고 불리는 담론의 정치적 효과의 문제이다. 민주화 담론이 민주화운동을 '무모순의 운동'과 '신화'로 만드는 무반성적인 관습적 실천을 재생산하는 것이다. 가까운 예로 광주민중항쟁의 '국민화', 동의대 사태를 둘러싼 희생과 반희생의 논란이 이를 증명해주고 있다.[55]

1970년대 여성노동자의 운동을 포함한 민주화 담론과 관계된 일련의 지식 체계들도 다시 '운동의 전통'이라는 담론을 통해 운동사에 대한 지배적 해석 — 혹은 '공식적인 운동사' — 을 생산해내고 있다. 그리고 그 안에는 민주화운동은 운동의 정통성을 위해 특정하게 사유되어야 하고 이는 '무오류의 진리'라는 담론이 자리잡고 있다.[56] 본 연구는 이에 반해 1970년대 여성노동자들의 투쟁사를 민주화에 따른 사회적 합리화, 그리고 이에 근거한 민주화운동의 정통성-연속성 속에서 파악하는 것이 아니라 갈등과 투쟁의 역사적 실재성과 가해성의 관점에서 보고자 했다.

다른 한편 본 연구의 또 하나의 의미는 현재 여공을 배제하는 담론-지배적 지식의 '기원'을 70년대 여성노동자로부터 탐색하고자 하는 것이다. 1970년대 민주노조운동 이후에도 1987년 그리고 전노협 시기에도 여성노동자들은 운동적 중심보다는, 주변 혹은 부차적인 부분으로 간주되어 왔다.[57] 1997년 경제위기 이후 여성노동은 비정규직 혹은 파트타임 등의 이름으로 사회의 최저변층으로 배제되었고 이는 '가부장제-신자유주의 경제논리'라는 이름하에 합리화되었다.[58]

바로 신자유주의에 의한 노동시장의 구조조정이란 측면 이외에도 여성노동자에 대한 관습적 사유 방식이 재생산되고 있다. 노조에 의한 비정규직 여성노동자의 배제와 비보호 담론의 확대 재생산, 특히 잘 알려진 대로 현대자동차노조가 비정규직 여성노동자를 정리해고의 거래 대상으로 삼은 점, 한국통신노동조합이 비정규직 노조를 인정하지 않은 것 등을 볼 때 노동운동 내부에서 비정규직 노동의 다수를 구성하는 여공에 대한 담론은 1970년대 여공의 그것과 너무나도 닮은꼴이다.[59] 이는 신자유주의 구조조정이란 과정이 남성편향적인 성격을 지니고 있으며, 이 속에서 남성 중심적 노조와 국가, 자본 사이에 여성노동자의 배제에 대한 '암묵적 합의'가 형성되어 있음을 보여준다.[60] 본 연구는 발전주의 시기 형성된 자본축적 및 노동자 주체 형성의 담론, 기제, 메커니즘의 기원이 구조조정기에 어떻게 반복적으로 나타나는가와 관련해서 중요한 정치적 개입의 소재라고 볼 수 있다.

:: 김준

서울대학교 사회학과를 졸업하고, 같은 대학교 대학원에서 석사 및 박사학위를 받았다. 국회도서관 입법연구관을 거쳐 현재 성공회대학교 노동사연구소 연구교수로 재직 중이다.

주로 일제 시대의 노동운동을 시작으로 한국노동사, 노동운동사에 관심을 가지고 연구를 해왔다. 근래에는 1970년대 이후 한국의 조선산업에서 노동자의 정체성, 숙련 형성, 작업장 안팎의 사회적 관계 등에 대해 연구하고 있으며, 특히 일상사적 접근과 구술사 연구방법을 노동사연구에 활용하는 것을 시도하고 있다.

대표 저서로는 『1987년 이후 한국의 노동운동』(2001, 공저), 『1960~70년대 노동자의 작업장 경험과 생활세계』(2005, 공저) 등이 있다. 최근의 주요 논문으로는 「잃어버린 공동체? 울산동구지역 노동자 주거공동체의 형성과 해체」(2005)와 「1974년 현대조선 노동자 '폭동'의 연구: 문헌 및 구술자료에 기초한 재구성」(2006) 등이 있다.

1970년대 여성노동자의 일상생활과 의식
― 이른바 '모범근로자'를 중심으로

김 준

1. 머리말 – 1970년대의 노동사회와 여성노동자[*]

　　1970년대는 한국 현대사에 있어서 본격적인 산업사회가 처음 출현한 시기이다. 비록 일제 치하에서 공업화가 시작되었다고 하지만, 그나마 한국전쟁의 참혹한 피해를 겪으며 거의 파괴되었고, 1960년대에 비로소 다시 공업화가 시작되었기 때문이다. 공업화는 매우 급속히 진행되었다. 1963년 경제활동 인구의 8.7%에 불과하던 광공업 부문 취업자의 비중이 1970년에는 14.3%로 늘었고, 1980년에는 22.5%를 차지하기에 이르렀다는 통계수치가 이를 증명해준다. 1960년에 전체 노동력 인구의 13.9%에 불과하던 노동자계급의 비중도, 1970년에는 28.6%, 1980년에는 33.1%로 급속하게 늘어났다.

---

* 이 글은 역사학연구소와 한양대학교 아태지역연구센터가 공동으로 주최한 노동사 학술대회 〈한국노동자계급의 의식과 문화〉(2001. 6. 1)에서 발표되었다. 당시 귀중한 논평을 해주신 참가자 여러분께 이 자리를 빌어 감사드린다.

특히 노동자계급 가운데 핵심이라고 할 수 있는 제조업 부문 노동자의 수는 1961년의 21만여 명에서, 1970년에는 65만 명, 1980년에는 183만 명으로 증가했다. 제조업 부문 노동자의 내부구성도 〈표 17-한국 제조업 노동자의 업종별 구성비의 추이〉[625쪽]에서 볼 수 있듯이[1] 음·식료품 제조업 부문이 크게 줄어든 반면 전자산업 등이 포함되어 있는 조립 금속 부문이 급속히 늘어나는 변화를 보였다.

기계제 대공업은 일반적으로 여성노동과 같은 상대적으로 값싼 노동력에 대한 수요를 증가시키는 경향이 있다. 특히 수출지향적 공업화는 제조업 부문의 노동력 가운데 여성노동자의 비중을 더욱 증대시키는 경향이 있다고 지적된다.* 즉 수출지향적 공업화 단계에서 자본은 국제 경쟁력을 확보하기 위하여 값싼 노동력에 의존하게 되며, 따라서 상대적으로 저렴한 노동력인 여성의 고용이 확대된다는 것이다.

이런 주장에 대한 비판이 없는 것은 아니지만,** 확실히 수출지향적 공업화의 과정에서 여성노동자의 수와 비중이 늘어나는 것은 사실이다. 한국에서도 1960년대에서 1980년대에 이르기까지 여성노동자는 남성노동자에 비하여 더욱 빠른 속도로 늘어났다. 1961년 41.1%이던 제조업 부문 노동자 중 여성의 비중은 1971년에는 44.2%, 1981년에는 45.6%로 늘어났다.(〈표 18-한국 제조업 업종별 여성노동자 비중 추이〉[626쪽] 참조) 또 이 표는 1960~1970년대 한국의 제조업을 대표했던 섬유산업의 경우 여성노동자의 비중이 70%를 상회했고, 전자산업이 중심을 이루는 조립 금속

---

* Safa, Helen, "Runaway Shops and Female Employment : the Search for Cheap Labor", *SIGNS*, Vol. 7, No. 2, 1981 (김상희 옮김, 「도주기업과 여성고용」, 여성평우회 편, 『제3세계 여성노동』, 창작과 비평사, 1985) ; Cho, Uhn & Koo, Hagen, "Economic Development and Women's Work in a Newly Industrialising Country : The Case of Korea", *Development and Change*, Vol. 14, No. 4, 1983.

** Cagatay & Berik(1991)은 터키에 대한 사례연구를 통해, 수출지향적 공업화가 반드시 고용의 여성화 (feminization of employment)를 초래하는 것은 아니라고 반박하고 있다. 그들은 국가나 자본이 노동력의 값을 값싸게 유지하기 위하여 노동에 대한 통제를 강화하는 전략을 사용할 수도 있다고 주장하고 있다.

업종에서 산업화에 따라 여성노동력의 비중이 급속히 증가했다는 점, 그리고 기타제조업(가발 등), 음·식료업(제과업종이 중심), 석유·화학업종(고무산업) 등에서 여성노동력의 비중이 특히 높았음을 보여준다.*

이들 여성노동자들은 대부분 미성년자 또는 미혼의 젊은 여성들이었다. 산업화의 초기단계에서 자본의 값싼 노동에 대한 요구가 연소자의 고용을 늘리는 경향이 있다는 것은 선진자본주의의 경험 속에서도 확인되는 바이다. 한국에서도 수출지향적 산업화의 초기 단계에서 연소자의 고용이 급격히 늘어났고 그 상대적 비중 또한 매우 빠르게 높아졌다. 광공업 부문 취업자 가운데 20세 미만 연령층이 차지하는 비중은 1962~1975년 사이에 18.4%에서 21.3%로 늘어났으며, 25세 미만 연령층의 비중도 33.5%에서 38.4%로 증가했다.(〈표 19-연령계층별 취업자(광공업부문) 구성의 추이〉 [626쪽] 참조)

나이 어린 노동자의 비중은 특히 여성노동자 가운데서 더욱 높았다. 〈표 20-제조업 부문 연령계층별, 성별 노동자의 구성비 추이〉[627쪽]는 노동청이 10인 이상을 상시 고용하는 사업체를 대상으로 조사한 자료에 근거한 것인데, 이 표에서 보면 1970년대에는 여성노동자의 약 절반이 미성년노동자였고, 거의 90%가 미혼 노동자였다는 것을 알 수 있다. 또한 25세 미만의 노동자들 가운데서는 여성노동자의 비중이 70~80%를 차지할 정도로 압도적이었다.

노동력의 구조가 이렇게 젊은 층으로 극단적으로 편중 분포되어 있었던 것은 한편으로는 산업화의 연륜이 짧은 것에도 원인이 있겠지만, 보다 중요한 원인은 수출지향적 산업화 과정의 주력 산업이 노동집약적 경공업이었고, 따라서 자본의 노동에 대한 수요가 값싼 미숙련·반숙련 노동력에

---

* 白木三秀(1983 : 149)는 한국의 고무업종, 전기·전자 업종 등 1960~1970년대의 수출주력업종에서의 여성노동자의 비중이 무려 70~80%에 달했다고 보고 있다.

과도하게 집중되어 있었기 때문이다.*

이런 노동집약적 경공업이 요구하는 숙련의 수준은 불과 3개월~1년이면 누구나 도달할 수 있을 정도로 극히 낮은 것이었다. 따라서 자본의 입장에서 보면 생산직 노동자의 장기근속은 노동비용만을 증가시킬 뿐이었기 때문에, 자본은 노동력을 끊임없이 유동화시키는 전략을 취했다. 한편 노동자 측의 입장에서 보더라도 이런 산업의 임금 수준은 겨우 단신 노동자의 생계비 수준에 그쳤으며, 임금 상승 및 승진의 기회가 사실상 봉쇄되어 있었기 때문에 결혼 연령에 이르게 되면 무엇인가 다른 생존의 전략을 찾지 않을 수 없었다.

일찍이 게이츠(Gates)는 이런 형태의 여성노동자들을 '파트타임 프롤레타리아트(part-time proletariat)' 개념으로 설명한 바 있다.[2] 그녀는 대만의 노동자계급에 대한 인류학적인 조사 연구를 통해 대만의 노동자계급이 서구의 노동자계급과 같이 프롤레타리아트로서 일생을 시종하는 것이 아니라, 쁘띠 부르주아(농민과 도시의 소영업 계층)의 자녀로 태어나 기초적인 학교 교육을 마친 뒤 공장에 들어와 일정한 기간(남자나 여자 모두 대체로 결혼을 하기 전까지)만 공장노동자로서 "자신의 젊음을 판 뒤" 다른 어떤 영구적인 직업(대개는 쁘띠 부르주아적인 직업)을 얻어 공장을 떠난다는 점에 주목했다. 그리고 그녀는 이렇게 단지 일시적으로만 공장노동자로 편입되었다가, 다른 계급으로 돌아가거나 빠져나가는 노동자들을 '파트타임 프롤레타리아트'라고 규정했다. 그녀는 이런 현상이 일차적으로는 국외로부터의 '값싼 노동'에 대한 요구의 산물이며, 국내적으로는 쁘띠 부르주아의 '자기착취(self-exploitation)' 유형과 결합되어 있는 것으로 보았다. 즉 이런 현

---

* 그 밖의 요인으로는 이 시기까지 가부장적·남성중심적 사회분위기 속에서 중등교육과정에의 취학률이 여성 쪽이 훨씬 낮았다는 점과, 한국이 징병제를 택하고 있는 나라로서 20세 전후의 남자는 약 3년 내외의 군복무를 해야 했다는 점 등을 들 수 있다.

상을 대만의 '종속적 산업화'의 결과로서 파악한 것이다. 이런 주장은 내용에서는 다소 다른 점이 있지만, 가까이는 종속이론의 파생물이었던 '비공식부문론'이나 세계체제론자들의 '반半프롤레타리아트(semi-proletariat)' 개념 등과 맥락을 같이하고 있다. 또한 좀 더 멀게는 일본의 명치유신 이래 전쟁 직후까지의 섬유산업 등을 중심으로 산업노동자의 특성을 지적할 때 사용되는 '데카세기형出稼型' 노동자 개념과 유사하다고 할 수 있다.*

위의 자료를 통해서도 확인되는 바이지만, 이런 현상은 한국에서도 볼 수 있었다. 한국에서도 1960~1970년대에 공장노동자로 취업했던 여성노동자들은 대부분 결혼을 전후해서 공장을 떠났다. 그리고 일정 시간이 지난 뒤에는 다시 부업적 또는 전업적 노동력으로 도시 경제의 분업 구조 속에 흡수되었다. 남성노동자들 가운데서도 공장노동자로 취업한 후 지속적으로 잔류한 경우는 극히 일부였을 뿐 나머지 대부분은 도시서비스 부문의 자영업자층으로 흡수되었다.**

2. 기존 연구와 '모범근로자 수기' 분석의 의의

기존 연구

1970~1980년대 노동운동에 대해서는 적지 않은 연구 성과가 축적되어 있음에도 불구하고, 이 시기 노동자들의 일상생활과 의식에 관한 연구는

---

* 隅谷三喜男(1989)도 1970년대까지의 농촌노동력 유출과 대만의 산업노동자계급의 형성을 논의하면서 '데카세기형 노동자' 개념을 사용한 바 있다.

** 김진균, 「현대한국의 계급구조와 노동자계급」, 『사회과학과 민족현실』, 한길사, 1988. 특히 이농에서 시작되어 자본주의 부문 및 도시 비공식 부문에 이르는 노동력 이동의 다양한 경로에 대해서는 김진균의 글, 142쪽의 〈그림 1〉을 참조. 한편 한국에서의 이런 노동력 이동의 유형을 '데카세기형 노동자' 개념으로 파악하고 있는 연구로는 隅谷三喜男, 『韓國の經濟』, 岩波書店, 1976(편집부 옮김, 『한국의 경제』, 한울, 1983); 최장집, 『한국의 노동운동과 국가』, 열음사, 1988 등을 참조.

손으로 꼽을 수 있을 정도로 적다. 그런 가운데 기존의 연구를 대표하는 것으로는 정현백의 연구3)를 들 수 있다.

정현백은 1970년대에서 1980년대 초에 걸쳐 생산된 노동자의 수기, 노동조합사 등에 기초하여 가장 포괄적이고 체계적으로 노동자들의 일상생활, 의식, 노동운동에의 참가, 의식변화 등을 분석했다. 이 노작에서 정현백은 1970년대 여성노동자들의 의식의 특징을 '전前자본주의적 요소와 자본주의적 요소의 결합'으로 파악했다. 그리고 여성들의 자기희생 의식이나 인내, 보수적인 여성관들이 그녀들로 하여금 열악한 노동조건을 감수하게 한다는 점에서, 전자본주의적 의식양태들이 개선, 변혁되기보다는 오히려 온존되면서 자본의 이해관계에 복종·봉사하는 형태로 존재한다는 점을 밝혀냈다. 정현백은 이런 의식 양태는 노동운동에 참가했던 여성노동자들이나 그렇지 않았던 여성노동자들 사이에 큰 차이가 없으며, 이는 여성 문제는 소홀히 하고 노동 문제에만 중점을 두었던 지식인 등 노동운동 지원 세력의 책임이 크다고 지적하고 있다.4)

박기남은 밀리반트의 계급의식의 발전단계론에 입각하여 여성노동자들의 계급의식의 형성과정을 분석하고 있다.5) 그녀는 여성노동자들을 일반 노동자, 야학 출신 노동자, 노동운동에 참여한 노동자로 구분하여 여성노동자들의 계급의식을 분석하고 있는데, 1970년대의 일반 여성노동자들은 전통적 가치관과 공장에서의 비인간적인 노동 조건과 통제를 숙명론적으로 수용하는 경향이 있었던 반면에, 야학 출신이나 노동운동에 참여한 여성노동자들의 경우 자신들의 문제를 사회구조적인 시각에서 보게 되고, 그것을 집단적인 노력을 통해 극복하려는 초보적인 계급의식을 획득하고 있음을 보여주고 있다.

한편 방혜신은 1970년대 민주노조운동에서 중요한 위치를 차지했던 두 사업장의 노동자들을 대상으로 한 심층면접조사를 통해, 1970년대 민주노조운동이 '여성 특수적인 문제'에 무관심했다는 기존의 인식을 비판하고 있다. 그는 1970년대의 여성 중심의 민주노조운동이 교육과 활동을 통해 여성 특수적인 문제들을 부각시키려 노력했으며, 그 결과 민주노조운동에 참여했던 여성노동자들은 계급의식과 더불어 여성해방 의식에도 눈을 뜨게 되었다고 분석하고 있다.[6]

또 정미숙은 생산 영역과 일상생활의 영역에서 여성노동자들이 경험 세계를 통해 소속감과 연대 의식을 확산·심화시켜 나갔고 이것이 민주노조운동의 기초가 되었다고 분석하고 있다.[7]

그러나 기존 연구들은 자료의 측면에서 야학이나 1970년대를 대표하는 민주노조에서 활동했던 여성노동자들의 수기, 또는 당시의 핵심적 활동가들과의 면접조사에 집중함으로써 상대적으로 소수였던 노동운동 주변의 여성노동자들의 경험과 의식에만 초점을 맞추는 결과를 빚고 있다는 한계가 있다. 또 연구의 방향도 그런 여성노동자들이 어떻게 사회적 모순을 인식하고 계급의식을 획득했으며, 어떻게 자신들의 처지를 개선하기 위한 조직을 형성했느냐에 맞추어지고 있다.*

어떻든 이런 자료와 연구 방향의 편중은 기존 연구가 갖는 높은 의의에도 불구하고, 1970년대 산업화 과정에 동원되었으나 조직화되지 못했고, 공장과 사회체제에 순응하여 자신의 청춘을 공장에 바친 수많은 이름 없는 노동자들의 경험과 의식의 세계에 대해서는 설명해줄 수 없다는 문제를 가지고 있다. 더 나아가 1970년대 한국의 권위주의 체제와 사용자들이 노동자들을 동원·통제하기 위해 어떠한 다양한 물질적·이데올로기적 통

---

* 이런 현상은 당연한 것일 수도 있는데, 그 이유는 1970년대 노동자들의 손으로 쓰인 육필 수기들이 대부분 야학이나 민주노조운동의 주변에서 생산된 것들이며, 오늘날 당시의 여성노동자들을 다시 찾아 면접조사를 하려할 경우, 1970년대 노동운동과 관련하여 장기간 네트워크를 유지해온 당시의 열성적 활동가들이나 어떤 방식으로든 조직 활동에 가담했던 노동자들 이외에는 면접대상자를 찾거나 찾더라도 조사를 하기가 매우 어려운 것이 현실이기 때문이다.

제 장치들을 동원했는지, 그리고 일반노동자들은 거기에 어떻게 반응했는지를 설명해주기 어렵다.

'모범근로자 수기' 분석의 의의

따라서 이 연구는 그동안 1970년대 노동운동사나 노동사연구에서 다루어지지 않았던 '모범근로자의 수기'를 자료로 활용하고자 한다. 1970년대와 1980년대에 모범근로자 수기는 정부와 사용자단체, 관변단체 등 여러 조직에 의해 모집되었으며, 매년 또는 간헐적으로 수집되어 시상되고, 인쇄·배포되었다. 이들 모범근로자 수기 가운데 대표적인 것은 노동청(노동부의 전신)이 1971년부터 매년 정기적으로 수집, 시상했던 모범근로자 수기이다.

1970년대 노동행정의 초점이기도 했던 여성과 소년노동자를 주된 대상으로 삼아서 주제도 '여자와 소년'이었던 이 수기들은, 노동청이 전국의 공장과 사업장을 대상으로 공모한 것들이다. 거기서의 수상작들은 노동청이 발간하던 노동행정 홍보잡지였던 『산업과 노동』(1977년 이후『노동』으로 제호 변경)에 게재되었고, 노동청은 이것을 모아 매년 단행본으로 발간하였다. 이 밖에도 대한상공회의소나 새마을운동단체 등에 의해 모집된 수기 등도 있으며, 필자가 아직 확인하지 못한 모범근로자 수기도 많이 있을 것으로 보인다.

이런 모범근로자의 수기를 분석하는 의의는 다음과 같은 점에서 찾을 수 있다. 첫째, 모범근로자 수기는 노동운동권 주변에서 생산된 수기에 비하여 당시 대다수를 차지했던 '일반노동자'들의 의식과 생활세계를 더 잘 보여줄 수도 있다. 둘째, 모범근로자 수기는 당시의 권위주의 체제와 사용자들이 노동자들에게 부과했던 '바람직한 역할 모델'이 어떤 것이었는지를 분석하는 데 매우 유용하다. 셋째, 모범근로자 수기는 그런 지배적 이데올로기가 노동자들에 의해 어떻게 수용되었으며, 또한 그것이 노동자들의 동원과 통제에 어떻게 활용되었는지 분석하는 데 유용하다.

물론 모범근로자의 수기는 자료로서의 문제점을 가지고 있다. 무엇보다도 이 수기들이 어느 정도의 윤문, 첨삭의 과정을 거쳤을 가능성이 높다는 것이다. 특히 수상작일수록 그런 가능성이 높다고 추측할 수 있다. 따라서 수기의 내용 중에 특정한 내용이 사실과는 달리 과장되거나 축소되었을 수 있으며, 더 나아가 왜곡되었을 가능성도 존재한다.* 또한 심사과정을 통해 선별되었다는 것 자체가 갖는 대표성의 한계가 있을 수 있다. 모범근로자의 수기는 대부분 역경을 이겨내고, 나날의 삶을 충실히 가꾸어나가며, 가족과 주변의 노동자들, 그리고 자신의 회사에 대해 기여하는 삶을 살아가는 노동자들의 성공담이라는 전형적인 이야기 구조를 가지고 있는 바, 이 모두가 사실이라고 하더라도 이 또한 당시 일반적인 노동자들의 삶과 의식을 대변해줄 수는 없기 때문이다.**

이 연구에서는 1971~1980년까지 『산업과 노동』(이후 『노동』)·『노동공론』 등에 실린 노동청 모집 모범근로자 수기를 중심 분석대상으로 삼는다. 이 시기에 두 잡지에 실린 수기는 약 45편에 이른다. 이 글에서는 이 가운데 남성노동자들의 수기와 일부 사무직, 공공부문 노동자의 수기를 제외한 약 40편을 분석대상으로 삼는다.

---

* 그러나 이런 가능성은 정도의 차이는 있지만, 야학 노동자나 노동운동에 참여했던 노동자들의 수기에서도 충분히 있을 수 있다. 즉 글쓰기를 장려한 주체의 관심과 구미에 맞추는 글쓰기의 가능성과 자신의 의식, 세계관에 따라 특정한 부분을 은폐, 왜곡, 과장, 축소했을 가능성이 있기는 마찬가지이기 때문이다.
** 모범근로자들의 수기 곳곳에는 주변의 노동자들이 소비와 향락에 시간과 돈을 낭비하고 있는 모습에 대해 안타까워하는 구절들이 있다. 요컨대 노동운동에 참여한 노동자들이 한 극이었다면, 모범근로자 수기에 나오는 노동자들 역시 다른 한 극이었을 수 있는 것이다.

3. 여성노동자와 가족

고난의 원인이자 배경으로서의 가족

모범근로자의 수기에서 가장 두드러진 특징은 그 가족적 배경과 가족 관계가 상대적으로 매우 자세히 기술되어 있다는 점이다. 그것은 모범근로자의 수기가 고난과 역경을 이겨낸 인간 승리의 드라마라는 전형적인 구조를 가지고 있고, 그들의 가족적 배경, 특히 빈곤이 그들을 어린 나이에 그토록 가고 싶은 상급학교에 진학하지 못하고 돈을 벌기 위해서 거친 사회에 발을 내딛게 한 주요한 원인이었기 때문일 것이다.

모범근로자의 수기의 가족 관계에 대한 기술은 약 40여 편에 이르는 분석대상 수기에서 거의 천편일률적이라고 할 수 있을 정도로 비슷한 구조를 가지고 있다. 즉 빈곤한 가정에서 출생했다거나, 어릴 때는 유복한 가정이었지만 아버지의 돌연한 사망, 사고로 인한 노동력 상실, 또는 도박·낭비벽으로 인한 가산탕진 등으로 인한 돌연한 몰락이 그들의 '불행'의 원인을 이루고 있는 것이다.* 당연한 것이기도 하지만, 가부장제적 사회에서 가장의 경제적 능력의 상실이 가족 전체에 짙은 그림자를 드리웠다는 기술들이 모든 수기들에 넘쳐나고 있는 것이다. 또 한 가지 주목되는 것은 많은 수기들에서 노동력을 상실한 아버지가 더욱 억압적, 폭력적이 되어 가족들을 괴롭히는 모습이 나타나고 있다는 점이다.

---

* 전국자동차노조가 1975년 노조 소속 여성조합원(주로 버스안내원)을 대상으로 조사한 바에 의하면 취업 동기의 56.0%가 빈곤, 17.0%가 가정불화, 12.0%가 도시 동경, 12.4%가 친지 및 친구 권유로 나타났으며, 노동청이 1974년 구로, 부평, 마산수출자유지역, 청계상가 지역 등의 1,065명의 여성노동자를 대상으로 조사한 바에 의하면, 조사 대상의 약 30%가 편부, 편모, 부모 이혼, 부모 사망 등 결손가정 출신이었고, 취업 이유로는 가족 생계를 돕기 위해 30.9%, 돈을 모아 학교에 가거나 기술을 배우기 위해 15.8%, 자립하기 위해 15.1%, 결혼비용을 스스로 마련하기 위해 8.1%, 사회경험을 쌓기 위해 22.6% 등으로 조사되었다(노동청 부녀소년담당관실, 「공업단지여성근로자들은 어떤 생각을 갖고 있나?」, 『산업과 노동』 9월호, 1974). 이런 조사 결과 역시 가족의 빈곤이 나이 어린 여성들의 취업의 주요한 이유였음을 보여준다.

술에 곤드레가 되어 들어오신 아버진 횡설수설 한 말을 또 하고 또 하며······
독사와 같은 눈초리로 잡아 삼킬 듯이 나를 노리고 섰다.[8]

내 어린 손으로 모은 돈을 아무런 표정 없이 당연한 의무와 권리로 생각하는
양 그냥 생활비에 보태 쓰는 아버지.[9]

한편 대부분의 수기에서 어머니는 아버지의 부재, 무능력, 폭력 속에서
도 자녀들을 지키려 애쓰고 사랑을 베풀며, 자녀들을 위해 희생을 아끼지
않는 존재로 묘사되고 있으며, 아래의 인용문에서 보듯이 여성노동자들이
자신의 처지를 받아들이고, 가족을 위해 희생하는 동기를 부여해주는 역
할모델의 역할을 했음을 보여주고 있다.

그토록 고생하시는 엄마도 계시는데 이까짓 아픔 저는 어떠한 곤경과 어려움
에도 참기로 하였습니다[10].

1970년대 전반기의 수기에서 드러나는 특징 중의 하나는 1960년대 말
1970년대 초에 첫 취업 경력을 시작한 여성노동자들의 상당수가 '식모살
이'의 경험을 지니고 있다는 것이다. 여성노동자들이 식모살이로 첫 취업
경력을 시작하게 되는 것은 − 수기들은 이 부분에 대해 자세히 기술하고
있지 않지만 − 가족적 배경과 노동시장의 조건이 맞물려서 발생한 현상이
었다. 가족의 입장에서는 어린 딸들을 식모살이로 보내는 것은 그로 인한
수입을 기대한 것이라기보다는 차라리 '입을 줄이는' 생존전략이었다.*

---

* 1970년대 중반 전국 주요 공업단지의 여성노동자들을 대상으로 조사한 결과, 이들의 형제·자매 수는 6명
이상이 56.4%, 5명이 18.4%, 4명이 14.9%이었으니, 4명 이상이 무려 90%에 달했다. 노동청 부녀소년담당
관실, 앞의 글.

국민학교를 중퇴하거나 갓 졸업한 어린이가 취업할 곳이 달리 거의 없었다는 것도 원인이었다. 그러나 식모살이는 거의 무보수노동이나 다름없는 것이었을 뿐 아니라, 주인집 가족과의 인간관계 등으로 인한 갈등 등이 심했기 때문에 대부분의 여성노동자들은 공장에 취업할 수 있는 최저연령(15세 전후)에 이르면 식모살이를 그만두고 공장에 취업하는 길을 택했다.

> 저녁상을 치우며 부엌에서 우는 때가 많았고……난 꼭 공장에 들어가 이 집에서 고삐를 풀고 나 혼자 독립하고 싶었다……발표는 오후에 있었다……꼭 있어야 할 숙이의 번호는 아무리 찾아봐도 간 곳이 없었다. 하늘은 노랗고 세상이 모두 죽은 모습처럼 시들거렸다. 이대로 언니집에 가서 다시 별수 없는 식모살이를 해야 하나 생각하니 기가 막혔다.[11]

1970년대 중후반을 지나면서 첫 취업 경력을 식모살이로 시작하는 경우가 급격히 드물어지는 것이 수기에도 나타난다. 그 이유는 중학교 진학률이 높아지면서 최초 취업 연령이 15세 전후로 상승하는 것에도 원인이 있었겠지만, 다른 한편으로는 급속한 산업화에 따라 어린 여성노동자에 대한 노동시장의 요구가 크게 늘어나면서 공장에 취업할 수 있는 기회가 크게 확대되었기 때문이다.*

가족을 위한 희생

일찍이 정현백은 1970년대 여성노동자들의 의식을 지배하고 있는 것이 가족의 생계를 위해 자기 한 몸을 희생한다는 '희생양 의식'이었다고

---

* "귀한 것은 건축 관계 근로자만이 아니다. 가정부도 구하기 어렵고 버스 운전사, 안내양도 모자라서 교통 혼잡을 더하고 있다. 광부도 구하기 어렵고 외판원도 여공도 모자란다고 아우성이다. 농촌에서마저 일손이 부족하다." 조순문, 「노동력 부족시대」, 『노동』 5월호, 1978.

지적한 바 있다.[12] 이런 의식들은 특히 이 글이 분석대상으로 하고 있는 '모범근로자' 수기에도 넘쳐난다. 이런 희생양 의식은 그녀들이 힘든 노동을 이겨내는 원동력이 되었을 뿐 아니라, 자신의 여러 가지 욕구를 억누르는 억압의 기제가 되었다.

> 고생하시는 엄마와 어린 동생들을 생각해서 하루도 빠짐없이 일에만 몰두하던 나는 병이 나고 말았습니다. 움직이지도 못하겠고 뱃살이 땡기고 다리가 퍼렇게 부어올라 걷기조차 힘들 정도로 병은 악화되었습니다. 나는 겁이 덜컥 나서 회사에 결근계를 제출하고는 간신히 집에 내려갈 수 있었습니다……그 밤을 엄마와 다정히 이런저런 이야기로 밤을 지새우고 3일간 결근계를 무시한 채 저는 다시 회사로 돌아오고 말았습니다. 그토록 고생하시는 엄마도 계시는데 이까짓 아픔 저는 어떠한 곤경과 어려움에도 참기로 하였습니다.[13]

> 남이 먹을 때 안 먹고 입을 때 안 입고 뭐든지 아껴서 집에 계신 아버지 병부터 고치기로 결심했어요.[14]

> 남들이 멋있는 옷을 맞춰 입을 때 나는 시장에 가서 생활에 간편하고 값싼 옷을 사 입었고 남들이 구두를 사 신을 땐 난 운동화를 사 신어가며 한 푼이라도 아껴서 저축을 했던 것입니다. 남들이 놀 땐 한시라도 일을 하고 남들이 낭비를 할 땐 한 푼이라도 아껴서 저축을 했던 것입니다.[15]

> 가난! 가난이 원수다. 이렇게 저주하며 원망을 하면서 나 하나 희생하여 전 가족이 행복해질 수만 있다면 힘든 일이야 무엇인들 못하랴, 돈을 벌자! 돈을 벌자! 열심히 벌어서 내가 못 다한 공부를 동생들에게만은 남부럽지 않게 배우도록 해주자.[16]

이렇게 자기 몸을 혹사하고, 온갖 욕구를 억제하며 모은 돈은 가족의 생계비로, 오빠나 동생들의 학비로, 혹은 가족의 생산수단으로 쓰였다. 이런 여성노동자의 가족에 대한 기여는 일방적인 희생이기는 하였지만, 순종적이기만 하던 이들의 의식과 가족 내에서 '천덕꾸러기' 신세를 면치 못하던 이들의 위상을 조금씩이나마 바꾸어 놓기도 했다. 그녀들이 스스로 돈을 벌 뿐 아니라 그것을 통해 가족의 생계에 적지 않은 기여를 함으로써 독립적인 의식을 획득하고 가족 내에서도 발언권을 행사할 수도 있었던 것을 수기들을 통해 읽을 수 있다.

그때 어머니가 찾아와 보시고 고생이 너무 가혹하다고 하시며 눈물 지우시던 것을 내가 이어 받아서도 안 될 것이다. 또 재능이 있는 자식에게 최소한의 교육도 시키지 못하는 부모가 되어서는 안 되리라.[17]

부모님들은 내가 보내는 돈을 조금씩 저축하여 1977년도에 고향에 논 두 마지기를 샀다……내 손으로 벌어서 논 네 마지기를 산 셈이다.[18]

1976년 초 막내 동생이 중학교에 진학하고 싶다고 하였다. 아버지께서는 첫말에 거절을 하시고……내가 못다 한 공부를 동생에게만은 꼭 시켜보겠다고 마음먹고……아버지를 설득하기 시작했다. 처음에는 말을 들으려고도 하시지 않던 아버지께서 나의 말에 감동하시었는지 결국 승낙을 하셨다……여름이 되니 부모님 계시는 방에 비가 새어서……그러나 부모님은 나에게 말을 못하고 나의 눈치만 살피셨다……집에 갈 때마다 말씀을 드렸더니 1976년 가을 드디어 우리 집 지붕에도 스레트가 얹히고 기둥도 바뀌어져서 제법 새집이 되었다.[19]

4. 회사 – 새로운 세계

취업

이 시기의 대부분의 여성노동자들이 그랬듯이 모범근로자들의 수기에서도 최초로 취업이 이루어지는 시기는 대개 15세 전후였다. 비교적 규모가 있는 제사, 모직, 방직, 방적, 전자공장 등은 중졸 이상의 학력을 요구하거나, 나이·키 등의 제한이 있었고, 일정한 연고가 필요했으며, 업종에 따라서는 신체검사, 면접, 시험 등을 치르는 경우도 있었다. 반면에 봉제, 편직, 가발공장 등의 경우에는 특별한 절차 없이도 언제든지 자리만 나면 취업을 할 수 있었다. 한편 버스 안내원의 경우에는 '교통학원'이라는 일종의 학원 겸 직업소개소를 거쳐 취업하는 것이 일반적이었다.[*]

첫 취업에 대한 모범근로자 수기 필자들의 기억은 둘로 나뉜다. 하나는 하고 싶은 공부를 접고 취업의 길로 들어서야 하는 것에 대한 깊은 좌절감이었고, 다른 하나는 취업에 대한 기쁨이었다. 학교를 졸업한 이후 집안일이나 식모살이를 하면서 체념의 기간이 길수록 취업은 그녀들에게 기쁨으로 다가왔다.

> 아직 15세밖에 안 되었지만(1972년경 – 인용자) 저는 돈을 벌어야 했고 그래서 직장을 찾아나서야만 했습니다. 찾아가는 곳마다 연소자인 데다가 중학교 졸업장이 없다는 이유로 좋은 직장에서는 모두 입사를 거부했고 결국 첫 직장은……터무니없는 혹독한 노동이 저의 어린 몸에 주어졌습니다. 그것은 창호지를 만드는 펄프공장으로……[20]

---

[*] 교통학원에서의 교육기간은 20~30일이었으며, 이 기간에 버스 안내원으로서 필요한 몇 가지 간단한 지식과 '에티켓' 등을 가르쳤다. 교통학원을 졸업하면 보통 1달 이내에 버스회사에 취업이 알선되었다. 고조리, 「행복을 찾아서」, 『산업과 노동』 6월호, 1974; 강평순, 「가난을 물리치고」, 『산업과 노동』 6·9월호, 1974; 이매순, 「아직도 먼 종착역」, 『산업과 노동』 6월호, 1976 참조.

취직을 하고는 싶었지만 학교 졸업 증명서도 없고 해서 걱정을 했는데 회사에서 언니를 워낙 잘 봤기에 다른 사람의 이름으로 서류를 구해서 겨우 취직이 됐어요. 저는 너무도 기쁘고 뜻밖이라 어찌할 줄을 몰랐어요.[21]

면접 시험날, 눈이 약간 나쁜 나에게 시력검사는 큰 낙심을 주었지만 나는 이내 시력검사판의 깨알 같은 글자를 모두 외워버렸습니다……눈 검사는 기분 좋게 끝냈지만 연령 미달이라는 이름하에 내 정성을 기울여 제출한 하얀 이력서에 빨간 ×표가 보기 좋게 그려졌습니다……87번! 예상외의 합격에 기분이 좋았던 날이었습니다.[22]

졸업한 지 20여 일만에 대류운수에 취직이 확정되어 둘이는 얼마나 기뻤는지 지금 생각해봐도 그때처럼 기뻐본 적도 드물었습니다.[23]

1970년대 중반에 이르면 농촌 청소년들의 이른바 '무작정 상경'이 사회적인 문제가 될 정도였지만, 모범근로자들의 수기에서는 무작정 상경한 사례가 보이지 않는다. 이는 앞에 인용한 이병태(1994)의 조사나 노동청 부녀소년담당관실(1974)의 조사 결과, 그리고 "확고한 직업의식 없이 친구의 권유나 유인, 산업화에 따른 도시 동경적 심리가 복합적으로 작용하여 취업하는 경우"가 많다는 서울관악지역 노동상담소의 조사 보고 등과는 매우 대조적이다.[24] 이런 사실은 여러 가지로 해석될 수 있지만, 우리가 분석대상으로 삼는 이른바 '모범근로자'들이 가족 사정 등으로 인해 그만큼 더 취업을 통한 돈벌이의 필요성을 절박하게 느끼고 있던 사례들이기 때문이다.

숙련 형성

여성노동자들이 투입된 공정은 대부분 단순 반복적인 노동을 요구하는 것이었다. 따라서 특별한 훈련이 없이 취업하자마자 생산현장에 투입되는 것이 일반적이었다. '견습', '조공', '보조', '시다'라는 이름으로 불리면서 선배 노동자들이 일하는 것을 보조하는 것을 통해 보고 경험하는 것으로 훈련을 대신했다. 1970년대 초의 가내공업에서는 견습 기간에는 숙식만 제공해줄 뿐 임금을 주지 않는 일도 있었다.

> 그날로부터 나는 기계와 운명을 같이 했다. 첫날은 24시간 연근무날이었다. 낮에도 일하고 밤에도 일하였다. 약한 나에게는 너무나 힘에 겨웠다……그러나 오직 이 길만이 살길이라는 마음으로 하면 된다는 신념 속에서 야근 일주일을 버티어 냈다……인내심을 가지고 꾸준히 견디어낸 결과 1972년 2월에는 직기 4대를 맡게 되었다.(약 8개월 후-인용자)[25]

> 떠돌이 생활의 20여 명 되는 여공들만의 생활 속에서 공장 내(편물공장-인용자) 침식으로 처음 몇 달 동안은 밥만 얻어먹으며 소위 기술이라는 것을 배웠습니다. 견습 기간이 끝나고 숙련공으로서 인정을 받자 내 생전 처음으로 일의 대가를 받아본 것입니다.[26]

> 1974년 4월 2일, 첫 출근날, 반장 언니라는 사람을 따라 여기저기 쉐터가 산더미 같이 쌓여 있는 곳으로 한참 가다가 긴 쇠판이 달린 미싱으로 일을 하고 있는 아가씨 앞에 서더니 "오늘부터 이 애가 보조해줄 거야, 잘 가르쳐 주어야 한다. 이름은 이경희야". 그리고는 갔다. 나는 그 아가씨의 보조공이 된 것이다. 하루, 이틀 나는 하나씩 하나씩 기초적인 것을 배워 나갔다. 하루는 반장 언니가 시키는 대로 '재단'이라는 것을 했다……공장 생활도 벌써 1년이 지나 이제

는……준기능공이 되어 있었다. '1차 검사'도 할 줄 알며, 재단도 할 줄 알며, 포장부에 지원을 나가도 누구에게 빠지지 않는 일꾼이 되어 있었다……그러던 어느 날 드디어 난 미싱을 하나 맡게 되었다. 이제부터는 내가 일하는 만큼 돈을 벌 수 있었다.[27]

반면, 보다 규모가 있는 제사, 방직, 방적, 전자 업종에서는 간단하나마 훈련 과정을 거치게 하고, 양성공·기능공 등의 숙련도에 따른 구분을 두기도 하였다.

(전자회사 ─ 인용자) : 다음 날부터 직업 훈련 제3기생이 된 우리는 열흘 동안이라는 긴 교육을 받아야 했습니다. 공책이랑 연필이 모두 돌려졌고 건전가요 및 새마을 노래 책자도 나누어졌습니다. 각 과의 강사님들이 오셔서 열심히 우리를 가르쳐주시는 동안 나는 이곳이 학교다 하는 착각을 자꾸만 일으켰습니다……하루하루의 일과는 몹시 즐거웠고 빨리 현장에 들어가고 싶은 성급한 마음이 나를 조바심나게 해주었습니다……열흘 동안의 교육을 끝내고 우리는 모두 현장으로 배치되었습니다.[28]

(방직회사 ─ 인용자) : 석 달이 지나서 양성공이라는 명칭을 받고 월급도 1만 4천 원이 되었다……양성공이 된 지 한 달이 지나 베틀을 잡고 베를 짤 수 있는 기능공이 되었다.[29]

견습 기간은 짧지만 매우 고통스러운 기간이었다. 임금이 매우 적은 것은 물론이고, '불량'이 나거나 일이 서투르다는 이유로 모욕을 당하기 일쑤였으며, 숙소나 기숙사 등에서는 선배 노동자들의 잔심부름 등 궂은 일도 해야 하는 경우가 많았다. 또 불경기가 닥치면 가장 먼저 감원의 대상이 될 수도 있었다.

> 무섭게 생긴 교부 선생님들은 쉴새없이 돌아다녔고 성적이 잘못 나오면 여지
> 없이 야단을 치셨고 심지어는 가라고 미끌어 내는 등 그야말로 풋내기 종업원
> 들은 공포에 질리기 시작했다. 더구나 결근이라도 한 번 할라치면 날벼락이 떨
> 어진다.[30]

> 처음에 양성공으로 있을 때는 월급도 적었을 뿐만 아니라 기능공 언니들의 멸
> 시도 많이 받았다.[31]

> 숙련공 언니들로부터 빨래와 잔심부름에 이르기까지 얼마나 곤욕을 치루어야
> 했던가. 영하의 날씨 속에 손마디가 짜릿할 정도로 차가운 기계를 기름으로 닦
> 아야 했고 조금이라도 잘못하면 심한 욕설과 꼬집힘까지 당해가면서 자기가
> 당해온 과정을 나한테 물려주는데 일종의 기술 계통에 내리박은 전래라는 것
> 일까.[32]

> 낮에는 현장에서 양성공으로 그 모든 뒷일을 해야 했고 저녁에는 기숙사에서
> 언니들의 심부름과 청소를 해야 했습니다.[33]

따라서 일단 공장 문턱에 들어선 여성노동자들에게 가장 급하고 가장
중요한 과제는 하루 빨리 기술을 인정받아 기능공이 되는 것이었다. 기술
을 익히기 위해 여성노동자들은 장시간 노동을 마친 뒤에도 남아서 선배
기능공들이 있을 때는 다뤄볼 수 없었던 기계를 다루어보는 등 남다른 노
력을 기울이지 않으면 안 되었다. 이 글의 분석대상이 된 '모범근로자'들
의 수기는 그런 눈물겨운 무용담들로 가득 차있다.

가발에서는 제일 중요한 로스트란 기술을 야간으로 배우게 되었습니다. 낮에는 미싱이 없어 야간으로 30여 명의 양성공 틈 속에 저도 끼어 밤새도록 지도를 받고……새벽에 기숙사에 들어가서 오전까지 잠을 자고 오후에는 부은 얼굴로 또 작업장에 나가서 어떻게 하면 빠른 속도로 기능을 익힐 수 있을까 하는 생각 속에 기능공 언니들이 작업하는 손놀림을 눈여겨보았다. 저녁에 일 들어가서 실천에 옮겨 보기도 하고……단 1개월 동안 완전한 기능을 익히느라 남몰래 노력한 결과 양성을 다 마치고 주간으로 작업을 하게 되었습니다. 처음엔 주간으로 들어가니 양성공이라 해서 미싱도 제대로 주질 않았습니다. 이 미싱 저 미싱 기능공이 결근을 한 빈 미싱에 앉아서 조금씩 해보다가 그 빈 미싱마저 없을 땐 작업장 청소도 하고 또 기능공 옆에 앉아서 기능을 눈으로 익혀나갈 때 가위 잡는 방법, 미싱에 실 꿰는 방법, 앉는 자세, 이런 것들을 눈여겨본 결과 그래도 얼마의 기능을 얻자 저에게도 한 대의 미싱이 주어졌습니다.[34]

내 머리 속엔 어서어서 기술을 배워야겠다는 결심뿐이었다. 난 아침이면 다른 동료들보다 일찍 출근을 해서 미싱을 밟아보기도 하고 옷을 만들어보기도 했다……내가 입사한 지 일년 삼개월이 되던 날 난 나보다 먼저 입사한 동료들을 제치고 공장장님으로부터 미싱에 오르라는 허락을 받았다. 그때부터 나에겐 '일번타자'라는 별명이 붙었다. 기술도 일등, 출근도 언제나 일등이라며 동료들과 공장장님이 붙여준 것이다.(평화시장 아동복 제품공장 – 인용자)[35]

수기들은 이런 무용담을 말하면서 '동료들의 질시'가 있었다는 것을 거의 빼놓지 않고 있다. 대부분 생산량에 따라 매달의 임금이 결정되는 도급제(개수임금제) 아래에서 노동자들이 살인적인 경쟁에 내몰렸다는 것을 말해주는 것이다.

지난날의 감원대상자였다는 불명예를 씻기 위해서도 저 나름대로의 불량을 없애고 능률을 높이자는 목표를 갖고 작업대에 앉았습니다. 저의 하루 생산 목표는 400대, 450대, 600대, 700대로 늘어갔으며 지금은 1시간에 백 대를 생산할 수 있게 되었으며……36)

저는 그때부터(양성공 시절을 마치고 자기 몫의 미싱을 배정받고부터 - 인용자) 200여 명의 반원 경쟁 속에 끼게 되었습니다……남보다 일찍 출근을 해서 해야 할 일거리를 준비해 두었다가 작업 시작 벨만 울리면 그 어느 것에도 신경을 쓰지 않고 오직 제품을 만드는 데 신경을 쏟아놓고 일을 하다보면 미싱 바늘이 손가락 여기저기 찔려 피도 흐르고 가위 잡은 손바닥에는 물집이 생겨 터지고 굳은살이 배기도 하고 건강에 대해서는 생각도 하지 않고 하루 종일 무리를 하곤 하다가 일을 마치고 기숙사에 들어가면……정신은 몽롱해 그냥 쓰러져 잠이 들고, 그러나 작업대에 앉으면 남몰래 입술을 꼭 깨물고 악착스럽게 일한 결과 생산량은 놀랍도록 늘어났습니다. 그러나 밥도 제대로 먹지 않고 계속 무리 속에 일을 하다 하루는 작업장에서 정신을 잃고 쓰러지고 말았습니다……그 가운데 저의 기능은 놀랍도록 늘어나……연말에 결산이 나왔을 때……200여 명의 5~6년 된 선배 언니들을 다 물리치고 반에서 제가 생산량이 제일 많은 일등을 차지하게……제가 생산량이 제일 많다는 소문이 회사에 퍼지자 선배 언니들의 시기하는 눈길이 시작되더군요. '저 조그마한 양성공이 언제 왔다고 생산량을 제일 많이 빼냐' 하면서 이리저리 헐뜯고 또 일을 마치고 지친 몸으로 들어가는 저의 등 뒤에 대고 미친 것 같이 일만 할 줄 안다는 둥 사람도 아니라는 말까지 들을 때……37)

공장 내의 사회적 관계

1970년대 여성노동자들은 짧게는 8시간(3교대 근무의 경우), 일반적으로 10~12시간, 그리고 길게는 16시간 정도를 공장 안에서 보냈다. 특히 기숙사에서 생활하는 경우에는 일주일에 1~2회 있는 외출을 제외하고는 거의 모든 시간을 공장 안에 있어야만 했다. 따라서 공장은 그들에게 세상 그 자체나 다름없었다. 자연히 인간관계도 가족관계와 공장 안의 동료 노동자 또는 상급자와의 관계로 국한되다시피 했다. 그러나 이 글의 분석대상인 '모범근로자 수기'는 이 부분에 대해서는 극히 제한된 정보만을 담고 있고, 그나마도 상당히 왜곡되었으리라 추정되는 정보만을 담고 있다.

1) 동료 노동자와의 관계 : 외톨이에서 지도자로?

'모범근로자 수기'의 주인공들은 대부분 공장에서 일하기 시작한 지 수년간을 한눈팔지 않고 남들보다 더 열심히 일하고, 남들보다 더 알뜰히 아끼고, 남들보다 더 악착같이 저축하는 것에만 힘썼다고 쓰고 있다. 그녀들은 이런 생활 태도로 인하여 동료들로부터 질시와 따돌림의 대상이 되기도 했으며, 또 스스로 돈을 아끼기 위해 그런 '고립'을 자청하기도 했다고 밝히고 있다. 그녀들이 스스로 금기시했던 것들의 목록은 소비의 대상으로는 화장품, 새 옷, 구두나 운동화, 자장면 등이었고, 여가생활로는 쉬는 날 극장에 가는 것과 등산가는 것, 심지어는 외출하는 것 자체 등이었다.

> 고향에 가는 차비가 아깝고 외출 나가면 혹시 돈이 써질까봐 굼쥐마냥 기숙사에서 책이나 보며 한문 연습을 하고 세월을 보내는 나의 별명은 '노랭이'입니다.[38]

모범근로자들의 수기는 한결같이 '그러나 내가 수십만 원의 저축을 하게 되고, 이로 인해서 표창을 받으니까 모두들 보는 눈이 달라졌다'고 쓰고 있다. 또 '모범근로자'들은 동료들과는 소원한 관계를 가졌지만 회사로부터는 인정받아 생산직 노동자들 사이, 기숙사 자치조직, 공장새마을운동, 심지어는 노동조합 등에서 지도적 위치를 차지하게 되었다고 말하고 있다.

> 숙사에서는 실장에서 어떻게 보았는지 조장으로 올랐고, 작업장에서는 조장에서 반장으로 승급되었다……이젠 공원으로서는 가장 무거운 기녀로, 그리고 노동조합 부녀부장으로, 숙사의 요장으로서의 직책이 나에게 주어지면서 나의 책임은 더욱 무거워졌고……[39]

대부분의 생산직 여성노동자들이 18~25세의 연령층에 속해 있었고, 이직률이 매우 높았기 때문에 한 공장에 2~3년 이상 근무하면 어느덧 여성노동자들 사이에서는 '고참'의 축에 속하게 되는 것도 이들이 짧은 시간 내에 이런 위치를 차지하게 되는 배경이 되었다.

1970~1980년대 노동운동사나 각종 기록을 통해서 볼 때, 여성노동자가 다수를 차지하는 회사에서 생산직의 남성노동자들은 여성노동자들을 통제·감독하는 가장 말단의 관리자들이었으며, 이들의 여성노동자들에 대한 횡포와 가혹한 통제는 잘 알려져 있다.[40] 그러나 모범근로자들의 수기에는 이에 대해 거의 언급이 없다.

2) 상급자와의 관계 : 또 다른 부모?

한편 모범근로자의 수기는 대부분 상급자를 인자하고 자신들을 따뜻하게 대해주며, 자신들을 올바른 길로 이끌어주는 사람들로 묘사하고 있다. 상급자에 대한 이런 묘사는 남성 간부들만이 아니라 기숙사 사감 등 여성 상급자에 대한 기술에서도 볼 수 있다. 다음과 같은 상급자에 대한 묘사는 극히 이례적인 것이었다.

그리고 어쩌다 일을 잘못할 때면 간부님들의 야단치는 소리가 기계 소리와 합 세해서 정신을 오락가락하게 하였다.[41]

'모범근로자 수기'에 나타나는 상급자들은 때로는 엄격하지만 근본적으로는 자애로운 '부모'의 상과 닮아 있다.

"작업장님의 온정에 보답코자……"[42]
"인자하신 공장장님……"[43]
"사장님 그 분은 말할 수 없이 자상하시고 인자하신 사장님이셨어요."[44]

그러나 주지하다시피 1970년대와 1980년대 중반까지의 한국의 노동현장은 인권유린이 다반사로 일어나는 곳이었다. 1970년대 민주노조운동이나 자연발생적인 노동자 투쟁, 그리고 1987년 노동자대투쟁에서 가장 기본적인 요구의 하나가 '인간다운 대우'를 해달라는 것이었다는 점이 그 것을 증명한다.[45] 그럼에도 불구하고 왜 모범근로자 수기에서는 상급자들이 자애로운 부모의 모습으로 그려지는가? 과연 그녀들은 다행히도 좋은 상급자를 만날 수 있었던 것일까? 이에 대해 수기의 심사를 담당했던 심사위원들의 다음과 같은 논평은 그에 대한 단서를 제공해준다.

첫째로 응모자들의 태반이 지나치게 응모자가 소속한 회사의 상급자들을 의식 에 두고 글을 쓴 듯한 인상이 짙다는 점이다. 가령 누구누구 회장님에게 감사한다든가 과장님의 후원으로 하는 식이 바로 그것인데 물론 그럴 수도 또한 그게 사실일 수도 있겠으나……[46]

모범근로자들의 수기가 모집되는 과정도 저간의 배경을 짐작케 한다. 수기는 매년 노동청이 모집 공고를 내면, 회사에 부착된 포스터나 회사별로 보내진 공문을 통해 노동자들에게 그 공모 사실이 알려졌으며, 더 나아가서는 회사의 추천이나 권유로 수기를 쓰는 경우가 많았다는 점, 그리고 회사별로 수기를 모집하여 노동청에 투고하는 일이 많았던 것으로 보인다. 따라서 필자들은 자신들의 수기를 읽게 될 상급자들을 의식하지 않을 수 없었고, 심지어는 학력 수준이 낮은 그녀들을 돕는다는 이름 아래 회사 내에 문필력이 있다고 인정되는 간부 사원에 의해 윤필이 이루어졌을 가능성도 농후하다.

그런 의미에서 모범근로자들의 수기에 나타나는 상급자상은 현실 자체의 반영이라기보다는 '공장 일을 내 일처럼, 근로자를 가족처럼'이라는 가부장제적 이데올로기에 기초한 허구였을 가능성이 높다.

3) 표창과 감투, 새마을운동 : 사회화와 포섭의 기제

그러나 다른 한편으로는 모범근로자 수기에서 보이는 그런 상급자 상이 그녀들이 회사체제에 철저히 편입되었음을 의미하는 것으로도 볼 수 있다. 회사는 여성노동자 가운데 일부를 '모범근로자'라는 이름으로 표창하고, 승진·임금인상 등의 혜택을 주는 한편, 회사 내의 각종 조직의 간부 역할을 부여하는 것을 통해 이들을 회사가 요구하는 인간형으로 통합시켰다. 그리고 회사의 이런 일부 '순종적 노동자'에 대한 포섭정책은 국가 정책에 의해서도 뒷받침되었다. 권위주의적 국가는 노동자들이 자신들의 힘으로 노동조건을 개선하는 것은 철저히 통제하면서, 노동자들에게 생산성

향상을 위해 노력하고 회사 일을 내 일처럼 할 것을 요구하는 한편, 사용자들에게는 노동자들을 내 자식처럼, 내 가족처럼 보살필 것을 요구했다. 국가는 각종 모범 사례의 발굴과 표창 정책을 통해서 그것을 독려했다. 모범근로자의 기준은 장기근속과 근무성적, 남들보다 월등히 많은 저축액 등이었고, 그 추천권은 철저히 회사에 있었다. 따라서 회사와 상급자들에게 철저히 순종적인 고참 노동자들이 추천 대상이 되는 것은 당연한 일이었다. '모범근로자'로 선정되어 회사에서 표창을 받으면, 지역 단위 행정기관이나 외부 단체, 또는 노동청 등에서 주는 상을 받을 기회로 연결되었다.

　모범근로자로서 표창을 받는 것은 이들에게 '지난날의 고생이 헛되지 않았다'라는 심리적 보상을 주었다. 이제까지 열심히 일하고, 저축하여 남들보다 더 많은 임금을 받고, 더 많은 저축을 하는 것이 개인적인 차원의 만족감과 성취감을 주는 것이었다면, 표창과 감투 등은 자신들의 가치를 사회적으로 공인받는 의미가 있었기 때문이다. 이런 사회적 인정은 이들 여성노동자가 어려서는 가족 내에서 딸이라고 천대받고, 자라서는 가난 때문에 학업의 기회를 포기하고 일찍부터 공장에 나와 일하면서 수많은 좌절, 차별, 깔봄을 경험했기 때문에 더욱 더 감격적인 것이었을 것이다. 이런 심리적 보상은 그녀들로 하여금 더욱더 회사와 권위주의적 발전국가가 요구하는 '모범적인 근로자'상에 충실한 노동자가 되도록 동기를 부여해주었다.

　　대륙교통에서는 표창장도 받았고 삼선주식회사에 와서도 모범 안내원이라고 내의 옷도 타고 이제는 더 잘해서 서울시장상을 탈 예정이랍니다.[47]

　　그 누가 이제 버스 차장이라고 욕해도 나는 웃어넘길 수 있습니다. 큰 상도 받았고 또 누구 못지않게 돈을 벌며 회사나 주위 사람에게 인정을 받고 있으니

말입니다. 상을 받기 전만 해도 솔직히 말해 어떤 때는 내 자신이 우울해질 때도 있었으나 이젠 무슨 일이 닥쳐도 헤어날 수 있고 참아낼 수 있습니다.[48]

지난 5월 21일 노동청 주최 전국 여성 및 연소근로자 생활수기 시상식을 마치고 청와대를 방문했을 때 대통령 각하 영애께서 직장에 돌아가면 여러 산업전사들에게 일하는 속에서도 배움을 게을리 하지 말고 일하며 배우고, 배우며 일해 달라는 말을 꼭 전해달라고 부탁을 하셨다.[49]

적금을 부어가던 저에게 뜻밖의 영광이 내려진 것은 회사에서 저를 저축의 왕으로 추천하여 주셨습니다. 1974년 10월 12일 저축의 날에 국립극장까지 가서 저축중앙위원회 회장님으로부터 표창장을 난생 처음으로 받아들게 되었습니다. 그후 회사 동료들은 저를 이해해주기 시작하고 아울러 저는 재입사한 지 만 1년 반 만에 조장이란 직책을 맡게 되었습니다. 1975년도 7월 25일 저축중앙추진위원회 주최로 열린 공단 본부에서 거행된 자원절약생활실천사례발표회에 노무계장님의 주선으로 참가하여 저의 생활 그대로를 발표한 결과 입상한 후 명예로운 새마을 역군으로서 해야 할 일을 찾아……[50]

학교에서는 반장, 기숙사에서는 총장, 엄마한테는 착한 딸, 동생들한테는 좋은 언니, 회사에서는 모범사원으로 지내고 있는 저는 1977년 5월 17일 BBS 주최 '성공사례 발표회'에서 경기도 대표로 뽑혀 경찰국장님 상을 두 번 받고 여러 차례……청소년들에게 나의 수기를 들려줌으로써 많은 금일봉을 받았으며 나의 수기를 마음의 등불 삼아 생활하고 있다는 청소년의 편지를 받아보면서 나는 비로소 지난날의 고생이 헛되지 않았음을 깨달을 수 있었습니다.[51]

1970년대 중반 이후 공장새마을운동이 본격화하면서 모범근로자로 선정되는 것은 곧 '공장새마을운동의 기수'로서의 역할을 부여받는 것으로 연결되었다. 소극적이었던 여성노동자들도 공장 내에서 가장 숙련도가 높은 기능공이 되고, 기숙사 안에서는 가장 오래된 고참언니가 되었을 뿐 아니라, 회사로부터 인정받고 이러저러한 감투까지 쓰게 됨에 따라, 지도력을 발휘할 기회를 갖게 되고, 새마을교육 등 이제까지의 공장 사회 속에서와는 다른 경험을 통해서 자기 안에 잠재되어 있던 적극성을 발견하고 발휘하게 되었다고 쓰고 있다.*

> 10월에는(1977년, 입사 6년차, 나이 22세 – 인용자) 기숙사 고참으로 사감에 임명되었고, 내 책임은 무거워졌다. 현장에서 맡은 책임도 무거워졌다. 나를 믿고 시켜주신 간부님의 뜻에 어긋나지 않는 사감이 되기 위해……최선을 다하고자 노력했다……1977년 10월 회사에서 새마을 자치회를 운영하기로 결정하여 발단식을 가졌다. 회원 240명이 7개 부서로 나뉘어졌다. 나는 봉사부 차장으로 임명되었다……11월 14일 회사에서 새마을농군학교 연수 교육을 보내주었다. 유 차장님, 최 대리님, 나 셋이서 구극직물에서는 처음으로 교육을 받으러 갔다. 3박 4일 교육 기간 중에는 아침 5시 30분에 기상하여 23시 50분에 취침하였다. 연수 교육 중에 제일 머리에 남는 것은 '정신이 육체를 지배할 수 있다는 것' 그리고 '협동으로 시작하여 협동으로 끝난다'는 것이다……연수 교육 후에 나는 정신면이나 생활면에서 많이 달라졌다……이제 나는……직장에서 '새마을 아가씨'로 불리고 있다.[52]

1979년 공장장님의 주도 아래 온 회사에 새마을운동이 번지기 시작했습니다. 기숙사의 명칭을 생활관으로 바꾸고 주위환경도 새롭게 변모해가고 있습니다.

---

* 이경희는 새마을운동을 통해 자기 안에 잠재해 있던 놀랄 만한 적극성을 발견했다고 쓰고 있다. 이경희, 「불행을 딛고 선 의지」, 『노동』 3월호, 1978.

1979년 7월 8일 나는 뜻밖에의 영광을 안게 되었습니다. 전 종업원 800명 중 8명이 국립사회복지연수원에서 새마을교육을 받게 된 것입니다……난생 처음 고속버스를 타고 경부고속도로를 달려 서울로 갔습니다. 아침 5시 50분 기상, 점호, 국민체조, 4절까지의 애국가 제창, 구보, 새마을교육, 성공사례 발표, 모두가 눈이 있어도 보지 못하고 귀가 있어도 듣지 못했고 생각지도 못한 것을 보여주고 느끼게 해주었습니다. 우물 안 개구리였던 나의 눈에 새로운 세계가 보였습니다……교육이 끝난 후……돌아오는 차 안에서 우리 8명은 다짐했습니다. 우리들에게 새로운 제2의 생활을 부여하고 우리를 밝은 세계로 이끌어주신 회사에 보답하고 우리들의 친구를 위하여 무언가 해보자고 다짐했습니다. '공장새마을운동의 기수가 되어 앞장을 서자. 그래서 우리도 잘 살아보자'.[53]

공장새마을운동은 단순하게 말하자면 이념적으로는 '직장의 발전이 곧 나의 발전'이라는 가부장제적(혹은 온정적 공동체주의적) 직업윤리와, 실천 전략의 측면에서는 먼저 열심히 회사발전을 위해 일하고 생산성을 높임으로써 기업의 이윤을 높이고, 기업은 그 이윤을 종업원의 복지를 위해 환원한다는 것을 핵심적인 내용으로 하고 있었다.[54] 그러나 실제로는 위의 수기들에서도 볼 수 있듯이 공장새마을운동이라는 것의 실상은 국민체조, 구보, 아침청소, 새마을노래(또는 건전가요) 보급, 바자회 개최 등과 같은 부분적으로는 병영적 질서 운동의 성격을 띠고, 또 부분적으로는 대단히 형식적이고 전시적인 행사 위주로 이루어졌으며, 대부분의 일반 노동자들은 마지못한 채 여기에 동원되었었다.

그러나 동시에 위의 수기들은 국가의 주도 아래 집체교육 형식으로 이루어진 새마을연수교육이 그것을 이수한 모범근로자들에게는 새로운 경험이자 삶의 한 전환기적 계기였을 수도 있음을 보여주고 있다. 특히 이들이 대부분 국민학교만을 졸업했거나 혹은 그나마도 제대로 학업에 충실할 수 없었다는 점과 어린 나이에 공장에 들어와 가족의 생계를 돕기 위해, 돈을 모아 보다 나은 삶을 영위하기 위해 한눈팔지 않고, 오로지 열심히 일하고 저축하는 데만 몰두해왔던, 다시 말하자면 자신의 가족과 자기 자신의 미래라는 좁은 세계관에 갇혀 있었다는 점을 고려해야 한다. 이들이 새마을 교육 등을 통해 더 넓은 세계와 접촉하고, 이제까지 미처 듣지 못한, 보다 넓고 새로운 ― 혹은 새롭지는 않지만 자신의 이제까지의 경험을 국가, 민족, 국민 경제 등의 거창한 단어들과 연결시켜 의미를 부여할 수 있는― 세계관과 접촉했다는 것은 분명 개인적으로 상당한 충격적 경험이었을 수 있으며, 그만큼 이를 쉽게, 전폭적으로 흡수했을 가능성이 있다.*

5. 주거와 일상생활

주거

노동청이 1974년 구로, 부평, 구미, 마산, 청계상가 등 공업지역의 여성 노동자들을 대상으로 조사한 자료에 의하면 여성노동자들 가운데 자기 집에서 출퇴근하는 비중이 28.5%, 기숙사 45.4%, 자취 20.0%, 하숙 2.3%, 친척 및 친구집 2.9%, 기타 및 무응답이 1%였으며, 노동청 관악지방노동사

---

* 다음은 상공부 제3 공장새마을운동연수원에서 교육을 받은 여성노동자의 체험기인데, 이를 통해 우리는 새마을교육의 내용을 개괄적으로나마 살펴볼 수 있다. "우리는 아침 5시 50분에 일제히 기상하여 밤 10시 반 점호를 할 때까지 정신 차릴 틈도 없이 빡빡한 교육을 받았다. 외부에서 온 강사들이 하루 평균 4~5종류의 강의를 하였다. 강의 제목은 〈국제 정세와 우리의 안보〉, 〈국난극복사〉, 〈정신 보안과 인구 문제〉, 〈북한 실정과 대남전략〉, 〈국가 발전과 여성의 역할〉, 〈충효와 나〉, 〈한국 경제 발전과 우리의 과제〉, 〈새마을운동의 성공 사례〉와 같은 것이었다. 강사들은 한결같이 북괴의 위협이 앞으로 더욱 중대될 것이다. 첫째도 국력의 신장, 둘째도 국력의 신장을 이룩해야 한다고 강조했다. 강의가 끝나면 우리는 반드시 분반 토의에 출석하여야만 했다. 우리는 5시 50분에 기상하여 6시에는 운동장에서 군대식으로 점호를 받았다. 그리고 30분간 연수원 주위를 교관의 호령에 맞추어 달려야 했다." 이태호, 『불꽃이여 이 어둠을 밝혀라 : 1970년대 여성노동자의 투쟁』, 돌베개, 1984에서 재인용.

무소가 1979년 구로공단지역의 여성노동자들을 대상으로 조사한 자료에 의하면, 자가출근 21.1%, 기숙사 39.1%, 자취 36.6%, 친척 3.5% 등이었다. 요컨대 약 70~80%의 여성노동자들이 자신의 집이 아닌 기숙사나 자취방 등에서 생활을 꾸려가고 있었던 것이다.

1) 기숙사

기숙사는 사용자의 입장에서 볼 때, 용지 문제나 시설비, 그리고 기숙사 운영 보조비 등의 측면에서 추가적인 비용은 들지만, 노동자들의 출퇴근 관리가 쉽고,* 노동자들에게 인기가 있었기 때문에 노동력 모집에 유리하며, 노동 통제에도 이점이 있다는 장점이 있었다. 한편 노동자들의 입장에서는 기숙사 생활을 하는 것이 자취를 하는 것에 비해 생활비가 훨씬 적게 먹힌다는 점과, 취사·난방 등의 수고를 덜 수 있다는 점 등의 장점이 있는 반면에 자유가 구속되고 사생활이 거의 보장되지 않는다는 점 등의 단점이 있었다.

모범근로자들의 수기는 필자들 가운데 대기업에 근무하는 여성노동자들의 비중이 높기 때문에 기숙사에 대한 언급이 많이 나오기는 하지만, 기숙사의 구조, 시설, 식사의 질, 규율, 동료 노동자들과의 관계, 근무시간 이외의 시간의 일상생활 등에 대해 많은 정보를 담고 있지는 않다.

우선 회사에서 숙식을 제공하는 시설을 모두 기숙사라고 부른다면 기숙사의 시설이나 구조는 회사의 규모나 기업복지정책에 따라 차이가 매우 심했다. '제품 공장'이라고 불리던 영세한 봉제나 편물회사의 기숙 시설은 공장 안에 있는 10~20명의 노동자를 수용하는 최소한의 침식시설의 수준이었는가 하면,[55] 방직·모직·방적회사 등의 기숙사 시설은 몇 개 동으로

---

* 특히 주야간 맞교대 방식이나 1일 3교대제를 택하는 기업들, 그리고 새벽부터 밤늦게까지 노동력을 활용해야 하는 업종(대표적으로는 버스 업종) 등에서는 기숙사가 필수적이었다.

이루어진 수천 명을 수용하는 대규모 시설이었다.* 한 방의 수용 인원도 평균적으로는 10명 정도였지만, 적게는 5~6명에서 심한 경우에는 "운동장 같은 큰 방의 중앙에 길을 두고 양쪽으로 두 줄씩 자게 되어"[56] 있는 경우도 있었다. 수기에 나타난 대부분의 기숙사는 난방 시설이 완비되어 있고, 공동 세면장, 목욕탕, 수세식 화장실, 휴게실 등의 기본적인 복지 시설을 갖추고 있었지만, 시설이 열악한 경우에는 겨울에도 난방이 제대로 되지 않거나, 본인들이 직접 연탄을 갈아야 하는 경우도 있었다.

규모가 큰 기숙사들은 그만큼 규율도 엄격했다. 사감과 각 동마다 동장을 두고 외출·외박, 취침·기상 시간 등을 엄격히 통제했다. 기숙사생들은 주중에는 취침시간을 피해 하루 2~3시간씩 주 4~5회 외출할 수 있었으며, 비번인 휴일에는 종일 외출이나 외박도 할 수 있었다.

모범근로자의 수기는 여성노동자들이 생활비가 싸게 들어 저축을 하기에 유리하고, 시설이 자취방에 비해 좋아 생활이 편리하고 안전하다는 점에서 기숙사를 매우 선호했음을 보여준다. 또한 기숙사는 취향, 성격, 생활습관이 다양한 매우 많은 여성노동자들이 한곳에 모여 사는 데서 비롯된 나름대로의 활기참과 즐거움뿐만 아니라, 여러 가지 인간관계나 금전관계상의 갈등이나 문제도 발생시켰던 것으로 보이지만, 상세한 기술은 부족하다.

(방직회사) 새벽 6시 숙사의 기상 벨이 울리면 우리의 하루가 시작된다. 물론 밤낮을 계속 일을 하기 때문에 일과 시간이 밤에 시작되는 친구도 많다. 눈을 뜨면 우선 6시 반까지 가벼운 독서를 즐긴다. 7시 반 출근 준비를 마치고 방을 나서면 만나는 사람마다 방긋이 미소짓는 얼굴을 대하면서 더 없는 기쁜 마음

---

* 제일모직의 경우 5개 동, 140여 개 방에 1천 800여 명의 여성노동자를 수용할 수 있었고, 삼풍 안양공장 기숙사는 5개 동(1개 동은 남성노동자)에 1천여 명을 수용할 수 있었다. 『산업과 노동』, 1972. 7; 『노동』, 1977. 6.

으로 하루의 일을 시작한다……기숙사 생활이 특히 어려운 점이 많았다. 서로가 다른 사람들끼리 모여 사는 사회, 한 방에서 보통 10명 정도가 같이 지낸다. 가끔 의견 충돌도 많고 또한 불미스러운 점도 많았다. 어느 땐 서로 같은 입장에서 이해하고 같이 괴로워하며 또한 즐거움을 나누는 따뜻한 동료애를 발휘할 때가 가장 즐겁고 상쾌한 일이 된다.[57]

(시내버스) 아무리 추운 겨울에도 연탄가스는 맡아볼 수 없도록 여기저기 문화 시설을 고루 갖춘 기숙사, 1원 하나 없이도 살 수 있는 그야말로 맨션아파트 부러울 것이 없을 것 같다.[58]

(가발공장) 기숙사에 들어오니 여러 가지 편리한 점이 많았습니다……기숙사 생활을 했기 때문에 들어가는 것이라곤 빨랫비누 50원짜리 한 장과 치약 50원 짜리 하나 그리고 몇 통의 편지지 값, 그 이상은 쓸 줄을 몰랐습니다.[59]

1972년 가을 돼지저금통에 푼푼이 모아 놓았던 돈을 도둑맞았다. 나중에 알고 보니 한 방에 있던 언니가 가져간 것이었다. 어떻게 모은 돈인데 그 돈을 가져 갔단 말인가, 밤새도록 울고 또 울었다.[60]
:

(모직공장) 현장에서 기숙사까지의 거리는 꽤 멀었다. 기숙사도 이층으로 되어 있는데 나는 이층에 있는 방으로 들어갔다. 직포과의 사람들은 모두 다 이층의 방에서 지내고 있었기 때문이다. 춘삼월 따뜻한 봄날인데도 불구하고 저녁이 되면 스팀을 넣어서 방이 따뜻했다. 수돗물도 밤낮으로 자유롭게 쓸 수 있고, 화장실도 수세식이라 깨끗하고, 목욕물도 일주일에 두 번씩 나와 몸을 깨끗이 할 수 있었다. 그리고 청소하는 아주머니가 계셔서 언제나 깨끗이 정돈되어 있으며, 휴게실에는 텔레비전이 비치되어 있는데 화면에서 유성모직의 광고가 나

올 때면 큰 회사에서 일하는 보람을 느꼈다. 이 모든 생활이 나에게는 새롭기만 하고 내가 아주 잘 된 것 같은 기분이 들었다. 이젠 식생활 걱정도 하지 않아도 되고, 자취생활을 할 때보다 몸과 마음이 편하고 먹는 것도 훨씬 좋다……여기 기숙사에 있으니 시간의 여유가 많아 이젠 나도 비록 학교는 못 갔을망정 나 혼자서라도 중학교 졸업 정도의 실력을 갖추어야 되겠다고 마음먹었다. 한문책을 사서 한자 공부도 하고 영어책도 사서 기초 공부도 하고 음악책을 사서 혼자 노래도 불렀다. 또 뜨개질도 하여 소복소복 바구니에 쌓아두니 정말 사는 보람을 느끼는 것 같았다.[61]

낮에는 현장에서 양성공으로 그 모든 뒷일을 해야 했고 저녁에는 기숙사에서 언니들의 심부름과 청소를 해야 했습니다. 비가 오는 밤이면 견딜 수 없게 떠오르는 가족의 얼굴들, 일요일 모두가 외출한 기숙사에 남았으면 미치도록 가고 싶은 집……학교 갔다 와서 숙제, 빨래, 복습 등을 하다보면 새벽 3시가 되었습니다. 3시까지 불을 켜놓으니까 주위 사람들이 잘 수가 없다는 것이었습니다. 그 기숙사는 딴 회사와는 달리 여러 방으로 되어 있는 것이 아니라 운동장 같은 큰방의 중앙에 길을 두고 양쪽으로 두 줄씩 자게 되어 있어 한쪽에 불을 켜면 그 불빛이 멀리까지 비치기 때문이었습니다. 언니들이 하루 이틀도 아니고 이렇게 어떻게 사느냐며 학교를 그만 두든지 기숙사에서 나가라는 것이었습니다. 학교를 그만둔다는 것은 상상도 할 수 없었고, 기숙사에서 나가 자취를 하려 해도 그만한 돈이 없었습니다. 생각하다 못해 공부는 식당에서 하고 잠만 기숙사에서 자기로 했습니다.[62]

한편 김혜경이 대구의 종업원 규모 300인(여성노동자 200인)인 한 견직 공장에서 1주씩 2차례에 걸쳐 여성노동자들과 함께 일하고 함께 기숙사에 살면서 쓴 참여관찰 기록은 기숙사 생활이 나름대로 매우 활기찬 것이었음을 시사해준다.

> 종업원들은 별로 신경 쓰는 일이 없으니까 휴일 또는 名日(?)에는 특별히 관심을 가지고 외출을 하든지 숙사에 남게 되면 자연 군것질을 하게 된다. 모두가 혈기왕성한 탓이겠지 하는 생각이 든다.[63]

> 주말에는 모두 들뜬 기분으로 피로함을 모르고 작업을 마치고 나오면서 저녁식사를 하고 숙사에 돌아오면 좋은 놀이가 없을까 아니면 영화 구경은 어느 극장이 좋을까 조잘대다 보면 순식간에 숙사는 텅 비다시피 된다. 숙사생 중에 반 정도는 구경가고 나머지는 자기에게 필요한 물건을 사러간다든지 또는 친척집을 방문하든지, 식당에 가서 TV를 보고 즐기는 것이다.[64]

이런 활기는 여성노동자들이 부모의 간섭으로부터 떨어져 있으며, 스스로 돈을 번다는 독립된 생활에서 비롯된 것이었다. 그러나 이 글의 분석 대상인 수기들은 필자들이 자신들의 욕망을 극도로 억제하는 생활을 했기 때문인지 기숙사에서의 일상생활에 대해 극히 간단하고 단조롭게 적고 있다. 즉 다른 노동자들은 외출 시간이나 휴일이면 외출, 외박을 다니고, 단체로 등산이나 야유회도 가는데 자신들은 기숙사에 남아 뜨개질이나 편지 쓰기, 혹은 독서로 소일했다는 것이다.

기숙사들은 나름대로의 자치조직을 가지고 있었다. 기숙사에만 근무하는 사감이나 동장 등을 두고 있는 회사도 있기는 했지만, 이 글의 분석대상 수기를 통해서 보면, 동장 또는 요장 등은 대부분 고참 여성노동자가 맡고, 심지어는 사감도 고참 노동자가 겸임하는 사례들이 있었던 것으로 보인다. 석정남에 의하면 기숙사는 회사가 노동자들을 규율하고 통제하는 기구이기도 했지만, 노동자들 사이에서 신속하게 상황을 전파하고, 의견을 결집하며, 인원을 동원할 수 있는 자원이기도 했던 것으로 보인다.[65] 그러나 분석대상인 수기에서는 그런 단서를 찾아보기 어렵다.

2) 자취

회사에 기숙사가 없는 경우, 다른 회사에 다니거나 학교에 다니는 언니나 동생과 함께 지내야 하는 경우, 그리고 기숙사 생활이 주는 구속과 불편을 피하고 싶은 경우에 여성노동자들은 기숙사가 주는 경제적 이득과 생활의 편리성에도 불구하고 자취를 선택하기도 했다. 자취 생활은 식사와 난방 등을 스스로 해결해야 한다는 점에서 가뜩이나 긴 시간 노동에 시달리는 그녀들에게는 적지 않은 부담이었고, 해마다 월급보다 빠르게 오르는 집세, 집주인과의 물세·전기세 등을 둘러싼 갈등, 시끄럽고 불량한 주거 환경, 연탄가스 중독, 범죄 피해의 가능성 등 여러 가지 부수적인 문제들이 있었음에도 불구하고, 구속과 통제를 받지 않아 보다 자유롭고, 사생활이 더 잘 보장되며, 마음 맞는 사람들과 지낼 수 있다는 것 등 불편을 상쇄시킬 만한 장점을 가지고 있었다.

> 언니집에서 신세지기가 미안해 월세방도 얻었습니다. (월급 11,400원 중에 - 인용자) 적금 붓는 돈 사천 원과 방세 오천 원을 빼고 나면 남는 건 고작 이, 삼천 원뿐 그 돈으로 한 달을 살아야 했습니다. 거의 매일을 보리쌀로 때우곤 했습니다. 점심은 생각할 수조차 없었습니다.[66]

> 부산에 가니 회사에서 얻어준 방에서 여러 명의 언니들이 자취 생활을 하고 있었는데 나도 거기에 한 몫 끼었다……(월급이 올랐지만 - 인용자) 나의 생활은 처음 자취 생활이나 아무런 변함이 없었다. 쌀은 정부미, 반찬은 된장찌개, 열흘 만에 한 번씩 김치를 담그면, 그것이 나에게는 별미였다……비록 몸은

괴롭고 힘들었지만 나는 어느 누구 못지않게 행복했다.[67)]

내 월급이 오르는가 했더니 방세가 팔천 원으로 올라 방세는 또 밀리기 시작했고 방을 비워달라는 소리를 밥 먹듯 들었다.[68)]

동생이⋯⋯인천으로 올라오게 되어 그때까지 생활해오던 기숙사를 떠나 그동안 조금씩 절약해 둔 삼십만 원을 주고 전세방을 얻었습니다.[69)]

한편, 친척집에 사는 경우도 있었는데, 그 경우에는 고된 노동을 마치고 와서도 그 집의 가사일을 도와야 한다는 부담이 있었으며, 도시 출신이거나 부모가 가족을 모두 이끌고 이농하여 자가에서 출퇴근하는 노동자들의 경우에는 가사 부담은 물론이고 어려운 집안 사정으로 인하여 겪는 정신적 고통이 매우 컸고, 또한 직장과 집 사이의 거리가 멀어서 매우 힘이 든 사례들이 많았다. 따라서 여성노동자들은 여건만 되면 기숙사 생활을 하거나 자취를 하는 것을 선호했다.

송금, 저축, 소비 그리고 여가

1970년대에 한국 노동자들의 실질임금은 연평균 10% 이상의 높은 상승률을 보였다. 이에 따라 여성노동자들의 소비 수준과 저축 여력도 1970년대를 통해 계속 높아졌다. 그러나 그 출발점 자체가 워낙 낮은 임금이었기 때문에 여성노동자들이 피부로 느끼는 생활상의 어려움은 크게 개선되지 않았다. 여성노동자들은 가족의 생계비로, 또는 동생이나 오빠의 학비로 자기 급여의 평균 20% 내외를 송금하였으며, 자신의 결혼비용 등도 저축하여야 하였기 때문에 항상 빠듯한 생활에 쪼들렸다. 따라서 한두 벌의 외출복, 구두나 운동화, 기초적인 화장품 등과 같은 생활상의 필수적인 소비조차도 여성노동자들에게는 큰 부담이 아닐 수 없었다.*

특히 소득의 대부분을 가계비로 송금하거나 저축한다고 쓰고 있는 '모범근로자'들에게는 그런 필수적인 소비나 하찮은 군것질조차도 극복해야 할 유혹이었다. 어떤 여차장은 손님이 주는 껌조차도 그 맛에 길들여지지 않기 위해 남에게 주고, 또 어떤 여성근로자는 헌 남자고무신을 신고 다녔다고 할 정도로 엄청난 내핍 생활을 했으며, 회사에서 식비 보조나 식사 제공이 없는 경우 심지어 점심이나 저녁을 거르는 생활을 한 끝에 건강을 망치게 되는 사례도 있었다. 그러나 대부분의 일반 여성노동자들은 송금과 약간의 저축 이후에 남는 돈들을 휴일에 극장에 가거나, 야외에 놀러가는 일, 옷을 사 입고, 머리하는 일, 자장면이나 '달짝한 군것질'과 같은 아주 '작은 사치'에 사용했다. 자기 손으로 돈을 번다는 것, 부모의 간섭에서 벗어나서 독립적인 생활을 하고 있다는 것, 도시 생활을 한다는 것을 나름대로 즐기기도 했던 것이다. '모범근로자'들의 수기는 한편으로는 그런 '사치'를 하는 노동자들과 금욕적인 생활을 하는 자신을 비교하며 은근히 자랑스러워하는가 하면, 다른 한편으로는 조금이나마 삶 자체를 즐기는 것에 대해 부러워했음을 시사하고 있다.

> 좀 바보스런 얘기지만 나는 아직껏 빵 한 개 껌 하나를 돈 주고 사 먹어보지 못했습니다. 어쩌다 손님들이 수고한다고 뒷자리에서 나에게 껌을 주는 일이 있어 그 고마움은 형언할 길이 없지만 껌 맛을 알게 되면 나도 껌을 사 먹을까봐 아예 호주머니에 넣어두었다가 우리 방의 친구 안내양에게 주곤 합니다.[70]

---

* 박경수에 의하면, 1979~1980년 사이에 조사한 농가 출신 노동자 184명 중 116명이 가족에게 송금을 하고 있었으며, 송금액은 남성노동자의 경우 수입의 9.1%, 여성노동자의 경우 22.1%였다. 박경수, 「농촌출신 도시공업 근로자의 경제행위에 관한 연구 : 구로공단 근로자의 대농가송금 보조사례를 중심으로」, 서울대 석사학위논문, 1981.

가냘팠던 어린 손이 굵고 거친 손으로 변해오는 동안 나는 1백만 원이라는 엄
청난 돈을 모을 수 있었던 것입니다. 남들이 멋있는 옷을 맞춰 입을 때 나는
시장에 가서 생활에 간편하고 값싼 옷을 사 입었고 남들이 구두를 사 신을 땐
난 운동화를 사 신어가며 한 푼이라도 아껴서 저축을 했던 것입니다. 남들이
놀 땐 한시라도 일을 하고 남들이 낭비를 할 땐 한 푼이라도 아껴서 저축을
했던 것입니다.[71]

6~7천 원의 월급부터 시작해서 십 원 이십 원 모으고 모으느라 그후 중국집에
가서 짜장면 한 그릇도 사 먹지 않고 친구들이 사용하는 화장품 하나 제대로
사본 적이 없으며 친구들이 구두를 신을 때 저는 운동화를 신고 극장 구경 한
번 가보질 않았지만……[72]

연장 근무를 하게 되면 저녁을 먹어야 하지만 식대를 아끼기 위해 난 저녁 시
간이면 내 자리에 앉아 교과서를 보았다……연장 근무는 10시에 끝난다. 집까
지는 30분 정도의 거리이고 차를 타면 35원이 든다. 난 부지런히 걸었다. 한
푼이라도 아껴야지, 내가 지금 할 일은 열심히 돈을 모으는 일이다.[73]

　　여가시간도 업종과 회사의 근무 형태에 따라 큰 차이가 있었다. 3교대
제나 2교대제로 운영되는 방직회사 등에서 일하는 여성노동자들은 1주일
단위로 바뀌는 근무조에 따라 잠을 줄여서라도 여가시간을 가질 수 있었
지만, 주간 근무만을 하는 회사의 경우에는 평균적으로 10시간을 상회하
고 일감에 따라서는 15~16시간을 상회하기 예사인 장시간 노동으로 인하
여 거의 여가시간을 갖기가 힘들었다.
　　여성노동자들은 일주일 또는 2주일에 한번 있는 휴일은 거의 대부분

외출을 하였다. 공장과 기숙사에만 갇혀 있거나 집과 회사 사이만 왕복하다가 모처럼 일과 회사로부터 해방되는 날이었기 때문에 외출에의 유혹은 피할 수 없을 만큼 강렬했을 것이다. 외출을 하지 않는 노동자들은 독서, 공부, 편지쓰기, 뜨개질 등으로 소일했으며, 자취를 하는 노동자들은 밀린 집안일에 여가시간을 할애해야 했다.

이종욱이 1980년 구로공단의 노동자들을 대상으로 조사한 바에 의하면 여가시간을 보내는 방법 가운데 '주로 독서를 한다'고 응답한 노동자가 전체의 39.4%나 되었다.[74] 그 이유는 중도에 포기할 수밖에 없었던 공부에 대한 미련이 남아 있기 때문일 수도 있고, 학교공부는 못했더라도 장래를 위해 '교양'만은 쌓아야 하겠다는 노동자들의 의지를 반영한 것일 수도 있으며, 독서가 가장 비용이 안 먹히는 '여가선용' 방식이었다는 것이 이유일 수도 있을 것이다. 임갑수도 높은 독서열에 대해 다음과 같이 보고하고 있다.

> 담실(노동청 관악지방사무소 - 인용자)을 찾는 여성근로자들의 대화중에서 절실히 느끼고 다행스런 일은 한결같이 독서열이 높다. 근무로 인하여 피곤할 것이 당연한데 근로자들의 독서열은 게으른 여대생들이 따를 수가 없을 만큼 열성적이다. 여가 시간을 활용하기 위해 책을 읽는다는 근로자가 54.6%라고 상담 결과에 나타나고 있다.[75]

모범근로자들의 수기에서 그녀들이 여가를 보내는 방법과 관련하여 가장 많이 언급하고 있는 것도 독서였다. 그러나 수기들은 그녀들이 읽은 책에 대해서는 언급하지 않고 있다. 그러나 책을 구입하거나 빌리는 것 자체도 '노랭이'인 그녀들에게 큰 부담이 되었을 것이라는 판단에 비추어 볼 때, 그녀들이 주로 읽은 책은 기숙사나 회사의 도서실에 비치되어 있는 책과 동료 노동자에게서 빌린 책이었을 가능성이 높다. 한편 이와 관련하여 실태조사를 한 바 있는 이종욱은 노동자들의 독서양태에 대해 취미독서 (30.3%), 전문서적 공부(20.5%), 문학작품 독서(20.2%)가 가장 비중이 높고, 그 다음으로는 월간지나, 주간지, 만화 등이 차지하고 있다고 쓰고 있다.[76] 한편 모범근로자 수기에서 두드러지는 것은 그녀들이 부설학교나 산업체 특별학급 등에 다니는 경우 여가시간만이 아니라 잠까지 줄여가며 공부에 몰두했다고 쓰고 있는 것이다. 편지쓰기도 일반 노동자들이나 모범근로자들의 주요한 여가활동의 하나였다.*

우리의 분석대상인 1970년대 여성노동자들이 대부분 20세 전후를 정점으로 15~25세까지의 연령 분포를 보이고 있었기 때문에 이성관계와 결혼 문제는 이들의 최대의 고민거리이자 관심거리였을 것이다.** 노동행정의 최일선에서 근로자 상담을 맡고 있던 담당자는 이에 대해 다음과 같이 쓰고 있다.

> 근로기준법 상의 부당 문제도 근로자의 애로 사항이지만 오히려 이성 문제에서 오는 정신적 고민도 크다. ① 연령적으로 사춘기 또는 이성의 유혹을 느끼기 쉽고, ② 부모를 떠난 객지에서의 외로움, ③ 충분한 대우를 받지 못하는 저임금, ④ 부모의 간섭에서 풀려난 듯한 해방감. 이런 요인들은 확고한 이성에 대한 준비 없이 감정에 따라 책임 없는 이성교제에 돌입하는 경우도 있다.[77]

---

* 기숙사에서 여성노동자들의 편지 쓰는 풍경에 대한 재미있는 묘사로 김혜경, 「참여관찰에 이한 종업원 행동에 관한 연구」, 영남대 석사학위논문, 1974 참조.

** 1974년 노동청 부녀소년담당관실이 여성근로자들의 이성교제 실태를 조사한 바에 의하면, 현재 이성교제를 하고 있다 29.1%, 지금 하고 있지도 않으며 해본 경험도 없다 52.3%, 지금은 하고 있지 않지만 과거에 한 경험이 있다 16.6%였다(노동청 부녀소년담당관실, 앞의 글). 또 노동청 관악지방사무소가 구로공단의 여성근로자를 대상으로 조사한 바에 의하면, 친구들과의 얘기 중 주요 화제에서 성문제 및 이성문제가 10.3%를 차지하는 것으로 나타났으며, 이성교제 경험이 있는 근로자가 54.2%였고, 그 대상은 학생 (27.3%), 회사동료(13.9%), 타회사동료(16.4%), 군인(10.9%), 기타(31.5%) 순이었다. 임갑수, 「상담실에서 본 공단 여성근로자의 문제점과 대책」, 『노동』 5월호, 1980 참조.

그러나 모범근로자 수기는 이성관계에 대해 전혀라고 할 수 있을 정도로 철저히 언급하지 않고 있다는 점이 오히려 흥미로울 정도이다. 이는 한편으로는 그녀들의 금욕적 생활과 다른 노동자들보다 더 강한 보수적 윤리의식의 반영일 수도 있고, 다른 한편으로는 위의 인용문에서 볼 수 있는 바와 같은 여성근로자들의 이성교제에 대해 국가와 자본이 가지고 있던 부정적 인식을 의식하여, 일부러 은폐한 것일 수도 있다.

6. 콤플렉스, 꿈 그리고 정체성

콤플렉스와 꿈

1970년대 여성노동자들의 가장 큰 콤플렉스의 원천이 '공순이', '공장 뜨기'라는 사회적인 낙인과 못 다한 공부에의 미련이었다는 것은 이미 많은 사람들에 의해 지적된 바 있다.[78] 우리의 분석대상이 된 '모범근로자 수기'의 필자인 여성노동자들은 대부분 자신들이 국민학교나 중학교에서 우등생이었다고 쓰고 있다. 그런 만큼 그녀들이 어려운 집안 형편 때문에 학교공부를 중단해야 했을 때 겪어야 했던 정신적 고통은 큰 것이었다.

> 길가에서 학교 친구들을 만나면 얼굴이 확확 달아올랐습니다. 만나면 반가워야 할 친구들이지만 오히려 짜증이 나고 괴롭기만 했습니다. 어느 날 친구와 함께 야간작업을 마치고 집으로 돌아오는 길이었습니다. 까만 교복을 입은 학생들과 두 분의 선생님이 학교 행사를 위해 줄을 지어 오는 것이 보였습니다. 선생님을 만나 뵙는 것이 창피하다고 생각한 나는 피할 길도 없는 막다른 길에서 지저분한 물이 흐르는 개울가로 달렸습니다. 두 다리가 덜덜 떨려서 징검다리를 제대로 건너지 못한 우리는 이윽고 지저분한 물에 빠졌고 손에 들었던 책도

개울물로 떨어지고 말았습니다……학생요금을 내려는 나의 마음과 일반인 요금을 받으려는 버스 안내원과의 승강이 속에 결국 억울한 차비를 내지 않겠다는 내 고집 때문에 새벽밥을 먹고 걷고 밤늦게까지 걸어서 차비로만 모은 저금통이 점점 무거워짐을 기쁘게 생각하며……[79]

그런 만큼 그녀들에게 '두 갈래로 땋은 머리, 까만 교복과 하얀 칼라'는 고난 속에서도 좀처럼 접을 수 없는 선망과 꿈의 대상이었다.

남의 집 식모로 있을 때 주인 집 딸이 빨래하라고 벗어놓은 교복을 남의 눈에 뜨일까봐 안 보이는 곳에서 입어보면서 나도 언젠가는 나이를 먹더라도 꼭 학교에 다녀야겠다는 굳은 결심을 하였습니다. 그 결심이 있었기 때문에 23살이 된 내가 중학생이 될 수 있었던 것입니다.[80]

기숙사 생활을 하면서 사감님으로부터 한문과 영어를 틈틈이 지도받으며…… 열심히 배웠습니다. 배움에 대한 일념만은 떨쳐버릴 수가 없어 애를 태우다가 마침 대학생 오빠와 언니들이 수강료 없이 베풀어주는 봉사활동의 혜택도 입었습니다……그러던 중 1978년 9월 1일……저희 회사에 '부설여중'이 설립되어 개강식을 갖게 되었습니다. 드디어 오랫동안의 숙원이었던 배움에의 길과 선망의 대상으로만 존재하던 흰 칼라에 땋은 머리의 여학생이 된 것입니다.[81]

모범근로자 수기는 여성노동자들이 이런 좌절과 콤플렉스를 한편으로는 공부를 통해, 그리고 다른 한편으로는 악착같이 일해서 돈을 모음으로써 극복하려 했음을 보여준다. 1970년대 전반의 여성노동자들은 주로 '고등공민학교' 등과 같은 야간학급이나 검정고시 학원 야간반, 독학 등을 통해 중학교나 고등학교 졸업장을 손에 쥐었다. 1970년대 중반 이후 국가가

정부시책으로 노동자들을 위해 다양한 정규교육 과정 및 비정규교육 과정을 개설함에 따라, 이런 교육과정들도 여성노동자들이 배움에의 한을 풀 수 있는 기회로 적극 활용되었다.* 그러나 장시간 노동이 일상적으로 이루어지고 있는 상황에서 특별히 상급학교 진학에 대한 강렬한 열망을 지닌 노동자들을 제외하고는 대부분의 여성노동자들은 일과 정규교육 과정을 병행하기 어려웠다. 따라서 대부분은 상급학교 진학에의 꿈은 접고, 그 대신 열심히 일하고 저축을 늘리는 데 집중했다. 그러나 이렇게 공부를 포기한 여성노동자들도 장차 현모양처가 되기 위하여, 혹은 적어도 '여성으로서 필수적인 교양'을 획득하기 위하여 틈틈이 가능한 폭넓은 독서를 하고, 꽃꽂이, 수예, '여성이 갖추어야 할 예절' 등을 배우며, 기초적인 영어나 한문 실력을 갖추기 위해 공부하는 것이 일상생활의 하나였다.

1970년대 한국의 가난한 가정의 딸들의 대표적인 장래 희망은 학교선생님, '하얀 가운을 입은 백의의 천사', 그리고 사무실에서 일하는 화이트칼라 여성노동자였다. 학업을 중단하고 공장문에 들어선 뒤에도 이런 장래 희망들은 노동자들에게 아련한 꿈으로 남아 있었다. 갖은 악조건 속에서도 상급학교에의 진학을 위해 악착같이 노력한 일부 여성노동자들은 그

---

* 정규교육 과정으로는 야간 특별학급과 산업체 부설 중고등학교가 있었고, 비정규교육 과정으로는 근로여성교실과 직장교실이 있었다. 야간 특별학급은 1977년 4월말 당시 총 25개 학교에 총 56개(남 7, 여 49)반이 구성되어 있었으며, 학생 수는 3,271명(남 398명, 여 2,873명 : 여학생이 87.8%), 참여 사업체 수 542개였다. 야간 특별학급에 대해서는 국고와 산업체로부터의 보조가 있었다. 한편 산업체 부설학교는 1977년 4월말 현재 5개 업체에 5개교가 있었다.

* 한편 근로여성교실은 주로 공업단지 등 여성근로자 밀집 지역에 설치되었는데, 완전 무상교육이었고, 1975년부터 설치되기 시작하여 1977년 7월까지 약 1,656명의 수료자를 냈다. 근로여성교실에서는 여성근로자를 위한 간단한 교양교육(영어, 국어, 국사, 가정, 새마을교육, 반공, 음악)이 이루어졌으며 기당 총 144시간(3개월)의 교과과정으로 이루어져 있었다. 마지막으로, 직장교실은 여성근로자를 30인 이상 고용하고 있는 업체에 대한 정부의 권유에 의해 설치되었으며, 주로 여가 시간을 이용하여 교양교육을 하였다. 교육 내용은 사업장마다 달리할 수 있었지만, 교양교육으로는 가정 관리, 새마을운동, 노동관계법, 반공, 가족계획, 기초한문 등을 교육하고 기술교육으로는 가정부업기술로서 수편물, 목각, 꽃꽂이 등을 교육하고 있었다. 정부통계상으로는 1977년 7월 현재 488개 사업체에 설치되었으며, 총 8,756회에 걸쳐 777,935명이 교육을 받은 것으로 되어 있었다. 김희영, 「근로청소년을 위한 진학의 길」8월호, 1977.

런 꿈을 좇고 있는 것이기도 했다. 그러나 대부분의 여성노동자들은 공부와 일을 병행시키는 악전고투에 지쳐 마침내는 현실을 인정하고 자신들의 꿈을 수정하였다. 그녀들 대부분의 공통적인 '현실적인' 꿈은 중학교 졸업 학력 정도의 지식(영어와 한문지식으로 대표되는), 그리고 요리하는 법, 바느질, '여성다운 예절', '인격교양' 등을 갖춘 여성으로 자신을 갈고 닦고, 돈을 모아, 좋은 신랑을 만나 현모양처가 됨으로써 지긋지긋한 공장 생활로부터 탈출하는 것이었다.

> 그러나 고등학교를 간다면 앞으로 3~4년은 아무 희망도 기대도 할 수 없는 이 직장을 계속하란 말이냐?……슬쩍 배웠지만 이제 기초적인 것은 어느 정도 알 았으니 이것만이라도 계속 녹슬지 않게 잘 닦고 기름 친다면 어디 가서 높은 사무는 못 보더라도 평범한 여성으로서의 삶을 유지하는 데는 그다지 불편은 없으리라. 이제 학교공부보다는 참다운 인생 공부를 해야겠다. 인격 교양을 쌓 고 좀 더 여성다운 모든 걸 배우고 싶은 욕심이다. 요리하는 법이며, 바느질, 장래 필요한 한 가지의 전문적 기술이라도 익혀야겠다.

> 지금 저축한 돈이 3십만 원쯤 되는데 5십만 원만 되면 그만 둘 생각입니다. 앞 으로의 희망이 있다면 좋은 배우자를 만나서 일평생 행복하게 사는 게 저의 소원입니다.

> 꿈을 푸르게 꾸고, 높은 이상만을 추구할게 아니라 가장 가까운 거리에서 현실 에 맞는 내 위치를 찾아 행동하자![82]

정체성

'모범근로자 수기'의 주인공들은 전혀 자신들을 노동자계급의 일원으로 묘사하지 않고 있다. 그녀들은 자신들의 불행의 원인을 '원수 같은 가난'에서 찾을 뿐 그것을 사회구조적인 문제로 인식하지 않는다. 불행의 원인이 된 가난에 대해서도 아버지의 돌연한 죽음이나 노동력 상실, 혹은 사업 실패나 도박 등 개인적인 원인에서만 찾는다. 공장노동은 그녀들이 선택한 것이 아니었다. 그것은 돈을 벌기 위한 불가피한 선택이었다. 또한 공장이 그녀들을 필요로 하는 기간은 결혼하기 전까지로 제한되어 있었으며, 일을 열심히 하고 기술을 더 익힌다 하여 미래를 보장해주는 것도 아니었다. 따라서 공장은 그녀들에게 단지 일시적으로 머물며 돈을 벌다가 다시 정상적인 인생의 궤도로 돌아가게 될, 비정상적인 궤도상의 통과지점일 뿐이었다.

그러나 한편으로 모범근로자 수기는 그녀들이 국가나 회사의 교양교육이나 새마을교육 등에 의해, 아니면 스스로 긍정적인 자아상을 갖기 위한 안간힘으로 '산업역군', '수출역군', '새마을 아가씨' 등으로 자신들을 부르고 있음을 보여준다.

> 현실에 발맞추어 창조하고 개척하면서 절약과 검소한 생활로 알뜰한 살림을 꾸려나가는 여유 있고 지혜로운 여인이야말로 현명한 국민이며 나라에 이바지할 수 있는 길이 아니겠습니까?[83]

> 지금도 한 산업전사로서 공업단지에 몸담고 있습니다……저는 밝은 마음으로 구로공단의 수출 역군으로 일하고 있으며……[84]

> 비록 동아제약 포장과가 사회에서는 공장이요, 나는 공순이지만, 저녁이면 〈참 삶 배움의 집〉 음악선생이고, 상록수의 주인공 채영신 언니와 같은 일을 하기 위해 꿈을 키우는 소망의 작은 나무 꿈나무였습니다. 공순이가 역겹다는 생각

은 조금도 없었습니다.[85]

자가용 타고도 엉덩이가 배긴다고 불평하는 사람이 있는가 하면 35원짜리 버스 타는 것도 아껴 걸으면서도 기껍고 즐겁게 사는 사람이 있습니다. 그게 바로 제가 인생을 바라보는 가치관이랍니다. 적은 봉급으로도 저축하여 즐겁게 살 수 있는 여유를 키우면서 저는 내일을 바라보렵니다……현실의 고뇌를 승화시키고 운명을 지그시 누를 줄 아는 영원한 여인상을 위해 인순이는 노력하렵니다.[86]

우리 손으로 만든……여러 제품이……선진 국가에 많이 수출되어 국가 산업 발전의 한 부분을 담당하는 산업전사로서의 긍지를 생각하면 피로도 사라지고 마는 것이었다. 그리고 내가 번 돈으로 우리 형제들의 희망과 꿈을 사는 데 좋은 내조를 하고 있기 때문인지 아무리 어렵고 고된 일이라도 참고 견딜 수가 있었다.[87]

이런 의식에서 이들 여성노동자들은 노동운동이나 회사에 대한 집단적인 불만 표시에서 이탈하는 경우도 많았을 것이다. 이에 대해서는 분석 대상이 되는 수기들은 거의 언급하지 않고 있다.

회사에 어떤 조그만 불평불만으로 한창 바쁜 꼼치작업 시기에 종업원들이 한꺼번에 몽땅 나오지 않았던 날에도 버젓이 혼자 일하러 나왔다가 다른 종업원들에게 미움과 따돌림을 받은 적이 있다. 그때 내 생각과 처지를 이해해주지 못했던 종업원들이 한없이 밉기도 하였으나 나 역시 같은 종업원 입장으로 그들과 동의하지 않았던 것에 조금은 후회가 되기도 하였다.[88]

그러나 위의 사례보다는 1970년대 중반 체불임금과 공장새마을운동을 빙자한 강제적인 추가노동 등으로 말썽을 빚었던 방림방적에 근무하던 노동자가 쓴 수기[89]나, 동일방직의 민주노조가 한창 활기를 띨 무렵에 쓰여진 수기,[90] 동일방직 사건을 겪은 후에 쓰인 수기 [91] 등에서 이에 대한 언급이나 암시조차도 보이지 않는다는 것 자체가 이들 '모범근로자'들이 노동운동이나 집단행동 등과는 의식적으로 거리를 두고 있었을 가능성이 높다는 것을 말해준다.

7. 결론을 대신하여

이 연구는 그동안 조명을 받지 못하던 1970년대의 '모범여성근로자'들의 수기의 내용을 분석함으로써, 1970년대 여성노동자들의 공장 안팎에서의 삶과 의식을 살펴보고자 하였다. 모범근로자의 수기, 그것도 정부에 의해 선별되어 표창받은 수기들이었기 때문에, 이런 수기들은 당시 노동자들의 삶과 의식, 특히 그들의 작업장 내에서의 갈등과 고통 등은 잘 드러내지 않는다는 한계가 있지만, 우리들은 이 자료들에 대한 분석을 통해 기존 연구들이 밝힌 1970년대의 여성노동자의 고난에 찬 삶과 그녀들의 평균적인 의식에 대한 일반적인 상을 재확인할 수 있었다. 또한 이 수기들을 통해 우리는 1970년대 국가와 자본이 장려했던 '모범근로자'의 상을 확인할 수 있었다.

그러나 우리는 동시에 1970년대 노동자의 삶 자체에 대해 우리가 얼마나 모르고 있는가, 그에 대한 일차자료들은 얼마나 부족한가를 확인할 수 있었다. 예를 들어, 우리는 1970년대 여성노동자들이 공장에서 받았던 착취, 억압, 학대에 대해서는 어느 정도 알고 있지만, 그녀들의 공장문 밖에서의 삶(기숙사 생활을 포함하여)에 대해서는 단편적인 정보밖에 가지고 있지 않으며, 체계적인 연구도 아직 없다. 더구나 상대적으로 조명을 덜 받았던 남성노동자들의 공장 안팎에서의 삶과 그들의 의식에 대해서는 더욱 더 자료가 부족하며, 연구조차 없다. 이런 사실은 한국의 노동사, 혹은 더 넓게는 민중사나 사회사의 기초가 매우 박약하다는 것을 의미한다.

이 연구가 조금이라도 의미가 있다면, 1970년대의 노동사·민중사·사회사 연구를 위한 우리의 출발점이 어디가 되어야 할 것인가를 확인할 수 있었다는 데 있을 것이다.

‖ **자료실** ‖

논문이 처음 실린곳·표·미주·찾아보기

논문이 처음 실린 곳

4부

천정환, 「1920~30년대의 책읽기와 문화의 변화」, 『근대의 책읽기』, 푸른역사, 2003.

권보드래, 「1920년대 초반의 사회와 연애」, 『연애의 시대』, 현실문화연구, 2003.

유선영, 「초기영화의 문화적 수용과 관객성」, 『언론과 사회』 2004년 2월.

한기형, 「문화정치기 검열체제와 식민지 미디어」, 『대동문화연구』, 2005년 9월.

5부

차승기, 「동양적 세계와 '조선'의 시간」, *The Review of Korean Studies*, Vol.8, no.2, 2005.

이기훈, 「청년의 시대-1920년대 민족주의 청년담론 연구」, 서울대 박사학위논문, 2006.

김현주, 「논쟁의 정치와 민족개조론의 글쓰기」, 『역사와 현실』 57, 2005.

허 수, 「1920년 전후 이돈화의 현실인식과 근대철학 수용」, 『역사문제연구』 9, 2002.

류시현, 「일제하 최남선의 불교 인식과 조선불교의 탐구」, 『역사문제연구』 14, 2005.

6부

양현아, 「증언과 역사쓰기」, 『사회와 역사』 60, 2001.

이용기, 「마을에서의 한국전쟁 경험과 그 기억」, 『역사문제연구』 6, 2001.

김성례, 「근대성과 폭력」, 『제주 4·3연구』, 역사비평사, 1999.

김원, 「1970년대 '여공'과 민주노조운동」, 『한국정치학회보』 38-5, 2004.

김준, 「1970년대 여성노동자의 일상생활과 의식」, 『역사연구』 10, 2002.

표 자료 모음

종별	1920	1921	1922	1923	1924	1925	1926	1927	1928	1929	계	비중순위
족보	63	70	87	120	135	174	180	162	189	178	1358	1
신소설	47	89	72	95	100	110	119	99	122	106	959	2
遺稿	30	55	72	58	80	85	79	78	90	81	708	3
아동물	10	15	37	40	79	63	72	79	88	91	574	4
문집	35	36	50	60	68	70	68	58	51	50	546	5
구소설	37	57	55	49	56	52	65	58	54	46	529	6
교육	21	35	37	41	50	71	59	30	81	79	504	7
사상	7	5	6	17	49	68	72	79	83	82	468	8
잡류	5	20	27	34	37	48	53	53	66	97	440	9
문예	7	23	30	35	29	37	58	60	63	85	427	10
시가	3	17	27	32	40	39	50	58	54	45	365	11
종교	20	27	28	30	19	21	39	27	49	55	315	12
상업	3	8	11	8	50	33	48	50	54	38	303	13
경서	33	24	41	26	37	19	22	25	25	37	289	14
의약위생	7	10	15	23	24	30	35	34	37	52	267	15
영업여행안내	0	6	12	15	21	35	30	29	33	43	224	16
역사	7	20	29	7	29	18	35	27	23	26	221	17
수양	15	17	20	19	20	18	20	21	23	19	192	18
동화	5	10	15	17	24	25	28	29	18	20	191	19
윤리	10	20	21	20	15	27	17	15	18	17	180	20
철학	6	10	16	15	24	20	32	28	9	13	173	21
농업	5	7	18	19	8	17	29	16	18	26	163	22
지리	5	7	25	25	10	18	15	17	17	15	151	23
어학	2	6	10	15	15	17	29	27	9	20	150	24
음악	0	5	7	3	25	19	22	21	27	12	141	25
자전	1	5	2	15	17	29	30	20	11	5	135	26

* 朝鮮總督府警務局,『朝鮮に於ける出版物槪要』, 1930의 자료를 종수가 높은 순으로 재구성한 것이다.

〈표 2〉 1920~1928년 『동아일보』 광고 빈도수가 높은 책 　　　　　　　　　　　〔▶본문 31쪽〕

	책명	저자 / 역자	출판 주체	광고 빈도	최초 광고 연도	분야	비고
1	早稻田大學中學講義		早稻田大學出版部	42	1923	교재수험서	
2	結婚の當夜・夜玉手箱		동경 국민사 특매부, 동흥당 등	39	1926	성	
3	早稻田大學女學講義		早稻田大學出版部	33	1923	교재수험서	
4	早稻田大學商業講義			30			
5	고등보통학교입학시험준비서	김연배	조선도서주식회사	27	1921	교재수험서	조선어
6	早稻田大學政治經濟講義 早稻田大學法律講義 早稻田大學文學講義		早稻田大學出版部	27	1923	교재수험서	
7	男女の密畫・女のひみつ・男女圖 解生殖器新書・美人裸體秘密寫 眞・秘密まじない奧傳 등		동경 국민사 특매부	23	1926	성	
8	완벽자습 지나어집성		林家出版部	21	1921	어학	
9	남녀 정과 욕의 사십필수		동경 호문사	21	1923	성	
10	(남의 호감 엇는) 교제의 비결(미인나체사진첨부)		동경 동흥당	20	1925	성(사교)	
11	무쇠탈	민태원	동아일보사	19	1923	번역·번안소설	조선어
12	남녀성욕급성교의 신연구	澤田順大郎	동경 정문사	19	1923	성	
13	도해연구 남녀생식기전서	의학연구회 편		18	1924	성	
14	남녀생식기도해 (미인나체사진첨부)		동경 동흥당	18	1926	성	
15	웅변연설법		덕흥서림	17	1921	연설토론	조선어
16	미인나체사진		동경 삼광사	17	1925	성	
17	男女美人法		동경 춘산당 진서부	16	1926	성	
18	早稻田大學電氣工學講義		早稻田大學出版部	16	1927	교재수험서	
19	女子の秘密・紙幣形珍畫・ 春色 梅曆 등		동경 昭文堂	16	1928	성	
20	개척자	이광수	박문서관(자주 변경)	14	1923	소설	조선어
21	현대신어사전		동경 국민사 출판부	14	1926	시사	
22	고등보통학과강의・ 보통학교오륙학년학과강의		조선고등보통학회	14	1927	교재수험서	
23	동사년표		보문관	13	1921	학술	
24	早稻田大學法律講義		早稻田大學出版部	13	1923	교재수험서	
25	부부화합의 비결 (미인나체사진첨부)		동경 동흥당	12	1925	성	
26	삼체펜습자사전		동경 국민사 출판부	12	1926	실용	

27	도해 여성의 적나라		동경 국민사 특매부	12	1926	성	
28	手紙新百科大辭典					글쓰기	
29	いろは引大辭典					실용	
30	現代新語大辭典					실용	
31	最新英和辭典		동경 진문관서방	12	1928	어학	
32	日常法律新辭典					법률	
33	靑年社交新辭典					청년	
34	五分間演說辭典					연설토론	
35	옥루몽		덕흥서림	11	1920	고전소설	조선어
36	조선명필 추사서첩				1922	경서, 한문학	조선어
37	나체미인	澤田順次郎	동경 정문사	11	1923	성	
38	이상촌	정연규	한성도서주식회사	10	1921	소설	조선어
39	입학시험준비서	김갑제	이문당	10	1921	교재수험서	조선어
40	호신술비전	中澤蘇自	동경 삼광사	10	1925	실용	
41	愛의 희생자	香園	덕흥서림	10	1925	신소설	조선어
42	성교법 임신피임의 신연구		동경 삼광사서방	10	1925	성	
43	동양역대女史시집	곽찬	보문관	9	1920	경서, 한문학	조선어
44	쉑스피어와 그 생활	이교창	조선도서주식회사	9	1921	전기	조선어
45	련애소설 사랑의 한	쉑스피어	박문서관	9	1921	번역·번안소설	조선어
46	나의 참회	톨스토이	한성도서주식회사	9	1921	번역·번안소설	조선어
47	사랑의 선물	방정환	개벽사	9	1922	아동	조선어
48	제갈무후토정선생 토정비결		보문관	9	1922	복술	조선어
49	무한애의 금상	노자영	한성도서주식회사, 청조사	9	1924	시집	조선어
50	영원의 몽상	노자영	박문서관, 한성도서주식회사	9	1924	시집	조선어
51	典故大方	윤희구	한양서원	9	1924	실용	조선어
52	수험준비서	교육연구회	박문서관, 회동서관 등	9	1925	교재수험서	조선어
53	위인 김옥균	오종섭	신구서림	9	1926	전기	조선어
54	정열의 연애문집		동경 국민사 특매부	9	1926	글쓰기	
55	시문독본	최남선	신문관	8	1920	글쓰기	조선어
56	음풍영월신식창가집		신명서림	8	1921	창가	조선어
57	歐米新人物		보급서관, 회동서관 등	8	1921	전기	조선어
58	演說及式辭		동양서원 외	8	1921	연설토론	조선어
60	廣濟秘	이경화	보문관	8	1922	학술	

61	手紙大辭典		동경 삼광당서원, 중앙서원	8	1926	글쓰기	
62	현대모범 수지대사전		동경 중앙서원	8	1927	글쓰기	
63	가정부업백과전집		가정부연구소	8	1928	실용	조선어
64	개조론	안확	조선청년회연합회 -한일서점	7	1921	학술	조선어
65	자각론						
66	萬古達德 플랭클린						
67	윌손		한성도서주식회사	7	1921	전기	조선어
68	자유의 신 루소						
69	威日孫연설집		보급서관, 광동서국	7	1921	연설토론	
70	탐정모험소설 名金	예미손 호	신명서림	7	1921	번역·번안소설	조선어
71	실용영선회화	최상호	신구서림	7	1921	어학	조선어
72	실제적 피임법	澤田順次郞	동경 정문사	7	1923	성	조선어
73	餓鬼道					성	
74	신정보통-국어자습 고문		조선교육연구회	7	1923	교재수험서	
75	실지응용 최면술독습		동양대학당	7	1924	실용	조선어
76	운세대감	小橋正則	동경 정문사	7	1924	실용	
77	독학자재 영어연구	이홍규	조선통신영어연구회	7	1925	어학	
78	보통학교전과모범정해		박문서관	7	1925	교재수험서	조선어
79	갑오동학난과 전봉준	장도빈	덕흥서림	7	1926	학술	
80	최면술강의록	정신과학회	靈光洞本院	7	1926	실용	조선어
81	아이 낳는 법, 낳지 않는 법		동경 국민사 특매부	7	1926	성	조선어
82	무선생 속수 영어독학	김동성	영창서관, 한흥서림	7	1926	어학	
83	서식대감		동경 중앙서원	7	1927	글쓰기	조선어
84	小學卒業 立身案內·東京學校案內		진문관서방	7	1928	청년	
85	催眠術極意·手品種あかし·柔道極意·魔術忍術					실용	
86	マルクス エンゲルス전집		개조사	7	1928	사회주의	

*『동아일보』 광고기사의 크기(단수)는 고려하지 않은, 기사의 빈도수이다. 위 책들의 대부분은 한자나 일본어로 제목이 달려 있었는데, 편의상 한글로 제목을 표시했다. 당시 책들은 수개월 또는 수년을 두고 계속 광고되는 경우가 많아서 신문지상에 나타난 최초 광고 연도를 표시했다. 따라서 표의 연도는 책의 발간 연도와 일치하는 연도도 있고, 그렇지 않은 경우도 있다. 일본어 서적의 경우는 저자와 역자 이름을 생략한 경우가 많고, 조선인 서적의 저자·역자의 이름은 가능한 대로 표시했다. 그러나 전체적으로 당대의 책 광고에는 저자·역자의 이름이 누락되어 있는 경우가 많았다.

〈표 3〉 1920년대 아동물 출판 연도별 현황   〔▶본문 51쪽〕

종별	1920	1921	1922	1923	1924	1925	1926	1927	1928	1929	계
아동물	10	15	37	40	79	63	72	79	88	91	574
동화	5	10	15	17	24	25	28	29	18	20	191
동요	0	3	5	8	14	10	24	23	15	19	121

* 朝鮮總督府警務局, 『朝鮮に於ける出版物槪要』, 1930의 자료에서 아동물, 동화, 동요 부문을 추출한 것이다.

〈표 4〉 1924~1927년 『어린이』지 독자연령 분포   〔▶본문 51쪽〕

연령	7~10세	11~12세	13세	14세	15세	16세	17세	18세	19세	20세	계
독자수	123	18	24	27	52	64	80	42	25	6	351
독자수	31		103			186			31		
비율 (%)	8.8		29.3			52.9			8.8		100

* 이기훈, 「1920년대 '어린이'의 형성과 동화」, 『역사문제연구』 8호, 역사문제연구소, 2002. 8의 자료를 재구성한 것이다.

〈표 5〉 1920년대 외국서적 수입액 증가 추이   〔▶본문 62쪽〕

구분	1921	1926	1927	1928	1929	1930
일본서	–	1,524,185	1,679,643	1,981,314	2,410,321	2,214,762
그 외 외국서	–	78,476	41,577	24,580	38,463	23,444
계	700,058	1,602,661	1,721,220	2,005,894	2,448,784	2,238,206

출처 : 이여성·김세용, 『숫자조선연구』 제4집, 1932, 118쪽.

〈표 6〉 1933년 9월 대구지역 조선인 대상 잡지 판매현황 (단위 : 권)   〔▶본문 68쪽〕

조선어 잡지(총)	850	일본어 잡지(총)	380
여성지	350	여성지	280
소년지	500	기타 잡지	100

출처 : 「대구서포에서 신추 독서열 타진」, 『조선일보』, 1933. 10. 1.

〈표 7〉「민족개조론」 '변언'의 체제 분석　　　　　　　　　　　　　〔▶본문 313쪽〕

제안서 표제지의 체제	「민족개조론」 변언의 체제
제목	민족개조론(민족개조의 사상과 계획)
지원처	조선민족의 현재와 장래를 생각하는 형제자매
제안자의 이름	춘원春園
제출일	신유辛酉 11월 11일 태평양회의가 열리는 날
과제 대표자 및 소속 기관장의 서명	재외동포*

* '변언'에서 이광수는 민족개조의 사상과 계획이 '재외동포'에 의해 형성된 것이라고 밝히고 있는데, 그는 주지하다시피 도산 안창호이다. 이광수는 1920년 상해에서 흥사단에 가입했고 「민족개조론」은 그 이념을 국내에 보급하기 위해 쓰인 것이다. 이런 점에서 흥사단 총책인 안창호는 '민족개조'라는 기획의 대표자이자, 제안자(이광수)의 소속 기관장이라고 할 수 있다.

〈표 8〉「민족개조론」 본문의 체제와 내용 분석　　　　　　　　　　〔▶본문 313쪽〕

체제	「민족개조론」 본문의 장 제목	「민족개조론」 본문의 내용	제안서 본문 기술 부문의 내용	체제
상	민족개조의 의의	민족개조는 민족생활의 방향 전환, 즉 민족의 목적과 계획의 근본적이고 조직적인 변경을 가리킨다.	다루는 문제, 과제의 목적, 과제의 중요성	서론
	역사상으로 본 민족개조운동	그리스의 소크라테스에서 일본의 명치유신까지 세계 민족개조운동사의 성과와 한계	문제의 역사, 기존 연구의 검토	과제배경
	갑신 이래의 조선의 개조운동	김옥균에서 청년학우회까지 조선 근대 민족개조운동사의 성과와 한계		
중	민족개조는 도덕적일 것	민족개조운동은, "민족생활은 민족성의 반영이고 민족성은 민족의 근본 도덕에 의해 결정된다"라는 민족심리학의 원리에 토대를 둔다.	과제가 기초로 삼는 가정	수행활동
	민족성의 개조는 가능한가	문제는 민족의 근본 성격이 아니라 부속적 성격이다.	해결하고자 하는 문제	
	민족성의 개조는 얼마나한 시간을 요할까	개조의 10단계와 일정, 그리고 기대되는 결과	일정과 기대효과	
하	개조의 내용	개조의 8원칙. 요약하면 지·덕·체 삼육三育과 부의 축적, 사회봉사심의 함양	원리	
	개조의 방법	개조의 이상을 실현하는 방법은 개조동맹의 결성이다.*	적용하고자 하는 방법 및 그 적절성	
결론	결론	민족개조운동은 개조동맹을 주축으로 하여 수행되는 조직적, 영구적, 포괄적 문화운동이다.	정당성의 부연 설명	

* '동맹'의 조직체계와 운영에 대한 서술은 제안서 본문에서 또 하나의 중요 부분인 관리 부문(Management

Section)에 해당하는 내용을 담고 있다. 제안서에서 관리 부문은 인력관리에 대한 내용을 담는데, 이는 보통 1) 과제 참여자 각자의 책임 영역과 이것들을 통합하는 구성, 2) 과제 참여자의 이력으로 나뉜다. 개조동맹의 조직과 구성원들의 역할 규정은 여기에 속하는 내용이라고 할 수 있는데, 이 글에서는 따로 자세히 다루지 못했다.

〈표 9〉 1911~1924 『월보』와 『개벽』에 발표된 이돈화 글의 빈도수 (단위 : 편) 〔▶본문 342쪽〕

	1911	1912	1913	1914	1915	1916	1917	1918	1919	1920	1921	1922	1923	1924	계
월보	9	11	6	8	5	1	5	31	43	26	11	8	1	1	166
개벽	—	—	—	—	—	—	—	—	—	22	25	9	2	6	64

* 『월보』의 경우 통권 35호(1913)와 40호(1913) 및 125호(1921)와 133호(1921)는 결본이므로 제외했다.
* 『개벽』은 1920년 6월에 창간되었으므로 1920년 수치는 7개월 동안의 것이다. 또한 『개벽』에서는 공동집필이나 설문조사 및 삭제기사의 경우는 제외했다.

〈표 10〉 증언자의 기초 정보 〔▶본문 428쪽〕

이름	출생시기 / 출생지	연행시기 / 연행지	귀국시기	*성병 / 불임여부	혼인 / 자녀관계	기타사항
김화선	1926 / 평양	1941 / 싱가폴	1946	성 / 불	평생 독신	
김창연	1925 / 부산	1940 / 남양군도	1946?	성 / 임	결혼-동거-독신 / 2 자녀	두 번의 동거에서 각각 한 명의 자녀 출산
한옥선	1919 / 조치원	1938 / 중국 길림-태원-오수이징	1946	? / 임	(결혼)동거-후처 / 4 자녀	네 명의 자녀 중 한 명만 생존
김영자	1923 / 전주	1938 / 만주 동령	1946	성 / 불	후처 / 무자	
최갑순	1919 / 구례	1933 / 중국 동안성	1948	? / ?	후처 / 양자	고자와 결혼, 고아양자
정윤홍	1920 / 당진	1942 / 중국 동안성	1945	? / 임	독신-동거 / 1 자녀	위안부시기 임신, 귀국하여 출산
윤순만	1929 / 보은	1943 / 히로시마	1946	? / 임	결혼 / 4 자녀	
김복동	1915 / 청주	1933 / 만주	30년대 후반	? / 불	후처-독신 / 무자	
안법순	1925 / 평양	1941 / 싱가폴	1946	성 / ?	평생 독신	

* 비고 : 성은 성병, 임은 임신, 불은 불임, ?는 불분명함을 나타냄

〈표 11〉 혼인 관계의 유형화 (– 는 시간의 경과, / 이후는 자녀관계) 〔▶본문 433쪽〕

유형분류	해당 사례	동거 / 자녀관계 양상
〈유형 1〉 독신	안법순	평생 독신 / 무자녀
	김화선	평생 독신 / 무자녀
〈유형 2〉 동거 파탄	김창연	결혼(쫓겨남)–후처(쫓겨남) / 두 자녀(첫 자녀는 빼앗김)
	김복동	후처(스스로 나옴) / 불임
〈유형 3〉 동거 지속	김영자	후처 / 무자녀–전처 자녀 돌봄
	최갑순	후처 / 양자 보살핌
	정윤홍	호적을 위한 후처 / 한 자녀(위안부 시절 임신)–동거 남성 자녀 돌봄
	한옥선	위안부 시절 군의관과 동거–후처 / 자녀 4명 출산(1명만 생존)
〈유형 4〉 혼인 지속	윤순만	법적 혼인 / 자녀 4명

〈표 12〉 구술자 분류 〔▶본문 456쪽〕

이름 (가명)	생년 (전쟁시 나이)	본인 계급 또는 가족 배경	교육 정도	전쟁 당시 마을에서 위치	전후 주요 사항
김철환	1921 (30세)	빈농 (일제시기 머슴생활)	무학	리농촌위원	부역자로 낙인찍혀 '살아남은 자' 중 가장 고생한 사람으로 평가됨. 현재 농사
김병찬	1929 (22세)	중농 집안 〈표 6–⑤〉	국졸	리민청 부위원장	'수복' 후 군입대. 제대군인동지회 결성. 5·16 직후 재건국민운동에 열성적 참여. 이장과 새마을지도자 역임. 현재 마을 노인회장
최승한	1933 (18세)	중농 집안 〈표 6–⑬〉	중퇴	중학 4년생. 부친(이장) 납북	오두리 최초의 중학생. 전후 군 입대. 5·16 직후 면서기. 이후 지방공무원 생활(30여 년). 현재 퇴임하고 시내에 거주
최영호	1934 (17세)	중농 집안 〈표 6–⑧〉	국퇴	농사	제대 후 서울생활을 하다가 귀향. 현재 농사
정경한	1938 (13세)	부농 집안 〈표 6–⑫〉	국졸	국교 6년생. 부친 폭사	부친이 이천군 인민위원장이어서 연좌제로 심한 고생. 형제들이 모두 1965년경 상경. 현재 시흥 거주

〔▶본문 457쪽〕

〈표 13〉 농지개혁에서 오두리 소재의 토지 처리 현황 (단위 : 평, %)

소유자거주지	분배농지 (A)			제외농지 (B)			전체 농지 (A+B)			기타 제외 토지 ·			총계
	답	전	계	답	전	계	답	전	계	임야	대(垈)	계	
오두리	6,620	5,758	12,378 (4.4)	30,664	25,553	56,217 (33.0)	37,284	31,311	68,595 (15.1)	2,605	2,493	5,098	73,693 (15.3)
오두리 밖	217,528	54,551	272,079 (95.6)	72,422	41,836	114,258 (67.0)	289,950	96,387	386,337 (84.9)	17,483	4,535	22,018	408,355 (84.7)
합계	224,148	60,309	284,457 (100.0)	103,086	67,389	170,475 (100.0)	327,234	127,698	454,932 (100.0)	20,088	7,028	27,116	482,048 (100.0)

〔▶본문 457쪽〕

〈표 14〉 오두리 사람의 농지소유 현황 (단위 : 평)

소유면적	이름 (가명)	번호	수배 농지 (A)	피분배 농지 (B)	분배제외 농지 (C)	사유 농지 (B+C)	경작지 (A+C)	인적 사항
1정보 이상 (6명)	김○○	①	–	2,647	4,387	7,034	4,387	오두리 출신 서울거주자
	전○○	②	798	1,337	4,652	5,989	5,450	
	홍○○	③	1,929	599	4,618	5,217	6,547	주소지 오기 혹은 명의도용으로 보임
	김명덕	④	6,074	2,218	2,662	4,880	8,736	1920~30년대 구장
	김○○	⑤	1,497	–	3,813	3,813	5,310	구술자 김병찬 씨 부친
	조동수	⑥	5,523	181	2,939	3,120	8,462	천주교. 전쟁 중 친형 납북. 전후 이장
1정보 미만 (21명)	진○○	⑦	3,219	–	2,712	2,712	5,931	
	최○○	⑧	–		2,232	2,232	2,232	구술자 최영호 씨 부친
	권범철	⑨	4,730	–	2,157	2,157	6,887	천주교. 전후에 부자父子가 이장
	이정만	⑩	–		1,987	1,987	1,987	일제 말기 구장
	권○○	⑪	813	–	1,868	1,868	2,681	1950년 봄에 귀향
	정철희	⑫	6,094	1,538	315	1,853	6,409	이천군 인민위원장. 구술자 정경한 씨 부친
	……		7명 소유 10,561평 생략					
	최현성	⑬	6,081	–	1,195	1,195	7,276	일제 말기~전쟁 이장. 구술자 최승한 씨 부친
	……		7명 소유 4,704평 생략					

〈표 15〉 인민군 점령기의 주요 인물 관련사항　　　　　　　　〔▶본문 469쪽〕

	이름(가명)	나이	계급	교육	활동 내용	생사	비고
보도 연맹	정한○	23	빈농	국졸	월북하여 훈련받고 유격대 남파	보련 학살	머슴 아들
	이○래	30	부농	국졸	?	보련 학살	이정만 차남
	전○석	많음	중농	한학	?	보련 학살	증언 엇갈림
군면 인민 위원회	정철회	52	부농	독학	군 인민위원장	폭사	개전 직후 서대문형무소 출옥
	이○래	31	부농	국졸	면 치안대장	월북	보련희생자 이○래 친형
	○○○	40대	빈농	무학	면 여맹위원장	처형	보련희생자 정한○ 모친
	김○○	40대	빈농	무학	면 치안대	행불	부인 처형당함
	전학○	40대	빈농	무학	면 치안대	도피·검거	보련희생자 전○석 조카
	유승○	?	머슴	무학	면 징발담당	행불	
리 인민 위원회	박삼○	?	머슴	무학	인민위원장	도피·무사	이장 집 머슴
	김두○	?	빈농	무학	서기장	검거·석방	
	김종○	23	빈농	국졸	민청 위원장	처형	면치안대 김○○조카
	김병찬	22	중농	국졸	민청 부위원장	검거·석방	
	○○○	40대	빈농	무학	여맹 위원장	처형	면 여맹위원장으로 이동
	김철환	30	빈농	무학	농촌위원회 위원 (최연소)	검거·석방	두 동생이 처형, 월북
의용군 자원자	김종○	20?	빈농	국졸	의용군 자원	행불	면치안대 김○○장남
	정한○	20?	빈농	?	의용군 자원	행불	보련희생자 정한○ 동생
	변홍○	20?	빈농	?	의용군 자원	행불	
기타	김○환	20대	빈농	국졸	김일성대학 간다고 월북	월북	김철환 동생
납북	최현성	46	중농	한학	이장	행불	
	조영수	35	중농	국졸	면 지도원, 리 대한청년단장	행불	천주교. 전후戰後 이장 조동수 친형

624 근대를 다시 읽는다

<표 16> 동일방직 노조 사건일지 (1978년)　　　　　　　　　　　　　　[▶본문 548쪽]

2월 21일	지부 대의원대회가 반집행부파의 '똥물투척' 등에 의한 방해로 유산
2월 23일	섬유노조 본조는 동일방직 노조를 사고지부로 규정하고 업무 일체를 '조직수습책임위원'에게 인계하도록 함
3월 6일	섬유노조 본조, 지부장을 비롯한 지부 집행부 임원 4명을 '반노동조합활동'을 이유로 제명처분
3월 24일	사측은 3월 10일의 한국노총 근로자의 날 기념식장에서의 데모와 서울 명동성당에서의 단식농성(3월 10일~23일) 등 항의집회에 참가한 107명의 조합원에 대해 무단결근을 이유로 경기도 지방노동위원회에 '해고의 예고 예외신청'
3월 29일	경기도 지노위가 해고의 예고 예외신청을 받아들임
4월 1일	회사 측은 126명의 조합원을 집단해고
4월 10일	섬유노조위원장(위원장: 김영태)은 해고자 126명의 블랙리스트를 작성, 전국 노조와 사업장에 배포.
4월 26일	해고노동자(65명)는 본조와 동일방직 '조직수습책임위원'에 의해 결정된 대의원선거를 저지하기 위해 직장에 침투하여 농성
4월 27일	동일방직 '조직수습책임위원' 주제로 대의원선거를 실시, 조·반장 중심으로 대의원이 선출되고 새 집행부가 구성(지부장 : 박복례)
5월 16일	해고노동자: '임시 전국섬유노동조합 동일방직 지부'를 결성(지부장 직무대리 : 추송례)
5월 31일	서울민사지법은 동일방직노조 집행부에 대한 섬유노조의 제명처분효력 정지 가처분신청을 기각함
7월 30일	해고노동자들은 섬유노조 대의원대회에서 김영태 섬유노조위원장 재선 저지 투쟁을 전개

<표 17> 한국 제조업 노동자의 업종별 구성비의 추이 (단위 : %)　　　　[▶본문 564쪽]

연도	1957	1961	1970	1975	1980	1985
합계(명)	136,711	215,647	656,612	1,154,419	1,831,462	2,209,022
(%)	100.0	100.0	100.0	100.0	100.0	100.0
음식료	20.5	14.8	9.2	7.1	6.5	5.8
섬유·의복	37.5	36.2	35.5	36.4	34.1	31.0
목재·가구	3.1	4.1	4.5	3.4	2.9	2.3
종이·인쇄	5.1	7.1	5.9	4.3	4.2	4.0
석유·화학	14.9	14.3	12.7	13.1	12.2	12.4
1차금속	5.5	5.7	5.5	3.6	4.2	4.3
비금속	1.6	2.8	3.5	2.9	3.6	3.0
조립금속	9.8	13.0	16.9	23.4	28.7	33.4
기타제조업	1.9	2.0	6.3	5.8	3.6	3.9

<표 18> 한국 제조업 업종별 여성노동자 비중 추이 (단위 : %)   〔▶본문 564쪽〕

연도	1961	1971	1981	1986
합계(명)	88,557	322,978	835,930	1,021,596
(%)	41.1	44.2	45.6	42.1
음·식료	31.5	35.7	37.6	36.7
섬유·의복	71.9	70.0	70.7	66.6
목재·가구	10.5	21.5	26.1	25.9
종이·인쇄	19.0	24.6	27.6	23.9
석유·화학	40.7	33.9	36.7	33.5
1차금속	17.9	14.5	27.0	23.1
비금속	4.5	5.4	6.1	7.5
조립금속	6.6	22.1	30.8	30.5
기타제조업	35.2	77.2	55.6	55.5

자료 : 보건사회부, 『보건사회통계연보』, 1961; 노동부, 『고용계열보정결과자료(I)』, 1991.

<표 19> 연령계층별 취업자(광공업부문) 구성의 추이 (단위 : %)   〔▶본문 565쪽〕

연령계층	1962	1975	1985
14~19세	18.4	21.3	9.7
20~24세	15.1	17.1	18.0
25~29세	13.3	17.4	21.3
30~34세	13.1	14.7	15.1
35~39세	11.3	11.2	12.5
40~44세	9.9	7.9	8.9
45~49세	7.8	4.8	7.0
50~54세	5.2	2.8	3.9
55~59세	3.0	1.8	2.0
60세~	3.1	1.0	1.5
합 계	100.0	100.0	100.0

자료 : 경제기획원, 『경제활동인구연보』, 각년호.

<표 20> 제조업 부문 연령계층별, 성별 노동자의 구성비 추이(1970, 75, 80년) (단위 : %)

	1970년				1975년				1980년			
	전체	남	여	연령계층 내 여성 비중	전체	남	여	연령계층 내 여성 비중	전체	남	여	연령계층 내 여성 비중
13세 미만					0.0	0.0	0.1	77.7	0.0	0.0	0.0	84.4
13~14세 미만	5.1	2.6	8.0	72.2					0.0	0.0	0.1	83.9
14~17세					6.4	2.5	10.6	79.9	4.2	1.3	7.7	82.8
18~19세					30.4	13.4	48.7	77.1	17.3	8.1	28.7	73.9
20~24세	67.8	53.2	85.0	57.5	19.7	10.0	30.2	73.7	30.8	10.2	44.1	63.7
25~29세					14.5	24.2	4.1	13.7	18.3	26.5	8.2	19.9
30~39세	21.5	34.7	5.8	12.3	20.3	35.7	3.7	8.7	18.7	28.4	6.5	15.5
40~49세					6.8	10.9	2.2	16.0	8.3	11.8	4.0	21.1
50~54세	5.7	9.4	1.3	10.1	1.2	2.1	0.3	10.6	1.7	2.5	0.7	17.1
55세 이상					0.6	1.2	0.1	7.8	0.7	1.1	0.2	11.2
합계	100.0	100.0	100.1	45.9	100.0	100.0	100.0	48.1	100.0	100.0	100.0	44.6

자료 : 노동청, 『사업체 노동실태조사보고서』, 각년호.

〔▶ 본문 460쪽〕

미주

천정환

1) 고소설연구회 편, 『고소설의 저작과 전파』, 아세아문화사, 1994; 이주영, 『구활자본 고전소설연구』, 월인, 1998; 이창헌, 「경관방각소설 판본 연구」, 서울대 박사학위논문, 1995 등을 참조.

2) 손정수, 「한국 근대 초기 소설 텍스트의 자율화 과정 연구」, 서울대 박사학위논문, 2001, 13쪽.

3) 朝鮮總督府警務局, 「族譜は內地の系圖と稱せらるるものの類にして之か出版は內地に於ては其の例を見ざる朝鮮特有の出版物」(하략), 『朝鮮に於ける出版物槪要』, 第四節 朝鮮人の出版物發行狀況, 1930.

4) 朝鮮總督府警務局, 『朝鮮に於ける出版物槪要』, 第四節 朝鮮人の出版物發行狀況, 1930.

5) 정민, 『책 읽는 소리』, 마음산책, 2002, 23쪽.

6) 식민지 시기 관료 임용제도와 보통문관시험의 과목 등에 대해서는 장신, 「1919~43년 조선총독부의 관리 임용과 보통문관시험」, 『역사문제연구』 8호, 역사문제연구소, 2002 참조.

7) 박재환·김문겸, 『근대사회의 여가문화』, 서울대출판부, 1997, 21~47쪽.

8) 유선영, 「한국 대중문화의 근대적 구성과정에 대한 연구」, 고려대 박사학위논문, 1992.

9) Lynn Hunt ed., *The Invention of Pornography*, 조한욱 옮김, 『포르노그래피의 발명』, 책세상, 1996, 38~39쪽.

10) 『동광』(1931. 12)의 '성문제 특집' 등을 참조.

11) 「愛藏 十種書」, 『삼천리』, 1934. 9 등을 참조.

12) R. Escarpi, *Sociologie de la litterature*, 민병덕 옮김, 『출판·문학의 사회학』, 일진사, 1999, 147쪽 등 참조.

13) 유시현, 「사회주의사상의 수용과 대중운동」, 역사학연구소 편, 『한국공산주의운동사 연구 ─현황과 전망』, 아세아문화사, 1997, 38쪽.

14) 김윤식, 『이광수와 그의 시대』1(개정증보판), 솔, 1999, 302~307쪽 참조.

15) 이광수, 「文藝瑣談」, 『동아일보』, 1925. 11. 2~12. 5.

16) 『동아일보』, 1920. 5. 13; 『조선일보』, 1923. 12. 25 등 참조.

17) 이에 대해서는 가라타니 고진(박유하 옮김), 『일본 근대문학의 기원』, 민음사, 1997; 이기훈, 「1920년대 '어린이'의 형성과 동화」, 『역사문제연구』 제8호, 2002 등을 참조.

18) 이기훈, 위의 논문.

19) 『개벽』, 1925년 4월호.

20) 한별, 「새상놈, 새량반」, 『개벽』 제5호, 1920년 11월.

21) 李敦化, 「최근 朝鮮에서 起하는 各種의 新現象」, 『개벽』 제1호, 1920년 6월.

22) 이여성·김세용, 『숫자조선연구』 제4집, 1932, 118쪽.

23) 일제의 도서 검열정책에 대해서는 김근수 편, 『일제치하 언론출판의 실태』, 영신한국학아카데미, 1974; 곽동철, 「일제 치하 도서검열과 도서관에서의 지적자유에 관한 연구」, 연세대 석사학위논문, 1986; 김남석, 『일제하 공공도서관의 사회교육활동』, 계명대출판부, 1991 등을 참조.

24) 平野謙(고재석·김환기 옮김), 『일본 쇼와 문학사』, 동국대출판부, 2000, 223~224쪽.

25) 문학과지성사, 1995, 34~35쪽.

26) 고은·김우창·유종호·이강숙 편, 『책, 어떻게 읽을 것인가』, 민음사, 1994, 137쪽.

27) 문학사상사판, 1989, 46~47쪽.

28) 장혁주, 「문단의 페스토 菌」, 『삼천리』, 1935년 10월.

29) 김윤식, 『해방공간의 문학사론』, 서울대출판부, 87쪽 재인용.

30) 임화, 「조선 민족문학 건설의 기본과제에 대한 일반보고」, 조선문학가동맹, 『건설기의 조선문학』, 1946.
    6(임규찬·한진일 편, 『임화신문학사』, 한길사, 1993).

31) 김윤식, 『한·일 근대문학의 관련양상 신론』, 서울대출판부, 2001, 33~35쪽.

32) 최재서, 「편집후기」(일문), 『국민문학』, 1942. 5~6, 208쪽(이경훈, 『이광수의 친일문학 연구』, 태학사,
    1998, 225쪽 재인용).

33) 이광수, 「문학의 신도표 3」, 『매일신보』 1943. 2. 7(이경훈, 위의 책, 229쪽).

34) 이에 대해서는 김경일, 『이재유 연구—1930년대 서울의 혁명적 노동운동』, 창작과비평사, 1993; 임경석,
    「국내 공산주의 운동의 전개과정과 그 전술 1937~45년」, 한국역사연구회 편, 『일제하의 사회주의 운동
    사』, 1991 등 참조.

35) 권영민, 『한국민족문학론 연구』, 민음사, 1988; 김재용 외, 『민족문학운동의 역사와 이론』, 한길사,
    1986; 권영민, 『계급문학운동사』, 문예출판사, 1998 등 참조.

36) 김무용, 「한국 근현대 사회주의운동, 이상과 현실의 갈등」, 역사문제연구소, 『역사문제연구』 7호, 2001,
    190쪽.

37) 쌍수대인, 「역사적 반성에의 요망」, 『조선중앙일보』 1935. 7. 5~16.

권보드래

1) 김기진, 「관능적 관계의 윤리적 의의: 연애문제소고」, 『조선문사의 연애관』, 설화서관, 1926, 16쪽.

2) 廚川白村, 「近代の戀愛觀」, 『戀愛觀及雜纂』, 改造社, 1929, 15쪽.

3) 『독립신문』, 1897. 6. 8 논설.

4) 『독립신문』, 1898. 1. 8 논설.

5) 「열녀춘향수절가」, 설성경 역주, 『춘향전』, 고대민족문화연구소, 1995, 87쪽.

6) 「심생」, 실시학사 고전문학연구회 역주, 『이옥전집』 2, 소명출판, 2001, 256쪽.

7) 이광수, 「혼인에 대한 관견」, 『이광수전집』 17, 삼중당, 1962, 56쪽.

8) 이광수, 「조혼의 악습」, 『이광수전집』 1, 삼중당, 1962, 501쪽.

9) M. Johnson, 이기우 옮김, 『마음속의 몸: 의미·상상력·이성의 신체적 기초』, 한국문화사, 1992, 19쪽.

10) 廚川白村, 「近代の戀愛觀」, 『戀愛觀及雜纂』, 改造社, 1929, 16~25, 39쪽; 「再び戀愛を說く」, 같은 책,
    95~96쪽 참조.

11) 김광배, 「연애는 예술이다」, 『조선문사의 연애관』, 설화서관, 1926, 71쪽.

12) 一修養生, 「연애란 죄악의 種」, 『活泉』 20호, 1924, 43쪽.

13) 「벌거숭이 남녀사진」, 『별건곤』 10호, 1927. 12, 142쪽.

14) 양주동, 「수치심의 타파」, 『동광』 1931. 2, 37쪽.

15) LS생, 「남성이 여성에게 정조를 강요하는 이유」, 『별건곤』 19호, 1929. 2.

16) 김동환, 「戀是戀非」, 『조선문사의 연애관』, 설화서관, 1926, 66쪽.

17) 김광배, 앞의 글, 71쪽.

18) 『삼천리』 3권 10호, 1931. 10, 62쪽.

19) 『삼천리』 5권 4호, 1933. 4, 97쪽.

20) 「청년남녀의 위기」, 『동아일보』, 1921. 5. 15.

21) 이규태, 『개화백경』 1, 신태양사, 1969, 200쪽 참조.

22) 大道和一, 『情死の硏究』, 同文館, 1911, 3~11쪽 참조.

23) 「귀족부인 운전수와 情死를 圖함」, 『매일신보』, 1917. 3. 10.

24) 「新町에 정사미수」, 『동아일보』, 1921. 5. 10.

25) 『동아일보』, 1922. 6. 16.

26) 「격증하는 자살자 수」, 『동아일보』, 1927. 3. 14.

27) 「一은 연애」, 『동아일보』, 1922. 6. 25.

28) 「경기도내 자살자수」, 『동아일보』, 1924. 3. 13.

29) 「자살자 통계 1536」, 『동아일보』, 1927. 3. 14.

30) 「꽃 같은 몸이 생명을 끊기까지에 그네의 생활에는 어떠한 비밀이 있었던가: 강명화의 애화」, 『동아일보』, 1923. 6. 16.

31) 『동아일보』, 1925. 1. 22.

32) 강의영, 『(절세미인) 강명화전』, 영창서관, 1935, 55~56쪽.

33) 「졸업 앞두고 우등생이 자살」, 『동아일보』, 1928. 2. 19.

34) 김을한, 『사건과 기자』, 신태양사, 1960, 130쪽 참조.

35) 신채호, 「浪客의 新年漫筆」, 『신채호전집』 下, 형설출판사, 1995, 33~34쪽.

36) 나정월, 「강명화의 죽음에 대하여」, 『동아일보』, 1923. 7. 8.

37) C生, 「조선인에서 제명하라」, 『동아일보』, 1926. 8. 9.

38) 西江K生, 「조선의 핏덩어리로는 차마 못할 일이다」, 『동아일보』, 1926. 8. 14.

39) 『동아일보』, 1931. 10. 8, 11. 3.

40) 朝日新聞社 編, 『朝日新聞の記事にみる戀愛と結婚』, 朝日新聞社, 1997, 345~56쪽 참조.

41) 박이규, 「余의 직관적 소감」, 『학지광』 6호, 1915. 7, 20쪽.

42) 『동아일보』, 1924. 9. 4.

43) 황석우, 「연애」, 『개벽』 32호, 1923. 2, 49~50쪽 참조.

44) 오은서, 『사랑의 불꽃』, 한성도서주식회사, 1923, 22쪽.

45) 최태훈, 「양성 문제에 대한 일고찰」, 『신여성』 5권 5호, 1927. 5, 37~38쪽.

46) 김세성, 「처녀독본」, 『신여성』 5권 4호, 1927. 4, 27쪽.

47) 김기진, 「마음의 폐허: 겨울에 서서」, 『개벽』 4권 12호, 1923. 12, 135쪽 참조.

48) 박월탄, 「2년 후」, 『개벽』 44호, 1924. 2, 162쪽 참조.

49) 민병휘, 「애욕문제로 동지에게」, 『삼천리』 3권 10호, 1931. 10, 88~89쪽.

50) 김옥엽, 「청산할 연애론: 과거 연애론에 대한 반박」, 『신여성』 5권 10호, 1927. 10, 8쪽.

51) 김하성, 「세계 여류운동자 프로필」, 『신여성』 5권 11호, 1927. 11, 50쪽.

52) 진상주, 「프롤레타리아 연애의 고조」, 『삼천리』 3권 7호, 1931. 7, 38쪽.

53) 「콜론타이주의란 어떤 것인가?」, 『삼천리』 3권 11호, 1931. 11, 44, 112쪽.

54) 김안서, 「사랑은 하여라 결혼은 말아라의 가부」, 『삼천리』 3권 1호, 1931. 1, 93쪽.

55) 윤성상, 「신정조가치와 신도덕」, 『삼천리』 2권 3호, 1930. 5, 50쪽.

56) 『개벽』 1호, 1920. 6, 1쪽.

57) 주종건, 「신년을 당하여 유학생 제군에게 呈함」, 『학지광』 4호, 1915. 2, 29쪽.

58) 김철수, 「신충돌과 신타파」, 『학지광』 5호, 1915. 5, 35쪽.

유선영

1) Lopez, A. M., "Early cinema and modernity in Latin America", *Cinema Journal*, 40, No.1, 2000 Fall, pp. 57~58.

2) 조희문, 「초창기 한국영화사 연구: 영화의 전래와 수용(1896~1923)」, 중앙대학교 연극영화학과 박사학위논문, 1992.

3) 여선정, 「무성영화시대 식민도시 서울의 영화관람성 연구」, 중앙대학교 영화학과 석사학위논문, 1999.

4) 김소희, 「일제시대 영화의 수용과 전개과정」, 『한국학보』 75호, 1994, 242~273쪽.

5) 이중거, 「일제시대 우리 영화: 흥행과 제작의 난제」, 『韓國學』 29, 1983, 19~27쪽.

6) 조희문, 「영화의 대중화와 변사의 역할연구」, 『상명대 디자인연구』 Vol.6, 1998, 227~247쪽.

7) 최영철, 「일본 식민치하의 영화정책」, 『漢陽大韓國學論集』 11, 1987, 246~264쪽.

8) 박준, 「일제하 한국영화 신파성의 식민주의적 세계관과 그 연원 연구」, 동국대학교 연극영화과 석사학위논문, 1996.

9) 주형일, 「사진매체의 수용을 통해 본 19세기 말 한국사회의 시각문화에 대한 연구」, 『한국언론학보』 47권 6호(3월), 2003, 354~379쪽.

10) 유선영, 「극장구경과 활동사진보기: 충격의 근대 그리고 즐거움의 훈육」, 『역사비평』 통권64호(가을호), 2003, 362~376쪽.

11) 조희문, 앞의 책, 1998, 228쪽.

12) 강소천, 「조선영화가 걸어온 길」, 『영화시대』 창간호, 1946년 4월, 50~53쪽.

13) 조희문, 앞의 책, 95~98쪽.

14) 조희문, 앞의 책, 93~94쪽.

15) 조희문, 앞의 책, 104~115쪽; 이중거, 앞의 책, 20~21쪽.

16) 『매일신보』, 1912. 2. 17; 『매일신보』, 1917. 5. 6, 3쪽; 『매일신보』, 1919. 7. 3; 『매일신보』, 1917. 4. 1 참조.

17) 『매일신보』, 1913. 4. 20, 23.

18) 『매일신보』, 1921. 2. 2.

19) 『매일신보』, 1918. 6. 13.

20) 『매일신보』, 1921. 8. 14.

21) 『기독신보』, 1916. 2. 16.

22) 「꿈을 키워준 시절의 영상」(좌담회), 『영화예술』, 1권 1호(4월호), 1965, 30~31쪽.

23) 위의 글, 30~37쪽.

24) 『매일신보』, 1923. 4. 18.

25) Peiss, Kathy, *Cheap amusement : Working women and leisure in turn-of-the-century New York,* Philadelphia : Temple Univ. Press, 1986, pp. 154~156.

26) 톰슨 외 지음(주진숙·이용관·변재란 외 옮김), 『세계영화사: 영화의 발명에서 무성영화시대까지 1880~1929』, 시각과언어사, 1999, 66쪽.

27) Hansen, Miriam, "Early cinema, late cinema: transformations of the public sphere", In L. Williams(ed.), *View in Positions: Ways of seeing film*, N.J.: Rutgers Univ. Press, 1997, p. 137; Gunning, T., "The cinema of attractions: Early film, its spectator and the avant-garde", In T. Elsaesser & A. Barker (Eds.), *Early cinema : space, frame, narrative*, British Film Institute Publishing, 1997, p. 57.

28) Gunning, op. cit., pp.58~59.

29) Gunning, T., "An aesthetic of astonishment: Early film and the (In)credulous spectator", In L. Williams(Ed.), *Viewing Positions: Ways of Seeing Film*, New Brunswick, N.J.: Rutgers Univ. Press, 1997, pp. 114~133.

30) Merritt, Russel, "The Nickelodeon theater, 1905~1914: Building on audience for the movies", In Ina Rae Hark(Ed.), *Exhibition, the film reader*, London: Routledge, 2002, p. 24.

31) Singer, B., "Modernity, hyperstimulus and the rise of popular sensationalism", In L. Charney et al.(Eds.), *Cinema and the invention of modern life*, Berkely: Univ. of California Press, 1995, pp. 72~99; Francke, W., "Sensationalism and the development of 19th century reporting: The boom sweeps sensory details", *Journalism History*, 12(3-4), Winter-Autumn, 1985. pp. 80~85.

32) Benjamin, W., "On some motifs on Baudelaire", in H. Arendt(Ed.) H. Zohn(Trans.), *Illuminations*, N.Y.: Schoken Books, 1969, pp. 155~200; Singer, B., "Modernity, hyperstimulus and the rise of popular sensationalism", In L. Charney et al.(Eds.), *Cinema and the invention of modern life*, Berkely: Univ. of California Press, 1995, pp. 72~99; Charney, L., "In a moment: Film and the philosophy of modernity", In L. Charney & V. R. Schwartz(Eds.), *Cinema and the invention of modern life*, Berkeley: Univ. of California Press, 1995, pp. 279~294; Gunning, T., "The whole town's gawking: Early cinema and the visual experience of modernity", *The Yale Journal of Criticism*, Vol.7, No.2, 1994, pp. 189~201.

33) 벤야민, W. 지음(반성완 옮김), 「기술복제시대의 예술작품」, 『발터 벤야민의 문예이론』, 민음사, 1983, 197~231쪽; McRobbie, A., "The passagenwerk and the place of Walter Benjamin in cultural studies: Benjamin, cultural studies, Marxist theories of Art", *Cultural Studies*, Vol.6(2), May, 1992, pp. 147~169.

34) 차상찬, 「처음 보던 이약이: 37년 전 일본사진사」, 『별건곤』, 제8권 5호(5월), 1933, 32~34쪽.

35) 최인진, 『한국사진사, 1631~1945』, 눈빛, 2000, 122~130쪽; 박청아, 「한국 근대 초상화와 초상사진」, 김영나(엮음), 『한국근대미술과 시각문화』, 조형교육, 2002, 119쪽.

36) 필자미상, 「활동사진 이약이」, 『별건곤』, 12월호, No.2, 1926, 91쪽.

37) Musser, Charles, "Rethinking early cinema: Cinema of attractions and narrativity", *The Yale Journal of Criticism*, Vol.7, No.2, 1994, pp. 214~215.

38) Bottomore, Stephen, "The panicking audience?: Early cinema and the 'train effect'", *Historical Journal of Film·Radio and Television*, Vol.19, No.2, 1999, p.199; Burns, James, "Watching africans watch films: Theories of spectatorship in British colonial Africa", *Historical Journal of Film·Radio and Television*, Vol.20, No.2, 2000, p. 198.

39) 강소천, 위의 책, 52쪽.

40) Bottomore, Stephen, op. cit., pp. 180~181.

41) Ibid, pp.196~198.

42) McLuhan, M., *The Gutenberg galaxy: The making of typographic man*, Univ. of Toronto Press, 1962, pp. 33~44.

43) Ong, W. J., *Orality & literacy: The technologizing of the word*, London: Routledge, 1988, pp. 71~74.

44) Burns, op. cit., p. 198, pp. 200~201.

45) 필자미상, 앞의 글, 1926, 91쪽.

46) 천경자, 「출연소녀의 초상화를 그려주기도 했다」, 『신영화』, 4월 창간호, 1957, 60~61쪽.

47) Zhang, Zhen, "Teahouse, shadowplay, bricolage: 'Laborer's love' and the question of early Chinese cinema", In Yingjin Zhang(Ed.), *Cinema and urban culture in Shanghai: 1922~1943*, Stanford, CA: Stanford Univ. Press, 1999, pp. 31~34.

48) Tsivian, Yuri, A. Bodger(Trans.), *Early cinema in Russia and its cultural reception*, London and New York: Routledge, 1994.

49) Richie, D., *A hundred years of Japanese film: A concise history*, Tokyo: Kodansha International, 2001, pp. 17~22.

50) 『매일신보』, 1920. 4. 28.

51) 「'눈물' 연극을 견한 내지부인의 감상」, 『매일신보』, 1914. 6. 26~28(3회 연재).

52) 「신파 〈불여귀〉 관극태도」, 『매일신보』, 1912.3.31.

53) Burns, op. cit., pp. 199~200.

54) 사진실, 「조선시대 서울지역 연극의 공연상황 연구」, 서울대학교 국어국문학과 박사학위논문, 1997.

55) 유민영, 『한국근대연극사』, 단국대학교출판부, 2000, 114~115쪽.

56) 위의 책, 141쪽.

57) 유민영, 『개화기 연극사회사』, 서문사, 1987, 86~87쪽.

58) 이경엽, 「남사당노래의 전승과 민속의 창조적 수용」, 『민속학연구』 제8호, 2001, 227~232쪽.

59) 안자산, 「조선민요의 時數」, 『별건곤』, 제 5권, 2호(2월호), 1930, 144~148쪽; 김사엽, 『동아일보』, 1937. 9. 5, 7쪽.

60) 이노형, 『한국전통대중가요의 연구』, 울산대학교출판부, 1994, 110쪽; 이영미, 『한국대중가요사』, 시공사, 1998, 83~87쪽.

61) 백대웅, 「잡가발생의 시대적 당위성과 전개과정: 12잡가에서 판소리까지」, 『예술원 논문집』, 제 36집, 2000, 49쪽.

62) 조희문, 앞의 책: 여선정, 앞의 책.

63) 조희문, 앞의 책.

64) 김영환(단성사 해설가), 「영화해설에 대한 하나의 淺見」, 『매일신보』, 1925. 1. 18.

65) 「禮壇一百人(100회)」, 『매일신보』, 1914. 6. 11, 3쪽.

66) 「藝壇一百人(98회)」, 『매일신보』, 1914. 6. 9, 3쪽.

67) 「우미관의 3日觀」, 『매일신보』, 1913. 4. 23.

68) 「극장만담」, 『별건곤』, 1927년 3월호, 94~95쪽.

69) 심훈, 『조선일보』, 1928. 11. 18.

70) Hansen, op. cit.

71) 이종민, 「1910년대 경성주민들의 죄와 벌: 경범죄 통제를 중심으로」, 『서울학연구』 제 17호(2001.9), 서울시립대 서울학연구소, 2001, 99쪽.

72) 서재근, 「일제의 한국식민지 경찰정책에 관한 연구: 조선총독부 경찰시대를 중심으로」, 『동국대 행정논총』 20, 203~206쪽.

73) 이종민, 앞의 책, 116~117쪽.

74) 「경성 북부 경찰서에서 공표한 훈시」, 『매일신보』, 1910. 12. 11.

75) 『매일신보』, 1911. 8. 4, 2쪽.

76) 최영철, 「일본 식민치하의 영화정책」, 『漢陽大韓國學論集』 11, 1987, 248쪽.

77) 유민영, 앞의 책들.

78) 『매일신보』, 1915. 9. 3.

79) 『매일신보』, 1913. 8. 19.

80) 「단성사 불청결」, 『매일신보』, 1914. 1. 30.

81) 『매일신보』, 1919. 1. 7, 3쪽.

82) 「'활동사진 취체규칙' 통일안 마련」, 『매일신보』, 1922. 3. 1, 3쪽.

83) 고마고메 다케시(이득재 옮김), 「일본의 식민지배와 근대성」, 『흔적』 제 2호, 문화과학사, 2001.

84) 「전람회 잡관」, 『매일신보』, 1921. 10. 5.

85) 『매일신보』, 1913. 5. 3.

86) 「조선극장 개관」, 『매일신보』, 1922. 10. 2, 3쪽.

87) 이구영, 「영화계 단편: 과거 1년간의 회고」, 『동아일보』, 1925. 1. 1.

88) 박누월, 앞의 책, 122쪽.

89) Gunning, op. cit.; Hansen, op. cit.; 톰슨, 앞의 책.

90) Musser, op. cit.

91) Hansen, op. cit., pp. 137~139.

92) 波影生, 「스크린의 慰安」, 『별건곤』, 9월호, 1929, 39~40쪽.

93) Schwartz, V. R., *Spectacular realities: Early mass culture in fin-de-siecle Paris*, London: Univ. of California Press Ltd., 1998, p. 176.

94) Ibid, p. 178, pp. 190~196.

95) 톰슨 외, 앞의 책, 56~57쪽.

96) Slater, Don, "Photography and modern vision: The spectacle of 'natural magic'", In Chris Jenks(Ed.), *Visual Culture*, London: Routledge, 1995, p. 219.

97) Stange, Maren, "Jacob Riis and urban visual culture: The lantern slid exhibition as entertainment and ideology", *Journal of Urban History*, vol.15(3), May, 1989, pp. 274~279.

98) Gunning, op. cit., pp. 118~119.

99) 岩本憲兒, 『幻燈の世紀: 映畵前夜の視覺文化史』, 森話社, 2002.

100) キネマ旬報社, 『世界の映畵作家 31』(夏の号), 日本映畵史, 1976, 4쪽.

101) 최인진, 「조선조에 전래된 사진의 원리」, 『향토서울』, 제 36호, 1979, 139~171쪽; 최인진, 『한국사진사, 1631~1945』, 눈빛, 2000.

102) 송민, 「사진과 활동사진, 영화」, 『새국어생활』 제 11권, 제2호(여름), 2001.

103) Richie, op. cit., pp. 27~42.

104) Zhang, op. cit.

105) Lopez, op. cit., pp. 52~56.

106) 「극장만담」, 『별건곤』, 2권, 4호(4월호), 108~109쪽.

한기형

1) 식민지 검열의 기원과 그 법률적 성격에 대해서는 최기영, 「광무 신문지법 연구」, 『대한제국시기 신문연구』, 일조각, 1990; 정근식, 「식민지적 검열의 역사적 기원 : 1904~1910」, 『사회와 역사』 64, 2003 참조.

2) 강동진, 『일본 언론계와 조선』, 지식산업사, 1987, 136쪽 재인용.

3) 1910년대 잡지의 성격에 대해서는 한기형, 「근대잡지와 근대문학 형성의 제도적 연관」, 『근대어·근대매체·근대문학』, 성균관대출판부, 2006 참조.

4) 竹內錄之助에 대해서는 한기형, 「무단통치기의 문화정책 - 근대 잡지 『신문계』를 통한 사례 분석」, 『근대소설사의 시각』, 소명출판, 1999; 한기형, 「근대잡지와 근대문학 형성의 제도적 연관」; 이경훈, 「『학지광』과 그 주변」, 『근대어·근대매체·근대문학』 참조.

5) 竹內錄之助, 「신일본 건설과 본지의 사명」, 『반도시론』 22, 1919. 1.

6) XY生, 「현하 신문잡지에 대한 비판」, 『개벽』 63, 1925. 11, 47쪽.

7) 문화정치의 역사적 성격에 대해서는 다음의 논문을 참고했다. 강동진, 『일제의 한국침략정책사』, 한길사,

1980; 마이클 로빈슨(김민환 역), 『일제하 문화적 민족주의』, 나남, 1990; 박찬승, 『한국근대정치사상사연구』, 역사비평사, 1992; 長田彰文, 「日本の朝鮮統治における'文化政治'の導入と齋藤實」, 『上智史學』 No. 43, 上智大學史學會, 1998; 김동명, 「일본제국주의의 식민지 지배체제의 개편」, 『한일관계사연구』 9집, 1998; 이태훈, 「1920년대 전반기 일제의 문화정치와 부르주아 정치세력의 대응」, 『역사와현실』 47, 2003; 신주백, 「일본의 '동화'정책과 지배 전략」, 『일본과 서구의 식민통치 비교』, 선인, 2004.

8) 김근수, 『한국잡지개관 및 호별목차집』, 한국학연구소, 1973.

9) 정진석, 『한국언론사』, 나남, 1995(3쇄), 456쪽.

10) 「원고 검열을 폐지하라」, 『동아일보』, 1920. 4. 19.

11) 「愚劣한 총독부 당국자는 何故로 우리 日報를 정간 시켰나뇨」, 『조선일보』, 1920. 9. 5.

12) 「동아일보는 무기 발행정지」, 『매일신보』, 1920. 9. 26.

13) 「社告」, 『개벽』 9호, 1921. 3, 146쪽.

14) 「귀중한 경험과 고결한 희생」, 『개벽』 28호, 1922. 10, 3~4쪽.

15) 「주목할 만한 언론계 전도」, 『동아일보』, 1922. 9. 16.

16) 『동아일보』, 1823. 6. 19; 『동아일보』, 1923. 6. 30.

17) 「『신천지』 필화의 일인 박제호 군 영면」, 『동아일보』, 1924. 7. 10.

18) 일방청인, 「『신천지』 필화사건 공판기」, 『신천지』, 1923. 1, 101~103쪽.

19) 김준엽·김창순, 『한국공산주의운동사』 2, 청계연구소, 1986, 37쪽.

20) 「『신생활』 사건의 판결 언도」, 『동아일보』, 1923. 1. 17.

21) 김송은, 「『신생활』 발행금지와 오인의 관견」, 『개벽』 32, 1923. 2, 72쪽.

22) 「『신생활』 발행금지」, 『동아일보』, 1923. 1. 10.

23) 1910년대 백대진의 활동에 대해서는 김복순, 『1920년대 한국문학과 근대성』, 소명출판, 1999 참조.

24) 『개벽』의 역사적 성격에 대해서는 최수일, 「1920년대 문학과 『개벽』의 위상」, 성균관대 박사학위논문, 2001 참조.

25) 「『신생활』 발행금지」, 『동아일보』, 1923. 1. 10.

26) 『동아일보』, 1923. 5. 11; 『동아일보』, 1923. 5. 11; 『동아일보』, 1923. 6. 4.

27) 『동아일보』, 1922. 11. 26.

28) 「잡지 필화사건과 법조계의 분기」, 『동아일보』, 1922. 12. 18.

29) 『동아일보』, 1922. 11. 29.

30) 『시대일보』, 1924. 6. 22.

31) 정진석, 한국언론사, 제11장 「일제의 탄압과 언론의 저항」; 박용규, 『일제하 민간지 기자집단의 사회적 특성의 변화과정에 대한 연구』, 서울대 신문학과 대학원, 1994, 제4장 2절 참조.

32) 「압박과 항거」, 『동아일보』, 1924. 6. 9.

33) 「언론압박에 대하야」, 『동아일보』, 1924. 6. 10.

34) 「다시 언론압박에 대하야」, 『동아일보』, 1924. 7. 30.

35) 「언론 자유를 존중하라」, 『동아일보』, 1925. 1. 26.

36) 마이클 로빈슨(김민환 역), 『일제하 문화적 민족주의』, 나남, 80쪽.

37) 「『개벽』지에 발행정지」, 『동아일보』, 1925. 8. 2.

38) 「『개벽』지에 발행정지」, 『동아일보』, 1925. 8. 2.

39) 박용규, 앞의 논문, 62쪽.

40) 정진석, 『한국언론사』, 451쪽.

41) 박용규, 앞의 논문, 73쪽 재인용.

42) 「『개벽』의 정지와 당국의 언명」, 『조선일보』, 1925. 8. 4.

43) 「항상 불온기사 혁명사상 선전」, 『동아일보』, 1926. 8. 3.

44) 민두기, 「시간과의 경쟁―20세기 동아시아의 혁명과 팽창」, 『시간과의 경쟁』, 연세대출판부, 2002, 2~3쪽.

차승기

1) 황종연, 「한국문학의 근대와 반근대」, 동국대 박사학위논문, 1992, 4쪽 참조.

2) Wolfgang Welsch(박민수 옮김), 『우리의 포스트모던적 모던 1』, 책세상, 2001, 186쪽.

3) 이태준, 「문방잡기」, 『문장』, 1939. 12, 154~155쪽.

4) 이태준, 「목수들」, 『문장』, 1939. 9, 178~179쪽.

5) Henri Lefebvre(박정자 옮김), 『현대세계의 일상성』, 주류·일념, 1995, 64쪽.

6) 정지용, 「시의 옹호」, 『문장』, 1939. 6, 126쪽.

7) 이병기, 「시조의 기원과 그 형태」, 『조선일보』, 1935. 1. 1; 「중흥운동의 기초는 이미 섰다」, 『조선중앙일보』 1935. 5. 10; 「조선 고전문학의 정수」, 『신동아』, 1935. 9 참조.

8) 조윤제, 「시조의 본령」, 『인문평론』, 1940. 2, 31쪽.

9) 같은 글.

10) 이병기, 「시조는 혁신하자」, 『가람문선』, 신구문화사, 1966, 325쪽.

11) 이병기, 「조선 고전문학의 정수」, 『신동아』, 1935. 9, 4쪽.

12) 이병기, 「풍란」, 『가람문선』, 195쪽.

13) 『문장』, 1941. 1, 118~119쪽.

14) 정민, 『한시 미학 산책』, 솔, 1997, 410쪽.

15) 『문장』, 1939. 4, 121쪽.

16) 김신정, 앞의 책, 161~162쪽 참조.

17) David Gross, 위의 책, 75쪽 참조.

18) 이태준, 「기생과 시문」, 『문장』, 1940. 12, 135~136쪽.

19) 이태준, 「문장의 고전·현대·언문일치」, 『문장』, 1940. 3, 135쪽.

20) 이태준, 「고완」, 『무서록』, 박문서관, 1944, 240쪽.

21) 이태준, 「문장의 고전·현대·언문일치」, 135쪽.

22) 김윤식, 『한국 근대문학사상 비판』 참조.

23) 柄谷行人, 「ヒューモアとしての唯物論」, 『ヒューモアとしての唯物論』, 講談社, 1999, 144쪽.

24) 조우식, 「고전과 가치」, 『문장』, 1940. 9, 135쪽.

25) 정지용, 「詩選后」, 『문장』, 1939. 10, 178~179쪽.

26) 柄谷行人, 「ヒューモアとしての唯物論」, 140쪽.

27) Theodor W. Adorno(홍승용 옮김), 『미학이론』, 문학과지성사, 1989, 133~135쪽 참조.

이기훈

1) 미셸 푸코(이정우 옮김),『담론의 질서』, 서강대출판부, 2001, 159쪽.
2) 청년담론에 대한 기존의 주요한 연구 성과는 다음을 참조할 수 있다. 이경훈,「청년과 민족―『학지광』을 중심으로」,『대동문화연구』 44, 2003, 대동문화연구소; 이기훈,「청년, 근대의 표상」,『문화/과학』 37, 문화과학사, 2004;「1920년대 사회주의 이념의 전개와 청년담론」,『역사문제연구』 13, 2005, 역사문제연구소;「日帝下 靑年談論 硏究」, 서울대학교 박사학위논문, 2005;「청년, 갈 곳을 잃다―1930년대 청년담론에 대한 연구」,『역사비평』 76, 2006; 소영현,「미적 청년의 탄생」, 연세대학교 박사학위논문, 2005; 권명아,『역사적 파시즘―제국의 판타지와 젠더정치』, 책세상, 2005.
3) 이기훈, 日帝下 靑年談論 硏究」, 서울대학교 박사학위논문, 2005의 1장 참조.
4) 이태훈,「1920년대 전반기 일제의 '문화정치文化政治'와 부르주아 정치세력의 대응」,『역사와 현실』 47호, 2003, 5~13쪽.
5) 3·1운동 전후해서 민중의 사회심리적 상황에 대해서는 임경석,「3·1운동 전후 한국민족주의의 변화」,『역사문제연구』 4, 역사문제연구소, 2000, 87~93쪽 참조.
6) 이태훈, 앞의 논문, 2003.
7) 李智媛,「일제하 민족문화 인식의 전개와 민족문화운동―민족주의 계열을 중심으로」, 서울대학교 박사학위논문, 2004, 149쪽.
8) 김현주,「이광수의 문학교육론」,『문학 속의 파시즘』, 삼인, 2001, 141쪽.
9) 박찬승, 앞의 책, 167쪽; 정진석,『한국언론사』, 1990, 401~412쪽.
10) 이기훈,「1920년대 사회주의 이념의 전개와 청년담론」,『역사문제연구』 13, 2005, 59~64쪽 참조
11) 박찬승,『한국근대정치사상사연구―민족주의 우파의 실력양상운동론』, 1992, 167~185쪽; 윤해동,「한말 일제하 天道敎 金起田의 '近代' 수용과 '民族主義'」,『역사문제연구』 창간호, 역사문제연구소, 1999; 허수,「일제하 이돈화의 사회사상과 천도교」, 서울대학교 박사학위논문, 2005; 최수일,「1920년대 문학과『개벽』의 위상」, 성균관대학교 박사학위논문 등 참조.
12)「新時代와 新人物」,『개벽』 3호, 1920, 17쪽.
13) 吳台煥,「急變하야 가는 新舊思想의 衝突」,『개벽』 1호, 1920, 80쪽.
14)「學友會 巡廻講演―文化運動의 第一陣」,『동아일보』, 1920. 6. 29자 사설.
15)「各地 靑年會에 寄하노라」,『동아일보』, 1920년 5월 26일.
16)「靑年會聯合에 對하야 各地 同會에 更告하노라」,『동아일보』, 1920년 7월 9일.
17)「地方發展과 靑年會의 關係―活力의 根源」,『동아일보』, 1922년 5월 27일.
18) 이돈화,「朝鮮靑年會聯合會의 成立에 就하야」,『개벽』 7호, 1921, 33~34쪽.
19) 北靑 趙宇,「朝鮮靑年聯合會組織에 對하야」,『동아일보』, 1920년 7월 12일.
20) 朴達成,「急激히 向上되는 朝鮮靑年의 思想界」,『개벽』 2호, 1920, 29~30쪽.
21) 朴昌玉,「靑年會 諸君에게」,『동아일보』, 1920년 7월 31일.
22) 申元澈,「我半島 靑年諸君의게 檄告文」,『조선일보』, 1922년 12월 7일.
23) 朴思稙,「朝鮮社會의 修養問題」,『개벽』 제2호, 1920, 48쪽.
24)「父老와 靑年(一)」,『조선일보』 1920년 12월 1일.
25) 朴思稙, 앞의 글, 49쪽.
26)「靑年會聯合에 對하야 各地 同會에 更告하노라」,『동아일보』, 1920년 7월 9일.
27) 李敦化,「庚申年을 보내면서」,『개벽』 제6호, 1920.

28) 李敦化, 「現代靑年의 新修養」, 『개벽』 51호, 1924, 6쪽.

29) 위의 글, 6쪽.

30) 박준표, 『現代靑年 修養讀本』, 영창서관, 1923, 6쪽.

31) 圓人, 「朝鮮靑年의 무거운 짐」, 『曙光』 1호(1919년 11월호), 1919, 13쪽.

32) 李敦化, 「眞理의 體驗」, 『개벽』 27호, 1922, 42쪽.

33) 金義鎭,, 「靑年에게 寄함」, 『天道敎會月報』 116호, 1920, 107쪽.

34) 「철원청년에게」, 『시대일보』, 1924년 9월 23일.

35) 延禧專門學校 金永羲, 「靑年諸君에게 時間의 貴함을 告함, 懸賞文發表 논문 3등」, 『개벽』 13호, 1921, 4쪽.

36) 「今日의 靑年運動」, 『동아일보』, 1925년 1월 30일.

37) 키무라 나오에木村直惠, 『〈靑年〉の誕生──明治日本における政治的實踐の轉換』, 新曜社, 1998 참조.

38) 키타무라 미츠코北村三子, 「靑年と近代-靑年と靑年をめぐる言說の系譜學」, 世織書房, 1998, 114쪽.

39) 孤舟, 「今日 我韓 靑年의 境遇」, 『少年』 3권 6호.

40) 「靑年의 氣槪가 如何오─ 無意의 生보다는 寧히 有意함 死를 取할지어다」, 『동아일보』, 1922년 1월 9일.

41) 趙宇, 「朝鮮靑年聯合會組織에 對하야」, 『동아일보』, 1920년 7월 12일.

42) 「革命的 氣分과 健實한 着目─朝鮮靑年의 考慮點」, 『동아일보』, 1923년 1월 20일.

43) 「靑年會聯合에 對하야 各地 同會에 更告하노라」, 『동아일보』, 1920년 7월 9일자 사설.

44) 徐相日, 「朝鮮靑年會의 理想과 事業」, 『新民公論』 2-6, 1921, 10쪽; 「各地 靑年會에 寄하노라, 聯合을 要望」, 『동아일보』, 1920년 5월 26일. 청년회의 구체적인 활동에 대해서는 한국역사연구회 근현대청년운동사 연구반, 앞의 책, 1996 참조.

45) 朴瑛東, 「我靑年諸位의게 告함」, 『我聲』 4호, 1921.

46) 兪鎭熙, 「純然한 民衆의 團結이 되라」, 『개벽』 6호, 1920, 38~39쪽.

47) 晩翠, 「退助靑年會諸君에게」, 『동아일보』, 1925년 9월 16일.

48) 「洪原漫筆──靑年會의 設立을 促함」, 『조선일보』, 1922년 12월 7일.

49) 위의 글.

50) 韓東朝, 「天道敎 靑年의 氣像과 責任」, 『천도교회월보』 118호, 1920, 60쪽.

51) 이기훈, 「1920년대 '어린이'의 형성과 동화」, 『역사문제연구』 8, 2002 참조.

52) 「各地 靑年會에 寄하노라, 聯合을 要望」, 『동아일보』, 1920년 5월 26일.

53) 李敦化, 「庚申年을 보내면서」, 『개벽』 제6호, 1920.

54) 안건호, 앞의 논문, 1996, 70쪽.

55) 安廓, 「靑年會의 事業」, 『我聲』 창간호, 1921, 23쪽.

56) 최두선, 「新畢業生에게 一言을 寄하노라」, 『개벽』 10호, 1921, 79쪽.

57) 朴俊杓, 『現代靑年 修養讀本』, 영창서관, 1923, 10~13쪽.

58) 미야카와 도루·아라카와 이쿠오 엮음(이수정 옮김), 『일본근대철학사』, 생각의 나무, 140~141쪽.

59) 츠츠이 키요타다筒井淸忠, 『日本型「敎養」の運命』, 岩波書店, 1995, 12쪽.

60) 이노우에 데쓰지로井上哲次郎, 『人格と修養』, 廣文堂書店, 1919, 16~17쪽.

61) 이돈화, 「현대청년의 신수양」, 『개벽』 51호, 1924, 1쪽.

62) 미야카와 도루·아라카와 이쿠오 엮음, 앞의 책, 112쪽.

63) 위의 책, 154쪽.

64) 위의 책, 296쪽.

65) 츠츠이 키요타다, 1995, 앞의 책, 29~30쪽.

66) 위의 책, 31쪽.

67) 李敦化, 「眞理의 體驗」, 『개벽』 27호, 1922, 42쪽.

68) 李敦化, 위의 글, 43쪽.

69) 박준표, 앞의 책의 제2장 「수양」 참조.

70) 李敦化, 「最近 朝鮮社會의 二三」, 『개벽』 2호, 1920, 21쪽.

71) 안확, 앞의 글, 24쪽.

72) 허수, 앞의 논문, 85~90쪽.

73) 이돈화, 「生活의 條件을 本位로 한 朝鮮의 改造事業, 이 글을 特히 民族의 盛衰를 雙肩에 負한 靑年諸君에 부팀」, 『개벽』 15호, 1921, 10~13쪽.

74) 이노우에 데쓰지로, 앞의 책, 1919.

75) 滄海居士(李敦化), 「大食主義를 論하노라(其一)」, 『개벽』 7호, 1921, 11~13쪽.

76) 이기훈, 「日帝下 靑年談論 硏究」, 서울대학교 박사학위논문, 2005, 59~69쪽.

77) 「大難에 處하는 道理──舍己的 努力과 團結」, 『동아일보』, 1923년 11월 3일.

78) 「學友會 巡廻講演──文化運動의 第一陣」, 『동아일보』, 1920년 6월 29일.

79) 李敦化, 「現代靑年의 新修養」, 『개벽』 51호, 1924, 2쪽.

80) 李敦化, 「現代靑年의 新修養」, 『개벽』 51호, 1924, 7쪽.

81) 「最近의 感, 卷頭言」, 『개벽』 47호, 3쪽.

82) 윤재(이윤재), 「주장」, 『동광』 6호, 1926, 4쪽.

83) 사회주의적 청년상에 대해서는 이기훈, 「1920년대 사회주의 이념의 전개와 청년담론」, 『역사문제연구』 13, 2005 참조.

84) 「今日의 靑年運動」, 『동아일보』, 1925. 1. 30.

85) 「弊習陋貫부터 改革하자(十)──老年崇拜觀念」, 『동아일보』, 1926년 9월 20일.

86) 「靑年아 隱忍하자」, 『동아일보』, 1928년 6월 19일.

87) 「新局面을 打開하자──일반청년의 奮發을 要함」, 『동아일보』, 1929년 2월 17일.

88) 申興雨, 「實의 生活로 向하는 今日의 靑年」, 『청년』 7권 6호, 1927, 1쪽.

89) 洪秉璇, 「逆境에 立한 靑年」 『靑年』 6권 6호, 1926.

90) 李商在 ,「靑年이여(三)」, 『靑年』 6권 3호, 9쪽.

91) 李商在, 「靑年이여(一)」, 『靑年』 6권 1호, 1926, 3쪽.

92) 李鳳首, 「우리의 急務는 무엇인가」, 『靑年』 6권 8호, 1926, 28쪽.

93) 김성원, 「農村問題의 理論과 實際」, 『靑年』 8권 8호, 1928.

94) 신흥우, 「一九二九에 對한 우리의 所望」, 『靑年』 9권 1호, 1929, 1~2쪽.

95) 李晟煥, 「農村靑年아 사랏느냐?」, 『朝鮮農民』 2권 2호, 1926.

96) 『동아일보』, 1925년 10월 3일.

97) 「農村의 敎育運動」, 『동아일보』, 1925년 12월 20일.

98) 박달성, 「호미를 들고 나설 째」, 『조선농민』 2권 4호, 1926, 10쪽.

99) 趙 動, 「階級의 進展의 잇도록」, 『朝鮮農民』 6권 1호, 1930, 23쪽; 鄭順甲, 「理論보다 實際에」, 『朝鮮農民』 6권 1호, 1930, 30쪽.

100) 「農閑期와 啓蒙運動──地方靑年의 努力을 勸한다」, 『동아일보』, 1925년 11월 3일.

101) 申興雨, 앞의 글, 1927, 2쪽.

102) 김성원, 앞의 글, 1928, 16쪽.

103) 金明昊, 「朝鮮靑年아 農村으로 도라가자──過去의 잘못을 懺悔하고」, 『朝鮮農民』 2권 10호, 1926, 5쪽.

104) 李昌輝, 「깁히 農村으로 드러가자 」, 『조선농민』 5권 3호, 1929, 35쪽.

105) 한빛, 「도회로 모여드는 청년들아」, 『朝鮮農民』 2권 9호, 1926.

106) 한빛, 「농촌에서 피땀 흘니는 농민지도자들에게」, 『朝鮮農民』 4권 3호, 1928.

107) 李昌輝, 앞의 글, 1929, 35쪽.

108) 「義氣와 勇斷」, 『동아일보』, 1926년 1월 11일.

109) 「몬저 農村으로 向하라─有志靑年에게 告함」, 『동아일보』, 1926년 10월 9일.

110) 「靑年運動과 農村文化─그 主力을 傾注하라」, 『동아일보』, 1929년 1월 27일.

111) 「朝鮮靑年과 歸農運動」, 『동아일보』, 1929년 3월 30일.

112) 「靑年의 氣槪가 如何오─無意의 生보다는 寧히 有意할 死를 取할지어다」, 『동아일보』, 1922년 1월 9일.

113) 無名隱人, 「女子의 주는 力」, 『女子界』 2호, 21~22쪽.

114) 金河球, 「靑年煩悶熱의 淸凉劑」, 『大韓興學報』 6호, 1909.

115) 劉英俊, 「半島靑年女子에게」, 『女子界』 5호, 1920.

116) 範, 「조선청년여자의 희망」, 『여자계』 6호, 1921, 31쪽.

117) 金正希, 「靑年아! 奮鬪하자─特히 女子界를 爲하야」, 『女子界』 속간 4호, 1927, 7쪽.

118) 유영준, 앞의 글, 1921, 10~11쪽.

119) 無名隱人, 앞의 글, 24쪽.

120) 「朝鮮女子여 太陽에 面하야 立하라」, 『동아일보』, 1922년 1월 8일.

121) 『독닙신문』, 1896년 4월 21일자 사설.

122) 八峰山人, 「所謂 新女性 내음새─本誌前號男女學生是非를 읽고서」, 『신여성』 2권 6호, 1924, 20~21쪽.

김현주

1) 편집인, 「격변 又 격변하는 최근의 조선 인심」, 『개벽』 37, 개벽사, 1923. 7, 8쪽.

2) 편집인, 앞의 글, 1923. 7.

3) 편집인, 앞의 글, 1923. 7.

4) 편집인, 「범인간적 민족주의」, 『개벽』 31, 1923. 1, 2~10쪽; 「문제의 해결은 自決이나 他決이냐」, 『개벽』 33, 1923. 3, 6~13쪽; 「濟世安民之策이 此乎아 彼乎아」, 『개벽』 35, 1923. 5, 2~12쪽 참조.

5) 山川均(성태 옮김), 「간디의 운동과 인도의 무산계급」, 『개벽』 37, 1923. 7, 14~20쪽.

6) 제안서(proposal) 장르의 특성에 대해서는 James G. Paradis·Muriel L. Zimmerman, *The MIT Guide to Science and Engineering Communication*(2nd edition), MIT Press, 2002, pp. 151~181; Leslie A. Olsen·Thomas N. Hucken, *Technical Writing and Professional Communication*(2nd edition), McGraw Hill Inc., 1991, pp. 310~329를 참조했다.

7) 今村仁司(이수정 옮김), 『근대성의 구조』, 민음사, 1999, 65~99쪽 참조.

8) 이춘원, 「민족개조론」, 『개벽』 23, 1922. 5, 20쪽.

9) 今村仁司, 앞의 책, 76쪽 참조.

10) 이춘원, 앞의 글, 1922. 5, 21, 47쪽.

11) 이춘원, 위의 글, 64~65쪽.

12) 근대 과학의 방법론 사상에 대해서는 John Nelson·Allan Megil·Donald N. McColskey(박우수·양태종 외 옮김), 『인문과학의 수사학』, 고려대출판부, 2003, 1~24쪽; Ken Baake, *Metaphor and Knowledge ── The Challenge of Writing Science*, State University of New York Press, 2003, pp. 43~50 참조.

13) 이춘원, 앞의 글, 1922. 5, 49~50쪽

14) 르봉(魯啞 옮김), 「국민생활에 대한 사상의 세력—르·본 박사 저『민족심리학』의 일절」,『개벽』22, 1922. 4, 27~36쪽.

15) Eliot Aronson(윤진 옮김), 『현대사회심리학 개설(제5판)』, 탐구당, 1989, 19~21쪽 참조.

16) 초기 사회심리학의 특징에 대해서는 고영복, 『사회심리학』, 동양출판사, 1962, 13~22쪽: G. W. 올포트 (송대현 옮김), 앞의 책, 1978, 130~137쪽 참조.

17) 이춘원, 앞의 글, 1922. 5, 63쪽.

18) 이춘원, 위의 글, 50쪽.

19) 이춘원, 위의 글, 51쪽.

20) 이춘원, 위와 같은 곳.

21) 이광수, 「신생활론」(1918), 『이광수전집』17, 삼중당 , 1962, 515~516쪽.

22) '비판'과 '토론'에 대해서는 이광수, 「금일 조선야소교회의 결점」(1917), 앞의 책 , 1962, 20쪽:「부활의 서광」(1918), 앞의 책, 1962, 36~37쪽;「신생활론」(1918), 앞의 책, 1962, 519~520, 545~546쪽.

23) 이광수, 「신생활론」(1918), 앞의 책, 1962, 545~546쪽.

24) 이광수, 위의 글, 549쪽.

허수

1) 이돈화에 대한 이상의 개괄적 소개는 조규태와 신일철의 글을 참고했다. 조규태,「천도교 인물열전 ②— 신문화운동의 논객 이돈화」,『新人間』564호, 1997, 26~31쪽: 신일철, 「제7장 동학사상의 기본자료」, 『동학사상의 이해』, 사회비평사, 1995, 159~168쪽.

2) 조규태, 앞의 글: 차웅렬, 「천도교를 빛낸 별, 야뢰夜雷 이돈화李敦化」, 『新人間』616호, 2001.

3) 崔東熙, 「韓國東學 및 天道敎史」, 고려대학교 민족문화연구소, 『韓國文化史大系』VI, 1970; 崔東熙, 「8. 天 道敎의 思想」, 『東學의 思想과 行動』, 成均館大學校 出版部, 1980; 黃文秀, 「夜雷에 있어서의 人乃天思想의 展開」, 『韓國思想』12, 1974; 黃文秀, 「李敦化의 新人哲學思想」, 『朴吉眞博士古稀紀念 韓國近代宗敎思想史 』, 1984; 黃善嬉, 「1920年代의 天道敎와 新文化運動」, 『龍巖車文燮華甲紀念史學論叢』, 1989; 황선희, 『한 국근대사상과 민족운동 I—동학·천도교편』, 혜안, 1996.

4) 崔東熙, 위의 글, 1970, 775쪽; 崔東熙, 위의 글, 1980, 255쪽.

5) 黃文秀, 앞의 글, 1974, 405쪽; 崔東熙, 위의 글, 1970, 774쪽 참고.

6) 黃文秀, 위의 글, 413~414쪽.

7) 조규태, 앞의 글, 27~29쪽.

8) 李敦化, 「東經大全要旨講解」, 『天道敎會月報』 통권 23호, 1912년 6월 등.

9) 李敦化, 「靈通力이 事實됨을 鮮明홈」, 『天道敎會月報』 통권 27호, 1912년 10월, 11~13쪽.

10) 李敦化, 「靈性的 生活」, 『天道敎會月報』 통권 33호, 1913년 4월, 8쪽.

11) 李敦化, 「默念中三我」, 『天道敎會月報』 통권 32호, 1913년 3월, 26쪽.

12) 李敦化, 「吾敎의 大宗」, 『天道敎會月報』 통권 89호, 1917년 12월, 8쪽.

13) 위의 글, 2쪽.

14) 李敦化, 「宗敎의 兩側面」, 『天道敎會月報』 통권 91호, 1918년 2월, 10쪽.

15) 夜雷, 「迷의 信仰으로 覺의 信仰에」, 『天道敎會月報』 통권 97호, 1918년 9월, 5쪽.

16) 夜雷, 「信仰性과 社會性」, 『天道敎會月報』 통권 99호, 1918년 11월, 7~9쪽.

17) 夜雷,「信仰性과 社會性(其二)」,『天道敎會月報』통권 100호, 1918년 12월, 19쪽; 夜雷,「信仰性과 社會性(續)」,『天道敎會月報』통권 101호, 1919년 1월, 13~15쪽.

18) 夜雷,「信仰性과 社會性(續)」, 14쪽.

19) 夜雷,「信仰性과 社會性(其二)」, 19쪽.

20) 위와 같음.

21) 위와 같음.

22) 위와 같음.

23) 李敦化,「愛의 開放」,『天道敎會月報』통권 107호, 1919년 7월, 9쪽.

24) 李敦化,「事人如天主義」,『天道敎會月報』통권 108호, 1919년 8월, 3~6쪽; 李敦化,「現代思潮와 事人如天主義」,『天道敎會月報』통권 115호, 1920년 3월, 4~7쪽.

25) 李敦化,「天道敎靑年臨時敎理講習會에 就하야」,『天道敎會月報』통권 114호, 1920년 2월, 4쪽.

26) 李敦化,「今日 以後의 宗敎」,『天道敎會月報』통권 110호, 1919년 10월, 5쪽.

27) 李敦化,「改造와 宗敎」,『天道敎會月報』통권 112호, 1919년 12월, 6쪽.

28) 위의 글, 4쪽.

29) 夜雷,「人乃天의 硏究(續)」,『開闢』제5호, 1920년 11월, 48쪽.

30) 夜雷,「人乃天의 硏究」,『開闢』제2호, 1920년 7월, 67~70쪽.

31) 위의 글, 71~72쪽; 夜雷,「人乃天의 硏究(續)」,『開闢』제3호, 71~74쪽.

32) 李敦化,「宗敎統一은 自然의 勢」,『天道敎會月報』통권 11호, 1911년 6월.

33) 李敦化,「將來의 宗敎」,『天道敎會月報』통권 102호, 1919년 2월.

34) 夜雷,「人乃天의 硏究(續)」,『開闢』제5호, 49쪽.

35) 위와 같음.

36) 위의 글, 51~52쪽.

37) 위의 글, 52쪽.

38) 李敦化,「天道敎의 歷史 及 其 敎理」,『半島時論』제2권 제5호, 1918년 5월, 35쪽.

39) 夜雷,「意識上으로 觀한 自我의 觀念, 人乃天 硏究의 其七」,『開闢』제7호, 73쪽.

40) 위의 글, 75쪽.

41) 井上哲次郎, 앞의 책, 1915, 76~77쪽.

42) 위의 책, 78~82쪽.

43) 위의 책, 36~83쪽.

44) 위의 책, 127~166쪽.

45) 夜雷,「實在論으로 觀한 人乃天主義」,『天道敎會月報』통권123호, 1920년 11월, 31~36쪽.

46) 박찬승, 앞의 책, 181쪽.

47) 李敦化,「사람性의 解放과 사람性의 自然主義」,『開闢』제10호, 1921년 4월.

48) 桑木嚴翼,『文化主義と社會問題』, 至善堂書店, 1920, 165쪽.

49) 위의 글, 73쪽.

50) 위의 글, 76쪽.

51) 위의 글, 75쪽.

52) 위의 글, 76쪽.

53) 李敦化,「最高消遣法」,『天道敎會月報』통권 58호, 1915년 5월, 25쪽.

54) 위의 글, 25~26쪽.

55) 李敦化,「天道敎의 歷史 及 其 敎理」, 35쪽.

56) 夜雷, 「因襲的主觀에 拘束된 世人의 誤解」, 『天道敎會月報』 통권 93호, 1918년 4월, 7쪽.

57) 井上哲次郎, 앞의 책, 1915, 1~35쪽.

58) 위의 책, 15~16쪽.

59) 李敦化, 「改造와 宗敎」, 6쪽.

60) 井上哲次郎, 앞의 책, 1915, 31쪽.

61) 위의 책, 20쪽.

62) 위의 책, 70쪽.

63) 夜雷, 「人乃天의 硏究(續)」, 『開闢』 제3호, 74쪽.

64) 船山信一, 앞의 책, 14~15쪽.

류시현

1) Partha Chatterjee, *The Nation and Its Fragments*, Princeton University Press, 1993, p. 6.

2) 강만길, 『20세기 우리 역사』, 창작과 비평사, 1999, 25쪽.

3) 李智媛, 「日帝下 民族文化 認識의 展開와 民族文化運動」, 서울대학교 사회교육과 박사학위논문, 2004.

4) 오영섭, 「조선광문회 연구」, 『한국사학사학보』 3, 2001.

5) 최남선, 「조선역사통속강화」 4, 『동명』 6호, 1922. 10. 8, 11쪽.

6) 오영섭, 앞의 글, 109쪽: 이영화, 『崔南善의 역사학』, 경인문화사, 2003, 127쪽.

7) 崔南善, 「인생과 종교」, 『한국일보』, 1955년 12월 17일.

8) 최남선, 「『少年』의 旣往과 밋 將來」, 『少年』 3-6, 1910. 6; 최남선, 「十年」, 『靑春』 14호, 1918. 6; 최남선, 「書齋閑談」, 『새벽』, 1954년 12월호.

9) 崔南善, 「妙音觀世音」, 『佛敎』 50・51 합병호, 1928년 9월, 62~63쪽.

10) 崔南善, 「妙音觀世音」, 『佛敎』 50・51 합병호, 1928년 9월, 63쪽.

11) 최남선, 「書齋閑談」, 六堂全集編纂委員會編, 『六堂崔南善全集』 5, 439~440쪽에서 재인용(이하 『전집』으로 약칭).

12) Anderson, Benedict, *Imagined Communities*, New York: Verso, 1991, pp. 37~46.

13) 崔南善, 「妙音觀世音」, 『佛敎』 50・51 합병호, 1928년 9월, 63~64쪽.

14) 崔南善, 「十年」, 『靑春』 14호, 1918. 6, 5쪽.

15) 秦學文, 「六堂이 걸어간 길」, 『思想界』, 1958. 5 참조.

16) 權相老, 『朝鮮佛敎略史』, 新文館, 1917, 1쪽.

17) 崔南善, 「風氣革新論」, 『靑春』 14호, 1918. 6, 26쪽.

18) 崔南善, 「妙音觀世音」, 『佛敎』 50・51 합병호, 1928년 9월, 64쪽.

19) 李顯翼, 『大倧敎人과 獨立運動淵源』, 미간행(프린트본), 1962, 9쪽.

20) 최남선, 「松漠燕雲錄」, 『매일신보』, 1937~1938; 『전집』 6, 508쪽.

21) 강천봉 편저, 『大倧敎重光六十年史』, 1971, 101~102쪽.

22) 崔南善, 『一日一件』, 『靑春』 3호, 1914년 12월, 125쪽.

23) Anderson, Benedict, *Imagined Communities*, New York: Verso, 1991, pp. 37~46.

24) 『靑春』 9호, 1917년 7월, 광고.

25) 『青春』 11호, 1917년 11월, 광고.

26) 『青春』 14호, 1918년 6월, 광고.

27) 崔南善, 「朝鮮史學의 출발점」, 『東亞日報』 1927년 3월 29일자.

28) 崔南善, 「朝鮮史學의 출발점」, 『東亞日報』 1927년 3월 29일자.

29) 崔南善, 「三國遺事 解題」, 『전집』 8, 22쪽.

30) 崔南善, 「文殊山城」, 『一光』 6호, 1936년 1월, 47쪽; 崔南善, 「三郎城」, 『一光』 7호, 1936년 10월, 42쪽.

31) 崔南善, 「三國文學略年表」, 『一光』 3호, 1930년 3월, 30쪽.

32) McClintock, Anne, *Imperial leather*, Routledge, 1995, pp. 25~28.

33) 崔南善, 「참지 못할 一呵」, 『東亞日報』, 1925년 10월 25~31일자; 『전집』 9, 178쪽.

34) 崔南善, 「朝鮮歷史講話」, 『東亞日報』, 1930. 1. 12~3. 15; 『전집』 1, 35쪽.

35) 崔南善, 「참지 못할 一呵」, 『東亞日報』, 1925년 10월 25~31일자; 『전집』 9, 178쪽.

36) 위와 같은 곳.

37) 김윤식, 『이광수의 그의 시대』, 한길사, 1986.

38) 崔南善, 『尋春巡禮』, 1926, 28쪽.

39) 위의 책, 179쪽.

40) 崔南善, 「大覺心으로 돌아갑시다」, 『佛教』 19호, 1926년 1월, 3~11쪽.

41) 金炳魯, 「認識의 合致와 代表」, 『三千里』 11호, 1931. 1, 2~3쪽.

42) 都鎮鎬, 「범태평양회기」(속), 『佛教』 76호, 1930년 10월, 7쪽.

43) 崔南善, 「朝鮮佛教」, 『佛教』 74호, 1930. 8, 51쪽.

44) 崔南善, 『尋春巡禮』; 『東亞日報』, 1926, 173쪽.

45) 崔南善, 「朝鮮佛教」, 『佛教』 74호, 1930. 8, 12쪽.

46) 『青春』 9호, 1917년 7월, 광고.

47) 崔南善, 「朝鮮佛教」, 『佛教』 74호, 1930. 8, 19쪽.

48) 최남선, 「楓嶽記遊」; 『전집』 6, 1924, 449쪽.

49) 최남선, 『尋春巡禮』, 1926, 130쪽.

50) 崔南善, 「朝鮮佛教」, 『佛教』 74호, 1930. 8, 6쪽.

51) 崔南善, 「海上大韓史」(10), 『少年』 2~10, 1909. 11, 42~43쪽.

52) 崔南善, 「朝鮮佛教」, 『佛教』 74호, 1930. 8, 3쪽.

53) 崔南善, 위의 글, 48쪽.

54) 박찬승, 앞의 책, 180~183쪽.

55) 崔南善, 「토끼타령」, 『동아일보』, 1927. 2. 4; 『전집』 5, 94쪽.

56) 崔南善, 위의 글, 120~121쪽.

57) 崔南善, 「朝鮮의 신화와 일본의 신화」, 1930. 4. 24~26 방송원고; 『전집』 5, 45쪽.

58) 崔南善, 「不咸文化論」 1927; 『전집』 2, 43쪽.

59) 崔南善, 『白頭山觀參記』 1927, 118쪽.

60) 崔南善, 「朝鮮의 固有信仰」, 1936; 『전집』 9, 248~249쪽.

61) 崔南善, 「朝鮮文化當面의 問題」(1), 『每日申報』, 1937. 2. 9.

62) 崔南善, 「朝鮮의 民譚·童話」, 『每日申報』, 1938. 7. 1~21; 『전집』 5, 75쪽.

양현아

1) 한국인 군위안부 운동의 초기 전개에 관해서는 특히 이효재, 「일본군 '위안부' 문제 해결을 위한 운동의 전개과정」, 한국정신대문제대책협의회 (편), 『일본군 '위안부' 문제의 진상』, 역사비평사, 1997; 윤정옥·김수진, 「『여성과 사회』가 만난 사람: "애들 어떻게 됐나? 내 나이 스물, 딱 고 나이라고"」, 『여성과 사회』, 제13호, 2001, 104~137쪽 참조.

2) 김학순, 1993, 44쪽.

3) Spivak, Gayatri, "Can the Subaltern Speak?", Marxism and Interpretation of Culture, Chicago: University of Illinois Press, 1988, pp. 271~313; 윤택림, 「탈식민 역사쓰기: 비공식 역사와 다중적 주체」, 『한국문화인류학』 제27집, 1995, 71쪽.

4) Hall, Stuart(ed.), Representation: Cultural Representations and Signifying Practices, London: Sage Publications, 1997.

5) Beverley, John, "Margins at the Center: on Testimonio (Testimonial Narrative)", Modern Fiction Studies, 85(1), 1989, pp. 11~28.

6) Halbachs, Maurice, The Collective Memory, New York: Harper & Row, 1980; 김영범, 「집합기억의 사회사적 지평과 동학」, 『사회사 연구의 이론과 실제』, 한국정신문화연구원, 1998, 157~211쪽; 「알박스(Maurice Halbwachs)의 기억사회학 연구」, 『대구대학교 사회과학연구소 논문집』, 제6집 제3호, 1999, 557~594쪽; 함한희, 「구술사와 문화연구」, 한국문화인류학회 제6차 워크샵 발표논문, 1999; 김성례, 「구술사와 여성주의 방법론」, 한국문화인류학회 제6차 워크샵 발표논문, 1999.

7) Beverley, op. cit., pp. 16, 23.

8) Beverley, Subalternity and Representation—Arguments in Cultural Theory, Durham: Duke University Press, 1999, pp. 67~68

9) 이상화, 「일본군 '위안부'의 귀국 후 삶의 경험」, 한국정신대문제대책협의회 (편), 『일본군 '위안부' 문제의 진상』, 역사비평사, 1997, 249~271쪽 참조.

10) 심영희, 「침묵에서 증언으로: '군위안부' 피해자들의 귀국 이후의 삶을 중심으로」, 『정신문화연구』, 한국정신문화연구원, 제23권 제2호, 2000, 115~146쪽.

11) 정대협 2000년 일본군 성노예 전범 여성국제법정 한국위원회 증언팀(이하 2000년 법정 증언팀), 『강제로 끌려간 군위안부들 4 - 기억으로 다시 쓰는 역사』, 풀빛, 2001, 17쪽.

12) Spivak, op. cit., p. 272.

13) Lorentzen, Lois A. & Jennifer Turpin (eds.), The Women and War Reader, New York: New York University Press, 1998.

14) Salecl, Renata, The Spoils of Freedom, New York: Routledge, 1994.

15) Hague, Euan, "Rape, Power and Masculinity: the Construction of Gender and National Identities in the War in Bosnia-Herzegovina" in R. Lentin (ed.), Gender and Catastrophe, London: Zed Books, 1997, pp. 49~72.; Lorentzen & Turpin, op. cit.

16) Enloe, Cynthia, Does Khaki Become You? The Militarization of Women's Lives, London: Pluto Press, 1983, p. 12.

17) Hague, op. cit.; Hill-Collins, Patricia, "The Tie That Binds: Race, Gender, and US Violence", Ethnic and Racial Studies, 21/5, 1998, pp. 917~938.

18) 조주현, 『여성정체성의 정치학』, 또 하나의 문화, 2000.

19) 심영희, 앞의 책.

20) Salecl, op. cit.

21) 정진성, 「숨은 역사의 발굴은 계속되어야 한다」, 『강제로 끌려간 조선인 군위안부들 3』, 한울, 1999,

5~12쪽; 이상화, 앞의 글, 252쪽.

22) 2000년 법정 증언팀, 앞의 책, 12쪽.

23) Boyarin, Jonathan(ed.), *Remapping memory : Politics of Time Space, Minneapolis* ; University of Minnesota Press, 1994.

24) Hall, op. cit., pp. 39~41; 스콧, 조운 W.(배은경 옮김), 「젠더와 정치에 대한 몇 가지 성찰」, 『여성과 사회』, 제13호, 2001, 210~249쪽 참조.

25) 『강제로 끌려간 군위안부들 4 - 기억으로 다시 쓰는 역사』, 풀빛, 2001, 222~248쪽.

26) 위의 책, 235쪽.

27) 위의 책, 32~51쪽.

28) 위의 책, 63~65쪽.

29) 위의 책, 65~66쪽.

30) 위의 책, 212~213쪽.

31) 위의 책, 204~221쪽.

32) 위의 책, 160~161쪽.

33) 위의 책, 161쪽.

34) 위의 책, 153쪽.

35) 위의 책, 72~97쪽.

36) 위의 책, 81쪽.

37) 위의 책, 118~145쪽.

38) 위의 책, 135~136쪽.

39) 위의 책, 101쪽.

40) 위의 책, 43쪽.

41) 위의 책, 55, 67쪽.

42) 위의 책, 83~84쪽.

43) 위의 책, 207~208쪽.

44) 장필화, 「결혼제도와 성」, 『한국여성학』, 제13권 2호, 1997, 41~76쪽.

이용기

1) 필자가 생각하는 '아래로부터 역사'에 대해서는 이용기, 「미군정기의 새로운 이해와 '사회사'적 접근의 모색」, 『역사와 현실』 제35호, 2000 참조.

2) 김동춘, 『전쟁과 사회』, 돌베개, 2000; 박명림, 「한국전쟁과 한국정치의 변화」, 한국정신문화연구원 편, 『한국전쟁과 사회구조의 변화』, 백산서당, 1999; 강인철, 「한국전쟁과 사회의식 및 문화의 변화」, 한국정신문화연구원 편, 같은 책.

3) 김남식 외, 『한국현대사자료총서』 12, 돌베개, 1986, 562쪽.

4) 박명림, 앞의 글, 51쪽.

김성례

1) 김성례, 「제주 무속: 폭력의 역사적 담론」, 『종교신학연구』 4집, 서강대 종교신학연구소, 1991.

2) 제민일보사 4·3 취재반, 『4·3은 말한다』 1권, 전예원, 1994.

3) Rene Girard, *Violence and the Sacred*, trans. by Patrick Gregory, Baltimore: Johns Hopkins University Press, 1977.

4) Ibid, pp. 142~143.

5) Ibid, pp. 390~391.

6) 고창훈, 「4·3 민중항쟁의 전개와 성격」, 『해방전후사의 인식』 4권, 한길사, 1989.

7) 김세균, 「국가권력의 폭력적 기초」, 실천문학 15호(1989년 가을호); 한지수, 「반공이데올로기와 정치폭력」, 같은 책.

8) Bruce Cumings, *The Origins of the Korean War Vol II: The Roaring of the Cataract: 1947~1950*, Princeton: Princeton University Press, 1990, p. 251.

9) Maurice Hallbwachs, *On Collective Memory*, ed. and trans. by Lewis Coser, Chicago: University of Chicago Press, 1992(1952); Paul Connerton, *How Societies Remember*, Cambridge: Cambridge University Press, 1989.

10) Hayden White, "Historical Emplotment and the Problem of Truth", *Probing the Limits of Representation*, ed. by Samual Friedlander, Cambridge: Harvard University Press, 1992, p. 37.

11) Hayden White, *The Content of the Form: Narrative Discourse and Historical Representation*, Baltimore: Johns Hopkins University Press, 1987, p. 209.

12) Ibid, p. 191.

13) Hayden White, op. cit, 1992.

14) Hayden White, op. cit, 1987, p.80.

15) 제48주기 제주4·3희생자 위령제(1996) 팜플렛 참조.

16) 제민일보 4·3 취재반, 『4·3은 말한다』 1~5권, 전예원, 1994~1998; 제주도의회 4·3 특별위원회, 『제주도 4·3 피해조사보고서』, 1995(개정 증보판, 1997).

17) Friedlich Nitzsche, op. cit, 1980, p. 17.

18) 제주도 의회 4·3특위, 앞의 책, p.13.

19) 제주도4·3사건민간인희생자유족회, 앞의 책.

20) Veena Das, "The Anthropology of Violence and the Speech of Victims", *Anthropology Today*, Vol3. No.4, 1987, p. 12.

21) Ibid.

22) Elain Scarry, *The Body in Pain: The Making and Unmaking of the World*, Oxford: Oxford University Press, 1985.

23) James Scott, "Domination, Acting, and Fantasy", *The Paths to Domination, Resistance, and Terror*, ed. by Carolyn Nordstrom and J Martin, Berkeley: University of California Press, 1992.

24) Reinhart Koselleck, *Futures Past: On the Semantics of Historical Time*, trans. by Keith Tribe, Cambridge: The MIT Press, 1985(1979).

김원

1) 최영희, 2003년 3월 24일 인터뷰.

2) 한국기독교교회협의회, 『노동현장과 증언』, 풀빛, 1984.

3) 신광영, 「여성과 노동운동: 70년대 여성노동운동을 중심으로」, 1996년 후기사회학대회 발표논문, 1996.

4) 위의 글.

5) 송호근, 「박정희 체제의 국가와 노동」, 한국정치학회 박정희 시대의 한국: 국가·시민사회·동맹체제 세미나, 2000.

6) 전순옥, 『못다한 시대의 노래』, 한겨레신문사, 2003.

7) 전순옥·조주은, 「우리는 왜 그렇게 혁명을 갈구했나: 여성, 노동 그리고 삶」, 『프레시안』, 2004. 5. 15.

8) 최장집, 『한국의 노동운동과 국가』, 열음사, 1988.

9) 최장집, 위의 책, 1988, 144.

10) 구해근, 『한국노동계급의 형성』, 창작과 비평사2002, 137~138쪽.

11) 위의 책.

12) 신병현, 「1960, 70년대 산업화 과정에서 가부장적 가족주의 담론과 여성 노동자 형성」, 『한국 산업노동자의 형성과 생활세계』, 제1차연도 연구발표회, 2003년 5월 10일.

13) 구해근, 앞의 책, 2002, 145쪽.

14) 전태일의 분신 직후의 상황에 대한 상세한 해석 및 자료는 오효진, 「전태일의 어머니 이소선」, 『월간중앙』 9월호, 1987; 이소선, 『어머니의 길 – 이소선 어머니의 회상』, 돌베개, 1990; 전태일, 『내 죽음을 헛되이 하지 말라』, 돌베개, 1988; 조영래, 『전태일 평전』, 돌베개, 1983 등을 참조.

15) 이소선, 위의 책.

16) 구해근, 앞의 책.

17) 최장집, 앞의 책, 133, 136쪽.

18) 교육과 소모임 등을 통한 70년대 원풍모방의 조직력 강화에 대한 것은 박순희, 「정권·자본·어용노총의 탄압을 뚫고 선 '70년대 민주노조운동'- 원풍모방 노동조합과 박순희 당기위원」, 『이론과 실천』 10월호, 2001; 원풍모방 해고노동자 복직투쟁위원회 편, 『민주노조 10년 – 원풍모방 노동조합활동과 투쟁』, 풀빛, 1988, 참조.

19) 전태일, 앞의 책; 이소선, 앞의 책; 조영래, 앞의 책.

20) 백영서 외, 『새벽을 엿본 마로니에 나무, 72마당 에세이』, 나눔사, 2002.

21) 이승철, 2003년 5월 8일 인터뷰.

22) 이소선, 앞의 책; 민종덕 「민종덕 이야기 마당」, http://www.juntaeil.org, 2003.

23) 민종덕, 위의 글; 이소선, 위의 책.

24) 최영희, 2003년 3월 24일 인터뷰.

25) 장명준, 「전국연합노동조합 청계피복지부의 결성 및 운영에 관한 실증적 고찰」, 고려대 경영대학원 석사학위 논문, 1971; 장상철, 「업종별 지역노조에 관한 연구: 청계피복노동조합의 사례」, 연세대학교 대학원총학생회 편, 『원우논집』 16호, 1988.

26) 장상철, 위의 글; 이승철, 2003년 5월 8일 인터뷰.

27) 이승철, 위의 인터뷰.

28) 이소선, 앞의 책; 민종덕, 앞의 글.

29) 민종덕 위의 글.

30) 이승철, 앞의 인터뷰.

31) 이소선, 앞의 책; 민종덕 앞의 글.

32) 위의 책.

33) 이승철, 앞의 인터뷰.

34) 최장집, 앞의 책, 134~135쪽.

35) 이승철, 앞의 인터뷰.

36) 민종덕, 앞의 글.

37) 전순옥, 앞의 책, 328~329쪽.

38) 동일방직복직투쟁위원회,『동일방직 노동조합 운동사』, 돌베개, 1985; 석정남,『공장의 불빛』, 일월서
각, 1984; 한국기독교교회협의회,『노동현장과 증언』, 풀빛, 1984.

39) 동일방직복직투쟁위원회, 위의 책; 석정남, 위의 책; 조화순,『고난의 현장에서 사랑의 불꽃으로: 조화
순 목사의 삶과 신학』, 대한기독교서회, 1992.

40) 석정남, 앞의 책, 29쪽.

41) 동일방직복직투쟁위원회, 앞의 책; 석정남, 위의 책.

42) 위의 책.

43) 조화순, 앞의 책, 1992.

44) 초기 노조결성에서 도시산업선교회의 역할에 대한 문헌들은 홍현영,「1970년대 개신교의 도시산업선교
회 활동」, 한양대 사학과 석사학위논문, 2002; 김준,「민주화운동과 교회: 개신교 산업선교를 중심으로」,
『노동과 발전의 사회학』, 한울, 2003; 홍상운,「마녀사냥 도시산업선교회」,〈이제는 말할 수 있다〉, 문
화방송, 2001년 8월 3일 방송 등 참조.

45) 추송례 구술, 박승호 기록,「새로운 삶이 거기 있었지요」,『기억과 전망』 1호, 2002, 116~117쪽.

46) 동일방직복직투쟁위원회, 앞의 책; 석정남, 앞의 책, 1984; 장현자,『그때 우리들은』, 한울사, 2002.

47) 최영희, 2003년 3월 24일 인터뷰.

48) 위의 인터뷰.

49) 동일방직복직투쟁위원회, 앞의 책; 석정남, 앞의 책; 조화순, 앞의 책.

50) 박수정,『숨겨진 한국여성의 역사』, 아름다운 사람들, 2003, 64쪽; 동일방직복직투쟁위원회, 앞의 책.

51) 최종선,『산 자여 말하라: 고 최종길 교수는 이렇게 죽었다』, 공동선, 2001.

52) 동일방직복직투쟁위원회, 앞의 책; 추송례,「어김없이 봄은 오는가」,『실업일기』, 작은책, 2001; 추송
례 구술, 박승호 기록, 앞의 글.

53) 추송례, 위의 글, 2002, 119~120쪽.

54) 푸코 미셸(박정자 옮김),『사회를 보호해야 한다』, 동문선, 1998; 푸코 미셸(오생근 옮김),『감시와
처벌: 감옥의 역사』, 나남, 1994.

55) 문부식,『잃어버린 기억을 찾아서: 광기의 시대를 생각함』, 삼인, 2002.

56) 윤해동 외,『인텔리겐차』, 푸른역사, 2002, 298~299쪽.

57) 김현미,「한국노동운동의 담론 분석을 통해 본 성적재현의 정치학」,『열린 지성』 6호, 1999;「한국
여성 노동에 대한 여성주의적 입장」,『전태일 30주기 학술심포지움』, 2001년 11월 3일.

58) 구조조정 시기 이후 한국 여성노동의 사회적 배제에 대해서는 조순경,「'민주적 시장경제'와 유교적
가부장제」,『경제와 사회』 38호, 1998;「경제 위기와 여성 고용 정치」,『한국여성학』 14집 2호, 1998;
「'구조 조정'의 성별 불균등 구조」,『산업노동연구』 5집 2호, 1999;「신자유주의와 유교적 가부장제」,
한국여성연구원 편,『한국의 근대성과 가부장제의 변형』, 이화여대출판부, 2003; 신병현,「여성 노동자
의 집단적 정리해고와 '민주' 노조 운동」,『진보평론』 1호(가을호), 1999 등을 참조.

59) 신병현, 『노동자문화론』, 현장에서 미래를, 2001, 170~181쪽; 강현아, 「대기업 노동조합에서 비정규 여성노동자의 배제양상」, 『한국여성학』 19집 1호, 2003.
60) 발전주의, 신자유주의에서 나타나는 구조 조정의 성性 편향적 측면에 대해서는 다니엘 엘슨, 『발전주의 비판에서 신자유주 비판으로: 페미니즘의 시각』, 공감, 1997 참조.

김준

1) 김준, 「아시아권위주의 국가의 노동정치와 노동운동 : 한국과 대만의 비교」, 서울대학교 박사학위논문, 1993.
2) Gates, Hill, "Dependecy and the Part-time Proletariat in Taiwan", *Modern China*, Vol.5, No.3, 1979 July.
3) 정현백, 「여성노동자의 의식과 노동세계 : 노동자 수기 분석을 중심으로」, 『여성 1』, 창작과비평사, 1985.
4) 정현백, 위의 글, 160~161쪽.
5) 박기남, 「여성노동자들의 의식변화 과정에 관한 한 연구」, 연세대 석사학위논문, 1988.
6) 방혜신, 「70년대 여성노동운동에서 여성특수과제의 실현조건에 관한 연구」, 서강대 사회학과 석사학위 논문, 1994.
7) 정미숙, 「70년대 여성노동운동의 활성화에 관한 경험세계적 연구 : 섬유업을 중심으로」, 이화여대 석사 학위논문, 1993.
8) 최원자, 「소망」, 『산업과 노동』 12월호, 1971.
9) 전보희, 「남몰래 울던 날이 웃음 꽃 피는 날로」, 『노동』 6월호, 1977.
10) 윤명분, 「먹구름 뒤에 찬란한 햇살이」 『노동』 9월호, 1978.
11) 이희숙, 「꿀벌은 슬퍼하지 않는다」 상·하, 『산업과 노동』 8월호·11월호, 1973.
12) 정현백, 앞의 글.
13) 윤명분, 「먹구름 뒤에 찬란한 햇살이」, 『노동』 9월호, 1978.
14) 신옥자, 「꿈을 가꾸며」, 『산업과 노동』 10월호, 1976.
15) 이재선, 「어제의 슬픔이 오늘의 행복을」, 『산업과 노동』 8월호, 1976.
16) 윤명분, 앞의 글.
17) 이선희, 「저축하는 보람으로」, 『노동』 11월호, 1973.
18) 김혜숙, 「오늘이 있기까지」, 『노동』 3월호, 1979.
19) 이순남, 「한알의 작은 씨앗되어」, 『노동』 4월호, 1980.
20) 한영옥, 「태양은 또 다시 떠오른다」, 『노동』 10월호, 1980.
21) 신옥자, 앞의 글.
22) 전보희, 앞의 글.
23) 고조리, 앞의 글.
24) 임갑수, 「상담실에서 본 공단 여성근로자의 문제점과 대책」, 『노동』 5월호, 1980.
25) 김혜숙, 앞의 글.
26) 고조리, 앞의 글.
27) 이경희, 「불행을 딛고선 의지」, 『노동』 3월호, 1978.
28) 전보희, 앞의 글.
29) 이순남, 앞의 글.

30) 이희숙, 앞의 글.

31) 김혜숙, 앞의 글.

32) 고조리, 앞의 글.

33) 김성희, 「저 험준한 山을 향하여」, 『노동』 12월호, 1980.

34) 김경자, 「삼백만 원 저축이 되기까지」, 『노동』 10월호, 1977.

35) 이덕님, 「눈물 속에서 핀 꽃」, 『노동』 5월호, 1980.

36) 박세련, 「누가 이 소녀에게 미소를」, 『산업과 노동』 10월호, 1976.

37) 김경자, 앞의 글.

38) 이매순, 「아직도 먼 종착역」, 『산업과 노동』 6월호, 1976.

39) 김순분, 「빛을 잃은 슬픔」, 『산업과 노동』 12월호, 1976.

40) 이태호, 『불꽃이여 이 어둠을 밝혀라 : 1970년대 여성노동자의 투쟁』, 돌베개, 1984. ; 정현백, 앞의 글 ; 석정남, 「그날이 오면」, 이소라·민향숙 외, 『이 땅의 딸로 태어나』, 죽산, 1988 등을 참조.

41) 이한순, 「한알의 밀알이 썩으면」, 『노동』 7월호, 1978.

42) 박세련, 「누가 이 소녀에게 미소를」, 『산업과 노동』 10월호, 1976.

43) 이경희, 앞의 글.

44) 김정자, 「억척스런 가시내」, 『노동』 10월호, 1978.

45) 사례로는 이태호, 『불꽃이여 이 어둠을 밝혀라 : 1970년대 여성노동자의 투쟁』, 돌베개, 1984, 50, 59, 60, 65, 66, 72, 73쪽 참조.

46) 김동리·강신재·강용준, 「심사소감」, 『노동』 5월호, 1980.

47) 고조리, 앞의 글.

48) 이매순, 앞의 글.

49) 이재선, 「배우면서 일하면서」, 『산업과 노동』 10월호, 1976.

50) 김경자, 앞의 글.

51) 윤명분, 앞의 글.

52) 김혜숙, 앞의 글.

53) 윤연이, 「나에게로 봄은 왔습니다」, 『노동』 5월호, 1980.

54) 김광원, 「공장새마을운동의 전개와 노사협조」, 『산업과 노동』 5월호, 1976.

55) 고조리, 앞의 글.

56) 김성희, 앞의 글.

57) 김순분, 앞의 글.

58) 모정순, 「차창에 미소를」, 『노동』 8월호, 1977.

59) 김경자, 앞의 글.

60) 김혜숙, 앞의 글.

61) 이순남, 앞의 글.

62) 김성희, 앞의 글.

63) 김혜경, 「참여관찰에 이한 종업원 행동에 관한 연구」, 영남대 석사학위논문, 1974, 39쪽.

64) 김혜경, 앞의 글, 40쪽.

65) 석정남, 「그날이 오면」, 이소라·민향숙 외, 『이 땅의 딸로 태어나』, 죽산, 1988.

66) 김옥식, 「하늘은 스스로 돕는 자를」, 『노동』 6월호, 1979.

67) 이순남, 앞의 글.

68) 이덕님, 앞의 글.

69) 황명숙, 「억순이의 변」, 『노동』 11월호, 1980.

70) 이매순, 앞의 글.

71) 이재선, 앞의 글.

72) 김경자, 앞의 글.

73) 이경희, 앞의 글.

74) 이종욱, 「근로자들의 문학독서경험 실태에 대한 조사연구 : 구로공단 노동자들을 중심으로」, 연세대 석
사학위논문, 1981.

75) 임갑수, 앞의 글.

76) 이종욱, 앞의 글.

77) 임갑수, 앞의 글.

78) 정현백, 앞의 글.

79) 전보희, 앞의 글.

80) 윤명분, 앞의 글.

81) 황명숙, 앞의 글.

82) 윤명분, 앞의 글.

83) 이재선, 「어제의 슬픔이 오늘의 행복을」, 『산업과 노동』 8월, 1976.

84) 김경자, 앞의 글.

85) 이인순, 「작은 꿈이 꽃 필 때」, 『노동』 12월호, 1977.

86) 이인순, 앞의 글.

87) 이한순, 「한알의 밀알이 썩으면」, 『노동』 7월호, 1978.

88) 이한순, 앞의 글.

89) 김순분, 앞의 글.

90) 이재선, 앞의 글.

91) 황명숙, 앞의 글.

찾아보기